Lebensbilder

DAS BUCH:

Alois Musil, ein Vetter des Dichters Robert Musil, wurde oft mit »Lawrence von Arabien« verglichen – sehr zum Verdruß Musils, der einmal festgestellt hat, sein berühmter Gegenspieler habe weder Arabisch gesprochen noch Arabien wirklich gekannt und schon gar nicht für die Interessen der Araber gekämpft. Anders Alois Musil: »Scheich Musa« beherrschte gut zwei Dutzend arabische Dialekte, und er kannte Arabien wie kaum ein zweiter. Seine Leidenschaft galt der Topographie, der wissenschaftlichen Erfassung von Ortsnamen und ihres historischen Hintergrundes. Mit seinen Karten hat Musil zahllose arabische Namen für immer bewahrt.

Alois Musil war Priester, Professor für Biblische Hilfswissenschaften, Orientalist und Geograph. Er wurde am 6. Juni 1868 im mährischen Richtersdorf geboren, studierte in Olmütz Theologie. Seit 1895 bereiste er systematisch den Orient.

Bereits im Jahre 1901 gelang Musil eine aufsehenerregende Entdeckung: Er fand die omajadischen Wüstenschlösser östlich von Amman. In den folgenden Jahren erforschte er im Rahmen dreier großer Expeditionen Arabien zwischen Rotem Meer und Zweistromland. In den Jahren 1914/1915 bemühte er sich auf Wunsch der Mittelmächte um Friedensschlüsse zwischen den Stämmen Innerarabiens, was ihm unter schwierigsten Umständen auch gelang.

DER AUTOR:

Erich Feigl, geboren 1931 in Wien, begann schon während seines Studiums schriftstellerisch tätig zu sein. Später wandte er sich der Filmarbeit zu und drehte eine Reihe bedeutender TV-Dokumentationen. So auch eine einstündige Sendung über *Musil von Arabien,* dessen Spuren er auf zahlreichen Expeditionen folgte.

Weitere Werke des Autors: *Athos – Vorhölle zum Paradies,* Wien 1982; *Kaiserin Zita. Von Österreich nach Österreich – Erinnerungen,* Wien, München 1982.

Erich Feigl

Musil von Arabien

Vorkämpfer der islamischen Welt

Mit 42 Fotos und weiteren
Abbildungen, Karten und Plänen
im Text

Lebensbilder

Lebensbilder
Ullstein Buch Nr. 27560
im Verlag Ullstein GmbH,
Frankfurt/M – Berlin

Ungekürzte Ausgabe

Umschlagentwurf:
Theodor Bayer-Eynck
Unter Verwendung einer
Fotografie Alois Musils aus dem
Museum Wischau
Alle Rechte vorbehalten
Mit freundlicher Genehmigung
der Amalthea Verlags GmbH,
Wien · München
© 1985 by Amalthea Verlag GmbH,
Wien · München
Printed in Germany 1987
Druck und Verarbeitung:
Ebner Ulm
ISBN 3 548 27560 5

Januar 1988

CIP-Kurztitelaufnahme
der Deutschen Bibliothek

Feigl, Erich:
Musil von Arabien: Vorkämpfer d. islam.
Welt / Erich Feigl. – Ungekürzte Ausg. –
Frankfurt/M; Berlin: Ullstein, 1988.
   (Ullstein-Buch; Nr. 27560:
   Lebensbilder)
   ISBN 3-548-27560-5
NE: GT

Für Karl von Habsburg

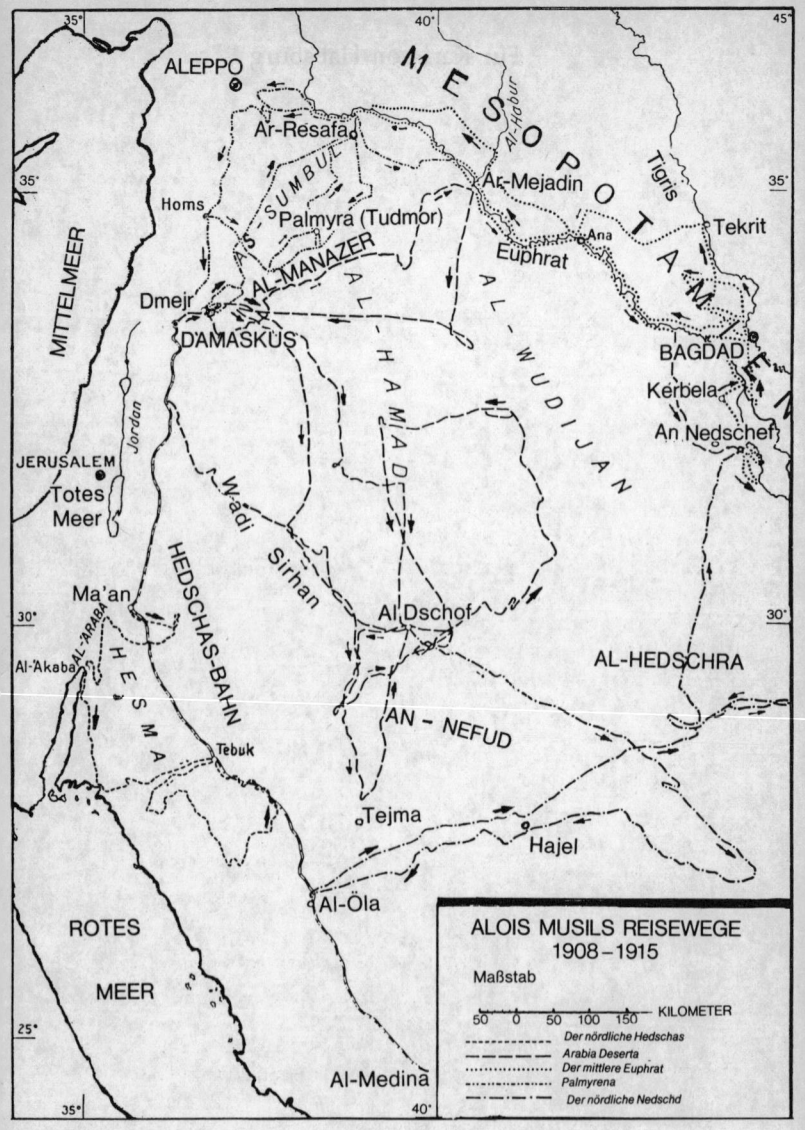

ALOIS MUSILS REISEWEGE
1908–1915

Maßstab

KILOMETER
50 0   50 100 150

Der nördliche Hedschas
Arabia Deserta
Der mittlere Euphrat
Palmyrena
Der nördliche Nedschd

Zeichner: Thomas Grunzel

Inhalt

Ode des Fürsten an-Nuri Eben Scha'lan
vom Stamme der Ruala
zu Ehren seines Bruders Scheich Musa

1. *Was immer ich tu', ich fang es im Namen Allahs, des allmächtigen Gottes an; denn er weiß alles, kennt selbst das Verborgene.*

2. *Du, Scheich Musa, reitest eine Kamelin, keine fünf Jahre alt, ein Vollblut, leichtfüßig schnell, wie es nur aus der Zucht der Scharatat hervorgehen kann.*

3. *Selbst wenn einer hundert der besten Kamele gäbe, so könnte er deine Kamelin dafür nicht haben. Nie trug ihr Rücken gewöhnliche Last, nicht ein einziges Mal.*

4. *Im Frühling grast sie an der Grenze zum fruchtbaren Nedschd, nährt sich von Blüten kostbarer Sträucher, von Blättern der Rose.*

5. *Sie trägt einen Sattel mit weichem Mitaka-Kissen, in dem deine Füße ruh'n, und bunte Bänder von reiner Seide.*

6. *Sie kam aus dem Lager des Fürsten an-Nuri, dem Wolf der Wölfe der Wüste; sie kam aus dem Lager des Helden, dem Segensbringer der Armen.*

7. *Sie brachte den Ruf, den Ruhm aus dem Zelt des Oberhauptes des Stammes und brachte ihn überall hin.*

8. *Auf ihr, der Kamelin, reitet ein Held, der keine der Wüsten fürchtet, der sein Wort in die entlegensten Lande trägt.*

9. *Kommst du in eines der fernen Länder,*
   so bringe die frohe Kunde und Grüße von uns:

10. *Sage: Ein Jagdfalke ist gekommen für dich, ein entschlossener Freund, strahlend wie das Gestirn Kanopus im Sternbild des Schiffes Argo am südlichen Himmel.*

11. *Zahllose Länder hat er erforscht, er, dieser Falke, Länder der Siedler und Wüsten; alles mit klarem Sinn und ganz ohne Furcht.*

12. *Scheich Musa ist es, von dem es nur frohe, glückliche Kunde gibt. Alles weiß er über Ereignisse, die schon vor Zeiten geschah'n.*

13. *Einen wie ihn hat niemals zuvor eine keusche Schönheit geboren.*
    Von allen Führern der Beduinen gleicht keiner ihm.

14. *Ein Herrscher ist er, ein Wesir. Er weiß einfach alles, und keiner*
    gleicht ihm, ausgenommen, vielleicht, Abu Zejd, der sagenumwo-
    bene Held der Antar.

15. *Wie beispielhaft aber erst seine Freigiebigkeit, sein offener Sinn!*
    Er lebt wie einer der immer nur gibt und keine Einbußen fürchtet!

16. *Ein Lächeln im Antlitz – und dennoch von unbeugsamer Willens-*
    kraft – benötigt er niemals Ratschlag, gibt aber selber Rat, selbst in
    schwierigen Fällen.

17. *Ein furchterweckender Löwe ist er, Verachtung hegt er für Schur-*
    ken. Waffen trägt er wie keiner sonst; Besiegte wünschen, sie trü-
    gen die gleichen.

18. *So Gott will und Scheich Musa sein Ziel erreicht,*
    werden wir noch sehr viel von ihm hören.

19. *Neues von ihm aus den Lagern der Beduinen und aus den Häusern*
    der Siedler, auch aus der Gegend der Nomaden, die Schafe und
    Ziegen züchten, und aus dem Land der Ruala, Fedaan und Amarat.

20. *Aus dem Gebiet von Nedschd, den endlosen Tälern und Schluch-*
    ten, aus dem Lande Schawwan und dem Land der Hwejtat.

21. *Durch seine Taten hat er für sich einen unermeßlichen Schatz*
    aufgehäuft, einen nimmerversiegenden Reichtum an Ruhm und
    in Meer von Wissen und von al-mruwwat – all den vornehmen
    Eigenschaften, die ein Beduine nur haben kann.

Vorwort

Meine Filmarbeit führt mich nun schon seit vielen Jahren immer wieder in den Orient und oft stieß ich dabei auf die Spuren Alois Musils, des großen, österreichischen Orientalisten, der hierzulande bis vor kurzem nur mehr einem ganz kleinen Kreis von Fachgelehrten ein Begriff war. Ich selbst wurde auf Musil und sein Werk während der Arbeiten an meinen Biographien über Kaiserin Zita und Kaiser Karl aufmerksam und verfolgte daraufhin mit wachsendem Interesse die Spuren dieses unvergleichbaren Priestergelehrten.

Im Laufe der Jahre vollzog ich alle seine Orientreisen nach, von Mesopotamien zum Hedschas, von Ägypten und Syrien bis Innerarabien; auch jene Zonen, auf die Musil aus den verschiedensten Gründen immer wieder Bezug nimmt, wie den Oman und dessen ferne Provinz Dhofar oder den Iran und alle nordafrikanischen Länder, habe ich mehrmals bereist.

Es gibt noch einige Persönlichkeiten, die sich sehr gut an Alois Musil und das Besondere seiner Ausstrahlung erinnern: seine Verwandten in Richtersdorf (Mähren), Kaiserin und Königin Zita, Konsul Dr. Adolph von Poche in Aleppo, der in seiner Jugend sowohl E. T. Lawrence als auch Alois Musil und Prinz Sixtus von Bourbon-Parma kennengelernt hat, und schließlich Univ.-Prof. Dr. Fritz Schachermeyr, der Nestor der Kretawissenschaft und unvergessene Autor des »Alexander«, der seine Begegnung mit dem Orient einer der typischen »Aktionen« des Alois Musil während des Ersten Weltkrieges verdankt.

Meine Arbeit führte mich in das Museum von Wischau/Mähren, wo sich das umfangreiche, bestens gehütete Musil-Archiv befindet und einige Erinnerungs- und Sammelstücke aufbewahrt werden; ebenso bereitwillige Unterstützung fand ich in Wien bei der Akademie der Wissenschaften (Univ.-Prof. Dr. Walter Dostal, Dr. Wundsam), im Kriegsarchiv, Verwaltungsarchiv, im Naturhistorischen und im Kunsthistorischen Museum, im Museum für Völkerkunde sowie im Kartographischen Institut, der Nachfolgeinstitution des k. u. k. Militärgeographischen Instituts, dem Musil so verbunden war. Dr. Michael Habsburg-Lothringen, der Sohn Erzherzog Huberts, der an der denkwürdigen Orientmission von 1917 teilnahm, stellte mir die Tagebuchaufzeichnungen seines Vaters zur Verfügung, und Günther Thomasberger die Aufzeichnungen seines Großvaters Rudolf Thomasberger, der Musil auf mehreren Expeditionen begleitete. Wertvolle Anregungen und Informationen verdanke ich auch Prinz Sixtus von Bourbon, einem Neffen des Reisegefährten Musils. Auf größtes Verständnis stieß ich bei den Behörden der Türkei, Syriens, Jordaniens, des Irak und Saudiarabiens sowie auch der Tschechoslowakei – Länder, in denen Alois Musil keineswegs vergessen ist –, wobei die großzügige Hilfsbereitschaft schon bei den jeweiligen Botschaften oder Konsularvertretungen in Wien begann und sich bei den österreichischen Vertretungen in den genannten orientalischen Ländern bestens fortsetzte. Mein besonderer Dank gilt Herrn Dr. Karl Johannes Bauer, der über »Alois Musil« dissertierte und mir manche Anregung vermittelte, vor allem in der Aufarbeitung von Musils Korrespondenz mit seiner Schwester Karla.

Nach umfassenden Vorarbeiten im Orient konnte ich im Frühjahr 1983 im Auftrag des ORF einen einstündigen Dokumentarfilm über Leben und Wirken Alois Musils herstellen. Der Film hat entscheidend zur Wiedererweckung des Interesses an diesem bedeutenden Orientalisten Österreich-Ungarns beigetragen, dessen faszinierendes Leben und Werk wahrlich Anerkennung verdient.

Wien, im Feber 1985   *Erich Feigl*

1. KAPITEL

Der Mann mit Eigenschaften

»Eine Episode dieser Zeit war für das charakteristisch, was sich damals in Törleß zu späterer Entwicklung vorbereitete.

Eines Tages war nämlich der junge Prinz H. ins Institut eingetreten, der aus einem der einflußreichsten, ältesten und konservativsten Adelsgeschlechter des Reiches stammte. Alle anderen fanden seine sanften Augen fad und affektiert; die Art und Weise, wie er im Stehen die Hüfte herausrückte und beim Sprechen langsam mit den Fingern spielte, verlachten sie als weibisch. Besonders aber spotteten sie darüber, daß er nicht von seinen Eltern ins Konvikt gebracht worden war, sondern von seinem bisherigen Erzieher, einem doctor theologiae und Ordensgeistlichen.

Törleß aber hatte vom ersten Augenblicke an einen starken Eindruck empfangen. Vielleicht wirkte dabei der Umstand mit, daß es ein hoffähiger Prinz war, jedenfalls aber war es auch eine andere Art Mensch, die er da kennenlernte.«

Wenn je ein Dichter die Sehnsucht und die geheimen Wünsche eines anderen Menschen erahnte, erkannte und beschrieb, dann *Robert* Musil in seiner Erzählung »Die Verwirrungen des Zöglings Törleß«: es ist, als vollziehe Robert den Beginn der Laufbahn seines um zwölf Jahre älteren Cousins *Alois* mit seinem »Törleß« in einer genau beschriebenen Vision nach.

Alois Musil kam am 6. Juli 1868 in Richtersdorf (Rychtářov), im Herzen der fruchtbaren Landschaft Hanna in Mähren, als erstgeborener Sohn einer Bauernfamilie zur Welt, die ihre Abstammung bemerkenswert weit zurückverfolgen kann. Ahnherr ist, gemäß den noch greifbaren Urkunden in Brünn und Richtersdorf, der um 1700 geborene Matthäus Musil. Drei Generationen später kommt im Jahre 1782 Franz Musil zur Welt, der gemeinsame Ahnherr der Cousins Robert und Alois Musil. Der Erstgeborene des Franz Musil, Matthias, wagt den Sprung hinaus aus der Enge des heimatlichen Richtersdorf und geht zuerst nach Salzburg und dann nach Graz. Sein Sohn Alfred (1846–1924) ist der Vater des berühmten Schriftstellers Robert Musil, der 1942 in der Emigration in Genf starb.

Der spätere Orientalist Alois Musil stammt von einem Bruder des Robert'schen Ahnherrn Matthias, von dem im Jahre 1818 geborenen Johannes Thomas Musil ab, der mit Barbara Voratsch verheiratet war.

Beider viertes Kind, Franz Musil, geboren 1843, vermählte sich mit der Bauerntochter Maria Plhal und beider Erstgeborener ist Alois Musil.

Matthäus Musil (geb. um 1700)
|
Paul Musil (gest. vor 1731)
|
Method Musil (verehelicht 1731)
|
Karl Musil (verehelicht 1769)
|
Franz Musil (geb. 1782)
|

Matthias Musil (geb. 1806, gest. 1889 in Graz)	Johannes Thomas Musil (geb. 1808)
|	|
Alfred Musil (geb. 1846 in Temeschvar, gest. 1924 in Brünn)	Franz Musil (geb.1843, gest. 1930; vermählt 1867 mit Maria Plhal)
|	|
Robert Musil (geb. 1880 in Klagenfurt, gest. 1942 Genf)	Alois Musil (geb. 30. 6. 1868 in Richtersdorf, gest. 12. 4. 1944 in Böhmisch Sternberg)

Anton († 1947)   Maria († 1967)
Karla († 1947)   Robert († 1939)

Seinen Geschwistern blieb Alois Musil zeitlebens herzlich zugetan. Zu dreien entwickelte er besondere Beziehungen: seinen ältesten Bruder, Anton, setzte er zum Erben ein, mit Karla verstand er sich wie mit einer guten Freundin und sie darf wohl als seine eigentliche »Vertrauensperson« angesehen werden, und der Jüngste, Robert, ergriff so wie Alois den Priesterberuf.

Alois Musil, der unermüdliche Wanderer durch Arabiens Wüsten, der Unnahbare, hatte in Wahrheit *einen* geographischen Fixpunkt: das heimatliche Richtersdorf, das Elternhaus; in seinen persönlichen Beziehungen bildeten sich *zwei* solche Pole heraus. Es handelte sich um zwei Frauen: seine Schwester Karla, mit der er »ein Herz und eine Seele« war, und Prinzessin Zita von Bourbon-Parma, später Erzherzogin und Kaiserin von Österreich; sie bildete die Brücke zur Familie Bourbon-Parma und später zu jener Kaiser Karls.

Als Alois Musil im Jahre 1868 zur Welt kam, standen die Eltern eine schwere, wirtschaftliche Krise durch, die noch über viele Jahre das Leben der Familie prägen sollte.

Die äußere Notlage der jungen Familie Musil ging auf verschiedene, allzu gewagte Unternehmungen des Franz Musil zurück. Unternehmungslust, gepaart mit Unstetheit und allzu großer Freigibigkeit dürften die Ursache des wirtschaftlichen Niedergangs der ursprünglich durchaus wohlhabenden Familie gewesen sein. Dennoch hatten die sieben Kinder ein gutes Zuhause. Einem der Kinder scheint aber das Leben im Dorf allzu eng geworden zu sein: Der junge Matthias ist der erste Musil, der aus Richtersdorf hinausdrängt. Ihm setzt der Enkel und Dichter Robert bereits ein kleines Denkmal und bewundert dabei auch gleichzeitig seinen Vetter Alois, als er räsonniert: »Mein Großvater Matthias ist ein Mann gewesen, der seinen Kreis durchbrochen und dabei Erfolg gehabt hat. Mein Vater hat ganz innerhalb des Gegebenen gelebt, durchaus in Anpassung an die Möglichkeiten und nur zuletzt (Wien, Graz) ohne Erfolg. Ich bin wie mein Großvater (meinem Vater eigentlich unverständlich), aber ohne Erfolg. *Alois* hat das Schicksal meines unternehmungslustigen Großvaters, seines Großonkels, wiederholt.«

Robert Musil hat seinem Vetter Alois, dem der Sprung aus der Bannmeile »mit Erfolg« gelungen war, offensichtlich viel Respekt entgegengebracht, obwohl es nie zu einer engeren Bindung zwischen den beiden Männern kam. In den Jahren 1910 und 1911 versuchte Robert vergeblich, sich dem Priestergelehrten zu nähern – vielleicht störten den ehemaligen Seminaristen und Internatszögling Alois die »Verwirrungen des Zöglings Törleß«, weil sie seiner Auffassung von Diskretion und Selbstzucht allzu hart widersprachen. Im Nachlaß Alois Musils gibt es nur drei Briefe des Dichters an seinen Cousin. Im ersten, vom 12. Mai 1910, heißt es: »...und da mir der Türhüter nicht sagen konnte, wann mit Aussicht auf Erfolg bei Dir vorzusprechen sei, und ich das Vergnügen, mich Dir vorzustellen, nicht entbehren möchte, hast Du vielleicht die Güte, mir mitzuteilen, wann ich meinen Besuch wiederholen kann. Während der Vormittagsstunden bin ich leider im Amt gebunden. Mit herzlichen Grüßen Dein sehr ergebener Vetter Robert Musil.« Schließlich gibt es noch eine Vermählungsanzeige von Dr. Robert und Martha Musil aus Dresden vom April 1911 und, einen Monat später datiert, ein Schreiben, das offenbar auch schon das Ende einer nie sich wirklich entwickelnden Beziehung markiert:

»Lieber Vetter Alois, ich bitte, Dir nochmals mein Bedauern über den Zwischenfall bei Deinem liebenswürdigen Besuch aussprechen zu dürfen, ich würde mich freuen, wenn ich später in eigener Wohnung Gelegenheit erhielte, den unverschuldet schlechten Eindruck gut zu machen. Mit freundlichen Grüßen meiner Frau und herzlichen Grüßen Dein aufrichtig ergebener Vetter Robert Musil«.

Der für seine niemals einlenkende, überaus harte Haltung gegenüber seinen Mitmenschen bekannte und deswegen oft sogar verhaßte Alois Musil dürfte – aus unbekannter Ursache – nach diesem geheimnisvollen »Zwischenfall« den Kontakt mit dem Autor des »Törleß« überhaupt gemieden haben. Vermutlich störte den asketischen Priestergelehrten manches an der offeneren, allem Menschlichen (und Allzumenschlichen) aufgeschlossenen Haltung des Dichters Robert Musil, wohingegen Alois jahrzehntelang, jedenfalls gut zwei Drittel seines Lebens, nur kompromißlose Härte an den Tag legte; wahrscheinlich eine Folge der gewiß nicht freudlosen, aber doch sehr entbehrungsreichen, von Arbeit, Lernen, Sorge und Mühe gekennzeichneten Jugendzeit auf dem elterlichen Hof.

Über den Bauernbuben Alois Musil wußten die Dorfbewohner immer nur zu erzählen, daß er fleißig, ernst und *gescheit* war; unangefochten hielt er seine Stellung als Klassenbester, trotz der vielen Hofarbeit.

Der behütete, kaum aus den Mauern des Heimatdorfes je hinausgekommene Alois tat sich recht schwer, als mit elf Jahren der Schulwechsel nach Kremsier erfolgte. Erfolgen sollte, hätte es beinahe geheißen, denn Alois wäre bei der Aufnahmeprüfung um ein Haar durchgefallen. Es heißt, Alois habe damals seinen ersten »Schwips« gehabt, allerdings keineswegs vom Alkohol, sondern von einem Glas »Syphon«, Sodawasser, das er in Kremsier zum ersten Mal in seinem Leben getrunken hatte. Das fremde, prickelnde Getränk erregte ihn derartig, daß er nur mit Mühe die Fassung behielt und vor Aufregung seine Prüfung beinahe nicht geschafft hätte. Übrigens muß dieses »Syphon-Erlebnis« eine bleibende Spur in seinem Leben hinterlassen haben: Alois Musil, der so asketische, weder sich noch den Mitarbeitern etwas gönnende knausrige Priester, bewahrte sich zeitlebens eine besondere Vorliebe für Champagner. Niemals vergaß er, etliche Flaschen dieses moussierenden Rebensaftes in die Wüste mitzunehmen und sich gelegentlich, nach einem besonders schwierigen Streckenabschnitt oder einem der zahlreichen Überfälle, bei denen er mitunter gerade noch mit dem Leben davongekommen war, mit seinem Schaumwein zu laben.

Alois ging ins sechzehnte Lebensjahr, als er den Entschluß faßte, Priester zu werden. Es gibt aus jenen Tagen ein bezeichnendes, überaus klares Lichtbild: es zeigt einen auffallend reifen Jüngling mit gut geschnittenem, interessantem Gesicht, dessen ganze Ausstrahlung stark an Konprinz Rudolf erinnert. Der Habsburger – zehn Jahre älter als der heranwachsende Alois – könnte durchaus ein Idol des Bauernburschen aus Richtersdorf gewesen sein, ein Vorbild in mancherlei Hinsicht: Im Jahre 1884, als die Photographie des Jünglings Alois entstand, befand sich der Kronprinz auf einer groß angelegten Orientreise und besuchte die Höfe von Sofia, Bukarest, Belgrad und – Konstantinopel. Die Berichte über den geheimnisvollen Potentaten, den Padischah, Sultan und Kalifen Abdül Hamid, der hinter den hohen Mauern des Yildiz-Palastes zu Konstantinopel lebte, scheinen den Schüler in Mähren maßlos erregt zu haben; damals dürfte das Interesse für den Orient und das Osmanenreich erstmals die Schwelle zu jenem sehnsuchtsvollen Bedürfnis, selbst etwas Gleichwertiges zu erleben, erreicht haben.

Vielleicht ließ auch die Not im elterlichen Haus die Gedanken des Burschen, der zeitlebens kaum etwas anderes als Arbeit und Sorge gekannt hatte, immer mehr in ferne Regionen schweifen. Ein Jahr nach der Orientreise des Kronprinzen bewegte ein anderes Ereignis alle Gemüter in Mähren: in Kremsier fand das aufwendige Treffen zwischen Kaiser Franz Joseph I. und Zar Alexander III. im Beisein von Kaiserin Elisabeth, der Zarin Maria Feodorowna und des Kronprinzen Rudolf statt. Selbstverständlich war in dem geschichtsträchtigen mährischen Provinznest mit seinem Jesuitengymnasium alles auf den Beinen, um die Monarchen zu sehen und zu grüßen; rückblickend wirkt der prunkvolle Empfang auf dem Bahnhof von Kremsier fast wie eine Vorwegnahme des drei Jahrzehnte später von Musil für seinen Kaiser und König inszenierten Staatsbesuches in Konstantinopel.

Jedenfalls fiel damals sein Entschluß, den Priesterberuf zu ergreifen. Er übersah bei diesem Schritt gewiß nicht die Möglichkeiten eines Geistlichen, in Gesellschaftsschichten vorzudringen, die vielen anderen Berufsständen verschlossen blieben.

Alois maturierte im Jahre 1887 und studierte anschließend an der Theologischen Fakultät der Universität Olmütz, abermals einer geschichtsträchtigen mährischen Stadt, wo es sich entschieden hatte, daß der blutjunge Franz Joseph Kaiser von Österreich werden sollte, und wo dieses Bewußtsein selbstverständlich sehr wach gehalten wurde. Am 20. Juni 1895 wurde er dort CUM APPLAUSO zum Doktor der Theologie promoviert.

Doch in diesen acht Jahren zwischen Reifeprüfung und Doktorat lag eine Durststrecke, wie sie ihm die Wüste Arabiens trotz aller Mißbill sicher nie darbot. Zunächst ließ sich alles noch recht vielversprechend an, fand er doch vor allem in seinem Lehrer und Mentor Professor

Mlčoch den richtigen Mann am richtigen Ort. Mlčoch förderte in dem jungen Studenten, in dem die Liebe zum Orient schon vorhanden war, nun die Liebe zu den semitischen Sprachen. Ohne *Sprachen* geht im Orient gar nichts. Alles ist dort *Wort*. Also erlernte der junge Musil zunächst einmal das Hebräische. Dazu kamen alsbald Arabisch – eine Sprache, in der er es bald zu vollendeter Fertigkeit – auch in den nordarabischen Stammesdialekten – bringen sollte, und Türkisch.

Im Jahre 1891 empfing Alois Musil die Priesterweihe. Es bedeutete dies im Leben des Alois Musil trotz all seiner Erfolge, seiner Auszeichnungen und Titel, denen er zeitweilig mit geradezu kindischem Eifer nachjagte, gewiß *das* Ereignis seiner irdischen Existenz; in seinem umfangreichen Schrifttum, in dem er kaum jemals auf seine Weihe zu sprechen kommt, ist dieses Bewußtsein von Verantwortung und besonderer Würde dennoch stets präsent und in seinen späten Jahren geht er in seinem Priestertum vollends auf.

Gegen Ende des 19. Jahrhunderts und zu Beginn des unseren gab es noch keinen Priestermangel, ganz im Gegenteil: Eine »priesterliche Existenz«, vor allem dann, wenn sie aus der ärmeren Bauernschicht stammte, konnte nur allzu leicht irgendwo in einer Pfarrei im Dunstbereich zwischen Kirche und Küche verkümmern. Dazu kam die Tretmühle des Katechetendaseins, der Zwang, in der Fastenzeit von acht Uhr früh bis acht Uhr abends und länger vor zumeist völlig uninteressierten Schülern immer wieder das gleiche Thema verständlich und glaubhaft zu machen; dazu kam die mörderische Praxis des Beichtunterrichts, der den Kindern und Jugendlichen an Hand endloser Listen mit peinlich genauen Aufschlüsselungen jedweder Variationsmöglichkeit von Sünde und Laster nicht nur markierte Wege zur Selbsterkenntnis und Reue vermitteln sollte, sondern auch das weite Spektrum menschlicher Fehlleistung, vor allem aber die Faszination des möglichen Bösen ausbreitete. Es mochte auch dieser schier diabolische »Beichtunterricht« jener Jahre sein, der sich auf das damalige, doch recht abwegige Verständnis der Zehn Gebote stützte, daß Alois Musil später mit solch fanatischer Inbrunst nach dem »*wahren Sinai*« suchte und diesen schließlich in einem Vulkanberg in *seiner* Wüste gefunden zu haben glaubte.

Musils Jahre als Religionslehrer, in denen ihn seine gedankenlosen Vorgesetzten kraft damaliger Hierarchie als eine Art Gouvernante im Priesterrock an einer Mädchenschule mißbrauchten, scheinen für ihn ein Kreuzweg gewesen zu sein, ja ein Martyrium.

Das vollkommene Schweigen Alois Musils, das sich der Gelehrte in seinem so umfangreichen Werk hinsichtlich seines Priesterberufs, besonders aber in bezug auf seine Stellung zu Kirche und Hierarchie auferlegt, dürfte in jenen enttäuschenden Jahren des Lebens als Religionslehrer seine Wurzel haben. Alois Musil quälte sich jahrelang durch die Tretmühle katechetischer Knechtschaft: in Mährisch-Ostrau »wirkte« der junge Priester, den Fernweh und unstillbarer Wissensdurst quälten, der von fremden Ländern und neuen Menschen träumte, an der Volks- und Bürgerschule. Wenn es für Alois Musil, dessen schöpferische Kraft doch in eine völlig andere Richtung drängte, überhaupt einen Hoffnungsschimmer gab, dann den, daß endlich eines seiner zahllosen Gesuche wegen Beurlaubung und Ermöglichung von Bibelstudien im Orient berücksichtigt werde.

Wahrscheinlich wäre der junge Priester an der Sisyphusarbeit seiner Katechetenfron in den böhmisch-mährischen Kleinstädten mit all ihrer Enge zerbrochen, hätte er nicht jede freie Minute daheim in Richtersdorf verbringen können. Dort brachte ihm harte, körperliche Arbeit den notwendigen Ausgleich, dort fühlte er sich bei Eltern und Geschwistern, in der Welt einfacher Frömmigkeit und herzlicher Zuneigung, geborgen. Der jüngere Bruder Alois Musils, Robert, faßte gleichfalls den Entschluß, Priester zu werden; er ging später in jenen Aufgaben, an denen Alois fast zerbrochen wäre, glücklich auf. Die eigentliche Nestwärme daheim vermittelte Alois seine Schwester Karla, mit der er sich besonders gut verstand und die ihm in ihrem Verständnis für seine Probleme und Sehnsüchte zeitlebens die beste Freundin blieb. Mit ihr konnte er in jenen Jahren auch am besten und ausführlichsten über den Traum seines Lebens sprechen, der sich in einem Wort fassen läßt: *Morgenland.*

Am 20. Juni des Jahres 1895 wurde der Bauernsohn aus Richtersdorf zum Doktor der Theologie promoviert, ein für einen Priester jener Tage bezeichnender Sonderfall, der die Volks- und Bürgerschulkarriere des jungen, von Ehrgeiz und Fernweh brennenden Dr. theol. Alois Musil zu dem machte, was sie nur sein konnte: Zwischen-, aber nicht Endstation. Der Schlüssel zur Erlangung eines Stipendiums für einen Studienaufenthalt im Orient dürfte die merkwürdige Tatsache gewesen sein, daß der junge Musil als Thema seiner Dissertation ausgerechnet die »Geschichte des Bistums Olmütz« wählte, ein für einen Mann wie Musil vielleicht »hausbackenes« Thema. Vermutlich aber handelte es sich dabei um einen klugen Schachzug des strebsamen Kandidaten, dessen in blendendem Latein geschriebene Arbeit von 78 Seiten die besondere Aufmerksamkeit Seiner Exzellenz des »allmächtigen« Erzbischofs von Olmütz, Theodor Kohn, gewann.

Der siebenundzwanzigjährige Doktor der Theologie erweckte nun das

Interesse des Oberhirten der Diözese; Theodor Kohn hoffte, in dem strebsamen jungen Priester einen guten, künftigen Professor für die Universität Olmütz gefunden zu haben. Mit überraschender Schnelligkeit wurden die notwendigen schulbehördlichen Schritte unternommen – Beurlaubung, Einstellung der Vorrückung und der Besoldung – und, das Wichtigste, das Stipendium gewährt.

Erzbischof Dr. Theodor Kohn sollte in Musils Werdegang in mancherlei Hinsicht eine besondere Rolle spielen. Zunächst einmal durch die tatkräftige Förderung, die Kohn dem jungen Musil zuteil werden ließ. Da war aber noch mehr: Kohn stammte aus dem mährischen Dorf Breznic und war ein ebenso waschechter Bauernsohn wie waschechter Jude. Juden lebten in Mähren seit dem 13. Jahrhundert; Kaiserin Maria Theresia erneuerte ihre vielfältigen Privilegien und in manchen Gemeinden – so in Mißlitz – übertrafen sie die »christlichen« Mitbürger an Zahl fast ums Doppelte. In allen gemischtsprachigen Gemeinden Böhmens und Mährens war die Bedeutung der Juden für das deutschsprachige Schulwesen nicht hoch genug einzuschätzen; mancherorts konnten Realschulen oder Gymnasien nur dank der Juden erhalten werden, die sich in ihrer überwältigenden Mehrheit eher dem deutschen als dem slawischen Kulturkreis zugehörig fühlten, ohne dabei in einseitigen Nationalismus zu verfallen.

Die Kirche hat ihre hervorragendsten Vertreter schon immer aus dem Bauernstand geholt; Theodor Kohn war einer von ihnen. Er brachte nach der Regierungszeit seines Vorgängers, des Fürsterzbischofs Fürstenberg von Olmütz, das völlig verwahrloste Fürsterzbistum, eines der reichsten der Doppelmonarchie, wieder in Ordnung und zog sich gerade dadurch den Haß und die Abneigung fast aller Diözesankinder zu ... bis weit über seine Zeit hinaus; der »Völkische Beobachter« bedachte ihn noch 1938 (!) mit seinen Haßorgien, in Wien stand Kohn im gleichen Jahr im Mittelpunkt einer antisemitischen Ausstellung. Wie sehr Musil solche Aktivitäten verachtete, kann kaum genug betont werden, nicht nur, weil er sich Erzbischof Kohn zu Dank verpflichtet fühlte, sondern weil er Nationalismus und Rassenwahn ablehnte – freilich auf *jeder* Seite ... auch auf der Seite der zeitweilig Verfolgten. Erzbischof Kohn wurde im Jahre 1904 – damals ein sensationeller, einmaliger Fall – von Papst Pius X. zur Resignation gezwungen. Musil hat ihm trotzdem – oder gerade deswegen – die Treue bewahrt.

Im Herbst des Jahres 1895 trat Alois Musil seine erste Orientreise an, begleitet nicht nur von den guten Wünschen seiner Angehörigen, sondern auch mit dem bischöflichen Reisesegen des Theodor Kohn.

2. KAPITEL

Erste Begegnung mit dem Orient

Orientfahrten beflügeln seit langer Zeit die Phantasie des Europäers; Christen träumten seit den Pilgerreisen der Kaiserin Helena oder der frommen Egeria von einem Besuche Jerusalems, andere, eher an »Bildungsreisen« Interessierte, wollen spätestens seit Napoleon oder Champollion ins Land am Nil. Gegen Ende des 19. Jahrhunderts hatte sich eine gut organisierte Touristen- und Pilgerindustrie herausgebildet, die den Heerwurm von frommen oder bloß wissenshungrigen Europäern problemlos in den Orient und wieder nach Hause lenkte.

Der junge Alois Musil hatte auch nicht viel mehr zu tun, als drei Fahrkarten zu lösen: eine Eisenbahnkarte nach Triest, die Schiffspassage mit dem Österreichischen Lloyd nach Jaffa (heute eine Schwesterstadt von Tel Aviv, beinahe ihr Vorort) und von dort wieder eine Bahnkarte für die Strecke von Jaffa nach Jerusalem, gezählte 87 Bahnkilometer. Die Bahnverbindung zur Erleichterung des Pilgerverkehrs gab es seit dem Jahre 1892, und die Strecke Triest – Alexandrien – Jaffa – Beirut befuhr der Österreichische Lloyd gar seit dem Jahre 1857 regelmäßig im stets bestens ausgelasteten Linienverkehr.

Jaffa präsentierte sich damals als eine schmucke, aufstrebende Hafenstadt. Palmenhaine umgaben den Stadthügel mit seinen malerischen, wie weiße Würfel in- und übereinander verschachtelten Häusern. Vom Bahnhof Jaffa betrug die Fahrzeit keine zwei Stunden bis zur Endstation Jerusalem. Von dort konnte ein junger Mann, gut bei Fuß und mit winzigem Gepäck, wie es einem mittellosen Stipendiaten zustand, die »École Biblique« der französischen Dominikaner in dreißig Minuten erreichen. Es muß in der »École« noch nach frischer Farbe geduftet haben und neuen Möbeln und nicht nach dem katholischen Instituten in aller Welt eigenen Geruch von Ausspeisung und Moder, ja verschiedene Teile der gewaltigen Anlage befanden sich überhaupt noch im Bau. Es handelte sich um ein sehr umfangreiches Vorhaben, das Frankreichs Dominikaner in Jerusalem verwirklichten; zur »Bibelschule« gehörte auch ein großes Kloster und die École Archéologique Française. Trotz des Rufes, der der École Biblique vorauseilte, fand Musil in ihr keineswegs jenes Institut, das er zur Vertiefung seiner Bibelstudien erhofft hatte. Es handelte sich eher um ein Haus, dessen beste Lehrer gerade noch das Niveau eines Olmützer Hebräisch-Studenten im dritten Semester aufwiesen.

Auch die Heilige Stadt erfüllte in keiner Weise die Erwartungen Musils. Störte ihn in der École Biblique das in seinen Augen arrogante und überhebliche Gebaren der Dominikanerpatres, so im internationalen Kirchenbetrieb rund um das heilige Grab und die zahllosen Andachtsstätten Jerusalems die Eifersucht der Kirchenvertreter untereinander und die offenbar ihnen allen gemeinsame Gier nach dem Geld der frommen, oft aus sehr ärmlichen Verhältnissen kommenden Pilger, deren religiöse Gefühle von allen Grabes- und sonstigen »Hütern« gleichermaßen schamlos ausgenützt und in recht irdische Werte umgemünzt wurden.

Trost fand Alois Musil in der sich hin und wieder bietenden Gelegenheit, an einer der üblichen »Exkursionen« teilzunehmen; das Manko im Studienbetrieb seiner »École« löste er kurzerhand dadurch, daß er sich für Hebräisch und Arabisch je einen eigenen berufenen Lehrer nahm, Männer, die den lernbegierigen Priester um wenig Geld in ihrer Muttersprache unterwiesen: einen Rabbiner und einen Hadschi. Ähnliche Freude wie seine beiden »Privatlehrer« bereitete ihm Pater Vincent Hugues, der seine Schüler in das biblische Land begleitete.

Der 3. Februar 1896 ist der *erste* Reisetag im Leben Musils, der über das bewohnte und bebaute Gebiet des bisher von ihm bereisten Orients hinausgeht. Die Exkursion dauert genau dreiundvierzig Tage und führt unter der kundigen Leitung von Pater Vincent zum Roten Meer, bis nach Nordostägypten hinein und über Kairo und die Halbinsel Sinai zurück nach Jerusalem, wo die Karawane am 18. März 1896 wieder einlangt. Noch am gleichen Tag richtet Musil in einem geradezu flehentlichen Schreiben (das er allerdings nie abgeschickt hat) die Bitte an das Ministerium für Cultus und Unterricht, ihm ein Stipendium für eine »hochwichtige Reise« zu gewähren, und zwar abermals auf die Halbinsel Sinai sowie nach Kerak.

Die Lehren, die Alois Musil aus diesem ersten Versuch, mit Land und Leuten in Berührung zu kommen, gezogen hat, sind kurz zu umschreiben: nie wieder in »großer Gruppe«, nie wieder auf »ausgetretenen Pfaden«.

Er hat sich später immer nur in sehr kleinen und stets von ihm geleiteten Gruppen bewegt und – noch auffallender – größere Orte oder bekannte Plätze gemieden und sie nur dann aufgesucht, wenn zwingende Notwendigkeit dazu bestand. Selbst nach wochenlangem Marsch durch ödeste Wüste ritt er mit seinen Leuten an Städten vorbei, wenn er noch genügend Vorräte mit sich führte, um sein Ziel auf unbekannten Routen zu erreichen.

Noch eine Leidenschaft scheint damals in Musil erwacht zu sein: die zum Kartenzeichnen und zum Sammeln von Ortsnamen. Unmittelbarer Anlaß zum »Ausbruch« dieser Passion könnte die Beschäftigung mit der Literatur über das Land östlich des Toten Meeres, vor allem aber mit der berühmten Mosaik-Landkarte von Madaba gewesen sein, deren topographische Darstellung geradezu als Prototyp der späteren Karten Musils angesehen werden muß; so wie die Schöpfer der Karte von Madaba legt auch Musil bei seinen Arbeiten weniger Wert auf die genaue Erfassung des Geländes, sondern vor allem auf die *Namen* der Orte, ihre korrekte Schreibung und Lokalisierung. Das nahezu unversehrte Fußbodenmosaik mit einer Darstellung des Heiligen Landes in der Basilika von Madaba war bei Renovierungsarbeiten im vorigen Jahrhundert bedenkenlos beschädigt und beinahe überhaupt vernichtet worden.

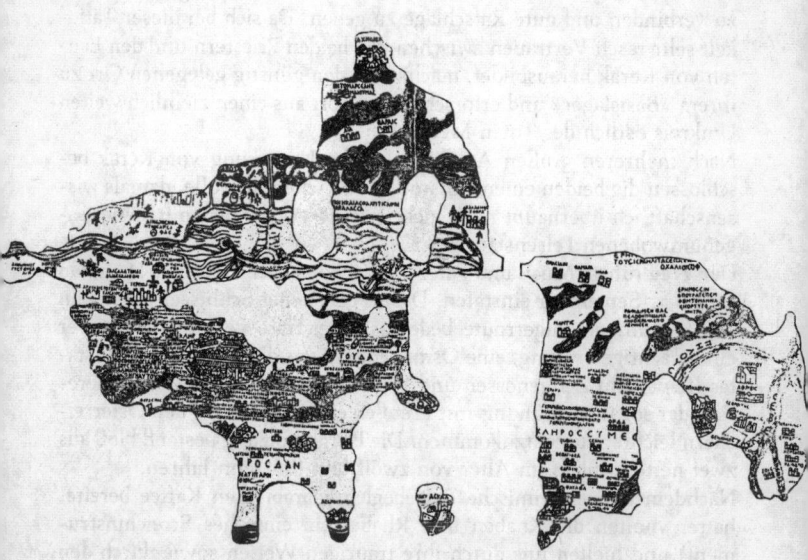

Überrest einer byzantinischen Mosaik-Landkarte in der Basilika von Madaba. Ganz oben Characmoba, darunter das Tote Meer, links der Jordan, darunter Jericho, unter der linken Lücke die heilige Stadt »Hierosolyma«, ganz rechts das Nildelta mit Tanis und Sais, berühmten antiken Bischofssitzen. An der linken oberen Hälfte des rechten Bruchstücks MAMPSIS, zur Zeit Musils unter dem Namen »Kornub« geläufig, mit dem er sich besonders ausführlich beschäftigte.

21

Mit Beginn der Ferien, im Juli 1896, zieht Musil auf eigene Faust los und erreicht schon nach wenigen Tagen das etwa 60 km Fußmarsch östlich von Jerusalem liegende Madaba, wo er in einer katholischen Missionsstation bei Pater Antonio Abdrabbo, einem ebenso klugen wie hilfsbereiten Missionar, Unterkunft und Rat findet. Sicher hat sich Pater Abdrabbo auch über die Abwechslung gefreut. Die beiden abenteuerlustigen geistlichen Herren verbinden nun das Angenehme mit dem Nützlichen. Pater Abdrabbo ist froh, eine nette Reisegesellschaft zu haben und nimmt den überraschenden Besuch zum Anlaß, sein weites Missionsgebiet, das er nur zum Teil kennt, endlich einmal zu »visitieren«; Musil wieder sieht sofort, daß er von dem erfahrenen Missionar in jeder Beziehung nur lernen kann. Den 15. August, Mariä Himmelfahrt, verbringen die beiden Priester mit einer kleinen Gruppe katholischer Bauern in Kerak, 60 km südlich von Madaba, östlich des Toten Meeres: den ganzen Tag über haben sie Kranke zu pflegen, Wunden zu verbinden und gute Ratschläge zu geben. Da sich bei dieser Tätigkeit sehr rasch Vertrauen zwischen den beiden Priestern und den Leuten von Kerak herausbildet, machen sie den günstig gelegenen Ort zu ihrem »Basislager« und erforschen von dort aus einen ziemlich weiten Umkreis östlich des Toten Meeres.

Nach mehreren großen Ausflügen in die Umgebung von Kerak beschlossen die beiden einen Vorstoß in das geheimnisvolle, damals wissenschaftlich überhaupt noch nicht erfaßte Wadi Musa mit seiner sagenumwobenen Felsenstadt Petra.

Der Weg führte Musil und Pater Abdrabbo zunächst nach el-Hasa, wo sie am 1. September eintrafen. Das wegen seiner Schlüsselstellung an einer wichtigen Pilgerroute bedeutsame el-Hasa verfügte auch über eine mächtige Festung, eine Osmanenburg aus der Zeit Sultan Mustafas III., einem Zeitgenossen und Widerstreiter Kaiserin Maria Theresias, der sogar ein Bündnis mit Preußen einging, um mit den Österreichern leichter zurechtzukommen. Die Burgbesatzung bestand bloß aus zwei netten Buben im Alter von zwölf und fünfzehn Jahren.

Nachdem der einheimische Reisebegleiter arabischen Kaffee bereitet hatte, »holten die Knaben ihre Rhabe (ein einfaches Streichinstrument) und hielten uns durch ihre traurigen Weisen sowie durch den monotonen Vortrag ihrer Lieder lange in die Nacht hinein wach. Ich bewunderte ihr Gedächtnis, weil sie so viele für die Geschichte der einzelnen Stämme recht wichtige Gedichte auswendig wußten.«

Später hat Alois Musil, der anscheinend so kühle und unberührbare Forscher, hunderte und aberhunderte von Beduinenliedern, die er, so wie bei den Knaben in Kalat el-Hasa, abends an den Lagerfeuern, bei den langen Märschen, bei Hochzeiten und Beschneidungen hörte, in Wort und Melodie gewissenhaft niedergeschrieben; es ist mit Sicherheit anzunehmen, daß die Mehrzahl dieser Lieder heute in der Wüste bereits vergessen ist und nur mehr in Musils Aufzeichnungen fortleben. Des (arabischen) Knaben Wunderhorn harrt der Wiederentdeckung ...

Von Kalat el-Hasa stießen Musil und Pater Abdrabbo nach Süden vor und erreichten Petra. Sie hielten sich doch vier Tage lang auf, gerade Zeit genug, daß Musil das Gelände der Nabatäerstadt in Augenschein nehmen und die erste wirklich wissenschaftliche Erforschung Petras in Angriff nehmen konnte. In dieser Zeit, im Herbst 1896, muß es gewesen sein, taucht unter den Begleitern Musils im Wadi Musa – der unmittelbaren Umgebung von Petra – der Name »Musa«, nachher auch »Scheich Musa« für Alois Musil auf. Musil war zeitlebens stolz auf diesen »Kriegsnamen«; er kommt später sogar in seinen osmanischen Reisedokumenten vor und er ziert sein im Jahre 1908 errichtetes Landhaus im heimatlichen Richtersdorf, auf das er in großen Buchstaben »VILLA MUSA« schreiben läßt.

Der Petra-Aufenthalt hatte für die kurze, noch verbliebene Ferienzeit fast schon zu lange gedauert, und im Eiltempo ging es zurück zur Missionsstation des Pater Abdrabbo, nach Madaba, wo Musil die verbliebene Zeit zu intensivem Studium der Umgebung dieser Stadt nützte. Es scheint, als sei die Grundlage seines Ehrgeizes und Willens, selber Landkarten zu verfassen, tatsächlich auf die Mosaik-Karte aus byzantinischer Zeit in der Basilika von Madaba zurückzuführen, denn auch die *erste* Landkarte des Alois Musil erfaßt das Gebiet um Madaba. Er vollendete seinen »Erstling« zwei Jahre später. Doch vorerst hieß es: Zurück in das ungeliebte Jerusalem und die noch viel weniger geliebte École Biblique der französischen Dominikanerpatres.

Da dem Studenten Alois Musil der Lehrstoff, der ihm dort vorgelegt wurde, kaum Schwierigkeiten bereitete, hatte er Zeit und Muse genug, eine erste Bilanz zu ziehen und die nächsten Schritte zu planen. Er tat beides mit bereits gewohnter Gründlichkeit; er war gewiß stolz auf die schon zurückgelegten Strecken und die daraus hervorgehenden Lehren, aber: »Gleichwohl erkannte ich auf diesen ersten, unabhängigen Reisen, wie unvollständig ich noch vorbereitet war. Das Land, das ich durchstreifte, war kartographisch nicht verzeichnet, daher mußte ich mir meine eigenen Karten skizzieren. Doch hatte ich dies irgendwie zu tun gelernt. Natürlich hatte ich einen Kompaß und ein Höhenmeßbarometer, doch fand ich bald heraus, daß diese nicht genügten. Ich konnte die Breite nicht bestimmen. Ich hatte einen kleinen Barometer, aber ich konnte die Seehöhe nicht bestimmen. Ich fand alte Inschriften, aber ich wußte nicht, wie sie am besten zu kopieren und zu photographieren sind oder wie man Abklatsche macht. Ich wußte nicht, wie man Aufriß und Querschnitt von verschiedenen, alten Gebäuden zeichnete. Ich fand viele Denkmäler aus der nachbiblischen Ära und so war es für mich notwendig, die geschichtlichen Quellen aller Epochen zu studieren, und die Geschichte der einzelnen Orte zu rekonstruieren und so weiter.«

Dieses intensive Studium der geschichtlichen Hintergründe all der Orte, die er im Laufe seines Forscherlebens noch aufsuchen sollte, führte in seinem Werk später zu gewaltigen Anmerkungsteilen, in denen er mit heute kaum mehr begreifbarer Gründlichkeit allen Quellen nachging, sie zitierte und kritisch wertete. Allein der »Anmerkungsapparat« des Musil'schen Werkes stellt heute ein Lebenswerk für sich dar; er harrt, so wie auch die arabische Liedersammlung Musils, noch der Entdeckung und Aufarbeitung.

Im Wintersemester 1886/87 stand allerdings die Frage im Vordergrund, wie es mit dem Studium im Orient weitergehen sollte. Das einzige, was Musil vielleicht in Jerusalem hätte halten können, wären seine persönlichen Kontakte zu seinen »Privatlehrern«, vielleicht auch das österreichisch-ungarische Konsulat mit seiner liebenswürdigen Mannschaft oder noch mehr das österreichische Hospiz gewesen, das er gelegentlich aufsuchte, doch das alles konnte für einen Mann wie Musil kein Grund zum Bleiben sein.

Mit Hilfe böhmisch-mährischer Freunde, wahrscheinlich abermals mit tatkräftiger Assistenz seines hohen Protektors Theoder Kohn, des Erzbischofs von Olmütz, erwarb er ein neues Stipendium – doch diesmal für die St. Josephs-Universität in Beirut.

Eine Reise von Jerusalem nach Beirut fiel damals nicht weniger leicht als eine von Jaffa nach Jerusalem; es gab bequeme, moderne Bahnverbindungen und – vor allem – keinerlei Grenzprobleme... alles gehörte zu einem einzigen, großen, osmanischen Reich. »Fremd« konnte einem Österreicher eine Stadt wie Beirut so wenig sein wie Jerusalem: Dort gab es das österreichische Hospiz und die berühmte österreichische Poststation, hier den Hafen mit seiner regelmäßigen und schnellen Verbindung durch den Österreichischen Lloyd nach Triest und die lebendige Erinnerung an eine österreichische Flottenintervention vor Beirut zur Vertreibung des Usurpators Mechmed Ali von Ägypten, der sich gegen seinen Sultan aufgelehnt hatte. Ein österreichisches Flottengeschwader, bestehend aus den Fregatten »Medea« und »Guerriera« sowie der Korvette »Lipsia« griff im Jahre 1840 gemeinsam mit

britischen und osmanischen Einheiten zur Unterstützung des Großherrn gegen den rebellischen Mechmed Ali ein. Am 9. September 1840
ergaben sich dessen Truppen in Beirut, und am 26. September führte
der erst neunzehnjährige Erzherzog Friedrich, ein Sohn des Siegers
von Aspern, seine Marinesoldaten zur glücklichen Erstürmung von Sidon. Am 4. November eroberten die Österreicher Akkon. Diese Ereignisse, die für die Bewohner von Beirut und des gesamten Libanon die
Befreiung von einem wahren Alptraum und die Wiederherstellung der

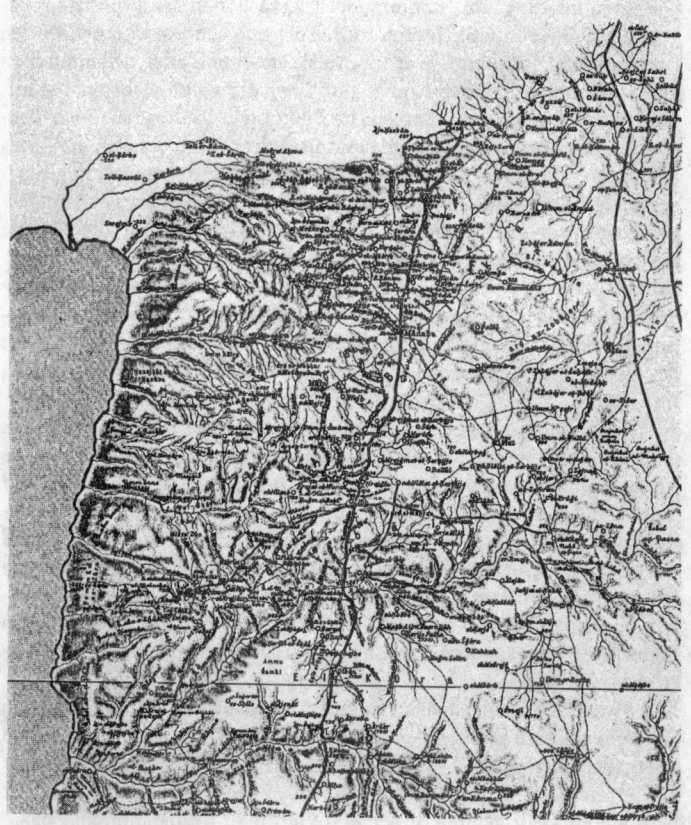

Alois Musils erste kartographische Arbeit galt der Umgebung von Madaba
(Ausschnitt) östlich des Toten Meeres.

legitimen, osmanischen Macht gebracht hatten, waren in Beirut un-
vergessen. Einzig und allein Frankreich hatte sich damals ausgeschlossen, im Gegenteil, es unterstützte sogar Mechmed Ali, um seinen Einfluß in Ägypten und Syrien zu verstärken. Im Jahre 1860 brach im
Libanon ein von Frankreich geschürter Aufstand gegen die Türken
aus. In der Folge kam es auch zu einer Verstärkung des französischen
Einflusses im Libanon und in Syrien – ein Faktum, mit dem Musil bis
tief in den Ersten Weltkrieg hinein zu tun hatte, als er als *der* Gegenspieler der Engländer und Franzosen unter den Arabern wirkte.

Die im Jahre 1875 (zur Stärkung der französischen Machtposition) gegründete Université St. Joseph in Beirut – sie gehörte und gehört den
französischen Jesuiten – war zweifellos das beste aller orientalischen
Lehrinstitute; es verfügte nicht nur über die vorzüglichsten Lehrer,
sondern auch über die umfassendste Bibliothek. Sie liegt auch herrlich,
gleich hinter dem berühmten Hauptplatz der Neustadt von einst, dem
»Palace des Martyrs«, der bis zum heutigen Tag seinem Namen übrigens alle Ehre macht, fanden doch gerade dort im libanesischen Bürgerkrieg unseres Jahrhunderts, der in seiner Grausamkeit alle Kämpfe
aus früherer Zeit in den Schatten stellt, die blutigsten Auseinandersetzungen statt. Zur Studienzeit Alois Musils präsentierte sich Beirut allerdings als die Stadt, die alle so gerne in ihr sähen: weltoffen, international, tolerant; bis auf die Internationalität also das positive Gegenteil
des heuchlerischen, bigott sich gebärdenden und verworfen lebenden
Jerusalem.

Als Vollendung des neuen Glücksgefühls mag die Bekanntschaft mit
dem aus Tirol stammenden Missionar Georg Gatt gelten, der sich als
Topograph einen Namen gemacht hatte und Musil wie ein Lehrer zur
Seite stand, um die kommenden Aufgaben zu erkennen und zu bewäl-
tigen. Der besondere Vorteil dieser neuen Verbindung lag darin, daß
Gatt in Gaza eine ähnliche Stellung innehatte, wie Pater Abdrabbo in
Madaba. Das eröffete ihm die Möglichkeit, Petra bei nächster Gelegen-
heit von einer anderen Seite her zu »knacken« – nicht von der üblichen
Pilgerroute her, sondern aus Gaza, und dabei neue Gebiete zu erfor-
schen.

Das Wintersemester 1896/97 nützte Alois Musil mit Vorbereitungen
für seine nächste Reise, die er am 25. Mai in Begleitung des deutschen
Kartenzeichners Rudolf Lendle antrat. Das Ziel, Petra von Norden her
zu erreichen, wurde völlig verfehlt, aber gerade wegen der
besonderen Widrigkeiten dieser Reise lernte er »Wüstenpraxis« dazu.
Während Lendle schließlich im österreichischen Hospiz Tantur bei
Jerusalem einen Genesungsaufenthalt nach all den Entbehrungen

einschieben mußte, ging Musil nach Madaba zu Dom Abdrabbo und vollendete die Umgebungskarte von Madaba.

Hier holte er auch alle überhaupt greifbaren Informationen über das Gebiet im *Osten* der Pilgerstaße ein, für ihn absolutes Neuland. Bereits in Beirut hatte er sich in der Bibliothek nach aller nur vorhandenen Literatur über jene Gegend umgesehen, nun lernte er durch mündliche Informationen... und immer wieder hörte er von Bauwerken inmitten der Wüste, die noch kein Europäer je gesehen hatte. Es mußte sich um ganz ungewöhnliche Bauten handeln: Ein Scheich vom Stamme der Ga'abne erzählte damals Alois Musil zum ersten Mal Genaueres über diese Anlagen. Waren das Kasernen? Wüstenforts? Schlösser? Stammten sie aus den Tagen der Römer, Perser, Byzantiner oder der Omajaden? Gleichgültig; mit sicherem Instinkt witterte Musil seine Chance.

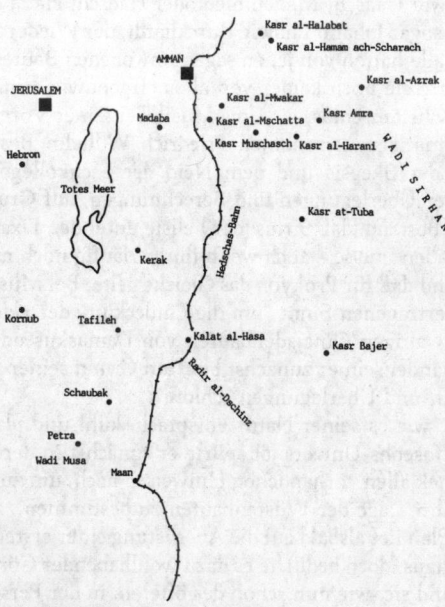

Übersichtskarte zu den Wüstenschlössern

3. Kapitel

Musil entdeckt die omajadischen Wüstenschlösser

Am Anfang dieses entscheidenden Abschnitts im Leben des ehrgeizigen, jungen Orientalisten stand der *Entschluß,* etwas zu entdecken: Musil wollte sich durch eine spektakuläre, wissenschaftliche Tat einen Namen machen. Das Unternehmen gelang mit Fleiß, Hingabe und einer gehörigen Portion Intuition.

Irgendwo, draußen in der weiten Wüste, östlich der großen Pilgerstraße, die von Damaskus nach Mekka führt, mußte es romantische, noch von keinem Europäer gesehene Bauten geben; vielleicht Relaisstationen an einer alten Wallfahrer- oder Handelsroute oder gar Jagdschlösser aus den Tagen von Tausend und einer Nacht. Denn nach Musils Überzeugung führte durch jene Gegend einst viel mehr Wasser als zu seiner Zeit. Geschichten und Gerüchte gab es darüber, auch arabische Historiker wie Hadschi Mehemmed oder Hadschi Halfa erzählten davon, später sogar Johann Ludwig Burckhardt, der Wiederentdecker von Petra, aber alle hatten von jenen sagenumwobenen Bauten nur gehört, gesehen hatte sie noch keiner von allen. Irgendwie erinnert der Entdecker der Wüstenschlösser, Alois Musil, bei seiner Vorgangsweise an den Mathematiker-Astronomen Friedrich Wilhelm Bessel, der, unbeirrt von der Skepsis und dem Neid der Fachkollegen, allein auf Grund seiner Überlegungen und Berechnungen, auf Grund von Indizien darauf bestand, daß Sirius, der hellste unter den Fixsternen, einen Begleiter haben müsse – auch wenn ihn vorläufig noch niemand gesehen hatte und daß für Prokyon das Gleiche gelte. Bei Musil handelte es sich, im übertragenen Sinne, um die Entdeckung der »kleinen Begleiter« der gewaltigen Omajadenbauten von Damaskus oder Bosra, auf deren Vorhandensein er zunächst bloß auf Grund seiner theoretischen Forschungen und Überlegungen schloß.

Musil ging, wie es seiner Natur entsprach, kühl und planmäßig vor. An der St. Josephs-Universität spürte er zunächst in deren reichhaltiger Bibliothek allen vorhandenen Hinweisen nach, um zumindest Zahl und ungefähre Lage der Wüstenbauten zu bestimmen.

Der ganze Plan lief alsbald auf die Ausrüstung einer ersten eigenen Expedition hinaus, doch bedurfte es dazu wohlhabender Gönner und Förderer. Er fand sie, wie nun schon des öfteren, in der Person des Erzbischofs von Olmütz, doch auch in der des Ministers für Kultus und Unterricht Wilhelm Ritter von Hartel. In deren Kielwasser beteiligte sich auch die k. u. k. theologische Fakultät zu Wien an dem Unternehmen. Nach und nach, das Projekt sollte sich schließlich über drei Jahre und drei Expeditionen erstrecken, fielen noch viele der unermüdlichen Tüchtigkeit Musils beim Geldauftreiben zum Opfer: die einen spendeten bare Münze, andere Sachwerte wie Freifahrkarten für Bahn und Schiff oder Ausrüstungsgegenstände. Otto Benndorf zählte zu den Förderern, Hamdy-Bey von der Eisenbahnverwaltung in Konstantinopel, Herr Frankfurter vom Österreichischen Lloyd, aber auch Nazim Pascha, der osmanische Generalgouverneur in Damaskus.

Musil begann sein Unternehmen mit einem gewaltigen Umweg. Anstatt von Beirut aus in Richtung Damaskus – Amman und dann ostwärts vorzustoßen, zog er zunächst von Beirut nach Süden bis Akaba, wo er die üblichen Scherereien mit den dort stets besonders mißtrauischen Behörden durchstehen mußte, und erst von dort wieder hinauf nach Norden, nachdem er dem Kaimakam von Akaba, der in Musil einen ägyptisch-englischen Spion sah, den er nach Dschidda verbannen wollte, endlich glücklich entronnen war.

In Maan, einem Ort, wo Musil immer irgendwie Glück haben sollte, kam ihm der osmanische »Kaimakam« – seine Würde entspricht der eines deutschen Landrats oder eines österreichischen Bezirkshauptmanns – offen und hilfsbereit entgegen. Bald darauf sollte Maan eine der wichtigsten Stationen der Hedschasbahn werden, doch im Jahre 1898 befand sich der Schienenstrang noch in Planung. Der Kaimakam von Maan gab Musil sogar zwei Gendarmen als Eskorte bei, die ihn bis Madaba begleiteten, wo er sich diesmal allerdings argwöhnischer Bewachung ausgesetzt sah.

Kurz entschlossen empfahl sich Musil heimlich aus Madaba und stieß nun in Begleitung befreundeter Beduinen vom Stamme der Beni Schahr nach fast dreimonatigem Umweg in die Wüste südöstlich von Madaba vor, wo er die geheimnisvollen Wüstenbauten vermutete.

»Am 1. Juni früh ritten wir durch eine wellenförmige Landschaft, bis wir uns um 9 Uhr 44 einer Anzahl von Schararazelten gegenüber befanden.

Niemand kam, uns willkommen zu heißen; wir mußten die Kamele selber absatteln und ihre Vorderfüße binden. Dann betraten wir eines der Zelte.«

Es ging jetzt darum, von einem der Beduinen bewirtet zu werden: Nur dann befand sich der Gast unter dem persönlichen Schutz eines Stammesangehörigen, anderfalls blieb der Fremde Freiwild.

»Von den weinigen Männern, deren wir vorhin ansichtig geworden, traten nun ein Mann und zwei Greise in unser Zelt. Kein Wort des

Willkommens hatten sie für uns, ja selbst die Hände reichten sie uns nicht zum Gruße. Wir setzten uns und schwiegen – eine Viertelstunde lang.

Endlich löste sich der Bann.

Man brachte uns saure Kamelmilch in einem hölzernen Gefäß, und mit dem Worte ›ekdob‹ forderten sie uns auf zu trinken.«

Auf die übliche Frage nach den Ergebnissen des letzten Raubzuges, eine Frage, die unter Beduinen zur Musilzeit ungefähr den gleichen Stellenwert gehabt haben mochte wie heute bei uns nach dem Wetter, antwortete der Alte verdrießlich: »Nur 15 Kamele.« Doch seien die Männer bereits wieder unterwegs, und gestern abend habe man bereits zwei Verwundete zurück ins Lager geschickt, was von den Daheimgebliebenen offenbar als gutes Omen für weitere Gefechte aufgefaßt wurde: Neue Siege, neue Beute.

Allmählich kam Musil zu dem, was ihn so brennend interessierte: »Wie komme ich nach Kasr at-Tuba?« In keinem der Bücher, die er in Beirut durchstudiert hatte, kam eine Erwähnung von Kasr at-Tuba vor. Nur Beduinen sprachen von diesem Ort.

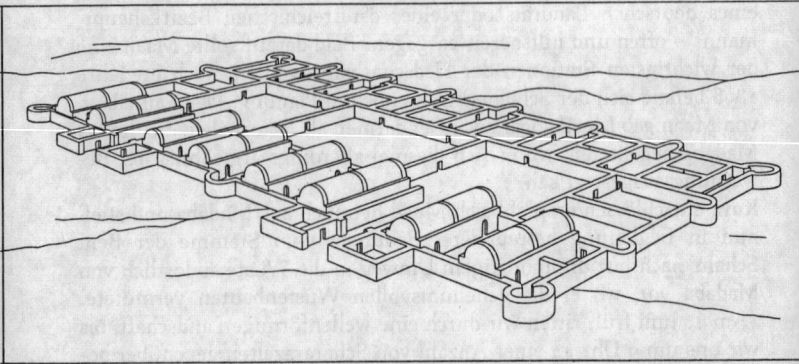

Kasr at-Tuba: Rekonstruktion (perspektivische Ansicht)

Ob es ihn überhaupt gab? Und wenn ja: wo? Und was mochte dort sein? Der Alte wußte den Weg, kannte Kasr at-Tuba und wußte vor allem, daß es nicht ungefährlich sei, sich dorthin zu begeben.

So ließ Musil alles Gepäck im Lager zurück, und »nur mit dem Hemde bekleidet und gut bewaffnet, ritten wir um 12 Uhr 45 in der R 80 Grad weiter«.

Allerdings trug Musil außer dem »Hemde« auch Notizbuch, Barometer und einen »kleinen, photographischen Apparat« bei sich, Hadschel hatte an seinem Sattelknopf einen kleinen Schlauch mit Kamelmilch und ein Säckchen Käse befestigt und der zweite Begleiter einen Wasserschlauch, den lebenswichtigen »Kirbe«.

Zwei Stunden später stießen die Reiter auf eine große Kamelherde und wählten sich daraus eine wohlgenährte Kamelstute, um sich mit einem Trunk frischer Milch zu laben. Ihr Euter war zugebunden und »die Binde mit spitzigen Hölzern versehen, damit die Jungen nicht saugen konnten. Wir stiegen aus den Sätteln, entfernten die Binde und tranken direct vom Euter das erfrischende Getränk.«

Ihr Weg führte immer in Senken voran; niemals wagten es die Männer, entlang einer Bodenerhebung zu ziehen. Nach zwölfstündigem Ritt hielt die Gruppe kurz vor Mitternacht an, aber schon um 2 Uhr 15 ging's weiter. Drei Stunden später erreichten sie den Zusammenlauf von Wadi ar-Radaf und Wadi al-Mchajwer.

Dort banden die drei ihre Tiere fest, »um von da aus Kasr at-Tuba zu Fuß zu suchen.« Dann lag es vor ihnen ... »etwa 250 m vom ar-Radaf entfernt – Kasr at-Tuba. Diesem Schlosse schritt ich nun mit Hadschel zu.

Es macht einen großartigen Eindruck, in der flachen Wüste einem so umfangreichen Bau zu begegnen... Viele Wohnräume, deren Unterbau aus Kalkstein besteht, während die Wände aber aus großen, gut gebrannten Ziegeln bestehen, sind eingestürzt, da der Kalkstein leicht verwittert; doch dürfte noch manches schöne Ornament dem forschenden Blicke aus dem Schutt entgegenlächeln, wenn Zeit und Muße gegeben sind. Leider war das bei mir nicht der Fall«; die Freude der ersten Begegnung mit dieser ersten Entdeckung in seinem jungen Forscherdasein währte nicht lang. Schon nach einer knappen halben Stunde des Bewunderns und Skizzierens in der denkwürdigen »Erstgeburt« seiner Entdeckungsreise in der Wüste »winkte uns Bahit mit dem langen Ärmelende seines Hemdes, wir sollten schnell zu ihm hinaus.« Da gab es kein Zaudern und Zögern, sondern bloß ein Zurück: Da er nicht rief, sondern nur winkte, wußten wir schon, daß er etwas Wichtiges bemerkt haben müsse und eilten denn zu ihm. Er teilte uns mit, etwa dreißig Schritte vom Wasserbecken entfernt ganz frische Spuren von vier Kamelreitern gesehen zu haben und er sei der Meinung, daß sie von Spähern – ›ujun‹ einer Truppe vom Stamme der Kom herrührten.« Vergeblich bemühte sich Musil um einen kleinen Aufschub des Aufbruchs, so viel wäre in dem zauberhaften, im gleißenden Licht der Wüstensonne wie ein goldenes Kleinod daliegenden Schlößchen mit seinen Kammern, Gewölben und seinen schmucken Bogenfenstern und reich verzierten beiden Toren noch zu entdecken und zu zeichnen gewesen. Nicht einmal eine Minute wollten die angsterfüllten Begleiter noch gewähren, sie »fürchteten, in die Hände der Feinde zu fallen. Ich mußte mit, und dadurch ward mir auch der Besuch von Kasr Bajer, das zwei Tagesreisen von Kasr at-Tuba entfernt ist, unmöglich gemacht.« Doch aus den Beschreibungen, die Musils Begleiter Hajel und Bahit gaben, konnte er entnehmen, daß Kasr Bajer im Stil von Kasr at-Tuba gebaut sein mußte. Jetzt peilte Musil Kasr al-Hamam an, das in Richtung Ostnordost von Kasr at-Tuba liegt. Der kurze Ritt verlief recht dramatisch, schien doch die ganze Gegend von Räuberbanden geradezu gespickt zu sein. Jeden Augenblick tauchten neue verdächtige Gestalten auf, und nur mit großer List gelang es der kleinen Reisegruppe Musils, ungeschoren durchzukommen. In der Nähe von Kasr al-Hamam kamen auf einmal gar zwanzig Kamelreiter auf Musil und seine Begleiter zugeritten. »Bahit richtete sich hoch empor, legte sein rotes Kopftuch über die Laufmündung seines Gewehres, schlug mit der Rechten die Luft vor seinem Munde und schrie mit hoher Stimme, die letzten Silben lang dehnend und dann in Fistel ausklingen lassend ›hala l-hejl, hala l-hejl, tamme'u...‹

Hamam ach-Scharach, Kuppel

Hamam ach-Scharach, Rekonstruktion

Dann schwang er sich geschickt und rasch auf sein Kamel, ein ganz vorzügliches Reittier, und jagte in wildem Galopp, mit fliegenden Haaren und flatterndem Hemd gegen Westen davon ... und die ganze Bande wie verrückt hinter ihm her.« Es dauerte ziemlich genau eine Stunde, bis der tapfere Bahit wieder bei seinen Leuten eintraf; lachend und glücklich erzählte er, wie er die Räuber weit hinter den Hügeln auf eine falsche Spur geleitet habe.

Die Freude über das geglückte Ablenkungsmanöver währte nicht lang. Mitten in der Beschäftigung mit Kasr al-Hamam »drang schon wieder das Wort ›kom‹ in mein Ohr. Und wirklich – da jagten sie herbei, kaum noch 2,5 km entfernt. Wieder versuchte mein Bahit mit der

Kasr at-Tuba: Ornamente

zuvor erzählten List die Feinde zu täuschen, aber es war vergeblich; sie wußten durch ihre Späher nur zu gut, daß sich niemand in der Umgebung befand und stürmten vorwärts. Wir flohen nach Nordosten über das breite Tal al-hamam und gelangten glücklich und unversehrt an den Höhenzug Banaja Fares.«

Es dauerte keine halbe Stunde und die nächste Begegnung – allerdings ganz anderer Art – fand statt: »Wir stießen auf einen Kamelreiter mit einem jungen Mädchen. An dem Brandzeichen seines Tieres erkannten wir in ihm einen Stammesangehörigen der Hwejtat, also einen Hwejti. Da zwischen den Schur, unter deren Schutz ich stand, und den Hwejtat zur Zeit Friede herrschte, grüßten wir einander und erzählten ihm dann, was soeben geschehen war. Als er hörte, daß wir verfolgt werden, zuckte er vor Schreck zusammen, krampfhaft umklammerte das Mädchen seine Brust – und einen Augenblick später jagte er dahin über den felsigen Boden, so schnell das ermüdete Kamel nur zu eilen vermochte.«

Der junge Mann hatte das Mädchen entführt und er war verloren, sobald es ihren Verwandten – bis zum 5. Grad! – gelang, seiner habhaft zu werden, ehe er das Lager der Schur erreicht, in das Zelt eines Schahari getreten und sich hiermit unter dessen Schutz gestellt hatte. Dann allerdings war er geborgen, und er konnte mit den Verwandten der geraubten Braut in »Wiedergutmachungsverhandlungen« treten, sozusagen den Brautpreis im Nachhinein entrichten. Eine reine Preisfrage das Ganze.

Nach längerem Ritt, stets bedacht, nur ja alle Hügel und Höhen zu meiden, um möglichst unentdeckt zu bleiben, entdeckte Bahit noch einmal die Schar der Verfolger in einem Abstand von etwa drei Kilometern. Doch inzwischen hatten die Verfolgten bereits die ersten Kamelhirten des eigenen Stammes entdeckt, die mit ihren Herden von der Tränke zum Lager zurückkehrten. Bahit ließ den Kriegsruf erschallen, auf den hin augenblicklich zwei Kamelreiter dem Lager zueilten, um Hilfe zu bringen und einem vielleicht bevorstehenden Überfall auf die Herden begegnen zu können. Die Hirten aber trieben die Tiere durch laute, hastig hervorgestoßene »hed-hed«-Rufe und kräftige Schläge zu größtmöglicher Eile an. Mit weit vernehmbarer Stimme warnten sie andere Hirten, die in weiterer Entfernung noch friedlich mit ihren Kamelen dahintrotteten, vor der nahen Gefahr. Innerhalb weniger Minuten eilte die Kunde von einem bevorstehenden Überfall über die Herden der Beni Schur. Auf allen Seiten wurde es nun lebendig, und in wilder Flucht jagten einige tausend Kamele gegen Nordosten, dem sicheren Lager mit seinen Kriegern zu.

»Das Brüllen der unzufriedenen Hengste, das Murren der besorgten Stuten und das traurige Wiehern der müden Jungen erfüllte die Luft und vermischte sich mit den Rufen der Hirten, die ihre Kopftücher auf die Lanzen gebunden hatten und dieselben nun im Winde spielen ließen; hin und wieder krachte ein Schuß – und fort ging es wieder in wildem Lauf; es war ein Wogen und Wallen, ein Bild, wie ich es nie vergessen werde.«

Kurz darauf durchquerten alle, Musils kleine Schar und die gewaltigen Herden der Beni Schur, in dichte Staubwolken gehüllt, das Wadi Msatara und kurz darauf drängte sich die schier unübersehbare, wie eine ungeheure lebende Kamelhaardecke sich in Wellen und steter Bewegung vorwärtswälzende Masse der Tiere schon den Höhenrücken al-Msat hinauf. Von dort her zeigte sich auch gleich, daß sich die Verfolger bereits wieder zurückgezogen hatten. Sie wußten, daß es den Kriegern der Schur mit ihren ausgeruhten Tieren ein leichtes wäre, sie einzuholen. Eine Stunde später traf Musil bereits auf die ersten Zelte der Beni Schur. »Wir ritten über eine dreiviertel Stunde zwischen denselben dahin, bis wir endlich das Zelt Hajels erreichten. Im Lager wurde ich als alter Bekannter und Freund von allen aufs herzlichste willkommen geheißen«. Hierauf teilten sie Musil mit, daß sie vorgestern erst von einem Raubzug zurückgekehrt seien, bei dem sie drei Kamele erbeutet und keinen einzigen Mann verloren hätten; einige aber seien verwundet worden und diesen möge er bitte seine Hilfe angedeihen lassen. Damit verging schließlich der ganze Nachmittag. Abends zogen sie ihren Gast den Beratungen über den demnächst zu unternehmenden Kriegszug bei und am darauffolgenden Tag – dem 4. Juni 1898 – beschäftigte sich Musil mit ethnographischen Aufnahmen und weiteren Krankenbesuchen.

Nachmittags suchte er mit Hajel die etwa 10 km entfernt liegende Ruine al-Mwakar auf. Das Wüstenschloß krönt einen Hügel der gleichnamigen, von West nach Ost sich erstreckenden Gebirgskette.

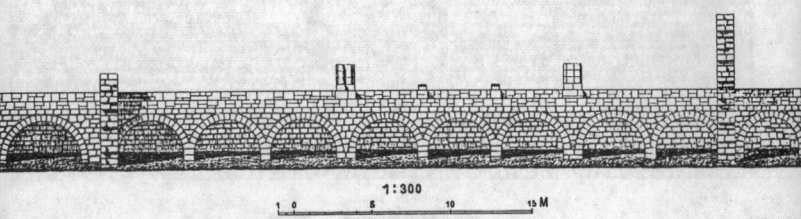

1:300

Kasr al-Mwakar: Die Gewölbe von Osten

»Die ganze Anlage erinnerte mich lebhaft an Hirbet Fatuma bei ed-Dejr im Wadi Musa, Kalkverputz und Mörtel wieder an die Arbeitstechnik von Kasr at-Tuba. Die Verzierung einer Steinplatte, auf der sich das Relief eines Kreuzes abhob, legt den Schluß nahe, daß hier einst Christen lebten. Jetzt dient das Schloß, desgleichen auch seine nächste Umgebung, den Beni Schur als Begräbnisstätte.« Als Baumaterial dienten Hausteine (die gleichen, die heute für Amman Verwendung finden und in hunderten und aberhunderten kleineren Steinbrüchen dieser Wüstenlandschaft gewonnen werden) und nur beim Bau der Wohnräume von al-Mschatta gab man gebrannten Ziegeln den Vorzug. Wie in Kasr at-Tuba fanden sich auch in al-Mschatta zahlreiche Steinplatten mit Reliefarabesken: »Als alles hier noch neu war, und die blendend weißen Mauern die Strahlen noch zu reflektieren vermochten, muß das Schloß, von der Sonne beschienen, einen herrlichen Anblick geboten haben«.

An den Wänden und Pfeilern entdeckte Musil zahlreiche kufische und arabische Inschriften, »von denen manche bei systematischer Arbeit zu entziffern sein dürften. Die wenigen, die ich gelesen habe, sagen allerdings nichts Nennenswertes.«

Als Musil mit seinem Begleiter Hajel abends ins Lager der Beni Schur zurückkehrte, erwarteten ihn die Ältesten bereits ungeduldig: Den ganzen Tag über hatten Beratungen über den nächsten Raub- oder besser gesagt Kriegszug (Razzu al-Chischer) stattgefunden, und nun forderte man den Gast abermals auf, daran teilzunehmen, weil dieser Marsch beste Gelegenheit böte, die im Osten liegenden Schlösser zu besichtigen. »Ich war damit natürlich gleich einverstanden, bot sich mir hiermit doch eine Gelegenheit, mich erkenntlich zu zeigen (in der

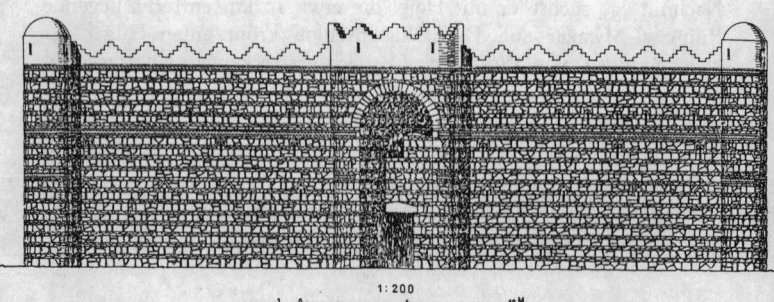

1:200

Kasr al-Harani, Ansicht von Süden

36

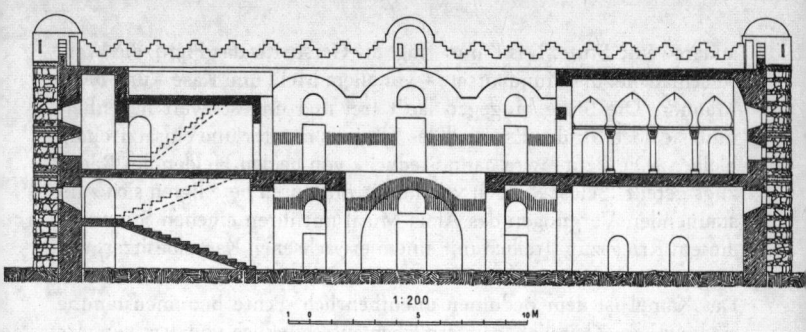

1:200

Kasr al-Harani, Schnitt

Verwundetenpflege) und die Chance zu nützen, Schlösser zu sehen, von denen mir schon so viel Interessantes erzählt worden war.«

Fürst Talal, der an Einsicht und Tapferkeit alle anderen Häuptlinge der Beni Schur überragte, wurde zum Anführer, dem »Akid« gewählt, und in dieser Eigenschaft hatte er nun alle geeigneten Vorkehrungen für ein Gelingen des »Razzu al-Chischer« zu treffen. Zunächst ließ der Fürst erkunden, wo sich die Kamele der Schalan befanden, bestimmte (sehr zum Vergnügen Musils) Kasr al-Harani als Treffpunkt der Stammeskrieger und ließ durch Boten auch alle Häuptlinge der at-Tuka, einer Unterabteilung der Beni Schur, verständigen, die sich auch prompt beim vorgegebenen Rendezvousplatz einfanden.

Die Häuptlinge teilten ihren Kriegern mit, daß am nächsten Tag aufgebrochen werde, hüteten sich aber, Richtung und Ziel anzugeben, damit ja nichts an die Schalan verraten werden könne.

Am nächsten Tag, noch vor Sonnenaufgang, führten die Männer ihre Kamele zur Tränke und in allen Zelten war großer »Waschtag«. Auf einen Kriegszug darf sich ein Beduine nur in seinem besten, rein gewaschenen Hemd begeben, da er ja nicht weiß, ob es nicht sein Grabkleid wird. Da Musil mit seinem Kamel in al-Mschatta geweilt hatte, konnte er es nicht mehr zur Tränke führen lassen, obwohl es schon sechs Tage kein Wasser mehr gesehen hatte. Doch die Männer versicherten ihm, daß ein Tier wie das seine es ohne weiteres bis zu 26 Tage ohne Wasser aushalten könne. Übrigens bemerkte Musil abends, daß man die Pferdestuten beschlug und ihnen die Scham zunähte.

Um die mittleren Morgenstunden brach der Stamm auf und schlug die Richtung Ostnordost ein. Die Stuten trugen leichte Sättel ohne Steigbügel und wurden an die Kamele gekoppelt, weil sich bei einem Raubzug immer zwei zusammengesellen: der eine stellt sein Kamel, der

37

andere seine Stute. Das Kamel trägt die Gerste für das Pferd, die Wasserschläuche, die Mundvorräte – vor allem Mehl und Käse – und *beide* Männer. Die Stute hingegen läuft frei und unbeschwert nebenher, muß sie doch für den Ernstfall des Kampfes munter und einsatzfreudig bleiben. Die Beute wird dann »redlich« von beiden Helden des Raubzugs geteilt. Selbst Knaben von nur zwölf Jahren beteiligten sich zum staunenden Vergnügen des Alois Musil mit ihren eigenen Stuten an diesem Kriegszug (freilich mit einem erwachsenen Kamelbesitzer, wie er gewissenhaft feststellt).

Das Kamel ist dem Beduinen unentbehrlich. Echte Beduinenstämme züchten kein Kleinvieh, sondern leben ausschließlich von dem, was das Kamel ihnen bietet. Das Pferd aber verschafft einem Stamm Ansehen und wirklichen Einfluß. Je mehr Pferde ein Stamm besitzt, desto vorteilhafter das Kampfgeschehen für ihn und den Stamm. Denn die Angriffe des Pferdereiters vollziehen sich schneller, wirksamer.

Am 8. Juni veranstaltete der Fürst Massengefechtsübungen.

Mit 293 Stuten und fast 350 Kamelen bildeten die Reiter eine breite, imposante Reihe, die sich nach Ostnordost bewegte.

8. Juni 1898 war es, sagte der Kalender. Musils Kalender; die Beduinen lebten damals noch zeitlos dahin, erkannten das unerbittliche Joch der Zeitmessung nur an schwarzem und grauem Haar, Dürre und Regen, allerdings ohne die Jahre zu zählen.

Auf einmal sprang Fürst Talal von seinem Kamel, und in dem gleichen Augenblick standen alle Reiter auf dem Erdboden.

Es sollte kurze Rast gehalten werden, um dem geschätzten, bewährten Gast, dem jungen »Nemsaui« (dem Österreicher) Gelegenheit zu geben, das »Haus der Geister« aufzusuchen, das ihn so sehr zu interessieren schien. Das »nordwärts gelegene Schloß Kasr Amra«, das noch nie eines Europäers Auge erblickt hatte ... es sei denn das eines unbekannt gebliebenen Ritters in der Zeit der Kreuzzüge. Als Begleiter wurde Musil der greise Vater seines Reisegefährten Bahit zugewiesen.

Dieser ritt die Stute des Fürsten Talal, Musil selbst sein bewährtes Reitkamel. Nach einer halben Stunde erreichten sie Musils Grundstein zum Ruhm: das Schloß Amra. »Ich betrete es: überrascht sehe ich an den Wänden Spuren von Malereien. Ich durcheile die wenigen Räume – sie sind alle mit Wandgemälden geschmückt; nordwestlich vom Schlosse – auf einer flachen Anhöhe – bemerke ich zerstörte Gebäude, die ich zu besichtigen eile, um, zurückkehrend, zu trachten, durch photographische Aufnahmen so viel wie möglich von dem Gesehenen festzuhalten, als mir mein Begleiter vom Dache zurief: ›Feind in Sicht,

*Fürst Talal
in seinem Zelt*

Scheich Musa!! Schnell, wir müssen fort!« Wir befinden uns doch auf einem Kriegszug ... es droht Gefahr.« Wehmütig dachte Musil an den kurzen Aufenthalt in Kasr at-Tuba, wo es ihm genau so ergangen war. Trotzdem, diese neue Entdeckung, Kasr Amra, gehörte einer völlig anderen Wertkategorie an: Was Musil in den wenigen Minuten dieses Aufenthalts gesehen hatte, genügte, um zu wissen, hier eine bislang *einmalige* Entdeckung gemacht zu haben ... Wandgemälde wie die soeben gesehenen gab es im Orient kaum ein zweites Mal. Während Musil noch an die Bilder zurückdachte, als erinnere er sich an einen Traum, während er, glücklich und überzeugt, daran dachte, nun tatsächlich den Schlüssel zum Ruhm gefunden zu haben, erkannte er die Pflicht des Augenblicks. Was half die schönste Entdeckung, wenn er hier nicht überlebte? Im Nu packte er den »photographischen Apparat in den Sattelsack, und wir flohen schleunigst ostsüdöstlich, verfolgt

39

von drei oder vier Kamelreitern, die von Norden kamen. Die wilde Flucht konnte mir gefährlich werden, weil mein Kamel nur mehr schwer über die zahlreichen, schmalen und breiten Furchen setzte, von denen der Boden durchwühlt war. Unsere Freunde, die Schur, hatten nicht lange gerastet, wir sahen sie also nicht mehr, sie waren hinter dem Höhenzuge verschwunden . . .

Mein greiser Begleiter sagte mir gleich, unsere Verfolger seien Späher einer feindlichen Truppe.«

Kurze Zeit später erreichten Musil und sein Führer unangefochten die Truppen des Fürsten Talal. Der ganze Zug bewegte sich nun in Richtung von Kasr al-Azrak (wo knapp zwei Jahrzehnte später E. T. Lawrence sein Hauptquartier aufschlagen sollte), und bald darauf hatte der Fürst seine Gegner in die Zange genommen und ihre Kräfte aufgerieben. Zumindest dachte er so.

»Neben mir ritt ein junger Beduine, der einzige Sohn seines Vaters. Eben wollte ich meine Kamelstute durch den Ruf »ch-ch« zum Niederknien bringen, als ich einen leisen Pfiff und gleich darauf ein krampfhaftes Aufatmen meines jungen Begleiters vernahm; noch ehe ich mich zu ihm wenden konnte, krachte ein Schuß.

Ich sah seine Hände den Sattelknopf umklammern; den Mund halb geöffnet, starrte er leblos vor sich hin und im nächsten Moment glitt er zur Erde. Im Nu waren wir bei ihm – er war tot.«

Da war freilich vom Tränken keine Rede mehr. Wieder erscholl der Kriegsruf der Schur, und der Kampf drohte von neuem zu entbrennen. Aber bald wandte sich die ganze Reitergruppe, gleich Alois Musil, nach Westen. Es galt, den jungen Krieger, der soeben sein Leben ausgehaucht hatte, zu den seinen zu bringen.

Aber inzwischen hatte der Feind den Rückweg zum Lager abgeschnitten.

»Nie hätte ich gedacht, in meinem Leben einen derartigen Ritt machen zu müssen. Den ganzen Tag hatte ich nichts gegessen, nichts getrunken und fühlte auch kein Verlangen nach Speis und Trank. Schon war die Erde in des Abends Dunkel gehüllt – wir flohen noch immer, es war Mitternacht – und wir trieben unsere erschöpften Tiere zu neuer Eile an.«

Erst lange nach Mitternacht fielen die Reiter in ein ruhigeres Tempo und erreichten am Mittag des nächsten Tages endlich das rettende Lager. »Hier trat nun sofort die Pflicht an mich heran, die Verwundeten zu versorgen, was mich derart in Anspruch nahm, daß ich nicht einmal dem Begräbnis meines gefallenen jungen Begleiters beiwohnen konnte. Er fand sein Grab auf einer Anhöhe.«

Alois Musil war nun seit dem 1. März des Jahres 1898 fast ununterbrochen im Sattel. Anstrengung und Aufregung sowie die schlechte Ernährung machten sich bei dem Dreißigjährigen, trotz seiner Zähigkeit und seines Tainings in Genügsamkeit, bitter erlernt im Elternhaus, in der Schule und schließlich auch noch im Internat, doch stark bemerkbar. Musil entschloß sich, einen schlimmen Fieberanfall vorausahnend, zum raschen Rückzug nach Damaskus.

Fürst Talal, der den jungen Gast liebgewonnen hatte, wollte jedoch von dessen Abreise nichts wissen, und bat seinen Freund, mit Tränen in den Augen, wenigstens noch *einen* Tag länger zu bleiben.

»Er sei zu alt, um sicher zu sein, ›daß er mich noch einmal lebend sehen werde‹. Allein – meines Bleibens war nicht länger.« Unter den Segenswünschen der Stammesangehörigen ritt Alois Musil aus dem Lager, nur Bahit ritt mit ihm, denn er sollte die Geschenke und den Lohn für Hajel und sich selbst in Empfang nehmen, da Musil ja weder Geld noch Wertgegenstände mit sich in die Wüste genommen hatte.

»Auf der ganzen Reise nach Damaskus und meiner Heimreise waren meine Gedanken fast ausschließlich von dem rätselhaften Kasr Amra gefangen genommen.«

Mit Recht: Denn die Sache sollte die Gemüter mehr bewegen, als dem jungen Gelehrten zunächst noch recht sein konnte.

In seinem Vorbericht über die Reise nach ARABIA PETRAEA machte Musil der Kaiserlichen Akademie der Wissenschaften in Wien von seiner Entdeckung offiziell Mitteilung.

Der Vorbericht wurde in der Sitzung der historisch-philosophischen Klasse vom 11. Jänner 1889 in die Sitzungsberichte aufgenommen.

Was Musil selbst im Zusammenhang mit seinem »Vorbericht« an unangenehmen Begleitumständen verschweigt, war dennoch unangenehm genug: Die Herren Professoren in Wien *glaubten ihm nicht.*

Ein Schloß in der arabischen Wüste mit *Wandgemälden?* Unfug, ja Lüge! Wußte nicht jeder auch nur halbwegs Gebildete, daß es im Islam figürliche Darstellungen nicht geben durfte und daher nicht geben konnte?

Wer dachte da noch an die herrlichen Mosaiken der lebensfrohen Omajadendynastie an der Moschee von Damaskus, die farbenprächtigen Darstellungen der Lebensfreude in jenem unvergleichbaren Bethaus? Niemand.

Musil wich aus – aber nur zum Schein. Da das Studium an der St. Josephs-Universität von Beirut abgeschlossen war, ging er nach Olmütz zurück und nahm dort seine Katechetenarbeit kurz wieder auf; diesmal bereits am Ober-Realgymnasium. Doch bald erhielt er neuen Karenz-

Kasr Amra:
Südwand des zweiten Nebenraumes (Zeichnung von Mielich)

Urlaub und ein neues Stipendium. Damit studierte er in London, Cambridge und Berlin, lernte all die Größen seiner Epoche in iher Lehrtätigkeit kennen und ging zurück nach Wien, um sich den Herren der Akademie in Erinnerung zu bringen. Mit Erfolg: »Endlich«, so jubelt er, »endlich, im Juli 1900« weilte er wieder »im Gebiete der Freunde, bei den Beni Schur«, um die begonnene Arbeit zu vollenden.

Die Schur hatten inzwischen mit den Schalan Frieden geschlossen, und so konnte Kasr Amra mit weniger Risiko neuerlich aufgesucht werden. »Mein Bruder Hajel begleitete mich auch diesmal. Bahit weilte im Auftrage des Fürsten Talal zu jener Zeit in Hauran, daher ritt an seiner Stelle Hajels Schwager, Kuftan, mit uns.«

Wieder nahm Musil nur das Allernotwendigste auf die beschwerliche Reise nach Kasr Amra mit. Am 10. Juli 1900 erreichte Musil Kasr Amra zum zweiten Mal und nun gab es kein Halten mehr: er machte sich mit einer solchen Gründlichkeit an die Beschreibung dieses kleinen Schlosses, daß es fortan wenigstens eine Sicherheit gab: Kasr Amra gab es *wirklich*.

Das Bauwerk war offensichtlich uralt. Wie hatte dieses kleine Wunderwerk die Zeiten so gut überdauern können? Denn war es auch Europäern verborgen geblieben, wußten doch die Beduinen der Umgebung von seinem Bestehen. Mehrere Gründe hatten offenbar all die bunten, fröhlichen Bilder an den Wänden von Kasr Amra bewahrt: zunächst das eher lockere, unkomplizierte Verhältnis der Beduinen zum Islam, die in Bildern nichts »Sündhaftes«, sondern eher etwas ganz Außerordentliches sahen, vor allem etwas Unheimliches; seit Menschengedenken hielten denn auch die Beduinen das Schlößchen für einen Wohnort der »Dschin«, der Geister. »Ich fühlte mich natürlich recht wohl in diesen Mauern. Als ich alle meine photographischen Aufnahmen getätigt und die notwendigen Skizzen angefertigt hatte, wollte ich die Platten noch an Ort und Stelle entwickeln und am nächsten Tag auch die Umgebung von Kasr Amra in Ruhe durchstreifen. Doch da begann wieder das ›Gespenst‹ sein Unwesen zu treiben, zwar nicht im Schlosse, dafür aber in den Köpfen meiner Begleiter.« Am Abend des dritten Tages drang der sonst so vernünftige, umsichtige Hajel, angestiftet von seinem nicht so erfahrenen Schwager Kuftan, so ungestüm in den unglücklichen Alois Musil, daß er das Lager tatsächlich abbrechen mußte. Doch selbst in der traurigen Stunde des überstürzten Aufbruchs am Morgen des 14. Juli 1900 – es war, als säßen Hajel und Kuftan alle Gespenster der Wüste im Nacken – vergißt Musil nicht, gewissenhaft Temperatur und Windrichtung zu notieren: Westwind, 7 Grad C. »Es war so kalt, daß wir unsere Kamele zu schneller Bewegung anspornen mußten. Zu diesem Zweck sangen wir verschiedene Lieder, und es bestätigte sich abermals, was ich schon früher beobachtet hatte; sobald nämlich unsere Tiere die einfache Melodie

oder

hörten, warteten sie nicht mehr auf das altgewohnte ›hed, hed‹, sondern gingen ganz von selbst in einen mäßigen Trab über!«
Es scheint, als habe die hübsche Melodie des Beduinenliedes Musils
Phantasie und Zuversicht beflügelt: ja, jetzt einmal nach Hause, nach
Wien, alles noch besser organisieren, die Herren Akademiemitglieder
und die vielen, guten Männer, die bereit waren, das Unternehmen zu
unterstützen, noch einmal anzufeuern ... und endlich alle notwendigen Unterlagen für die perfekte Dokumentation beisammen haben.
Als Musil kurze Zeit danach wieder in Wien eintraf, wendete sich das
Blatt tatsächlich sehr rasch. Im Februar 1901 bereits bildeten Akademiemitglieder unter der Leitung von D. H. Müller eine eigene Kommission, und der um eine Expertise ersuchte Kunsthistoriker Professor
Riegl befand, es handle sich um ein »äußerst empfehlenswertes wissenschaftliches Unternehmen ... das der Kunstgeschichte höchst er-
wünschte Aufschlüsse verspricht, wie sie augenblicklich von keiner
Seite erwartet werden können.«
Bald darauf, im April des Jahres 1901, berief man Musil telegraphisch
aus Olmütz nach Wien und machte ihn mit dem Begleiter für die kommende Amra-Reise bekannt: Es handelte sich um einen Maler-Kopi-
sten namens Alphons L. Mielich, der offensichtlich deswegen in diese
Aufgabe geraten war, weil die Akademiemitglieder sorgfältig nach einem Maler mit »Orienterfahrung« gesucht hatten und dabei auf Mielich stießen, der selbstredend gerne annahm, weil er ohnehin stets in
Geldnöten steckte und so eine Reise, von der er sich Abenteuer erwartete, als eine reizvolle, nicht allzu anspruchsvolle Abwechslung betrachtete. Musil kümmerte das recht wenig, zumal er nach einer Besichtigung einiger Arbeiten Mielichs durchaus den Eindruck haben
durfte, es mit einem recht guten Kopisten zu tun zu haben, und einzig
und allein darauf kam es Musil an; daß Mielich kein Arabisch sprach,
scherte ihn überhaupt nicht, das beherrschte er ohnehin selbst.
Nun bekam das Vorhaben sehr rasch seine handfesten Konturen. Der
Fürst von Liechtenstein spendete großzügig, und im Sog dieses Namens schloß sich auch Herr Salomon Dohn dem guten Zweck an, auch
die Herren Dobner und Treichl. Bereits wenige Tage nach der Beru-

fung Musils nach Wien, noch im April, begaben sich Musil und Mielich nach Triest und nahmen über Damaskus Kurs auf Schloß Amra; Musil nun immerhin schon zum dritten Mal.

Mit den üblichen Schmiergeldern gelang es rasch, die Reise nach Amra zu bewerkstelligen; »die Gendarmen erkannten mich gleich wieder«. Das schütze natürlich weder vor Überfällen noch Plünderungen; dennoch hatte Mielich bis zum 8. Juni alle Wandgemälde kopiert und drei Bildfelder sogar abgenommen, um sie als »Originalprobe« in Wien vorzuweisen; damals ein noch völlig herkömmlicher (heute verpönter) Schritt, der viele Kunstwerke rettete. Wer übrigens meint, Musil hätte nach dem wirklich triumphalen Ergebnis dieser dritten und wichtigsten Reise nach Kasr Amra, so viele Photographien, Farbkopien und sogar Originale der Wandbilder in Händen, augenblicklich die Reise nach Wien angetreten, um sich dort endlich voll und ganz zu rehabilitieren und seinen Erfolg so schnell wie möglich auszukosten, verkennt seinen Ehrgeiz. Er hatte auf Grund der geldlichen Zuwendungen und des gewährten Karenzurlaubs noch ein wenig Spielraum ... und den wollte er nützen, gewiß auch die Chance, die Arbeitskraft des Malers und Kopisten Mielich, der auch recht gut Grundrisse aufnehmen konnte, zum besten seiner Arbeit einzusetzen.

So ging es von Kasr Amra unmittelbar nach Fertigstellung der Zeichnungen und Kopien zu all jenen Schlössern zurück, die er bei der abenteuerliche Reise mit Hajel und Bahit im Juli 1898 nur flüchtig besichtigen und skizzieren konnte. Nun, im Sommer 1901, holte er das alles nach und nahm gemeinsam mit Mielich »alle anderen, in diesem Berichte beschriebenen Schlösser genau – planmäßig – auf«.

Doch dann dachte er noch immer nicht daran, den rascheren, bequemeren Weg über al-Kerak nach Jerusalem und von dort mit der Bahn nach Jaffa einzuschlagen, sondern wählte die Route durch die ARABIA PETRAEA, also zunächst entlang der alten Pilgerstraße östlich des Toten Meeres nach Süden, um seine Forschungen in Buschera und Petra weiterzuführen und dann erst nach Osten, Richtung Mittelmeer, zu reisen, ein Plan, der durch eine schwere Erkrankung allerdings einmal unterbrochen wurde.

Am 16. Juni 1901 jedenfalls hatten Musil und Mielich ihre Arbeit bei den Wüstenschlössern östlich der Pilgerstraße abgeschlossen, wo sie übrigens mit dem Stamm der Tuka, einer Unterabteilung der Beni Schur, herzlich Freundschaft geschlossen hatten.

Vom Radír al-Dschinz, etwa 60 km südöstlich der Südspitze des Toten Meeres, brachen Musil und Mielich mit ihren Begleitern nach Süden auf, um Petra zu gewinnen.

»Aus jedem Zelte, an dem wir vorbeiritten, rief man uns Segenswünsche nach, und zwar nicht nur die Männer, sondern auch die Frauen und Kinder; denn wir waren liebe Freunde der Tuka geworden. Zuerst folgten wir dem breiten Tal des Radir al-Dschinz bis zu seiner Vereinigung mit dem breiten Wadi el-Hasi«. Zwei Tage später sahen die Reisenden linker Hand das zerstörte al-Fredsch und zogen dann hoch oberhalb des Wasserbettes des Wadi Mes, das von dunkelroten Felsmassen umschlossen ist und einen Vorgeschmack zur gewaltigen, wilden Schönheit von Petra bildet. Der Weg war künstlich in die linke Felsenwand eingehauen und so glatt und schmal, »daß wir unsere Kamele führen und sie zur größten Vorsicht mahnen mußten. Denn ein falscher Tritt – und man liegt mit zerschmetterten Gliedern unten zwischen den schwarzen Felsblöcken, wo wir auch wirklich mehrere Skelette bleichen sahen. Mit größter Freude begrüßten wir daher den Austritt aus dieser Klemme und unsere Augen, die seit langer Zeit kein saftiges Grün mehr geschaut hatten, ruhten mit wahrem Wohlbehagen auf den paradiesischen Gärten von et-Tefile. Dann schweifte unser Blick weiter in die Ferne nach Westen, wo wir mit Entzücken das Wunderwerk des Allmächtigen, die großartige Terrainformation der Araba und des Toten Meeres betrachteten.«

Das Tote Meer (W. Tipping)

Kurz nachher gelangten die Reisenden zur Quelle Ajn al-Beda mit ihrem köstlichen, eiskalten Wasser, und bald darauf »stiegen wir in den Olivenpflanzungen von et-Tefileh ab, wo wir dem braven und liebenswürdigen Kajmakam unsere Aufwartung machten, die er auch bald erwiderte.« Schon am folgenden Tag sollte es ernste Probleme geben, als Musil beim Weitermarsch mit seiner kleinen Karawane einer Schar schwerbewaffneter Soldaten in die Hände lief, die den Auftrag hatte, für einen größeren Holztransport Kamele zu requirieren. Da die Bauern von der Sache rechtzeitig Wind bekommen hatten, waren sie mit ihren Tieren rasch in die Berge geflüchtet, und der Offizier zeigte sich zunächst hoch erfreut, nun doch eine Anzahl Kamele beschlagnahmen zu können. »Nur mit Mühe gelang es unserem wackeren Gendarmen, die Kamele zu retten und wütend gingen die Soldaten fort, um weiter nach den Verstecken der Fellachen zu forschen.«

Kaum war diese Gefahr überwunden, zeigte es sich, daß Musils Führer den Weg nicht kannte. Der Gendarm wollte den armen Kerl verprügeln, und Musil blieb nichts anderes übrig, als selber vorauszureiten, an gefährlichen Stellen abzusteigen und zu Fuß zu gehen, herumzuklettern und den Weg zu suchen. Einmal stürzte er mit dem und einmal von dem Maultier, aber die Gruppe kam irgendwie vorwärts und erreichte endlich, blutend und zerschunden, die Ruinen von Fenan, wo Musil und Mielich die üblichen Zeichnungen und Pläne anfertigten.

Männer wie Tiere litten entsetzlich unter Stichen von giftigen Fliegen. Um aus diesem besonders unangenehmen Bereich so rasch wie möglich hinauszukommen, schlugen die Reisenden ein besonders scharfes Marschtempo ein. Zu allem Überdruß war das Reiten in dem Eichendickicht, in das sie hineingekommen waren, fast unmöglich. Musils Begleiter, die sich in der Wüste stets zurechtfanden, wollten in dem Walde überhaupt nicht mehr vorwärts. Es blieb Musil nichts anderes übrig, als wieder selber zu Fuß den nächstgelegenen höchsten Gipfel zu erklimmen und nach Menschen Ausschau zu halten. Durch Hundegebell aufmerksam gemacht, entdeckte er in einer Schlucht einige Zelte, die sie schließlich mit Mühe und letzter Kraft am späten Nachmittag erreichten. »Ganz erschöpft und mit einem starken Fieberanfall kauerte ich mich um 5 Uhr 52 Minuten unter einer mächtigen Eiche nieder und feierte so den 21. Juni, meinen Namenstag«.

In der Frühe des nächsten Tages nahm Musil eine starke Dosis Chinin und setzte sich halb betäubt auf sein Kamel. Doch die Absicht, in die Umgebung von Petra zu gelangen und gerade die schwer erreichbaren Punkte im Umkreis der Felsenstadt zu erforschen, blieb Sieger:

»Im Wadi Musa waren wir, falls wir etwas leisten wollten, auf das Herumklettern angewiesen. Die nächste und leicht zugängliche Umgebung der alten Stadt Petra ist ziemlich bekannt. Wenn man somit neue Opferstätten, Inschriften, Gräberanlagen und dergleichen finden will, muß man sich in die schwer zugänglichen Schluchten wagen oder die steilen Berge besteigen« – und dazu schienen die Kräfte, durch die langwierige Anreise und das Fieber geschwächt, nicht mehr reichen zu wollen. Das Lager ließ Musil schließlich in el-Dschi aufschlagen, ein »Dorf, das aus 28 elenden Hütten besteht, die zumeist nur als Magazin dienen, weil es die Fellachen vorziehen, in ihren Zelten zu wohnen.«

Die Leute dort waren übrigens keineswegs arm; die ganze Umgebung des Dorfes bedeckten reiche Obst- und Gemüsegärten sowie Olivenbäume, »deren Frucht in Maan sehr gut bezahlt wird«. Nach gründlicher Erforschung der Umgebung von Petra ging es im Eiltempo nach Jerusalem zurück; die Männer brauchten einen Erholungsaufenthalt, Herr Mielich sogar einen Spitalaufenthalt und Musil Zeit zum Aufarbeiten der Notizen und dem Niederkämpfen des Fiebers.

Noch immer erwies sich aber der unwiderstehliche Drang, weiter zu forschen und für die geplante Karte von ARABIA PETRAEA Fakten einzuholen, stärker als die beginnende Erschöpfung.

Musil nützte also die kurze Zeit seiner Rekonvaleszenz in Jerusalem, um die nächste kleine Expedition vorzubereiten. Er schrieb an seinen Freund, den Missionar Georg Gatt in »Razze«, wie Musil Gaza stets nennt, und bat, Kamele zu besorgen, und »wirklich stellten sich wenige Tage darauf drei Kameltreiber mit sechs Tieren in Jerusalem bei mir ein.« Doch entgegen den in solchen Dingen bei Musil schon sehr hoch gespannten Erwartungen »waren es keine Beduinen, sondern Fellahin mit gewöhnlichen Kamelen, die gewöhnt waren, jeden Tag zur Tränke geführt zu werden und täglich auch ihre Gerste zu bekommen. Dazu wurde uns ein berittener Gendarm mitgegeben, für dessen Pferd ebenfalls zu sorgen war. Gleich in Hebron mußten wir nach dem Aufbruch am 18. Juli fast zwei Kamelladungen Gerste kaufen, und die Fellachen zeigten sich stets besorgt, daß ihre Tiere Hunger leiden würden«. Die Guten fütterten ihre sonst weit weniger aufwendig gehaltenen Kamele auf Kosten des Fremden so gut es ging heraus ... »Jeden Tag wollten sie zum Wasser kommen, und je weiter wir uns von den Ansiedlungen entfernten, desto furchtsamer gebärdeten sie sich. Wie sehnsüchtig gedachte ich da unserer Freunde in der östlichen Wüste« – Männern wie Hajel oder Bahit!

Die Reise dauerte unter diesen Umständen bloß sechs Tage. Nach einer gründlichen Erforschung der Ruinen von Han es-Sbejta zog sich Musil bereits am 21. Juli 1901 nach Berscheba zurück, weil ihn die Unverläßlichkeit der Begleitung zwang, den Rückzug anzutreten. »Sie wollten gerne mit uns in der Umgebung von Razze (Gaza) reisen, nicht aber in der Wüste, die sie zum ersten Mal betreten hatten. Überdies bemächtigte sich meiner eine völlige Apathie, die ein Vorbote des Fiebers war, das mich nach unserer Ankunft in Jerusalem alsbald überwältigte.«

Die Reisetätigkeit von 1901 war damit – ausgenommen die Rückfahrt nach Wien und die Weiterfahrt ins heimatliche Richtersdorf – abgeschlossen, ausgekostet in jeder Spielart, deren eine interessante, abenteuerliche und erfolgreiche Expedition nur fähig ist.

Der Durchbruch Musils als anerkannter Orientalist war in Wien nun so gut wie selbstverständlich. Gemeinsam mit Mielich und einer Reihe von Gelehrten ging es alsbald an die Herausgabe eines Prachtbandes über Kasr Amra, mit erstklassigen, farbgetreuen Faksimiles der Wandbilder des omajadischen Jagdschlößchens und einer umfangreichen, kunstgeschichtlichen Würdigung der Entdeckung.

Über Nacht war Musils Name nun in allen gebildeten Kreisen bekannt, die Presse berichtete ausführlich über ihn, er stand im Mittelpunkt des Interesses. Was für seinen Vetter Robert der raketengleiche Beginn mit dem »Törleß« sein wird, 1906, war für Alois Musil die Publizität mit seinem Kasr Amra fünf Jahre zuvor.

Mit Hilfe der Faksimiles und der Musil'schen Zeichnungen könnten die zauberhaften Jagdschlößchen der lebensfrohen Omajadenkalifen jederzeit wieder in ihren ursprünglichen Zustand wiederhergestellt werden, so sehr sie auch seit den Tagen Musils gelitten haben mögen. Ein solches Unternehmen böte reizvolle Aspekte: Jordaniens wenige, dafür aber um so interessanteren und wertvollen kunsthistorischen Monumente wie Petra und Kasr Amra, heute das beliebteste Ausflugsziel der Bewohner der Hauptstadt des Haschemitischen Königreichs des Jordan, stehen ganz im Zeichen der wissenschaftlichen Arbeit Musils, der den Haschemiten seinerzeit, als treuer Gefolgsmann osmanischer, übernationaler Reichsidee, keine besondere Vorliebe entgegenbrachte. Angesichts der unbestreitbaren Leistungen der Dynastie der Haschemiten in Jordanien und der ebenso unbestreitbaren Leistungen Musils wäre es da offenbar an der Zeit, ein für Alois Musil und die Erben des Großscherifs von Mekka gleichermaßen nobles und der Erinnerung würdiges Monument zu schaffen: ein wiederhergestelltes Jagdschlößchen Kasr Amra, umrahmt von seinen gleichfalls im alten Glanz und nach den Plänen Musils jederzeit erneuerbaren

Trabanten Kasr at-Tuba, al-Mschatta, al-Harani oder gar Hamam asch-Scharach ...

Zurück zur Situation Musils um die Jahrhundertwende: Der junge Priestergelehrte befand sich eindeutig auf der Überholspur; unkonventionell vorwärtsstrebend, ehrgeizig, ja karrieresüchtig, aber auch kompromißlos auf der Suche nach Wahrheit, vor allem in seinem ureigensten Gebiet, der alttestamentlichen Bibelkunde und ihren Hilfswissenschaften, die sich gerade in jenen Jahren in einem ihrer vielen Umbrüche befanden, nicht zuletzt – vielleicht vor allem – dank der epochemachenden altertumskundlichen Entdeckungen in Mesopotamien. Die Ausgrabungen von Babylon, Ninive, Ur, Borsippa oder Assur und Haran setzten das Alte Testament in ein völlig neues Licht: Die Berichte der Bibel über das Paradies, die Sintflut, die Geschichte des Turmbaus von Babel oder der Glaube an ein Endgericht erhielten neue, weitere Dimensionen, wurden wohl auch relativiert. Vorkämpfer eines gewaltigen Umdenkprozesses war der überragende deutsche Assyrologe Friedrich Delitzsch, Sohn eines führenden lutherischen Theologen. Friedrich Delitzsch löste mit seinen pamphletartigen Schriften »Babel und Bibel«, die Massenauflagen erzielten und immer noch faszinierte Leser finden, geradezu eine Revolution im Denken zeitgenössischer Christen aus. Sein Sachbuch »Wo lag das Paradies«, erschienen 1881, beeinflußte Musil nachhaltig.

Delitzsch' Hauptforderung an die Fachwelt lautete: »O möchten sich doch unsere jungen Theologen im Heiligen Land nicht bloß in den Städten, sondern am besten draußen in der Wüste bekanntmachen mit den Sitten und Gebräuchen der Beduinen ... es wird sich ihnen dann die Welt erschließen, aus welcher heraus allein orientalische Schriftwerke wie das Alte Testament erklärt sein wollen ...«

Und dann die Anregung, die später weitgehend Musils Orientreisen in ihren Bann ziehen sollte: »Wir suchen noch heute den Berg Sinai in der Gebirgsgruppe der Halbinsel, der zu allem, was erzählt ist, paßt ...« Musil glaubte schließlich im Jahre 1910, »den wahren Sinai« ausfindig gemacht zu haben, wie viele andere biblische Stätten auch.

Musil fand jedenfalls mit Sicherheit seine Offenbarung bei den Beduinen, wie sie Delitzsch geradezu visionär vorschwebte und wie sie sich in Musils Leben erfüllen sollte: »... aber ob auch die Wogen speien und schäumen, bleiben gleich einem Leuchtturm in dunkler Nacht die Namen der Abkömmlinge nordsemitischer Beduinen um 2300 vor Christus bestehen: ›Gott ist Gott‹, ›Jahu ist Gott‹.«

In all seiner maßlosen Begeisterung für die Araber – besonders für die

Wüstenstämme – und all seiner später immer mehr erwachenden Abneigung gegen zionistische Bestrebungen, einen jüdischen Palästinastaat zu gründen, die er mit wachsender Sorge beobachtete, verfiel er auch nicht andeutungsweise in den Fehler des Friedrich Delitzsch, der in scharfem Antisemitismus endete. Nichts lag Musil ferner als das.

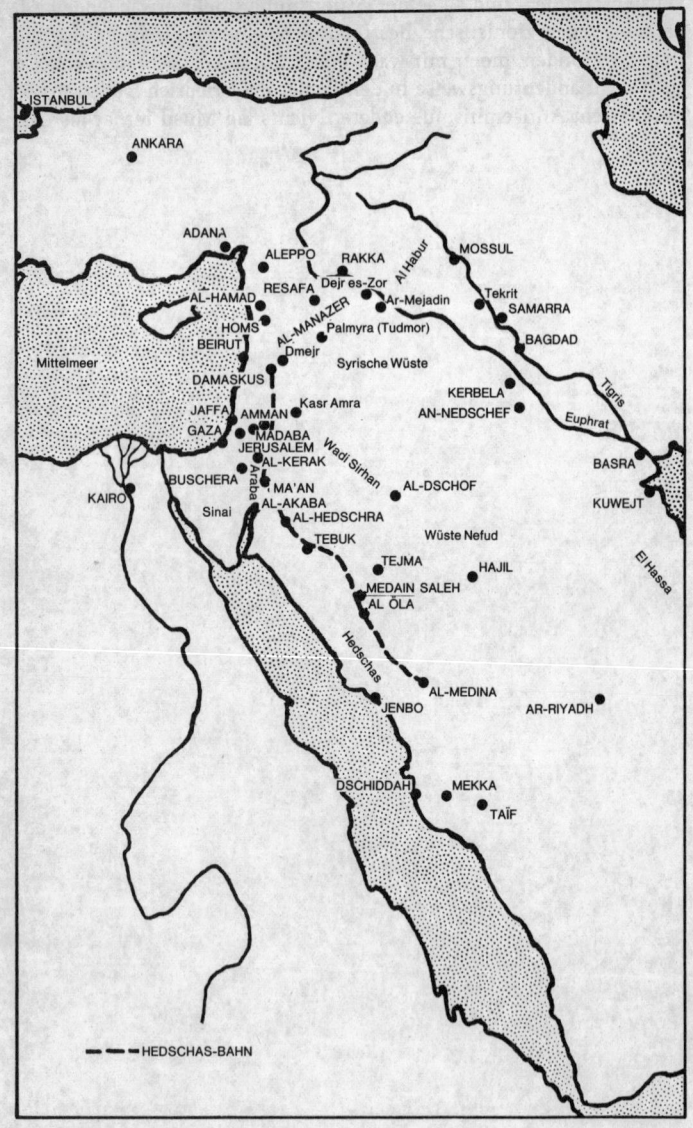

- - - HEDSCHAS-BAHN

4. KAPITEL

ARABIA PETRAEA

Ein großer Plan

Seit seinem ersten größeren Forschungsritt unter der Führung von Pater Abdrabbo interessierten Musil besonders die Geländeverhältnisse Arabiens, die in ihrer ebenso kargen wie an manchen Stellen so üppigen Landschaft lebenden Menschen und die Namen, die sie ihren Bergen, Tälern und Oasen gaben. In dem jungen Forscher wuchs alsbald ein leidenschaftlicher Topograph heran, einer, der alle nur irgendwie greifbaren Ortsnamen sammelte und versuchte, sie in einen Zusammenhang zu bringen: »Meine Motive zur Erforschung Arabiens waren in erster Linie historischer, nicht kartographischer Natur. Aus diesem Grunde versuchte ich, so viel wie nur immer faßbare Namen zusammenzutragen, damit sie als Grundlage für geschichtliche Forschungen dienen mögen...«

Doch die zahllosen Benennungen der Berge, Flüsse, Brunnen und Wasserläufe, der Burgen, Schlösser und Städte wollten in möglichst gute Karten eingetragen sein, und so besuchte Alois Musil bereits im Jahre 1898 einen Kurs am Militärgeographischen Institut.

Das Interesse, daß der Forscher der Gegend um Madaba und östlich des Toten Meeres entgegenbrachte, dehnte sich alsbald auch auf die Landschaft zwischen Totem Meer und Mittelmeer aus – auf eine Gegend, der er alsbald seine erste große Kartenarbeit widmen sollte: ARABIA PETRAEA.

Die neue Bekanntschaft mit dem Missionar Georg Gatt, den Musil seit seiner Studienzeit in Beirut kannte, verschaffte ihm sozusagen auch ein »zweites Standbein« – war es östlich des Toten Meeres, in Madaba, Pater Abrabbo, dann am anderen Ende der ARABIA PETRAEA, in Gaza (Musils »Razze«) am Mittelmeer der hilfreiche Pater Gatt.

Am 1. August des Jahres 1902 traf Musil nach seinem erfolgreichen Wien-Aufenthalt und den Tagen der Erholung in Richtersdorf in Gaza ein. Ziel seiner neuen Expedition war die Sammlung von so vielen Fakten, um seine geplante ARABIA PETRAEA-Karte, zu der ihm vor allem die Grenzstrecken des bisher von ihm erforschten Gebietes fehlten, vollenden zu können.

Da Musil die zu bereisende Gegend und vor allem die Umstände einer solchen Expedition bereits kannte, wollte er Reittiere der östlichen

Wüste erwerben, und nicht so verwöhnte Kamele, wie sie ihm der gute Pater Gatt im Vorjahr nach Jerusalem geschickt hatte.

Wie es der glückliche Zufall wollte, traf ausgerechnet zur Zeit der Ankunft Musils in Gaza eine große Karawane der Akeli-Kamelhändler in der Hafenstadt ein, die diese kostbaren, im Osten der Pilgerstraße eingetauschten Tiere nun zum Verkauf nach Ägypten trieben. Von diesen Leuten erwarb Musil drei gute, junge Tiere und zwei Reitsättel, die für ihn und seinen Führer Abdallah bestimmt waren. Kurz darauf fand Musil in einem Karawanenführer aus al-Akaba namens Mindil, der zum Stamme der dort lagernden Beli gehörte, einen zweiten, vielversprechenden Begleiter. Dessen Pflicht bestand darin, wann immer notwendig, einen ortskundigen Führer ausfindig zu machen. Mindils einzige Bedingung war, daß sein neuer Gebieter recht viel Bohnenkaffee mitnehme und ihm den Sack samt dem Kochgeschirr anvertraue. Er war nämlich ein leidenschaftlicher Kaffeetrinker und verbrachte ganze Nächte bei glimmender Kohle, an der seine volle Kaffeekanne stand. Nur selten sah man ihn schlafen. Fortwährend trank er starken Kaffee – und beklagte sich jeden Morgen über Magenschmerzen. »Sonst aber war er ein sehr brauchbarer Mensch, der für uns die meisten Wachen hielt«. Sein Kamel, eine gelblichweiße Delul-Stute, liebte er fast so

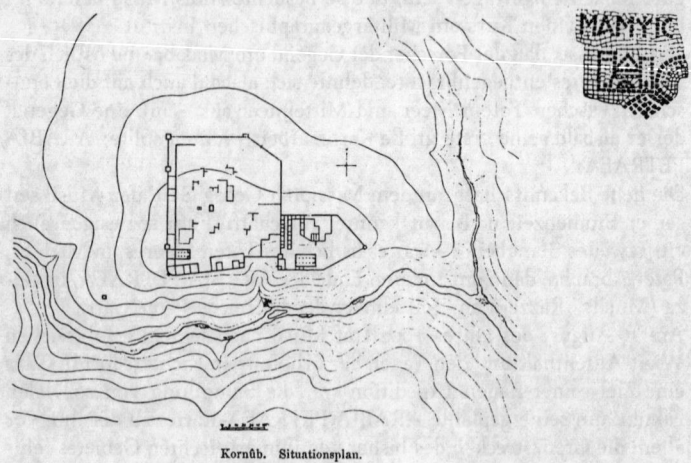

Kornûb. Situationsplan.

Musil war der Wiederentdecker von Kornub – in der antiken Mosaikkarte von Madaba als »Mampsis« eingetragen.

54

sehr wie seinen schwarzen Trank. Er bestürmte Musil, auch Gerste mit auf die Reise zu nehmen, damit er in den ganz öden Wüstengebieten sein Tier entsprechend füttern könne. Musils neue Kamele wieder, die nur an die freie Wüste gewöhnt waren, wollten weder Stoppeln und schon gar nicht Gerste fressen, und es dauerte viele Tage, bis ihnen Abdallah das beibrachte. Dem knieenden, gefesselten Tier mußte immer jemand den Kopf halten, während ihm ein anderer das Maul auftat und Gerste hineinzwängte. Dann mußte er ihm mit beiden Händen das Maul rasch zuhalten, damit das Kamel die Gerste mit der Zunge nicht hinausdränge. »Dies alles geschah stets unter wildem Sträuben und häßlichem Gemurmel des empörten Tieres.«

Der Kajmakam von Gaza-Razze zeigte sich Musil gegenüber sehr aufgeschlossen. Er ersuchte ihn aber dringend, einen Gendarmen mit auf die Reise zu nehmen, der dann auch bis Berscheba mitkam. Auch der dortige Kajmakam, ein tüchtiger Mann aus Jerusalem, erklärte Musil, strengen Befehl zu haben, ihm die Weiterreise nur in Begleitung eines Gendarmen zu gestatten. Da Musil aber schon recht traurige Erfahrungen mit solchen aufgezwungenen, meist völlig ortsunkundigen und an das Leben in der Wüste nicht gewöhnten Begleitern gemacht hatte, einigte man sich auf einen eingeborenen Kamelreiter, »der sich immer und überall meinen Anordnungen fügen werde: Doch Barakat, Sohn einer braunen Sklavin, ein guter, jedoch heißblütiger Krieger, der sich blind in jede Gefahr stürzte, wütend wurde, wenn man auf seine dunkelbraune Farbe anspielte, sich seinerseits aber jeden Tag entweder über Abdallah oder Mindil oder den jeweiligen Ortsführer lustig machte. Das alles gab Anlaß zu unzähligen Neckereien und Streitigkeiten und fast täglich ersuchte mich entweder der eine oder der andere ihm Recht zu verschaffen. Wir waren alle froh, als ich Barakat im Wadi Musa endlich entlassen konnte.« Zu diesen kleineren, wenn auch lästigen Übeln gesellte sich die Cholera- und Pestgefahr; beide Seuchen suchten die Stämme östlich der Pilgerstraße heim, und so mußte Musil seinen ursprünglichen Plan, auch diese Gegend wieder aufzusuchen, fallen lassen. Die Reise führte nun von Gaza über das südlich davon gelegene, malerische Han Junes mit seinem hochaufragenden Schloß nach Berscheba, wo sich die Absicht des Sultans, sich besser als Padischah und vor allem als Kalif zu präsentieren und bessere Kontakte mit den Arabern zu suchen, sehr bemerkbar machte. »Sofort nach unserer Ankunft mach ich dem Kajmalam meine Aufwartung. Ich fand in ihm einen intelligenten und uneigennützigen Mann. Berscheba wächst übrigens von Tag zu Tag; heuer baut man bereits anstatt der Zelte stattliche Häuser, die eine schöne Straße vom Serail bis zum Talbett bilden.

Beim Regierungsgebäude gibt es jetzt einen schönen Garten mit allerlei Bäumen. Leider verursachte die rege Bautätigkeit auch hier eine arge Ausbeutung des Ruinenfeldes. Bei dieser Gelegenheit werden zahlreiche Gräber aufgedeckt, aber beraubt und sofort wieder zugeschüttet, weshalb ich auch nicht ein einziges gut erhaltenes zu sehen bekam.«

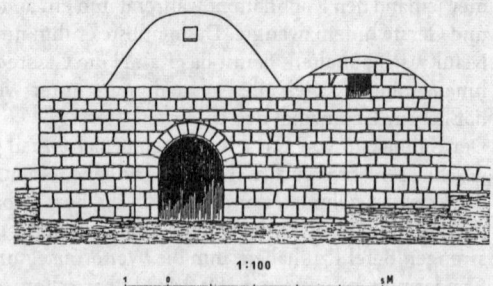

H. er-Rhejbe.
Kubbet el-Bîr.
Vorderansicht.

1 : 100

Am 21. August verließ Musil die Stadt Berscheba in südlicher Richtung und erreichte drei Tage später die Ruinen von er-Rhejbe, wo Musil umfangreiche Aufzeichnungen des Kubbet el-Bir, eines aufwendig angelegten Bades aus frühislamischer Zeit, anfertigte. Über Hirbet Abde, wo Musil abermals sowohl das gewaltige Römerlager als auch die Höhlengräber und die Akropolis genau erkundete, stieß Musil auf einer neuen »Sikke«, einer Verbindungsstraße von Gaza nach Akaba, weiter nach Süden vor. Da gab es am 7. September einen unangenehmen Zwischenfall mit einem der kurzfristig gemieteten Führer, die stets besondere Vorteile herauszuschinden hofften und, wenn sie abblitzten, gelegentlich ihre Stammesgenossen gegen die Fremden aufhetzten. Als einer dieser Männer Musils Gruppe völlig in die Irre geführt hatte, wollte ihn Mohammed zur Rede stellen, Musil wollte ihn sogar verprügeln, doch schließlich einigte man sich auf einen entsprechenden Lohn und der üble Bursche verschwand, allerdings unter der Zusage, Mohammed ein Stück Weges mitzunehmen und für einen neuen Begleiter zu sorgen. Als die beiden jedoch in die Nähe einer Quelle kamen und dort einige Beduinen auftauchten, stieß der ungetreue Führer den Kriegsschrei aus und behauptete, Mohammed und seine Mitreisenden hätten einen heiligen Ort verletzt. Der arme Kerl wurde sofort mitsamt seiner Kamelstute als Gefangener erklärt, »und was weiter folgte, läßt sich kaum beschreiben. Ich weilte noch an jenem inkriminierten Ort Kuntile, als meine Begleiter unser Gepäck im

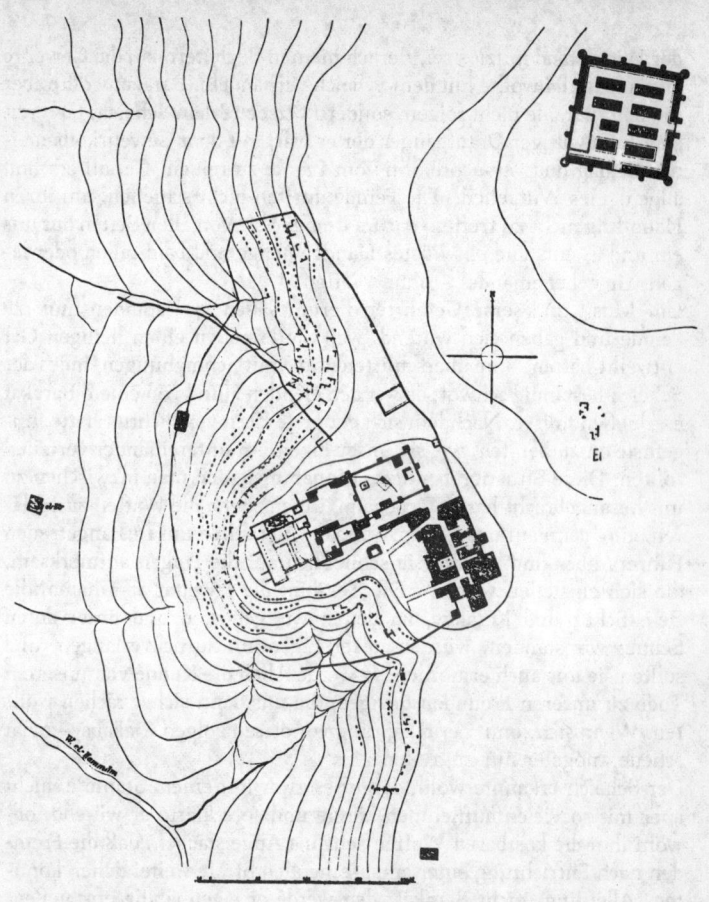

Hirbet 'Abde. Situationsplan.

Schatten einiger Tarfa-Bäume niedergelegt, den Kamelen die Vorderfüße gebunden und alles übrige besorgt hatten. Als Barakat die Kamele
langsam auf die nahegelegene Weide führen wollte, hörte er das
Kriegsgeschrei und lief deshalb eiligst ins Lager zurück. Die Feinde
teilten sich nun in zwei Gruppen: Die kleinere warf sich auf die Kamele, die etwa einen halben Kilometer weit entfernt weideten, die größere
aber umzingelte uns. Dann ritt der Häuptling auf einer weißen Stute
zu uns heran und forderte uns auf, uns zu ergeben. Da ich sah, daß je-

der Widerstand nutzlos sei, rief ich meinen Begleitern zu, die Gewehre zu senken und wollte mit dem Scheich verhandeln. Barakat wollte aber meinem Befehle nicht folgen, sondern versetzte dem Scheich, tapferer, aber blindwütiger Draufgänger der er war, mit dem Gewehrkolben einen Schlag und versuchte, ihn vom Pferde zu reißen. Darauf erscholl allgemeines Wutgeheul. Die Feinde durften nicht schießen, um ihren Häuptling nicht zu treffen, darum drangen sie von allen Seiten auf uns ein und es entstand ein wüstes Handgemenge und bald saßen oder lagen wir nebeneinander – ohne Waffen!«

Um Musil und seine Gefährten herum saßen und standen nun die Feinde und gaben sich wütend, weil die Fremden einen heiligen Ort entweiht hätten: »Sie überschütteten uns mit Schmähungen, indes der Scheich beständig schwor, daß er den elenden Hund von einem Barakat erschießen müsse. Nachdem sich der erste Zorn verflüchtigt hatte, fingen sie an zu beraten, wie sie unser Eigentum untereinander verteilen sollten. Diese Situation benützte Mohammed, den man inzwischen zu uns herangebracht hatte. Er begann, ihnen zuerst die Waffen zu erklären, ging dann auf unsere Reise und das Verhalten unseres ungetreuen Führers über und machte sie schließlich auf die Folgen aufmerksam, die sich einstellen würden. Die Terabin, die Hwejtat at-Tihama, die Beli, Schur und Kerakije, zu denen wir gehörten und unter deren Schutz wir standen, würden unser Eigentum zurückverlangen, und sollten sie uns auch ermorden, so werde Allah die Kunde von unserem Tode zu unseren Freunden bringen, die uns dann sicher rächen wollten. Wenn sich somit der Häuptling vor diesen Folgen – ›akaba‹ – nicht scheue, möge er nur zugreifen.«

Der Scheich erkannte wohl, daß er es zwar mit *einem* Stamme, nicht aber mit so vielen aufnehmen könne und so erklärte er wütend, obwohl ihm die kostbaren Waffen sehr ins Auge stachen, daß die Fremden nach Entrichtung einer entsprechenden Strafe weiterziehen könnten. Allerdings nicht Barakat; den werde er eigenhändig erschießen. Den Blutpreis werde er mit den Erträgnissen des Salzes der Quelle von Kuntile begleichen. Also begannen neue Verhandlungen, es kam zu neuen Geschenken und Gaben, »bis wir endlich unsere Kamele zurück und Barakat frei bekamen. Wir luden wieder auf und verließen unter gegenseitigen Flüchen und ohne Führer um 9 Uhr 48 Minuten den unglückseligen Ort.«

Zehn Tage später, am 17. September, fiel Musil mit seinen Leuten abermals unter die Räuber. Mohammed war während der Nachtwache eingeschlafen und erwachte erst (so wie die andern), als einer der Strolche dem müden Wächter sein Gewehr vom Schoße nehmen wollte und sich dabei ein Schuß löste. »Als wir unser Gepäck nach einem siegreich bestandenen Handgemenge untersuchten, stellte sich heraus, daß uns ein Gewehr, ein Revolver und eine ganze Kamelladung Gepäck samt Geld und vier Heften ethnographischer und zwei Heften topographischer Aufzeichnungen fehlten. Höchst betrübt verließen wir unser Lager in Richtung Petra. Die Aufzeichnungen waren unersetzlich...« Tags darauf, noch in der Nähe von Maan, erreichte die Hitze derartige Ausmaße, daß »das Thermometer 1,5 m über dem Boden zu Mittag + 57 Grad C, die höchste Temperatur, die ich je verzeichnet habe, anzeigte. Kaum atmend hielten wir um 11 Uhr 10 Minuten unter einem Sejale-Baum an, der aber, wie bekannt, kaum Schatten spendet. Zwischen dem Gestein konnten wir uns nicht ausstrecken und die Hitze wurde schließlich so drückend, daß wir es auf dem Boden nicht mehr aushalten konnten, weshalb wir um 1 Uhr 3 Minuten noch matter als vorher weiterritten.«

Am Morgen des 19. September 1902 tauchten links am Wege die ersten Höhlengräber auf, Vorboten der Felsenstadt Petra. Eine Stunde später hielten die Reisenden an und »während unser Führer aus der Quelle Ajn al-Hamra Wasser holte, besichtigte ich bereits die Umgebung und kopierte die Inschriften«.

Scheich Musa im Wadi Musa

Die rosenrote Stadt, halb so alt wie die Zeit: Petra, die geheimnisumwitterte Felsenstadt in den Schluchten und Kesseln der Berge östlich der Rinne, die zwischen dem Golf von Akaba und der Südspitze des Toten Meeres liegt; dem Wanderer sich wie ein Wunder eröffnend »erscheint sie nicht als Werk des Menschen schöpferischer Hand, doch wie von Zauber aus dem Fels gewachsen...«

> »It seems no work of Man's creative hand...
> But from the rock as if by magic grown –
> A rose-red city half as old as time.«
>
> Dean Burgon

Zwischen den Granitbergen am Roten Meer und der sich schier endlos nach Osten, bis Mesopotamien hinein ausbreitenden Sand- und Kieselwüste liegt, verborgen wie ein kostbarer Schatz, aber doch an den Kreuzungswegen uralter Karawanenstraßen, die Nabatäerstadt Petra, die schon die Phantasie eines Strabon aus Amasia vor mehr als zweitausend Jahren beflügelte.

Übrigens hätte kaum ein antikes Handelszentrum den späteren Reisewegen des Alois Musil als Ausgangspunkt so entsprochen wie *Petra;* es ist, als hätte der junge Forscher, ganz seinem Gefühl und seinem Instinkt folgend, hier den Knoten für alle seine Forschungsrouten gefunden:

Vom klassischen Verkehrsknoten Petra aus führten einst, in biblischen, nabatäischen, ägyptischen, römischen und byzantinischen Tagen, die wichtigsten Fernverkehrsstraßen vom Roten Meer (und Ägypten) hinauf nach Damaskus, Palmyra und ins Zweistromland, aber auch, von Damaskus nördlich, nach Aleppo und Antiochien. Es entspricht diese Fernverbindung bis in die Einzelheiten hinein, bestimmt aber im Gesamtkonzept, der Reise von 1912, die Musil mit Prinz Sixtus von Bourbon-Parma unternahm.

Die Südost-Fernverbindungen Petras wieder führen in die Oase al-Dschof, sowie nach Ha'il und Riyad und weiter zum Persischen Golf und hinauf nach Mesopotamien... also Musils beschwerlichste, aber auch erfolgreichste Reisen von 1908, 1910 und vor allem 1914/1915, als es darum ging, die arabischen Stämme der inneren Wüste zu erforschen und, während des Ersten Weltkrieges, sie friedlich zu halten.

Die nach Süden führenden Verkehrswege des Handelsimperiums Petra bringen den Reisenden in Richtung Medina und Mekka genau in die Schicksalsregion Musils, den Hedschas, dessen Bedeutung für das Osmanische Reich er in seinen Reisen von 1908 und 1910 nicht genug betonen konnte.

Musils erste Wanderung im Orient schließlich, diese »Gehversuche« eines jungen Forschers, liegen alle im unmittelbaren Bannkreis der alten Nabatäerstadt Petra – sie umfassen das Land Moab und die eigentliche Provinz um Petra, *Edom.*

Das semitische Wort »Edom« bedeutet so viel wie »rot«; es wird in seiner einfachen Aussagekraft für die Landschaft nur noch von jener des Wortes PETRA, Fels, für die bedeutendste Stadt der Region erreicht. Die erste, größere Siedlung im Gebiete von Petra dürfte schon vor dem 5. Jahrhundert vor Christus entstanden sein. Wichtigste Voraussetzung für die Herausformung dieses Handelsplatzes bildete das Wadi Musa: *das Wasser im Tal.*

»Stämme und Völker, die dort vor Zeiten lebten und kämpften, sind schon aus der Bibel notorisch; die edomitischen Siedler fielen den Kriegszügen eines Salomon anheim, der den Hafen von Eloth ausbauen ließ und den Handel an sich riß. Übrigens lag das alte Eloth wahrscheinlich nicht an der Stelle des heutigen Eilath, sondern weiter südlich bei Dschesiret Farun, unweit Akaba.«

Die Feindschaft, die sich zwischen den Juden und den Edomitern herausbildete und unter König David ihren Höhepunkt erreichte, ist beachtlich, der Haß grenzenlos. Nach den Edomiten kamen die Nabatäer, die nicht im Wadi Musa, sondern bereits im Gebiete des heutigen Ruinenfeldes von Petra selbst siedelten.

Die Nabatäer beflügelten zeitlebens die Phantasie Alois Musils, in unzähligen Anmerkungen und Abhandlungen nimmt er auf sie Bezug, wo immer er konnte, kopierte er nabatäische Inschriften und scheute keinen Weg, hatte ihn nur einmal eine Kunde – oder auch nur ein Gerücht – von der Existenz einer nabatäischen Inschrift irgendwo im Fels oder auf Bauten erreicht.

Auch die Nabatäer, semitischen und nomadischen Ursprungs, brauchten ihre Zeit, bis sie ihr unstetes Wanderleben ließen und im Wadi Musa wirklich zu bauen begannen, da freilich im idealen Gebiet des Sandsteins von Petra.

Im 2. Jahrhundert vor Christus brach die hellenistische Kultur mit voller Kraft über die Bewohner von Petra herein, ohne dabei das Vorangegangene, Nabatäische, zu vernichten oder auch nur abzulösen: Es handelte sich vielmehr um eine rasante Weiterentwicklung, die in den nachfolgenden Zeiten der Römer, die im Jahre 106 nach Christus von der Stadt endgültig Besitz ergriffen, noch eine Zeitlang fortging, freilich auch schon den Keim des Untergangs in sich trug. *Bosra* stieg auf zur Hauptstadt der Römerprovinz ARABIA, Petra mußte sich mit einer immer unbedeutender werdenden Stellung als Umschlagplatz begnügen. Der Abstieg Petras setzte zunächst kaum spürbar ein, beschleunigte sich unter den Byzantinern zu raschem Verfall und endete nach der arabischen Invasion in Bedeutungslosigkeit. Petra fiel der Vergessenheit anheim.

Die Handelsmetropole der Nabatäer und Römer, die Stadt der prächtigsten, mächtigsten Steinfassaden des gesamten Orients, verkam zu einem vergessenen Winkel der Weltgeschichte, in dessen Prachtbauten von einst die Grabräuber wühlten und das Diebsgesindel einer ganzen Region hauste.

Nur Gerüchte kündeten den Reisenden von dieser hinter Klamm und Schlucht verborgenen Stadt, und der erste, der nach einem Jahrtausend des Schweigens wieder den Schleier der Geschichte, der Petra verhüllte, lüftete, war der Sohn eines Obersten der französischen Armee, der Schweizer Johann Ludwig Burckhardt – in vielerlei Hinsicht ein Vorläufer des Österreichers Alois Musil.

Johann Ludwig Burckhardt (1784–1817), der Entdecker von Petra, reiste wie ein Araber unter dem Namen »Scheich Ibrahim«.

Burckhardt gehörte zu jenen Orientreisenden, die in ihrer Aufgabe, so wie später Musil, vollkommen aufgingen, und zwar mit Haut und Haaren, Stimme, Tonfall, Dialekt, Benehmen, Gestik, Bart, Würde und Liebe zu den Orientalen, mit denen er lebte wie einer von ihnen. Burckhardt gehörte auch nicht zu jenen Forschern, die sich, wie mancher hochberühmte Abenteurer dieses Jahrhunderts, nur als Araber »verkleideten«. Er trug den Habit der Araber in jenen Gebieten, wo ihm das angemessen schien, wie er sich überhaupt äußerlich vollkommen anglich, ging in ihrer Religion sogar auf, ohne sich dabei mit den eigenen überlieferten Werten aufzugeben. Genau so bei Musil: Dieser aufrechte katholische Priester befolgte die Gebetszeiten der Beduinen, als wäre er einer der ihren. Von seinem Schöpfer spricht er fast ausschließlich als »Allah«, und doch blieb er bis zu seinem Lebensende ein treuer, wenn auch eigenwilliger Sohn seiner Kirche.

Johann Jakob Burckhardt, in sehr vielen Dingen ein Vorläufer Musils, sollte im Auftrage der »Gesellschaft zur Förderung der Entdeckung des Inneren Afrikas« den Schwarzen Kontinent bereisen. Sein Weg führte ihn über Malta und Kairo nach Aleppo, wo er zwei Jahre lang Arabisch lernte. Er bereiste Syrien und wendete sich dann biblischen Landen zu, Amman-Philadelphia, Moab und Edom, und dort hörte er von dem geheimnisumwitterten Petra.

Um alle Verdachtsgründe zu zerstreuen, gab er vor, ein Gelübde erfüllen zu müssen und deshalb das Grab des Aaron aufsuchen zu wollen – damals Beweggrund genug für eine Reise, den alle akzeptierten.

Als der »Pilger« Scheich Ibrahim – so hieß Burckhardt bei den Türken und Arabern – endlich die meilenlange Klamm nach Petra durchschritten hatte und vor sich die traumhaft schöne Fassade des »Schatzhauses des Pharao« sah, erweckte er auf einmal den Verdacht, vielleicht ein Spion zu sein, weil ein gläubiger Moslem diesen alten Heidentempel nur betrat, wenn er sich auf Schatzsuche begab – und von Scheich Ibrahim wußte man, daß er dafür zu klug war.

In aller Heimlichkeit nur vertraute »Scheich Ibrahim« alles Erlebte und Gesehene seinem Tagebuch an, ja es gelang ihm sogar, eine äußerst genaue Skizze des Schatzhauses anzufertigen.

Blick auf das »Schatzhaus des Pharao«. Im Vordergrund ist ein Beduine zu erkennen, der mit seiner Flinte auf die Urne zielt, in der man stets einen Goldschatz vermutete. (Zeichnung von Léon de Laborde)

Die Kunde von Burckhardts Entdeckung verbreitete sich in Europa wie ein Lauffeuer und veranlaßte immer wieder Abenteurer, die Nabatäerstadt aufzusuchen.

Die nächsten Europäer, die etwas zur Entdeckungsgeschichte Petras beitrugen, waren die Franzosen Léon de Laborde und der Kupferstecher Linant, der reizvolle Bilder der Nabatäerstadt schuf, und zwar unter besonderer Berücksichtigung der assyrischen Merkmale peträischer Architektur. Alles gegen 1830.

Nachher kamen Harriet Martineau, Edward Lear, Doughty (bereits 1876) und schließlich Libbey und Hoskins, die ihr Werk »The Jordan Valley and PETRA« im Jahre 1905 veröffentlichten. Musil erreichte Petra bereits 1896.

Kam Musil also zu spät, um den Ruhm der ersten wissenschaftlichen Veröffentlichung für sich beanspruchen zu können?

Musil kam nicht zu spät, aber er *veröffentlichte* zu spät. Denn die erste wirklich ernstzunehmende, umfassende Studie über Petra stammt von Alois Musil, und er begann seine Arbeit damals, als er nach der romantischen Nacht bei den Beduinenknaben von el-Hasa und ihren traurigen Liedern, gemeinsam mit Pater Abdrabbo daranging, sich einen Traum zu erfüllen: »Mein sehnlichster Wunsch war, Wadi Musa mit der alten Hauptstadt der Nabatäer, Petra, zu besuchen...« Am 6. September 1896 erfüllte sich der Traum... zunächst für vier Tage, gerade genug, um Musil die Größe seiner Aufgabe erkennen und den Plan für einen neuen Besuch reifen zu lassen.

Musil weilte insgesamt vier Mal in Petra, mit dem Ergebnis, in seinem Werk ARABIA PETRAEA die erste umfassende, zusammenhängende Darstellung Petras geben zu können, die »erste« allerdings nur auf ihre Entstehungszeit, nicht auf ihr sträflich verzögertes Erscheinen bezogen. Zwischen dem ersten, entscheidenden Besuch Alois Musils in Petra – 1896 – und der Publikation seiner Forschungen in ARABIA PETRAEA – 1907 – lagen lange elf Jahre, allzu lange, um in dem Internationalen Wettstreit, der gerade zu dieser Zeit um die Erforschung Petras ausbrach, erfolgreich zu bestehen.

R. Brünnow und Domaszewski kamen Musil mit bedeutenden Veröffentlichungen zuvor. Dennoch hat sich Musil in zweierlei Hinsicht Verdienste um die Erforschung Petras erworben: Er hat als erster eine verläßliche Karte des Wadi Musa mit der Ruinenstadt von Petra gezeichnet und als erster auf die grundlegende Bedeutung der Höhenheiligtümer in der Religion der Nabatäer hingewiesen, eine Erkenntnis, die erst in unserer Zeit allgemein Anerkennung und Bewunderung findet.

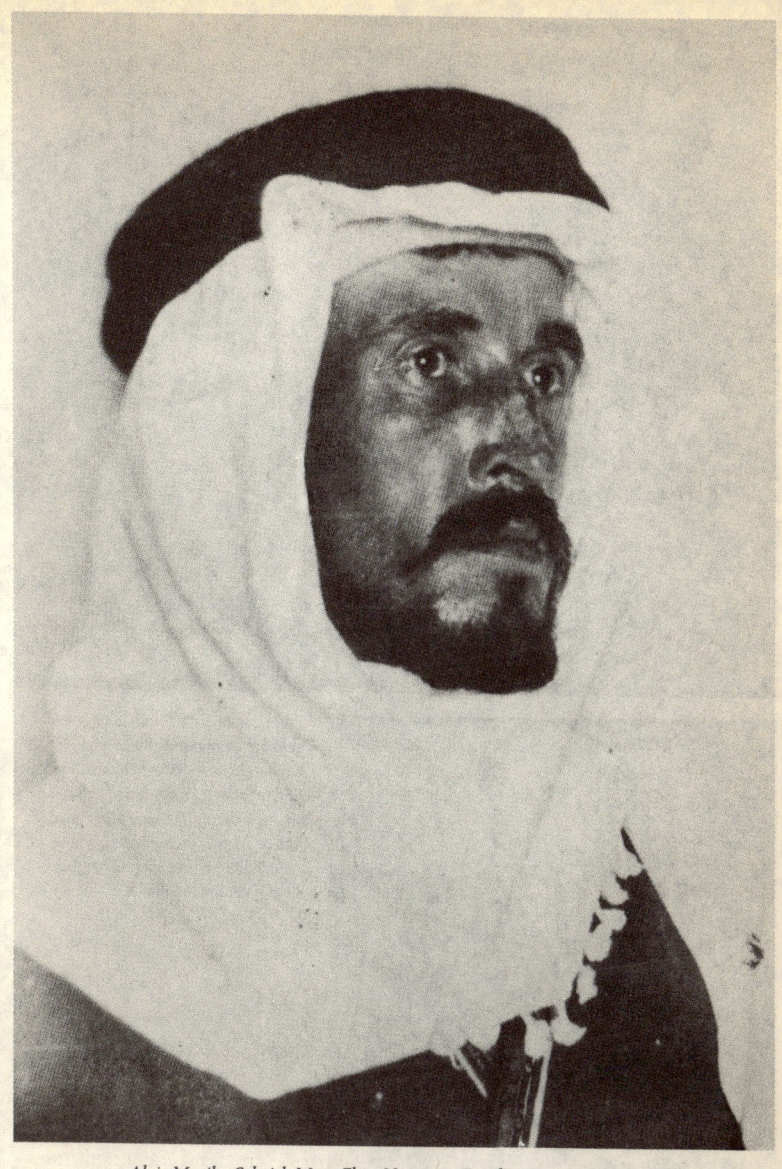

1 Alois Musil – Scheich Musa Eben Nemsa ar-Ruejli: »Sonntag, den 7. März 1909, erklärte mich Fürst an-Nuri Eben Scha'lan vor allen Häuptlingen der Ruala als Oberhäuptling und gebot ihnen, mich als solchen zu respektieren.«

2 *Alois Musils Eltern und seine geliebte Schwester Karla vor der »Villa Musa« im heimatlichen Richtersdorf: Franz Musil (1843–1930), Karla (1874–1947) und Maria Musil (geb. Plhal; 1846–1929). Die Aufnahme dürfte um 1909 entstanden sein.*

3 *Der Dichter Robert Musil († 1942), ein Vetter Alois Musils.*

Auch die zeitgenössische Kritik nahm Musils »Umgebungskarte von Wadi Musa (Petra), Maßstab 1:20000, Publikation der Kaiserlichen Akademie der Wissenschaften, ausgeführt im k. u. k. Militärgeographischen Institute, zu beziehen durch Alfred Hölder...Preis K 3.50 = M. 3.–« sehr freundlich auf.

Nach dem Erfolg der Musil'schen Karte von ARABIA PETRAEA lobte der Rezensent Dr. Hans von Mžik in den »Mitteilungen der Geographischen Gesellschaft«:

»Auch diese Karte veranschaulicht in eminenter Weise den Fortschritt, den die Musilschen Aufnahmen bedeuten. Zwar existierten bisher schon mehrere Umgebungs-»Karten« von Petra: Bereits Léon de Laborde und Linant hatten in ihrer Voyage de l'Arabie Petrée, Paris 1830, ein für die damaligen Verhältnisse recht schönes Blatt im Maßstabe von 1:4206 gebracht. Nach ihnen hatte der Herzog von Luynes diese Gegend bereist.

Im Jahre 1904 erschien auf Grund der Reisen Brünnows in den Jahren 1897 und 1898 die »Übersichtskarte von Petra« im Maßstab 1:10000; sie ist aber trotz dieses vielversprechenden Verhältnisses ... weniger befriedigend. So bedeutet Brünnows »Übersichtskarte von Petra«, was Lesbarkeit und Korrektheit der Namensgebung betrifft, der Karte von Laborde und Linant gegenüber, wie man sie im »Baedeker«: Palästina und Syrien, 6. Auflage 1904, verkleinert wiedergegeben findet – für die Zwischenzeit von 74 Jahren! nur einen geringen Fortschritt.

Demgegenüber können wir Prof. Musils Sorgfalt in der Darstellung des Terrains und seine Genauigkeit in der Aufnahme der Nomenklatur nicht hoch genug anschlagen...

Sogar im eigentlichen Stadtgebiete ist Musils Karte mit 1:20000 genauer als die im doppelten Maßstabe gehaltene Aufnahme Brünnows. Musil gibt uns somit nicht nur ein genaues Bild des Ruinenfeldes, sondern hält auch, was er in der Überschrift versprochen: eine Umgebungskarte des Wadi Musa zu bringen.«

Was half die schöne Karte, der groß angelegte Bericht in ARABIA PETRAEA, wenn Brünnow so gut wie alles Interesse, das die Öffentlichkeit einer Ruinenstadt wie Petra entgegenbringen wollte, schon gesättigt hatte?

Es scheint, rückblickend betrachtet, Musils irdisches Fegefeuer gewesen zu sein, in allem was er anstrebte – sei es nun die Weiterentwicklung Österreich-Ungarns oder des Osmanischen Reiches und seiner geliebten arabischen Welt –, einfach *zu spät* dran gewesen zu sein; ähnlich ging es ihm mit der Veröffentlichung seiner wissenschaftlichen Werke.

Den Auftakt zu dieser Tragödie bildete die um mehr als ein Jahrzehnt verzögerte Veröffentlichung seiner Arbeiten über Petra.

Den Höhepunkt, irgendwie auch schon den Abschluß seines Dramas, bildete die genauso verspätete Drucklegung seiner epochalen Werke über ARABIA DESERTA, die PALMYRENA und die Region EUPHRAT:

Die Welt der Araber und ihrer Beduinenstämme, die Musil zwischen 1908 und 1915 für diese Werke erlebte und beschrieb, die, bei rechtzeitiger Veröffentlichung, *epochale* Bedeutung gehabt hätten, gab es 1926, als seine Werke in New York endlich herauskamen, überhaupt nicht mehr.

Diese Arbeiten betrafen längst schon *Geschichte,* genau wie sein Besuch des syrischen Raumes mit Erzherzog Hubert im Jahr 1917 oder der Staatsbesuch Kaiser Karls und Kaiserin Zitas im Mai 1918 in Konstantinopel zu spät kamen: Die politische Entwicklung zog ihm jeweils unmittelbar nach Vollendung eines großen Werkes, sei es nun wissenschaftlicher oder politischer Natur, geradezu den Teppich unter den Füßen weg; bei der Reise von 1917 sogar noch während des Besuches selbst...

Erst heute, Jahrzehnte nach Musils Tod, verwischen sich diese Grenzen zwischen Aktualität und Zeitlosigkeit, erst heute ist es gleichgültig, ob seine Schriften über die Lebensweise der Beduinenstämme

Das östliche Ende des Tales von Petra (Zeichnung von David Roberts)

ein Jahrzehnt früher oder später veröffentlicht wurden oder nicht: damals aber ging Musil mit geradezu nachtwandlerischer Sicherheit an seinem ganz großen, persönlichen Erfolg stets knapp vorbei. Vielleicht, weil er ihn in seinen große Jahren so begierig suchte?

Als Musils Petra-Arbeit erschien, zählte man bereits das Jahr 1907. Zu spät, um damit noch außerhalb der Fachwelt Furore zu machen. Doch noch zählte man das Jahr 1902; Musil arbeitete mit größter Anstrengung an seiner Karte zu ARABIA PETRAEA und auf diesem Gebiet gab es keinen Rivalen; in der Topographie des arabischen Raumes blieb er bis heute unerreicht. Am 20. September brach Musil aus dem Gebiet um Petra wieder auf und ritt nach Nordosten, Richtung Maan, um sein Kartenwerk in der Gegend östlich des Toten Meeres abzuschließen.

Von Petra zurück nach Jerusalem und Wien

»Ich konnte mich nicht mehr länger hier aufhalten, da wir fast nichts mehr zu essen hatten.« Freilich hätte sich Musil Reis, Mehl und Butter in al-Dschi, dem vorgelagerten Dorf von Petra, besorgen können, doch war ihm das Geld samt den mitgeführten Tauschartikeln bei Fenan geraubt worden. »Was mich aber am meisten zurück nach Maan trieb, war die Sorge um meine ethnographischen und topographischen Notizen. Wir erfuhren nämlich, daß die Räuber den Schejl Ruwer entlang hinaufgestiegen seien und sich südostwärts geflüchtet hätten. Es war daher anzunehmen, daß sie danach trachten würden, ihre Beute in Maan abzusetzen.« Am 20. September erreichte Musil seine »Glücksstadt« Maan. Obwohl körperlich und seelisch völlig erschöpft, machte er sich auf die Suche nach seinen Aufzeichnungen. »Das anhaltende Fieber wirkte ohnehin auf meine Nerven sehr ungünstig, doch der Verlust meiner Aufzeichnungen machte mich fast trübsinnig.« In den geraubten Heften befanden sich die Aufzeichnungen über die weit draußen in der Wüste lagernden Geschlechter der Terabin, Tijaha, Azazme und Hwejtat und außerdem die Ergebnisse aller kartographischen Messungen, die er westlich von al-Araba vorgenommen hatte. »Diese waren einfach unersetzlich, und ich hätte zurückkommen und die ganze Arbeit von Neuem beginnen müssen!«

Die Hoffnung, die geraubten Notizhefte zurückzubekommen, schien zwar äußerst gering zu sein, aber dennoch mußte Musil alles versuchen, was auch nur die kleinste Hoffnung eines Erfolges versprach. Dem guten Kajmakam sollte jedenfalls nichts mitgeteilt werden, weil ein Einsatz der Gendarmen die Sache bloß verschlimmern konnte. Da in Maan von dem Raubgut überhaupt noch nichts aufgetaucht war, aber der Verdacht bestand, daß die Räuber zu den im el-Araba lagernden Stamm der Atawne gehörten, schickte Musil seine braven zwei Begleiter, Mohammed und den draufgängerischen Barakat, zum Oberhäuptling der Beni Atije, gab ihnen Geschenke mit und ließ fragen, ob irgendwo diese ominösen, für die Beduinen völlig wertlosen Papiere in den Blechbüchsen aufgetaucht seien. Musil hoffte, daß die beiden innerhalb von zehn Tagen zurückkehren könnten. Die Lage erwies sich als insofern besonders kritisch, als immer neue Meldungen vom Umsichgreifen der Cholera und der Pest in Maan eintrafen. Als Musil die Wartezeit nützen und nach Süden aufbrechen wollte, erfuhr er, daß alle dort lagernden Stämme nach Osten aufgebrochen und nur die Zelte mit den Pest- und Cholerakranken zurückgelassen worden seien. So blieb abermals nur der Ausweg nach al-Dschi... also ins Wadi Musa, nach Petra. Diesmal war es ein wahrer Fluchtweg, die einzige noch verbliebene gesunde Fluchtburg in einer völlig pestverseuchten Wüste. Die wohlhabenden Bauern des Wadi Musa hatten den Kontakt mit den Beduinen, sofort nach der Kunde vom Ausbruch der Seuche, mit allen Mitteln verhindert und gemieden, und nach dem Abzug der Stämme nach Osten bestand Hoffnung, daß Petra unbehelligt blieb.

In Maan konnte Musil Geld besorgen und die Vorräte ergänzen. Angesichts der drohenden Pestgefahr und der weit besseren Versorgungslage im Wadi Musa, an dessen Hängen Obst und Gemüse in Hülle und Fülle gediehen, entschloß sich Musil, noch einmal nach Petra zu gehen. Er hatte sich auch von seiner Krankheit inzwischen einigermaßen wieder erholt, lebte jedoch in steter Sorge um das Gelingen der Mission von Mohammed und Barakat.

»Von meinem Boten war noch immer keine Nachricht eingetroffen. Endlich, Mittwoch den 1. Oktober, während ich gerade in der engen Felsenschlucht es-Sik, dem Zugang nach Petra, arbeitete, vernahm ich auf einmal, durch die hohen, steilaufragenden Wände tausendfach verstärkt und zurückgeworfen, den Jubelruf Mohammeds: gleich darauf sah ich ihn im Laufschritt auf mich zukommen, die geraubten Hefte in der Luft schwenkend... Al-hamdu lillah!«

Drei Tage später, nach peinlich genauer Kontrolle der bisher in Petra und dem Wadi Musa getätigten Arbeiten und nach allen möglichen, gewissenhaft ausgeführten Ergänzungen, brach Musil wieder nach Norden auf, Richtung al-Hasa, und eine Woche später traf die kleine Expedition, müde, aber vom Erfolg gezeichnet, wieder beim »östlichen Standbein«, in Madaba, ein, in dessen Umgebung er weiter arbeitete.

In Kerak nahm er sich endlich Zeit, nach Wien zu berichten und schrieb an Hofrat Karabacek, den Sekretär der Akademie der Wissenschaften in Wien, eine Zusammenfassung von Erlebnis und Ergebnis: »Ich betrat Gebiete, welche noch von keinem Europäer besucht wurden. Die Stämme sind fanatisch, mißtrauisch und hindern mich immer und überall. Ich mußte Kamelhändler, Zauberer, Arzt, wandernder Kaufmann etc. vorspielen, um meinen Zweck zu erreichen. Meine drei Begleiter konnten sich nicht vertragen, jeden Tag sollte ich richten und ich durfte doch keinem Recht geben. Den ganzen Tag geistig und physisch arbeitend – an manchen Tagen bis zu 14 Stunden fußwandernd – zerrissen, schmutzig, voll von Ungeziefer der schlimmsten Art, mußte ich in der Nacht alle und alles überwachen. Während der ganzen Zeit habe ich höchstens sechs oder acht Mal Fleisch gegessen, zwei Mal war ich vom Fieber befallen infolge des schlechten Wassers, das ich nur durch mein Kopftuch trinken konnte. In Abde kroch ich hinauf zu einer wichtigen Inschrift. Nachdem ich sie abgeklatscht und abgeschrieben hatte, stürzte der Turm ein und riesige Blöcke wälzten sich herunter – nie habe ich den Tod näher gesehen, denn ich war oben auf dem Turm. Ich empfahl meine Seele Gott und klammerte mich an einen Eckstein, stürzte mit ihm etwa 16 Meter tief (er wurde von anderen getragen) und entkam mit blutigen Händen und Füßen, aber mit ganzen Knochen. Aber größer war mein Seelenleiden, als man mich in el-Arab überfallen, mir Revolver, Geld und vier Hefte mit ethnographischen Notizen geraubt hatte! Dies geschah nach der Abfassung des an Hofrat Professor Müller gerichteten Briefes. Die Hälfte der Ergebnisse einer 30tägigen Arbeit war verloren ... Mein Seelenzustand war schrecklich, aber Gott hat mir geholfen. Deo gratias!
Seit meiner Abreise von Gaza habe ich niemals unter einem Zelt geschlafen, nie in einem Zelt gespeist. In Agrud überfiel uns der Häuptling der Barakit. Damals verlor ich meinen Wein und Cognac und lebte über vierzig Tage nur von Wasser, Brot und undefinierbaren Speisen. Dafür sind auch die Ergebnisse groß. Ich kann dieses Wort gebrauchen, da ich weiß, was andere geleistet haben.
Als Ergebnisse der Reise kann ich anführen:
So gegen hundert nabatäische Inschriften, welche ich alle bereits transkribiert und übersetzt habe – unter ihnen eine vom König [es folgt eine hebräische Namenseintragung];
zahlreiche griechische Inschriften und die Bilinguis, die in nabatäischer und einer mir unbekannten Schrift verfaßt ist;
gegen zwanzig Pläne und Skizzen nabatäisch-heidnischer Kultstätten, Pläne und Skizzen von Städten, Monumenten etc.;

eine vollständige Karte des Gebietes von der ägyptischen Grenze bis Wadi Sirhan und von el-Kerak bis zum Roten Meer;

erschöpfende Aufnahmen des ethnographischen Materials mit getreuer Wiedergabe der Aussprache etc. aller Stämme bis in die Gebiete von Tejm und Medajn Saleh hinein.

Hier in Kerak will ich meine Notizen ordnen, das ganze Gebiet bis zum Toten Meer und zur Pilgerstraße aufnehmen und dann nach Kasr Amra und ins Wadi Sirhan ziehen – *falls es meine Kräfte erlauben,* ich bin nämlich sehr, *sehr* müde«.

In einer nachträglich eingelangten, am 21. Oktober nach Jerusalem aufgegebenen, sonst aber nicht datierten Korrespondenzkarte, die er während der Mittagsrast bei Ajn Radjan geschrieben hatte, teilt Musil kurz mit:

»Morgen werde ich hoffentlich nach Amra durchbrechen«. (Es wurde nichts daraus.) Hofrat Karabacek schließt die Mitteilungen an die Kollegen in der Nordarabischen Kommission der Akademie der Wissenschaften so: »Damit auch die heitere Seite nicht fehle, erlaube ich mir noch den Schlußpassus des Briefes von Dr. Musil mitzuteilen:

»Seit Ende Juli habe ich keine Post erhalten, keine Zeitungen gelesen. Das letzte, was ich bekommen habe, war ein Brief des Präses des österreichischen Palästina-Vereins, des Obersten von Himmel, der mir meldet, daß er den *Entdecker* des Schlosses Amra, Herrn Maler Mielich (!) und seinem Begleiter, dem Kaplan P. Alois Musil (!) ein Denkmal, und zwar eine Gedenktafel im österreichischen Pilgerheim in Jerusalem setzen will. Ich bitte, den Herrn Oberst von Himmel in Brixen durch eine Karte über den *wahren* Sachverhalt aufzuklären – ich kann doch nicht *so* freigebig sein!«

Der in dem Brief geäußerte Plan, abermals nach Kasr Amra und sogar ins Wadi Sirhan zu gehen, blieb unverwirklicht, teils wegen der drohenden Pestgefahr im Osten der Pilgerstraße, teils wegen der allgemeinen Erschöpfung Musils. Nach Abschluß der letzten Arbeiten in der Umgebung von Kerak und Madaba ging's nun zurück nach Jerusalem und von dort auf der bewährten, schon zur Gewohnheit gewordenen Strecke über Jaffa und Triest mit dem Österreichischen Lloyd wieder in die Heimat.

5. KAPITEL

»Ein wahrer Kara Ben Nemsi«

»Im Süden der großen Syrischen und Mesopotamischen Wüste liegt, vom Roten Meer und vom Persischen Golf umgeben, die Halbinsel Arabien, die ihre äußere Küste weit in das stürmereiche arabisch-indische Meer hinein erstreckt.

Dieses Land wurde im Altertum eingeteilt in Arabia petraea, Arabia deserta und Arabia felix, zu deutsch: in das peträische, wüste und glückliche Arabien. Wenn manche Geographen der Ansicht sind, daß der Ausdruck petraea von dem griechischen Wort, das ›Stein, Fels‹ bedeutet, abgeleitet wird, und deshalb diesen Teil des Landes das ›steinige Arabien‹ nennen, so beruht das auf einer irrtümlichen Auffassung: Dieser Name ist vielmehr auf das alte Petra zurückzuführen, das die Hauptstadt dieser nördlichen Provinz war«, erklärte Karl May gleich zu Beginn des berühmten dritten Bandes seiner Reiseerzählungen, »Von Bagdad nach Stambul«, der seit seinem Erscheinen zu Beginn der Achtzigerjahre des vergangenen Jahrhunderts Millionen und Abermillionen Leser begeisterte. Offensichtlich auch den jungen Alois Musil, der sich, so weit Indizien einen Sachverhalt beweisen können, entschlossen haben muß, Karl May auf seinen Spuren zu folgen und alles das, was er in Büchern wie »Durch die Wüste« oder »Von Bagdad nach Stambul«, aber auch in den Bänden »Im Reiche des Silbernen Löwen« und »Im Lande des Mahdi« wie im Traume miterlebte, auch in Wirklichkeit auszukosten.

Alois Musil befand sich in den Jahren, da im gesamten deutschen Sprachraum alle jungen Leser Karl Mays Bücher verschlangen, genau im richtigen Alter; mitten im »Robinsonalter«, wie Fachpädagogen das zu nennen pflegen.

Was er nicht wissen konnte, heute dem Betrachter aber doch auffällt, ist das merkwürdig parallel verlaufende Schicksal Alois Musils mit jenem Karl Mays. Beide stammten aus guten, aber verarmten Familien, beide hatten sie einen »Abenteurer«, zumindest einen ungewöhnlichen, sehr unternehmungslustigen Großvater zum Ahnherrn. Beide besuchten ein »Seminar« und beide arbeiteten zunächst im Lehrfach: Karl May an einer Fabrikschule, Musil als Religionslehrer, und beiden haftete zeitlebens der Geruch des »Ehrgeizlings« an. Während Musil unermüdlich Titeln und Dekorationen nachjagte, es zum Doktor, Universitätsprofessor, Hofrat, Geheimen Rat, Generaloberkriegsrat mit

dem Recht der Anrede als »Exzellenz« und zum päpstlichen Hausprä-
laten brachte, mußte sich Karl May Ehren und Würden in seinen meist
in der Ichform geschriebenen Romanen zukommen lassen und seinen
Doktortitel bei einer amerikanischen Schwindeluniversität käuflich erwerben.

Ein Blick auf die Reiserouten Alois Musils zeigt, daß er offensichtlich
von Anfang an ein Arbeitsprogramm »Arabia petraea« ins Auge faßte
und gewissenhaft durchzog. Als zweiten Schritt setzte er dann die Erforschung von »Arabia deserta«, und zweien seiner bedeutendsten
Werke gab er auch diese Titel.

Gewiß, Alois Musil hat sich nie öffentlich dazu bekannt, ein »Jünger«
Karl Mays zu sein, was zwei Gründe haben dürfte. Zunächst hat sich
Alois Musil *niemals* dazu bekannt, von einem Zeitgenossen irgendeine
Anregung empfangen zu haben; wenn Musil einmal einen zeitgenössischen Orientalisten, Kartographen oder Historiker namentlich erwähnt, dann entweder, wenn er heftige Kritik übt oder wenn es unum-
gänglich notwendig ist – zum Beispiel, wenn er in den Ruinen von Babylon mit dem berühmten deutschen Archäologen Robert Koldewey
zusammentrifft (aber auch eine solche Begegnung dauert bloß Minuten) oder um Delitzsch in den »Anmerkungen« zu nennen.

Ein zweiter, in diesem Falle vermutlich wesentlicher Grund für das
Verschweigen seiner Sympathien für Karl May dürfte darin liegen,
daß der berühmte Schöpfer des Winnetou und des Hadschi Halef
Omar trotz (oder gerade wegen?) seiner betont christlichen Haltung
im Jahre 1898 unter schwersten Beschuß der katholischen Presse und
Literaturkritiker geriet. In völligem Verkennen der Absichten und Ziele eines leidgeprüften Mannes wie Karl May, der, durch jahrelange
Zuchthausstrafen schließlich geläutert, der Jugend ideales Menschen-
tum vorstellte, verfolgten den Außenseiter Neider, Kritiker und hohe
kirchliche Würdenträger. Alois Musil, der Seminarist, Theologiestu-
dent und ehrgeizige Gelehrte, mußte daher in dieser Hinsicht sehr auf
der Hut sein. Alles, was er später »stellvertretend« eingestand, war,
daß er gerne Friedrich Gerstäckers Abenteuerromane gelesen habe ...
Als bestens geschulter Priester und Theologe erwies sich Alois Musil
bei all seiner Erzählfreudigkeit stets auch als ein großer Schweiger,
wenn es um das Verhüllen persönlicher Angelegenheiten ging; wahrscheinlich mit ein Grund, daß er niemals eine Selbstbiographie schrieb.
Wie bewußt Alois Musil bestimmte Ereignisse verschweigen konnte,
zeigte eine Episode der Reise von 1908 durch die Palmyrena. Musil
kam damals mit seinem Reisegefährten Rudolf Thomasberger nach al-
Karjaten an der großen Reichsstraße zwischen Damaskus und Bagdad.

Im Gespräch mit den Ortsbewohnern erfuhren die Reisenden, daß Karl May dort gewesen war, die Leute erinnerten sich ganz genau daran. Thomasberger erzählt davon in seinem Tagebuch; Musil aber, der sonst selbst unbedeutende Kleinigkeiten genau zu Papier bringt, erwähnt mit keiner Silbe, daß er einen der früheren Wege des »Kara Ben Nemsi« gekreuzt habe.

Bei einem Vergleich der Reisebeschreibungen Musils und Mays fällt auch auf, daß sich Alois Musil als »Scheich Musa« fast immer auf die andere Seite schlägt als »Kara Ben Nemsi«. Musil ist Scheich beim Stamme der Ruala, die zu der großen Stammesföderation der Anezeh gehören. Karl May wieder fühlt sich den Hadedin verbunden, Todfeinden der Ruala, bei denen sein Freund und Gefährte Hadschi Halef Omar Scheich wird. Aber Musil nimmt sich auf seiner Reise durch die Palmyrena der Hadedin ganz besonders sorgfältig an und schreibt genau auf, was er zuerst gewissenhaft erforschte:

»Der Stamm der Hadedin wohnt in etwa 2000 Zelten. Er gliedert sich folgendermaßen auf:

al-Kwame	Oberhäuptling	Nawwaf as Saleh
al-Ranatse	Oberhäuptling	Sfuk ar-Radschw
Die Klans der al-Kwame heißen		
Abu Kensch		al-Dschmejle
Abu Schlejbi		al-Dschemlan
Abu Kuejran		Al Marasa
Abu Fatla		Al Dschawali
Die Klans der al-Ranatse		
al-Bu Hasan		Kijar
Abu Atejri		al-Abraz
Abu Schihabaddin		al-Dschaffatin
Abu Taben		Abu Atab
an-Nwejhat		al-Ma'asi
Awlad Ali		al-Bu Rhama«

Musil schließt die Aufzeichnung mit einer kleinen Bosheit ab: »Wir stellten unser Zelt dort auf und suchten nach einem Führer, aber da gab es nicht einen einzigen Mann, der die Topographie dieses Landteils kannte.«

Auch Hanneh, die unvergleichliche Geliebte des Hadschi Halef Omar, kommt aus einem Stamm, dem Alois Musil nicht gewogen ist: von den Atejbe. In dem großartigen Band »Im nördlichen Nedschd« erwähnt Musil die Atejbe, wie könnte es anders sein, so: »Feinde meiner Führer, daher auch meine Feinde.«

Noch ein krasser Gegensatz verbindet die beiden: Karl May, der Nicht-katholik, geht ständig als frömmelnder Proselytenmacher durch den Orient, führt sein Christentum stets auf den Lippen. Musil, der katholische Priester, läßt sein Amt nie spüren, sondern geht in der Welt des Orients so vollkommen auf, als wäre er ein Moslem. Sonst aber folgt er Karl Mays Spuren, auch die Erlebniswelt ist die gleiche. Er bricht, wenn er in Damaskus die Abreise in die Wüste vorbereitet, vom Thomas-Tor auf, das auch Karl May erwähnt; er sucht sich einen Damaszener Kaufmann (den Honorarkonsul Chalil Fattal) als bodenständigen Schirmherrn (Karl May quartiert sich bei der Familie Isla Ben Maflei ein und erlebt dort bis in die Einzelheiten das, was Alois Musil und Rudolf Thomasberger bei Familie Fattal widerfuhr).

Ganz besonders scheinen es beiden, May wie Musil, die Blumen von Damaskus angetan zu haben.

Karl May: »... von der Mauer gebildet, durch die wir soeben getreten waren, war von Jasmin, Damaszenerrosen und rotweiß geflammtem syrischen Hibisch überzogen« (»Von Bagdad nach Stambul«).

Alois Musil: »Der Ritt durch die Vorstadt entzückte mich. Die wilden Kletterrosen, die über die niedrigen Mauern wucherten, bildeten ein einziges Meer von weißen Blüten ...« (Tagebucheintragung 5. Juni 1915). Selbst den Traum, einen »Halef« mit sich zu führen, hatte sich Alois Musil erfüllt, als er seinem braven, treuen Gefährten Karl Waldmann vom k. u. k. Militärgeographischen Institut, einem umsichtigen, witzigen, eher zart gebauten, aber vollkommen zuverlässigen und ausdauernden Beamten, den Kriegsnamen »Halef« verpaßte und mit ihm vom November 1914 bis zum Juli 1915 durch die Wüste zog.

Alois Musil hat eine Serie von Jugendbüchern hinterlassen, in tschechischer Sprache, deren Titel alles über seine Karl-May-Träume sagen: »Pustou Arabii« (»Durch die Wüste Arabiens«), »Do Bagdadu« (»Nach Bagdad«) oder »Chdodnikem smrti« (»Auf den Straßen des Todes«), was Karl Mays hinreißendem Kapitel »Die Todeskarawane« in seinem Meisterwerk »Von Bagdad nach Stambul« nachempfunden ist, ähnlich wie »Mezi šiity« (»Unter Schiiten«), das bei Karl May »An der persischen Grenze« heißt. Musils Bücher sind dabei keineswegs Plagiate, weil er ja mit wissenschaftlicher Akribie so gut wie ausschließlich Selbsterlebtes erzählt oder mit echten, geschichtlichen Ereignissen anreichert, während bei Karl May manche Lebensabschnitte trotz intensiver Forschung wahrscheinlich für immer im Dunkeln bleiben, wenngleich für den Orientkenner feststeht, daß Karl May diese Welt sehr gut gekannt haben muß. Auffallend ist auch, wie sehr Musils Erzählungen über seine Abenteuer mit den Beduinen, die Schilderung der zahllosen Raubüberfälle, denen er auf seinen Reisen zum Opfer fiel, oder der Gefechte, in die er mit Banden verwickelt war, bis in die Einzelheiten hinein mit der Sprache und Erlebniswelt Karl Mays übereinstimmen. Es hat übrigens den Anschein, als hätte Musil gelegentlich mit seinen Gefährten Wüstenzonen bewußt in der Erwartung aufgesucht, dort möglichst viele und gefährliche Abenteuer zu erleben (wie bei der Exkursion mit Thomasberger durch die Wüste Hamad, zu Weihnachten 1908).

Im Jahre 1912, als Musil mit dem Prinzen Sixtus von Bourbon-Parma durch die Wüste zog, wurde die Route mit an Sicherheit grenzender Wahrscheinlichkeit zumindest teilweise den abenteuerlichen Spuren des Karl May nachgeplant. Ein Vergleich der Erzählungen Karl Mays mit den Reiseschilderungen Musils und des Prinzen Sixtus bringt zahllose Berührungspunkte, von der Schilderung der Pferdetramway bei Kazimein (dem Wallfahrtsort bei Bagdad) bis zur Überquerung des Flusses Tartar (bei May Tharthar) und dem Weg nach Borsippa, wo sich ein Zwillingsbau des Turmes von Babylon erhebt. Karl May läßt dort einen aus Mähren (!) stammenden, in osmanischen Diensten stehenden Pascha auftreten. Musil geht in seinen Schilderungen von Borsippa (es wird über diesen Reiseabschnitt ausführlich im Kapitel »1912« berichtet) auf diese Ruine auffallend distanziert ein, so als wäre er *nicht* dort gewesen, was jedoch vollkommen ausgeschlossen ist, da er sich so ein Trümmergelände um nichts in der Welt entgehen hätte lassen. Musil verwischt hier offensichtlich bloß Spuren, um ja nicht allzusehr in die Nähe des Karl May gerückt werden zu können.

Übrigens starb Karl May zu der Zeit, als Musil mit dem Prinzen Sixtus durch den Orient reiste, nachdem er wenige Tage vor seinem Tod in Wien, bei einem Vortrag in den Sophiensälen, den wohl größten Triumph seines Lebens auskosten hatte dürfen. Wien scheint auch insofern ein Knotenpunkt im Leben der beiden Abenteurer gewesen zu sein, als sie hier einen gemeinsamen Verehrer aus jenen »hochgeborenen Kreisen« fanden, deren Nähe beide so intensiv suchten: der Erzherzog-Thronfolger Franz Ferdinand empfing Karl May in seiner Wiener Residenz im Oberen Belvedere – so wie auch Alois Musil, dessen Arbeit und Wirken Franz Ferdinand ungemein schätzte.

Den merkwürdigen, berührenden Abgesang ihres Lebens fanden beide Männer in – Amerika. Beide traten ihre Amerikareise nach einem abrupten, schockartigen Wechsel in ihrem Lebenslauf an, einer Veränderung, die beider schöpferischer Kraft versiegen ließ. Die Katastrophe, die Karl Mays unerschöpflich scheinende Phantasie jäh zum Erlöschen brachte, war die Entfesselung einer beispiellosen Hetze gegen den

Schriftsteller, als seine Vorstrafen einer breiten Öffentlichkeit bekannt wurden. Bei Musil bedeutete der Untergang der Österreichisch-ungarischen Monarchie und die unmittelbar darauffolgende Kündigung aus dem Staatsdienst eine ähnliche Katastrophe, von der er sich nie wieder erholte; nicht, weil er seinen Lebensunterhalt nicht verdienen hätte können (auch da bestand bei dem Erfolgsautor Karl May keine Gefahr), sondern weil man seinen Lebensraum zerstört hatte.

Karl May ging nach Amerika und vollzog als wohlhabender alter Mann seine in der Phantasie vollzogenen Reisen in Wahrheit nach.

Alois Musil ging nach Amerika und fand eine späte Gelegenheit, seine Werke, die er schon vor 1918 abgeschlossen hatte, auch in entsprechender Form veröffentlichen zu können. Er veröffentlichte, was er erlebt hatte, und Karl May erlebte, was er veröffentlicht hatte.

Die liebenswürdigste, bezeichnendste »hommage à Karl May« tätigte Alois Musil übrigens im Jahre 1908, als er sich in seinem Heimatort Richtersdorf, inmitten eines weitläufigen, von ihm selbst angelegten Obstgartens ein hübsches Landhaus errichtete und »VILLA MUSA« unter den Giebel schreiben ließ. Wie ein Echo auf die »VILLA SHATTERHAND« des Karl May, dem er als ein »wahrer« Kara Ben Nemsi als »schwarzer Sohn Österreichs« offenbar nacheiferte. Musil erreichte, ja überholte sein Idol: Er beherrschte alle antiken und modernen Weltsprachen und einige kleinere Sprachen dazu und, nicht zuletzt, gut zwei Dutzend Beduinendialekte in allen Nuancen. Er reiste mit einem Ferman des Großherrn und einem Geleitbrief seines Kaisers und Königs, und in seiner Begleitung befand sich ein waschechter Prinz und ein leibhaftiger, liebenswürdiger »Halef«. Ein erfüllter Lebenstraum, geboren aus der Phantasie eines Knaben und der harten Arbeit des Mannes.

6. Kapitel

Die akademische Laufbahn Musils

Das Schicksal hat den Bauernsohn Alois Musil in vielerlei Hinsicht verwöhnt; seine angeborene Fähigkeit, Sprachen rasch zu erlernen, sich in fremden Kulturkreisen nicht nur wohlzufühlen, sondern in ihnen auch fast völlig aufzugehen, ergänzte sich durch die ungewöhnliche Gabe, mit einfachen Menschen, mit Räubern und Gendarmen genauso gut umgehen zu können wie mit gekrönten Häuptern, Fürsten und Gelehrten. Musil wußte seine außerordentlichen Talente zu nützen. Bei den Beduinen stieg er zum Scheich, ja zum engsten Ratgeber des Fürsten an-Nuri und Statthalter des Emirs Nawwaf auf, in der Heimat brachte er es zum Hofrat, zum Geheimen Rat, korrespondierenden Mitglied der k. u. k. Akademie der Wissenschaften und zum Universitätsprofessor. Zwei ganz besondere Umstände begünstigten die Karriere und Forschertätigkeit Alois Musils wesentlich: er kam aus einem hochangesehenen, machtvollen Großreich und er forschte in einem Großreich, fast einem Spiegelbild Österreich-Ungarns: im Osmanischen Reich. Dazu kam, daß gerade zur Zeit Musils der »Orient« und seine mannigfache Ausstrahlung europäische Kunst im weitesten Sinne des Wortes befruchtete und orientalische Lebensweise und Kultur auf allgemeines Interesse stießen.

Ein Blick auf die Spielpläne der Opernhäuser jener Jahre zeigt die ganze Fülle des orientalischen oder wenigstens orientalisierenden Angebots. Die prominentesten Titel hießen »Aida« (Guiseppe Verdi), »Salome« (Richard Strauß) oder »Die Italienerin in Algier« (Gioacchino Rossini) – um nur einige zu nennen, und sie spielten alle in einem einzigen großen Reich, denn wenn auch der zeitgenössische Opernfreund heute bei Nennung dieser Titel an selbständige Staaten wie Ägypten, Irak, an Palästina oder Algerien denken mag, so gehörten alle diese Länder damals in den Herrschaftsbereich des Sultans – Kalifen zu Konstantinopel. In diesem Klima des Interesses und Wohlwollens gedieh auch die wissenschaftliche Forschung. Sie ging auf eine reiche und alte Tradition zurück, auf Ogier Ghislain de Busbecq, genialer Gesandter Kaiser Rudolf II. in Konstantinopel und bedeutender Gelehrter, Joseph Freiherr von Hammer-Purgstall, Verfasser einer vielbändigen Geschichte des Osmanischen Reiches und erster Präsident der Kaiserlichen Akademie der Wissenschaften in Wien, oder Anton Graf Prokesch-Osten mit seinen Reise- und Forschungsberichten.

Ende der Sechzigerjahre des 19. Jahrhunderts, genau zu der Zeit, als Alois Musil in Mähren zur Welt kam, setzte in Wien eine neue, glänzende Epoche der Orientalistik ein, die einige Jahrzehnte danach in eine rege Expeditionstätigkeit überging. Zu der Zeit, als Musil noch im Alleingang zum ersten Mal nach Kasr Amra vorstieß, weilte am anderen Ende der Arabischen Halbinsel eine österreichische Expedition. Unter der Leitung von Leo Reinisch erkundete sie Sokotra (es gab da sogar Pläne, die Insel zu einem österreichischen Stützpunkt auszubauen) und Dhofar, diese faszinierende Provinz im Westen des Sultanats von Oman, bis zum heutigen Tag eine der sympathischsten, eigenständigsten Erscheinungen Arabiens. Für all diese Arbeiten gab es seit dem Jahre 1898 an der Akademie eine »Südarabische Kommission«. Aber seit dem Jahre 1902 gab es außerdem auch eine Nordarabische Kommission – dank der bahnbrechenden Arbeit Musils in Kasr Amra.

Die Überprüfung des von Musil aus Kasr Amra mitgebrachten Materials durch den Kunsthistoriker Professor Alois Riegl erbrachte ein trotz mancher recht kritischer Bemerkungen (»keine schlechtweg faksimilemäßige Genauigkeit« oder »vorhandene Lücken«) ein sehr günstiges Gesamtergebnis. Das Gutachten ermöglichte die Gründung einer Spezialgruppe innerhalb der Akademie unter der Bezeichnung »Nordarabische Commission«, die am 19. Februar 1902 ins Leben gerufen wurde. Ihr gehörte der Direktor des archäologischen Instituts Friedrich August Benndorf, der auch um die Erschließung von Ephesos so hochverdiente Gelehrte, der Orientalist Joseph Ritter von Karabacek und der Leiter der Antikensammlung, Friedrich Kenner, an; das Gremium stand unter der Obmannschaft von Professor D. H. Müller, der Musil schon von Beginn an größte Sympathie entgegengebracht hatte. Musil machte nun auf Grund seines jungen Ruhms rasch akademische Karriere. Am 1. April 1902 als außerordentlicher, am 1. Dezember 1904 als ordentlicher Professor an der Universität von Olmütz, damals eine hochangesehene, auch international vielbeachtete Institution. Zu Musils Spezialgebiet gehörten vor allem die alttestamentlichen Bibelstudien. Die katholische Welt stand damals unter dem Eindrucke der von Papst Leo XIII. im Jahre 1893 veröffentlichten Enzyklika PROVIDENTISSIMUS DEUS, der ersten, weit ausholenden Behandlung aller Fragen, die durch die Ergebnisse der Bibelwissenschaft und der Wissenschaft im allgemeinen aufgeworfen worden waren: die zeitgenössische archäologische Forschung im Zweistromland brachte gerade damals fast täglich neue, sensationelle Erkenntnisse und drohte mitunter, in der »öffentlichen Meinung« das bis dahin gültige Bibelverständnis völlig durcheinanderzubringen, ohne daß auf die brennenden historischen Fragen und Zusammenhänge bereits verbindliche Antworten parat gewesen wären. Papst Leo XIII. ging in seinem Rundschreiben ausdrücklich auch auf das Spezialgebiet der »Hilfswissenschaften« zur Bibelkunde ein; der Papst warnte eindringlich vor den Gefahren einer »bibelfeindlichen Wissenschaft«.

Alois Musil schuf sich in jener äußerst gefahrvollen Randzone zwischen reiner Wissenschaft (Naturwissenschaft, Geschichtswissenschaft, Archäologie, Völker- und Länder- und Sprachenkunde), der kirchlichen Norm – wie sie präzise gerade von einem Papst wie Leo XIII. unmißverständlich zum Ausdruck gebracht wurde – und seiner persönlichen Überzeugung und Neigung einen beachtenswert weiten Freiraum, den er immer mehr Richtung Landes- und Völkerkunde, Kartographie, Topographie und (nicht zuletzt) Islamkunde ausdehnte. Mit bewundernswertem Geschick blieb er aber stets im Rahmen des in seiner exponierten Stellung als *Priester*gelehrten Möglichen. Während seiner Lehrtätigkeit in Olmütz arbeitete er mit Thomasberger intensiv an der ARABIA PETRAEA-Karte und bereitete insgeheim eine neue Arabienreise vor, ohne seine öffentliche Karriere dabei zu vernachlässigen.

Nach mehreren vergeblichen Anläufen gelang es in Wien, Alois Musil zum »correspondierenden Mitglied« der k. u. k. Akademie der Wissenschaften zu machen. Da die Begründungen der in den Jahren 1904 und 1905 eingebrachten Vorschläge offensichtlich nicht durchschlagskräftig genug formuliert worden waren, hieß es im Vorschlag von 1906: »Prof. Musil ist der Kais. Akademie durch Forschungs- und Entdekkungsreisen im Peträischen Arabien bekannt. Ein kühner Reisender und genauer und sorgfältiger Beobachter, darf er den bedeutendsten Reisenden im Orient, Burckhardt, Doughty etc. an die Seite gestellt werden.« Und der so um Musil bemühte Professor Müller schließt: »Ausdrücklich hebe ich hervor, daß er nicht nur ein Forschungsreisender ersten Ranges, sondern ein Gelehrter von großen Qualitäten ist.
Wien, 8. Mai 1906   D. H. Müller
                                   (es folgen acht Unterschriften)«

Die Erwähnung des Briten Charles Montagu Doughty, der von 1876 bis 1878 Arabien durchwandert hatte und dessen Werk »Travels in Arabia deserta« 1888 in Cambridge erschienen war, beinhaltete eine gewisse Ironie, hatten sich doch in der Zwischenzeit längst die Briten für Musil interessiert und versucht, ihn in ihr Lager zu zerren. Sie zogen mit Sicherheit seine inzwischen erschienene Karte ARABIA PETRAEA und, in einem weiten Rahmen, auch sein Gutachten bei der Beilegung eines Grenzdisputs zwischen dem Osmanischen Reich und dessen Provinz Ägypten zu Rat, übrigens eine Grenze, die heute zur dauerhaftesten des Nahen Ostens zählt; sie überstand auch die Katastrophe von 1918 und die nachfolgenden Sinai-Feldzüge.

Musil stellte jedenfalls im Jahre 1906 fest: »Alles, was ich bisher geleistet habe, verdanke ich der moralischen und teilweise auch der materiellen Unterstützung der hohen Kaiserlichen Akademie der Wissenschaften. Undank hat sich in mein Herz nicht eingenistet, und es ist mir nie in den Sinn gekommen, meine Wohltäterin zu verlassen, um meine durch ihre Hilfe geschulten Kräfte Fremden anzubieten. Deshalb folge ich nur der innersten Regung meines »Ich«, wenn ich diese meine Anschauung auch schriftlich kundgebe und mich ehrenwörtlich verpflichte, treu zur hohen Kaiserlichen Akademie zu halten, möge von auswärts an mich herankommen, was immer herankommen wolle. Als Österreicher will und werde ich nur für Österreich arbeiten.«

Nach der erfolgreichen, ja triumphalen Arabien-Expedition des Jahres 1908, in deren Verlauf er in vollkommen »weiße Flecken« der Kartographie vorgestoßen war, berief ihn eine »Allerhöchste Entschließung« mit Rechtswirksamkeit vom 1. April 1909 als Professor der biblischen Hilfswissenschaften und der arabischen Sprache an die Universität Wien. Die Sitzungsprotokolle der Beratungen der Professoren der biblischen Fächer legen fast rührendes Zeugnis für die Behutsamkeit ab, mit der das Kollegium darauf achtete, Musil so viel Spielraum wie möglich zu geben. Wie richtig vorausgesehen, blieb ihm zur Ausübung seiner Lehrtätigkeit tatsächlich wenig Zeit, befand er sich doch entweder auf Expedition oder auf politischer Mission. Auffallend ist, daß Musil eine Anfrage des Ministeriums für Kultus und Unterricht, ob er nicht im Rahmen eines Austauschprogramms zwischen den USA und Österreich-Ungarn im Wintersemester 1913 an der Columbia-Universität New York unterrichten wolle, ablehnend beantwortete.

Die Vorlesungen, die er bis 1918 hielt, bewegten sich in Themenkreisen wie »Die politischen und religiösen Zustände in Syrien unter den Byzantinern« oder »Erklärungen ausgewählter arabischer geographisch-historischer Texte«. In den Studienjahren 1916/17 war er Dekan, 1917/18 Prodekan der Katholischen Fakultät an der Universität Wien, die er im Jahre 1919 verließ. Während seiner Wiener Zeit wohnte Musil in dem Hause der Barmherzigen Brüder in der Taborstraße im 2. Gemeindebezirk unter für ihn typischen, asketischen Verhältnissen; die meiste Zeit verbrachte er in der Hofbibliothek.

Akademische Karrieren landen wohl sehr oft im Seichten. Alois Musils Wiener Laufbahn endete im Tragischen. Doch darüber wird noch zu sprechen sein.

7. KAPITEL

Das politische Umfeld

Am 1. Jänner 1868, im Geburtsjahr Alois Musils, trat die Dezemberverfassung von 1867 in Kraft, die nicht nur Rede-, Presse- und Vereinsfreiheit garantierte, sondern auch die Gleichberechtigung der Nationalitäten innerhalb des Staatswesens, das von diesem Tag an einen neuen Namen trug: Österreich-Ungarn. Der neue Staat brach im Jahre 1918 zusammen.

Musils große Zeit, der Lebensabschnitt seiner Forschungs- und Entdeckungsreisen im arabischen Teil des Osmanischen Reichs sowie seiner schöpferischen Wirksamkeit auf dem Gebiete der Wissenschaft und der Politik, fällt so gut wie ausschließlich in jene Epoche. Alles, was nach 1918, dem Jahr des Zusammenbruchs kam, bildet nur mehr Nachhall, fernes Echo.

Nach der Katastrophe von 1866, der Niederlage der Österreicher gegen die Preußen bei Königgrätz, auf böhmischem Boden, hatte sich die Monarchie überraschend schnell erholt und erlebte gerade in den Jugendtagen Musils einen noch nie gekannten wirtschaftlichen und kulturellen Aufschwung, der bis in die Tage des Endes der Doppelmonarchie, nicht zuletzt auch dank eines Mannes wie Alois Musil, anhalten sollte. Aber auch das Osmanische Reich, Musils Forschungsgebiet, durchlebte in jenen Jahrzehnten schicksalsschwere Wandlungen. Das Haus Osmans, das in einer mitunter geradezu rätselhaften Parallelität mit dem Hause Österreich seinen Machtbereich immer weiter ausdehnte und schließlich auch, wieder gemeinsam mit den Habsburgern, die Macht an die neu entstehenden National- und Kleinstaaten abgeben mußte, stand im ausgehenden 19. Jahrhundert so wie Österreich unter dem Druck eines immer mehr um sich greifenden, sich immer radikaler gebärdenden Nationalismus. Aber ähnlich wie im Falle Österreich-Ungarn bestand auch hinsichtlich des Osmanischen Reiches im Grunde genommen allgemeine Übereinstimmung darüber, daß das Reich *erhalten* bleiben solle.

Der Hauptfeind des Osmanenreiches lauerte im Osten: Der russische Imperialismus in seiner unersättlichen Gier – zuerst nach Land, dann nach Meer – riß Stück um Stück der von Türken bewohnten innerasiatischen Zonen an sich, um sich dann gegen Georgien und den Kaukasus zu wenden. Von 1815 bis 1895 eroberte das Zarenreich zwischen Sinkiang und der Krim mehr türkisch-islamisches Land, als ganz Europa Bodenfläche aufweist. Obwohl diese gewaltigen russischen Gebietsgewinne auch das Osmanische Reich schwer trafen, stellte sich dessen Lage gegen Ende des 19. Jahrhunderts so schlecht nicht dar. Viel war verloren gegangen, noch viel mehr erhalten geblieben. Sultan Abdül Hamid II., ein Zeitgenosse Kaiser Franz Josephs I., regierte zunächst durchaus nicht glücklos und leitete in seinem Reich gewaltige politische und technische Umwälzungen ein. Das erste osmanische Parlament trat bereits im Jahre 1877 zusammen, 1888 war auch die Eisenbahnverbindunng Wien–Konstantinopel und damit der Anschluß der Türkei an das europäische Eisenbahnnetz hergestellt, ganz im Sinne Abdül Hamids, zu dessen wichtigsten Zielen es gehörte, das Reich wirtschaftlich und militärisch, aber auch politisch und religiös zu stärken, es wieder zu einer völlig unabhängigen, von äußeren Machtbestrebungen unabhängigen Großmacht zu verschweißen. Islamisches und traditionelles Recht sollte, gemeinsam mit den Vorzügen europäisch geprägten Rechts, die innere Sicherheit gewährleisten.

Das Reich setzte sich aus großen Provinzen zusammen; jedem Wilajet stand ein Wali vor, ein Gouverneur, der der Zentralregierung gegenüber verantwortlich zeichnete. Jedes Wilajet wieder zerfiel in mehrere Regionen, Sandschaks, an deren Spitze je ein Vizegouverneur, der Mütesarif, die Verwaltung lenkte. Unter dem Mütesarif wieder stand der Kaimakam, dessen Stellung dem eines Landrates oder Bezirkshauptmanns entspricht. Gelegentlich konnte ein Mütesarif der Zentralregierung unmittelbar unterstehen, so etwa im Falle des Libanons, der an sich zum Wilajet Syrien gehörte, aber durch eine gewisse Unabhängigkeit Sonderprivilegien genoß. Nach dem Jahre 1887 schuf eine Verwaltungsreform im Bereiche des »fruchtbaren Halbmonds« im Mittleren Osten in dessen nördlicher Zone ein Wilajet Aleppo, im Westen das Wilajet Beirut, das ein autonomer Sandschak Libanon umgab und einen weiteren autonomen Sandschak Jerusalem. Das bedeutendste Wilajet Syrien im Osten reichte bis tief in die arabische Wüste hinein. Die Hauptstadt des Wilajets Syrien, Damaskus, und Medina verband nach der Fertigstellung der Hedschasbahn ein Schienenstrang, der über Mekka bis Sana, der Hauptstadt des gleichfalls unter türkischer Verwaltung stehenden Jemen geplant war.

Mekka und Medina, die heiligsten Städte der Moslems, hatten sich nach der Eroberung Jerusalems und Kairos (1517) freiwillig den Osmanen unterworfen, worauf der Sultan auch die Würde des Kalifen, des Statthalters Mohammeds, übernahm, eine Stellung, der insbesondere Sultan Abdül Hamid II. neues Gewicht verleihen wollte. Doch so, wie sich die Osmanen als Verteidiger des Islams fühlten, drängten die Romanows Rußlands als christliche Herrscher immer zielstrebiger in den Machtbereich der Moslems, also vor allem der Türken vor. Im Krimkrieg verbündete sich schließlich Frankreich mit England, um den Osmanen gegen die immer machtvoller auftretenden Russen zu helfen. Schon sieben Jahre darauf, 1861, intervenierten aber die Franzosen selber im Libanon, um einen blutigen Streit zwischen Christen, Moslems und Drusen zu »schlichten«, einen Zwist, den sie selbst, die Erfinder des modernen Nationalstaates, geschürt hatten. Der kriegsähnliche Zustand im Libanon hält seither an; seit fast eineinhalb Jahrhunderten. Dann kam der Russisch-Türkische Krieg von 1877, den die Russen unter dem fadenscheinigen Vorwand inszenierten, die »christlichen, slawischen Völker Osteuropas« vom »türkischen Joch« befreien zu wollen. Am Ende dieses besonders grausamen Krieges mußte das Osmanenreich den erniedrigenden Vertrag von San Stefano unterzeichnen, durch den Serbien, Bulgarien und Rumänien verlorengingen und der die ganze Abhängigkeit der Türkei vom Wohlwollen der europäischen Mächte offenbarte. Ein Jahr später, nach dem Berliner Kongreß,

Stunde der Erniedrigung: Nach der Niederlage gegen Rußland, das am 24. April 1877 dem Osmanischen Reich den Krieg erklärt hatte, muß Sultan Abdül Hamid II. den Großfürsten Nikolai Nikolaijewitsch empfangen (14. 3. 1878)

besetzen die Engländer Zypern. Diese Operation ist ebenso »gelungen« wie die Frankreichs mit dem Libanon; beide damals aufgerissenen Wunden schwären bis heute. Im Westen des Mittelmeeres blieben die Franzosen gleichfalls nicht untätig und okkupierten Algerien und Tunesien. Die Briten machten sich kurz darauf über Ägypten her, allerdings blieb das Land am Nil wenigstens nominell bis zum Jahre 1914 unter der Herrschaft des Sultans. Im 19. Jahrhundert erwachte aber auch das Interesse der Briten an der Arabischen Halbinsel immer mehr. Unter dem Vorwand, den Weg in das (britische) Kaiserreich Indien schützen zu müssen, rissen sie die Kontrolle über Aden, den Sudan, den Oman und schließlich die Golfregion an sich. Dort blieben sie gar bis 1971. Als das 20. Jahrhundert heraufdämmerte, bestand für das Osmanenreich dennoch berechtigte Hoffnung. Abgesehen von der ständigen Eifersucht der europäischen Mächte, die der Hohen Pforte naturgemäß zugute kam, besaß sie in Sultan Abdül Hamid II., der 1876 die Nachfolge des Sultan Abdül Aziz antrat, einen wohl eigenwilligen, aber fähigen Repräsentanten, der durchaus würdig an die ersten zehn großen Osmanensultane, die nach der Gründung dieses Hauses in ununterbrochener Reihe die Geschicke ihres Reiches bestens gelenkt hatten, anschloß. Als Musil seine ersten Orientreisen antrat, knapp vor der Jahrhundertwende, machte sich das Reformwerk der inneren Erneuerung der Türkei und ihrer arabischen Provinzen bereits sehr deutlich und positiv bemerkbar, obwohl es – oder gerade weil es – sehr bedacht, Schritt um Schritt und nichts übereilend, durchgeführt wurde. Das erklärt auch, warum Musil den Jungtürken, die 1909 die Macht übernahmen und ihre Reformen im Eiltempo durchziehen wollten, eher mißtraute. Sultan Abdül Hamid erkannte vor allem klar die Bedeutung des *Islams* und der *Araber* für den Fortbestand des Reiches. Schon 1841 hatten die Osmanen einen erfolgreichen Feldzug nach Arabien unternommen, um unbotmäßig werdende Stämme wieder zur Ordnung zu rufen. Seither gab es auch einen Wali für das Wilajet Hedschas, der sich seine Machtausübung mit dem Großscherif von Mekka teilte, dem traditionellen Herren über Mekka und Medina, einem Mann aus der Familie der Haschemiten.

1871 dehnten die Osmanen ihre Macht in Ostarabien bis in die Region el-Hasa aus, und ein Jahr darauf eroberte eine türkische Abteilung Sana, die Hauptstadt des Jemen, der übrigens bis nach dem Ende des Ersten Weltkrieges fest in osmanischer Hand blieb – gelegentlich sogar die britische Besitzung Aden ernsthaft bedrohte.

Große Teile Innerarabiens, vor allem die gewaltigen Lebensbereiche der Schammar, blieben mehr oder weniger unabhängig.

31. März 1877: Metschlis-i Mebus (Zusammentreten eines osmanischen Parlaments) im Thronsaal des Dolmabatsche-Palastes. Ahmed Vefik Pascha verließt die Thronrede Abdül Hamids II.

Innerarabien teilten sich zwei alteingesessene, bedeutende arabische Dynastien: Im Süden des Mittelabschnittes herrschte die Dynastie Sa'ud – ihr Hauptort war und ist ar-Riyad – und nördlich davon die Dynastie Eben Raschid, deren Vorherrschaft allerdings schon seit 1890 mehr und mehr dahinwelkte. Sie hielt sich dadurch über Wasser, daß sie den Jungtürken selbst dann noch »Macht« vorspiegeln konnte, als sie eigentlich schon längst zum Schrott der Geschichte gehörte und immer noch aus Konstantinopel Waffen und Geld bezog.

Die dritte große Stammesföderation, die der Aneze, die mehr in Richtung Syrien und Damaskus ihre Weidegründe besaß, stand unter der Vorherrschaft der Ruala mit ihrem Fürsten an-Nuri, einem »Bruder« des Alois Musil.

Europa war auf der Arabischen Halbinsel durch die Briten vertreten: Sie beherrschten Ägypten und den Suezkanal und griffen aus dieser Machtbasis vom Westen her auf die Arabische Halbinsel unmittelbar über; außerdem saßen sie in Aden (um das andere Ende des Roten Meeres zu kontrollieren), alsbald auch im Oman und in der Golfregion, die sie erst in den Siebzigerjahren unseres Jahrhunderts wieder verlassen sollten.

Jedenfalls zeichnete sich schon früh der Würgegriff britischer Seemacht um die Küsten des zur Kontinentalmacht heruntergekommenen Osmanenreiches ab.

In Nordafrika gehörte Libyen zum Reiche Abdul Hamids, bis 1912 und darüber hinaus, weil die Italiener nicht wirklich fähig waren, Libyen zu erobern, und Ägypten blieb bis 1914 nominell osmanisch; erst 1914 errichteten die Briten dort auch offiziell ihr »Protektorat«.

Abdül Hamid II. setzte in seiner Regierungszeit auf zwei Karten: Islam und Technik. Er belebte das so gut wie vergessen gewesene Kalifat mit neuen religiösen und politischen Inhalten und brachte ganz bewußt und planmäßig panislamische Gefühle ins Spiel, um mit dem aufkeimenden Nationalismus fertig zu werden. Er erkannte aber auch ganz klar, daß sein Reich zum Untergang verurteilt sein mußte, wenn es nicht so rasch wie möglich den Anschluß an die europäische Technik fand, und zwar sowohl auf wirtschaftlichem als auch auf militärischem Gebiet.

Bis in die Zeit der zweiten Türkenbelagerung Wiens, 1689, nahm das türkische Heer in der Artillerietechnik eine führende Rolle ein; erst nachher gingen innovative Kraft und Anschluß an die Weiterentwicklung in Europa verloren. Abdül Hamid wollte daher vor allem zunächst die Verkehrs- und Militärtechnik wieder internationalem Stand anpassen. Ein gewaltiges Eisenbahnbauprogramm war die Folge; der Bahnbau in der Türkei brauchte im 19. Jahrhundert den Vergleich mit dem europäischen Bahnbau kaum zu scheuen.

Im Jahre 1900 ging Abdül Hamid auch an den epochalen Bau der Hedschasbahn, die Damaskus mit Medina und Mekka verbinden sollte; teils um im Sinne seines Re-Islamisierungsprogramms die Hadsch, die Pilgerfahrt nach Mekka, zu erleichtern und den Bedingungen und Möglichkeiten des 20. Jahrhunderts anzupassen, teils um die stets aufstands- und raublustigen Beduinen besser in den Griff zu kriegen.

Abdul Hamids Regierungsprogramm, die Würde des Kalifats wiederherzustellen und den Kalifen wieder zum »Schatten Allahs auf Erden« zu machen, brauchte diese Bahn, so wie sie die Herrschaft über Mekka und Medina brauchte.

Mit Hilfe so fähiger Männer wie Izzat Pascha el-Abd zog der Sultan dieses gewaltige Bauprogramm durch, mit dem er gleichzeitig die für das Reich lebnsnotwendige islamische Idee stärkte: denn im osmanischen »Reich« zählte aus dem Selbstverständnis der Sultane heraus weniger die nationale Zugehörigkeit als vielmehr die Loyalität zum Hause Osmans. Zahllose Beispiele belegen das: Von den Ministern armenischer Herkunft über griechische Finanzberater und ungarische Artilleriefachleute bis zum Österreicher, der die Geschichte des Osmanischen Reiches erforschte, spannt sich ein weiter Bogen der Sympathie und Ergebenheit über viele Völker.

Gerade in der Zeit, da Musil die Reisetätigkeit in diese merkwürdige Welt aus Tradition, Religion, verwehender Expansionskraft und versuchter Erneuerung aufnahm, prallten im Osmanenreich zwei unüberbrückbare Gegensätze von »Reichstheorie« aufeinander. Während der Sultan auf die übernationale Idee und den Islam (selbstverständlich unter traditioneller Respektierung der Andersgläubigen) setzte, schienen einigen Offizieren der Armee alle Reformbestrebungen »von oben« zu langsam voranzugehen. Durchaus nicht allen: Major Aziz al-Misr, ein osmanischer Offizier ägyptisch-arabischer Herkunft, arbeitete auf eine Erneuerung des Reiches nach dem Vorbild Österreich-Ungarns hin, etwa in dem Sinne, daß der osmanische Kaiser König der Araber sei, wobei die Würde des Kalifats eine zusätzliche einigende Kraft sein sollte.

Sultan Abdül Hamid II. geleitet Kaiserin Augusta zum Dolmabatsche-Palast. Im Tor Kaiser Wilhelm II. (10. Juni 1889)

Wie immer in der langen Geschichte der Türken – aller Turkvölker – spielte die bewaffnete Macht eine Schlüsselrolle in allen Phasen der Entwicklung.

Schon Sultan Abdül Aziz erkannte die Notwendigkeit einer Modernisierung des osmanischen Heeres und rief aus diesem Grunde deutsche Militärberater ins Land. Im Jahre 1883 kam Oberst von der Goltz nach Konstantinopel und begann ein gewaltiges, militärisches Reformwerk, wobei er das Hauptaugenmerk auf die Gründung und Pflege von Offizierslehranstalten legte. Von dort kamen denn auch, ungebeten, die jungen, überhitzten Schnell-Reformer, denen alles, was Sultan Abdül Hamid vollbrachte, zu wenig und zu langsam erschien.

Seit dem Jahre 1889 gab es eine »Jungtürkische Bewegung«, die, ausgehend von den Militärakademien, schnelle Reformen vorantreiben wollte. Im Jahre 1895 nahmen die Jungtürken den Namen »Komitee für Einheit und Fortschritt« an – »Ittihat ve Terakki Partisi«. Die ersten Orientreisen Musils ins Heilige Land, damals noch selbstverständlicher Bestandteil des Osmanenreiches, erfolgten genau in dieser spannungsgeladenen Zeit.

Im Jahre 1896 versuchten die Jungtürken zum ersten Mal einen Staatsstreich. Der Coup mißlang, die Rädelsführer flüchteten nach Paris. Vergeblich versuchte der Sultan, die jungen Revolutionäre für sich zu gewinnen. Die Dinge nahmen ihren irreversiblen Verlauf.

Im Jahre 1906 griffen die Ideen der Jungtürken bereits in der Armee, hatten ihren Weg also aus den Kadettenschulen und Stäben »ins Feld« gefunden – die Kadetten von 1895 waren ja bereits die Offiziere von 1906.

Im Sommer 1908 – genau zu jener Zeit, als Musil seine erste große Forschungsreise nach Nordarabeien antrat – revoltierte die 3. Armee in Makedonien, und die Entwicklung griff rasch auf Edirne über. Am 24. Juli – es war dies die Zeit, als Musil zur Vorbereitung seiner großen Expedition in Damaskus weilte und die folgenschwere Bekanntschaft mit dem Fürsten an-Nuri machte – gab der Sultan den Revolutionären nach und hob die Zensur auf.

Ein großes, allgemeines Mißverständnis über Ziele und Folgen dieser Revolte setzte ein. Denn das Reich sah sich nun akut einem in sich unüberbrückbaren Gegensatz ausgeliefert, der schließlich auch zu dessen Zerreißen führte: Auf der einen Seite sah es türkischen Nationalismus, auf der anderen osmanischen Liberalismus.

»Türkischer Nationalismus« bedeutete: Vorherrschaft der türkischen Rasse innerhalb des Reiches, auch in Sprache und Kultur. »Osmanischer Liberalismus« bedeutete: gleiche Rechte für türkische wie nichttürkische Völker, für Moslems und Nicht-Moslems; daß innerhalb eines solchen Systems das Türkische – als die Sprache und Kultur des eigentlichen »Reichsvolkes« – nicht zu kurz kommen würde, verstand sich von selbst.

Im Jahre 1908, als Musil zu seiner großen Nordarabien-Expedition aufbrach, dürften im Osmanischen Reich etwa 11 Millionen Menschen arabischen Ursprungs gelebt haben. 7,5 Millionen waren Türken, gut zwei Millionen Griechen und der Rest Kurden, Armenier, Albaner, Bulgaren, Juden, Perser, Georgier und andere. Es gab also im Osmanischen Reich beinahe doppelt so viele Araber wie Türken; Grund genug für viele, sich darüber Gedanken zu machen, wie im Zeitalter des aufkommenden Nationalismus das Reich seine Zukunft gestalten sollte. Die Voraussetzungen dafür waren – immer noch – die besten; Offiziere im Jungtürkischen Komitee, die arabischen Ursprungs waren, dachten – noch – nicht daran, sich gegen Konstantinopel zu wenden. Noch umspannte die Reichsidee des Islam Türken wie Araber.

Wenn es überhaupt eine »Irredenta« im arabischen Raum gab, dann bei den *Christen* in Syrien und im Libanon; Musil sollte das ganz handgreiflich spüren, als seine »Schüleraktion« im Jahre 1917/1918 bei den Moslems auf großes Interesse stieß, während die Christen eigentlich schon lieber den Einmarsch der Ententetruppen abwarteten (um dann bitter enttäuscht zu werden).

Im April des Jahres 1909 versuchte der Sultan noch einmal, zu retten, was zu retten war und setzte die Garnison von Konstantinopel gegen die Jungtürken in Marsch. Der Coup mißlang, der Sultan wurde gefangengesetzt. Er starb im Februar 1918; so mußte er das bittere Ende des jungtürkischen Abenteuers nicht mehr miterleben.

Musil befand sich im April 1909 in der Wüste Nefud bei seinem Freund, dem Fürsten an-Nuri. Von den Ereignissen hörte – besser: las Alois Musil erst am 6. Juni 1909 in der Siedlung Tschaf (200 km südöstlich Damaskus):

»Ich war soeben damit beschäftigt, meine topographischen Arbeiten dieses Tages zusammenzufassen, als Dschwod einige Ablenkung in Gestalt von zwei Exemplaren einer arabischen Zeitung brachte. Es waren die ersten Zeitungen nach zehn Monaten! Den Blättern entnahm ich, daß die Türken einen neuen Herrscher hatten. Abends plauderte ich mit dem Fürsten über Politik, für die er beträchtliches Interesse zeigte. Die Siedler aus Tschof hatten Kunde davon gebracht, daß die neue türkische Regierung beschlossen habe, die Beduinen müßten ihre Waffen abliefern«, was die Herren der Wüste allerdings keineswegs zu tun gedachten.

Aber allein diese an sich unwichtige Episode zeigt, in welch unrealistischer Art von typischen »Machern«, die meinten, die Probleme eines alternden Weltreichs mit solch albernen Verordnungen meistern zu können, fortan zu rechnen war. Musil wußte schon, warum er diese »Jungtürken« nicht mochte.

Die einzige Geste, die das Jungtürkische Komitee setzte, um den Arabern »Sympathie und guten Willen« zu zeigen, zeitigte verheerende Folgen:

Sie ließen den Großscherif von Mekka, den der Sultan in seiner Weisheit seit Jahren in Konstantinopel in ebenso komfortablem wie sicherem Gewahrsam hielt, entgegen dem ausdrücklichen Rat ihres Souveräns wieder zurück nach Mekka ziehen. Sie gewannen damit selbstverständlich keinen Freund, sondern setzten einen alten, unversöhnlichen Feind frei. Er reagierte auf diese unkluge Handlungsweise des Jungtürkischen Komitees mit Aufständen und Krieg gegen seinen Kalifen auf seiten der Ententemächte. Der Großscherif von Mekka entschuldigte sein Verhalten gegenüber Sultan Mehmed V. (1909–1918) übrigens damit, daß die Jungtürken ja den rechtmäßigen Sultan-Kalifen – Abdül Hamid II. – abgesetzt hätten ...

Damit ist wahrscheinlich das Zentralthema des Versagens der Jungtürken angesprochen: Durch den Putsch gegen den Sultan-Kalifen im Jahre 1909 erschütterten sie die von Abdül Hamid II. mit so viel Geschick und Geduld widerhergestellte Würde des Kalifats und begaben sich damit der besten Waffe, über die sie nur verfügen konnten, denn mit der respektlosen Absetzung Abdül Hamids nahmen sie ja auch der 1914 erfolgten Ausrufung eines »Heiligen Krieges« den Großteil der Wirksamkeit.

Doch auf diese Problematik wird vor dem Abschnitt der Musilreisen von 1914/15 noch näher einzugehen sein.

In den Jahren der Reisen Musils vor dem Ersten Weltkrieg, also zwischen 1908 und 1912, zeigten die Jungtürken jedenfalls, wozu sie »fähig« waren: Nach dem Verlust Bosniens und der Herzegowina an Österreich ging das gesamte osmanische Gebiet auf europäischem Boden an Serbien, Bulgarien und Griechenland verloren; nur mit einer letzten Kraftanstrengung und dank der Uneinigkeit der Sieger konnte Edirne gerade noch zurückerobert werden; Italien raubte Tripolitanien und Bengasi, Rhodos und die ganze Dodekanes, und die Griechen holten sich Kreta.

Dafür legte Enver immer mehr Betonung auf sein pan-turanisches Engagement, auf den Gedanken einer all-türkischen Vereinigung, von Anatolien bis nach Innerasien. Daß er dieser Idee am Ende sein Leben opferte, ist nur ein geringer Trost angesichts des Elends, das er über das Osmanenreich heraufbeschwor.

Es ist verständlich, daß Alois Musil, den die Reichsidee habsburgischer Denkart prägte, für Enver und die Jungtürken wenig Sympathie aufbrachte; Musil sah die Überlebenschance des Osmanenreiches in der Gleichberechtigung der Völker und der Zusammenarbeit zwischen Moslems und Christen und nicht in einer der Ideenwelt der den panislamisch orientierten Osmanen zuwiderlaufenden Bevorzugung einer einzigen Nationalität.

Musil konnte Enver schließlich doch wenigstens in gewissen Fragen überzeugen, bei Talaat sogar weitgehendes Verständnis für die Araber erzielen. Doch da war es leider schon zu spät.

8. KAPITEL

Die große Nordarabien-Expedition 1908/1909

Vorbereitung und Aufbruch

Am 8. Februar des Jahres 1908 übergab Alois Musil der »Nordarabischen Kommission der Kaiserlichen Akademie der Wissenschaften« in Wien eine Denkschrift zu einer von ihm geplanten, neuen Forschungsreise.

Das Arbeitsprogramm umfaßte im wesentlichen folgende Abschnitte:

1. Ergänzung der Landkarte von ARABIA PETRAEA im Osten und Südosten, Erweiterung nach Osten.
2. Genaue topographische Beschreibung des gesamten Forschungsgebietes mit Plänen von den einzelnen Ruinen und Photographien der wichtigen Terrain-Formationen.
3. Umfassende Aufzeichnung aller Stämme und Sippen, die zur Zeit der Expedition im Forschungsgebiet lagern. Ausführliche Darstellung ihrer Gebräuche, ihrer religiösen, rechtlichen und sozialen Zustände, ihrer Lieder, Poetik und ihrer Tradition.
4. Sammlung und Aufbewahrung aller Pflanzen, Erfassen ihrer arabischen Namen.
5. Photographieren und Abklatschen sowie Kopieren aller aufgefundenen Inschriften.

Wer denkt, dieses Monsterprogramm hätte von einer umfangreichen Expedition von Geographen, Epigraphikern, Botanikern, Kunsthistorikern, Arabisten und Ethnologen sowie Photographen und Zeichnern und mindestens zwei Verwaltungsbeamten exekutiert werden müssen, irrt. Musil machte alles allein ... er bat lediglich um die Beistellung eines wissenschaftlichen Assistenen: »Das k. und k. Kriegsministerium erlaubte, daß mich der k. und k. Feldwebel im k. und k. Militärgeographischen Institut, Rudolf Thomasberger, als Gehilfe begleite.«

Thomasberger wußte zunächst nicht recht, was vorging. Im Februar erreichte sein Institutskommando vorerst eine Anfrage wegen allfälliger »Freigabe«. Erst als die Behörde zustimmte, kam die offizielle Frage an Thomasberger, ob er an einer solchen Nordarabien-Expedition teilnehmen wolle: »Meine Zustimmung erfolgte, nachdem verschiedene Abmachungen getroffen waren. Der Kommandant des Militärgeographischen Instituts ordnete meine Spezialausbildung an. Vieles mußte ich lernen, den gesamten geodätischen, astronomischen und topographischen Dienst, wie er bei einer großen Forschungsreise nötig

ist. Außerdem mußte ich mir einige medizinische Kenntnisse aneignen
... all diese persönlichen Vorbereitungen dauerten gut ein Jahr.«

Die Geldmittel für die Expedition stellte die k. u. k. Regierung zur Verfügung, Zuschüsse kamen von Privaten sowie von einigen wissenschaftlichen Vereinigungen, Sachspenden von Firmen und vom k. u. k. Kriegsministerium. Die Geschenke türmten sich alsbald zu Hauf; »viel Brauchbares und noch mehr Unbrauchbares«, wie Musils wissenschaftlicher Assistent in seinem Tagebuch sarkastisch bemerkt.

Thomasberger ahnte wahrscheinlich kaum, wie mühselig Musil in wochenlangen Bettelbrief-Aktionen all das Notwendige für die Ausrüstung einer solch großen Expedition aufgetrieben hatte. Da die Barmittel nicht im entferntesten ausreichten, um haltbare Lebensmittelvorräte, Waffen und Munition, Zelte, Decken, Sättel, Seile, Werkzeuge und die wissenschaftlichen Instrumente zu kaufen, blieb Musil auf die Hilfe von Firmen angewiesen, die sich als Gegenleistung bestenfalls die vage Chance erhoffen durften, durch ihre Sachspende irgendwie im Orient ein Geschäft anbahnen zu können; Musil hat diese Möglichkeit in seinen Anfragen jedenfalls immer erwähnt.

Eine kleine Auswahl der Firmen, die Musil tatsächlich unter die Arme griffen, liest sich wie ein Querschnitt durch die Industrie- und Gewerbebetriebe jener Zeit und vermittelt außerdem eine Vorstellung vom Umfang seines Expeditionsgepäcks:

Würbenthaler Flachsspinnerei, Schlesien: 4 niedrige Feldbetten samt Zubehör

Flachs- und Hanfspinnerei Krumau, Böhmen: 300 m Packstricke

Kohorn & Schulz, Leinenwarenweberei in Eipel in Böhmen: 200 Handtücher und 200 Taschentücher

C. Warhanek, Konservenfabrik, Wien IV., Heugasse 6: 200 Dosen Fruchtkonserven

Panificio Fratelli Giarandelli s. a. Triest: 50 kg Maccaroni, 50 kg Zwieback, 50 kg Suppeneinlagen

Johann Peterlango, Waffenfabrik in Innsbruck: 5 Drillingsbüchsen, 5 Repetierpistolen

Joh. Springer's Erben, Josefsg. 10, Wien VIII.: 3 Jagdbüchsen und je 400 Patronen

Rast & Gasser, k. u. k. Waffenfabrik, Wien XVII., Lobenhauerng. 13–15: 10 vernickelte Armeerevolver System Gasser

Gewehrfabrik Ogris, Ferlach: 3 Jagdbüchsen, Drillinge, je 300 Patronen

J. Glücksmann, Prag II., Bredauerg. 13: 10 Stück fest verschließbare, etwa 4–8 Liter fassende Lederschläuche

Charles Cabos, Wien XIII.: 100 kg Zwieback, 20 kg Biskuit
I. Böhmische Kotzen-Hollina- und Pferdedeckenfabrik S. Heller, Wien II., Pragerstr. 45: 10 feste Decken
Gebrüder Sannwald, Hörbranz, Vorarlberg: 30 feste Kamelhaardecken
Teppichfabrik Schein, Wien I., Bauernmarkt 12: 30 Steppdecken
Berndorfer Metallwarenfabrik, Berndorf: 20 Kaffeekannen
Julius Maggi, Bregenz, Vorarlberg: 300 Suppentabletten, 500 Bouillonkapseln
Konservenfabrik Scheinberger, Wien XXI., Kagran: 300 Dosen englische Jams
I. Österreichische Seifensiedergesellschaft »Apollo«, Wien VII., Apollog. 6: 500 Stück parfümierte Seife
Schlenker & Kienzle, Komotau: 5 gute Uhren (»Wecker mit türkischen Weisen«)
C. P. Goerz, Wien X., Sonnleitherg. 5: 5 Militärbinocles
Gebrüder Jäger, Bijouteriewarenfabrik Gablonz in Böhmen: 200 Fingerringe, 200 Armbänder, 40 Broschen
Österreichische Waffenfabriks-Gesellschaft Steyr: 5 Stück Mannlicher-Karabiner 8 mm M 95 sowie 10 Stück Mannlicher-Repetierpistolen, achtschüssig, Ml904.
Die »Militär-Konservenfabriken Inzersdorf-Niederösterreich und Királhida Ungarn« schreiben besonders nett: »... beehren wir uns Ihnen höflichst mitzuteilen, daß unser Chef Herr Generalrat Wetzler die gewünschten Konserven für die Reise des Herrn Professors Dr. Alois Musil sehr gerne zur Verfügung stellt und wird sich Herr Generalrat die Ehre geben, hochgeehrten Herrn Professor zu besuchen und darüber Rücksprache zu pflegen. Wir bitten ergebenst um gütige Mitteilung, bis zu welchem Tage im Monate Mai die Konserven benötigt werden, damit wir dieselben für den gedachten Zweck eventuell frisch anfertigen können.«
Die Firma »Nuphar Co. Fabrik feiner Toiletteseifen und Parfümerien« beehrte sich mitzuteilen, »daß die gewünschten Chlortabletten, 3 Schachteln = ca. 360 Stück« zugesandt wurden, erklärt dann aber: »Wegen der Zahnpasta gestatten wir uns höfl. zu bemerken, daß dies kein Artikel für die von Herrn Professor Musil zu bereisenden Gegenden ist, nachdem wir nach diesen Rayons, wohin wir auch arbeiten, trotz größter Anstrengung auch nicht ein einziges Stückchen von dem Artikel verkaufen können. Der Gebrauch von Zahnpasten und Mundwässern ist den Leuten dort vollkommen unbekannt. – Wir gestatten uns aber, Ihre Aufmerksamkeit auf einen Artikel zu lenken, der sich für dortige Gegenden, speciell Arabien und Mesopotamien, ganz vor-

züglich eignet und bereits von den Engländern in ihren Colonien, speciell in den Tropen, mit bestem Erfolge verwendet wird.

Es ist dies eine Seife, die einen balsamischen Zusatz hat, und die Ausdünstungen der Haut nach kurzem Gebrauche bereits vollkommen beseitigt. Wir sind gerne bereit, Herrn Professor Musil zu Versuchszwecken einige Dutzende Seifen zur Verfügung zu stellen und bitten um Ihre Rückäußerung.

Hochachtungsvoll
Nouphar Co.«

GENERAL-DIREKTION
DER
SKODAWERKE, AKTIENGESELLSCHAFT IN PILSEN.

Nr. **1138/Pz.**
Diese Nummer bitten wir im Antwortschreiben anzuführen.

Telephon Nr. 20.504, 20.505 u. 20.506.

Telegrammadresse:
SKODAWERKE, WIEN.
Postsparkassen-Konto Nr. 50.578.
Giro-Konto bei der Oesterr.-ungar. Bank.

M.-Nr.

WIEN, am 2. Mai 1908.
I. Franz Josefs-Kai 1.

Sr. Hochwohlgeboren

Herrn Dr. Josef Ritter von K a r a b a c e k ,

k.k. Hofrat, Sekretär der philos.-histor. Klasse der kaiserl.
Akademie der Wissenschaften ,

W i e n .

Mit der geschätzten Zuschrift vom 26.v.M. ad Z.345 wurden wir ersucht, dem korrespondierenden Mitgliede der Kaiserlichen Akademie der Wissenschaften, Herrn Professor Dr. Alois M u s i l für seine Forschungsreise nach Vorder-Asien verschiedene Waffen zur Verfügung zu stellen.

Zu unserem lebhaften Bedauern sind wir nicht in der Lage dem Wunsche des Herrn Professor Dr. Musil zu entsprechen, da wir keine Handfeuerwaffen, sondern nur Geschütze erzeugen.

Mit der Bitte, hievon geneigtest Kenntnis nehmen zu wollen, zeichnen wir, mit dem Ausdrucke der

vorzüglichsten Hochachtung
SKODAWERKE
Actiengesellschaft in Pilsen
GENERAL-DIREKTION

Bemerkung Musils nach Eintreffen der Sendung: »Da sich zu Geschenkzwecken nur eine Originalschachtel eignet, bitten wir, das unbezeichnet Geschickte in 30 Schachteln, rot, wie die bereits Geschickten, zu verpacken und um weitere 20 Dutzend Seifen.«

Das waren schließlich auch die »wahren Renner« unter Musils Geschenkartikeln für seine Beduinenscheichs und ihre Schönen: Waffen, Munition und parfümierte Seifen für die Herren, Schmuck, vor allem glitzernde Gablonzer Ware, für deren Damen.

Das »Kaiserl. und Königl. Reichskriegsministerium« teilte am 16. Mai 1908 dem Präsidium der Akademie der Wissenschaften mit, daß »das Monturdepot Nro. 4 in Wien (Kaiserebersdorf) angwiesen wurde, dem Herrn Professor Dr. Alois Musil

je 5 (fünf) Krampen und Schaufeln samt Futterale für Kavallerie,

je 2 (zwei) 3 mm, 6 mm und 13 mm Schneckenbohrer,

1 (ein) 13 mm mit Drahtstiel, runder Durchschlag samt Futteral für Kavallerie,

4 (vier) Gerüstklammern,

2 (zwei) 1 m hölzerne Maßstäbe,

1 (ein) mit Drahtstiel Schrottmeißel samt Futteral für Kavallerie,

je 2 (zwei) 73 cm Hand-(zusammenlegbare) Sägen und 90 cm Kettensägen,

1 (eine) 96 cm Waldsäge samt Futteral für Kavallerie,

2 (zwei) Schränkeisen,

1 (ein) einfacher französischer Schraubenschlüssel samt Futteral für Kavallerie,

2 (zwei) 26 mm starke, flache Stemmeisen,

1 (eine) 24 cm Beißzange,

15 (fünfzehn) Schnürleinen,

5 (fünf) Spaten und 5 (fünf) Beilpicken samt Futterale für Kavallerie,

je fünf (5) 0,40, 0,74, 0,85 und 1 m Werkzeugpackriemen,

100 (einhundert) 160 mm Schalnägel,

je 1000 (eintausend) 31/80 und 42/100 eiserne Tischlerdrahtstiften,

10 (zehn) Tornister aus braunem Flachs-Segelstoff,

20 (zwanzig) Tränkeimer und

4 (vier) Pferdedecken, endlich

10 (zehn) rote Bettdecken

bis spätestens 20. Mai 1908 in Wien, II. Taborstraße Nro. 16 (Konvent der Barmherzigen Brüder), zu übergeben.«

Dieser »Konvent der Barmherzigen Brüder«, wo Musil in seiner Wiener Zeit wohnte, glich damals wahrscheinlich eher einem Militärlager als einem Armenspital. Doch in den ersten Junitagen des Jahres 1908

4 und 5 Alois Musil im Alter von 16 Jahren. Rechts das Idol seiner Jugendjahre, Kronprinz Rudolf.

6 Der Geologe Eduard Suess (1831–1914), Präsident der kaiserlichen Akademie der Wissenschaften, Förderer Musils.

7 Der Erzbischof von Olmütz, Dr. Theodor Kohn, förderte die ungewöhnlichen Talente des jungen Priesters.

8   Alois Musil zeigte sich bis 1917 an Ehrenzeichen und Titeln, auch an Mit-
gliedschaften bei gelehrten Gesellschaften, besonders interessiert. Er wurde
solcherart Wirklicher Hofrat, Wirklicher Geheimer Rat (ein Titel, der mit dem
Recht verbunden war, dem Kaiser unmittelbare Vorschläge unterbreiten zu
können), »Generaloberkriegsrat« mit dem Recht auf die Anrede »Exzellenz«
(der Rang entsprach dem eines Feldmarschalleutnants), Päpstlicher Hausprälat,
Korrespondierendes Mitglied der kaiserlichen Akademie der Wissenschaften,
der königlich-böhmischen Gesellschaft, später der Tschechischen Akademie der
Wissenschaften sowie der Tschechischen Landwirtschaftlichen Akademie, der
Association Française des amis de l'Orient am Musée Guimet in Paris,
Ehrenmitglied der Österreichischen Geographischen Gesellschaft. Im Jahre
1919 wurde Musil Ehrendoktor der theol. Fakultät der Universität Bonn. Die
arabische Welt ehrte ihren großen Freund durch die Ernennung zum Mitglied
der Arabischen Akademie der Wissenschaften in Damaskus; wegen seines besonderen Einsatzes für ein arabisches Palästina wurde er auch Mitglied des
Obersten Muslimischen Rates in Jerusalem.
Musils akademische Karriere: Doktor der Theologie (Universität Olmütz), dort
außerordentlicher Professor des Bibelstudiums (1902), ordentlicher Professor
für die Lehrbereiche des Studiums des Alten Testaments und der orientalischen
Dialekte an der Universität Olmütz (1904), Professor der biblischen Hilfswissenschaften und der arabischen Sprache an der Universität Wien (1909–1919);
1917 war Musil Dekan der theologischen Fakultät der Universität Wien (Bild
1. Reihe Mitte), 1918 Prodekan.

hatte Thomasberger alles verpackt und versandbereit. Die gesamte Ausrüstung und die vielen Geschenke in ihren Körben, Koffern und Kisten brachten drei Pferde-Schwerfuhrwerke zum Südbahnhof. Nach einem feierlichen Abendessen im Kloster und rührender Verabschiedung auf dem Bahnsteig, wo die Singgruppe des Militärgeographischen Instituts das Lied vom »Burschen, der hinauszog« zum besten gab, setzte sich der Schnellzug in Richtung Triest in Bewegung. Tags darauf ging die Expeditionsfracht unter der Aufsicht Thomasbergers an Bord des Lloyddampfers »SALZBURG«. Bis zur Ankunft in Ägypten zeigte sich Professor Musil nicht ein einziges Mal an Bord. Erst in Alexandrien erkannte Thomasberger den Grund für Musils ungewöhnliche Menschenscheu: Er hatte sich einen pechschwarzen Vollbart wachsen lassen und wollte offenbar die an Bord anwesenden Damen nicht durch »ungepflegtes« Äußeres irritieren.

Von Alexandrien dampfte die »SALZBURG« nach Port Said, Jaffa und Haifa und lief am 18. Juni im Hafen von Beirut ein. Bei der Ausschiffung und Verzollung leistete nicht nur Konsularattaché Gregovich, sondern auch der »Honorar-Dragoman« (der mit der österreichisch-ungarischen Vertretung zusammenarbeitete und es sich zur Ehre machte, Ehrengäste des Konsulats unentgeltlich zu betreuen), Herr Rosario Bassoul, liebenswürdig Hilfe. Ein ordentliches Bakschisch, von dem Orientfuchs Musil dem Herrn Zollamtsdirektor diskret zugesteckt, wirkte ein übriges.

Schon am nächsten Tag trafen Musil und Thomasberger in Damaskus, dem Ausgangspunkt der Expedition, ein. Am Bahnhof wartete bereits wieder ein »Honorar-Dragoman«, Herr Chalil Fattal, ein ebenso wohlhabender wie umsichtiger Geschäftsmann mit hervorragenden Beziehungen zu allen wichtigen Persönlichkeiten Syriens; er kannte die Bankiers und Militärs der Hauptstadt genauso wie die bedeutendsten Beduinenscheichs oder Verwaltungsbeamten in den Provinzstädten. Chalil Fattal und Alois Musil kannten einander bereits seit Jahren.

Chalil Fattal stellte dem willkommenen Gast sein bestes Zimmer zur Verfügung. Den jungen Thomasberger wollte Fattal in einem der Häuser der Umgebung unterbringen, doch zeigte sich bald, daß jede Familie, die zur Quartiernahme für Thomasberger in Frage kam, auch stets über eine Tochter im heiratsfähigen Alter verfügte. Keine der Mütter getraute sich, Klatsch über ihre Tochter zu riskieren, der entweder das Mädchen heiratsunfähig, oder, schlimmer für Thomasberger, den jungen Mann zum Heiratskandidaten gemacht hätte. So zog schließlich auch Thomasberger ins Haus Fattal, wo er freilich mit einem kleinen Zimmer vorlieb nehmen mußte.

Den Vorbereitungen für den Aufbruch in die Wüste stand nun nichts mehr entgegen, dem Aufbruch selbst allerdings die Ungewißheit über den arabischen Schirmherrn der Reise.

Musil konnte seine schwierige Aufgabe nur dann lösen, wenn es ihm gelang, den Schutz des mächtigsten Fürsten Nordarabiens zu erlangen: an-Nuri Eben Scha'lan, Herr über den Stamm der Ruala, des stärksten Partners in der Aneze-Stammesföderation, deren Weidegründe sich von Nordsyrien bis tief in das heutige Saudi-Arabien erstrecken.

Seit Monaten liefen schon diesbezügliche Verhandlungen, die der k. u. k. Vizekonsul in Damaskus Franz Zitterer und der k. u. k. Honorardragoman Chalil Fattal führten; Zitterer, um dem Ganzen mehr offiziellen Nachdruck zu geben, Fattal aber mit dem Geschick und der Erfahrung eines gewiegten Geschäftsmanns, der vor allem wußte, wie mit einem Beduinenfürsten umzugehen ist. Noch hatte der sehr vorsichtige, äußerst zurückhaltende Fürst, der seine Freundschaft nur selten gewährte, nichts entschieden. Immerhin aber konnte Alois Musil bereits am Tage seiner Ankunft den Sohn des Fürsten an-Nuri, den Prinzen Nawwaf, in Damaskus begrüßen. Die beiden fanden einander ungemein sympathisch (es sollte auch alsbald eine Freundschaft fürs Leben entstehen), aber der Prinz konnte selbstverständlich nicht entscheiden.

»Ich mußte den Fürsten selbst sprechen. Dies war mir erst im Juli möglich, als ich ihn, den Nachfolger und Erben der vornehmen, alten Beduinenfürsten der Rassan ud Kalb, in seinem Lager bei al-Dschabiar besuchte und einige Tage bei ihm verweilte. Er war schon Ende Juni mit seinen Ruala aus dem Innern der Wüste nach Syrien gekommen, um sich und seinen Stamm mit der notwendigen Kleidung und Nahrung für den nächsten Wüstenaufenthalt zu versorgen.«

In jedem Lager der Ruala hatten sich die Händler etabliert; in langen, weißen Zelten die Kamelhändler und in Rundzelten Kaufleute, die Lebensmittel und Kleidungsstücke oder Stoffe an den Mann bringen wollten. Ein Jahrmarkt am Rande der Wüste.

»Ich verweilte einige Tage im Lager. An-Nuri Eben Scha'lan, der einflußreiche Fürst des mächtigsten Stammes von Nordarabien, zeigte sich äußerst mißtrauisch und wollte sich wieder in keiner Weise binden. Als ich ihn nach tagelangen, geduldig geführten Verhandlungen drängte, er möge mir doch endlich eine günstige Antwort geben, meinte er gelassen: ›Nichts steht dir im Wege, mit uns ostwärts zu ziehen.‹ Auf diese seine problematische Zustimmung rüstete ich meine Karawane aus.«

Musil mußte Lebensmittelvorräte für ein Jahr und dazu das gesamte

Material mitnehmen. Dafür allein benötigte er 17 Kamele. Gewöhnliche Lastkamele konnten in diesem Falle nicht gebraucht werden, weil sie dem Wasser- und Nahrungsmangel bald zum Opfer gefallen wären. Es mußten daher kräftige, gesunde Wüstenkamele angeschafft werden. Es dauerte über zwei Monate, bis die 17 Transport- und zwei Reitkamele beisammen waren. Nicht geringere Sorge bereitete das Problem mit den Dienern. Die Ansässigen fürchteten sich vor der Wüste und diejenigen, die sich bereitfanden, verlangten wenigstens zehn Kronen pro Tag, ein Betrag, der Musils Budget weit überschritt. Endlich gelang es durch die Vermittlung des unermüdlichen »k. u. k. Honorar-Dragomans«, des Herrn Chalil Fattal, zwei arme Kamelhändler und einen Schwarzen anzuheuern. Alle drei kannten sich sowohl mit Kamelen als auch mit dem Leben in der Wüste bestens aus.

»Meine rechte Hand sollte Abdalah sein, ein köstlicher, gescheiter Kerl, listig und verschmitzt; er mußte sowohl unsere gesamte Ausrüstung im Auge behalten, so etwas wie ein Verwaltungschef unserer Expedition sein, als auch mit den verschiedenen Häuptlingen Verhandlungen führen. Der zweite, Mohammed, sogar des Schreibens kundig, sollte mir bei der Erforschung der Sitten und Gebräuche der Wüstenbewohner helfen.

Faradsch schließlich, ein Neger, war unser Koch und hatte sich um die Wäsche zu kümmern. Mein wissenschaftlicher Assistent war Rudolf Thomasberger, der für die Instrumente zuständig war und außerdem Kartenskizzen anzufertigen hatte.

Solange wir in der Wüste weilten, hieß Thomasberger für uns nur ›Tuman‹, wie ja auch mein Familienname längst von ›Musil‹ zu ›Músa‹ geraten war, was mich insoferne besonders freute und mir vielfach nützte, weil Musa – Moses (!) einer der angesehensten Propheten auch der arabisch-islamischen Welt ist, ein Kind Gottes, Abrahams und seines Geschlechts.

Schließlich erwarben wir zwei Langzelte, wie sie die Akejl benützen, und dazu ein kleines Rundzelt, wie sie üblicher Weise die Mekkapilger auf ihrer Hadsch mitführen. Und ungeduldig warteten wir auf den ersten Regen, denn davon, und nur noch davon, hing der Zeitpunkt unseres Aufbruchs in die Wüste ab.«

Unter normalen Umständen verbreitet sich die freudige Kunde vom ersten Regenguß draußen in der Wüste in der zweiten August- oder ersten Septemberhälfte wie ein Lauffeuer. Sobald die Beduinen von einem solchen Glücksfall hören, ziehen sie mit Kind und Kegel und den Herden hinaus in ihre Wüste, wo inzwischen an ganz bestimmten

Stellen frisches Grün sprießt und sich die Brunnen und Wasserlöcher mit dem kostbaren Naß gefüllt haben. Es ist die Zeit, in der die Beduinen, die in der Gegend von an-Nukra, nahe von Damaskus, zelten, endlich wieder in die Wüste zurück wollen, weil das besiedelte Gebiet, in dem sie den Hochsommer verbrachten, ihrer nomadenhaften Natur bis zur Unerträglichkeit zuwidersteht und die seßhaften Bauern auf eine möglichst rasche Abwanderung der unerwünschten Schmarotzer aus der Wüste drängen. Sie wollen ihre Felder wieder bewirtschaften und die Beduinen so schnell wie möglich wieder loswerden. Die arabischen Bauern sehen in den Beduinen bloß lästige Störenfriede, arbeitsscheues Gesindel, das auf Kosten der Fleißigen lebt. Dazu kommt, daß mit Ende des Sommers auch das Trinkwasser zur Neige geht. Brunnen und Zisternen sind erschöpft. Selbst in den tiefsten Wasserlöchern gibt es keine Reserven mehr, und wo es noch von dem kostbaren Naß gibt, drängen sich die Menschen zusammen und verschlimmern das Übel: Wasser wird zu Jauche. Jahr für brachen um diese Jahreszeit auch regelmäßig verheerende Epidemien aus. Die Beduinenlager verwandelten sich gegen Ende des Sommers in gefährliche Seuchenherde mit allen nur denkbaren Krankheiten, vor allem Cholera und Typhus, doch immer wieder brach auch die Pest aus.

Ausgerechnet im Jahre 1908, als Musil schon so dringend auf den Aufbruch in die Wüste wartete und die bereits hungernden Beduinen an-Nuris in immer größerer Zahl den Seuchen zum Opfer fielen, wollte und wollte draußen in der Wüste kein Regen fallen. In dieser schlimmen, ja verzweifelten Lage begannen die Stammesabteilungen der Ruala ihre Abwanderung in die Wüste aufs Geratewohl. Nur Fürst an-Nuri blieb mit seiner Familie noch in der Nähe von Damaskus, wo er am Rande von einigen schmutzigen Tümpeln das Lager aufgeschlagen hatte.

Mitte September ließ auch Alois Musil, dem die Verzögerung des Beginns der Regenzeit und dem damit verbundenen Aufbruch schwere Sorgen bereitete, einen Teil des umfangreichen Gepäcks aus Damaskus in das Lager des Beduinenfürsten schaffen.

An der Spitze der kleinen Karawane ritt der k. u. k. Feldwebel Rudolf Thomasberger, zum ersten Male als Beduine gewandet, neu in seiner Würde als »Tuman ibn Nemsa«, wie sein beduinischer Kriegsname nun lautete. Stolz wie ein spanischer Grande zog Tuman, ein liebenswürdiger, tüchtiger Kerl, als Karawanenführer vom stillen Lagerplatz in die lärmende Hauptstraße ... und da geschah auch schon das Malheur. Die nervösen, so empfindsamen Tiere scheuten, warfen nicht nur ihn, sondern auch die Vorratssäcke ab und stoben in alle Wind-

*Straßenszene
in Damaskus*

richtungen davon. Es dauerte Stunden, bis der Schaden wieder gutge-
macht, die Tiere neu gesattelt und beruhigt und die allgemeine Ordnung wiederhergestellt war.

Für die Schwerlast, vor allem die Mehlvorräte, mußte daher für den
Weg aus der Stadt ein Wagen gemietet werden, weil die Kamele, so

vorzüglich sie auch in der Wüste sein mochten, den Stadtlärm nicht ertrugen. Tuman und seine Gefährten mußten sie einzeln und mit gutem Zureden am Halfter hinausführen.

»Sie zitterten noch immer, als wir sie draußen, vor der Stadt und am Rande der Wüste, ein zweites Mal beluden ...«

Nach zehnstündigem Marsch, zum Reiten war kein Kamel frei, erreichten Musil und seine Begleiter endlich das Lager des Fürsten an-Nuri, erschöpft, übermüdet, ausgepumpt. Kaum waren die Zelte aufgestellt, kamen auch schon die ersten Gäste, gut zwanzig Beduinen, die sich, obwohl überhaupt nicht geladen, von Musils Diener Mohammed bereits seit Stunden mit Kaffee bewirten ließen.

Eine Weile darauf erschienen zwei Söhne des Fürsten, die Prinzen Nawwaf und Attrat, die Musil schon von Damaskus her kannte, und endlich auch der Fürst persönlich: an-Nuri Eben Scha'lan. Alles erhob sich respektvoll von den Plätzen. Gemessenen, feierlichen Schrittes ging der Fürst auf Alois Musil zu, umarmte ihn und küßte ihn auf beide Wangen. Mit einer einladenden Handbewegung wies Musil, hier stets »Scheich Musa« genannt, auf einen Teppich in der Mitte des Zeltes, auf dem ein Reitsattel als Lehne für den Ehrengast bereitstand.

Nachdem sich alle umständlich niedergelassen hatten, begann ein noch viel umständlicheres Frage- und Antwortspiel der ritualisierten Höflichkeit der Wüstensöhne: Fragen nach dem persönlichen Befinden, dem der Söhne, des Vaters, der Großeltern, der Kamelherden, dem Regen und den Weideplätzen hier und in Österreich, der Qualität des Tabaks und des Ziegenfleisches. Der Gefragte antwortet umständlich und stellt dann die genau entsprechende Gegenfrage. Ein unumstößliches Zeremoniell, mit Genuß und Würde bis zur Neige ausgekostet.

Erst wenn alles Persönliche erschöpfend erledigt ist, geht das Fragespiel auf die Begleitung über, ohne jedoch Bedienstete oder gar Sklaven zu berühren. Zwischendurch reichte Mohammed Kaffee in kleinen Näpfchen, starken, ungezuckerten Fensan mit einem Zusatz von Kardamon. Thomasberger alias Tuman erinnert sich wenig poetisch:

»Der hohe Besuch des Fürsten und seiner Begleitung in unserem Zelt brachte uns auch die ersten Läuse ein. Wie viele dieser Schmarotzer mochten im Laufe der Unterhaltung zu uns übergewechselt sein? Wie viele landeten tot auf dem Teppich? Nach offenbar liebgewordener, weil so ruhig und selbstverständlich ausgeführter Gewohnheit verschwand nämlich bei unseren Gästen bald die rechte, bald die linke Hand, zielstrebig und von Würde geführt, im Brustschlitz des Kleides, um alsbald mit einer zappelnden Laus wiederzukehren, die auf dem Teppich landete, tot oder lebendig, je nach Laune des Jägers.«

Noch witzelte Tuman über die Läuse- und Ungezieferplage. Im Laufe des kommenden Jahres sollten diese ebenso lästigen wie gefährlichen Quälgeister die Reisenden noch schier um den Verstand bringen, um Nachtruhe und gesunde Haut; an den Kratzspuren bildete sich allzuleicht Krätze heraus.

Einen Tag später, in den späten Nachmittagsstunden, begaben sich Scheich Musa und Tuman ibn Nemsa in Begleitung ihrer Dienerschaft in feierlichem Zug und beladen mit Gastgeschenken in das Zelt des Fürsten an-Nuri Eben Scha'lan. Obwohl mehr als zwanzig Meter lang, konnte das Zelt die zahllosen Ehrengäste und Schaulustigen unter seinem schattenspendenden Schukka, dem schwarzen Gewebe von Ziegenhaar, kaum fassen. Bettler und Bresthafte drängten sich draußen im Wüstensand, dazu Kinder und Haustiere.

Eine ganze Riege von Leibeigenen besorgte den Hausdienst. Die Ehrenaufgabe des Kaffeestampfens oblag dem Ersten Sklaven, Hwar mit Namen, was soviel wie Esel heißt. Wie Musil und Thomasberger bald feststellen konnten, verfügte Hwar über alle Eigenschaften, die diesem Tier zugeschrieben werden, von der Gefräßigkeit über den Starrsinn bis zur listigen Faulheit. Nichtsdestoweniger verrichtete Hwar seine Pflichten als Kaffeestampfer mit Würde und, im Rhythmus zur Melodie eines hübschen Beduinenliedes, mit Hilfe eines über zwei Meter langen, kunstvoll verzierten Stößels, den er in einem eleganten Mörser auf und nieder hämmern ließ. Dazu sang er im höchsten Diskant und gab so zu erkennen, daß er nicht nur Oberkaffeestampfer, sondern auch Obereunuch war. Ein anderer Sklave blies mit Hilfe eines Balgs Sauerstoff in die Glut von getrocknetem Kamelmist. Niemand hastete, niemand eilte, alles gab sich würdig gespannt, gezähmt neugierig, allerdings unter dem Vorzeichen nur mühsam unterdrückter Habgier: Gier nach den Gastgeschenken der Fremden, denn der Beduine hat nichts zu verschenken: Was er dem Gast gewährt, will und muß er abgegolten haben, wenn möglich mit Zinsen.

Die Unterhaltung verlief lebhafter als am Vortag; das gewandte Benehmen Musils, jetzt bereits ganz »Scheich Musa«, sein blendendes Aussehen, sein vollendetes Arabisch, aber auch der liebenswürdige, einfache Charme des Tuman ibn Nemsa in seinem Schatten, verliehen dem Nachmittag im Zelte des Fürsten ihren besonderen Reiz, wozu auch die von Scheich Musa geschickt geschürte Neugier der Gastgeber kam, die mit immer steigernder Spannung der Enthüllung und der Überreichung der Geschenke harrten. Scheich Musa hatte von *Nemsa* erzählt, von *Österreich;* seinem erhabenen Großherrn, der ein gewaltiges Reich mit vielen, vielen Stämmen beherrsche, die in allen Spra-

chen redeten und über mancherlei Kunstfertigkeiten verfügten, beste
Gewebe erzeugten, Duftstoffe und herrliche Waffen ... und dann
überreichte Scheich Musa endlich das vornehmste Geschenk, einen
prachtvollen Mannlicherstutzen, für den Fürsten an-Nuri Eben
Scha'lan. Die Kunde von den vorzüglichen österreichischen Schußwaf-
fen aus Ferlach ob der Steyr war damals längst nicht nur in alle europäischen Armeen gedrungen, die mit Steyr-Gewehren ausgerüstet waren, sondern auch zu den stets schieß- und beutewütigen Beduinen.
Die beiden ältesten Fürstensöhne, Nawwaf und Attrat, erhielten je eine Repetierpistole, die wichtigsten Würdenträger des Stammes (ältere)
Werndlgewehre, die übrigen Kopftücher, Uhren, Messer sowie Duftstoffe und Gablonzer Schmuck für ihre Damen. Unter der in diesem
Falle wirklich fachkundigen Beratung des Obersklaven Hwar hatten
Musil und Tuman schon am Vortag die entsprechenden Geschenke für
die genau nach Rang zu beteilenden Beduinen zurechtgelegt. Bemerkte
nachher Tuman bedauernd: »Alle, die leer ausgingen, hielten sich an
meine Zigaretten ...«

Die Freundschaft mit dem Fürsten an-Nuri sollte eine Freundschaft
fürs Leben werden. Nicht einmal die fürchterlichen Ereignisse während des Ersten Weltkrieges, als sich der Ruala-Fürst nach langem Zögern und entgegen den Ratschlägen Musils den Engländern anschloß
und sogar gemeinsam mit E. T. Lawrence in Damaskus einzog, um den
Triumph über die Türken auszukosten, brachte diese Verbindung auseinander; in den Dreißigerjahren kam der alt und müde gewordene,
von den neuen britischen und französischen Machthabern schwer enttäuschte und betrogene Fürst an-Nuri sogar nach Böhmen, um seinen
alten, nicht minder enttäuschten Bruder und Freund Alois Musil zu
besuchen. Doch damals, an jenem denkwürdigen Abend des 24. September 1908, als Musil im Lager des Fürsten an-Nuri seine Zelte aufgeschlagen und mit bemerkenswertem Geschick seine Geschenke verteilt hatte, sah noch alles anders aus.

Der erste Ausritt nach Nordosten

Die eigentliche Arbeit begann am 3. Oktober. Musil benötigte für seine Kartographie vor allem feste trigonometrische Punkte. Die Vermes-
sung mußte von einer Basis aus vorgenommen werden, die sich für so
eine Landaufnahme besonders gut eignete und dazu bot sich eine Senke südlich von Demjr an. Im Norden begrenzte sie eine Bergkette mit
einzelnen, hervorragenden Gipfeln und im Süden eine Vulkanzone mit

gleichfalls sehr charakteristischen Höhepunkten. Waren auch die Vulkane erloschen, so drohten andere Gefahren umso unmittelbarer, stand doch ausgerechnet jene Gegend unter der Herrschaft der Ahali al-Dschebel, die zu den erbittertsten Feinden des Fürsten an-Nuri zählten. Der bestand daher darauf, daß Musil und seine Begleiter mit Einbruch der Dunkelheit jene geährliche Senke verlassen müßten. Musil aber brauchte zur Berechnung der geographischen Länge unter allen Umständen nicht nur eine Basis, sondern auch den ... Polarstern. Nach endlosem Hin und Her versprach Musil, das Gestirn unmittelbar nach Sonnenuntergang zu beobachten und so schnell wie möglich beizudrehen, andernteils aber den Obersklaven Hwar mitzunehmen.

Der alte Mohr Hmar hatte schon unter dem Vater des Fürsten Nuri gedient und ihn sogar einmal nach Konstantinopel anläßlich einer Audienz beim Großherrn begleitet. Hmar sollte also die Gruppe Musils anhalten, vorsichtig zu sein, während ein anderer, Hussein al-Maslum, Musil die Namen der Höhenzüge, Gipfel und Wadis nennen sollte.

Um 7 Uhr 26 verließen die fünf – Musil, Thomasberger, Mohammed, Hmar und Hussein – endlich das Lager. Zwei Stunden später machte Musil eine entsprechende Stelle aus, von der gleich vier größere Steinhaufen in günstiger Entfernung zu sehen waren. Von der nördlichsten dieser Landmarken wurde nun Maß bis zur vierten genommen und gleichzeitig in einer geraden Linie acht Stöcke zwischen den beiden Endpunkten eingerammt, hierauf die Entfernung auf das genaueste gemessen, die Richtung bestimmt und schließlich der Azimut, die Winkelgröße. Hmar und Hussein bekundeten zunächst reges Interesse für Musils Tätigkeit, aber schon bald überkam sie die Langeweile. Es dauerte nicht lange und die beiden begannen ein gemeinsames Lamento darüber, wie gefahrvoll es sei, so lange an einem Ort zu verweilen. Schließlich erklärte Hmar, man befände sich überhaupt viel zu weit südlich und daß es überhaupt nicht in Frage komme, bis zum Einbruch der Dunkelheit zu bleiben, weil dann die Ahali al-Dschebel mit Sicherheit einen Angriff unternehmen würden. Es gehörte ja tatsächlich zu den Gepflogenheiten räuberischer Beduinen, nach Sonnenuntergang hinter Herden nachzuschleichen und alles, was sich nicht dicht an den Zug von Mensch und Vieh hielt, zu stehlen.

Zunächst brachte es Hmar so weit, daß die Instrumente und Stangen eingesammelt und mit dem Verpacken begonnen wurde. Dann ging er schon einen Schritt weiter und drängte auch zum Aufbruch.

»Das konnte ich allerdings nicht mehr dulden. Wenn ich ihm jetzt nachgab, schon bei unserer ersten Exkursion, degradierte ich mich selbst und unterstellte mich dem Obersklaven; was das für meine Stellung sowohl beim Fürsten wie auch bei den Stammesangehörigen und der Dienerschaft bedeutete, ist klar.

Ich erklärte ihm daher so höflich wie bestimmt, daß ich nach Einbruch der Dunkelheit an dieser Stelle bleiben würde und in seine Umsicht und Tapferkeit vertraute. Er stimmte zu, so lange bis nach Sonnenuntergang zu bleiben, wie er Zeit brauche, um zwei Zigaretten zu rauchen (von Tuman, versteht sich). Daraufhin luden wir unsere Gewehre, entsicherten sie und legten uns auf die Lauer: unsere zwei Begleiter wegen der Räuber, wir wegen des Polarsterns. Unsere Kamele ruhten hinter dem ersten Steinhaufen, der uns als Fixpunkt diente, und der lästige Hmar postierte sich auf dessen Spitze und jammerte ohne Unterlaß: Ob ich den Polarstern noch immer nicht sehe? Es ging ihm überhaupt nicht in den Kopf, warum ich den Polarstern, der ja schließlich *jeden* Abend leuchtete, ausgerechnet *heute* und ausgerechnet von dieser Stelle aus sehen wollte, konnte man das doch genauso gut morgen und vom Zeltlager aus erledigen, in aller Bequemlichkeit und Sicherheit noch dazu.

Ich versuchte wirklich alles Menschenmögliche, noch vor Einbruch der Dunkelheit den Polarstern mit Hilfe des Theodoliten auszunehmen und den Nonius mit bloßem Auge zu erkennen. Aber da sprang auch schon der nicht mehr zu bändigende Hmar von dem Steinhaufen herunter und gleich in den Sattel. Hussein folgte augenblicklich seinem Beispiel und gemeinsam, einander ständig überschreiend und überbietend, erklärten sie uns, hinter den nächsten Felsen lauerten schon die Ahali und die würden über uns einherfallen wie die wilden Tiere und uns alle umbringen, bevor wir noch merkten wie. ›Und wenn du schon, oh Scheich Musa, dein eigenes Leben und das deines Freundes Tuman so gering achtest, daß du es diesen wilden Schakalen von Ahali zum Fraße vorwirfst, so achte doch wenigstens unser Leben!‹ In dieser Tonart ging es pausenlos, ohne Unterbrechung und in immer neuen Spielarten dahin und währenddessen mußte ich die genaue Position des Polarsterns aufnehmen und ohne Licht den Nonius berechnen. Endlich hatten wir den Azimut bestimmt, den Theodoliten verpackt und die Kamele bestiegen. In rasendem Galopp ging es nach Norden, als säßen uns alle Ahali der Welt im Nacken ...«

Am Fuße des Ab-al-Kos stießen sie auf ein Lager von Kamelhirten. Hier wurde, etwa in der Entfernung eines Büchsenschusses, das Nachtlager aufgeschlagen und mit »gelle« – getrocknetem Kameldung – ein Feuer entfacht, auf dem Tuman den »burrul«, einen Brei von zerstoßenen Weizenkörnern, kochte. Hmar und Hussein schauten mißmutig zu, als Scheich Musa und Tuman ihr Abendbrot verzehrten, weil sie beide selbst bei bestem Willen nicht mehr imstande waren, auch nur einen einzigen Bissen hinunterzubringen, hatten sie doch seit Verlassen des Lagers ohne Unterlaß gegessen, und das, obwohl sie im Lager stets lautstark von »Ramadan« und »Fastengebot« gefaselt hatten.

Kalt fiel dann die Nacht herein und gegen fünf Uhr früh drang auch schon die Nässe des Taus durch die Decken. Musil weckte, zitternd vor Kälte, Mohammed und befahl ihm, Feuer zu machen und Kaffee zu kochen, wohl wissend, daß der Obersklave Hmar sein Kamel niemals besteigen würde, ohne vorher seinen Kaffee getrunken zu haben.

»Um sechs Uhr saßen wir schon in den Sätteln, trabten in südlicher Richtung und überholten ein paar Hirten, die ihre Herden mit Sonnenaufgang auf die Weide trieben. Schweigend zogen wir dahin, vollkommen still und regungslos lag die Wüste da. Nichts, überhaupt nichts regte oder bewegte sich, nur wir waren da und Einsamkeit, weite, leblose Wüste. Im Süden sandte die aufgehende Sonne ihre ersten Strahlen über die Vulkanberge und ließ sie wie glühend rote Inseln in einem Meer von blaugrauem Dunst erscheinen. Reiten, Schweben. Später, bei den Zelten der Ruala, hingen zahllose Wölkchen am Himmel, wie von Nabelschnüren durch Rauchsäulen mit den Feuerstellen verbunden. Vor den Zelten tausende von Kamelen, die sich langsam, ganz langsam bewegten, wobei es schien, als würden sie im Dunst, der über der Wüste lag, dahinschweben, verbarg er doch ihre Beine und Leiber und gab nur auf Höker, Hälse und Häupter unsere Blicke frei. Die Rücken der weißen Kamele glühten wie Gold in der Sonne, und mitunter, wenn sie dicht beieinander standen, erinnerten mich diese in die Tiefe gestaffelten Höker an den Anblick syrischer Dörfer mit ihren Bienenkorbdächern ...«

Drei Tage und zwei Nächte brachten Scheich Musa, Tuman und die beiden lästigen Begleiter in der Wüste bei ihren Vermessungsarbeiten zu, dann konnten sie diese grundlegende Arbeit endlich abschließen und ins Lager der Ruala zurückkehren.

Prinz Nawwaf hätte gar zu gerne gesehen, was Scheich Musa und Tuman von ihrer »razwan« – ihrem Raubzug – heimgebracht hatten, und so zeigte ihm Musil die Ausbeute: ein paar Steine, Samenkörner, Wüstenpflanzen, welk und unansehnlich, die zum Trocknen bestimmt waren, und einige Moose. Nawwaf war sprachlos: alles hatte er erwartet, aber nicht das.

Hätte Scheich Musa dem kleinen Bruder Nawwafs nicht erst vor wenigen Tagen eine vorzüglich wirkende Medizin und eine so köstliche Suppe gegeben ... er hätte ihn glatt für verrückt gehalten.

Auf dem Weg zu seinem Zelt erzählte Prinz Nawwaf ausführlich von der Wirkung jener Suppe: sein Bruder Hafadschi nehme sonst keinerlei Nahrung mehr zu sich, er bestehe auf Scheich Musas Brühe.

Es handelte sich um »Maggi's Fleischextrakt«, von dem Musil einen größeren Posten als Spende für die Expedition erhalten hatte. Er kochte also dem kleinen Hafadschi eine frische Maggisuppe und schaute dann nach dem Kranken.

Hafadschi lag in der Frauenabteilung des großen Zeltes auf einem schmutzigen Teppich und kein Mensch kümmerte sich um ihn. Seine Mutter bemühte sich mit ihrer Sklavin um die Zubereitung einer Mahlzeit, und die blinde Großmutter (die Mutter des Fürsten an-Nuri) rauchte Pfeife. Sie trank so gut wie ununterbrochen Kaffee, den ihr die Sklavin pausenlos nachschenkte.

Hafadschi schlürfte mit Genuß seine Suppe, schluckte die Medizin und freute sich, als er von Scheich Musa hörte, er werde schon bald wieder auf seinem Füllen reiten können.

Inzwischen kam auch der Vater des Knaben Hafadschi, sah mit Befriedigung, wie gut und liebevoll sich Scheich Musa um den Kleinen kümmerte und lud ihn zum gemeinsamen Mahl ein. So begaben sich Fürst an-Nuri und sein Schützling Scheich Musa hinüber in die Männerabteilung des gewaltigen Zeltes, den »rab«. Alle Anwesenden grüßten so respektvoll wie freundlich. Einer brachte einen sauberen Teppich, und Scheich Musa nahm neben dem Fürsten Platz. Die Schar der Gäste gruppierte sich in Form eines langen Vierecks um die Feuerstelle. An jener Schmalseite, die an die Frauenabteilung grenzte, befand sich der Ehrenplatz, gekennzeichnet durch einen kleinen Teppich, auf dem ein Reitsattel bereitgestellt war, damit sich der Ehrengast an ihn lehnen könne; Prinz Nawwaf nahm an der unteren Seite des Zeltes Platz und lehnte sich an den Packsattel. Kaum hatte sich Scheich Musa an der Seite des Fürsten niedergelassen, eilte auch schon ein Sklave herbei, brachte ein gestepptes Polster, ersuchte Scheich Musa, sich noch einmal zu erheben und schob ihm das Kissen unter. Jeder einzelne hieß hierauf Scheich Musa willkommen, erkundigte sich nach seiner Gesundheit und nach den Beutestücken, die er von seinen Raubzügen nach Hause gebracht habe.

Sobald sie alle ihre üblichen Gruß- und Frageformeln beendet hatten, baten sie Scheich Musa, seine Uhr zu befragen, ob es schon Zeit sei, das Fasten zu brechen und endlich zu essen ... war es doch Ramadan, und niemand durfte Speise oder Trank zu sich nehmen vor Sonnenuntergang.

Ein Hausierer, der sich an der offenen Seite des Zeltes niedergelassen hatte, sagte vorlaut »vierzehn Minuten« und zeigte stolz seine neue Uhr, aber niemand glaubte ihm, weil Scheich Musa »sechs Minuten« sagte. »Nein, vierzehn Minuten«, beharrte der Mann, »ich war heute früh noch in Damaskus und dort hat man mir die richtige Zeit gegeben!«

Doch Fahad, Nawwafs Schwiegervater, brummte drohend: »Das heißt also, daß du diesem Lügenvolk in Damaskus mehr traust als Scheich Musa? Von jetzt an werden wir dir überhaupt nicht mehr glauben, sondern auf Scheich Musa hören, der sich die Zeit von den Sternen holt!«

Auf ein Zeichen des Fürsten goß ein Negersklave ein paar Tropfen Wasser über die Finger der rechten Hand von Scheich Musa und anschließend auch der anderen Gäste und des Hausherrn. In der Zwischenzeit trugen vier weitere Sklaven eine große Pfanne mit einem Berg von Flachbroten herein, über die eine Mischung aus Paradeisern, Fleisch, Knochen, sowie einem gedünsteten Ziegenkopf gegossen worden war. Über das Ganze hatte man nochmals eine Ladung geschmolzener Butter gekippt. Die Sklaven setzten die gewaltige Pfanne zwischen der Feuerstelle und der Trennwand zu den Frauengemächern ab und der Fürst ordnete die schönsten Fleischstücke in eine zierliche Reihe. In dem Augenblick, da Scheich Musa laut verkündete »die Sonne ist untergegangen, das Fasten darf gebrochen werden« lud der Fürst Scheich Musa und sieben weitere Ehrengäste ein, mit den Händen zuzulangen. Man »lag« zu Tische: halb kniend, halb auf der linken Hüfte ruhend, abgestützt mit der (unreinen) linken Hand, griffen die Gäste nach einem lautstarken »bismillah« herzhaft zu, mit drei Fingern in der heißen Butter nach einem Fleischbrocken suchend, der, kunstvoll und geschickt mit Brot umwickelt, rasch den Weg zum Munde fand. Nach ein paar Minuten schon – die nächste Runde hungriger Gäste wartete bereits ungeduldig – schleckten die Honoratioren die Finger sauber und wischten Mund und Hände an den Zeltschnüren trocken, während Scheich Musa sich eines Waschbeckens bedienen durfte.

Nach einem kurzen Besuch bei dem kranken Knaben Hafadschi zog sich Scheich Musa in sein Zelt zurück, wo ihm Prinz Nawwaf noch lange bis nach Mitternacht Gesellschaft leistete. Diese Beziehung brachte Musil auch wertvolle Informationen über die Zustände in Innerarabien, vor allem in der Oase al-Dschof, die er besuchen wollte. Noch konnte Musil nicht ahnen, daß er schon sechs Jahre später neuerdings eine Mission – dann allerdings vor allem politisch motiviert – in jene Gegend unternehmen sollte.

Prinz Nawwaf (auch er ahnte damals noch nicht, daß er bald selber

Herr von al-Dschof sein werde) kannte sich mit den Verhältnissen dort bestens aus.

Das Gebiet zwischen Persischem Golf und dem Roten Meer stand im Landesinneren im Banne zweier machtvoller, rivalisierender Familien: der Häuser Eben Sa'ud und Eben Raschid. Hauptstadt der Sa'uds war (und ist) ar-Riyad, jene der Eben Raschid die Oase Ha'iel; zweitwichtigster Stützpunkt der Eben Raschid war al-Dschof.

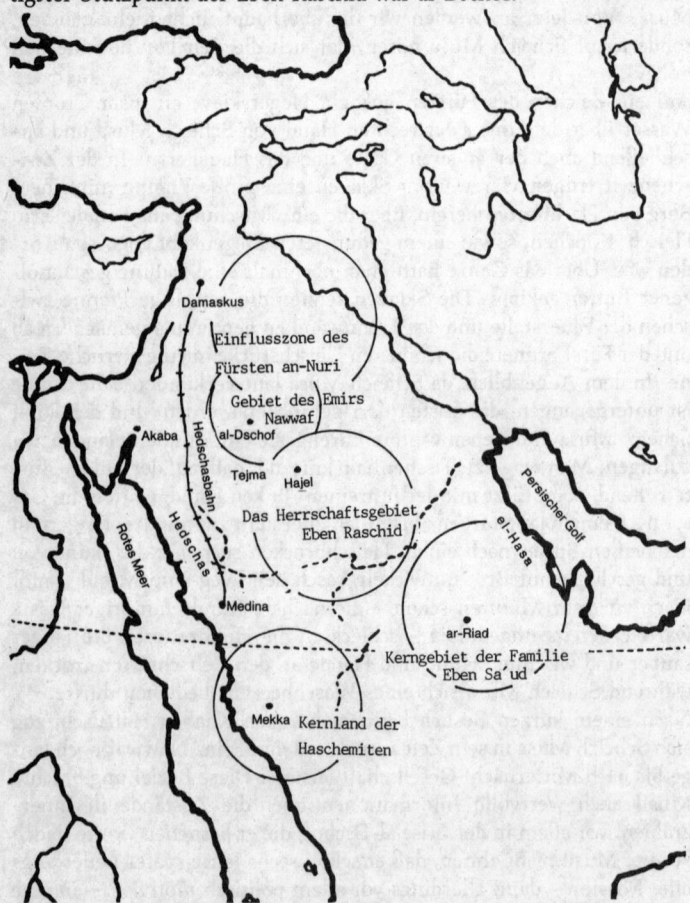

Machtzonen der bedeutendsten Herrscherfamilien Nord- und Zentralarabiens zwischen der Jahrhundertwende und dem Ersten Weltkrieg

Noch zu Beginn der Neunzigerjahre hatten der Familie Eben Raschid gut zwei Drittel Innerarabiens gehört, aber ständige, blutige Fehden schwächten ihre Macht zusehends, während die Familie Eben Sa'ud immer mehr an Boden und Einfluß gewann.

Seit dem Jahre 1900, dem Höhepunkt der Machtentfaltung des Sultans Abdül Hamid II. in Konstantinopel, schenkte die osmanische Regierung den Zuständigen in Innerarabien besondere Aufmerksamkeit. Seit der Jahrhundertwende gab es eine unter größten Anstrengungen gebaute Telegraphenleitung nach Medina. Sie war Voraussetzung für die Errichtung der Hedschasbahn, die zunächst von Damaskus nach Medina, später aber auch über Mekka bis in den fernen Jemen führen sollte, der gleichfalls zum Osmanischen Reich gehörte. Um die Telegraphenleitung – und die kommende Bahnverbindung – vor Überfällen der räuberischen Beduinen zu schützen, brauchte die Regierung die mächtigsten Stammesfürsten zu Verbündeten. Einer von ihnen sollte Eben Raschid sein, der Herr von Ha'iel, dessen Stern allerdings unaufhaltsam im Sinken begriffen war, ganz im Gegensatz zu jenem des Abdul Aziz Eben Sa'ud, des späteren ersten Königs von Saudi-Arabien, dessen günstige Stunde Musil als einer der Ersten erkannte.

Händler, die soeben im Lager des Prinzen Nawwaf angekommen waren, berichteten nun über neue Unruhen im Gebiet Eben Raschids, neue, blutige Familienfehden, denen auch Prinz Feisal, ein Neffe und Statthalter Eben Raschids in der Oase al-Dschof, zum Opfer gefallen sein sollte. Die Nachricht stimmte nicht. Tatsache war allerdings, daß nun ein achtjähriger Prinz Chef des Hauses Eben Raschid war, in dessen Namen sein Onkel Hmud regierte. Im Jahre 1914 sollte Musil diese Familie noch näher kennenlernen ... und mit seiner Meinung, Konstantinopel solle sich nicht mit den Eben Raschid verbünden, sondern mit den aufstrebenden Eben Sa'ud, bestätigt werden.

Doch von dieser Wende seiner Arbeit in die Politik ahnte Musil im Jahre 1908 noch nichts. Noch ging es hauptsächlich um Ortsnamen und Geländeaufnahmen, Stammeskunde und Archäologie.

Am Sonntag nach dieser denkwürdigen Unterredung, am 11. Oktober 1908, traten Alois Musil und sein Gefährte Rudolf Thomasberger vom Lager des Fürsten an-Nuri aus eine fast vierwöchige Exkursion in den Norden Syriens an, die sie über Dschebb asch Schhar in das Steppengebiet führte. Musil untersuchte mehrere römische Ruinenstädte, wobei er in der ausgedehnten Anlage von al-Kastal durch die Streitigkeiten der Beduinen untereinander gestört wurde: »Kaum hatten wir die Überprüfung der Ruinen abgeschlossen, trug der steife Westwind einen heftigen Eisregen heran, und wir mußten so schnell wie möglich

Unterschlupf suchen, um nicht völlig durchnäßt zu werden und unsere Skizzen vor Beschädigung zu bewahren.

Als sich der Regenguß legte und ich grad unsere Zeichensachen wieder hervorholte, machte mich unser Führer auf einige Reiter aufmerksam, die sich al-Kastal näherten. Nach kurzer Überprüfung der Lage ordnete ich an, unsere Kamele in Sicherheit zu bringen, dann entsicherten wir unsere Gewehre und legten uns auf die Lauer.

Es stellte sich alsbald heraus, daß die Aufmerksamkeit der Späher nicht uns, sondern vielmehr den räuberischen Sineme galt. Jedenfalls aber lehnte es unser Begleitgendarm unter diesen Umständen strikt ab, in al-Kastal zu übernachten, und so zogen wir uns in das Lager der Umur zurück, die äußerst froh waren, ein paar Bewaffnete mehr zu bekommen, weil fast die ganze Streitmacht hinter den Räubern her war . . .«

Am Sonntag kamen Musil und seine Gefährten in die Bannmeile von Esrije, wo Bardschas, der Häuptling der Ebede, lagerte, der mit den Ruala in Feindschaft lebte. Musil wußte natürlich nicht, wie ihn die Ebede aufnehmen würden, war er doch allüberall als Freund – und

Esrije: Tempelfassade

Häuptling – der Ruala bekannt, wollte aber unter allen Umständen auch die Zuneigung des Führers der Ebede gewinnen, mußte er doch durch dessen Herrschaftsgebiet.

Musil hat dieses kleine diplomatische Abenteuer aufgezeichnet:

»Um 12 Uhr o8 erreichten wir die Ruinen von Esrije, wo wir vor dem Zelt des Oberhäuptlings Bardschas anhielten. Niemand hieß uns willkommen. Allerdings sah ich im Schatten des Zeltdaches den Oberhäuptling, der auf einem Teppich lag und wie ein Murmeltier schlief. Ich nahm neben dem Unbekümmerten Platz und wartete, bis ihn sein Onkel Azw (ein Bruder seiner Mutter) weckte; übrigens hatte mich Azw vorher im Namen des Oberhäuptlings recht freundlich begrüßt. Dann wachte Bardschas auf und lehnte sich mit dem Rücken gegen die Mittelstange seines siebenpfostigen Zeltes, grüßte kurz, und begann eine Art Verhör.

›Woher kommt er?‹

›Von Südwesten‹.

›Und wohin geht er?‹

›Immer auf Allah zu‹, antwortete ich; was so viel hieß wie: wohin immer mich Gott führen werde. Bardschas blinzelte nun doch zu mir herüber (vorher hatte er mich eigentlich übersehen) und schmunzelte leicht, dann rückte er sich ein wenig in meine Richtung zurecht und begann eine Unterhaltung, zwar beinahe flüsternd, aber doch. Jedenfalls war das Eis seines Mißtrauens gegen den Fremden bereits dahingeschmolzen.«

Er war ein Jüngling von kaum achtundzwanzig Jahren, doch sein junges Leben war bis zu jenem Zeitpunkt bereits so angefüllt von Kummer und Sorgen, daß das eines anderen daran vielleicht längst zerbrochen wäre.

Schon als zwölfjähriger Knabe mußte er die Trennung von seinem Vater, Scheich Farhan, hinnehmen, weil der osmanische Gouverneur darauf bestand, daß Bardschas zur Erziehung nach Konstantinopel gehe. Das mochte durchaus menschliche, auf die Fortentwicklung des Kindes bedachte Motive haben, diente aber naturgemäß auch zur Botmäßigmachung des Vaters. Mit achtzehn kam Bardschas in die Armee des Sultans und brachte es alsbald zum Offizier. Nach Scheich Farhans Tod ging er zurück zu seinem Stamm, um die Nachfolge des Verstorbenen anzutreten. Er kannte nicht nur die Sprachen, sondern auch die Sitten und Gesetze sowohl der türkischen wie auch der arabischen Welt vollendet, und kraft dieses Wissens war es ihm in den Jahren seiner Stammesführung gelungen, die Sache seiner Stammesbrüder bestens voranzutreiben. Vor allem bemühte er sich darum, seine engeren

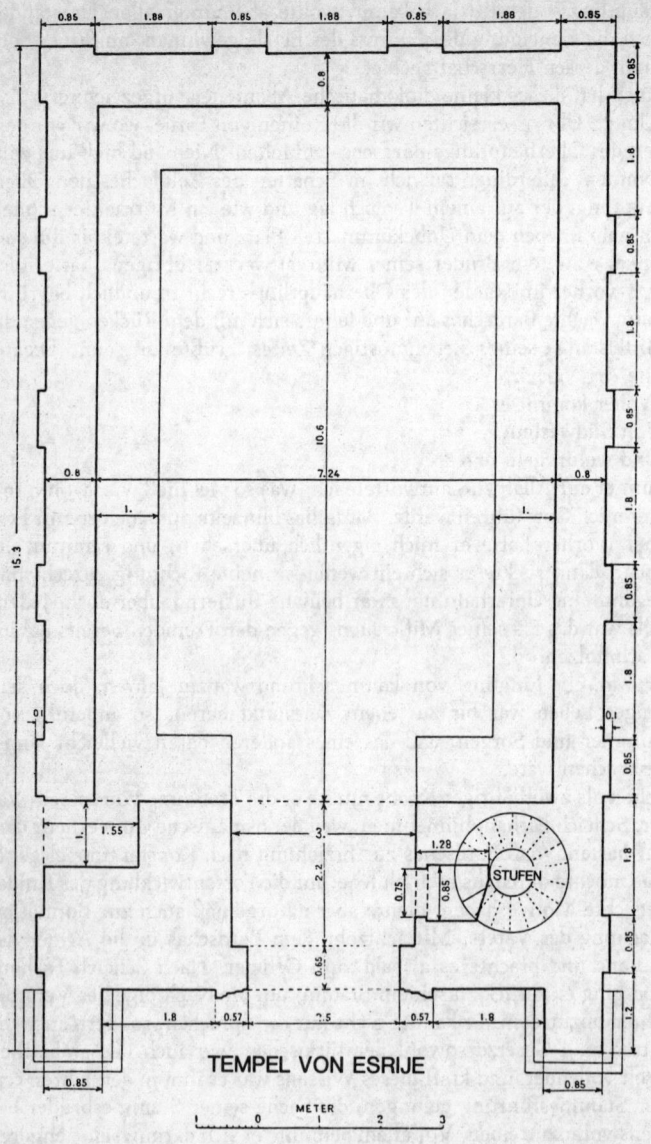

TEMPEL VON ESRIJE

METER

Landsleute zur Seßhaftigkeit zu bewegen, wohl verstehend, daß die Tage des reinen Nomadentums, wie es von den Altvorderen überliefert war, gezählt seien. Sein Stamm liebte ihn; unglücklicherweise vergalten ihm manche seiner Untergebenen, vor allem die Sklaven, Güte mit Respektlosigkeit.

Er beklagte sich im Laufe des Gespräches bitter darüber, selbst kinderlos zu sein, und bat inständig um irgendeine Medizin, die ihm bei seinem Problem helfen könne. Jedenfalls bildete er sich bereits einen zwölfjährigen Buben, dessen Vater während eines Kriegszuges gefallen war, zum Nachfolger heran.

Bardschas versicherte immer wieder, vor den Ruala überhaupt keine Angst zu haben, zumal die Ebede ihren Feinden allein an Zahl um vieles überlegen wären ... »Was wirklich los war, hörte ich unmittelbar darauf, als eine Mutter zu ihrem schlimmen Buben sagte: ›Wenn du nicht gleich brav bist, werden dich die Ruala holen!‹«

Bardschas hatte längst davon gehört, daß ich mit meinen Gefährten unter dem Schutze des Fürsten an-Nuri Eben Scha'lan – seines Todfeindes – reise, aber er versicherte mir dennoch, daß mich seine Stammesangehörigen in Frieden meine Arbeit verrichten ließen. Er versprach auch, mir einen Führer zu geben und zwei zusätzliche Kamele. Zu Mittag aß ich mit ihm, zu Abend aß er bei uns und blieb bis lange nach Mitternacht ...«

Der darauffolgende Tag stand im Zeichen der Erforschung des Ruinenfeldes von Esrije, insbesondere des gut erhaltenen griechischen Tempels. Neben verschiedenen Ornamenten fand Musil auch einige Bruchstücke griechischer und früharabischer Inschriften, zwei Tage später untersuchte er bereits die imponierenden Überreste von Resafa, wo er sich mit Thomasberger drei volle Tage lang der genauen Aufnahme des Ruinengeländes, vor allem aber der Basilika des hl. Sergius, widmete. Die Aufnahmen der Baureste von Resafa durch Musil erweisen sich heute auf Grund ihrer Genauigkeit und des damals doch noch weit besseren Gesamtzustandes des Stadtgebietes von Resafa als unentbehrliche Grundlage für zeitgenössische Wissenschaftler. Schon Musil meinte damals, bei seinem ersten Besuch: »Das wäre Resafa wohl wert, daß eine kunsthistorische Mission dorthin entsendet werde!« Er dachte selbstverständlich an eine österreichisch-ungarische Forschergruppe; tatsächlich nahmen im Jahre 1952 deutsche Archäologen unter der Leitung von J. Kollwitz das Erbe Musils in ihre kundigen Hände; die Ergebnisse zu den wichtigsten Baudenkmälern wurden auch schon veröffentlicht.

Nach Beendigung der grundlegenden Bau- und Geländeaufnahmen in

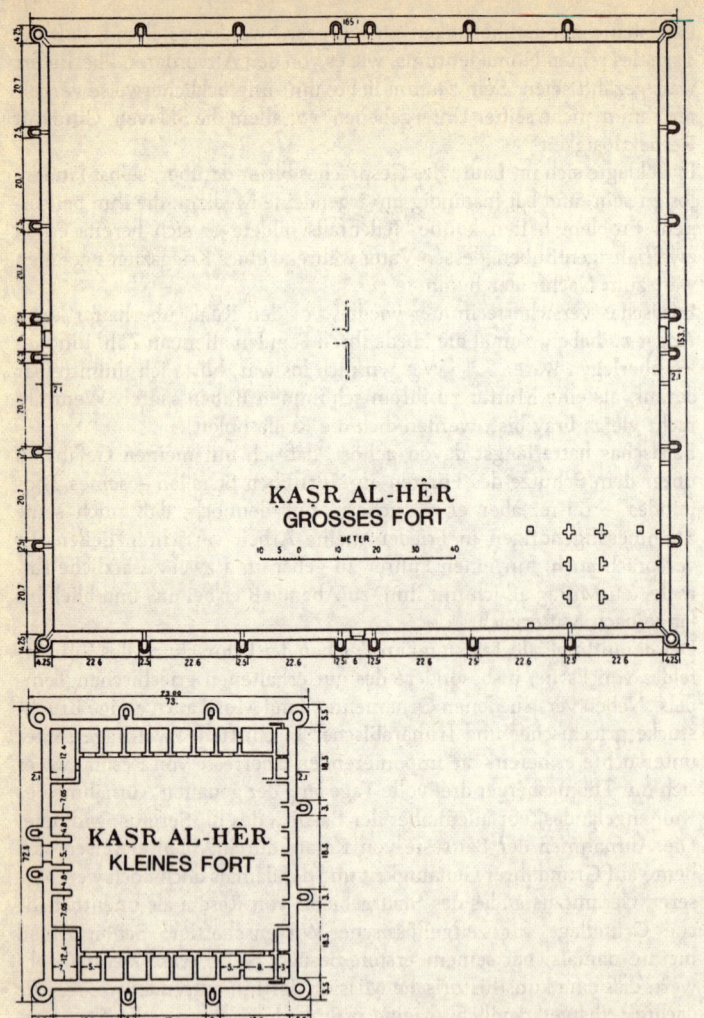

KAŞR AL-HÊR
GROSSES FORT

METER

KAŞR AL-HÊR
KLEINES FORT

ar-Resafa zog Musil nach Süden, um neuerlich eine grundlegende Arbeit zu leisten: Er nahm das gewaltige, omajadische Wüstenschloß Kasr al-Her, eine der größten Anlagen in der Wüste überhaupt, genauestens auf. Der Bau stammt aus der Zeit des Omajadenkalifen

Hischam, der diese Festung an einer in jenen Tagen wichtigen Karawanenstraße zwischen den Städten im Westen Syriens (Damaskus, Aleppo) und den mesopotamischen Ballungszentren errichten ließ. Das riesige Gelände innerhalb der 16 km langen Umfassungsmauern von Kasr al-Her war seinerzeit ein herrlicher, immergrüner Garten, der durch unterirdische Kanäle aus dem antiken Stausee von Harbaka, vier Gehstunden südlich von Kasr al-Her, bewässert wurde.

Kasr al-Her: Torturm der kleineren Festung und Ornamente oberhalb des Tores vom Großen Fort

Von Kasr al-Her ging's noch eine kurze Strecke südwärts, dann aber schwenkte Musil nach Südosten ein, ritt auch südlich von Palmyra an dem dortigen Ruinengelände vorbei (28. Oktober) und traf am 2. November 1908 wieder im Lager des Fürsten bei Dmejr ein. Der »Ausflug« von drei Wochen Dauer und ungefähr 700 km Wanderweg war friedlich und unkompliziert verlaufen und hatte eine reiche, archäologische Ausbeute eingebracht. Er stand damit in schroffen Gegensatz zu den nachfolgenden Ausritten in den Süden, Richtung al-Dschof, und noch darüber hinaus, deren Ergebnisse sich kaum in altertumskundlicher, dafür aber in der weniger spektakulären Botanik (Sammeln seltener Wüstenpflanzen), topographischen Aufnahmen und geduldigem Beobachten des Verhaltens der Ruala-Beduinen und deren gewissenhafter Aufzeichung niederschlug.

Im Lager des Fürsten an-Nuri

Bei der Rückkehr ins Lager in der Nähe von Dmejr merkte Alois Musil zum ersten Male, daß ihn der Stamm bereits als einen der seinen betrachtete. Die Begrüßung fiel so herzlich aus, daß geradezu von einer »Heimkehr« gesprochen werden konnte. Im Lager war inzwischen große Beduinenpolitik betrieben worden. Prinz Feisal aus dem Hause Eben Raschid, soeben aus seiner ihm anvertraut gewesenen Oase al-Dschof verjagt, wollte sich an dem neuen Ursupator, Eben Subhan, rächen. Da er dazu nicht selber in der Lage war, versuchte er den Fürsten an-Nuri für diesen Rachefeldzug an seinen eigenen Verwandten zu gewinnen. Der ganze Stil dieser innerarabischen Politik unterschied sich in nichts von ähnlichen Vorgängen im alten Konstantinopel, wenn etwa ein kaiserlicher Prinz die Kreuzfahrer dazu benützen wollte, mit deren Hilfe den Thron des Byzantinischen Reiches zu gewinnen und das Nachsehen hatte, weil die Lateiner selber die Macht übernahmen. Dem Prinzen aus dem Hause Eben Raschid ging es, um den Ausgang der Geschichte gleich vorwegzunehmen, auch nicht anders. Als Prinz Nawwaf, gegen den anfänglichen Widerstand seines Vaters, die Oase al-Dschof (über Bitte des Feisal) eroberte, dachte er naturgemäß nicht im Traum daran, al-Dschof an Feisal zu übergeben, sondern richtete sich selber als neuer Herr dort ein.

Doch noch war es nicht so weit. Feisal Eben Raschid bot jedenfalls seine ganze Redekunst auf, um Fürst an-Nuri für den Rachefeldzug gegen Subhan einzuspannen. Da er wußte, daß er in der Gegend von al-Dschof viele treue Freunde hatte, rechnete er mit Sicherheit damit, die Streitkräfte an-Nuris bald wieder vertreiben zu können, wenn er nur wieder im Sattel saß. Fürst an-Nuri kannte die Hintergedanken des Feisal Eben Raschid und zögerte.

Prinz Nawwaf wieder brannte voll Ungeduld darauf, einen Feldzug gegen al-Dschof und seine Subhan-Besatzung zu unternehmen. Auch er dachte nicht im Traume daran, die Oase wieder herzugeben, wenn er sie einmal erobert haben sollte, doch unterschätzte er, im Gegensatz zu seinem weisen, erfahrenen Vater, die Schwierigkeiten, die ihn nach einer geglückten Eroberung erwarten würden. Der alte Fürst an-Nuri wußte aus eigener Erfahrung, daß es nicht leicht sein werde, die Beduinen, die in der Gegend von al-Dschof lebten, zu gewinnen, und sie konnten sehr gefährlich werden, wenn sie Wege nach al-Dschof beherrschten. Und welchen Wert hatte schon eine eingeschlossene Oase? Deswegen fällte Fürst an-Nuri auch keine Entscheidung, sondern schob die Frage zunächst auf. Wahrscheinlich wollte er alle Für und

Wider auch mit Alois Musil besprechen, dessen Rat er bereits schätzen gelernt hatte. Wie schon oft zuvor suchte Prinz Nawwaf auch diesmal Trost bei seinem Freunde »Musa«. Er kam bereits am frühen Nachmittag in Musils Zelt und blieb wieder bis lang nach Mitternacht. Geschickt verstand es Musil, das Gespräch, nachdem die Beduinenpolitik zur Genüge abgehandelt worden war, auf die Lebensverhältnisse innerhalb des Stammes zu lenken. Dabei kam ihm zunächst die Neugier des Beduinenprinzen zu Hilfe, der es einfach nicht verstehen konnte, daß ein augenscheinlich so gesunder und tatkräftiger Mann wie sein Freund Musa, in den besten Mannesjahren stehend, ohne Frau und Kind auskommen könne.

Er selber – Prinz Nawwaf – hatte schon vier Frauen gehabt, aber alle wieder fortgeschickt, obwohl ihm drei von ihnen gesunde Söhne geboren hatten. Seine erste Frau, Tochter des Fürsten Fahad, der ermordet worden war, machte es allerdings, so erzählte Nawwaf nicht ohne Selbstironie, umgekehrt: sie ließ *ihn* sitzen, weil sie ihre eigene Familie mehr mochte als ihren Mann und dessen Verwandtschaft.

Die zweite Frau, Tochter des Prinzen Sattam, auch schon tot, erwies sich einmal als ungehorsam (sie dürfte »zurückgeredet« haben) und obwohl sie auf den Knien und bitterlich weinend um Verzeihung bat, jagte sie Prinz Nawwaf davon. Die dritte Frau, eine weithin bekannte und angebetete Schönheit, Tochter eines Unterhäuptlings, schickte er deswegen heim, weil er ihrer einfach müde geworden war.

Und die vierte schließlich, Fchede, lebte zwei Jahre im Zelte Nawwafs und hatte ihm trotzdem keinen Sohn geboren. Also was sollte es?

»Als ich mich über seine Wankelmütigkeit äußerte und ihm zu bedenken gab, daß doch auch Frauen Geschöpfe Allahs seien, lachte er nur: Das sei eben so Brauch bei ihnen. ›Wie kann der Sohn eines mächtigen Fürsten mit bloß einer oder auch nur vier Frauen glücklich sein? Meine Krieger erwarten von mir, daß ich viele Frauen besitze oder besessen habe. Das gehört einfach dazu!‹«

Auf Musils besorgte Frage, was denn mit seinen kleinen Söhnen geschehe, antwortete Prinz Nawwaf, sie würden bis zu ihrem dritten oder vierten Lebensjahr bei ihren Müttern bleiben, dann aber in sein Zelt kommen, wo sich zunächst seine eigene Mutter um die weitere Erziehung kümmere.

»Ich bedauerte die Frauen seines Stammes lebhaft und erklärte ihm, um wieviel besser die Mütter in Österreich gestellt seien; dort sei es völlig undenkbar, daß ein Mann seine rechtmäßig angetraute Gattin einfach aus einer Laune heraus fortschicken könne.

›Das mag durchaus stimmen‹, meinte er trocken, ›aber ich kann dir nur sagen, Scheich Musa, daß mir die Männer deines Stammes leid tun, sehr leid tun. Wenn ich mir vorstelle, daß ein Mann in deiner Heimat nach einer gewissen Zeit, sagen wir nach einem Jahr, daraufkommt, daß er sich mit seiner Frau nicht richtig versteht oder daß er sie nicht wahrhaft liebt, wie arm muß er da sein, wenn er von ihr nicht mehr los kann! So eine Last würde ich niemals ertragen und meine Stammesgenossen auch nicht. Wir sind freie Männer!‹ Ich sprach von der Gleichberechtigung der Frau. Sie müsse doch einfach die grundlegend gleichen Ansprüche erheben dürfen wie ein Mann; das gehöre zum Selbstverständnis unserer Welt.

›Schau, Bruder Musa‹, antwortete der Prinz, ›stell dir vor, der Feind kommt, der Schlachtruf schallt über das Lager und die ersten Zelte gehen in Flammen auf. Wer verteidigt den Stamm? Die Frauen? Und wer unternimmt die Raubzüge, bitte? Wir oder die Weiber? Sind es die Frauen, die im Triumphe die Beute nach Hause bringen? Wozu wir uns Frauen halten, das kann ich dir sagen. Sie bringen unsere Kinder zur Welt und halten unsere Zelte sauber. Ich will ja nicht behaupten, daß wir unsere Frauen unterdrücken. Aber eines steht fest: Ein Weib muß sich immer dessen bewußt sein, daß ihr Mann auch ihr Herr ist. Das ist der Wille Gottes. So haben es unsere Vorfahren gehalten. So halten es auch wir ... so sind unsere Sitten, so will es unser Gesetz!‹

›Und dennoch sind eure Frauen oft tapferer als ihr. Wenn ihr Wackeren erst einmal auf der Flucht seid, wer stellt sich euch denn entgegen? Wer bittet euch denn, nein, wer zwingt euch Männer denn, Widerstand zu leisten und dem Feind die Stirn zu bieten? Sind das nicht stets eure Frauen, die Rückgrat bewahren, wenn ihr Männer längst die Nerven verloren habt? Und führen nicht viele eurer Weiber die Waffen mindestens ebenso geschickt wie ihr Männer?‹

›Gut, aber das sind doch Ausnahmen. Was die Frauen tun, das ist, daß sie uns durch dieses ihr Gehabe an unsere Liebe erinnern, und daß sie uns weiteren Liebeslohn versprechen. Klar, daß wir da vor dem Feind keine Schwäche zeigen wollen, uns zusammenreißen und um der Weiber willen weiterkämpfen, aber niemals noch haben uns Frauen vor dem Feind bewahrt!‹«

Musil sprach seinen ungestümen Freund auf das Beispiel einiger hervorragender Beduinenfrauen an, deren Tapferkeit ebenso wie ihre Lieblichkeit an allen Lagerfeuern der Ruala und anderer Stämme besungen werden.

»»Möglich‹, meinte er abschätzig, ›aber auch das hat sich geändert, wir leben heute in der Zeit der Männer, wenigstens wir Beduinen.

Als ich vor kurzem in Damaskus weilte, hörte ich von einem neuen, großen Erlaß des Sultans, in dem er allen seinen Untertanen, also auch den Frauen unter ihnen, volle Freiheit (›chorrije‹) gewährte.

Von nun an, befahl der Sultan, sollten alle Menschen in seinem Reiche, Männer, Frauen und Sklaven, gleich sein, gleich uns freien Arabern. Als ich das hörte, sagte ich bloß: Bei uns in der Wüste wird das anders sein. Ihr Siedler, ihr macht was ihr wollt. Aber versucht ja nicht, eure Lebensgewohnheiten zu uns zu bringen. Behaltet eure Freiheit ruhig für euch!‹

Die Nacht wurde noch bitter kalt. Als mich Prinz Nawwaf gegen Mitternacht verließ, zeigte mein Thermometer 6 Grad C an, aber sechs Grad *unter* Null. Nichtsdestoweniger schlief ich sehr gut, und diese ruhige Nacht gab mir neue Kraft.«

Obwohl jene zwei Wochen im Lager äußerlich sehr ruhig verliefen, arbeiteten Musil und Thomasberger ununterbrochen: Tuman mit der Aufarbeitung der Geländeskizzen, Scheich Musa mit der Erforschung und Aufschreibung der Lebensgewohnheiten der Ruala, wobei ihm die alte Tukije, Witwe nach Prinz Sattam, die ihren »Musa« ganz besonders ins Herz geschlossen hatte, von allen am meisten half. Die Greisin verfügte über ein bewundernswert genaues Gedächtnis, über hervorragende Geländekenntnisse und kannte nicht nur die Sitten und Bräuche der Ruala, sondern auch jene der Fedan, woher sie stammte. War auch die große alte Dame eine ganz besonders wertvolle Informantin, nützte Musil doch jede sich bietende Gelegenheit, ein vollständiges Bild des Beduinenlebens zu erhalten.

Übrigens bewährten sich die neuen Führer, die Musil nach den schlimmen Erfahrungen mit dem Diener Mohammed angeheuert hatte, hervorragend. Nasser und Blejhan kannten das umliegende Gelände in allen Einzelheiten. Sie konnten Berge und Täler mit Hilfe von Sand und Steinen in allen ihren Formationen nachbilden, und darüber hinaus alle topographischen Bezeichnungen, gleichgültig ob Namen von Brunnen, Wadis, Gipfeln oder Siedlungen, richtig betont aussprechen. »Das Ganze war harte Arbeit, aber sie trug ihre Früchte. Meine Karte und meine Namensliste gewannen von Stunde zu Stunde dazu.«

Musil erkrankte zu dieser Zeit ernsthaft: »Ich fühlte mich hundeelend. Vom Mittwoch bis Samstag brachte ich kaum einen Bissen hinunter, und was ich schluckte, erbrach ich kurz darauf wieder. Die Nächte wuchsen sich für mich zu wahren Alpträumen aus, da ich absolut nicht schlafen konnte, tagsüber jedoch die schwere Bürde der Arbeit auf mir lastete. Der Fürst und auch Prinz Nawwaf brachten mir ihre ganze, natürliche Aufmerksamkeit und liebenswürdige Höflichkeit entgegen, besuchten mich täglich und erkundigten sich nach meinem Befinden. Das half mir doch über meine Sorgen hinweg ...«

Montag, den 16. November 1908, beschloß Musil, trotz seines elenden Zustands einen neuen Forschungsausflug zu unternehmen. Er konnte sich mit Fürst an-Nuri oder dessen Sohn Nawwaf zunächst über diesen Plan nicht aussprechen, weil die beiden auf einer Inspektionsreise bei entfernten Sippen weilten, machte ihnen jedoch von seiner Absicht Mitteilung, als die Männer am Abend heimkehrten.

Bei dieser Gelegenheit erfuhr Musil, daß Fürst an-Nuri plante, am nächsten Tag das gesamte Lager in die Gegend südlich von al-Baschiri zu verlegen, um dort den Regen abzuwarten. Diese Nachricht veranlaßte Musil, nun auch seine Absichten zu ändern, wobei allerdings sowohl der Fürst als auch dessen Sohn in allen Belangen größtes Entgegenkommen zeigten.

»Es war mir übrigens schon im Laufe der vergangenen zehn Tage aufgefallen, daß der Fürst nur mehr schwerst bewaffnet herumging. Neben seinem Dolch und einem achtschüssigen Revolver trug er auch stets einen Karabiner bei sich und dazu ein Schock Mannlicher-Patronen über Schulter und Brust. Ich fragte ihn nach der Ursache und er antwortete: ›Schau, mein lieber Bruder, das sind so uns're Sitten. Wir stehen mit einer Anzahl von Stämmen im Kriegszustand und wissen nie, wann der Angriff kommt. Ich selbst muß klarerweise doppelt so wachsam sein wie meine Krieger, weiß ich doch nicht, wann der Rächer erscheint. Nachts bleibe ich niemals alleine, habe immer Freunde und Wachen um mich ... aber bitte, bedenke, daß alles, was ich in meinem Leben tat, zum Wohle meiner Familie und meines Stammes geschah!‹«

Fürst an-Nuri spielte damit auf die Tatsache an, daß er vor einigen Jahren seinen Vorgänger und Bruder, den Fürsten Fahad, durch einen seiner Sklaven umbringen ließ, während er den anderen Bruder, Mischal, mit eigener Hand erdolchte. Fürst an-Nuri erzählte freimütig und gerne, daß bis dato an die 120 Feinde von seiner Hand getötet worden waren — »und dennoch saß er jetzt da vor mir, trotz seines fortgeschrittenen Alters immer noch mit diesem gewissen lieben Kindergesicht, unschuldig und offen, mit diesem treuen Blick in den Augen ...«

Nachmittags ritten Scheich Musa und Tuman ibn Nemsa zu den Ruinen vor al-Atische und zeichneten dort einen Lageplan des Römerlagers.

Als sie gegen Abend heimkehrten, verspürten sie penetranten, stechenden Gestank in den Nasen, weil der Nord-Nordwestwind die Luft von den Latrinen im Norden des Lager zu ihnen hinübertrug. Seit nun

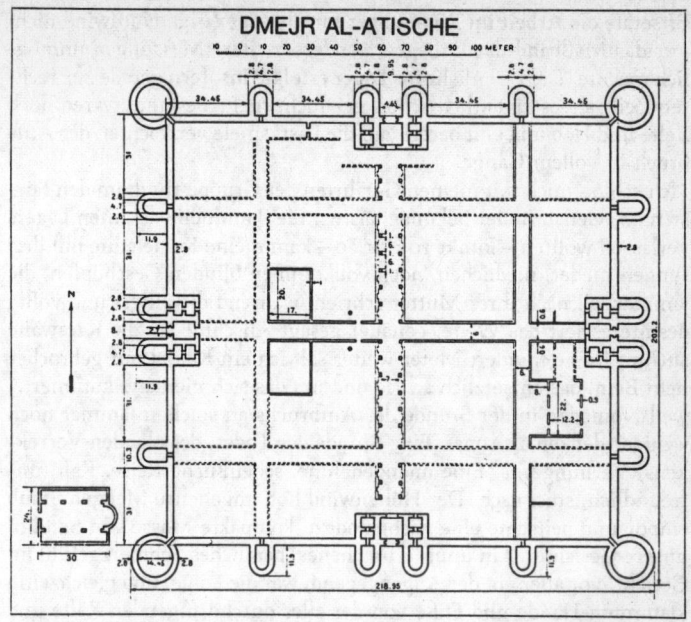

DMEJR AL-ATISCHE

vier Monaten hatten sich alle Lagerinsassen – immerhin die Mitglieder von über vierhundert Familien! – dort erleichtert und das Ergebnis war unerträglicher Gestank der Fäkalien, der sich über die ganze Zeltstadt ausbreitete, wenn der Wind von einer ungünstigen Seite kam. Nicht nur Scheich Musa und Tuman bedeckten dann Nase und Mund mit Tüchern, sondern auch bereits die Stammesangehörigen. »Ich hatte ein ähnliches Problem auch schon im vorhergehenden Lager beobachtet, wo es übrigens noch schlimmer war, weil es in der Nähe der Latrinen Wasser gab. Dort erkrankten auch bereits zahllose Kinder und der Aufbruch erfolgte wahrscheinlich nicht zuletzt wegen der unerträglich gewordenen Umstände.«

Unterwegs mit den Ruala

Dienstag, den 17. November, las Musil von seinem Thermometer sechs Grad Minus ab: »Ich hätte gedacht, das Instrument sei nicht ganz in Ordnung, aber das Eis in unseren Wassersäcken lehrte mich gleich die volle Wahrheit.«

Er setzte die Arbeit im Römerlager fort, bis der eisige Nordwind nicht nur das Maßband davonfliegen, sondern weitere Messungen unmöglich machte. Die Heimkehr ins Lager erfolgte insofern gerade zur rechten Zeit, als es eigentlich schon gar nicht mehr bestand, waren doch Zelte und Hab und Gut bereits auf die Lastkamele verfrachtet, der Aufbruch in vollem Gange.

»Ich schloß mich mit meinen Gefährten der Gruppe rund um den Fürsten an. Genau in der Sekunde, als wir die Bannmeile des alten Lagers verlassen wollten – Punkt 10 Uhr 20 – kam meine Kamelstute mit drei Jungen nieder, niedlichen, noch vollkommen blinden Geschöpfen, die jammervoll nach ihrer Mutter schrien, während die eiligst und völlig desinteressiert das Weite, genauer gesagt Anschluß an die Karawane suchte. Keine hundert Meter weiter sah ich ein Kamel mit gebrochenem Bein, das entsetzlich schrie und um das sich niemand kümmerte, weil Nomaden in der Stunde des Aufbruchs an solchen Jammer noch weniger denken als sonst. Eine Stunde des Todes, des elenden Verreckens, Verhungerns. Eine unangenehme, scheußliche Reise. Kalt, unfreundlich, stürmisch. Der Höhenwind hob ungeheure Mengen Staub empor und peitschte eine nachgeradezu kompakte Masse von Sand in unsere Gesichter. Ein ununterbrochenes, peinliches Schmerzgefühl im Gesicht, vor allem in der Augengegend, war die Folge, und gleichzeitig klammten Hände und Füße von der alles durchdringenden Kälte und taten weh. Um alles in der Welt wäre ich gerne abgestiegen, um mich beim Gehen zu wärmen, doch der Fürst erklärte mir gebieterisch, meine Würde als Scheich gebiete es, zu *reiten*. Er zeigte sich sogar neuerdings unwillig darüber, daß ich den osmanischen Müdür – den Leiter einer kleineren Verwaltungseinheit in Dmejr – vor ein paar Tagen zu Fuß aufgesucht hatte:

»»Du bist mein Bruder und der Bruder Nawwafs‹, sagte er streng, ›und als unser beider Bruder bist du auch Scheich des Stammes der mächtigen Ruala. Aber ein Scheich geht nicht zu Fuß, wenn er sich einem anderen Stamm oder einem fremden Lagerplatz nähert. Du hast an der Spitze deiner Männer zu reiten!‹«

Ein paar Tage später, Scheich Musa saß in seinem Zelt und arbeitete an den jüngsten Aufzeichnungen, hörte er gellende Schreie: »Ja – chla – l-hajl!!« (Reiter!)

Er stürzte aus seiner Behausung und sah, wie ringsum die Weiber zu den Pferden liefen, Sättel über den Schultern, die Gäule zäumten und den Kriegern zuführten, ihren Männern und Brüdern, die mittlerweile die wärmenden Ziegenpelze abgeworfen und dafür ihre Patronengürtel und die Waffen an sich genommen hatten, und schon ging's wie im

Wirbelsturm davon ... einem unbekannten Feind entgegen. Welcher von den Männern und Burschen würde wieder heimkehren?

Doch alle im Lager Zurückgebliebenen verhielten sich vollkommen ruhig, nicht eine einzige Frau jammerte oder weinte, kein alter Mann beklagte sich oder gab gar gute Ratschläge.

Nur eine Handvoll junger Krieger weilte noch in der Nähe, um das Lager selbst zu bewachen. Sie bestiegen nun eine Felsenklippe im Süden der Zelte und Musil folgte ihnen, um vielleicht von dort aus zu erfahren, was eigentlich vorging.

»Durch mein Fernglas sah ich, daß sich unsere Streitmacht soeben teilte: die stärkere Gruppe, mit dem Fürsten selbst an der Spitze, ritt gegen Süden, die schwächere Abteilung, mit Prinz Nawwaf als Anführer, nach Südwesten. Beide verschwanden alsbald hinter den Felsen am Horizont, und ich begab mich zurück ins Zelt zu meiner Arbeit.«

Im Laufe des Tages stellte sich heraus, was geschehen war: Die Drusen hatten ein Ruala-Lager in der Nachbarschaft angegriffen und trotz einiger Verluste eine ganze Herde geraubt.

Am Abend kehrte der Fürst mit seinen Kriegern heim, müde, erschöpft, verdrossen. Es war ihm nicht gelungen, den Feind einzuholen und ihm die Beute wieder abzujagen.

Bald darauf wechselte der Stamm abermals das Lager.

Das Wetter war kalt, aber es herrschte wenigstens Windstille.

Zwischen dem 2. und 4. Dezember 1908 fiel ununterbrochen Schnee auf die engere und weitere Umgebung des Ruala-Lagers. Bis gegen 10 Uhr vormittags blieb alles steif gefroren; die Wasserschläuche, die Decken und Zelttücher tauten erst gegen Mittag wieder auf.

In diesen Tagen des beginnenden Advents zeigte sich das Leben im Beduinenlager von seiner harten Seite. Abgesehen davon, daß Musil eine ganze Woche lang ernstlich erkrankte – er fürchtete den Ausbruch einer Malaria –, steigerte sich auch die Qual mit dem Ungeziefer ins Unerträgliche. Rudolf Thomasberger schreibt in seinem Tagebuch: »Die Läuseplage ist in stetem Ansteigen. Scheich Musa mußte sich den Bart abschneiden, weil die Läuse ihr Revier bis dahin ausgedehnt hatten.« Musil trennte sich auch von seinem Haupthaar, um ein wenig Erleichterung von der Pein zu finden. Nach der überaus anstrengenden Besteigung des Kraters Dekwa, von dem aus Thomasberger nicht weniger als »55 Vulkane zählte« und sie wenigstens in einer Richtung genau festhalten konnte, stellte er erleichtert fest: »Mit dem Triangulieren ist es nun zu Ende. Vor uns liegt der tischebene, unermeßliche Hamad«, die trostlose Gegend zwischen der fruchtbaren Zone von Damaskus und dem Euphrat. Ende November brach über das Lager ein derartiger Sturm herein, daß fast alle Zelte niedergerissen und zum Teil auch die Zeltrahmen schwer beschädigt wurden. Angesichts all dieser trostlosen Umstände ist es nicht verwunderlich, daß Musil Überlegungen anstellte, wie er der bedrückenden Enge des Lagerlebens entrinnen könne, obwohl die Wetterverhältnisse dagegen sprachen. Zunächst gab er Thomasberger Anweisung, alles für einen neuen Aufbruch zu einem »Ausflug« zu rüsten. Er sollte schließlich über einen Monat dauern, länger als geplant, und an unmittelbar greifbaren Ergebnissen so gut wie nichts bringen, dafür umso mehr »Handgreifliches«; es war eine Tour, geprägt von Anstrengung, Überfällen, Lebensgefahr und Hunger. Alois Musil wandelte des öfteren in den Spuren des Kara Ben Nemsi. Auf diesem Ausflug schien sich alle Phantasie des großen Vorbilds Karl May zu peinvoller Wirklichkeit zu verdichten.

Durch die Wüste al-Hamad

Man kann eine moderne Syrienkarte zur Hand nehmen und die Gegend zwischen Damaskus und dem Euphrat bei al-Mejadin (50 km südöstlich der nächsten großen Stadt, Dejr az-Zor) betrachten wie man will; es ist bei bestem Willen nichts Außergewöhnliches zu finden. Auch eine Karte, in der Altertümer eingetragen sind, bietet nicht mehr; die Gegend weist weder antike noch omajadische noch andere Bauten auf, die der Rede wert sind. Es ist Wüste, es ist alles trostlos, und die einzige Abwechslung, die es in Musils Tagen gegeben hat, boten – Räuberbanden.

Musil gibt für die Wahl dieser ungewöhnlichen Route keinen besonderen Grund an. Vermutlich wollte er das den Europäern völlig unbekannte Gebiet durchqueren, um seine Karte korrekt zu ergänzen. Vielleicht hoffte er auf eine überraschende Entdeckung. Vielleicht aber wollte er einfach *Abenteuer* erleben. Dann ist er allerdings gewiß auf seine Rechnung gekommen.

Freitag, frühmorgens, suchte Musil den Fürsten auf. Der saß in seinem geräumigen Zelt gemeinsam mit seinen Söhnen Sa'ud und al-Haffadschi, seinem Schreiber Dschwod und vier weiteren Sklaven am Feuerplatz, während Nawwaf, gleichfalls in der Nähe der Glut, noch tief und fest schlief. Beim Eintritt Musils erhoben sich alle Anwesenden von ihren Plätzen und Fürst an-Nuri bot seinem Gast den Ehrenplatz an.

Nach einigen üblichen Höflichkeitsformeln kam Musil sofort zur Sache: Er wolle zu einer weiteren Exkursion aufbrechen. Der Fürst erhob, wie erwartet, Einwände, sorgte er sich doch um die Sicherheit seines Freundes, aber schließlich gab er nach. Er forschte noch nach den näheren Reisezielen Musils, und als er hörte, der Ritt sollte zunächst einmal direkt zum Stamme der Amarat und dort wieder zu deren Oberhäuptling Fachad und dessen Sohn Met'eb Eben Haddal führen, erklärte er sich augenblicklich bereit, Musil ein Empfehlungsschreiben mitzugeben.

»Aber die Amarat sind doch eure erbitterten Feinde!«

»Jawohl, o Musa. Das sind sie. Wir sind als Oberhäupter unserer Stämme tatsächlich Feinde. Aber als Männer sind wir die besten Freunde. Und, ich schwör' dir, Musa, bei meinem Leben, daß ich den jungen Met'eb genau so liebe wie meine eigenen Söhne. Er ist ein ritterlicher, vornehmer, ernsthafter Jüngling, und, bei Allah, ich sage die Wahrheit!«

»Und dennoch würdest du die Amarat jederzeit angreifen und unter Umständen auch Met'eb töten?«

»Wenn ich an der Spitze meiner Krieger stehe, schone ich keinen.«

Hierauf gab der Fürst seinem Sklaven Dschwod den Auftrag, Empfehlungsbriefe an Fachad und Met'eb zu verfassen. Musil wäre noch gerne am gleichen Tag aufgebrochen, doch nun bestand Fürst an-Nuri darauf, daß sein Gast bis zum nächsten Tag zuwarte, wollte er ihm doch einen Negersklaven als Begleitung mitgeben:

»Der Mohr Ambar ist bei den Amarat geboren und dort aufgewachsen. Zwei Jahre lang diente er außerdem bei deren ehemaligem Häuptling Abud Eben Medschwel. Wäre Ambar mein Eigentum, könntest du ihn augenblicklich haben, aber so muß ich erst um das Einverständnis seines Herrn fragen«.

Mittlerweile bereitete Musil alles für den Aufbruch vor. Blejhan holte mit seinem Kamel zwei Säcke voll Wasser von einem nahegelegenen Vulkan, wo sich in den Höhlen köstliches Naß ansammelte, und die anderen packten, – immerhin sollte der Ausflug drei Wochen dauern. Musil trat gemeinsam mit drei Begleitern – Tuman, Blejhan und Mohammed – die Reise an; der Mohr Ambar befand sich mit seinem Herrn auf einem Jagdausflug. Die nächste Wasserstelle lag in einer Entfernung von gut 150 km.

Es dauerte nicht allzu lange, und ein Fuchs lief der kleinen Expedition über den Weg, den Bejhan mit überschwenglichem Freudengeschrei begrüßte: »Das bringt Glück, o Scheich Musa, das bringt Glück!!« und er zappelte auf seinem Sattel herum wie ein Verrückter.

Als ihn Musil zurechtwies und meinte, er solle lieber nach Hasen Ausschau halten, da man wohl dringend frisches Fleisch brauche, antwortete er selig: »Nein, o Scheich Musa, der Anblick eines einzigen Fuchses, der einem über den Weg läuft, ist mehr wert als zehn frisch geschossene Hasen!«

Der gute Blejhan sollte mt seiner Rechnung so unrecht nicht haben, wie sich schon in den nächsten Minuten herausstellte.

Im Norden des Vulkans Kbejjan kam die Reisegesellschaft auf die Weidegründe der Fredsche und Fleta, Untertanen des Fürsten an-Nuri.

Blejhan war gerade dabei, Musil an Hand der unterschiedlichen Zeichnung der Tiere die verschiedenen Kamelrassen zu erläutern, als ein paar Hirten herangaloppierten und in barschem Ton verlangten, die Fremden sollten augenblicklich stehenbleiben. Musil und seine Leute nahmen die Männer nicht ganz ernst und wollten ihren Weg ruhig fortsetzen, als auch schon der erste Hirte, offensichtlich in der Meinung, Kamelhändler vom Stamme der Akejl vor sich zu haben, Musil das Gewehr an die Brust setzte und die Weggebühr verlangte.

Vergeblich suchten Musil und die seinen die Hirten davon zu überzeugen, daß sie zum Stamme der Ruala gehörten. Schon hatte einer der Kerle die Leine zwischen Blejhans Reittier und dem Lastkamel mit den Wassersäcken durchtrennt, schon gehörte das Tier den Angreifern.

In der Zwischenzeit eilte ein ganzes Rudel dieser Leute herbei, alle mit gezückten Dolchen, und trotz aller Proteste mußte Musil sein Tier in die Knie zwingen und seine Gefährten auch. Mit Geschrei machten sie sich nun über die Ladung: Sie schlitzten die Säcke auf, wühlten in den Vorräten, stopften sich Zucker in die Mäuler ... Nur zwei Hirten behielten klaren Kopf und erklärten ihren Stammesbrüdern, daß es sich bei den Fremden keineswegs um Akejl handle, sondern um Männer aus den Zelten der Ruala. Nach schier endlosem Hin und Her erkannten die Hirten ihren Irrtum und gaben Musil und seinen Begleitern ihr Eigentum zurück, freilich unter beträchtlichen, unwiederbringlichen Verlusten.

Die folgende Nacht verlief wohl ohne Störung, aber auch ohne wärmendes Feuer, weil es Musil nicht wagte, durch den Schein eines Lagerfeuers weitere Gefahren heraufzubeschwören.

»Im Norden von uns lagerten die Fredsche und Fleta, deren Gebräuche wir nachmittags kennengelernt hatten, und im Süden die Ahali al-Dschebel, ihre erbitterten Feinde, weithin berüchtigt wegen ihrer gnadenlosen Grausamkeit.« Die Ahali al-Dschebel lebten von Mord und Totschlag. Nachts streunten sie herum wie wilde Raubtiere, lauerten einsamen Reisenden oder auch Karawanen auf.

Über Blejhans Rat übten Musil und seine Gefährten äußerste Vorsicht; sie hielten abwechselnd Nachtwache und schliefen, mit geladenem Karabiner zur Seite, auf dem steinhart gefrorenen Sand.

Zitternd vor Kälte beluden sie am nächsten Morgen die Tiere und trabten los. Erst nach einstündigem Ritt fanden sie in einer geschützten Mulde genügend Weideplatz für die Kamele, und während die Tiere grasten, kochte Mohammed Kaffee. Nach einer knappen Stunde ging's weiter. »Es war ein erregender Ritt. Jeder von uns hielt den entsicherten Karabiner vor sich quer über dem Sattel, jeder horchte auf verdächtige Geräusche. Um 8 Uhr 16 ließen wir den letzten Vulkan der sa-sib-Gruppe hinter uns.«

Die Lava bildet dort niedrige, eng beieinanderliegende Rücken, in denen Regenwasser größere und viele kleine Tümpel bildet. In den Wänden der Lavarippen erkannte Musil verschiedene Stammeszeichen und Tierbilder. Ob nicht auch Schriftzeichen darunter waren?

Musil konzentrierte seine ganze Aufmerksamkeit auf die Suche nach Piktogrammen, als ein durchdringender, schriller Kriegsruf die Stille der Landschaft durchbrach. Im gleichen Augenblick tauchten auch schon hinter den einzelnen Lavablöcken zwölf Reiter auf und umzingelten Musil und seine Leute im Nu. Eine Razzia, schnell wie ein Blitz. An Gegenwehr war überhaupt nicht zu denken. Innerhalb von Sekunden erfaßten die Banditen die Zügel der Kamele, zwangen sie mit geübter Hand sofort in die Knie und rissen die Reiter aus den Sätteln.

»Ich bekam einen Lanzenstoß in den Rücken, einen Messerstich in die Brust und Schläge ins Gesicht und zu guter letzt einen Hieb mit dem Gewehrkolben auf den Schädel, daß ich ohnmächtig in den Graben fiel. Als ich einige Sekunden später wieder erwachte, war ich bereits meiner Kleidung so gut wie vollständig beraubt; nichts als ein kurzes Unterhemd trug ich noch am Leibe.«

Tuman ibn Nemsa, der sich tapfer zur Wehr gesetzt hatte, erging es nicht anders, nicht anders auch den übrigen Gefährten, von denen sich besonders Blejhan wie ein Löwe schlug.

»Zwei Mann hielten den Armen fest und einer sein Kamel und sichtlich betrachteten sie ihn und sein Tier bereits als billige Beute.«

Mit ihren Dolchen in der Hand fragten sie ihn, wo er das Gold versteckt habe, und als er nicht antwortete, schlugen sie ihm brutal ins Gesicht. Dann kam einer zu Musil, setzte ihm die Klinge an die Brust und fragte, langsam immer tiefer drückend, wo das Gold sei. »Als ich versuchte, mich zu wehren und freizukommen, stürzte ein anderer Marodeur über mich her und schlug mich ins Gesicht, daß ich blutete.«

Sie nahmen alles, einfach alles an sich und teilten die Beute im Angesicht der Beraubten untereinander auf. Deren Kleider zogen sie sofort über, wie in solchen Fällen üblich – Musil hatte sich an diesen Anblick schon früher gewöhnen müssen – und mit der größten Selbstverständlichkeit der Welt trugen sie zwei Hosen, drei Hemden oder vier Unterhosen übereinander; das gehörte hier tatsächlich zum besonders guten Ton. Die übrigen Lasten: Gewehre, Munition, Zelte, Decken, Wasserschläuche und Mehlsäcke, Medikamente, wissenschaftliche Instrumente, Papiere, photographische Apparate und Platten luden sie seelenruhig und ohne sich auch nur einen Augenblick lang um die völlig ausgeraubten, vor Kälte nur so zitternden Opfer zu kümmern, auf die Kamele – eigene und gestohlene – und ohne einen einzigen Blick an die bedauernswerten Frierenden zu verschwenden, zogen sie von dannen.

Halb wahnsinnig vor Kälte – es mochte nicht viel mehr als zwei oder höchsten vier Grad haben! – liefen die Nackten den so überreich Bedeckten nach.

Sinnierte Musil Jahre später: »Ich meine, daß diese Minuten die fürchterlichste Spanne meines Lebens bedeuten. Ich stand am Beginne einer großen, für über ein Jahr geplanten Expedition. Und nun rannte ich, bei grimmiger Kälte, nur mit einem kurzen Unterhemd bekleidet, hinter einem wüsten Haufen von Räubern barfuß einher, und unser Anblick muß eine einzige Bitte um Gnade und Erbarmen gewesen sein. Aber an wen? Die Herrlichen dachten nicht im Traume daran, sich auch nur umzudrehen ...«

Aus Musils Nase troff Blut, aus seiner Seite rann Blut, die Füße begannen auch schon zu bluten, nicht anders ging es den Gefährten, die so verzweifelt wie der nackte Alois Musil hinter den Räubern einherrannten, eigentlich nicht wissend warum, durften sie doch nichts weniger erwarten als Verständnis und Gnade. Der Besiegte wird ausgeplündert und seiner Kleider vollständig beraubt, der Sieger zieht sich die Kleidungsstücke alle über, zum Zeichen seines Triumphes; je mehr desto besser. So war es Brauch.

Blejhan erfaßte in buchstäblich letzter Sekunde, daß die Räuber zum Stamme der Ebede gehören mußten.

Er rief den Ebede irgendein Wort zu – niemand wußte später mehr welches, vielleicht den Namen des Häuptlings, jedenfalls geschah das Wunder und die Räuber hielten ihre Tiere an.

Die Ausgeplünderten hasteten vorwärts, den rettenden Kleidern zu. Musil, immer noch nichts am Leibe als jenes besagte »kurze« Unterhemd, baute sich vor dem Führer der Räuber auf und phrasierte mit tragender Stimme: »Wisse, daß ich der Freund deines Häuptlings Bardschas bin. Es ist deine Pflicht, mich zu schützen und das gilt, wie du weißt, auch für meine Begleiter. Nimm es zur Kenntnis: Ich stelle mich nun unter deinen persönlichen Schutz. Du trägst die Verantwortung für mich und für meine Freunde. Du trägst sie vor deinem Häuptling Bardschas!«

Der Ebede verwandelte sich geradezu in einen Menschenfreund. Er reichte Scheich Musa die Hand und verkündete mit fester und lauter Stimme, daß die Männer da unter dem Schutze des Häuptling Bardschas stünden. Alles Geraubte sei augenblicklich zurückzuerstatten.

Blejhan stieß sofort nach und erklärte pathetisch, obwohl wie die anderen nackt und zitternd vor Kälte, daß *alles* zurückgegeben werden müsse (seine Landsleute wohl bestens kennend), denn sie, die Ebede, seien verwandt mit den Kmusa, zu denen er gehöre.

Die Räuber begannen zu murren: Allah habe ihnen die Beute gegeben, und niemand als Allah selbst könne ihnen dieselbe wieder abnehmen. Nach einer Viertelstunde schier endlosen Verhandelns – die Ausgeplünderten verhandelten immer noch hüllenlos, dem Wind und der Kälte preisgegeben – preschte eine Gruppe von zwanzig weiteren Fedan-Reitern heran, deren Anführer Musil erkannte.

Neue Verhandlungen setzten ein. Mittlerweile bildeten sich unter Beraubten und Räubern auch schon Kontakte heraus; so begehrte ausgerechnet jener, der Musil brutal niedergeschlagen und dessen Karabiner geraubt hatte, nun eine genaue Erläuterung, wie denn die prachtvolle Waffe zu handhaben sei.

Endlich schritt, gemessen und würdig, der Anführer der Bande auf Musil zu und übergab ihm seinen Karabiner. Schweigend.

»Al-chamdu lillah«, rief Musil laut. Noch immer nackt, aber den Karabiner wieder in der Hand, sah er nun zu, wie sich die Räuber seiner und der Gefährten Kleider entledigten und sie recht feierlich überreichten, »wohingegen wir uns mit jeder nur denkbaren Eile wieder anzogen«.

Dann fragte der Räuberhauptmann ausdrücklich, was noch fehle, da er alles zurückgeben wolle.

»Da ich schon mehr oder weniger alles wieder hatte, kümmerte ich mich um Tuman, der kaum den dritten Teil dessen wieder an sich trug, was sie ihm vorher abgeknöpft hatten. Da er ja nicht oder kaum Arabisch sprach, taten sich die schlauen Ebede recht leicht mit ihm. Immerhin klaubten wir mit vielen Worten schließlich mehr oder weniger – vielleicht weniger – alles zusammen und die Gesellen zogen wieder ab.«

Bemerkte Tuman ibn Nemsa: »Noch so ein freundschaftlicher Überfall und wir müssen unser Vorhaben aufgeben. Wenn es auch zehnmal heißt, uns die geraubten Sachen zurückzugeben, so fehlen am Schluß doch eine Menge Dinge, die in der Summe beachtenswert sind. Diesmal setzten sie unserem Proviant heftig zu. Zum Glück können wir den am Euphrat ergänzen. Mit Allahs Segen setzten wir die Reise fort«.

Die nächste Quelle lag bei Sab Bijar, aber dorhin wollte auch keiner, weil zu befürchten stand, daß dort schon die nächste Gruppe Ebede auf Lauer lag. Es blieb keine Wahl, als zu versuchen, sich nach el-Elejanije durchzuschlagen, immerhin 75 km entfernt. »Ich forderte Blejhan auf, gradaus zu diesem Wasser zu reiten.«

Keiner dachte an Essen. Jeder fürchtete nichts mehr als Durst, ist es doch ein eigenartiges Gesetz, daß kaum einer zu einem vollen Wassersack greift, jedoch aller Denken ausschließlich um Wasser und Trinken kreist, wenn die Reserven aufgebraucht sind. Blejhan meinte schließlich tröstend, es bestünde einige Hoffnung, in einer der zahllosen Bodenvertiefungen im Vulkangestein Reste von Regen- oder Schneewasser zu finden.

Nachts brach wieder empfindliche Kälte herein und alle drückten sich im Rundzelt eng aneinander. Es klatschten auch vereinzelt schwere Regentropfen an die Plane, doch am Morgen fand sich in den Bodenlöchern nicht eine Spur von Wasser. Drei Stunden später entdeckte der findige Blejhan im Vorüberreiten an einem glatten, schrägen Felsen eine künstliche Aushöhlung. Sie enthielt gut drei Liter Wasser, »und wir konnten uns herrlichen Tee zum Frühstück kochen!«

Während die Leidgeprüften noch von dem köstlichen, heißen Naß schlürften, stieß Blejhan ein kurzes Wort aus: »Zol.« Ja, da war etwas am grauen Horizont ... »zol«. »Ein lebendes Wesen.« Tatsächlich teilte sich dieses »zol« schon kurz darauf optisch in zwei solcher Wesen, und Minuten darauf erkannten Musil und seine Gefährten, daß eine größere Reiterschar auf sie zukam.

Diesmal überfiel zunächst eine Mischung aus Schrecken und Angst, gepaart mit ein bißchen Hoffnung, die Musil'sche Gruppe: Sollten das schon wieder blutrünstige Räuber sein? Oder endlich einmal Wohltäter?

Und wenn es Feinde waren – gehörten sie zu den Aneze oder zu einem Trupp von Ahali al-Dschebel, die von einem Raubzug zurückkehrten? Oder sollten es gar die für ihre Grausamkeit berüchtigten Hadedijin sein?

»Wir waren bloß vier, die anderen vierzig. Ohne Wasser durften wir außerdem kaum an wirksamen Widerstand denken. Mohammed schlug vor, wir sollten uns rasch verstecken, aber Blejhan hieß ihn barsch schweigen: ›Die haben uns längst gesehen.‹« Kurze Zeit später war die Gegend um das Wasserloch umstellt und ein schriller Kriegsruf ertönte.

»Was sind das für Leute?« fragte Musil besorgt. Blejhan beobachtete scharf, und dann, als die Berittenen kaum noch zwanzig Meter vor den Eingeschlossenen standen, sagte er ruhig: »Sana Muslim«, was hieß, daß sie zum Stamme der Ruala gehörten. Augenblicklich rief Musil, so laut und so kraftvoll er konnte: »Anführer! Ich stelle mich und die meinen unter deinen persönlichen Schutz. Ich bin Scheich Musa, dessen Zelt im Lager der Ruala neben dem des Fürsten an-Nuri steht!« Musil hatte noch nicht den letzten Laut aus der Kehle, als ihn auch schon gierig raffende Arme vom Sattel rissen, die Taschen durchwühlten, nach seinen Kleidern faßten ... Man hörte nur das Keuchen der Beduinen, aber da auch schon das Zischen der Peitsche: Wie ein Irrer schlug der Führer der Gruppe auf seine Leute ein.

»Ich begann zu schreien, zu fluchen: Zurück! Noch härter schlug der Hauptmann auf seine Beduinen ein: Zurück, ihr dreckiges Diebesgesindel! La ya dahebin! la la ya schenin la tadhabu!!«

Von Musil lief er schreiend und wie wild mit der Peitsche dreinschlagend zu Tuman ibn Nemsa, zu Blejhan und Mohammed, an denen gleichfalls bereits die Raublustigen wie Kletten hingen. Endlich hatte der Gute Erfolg. Langsam ließen die Beduinen von Musil ab, allmählich auch von den anderen. Überall lag das Eigentum der Bedauernswerten herum, sogar der Inhalt von Musils kleiner Erste-Hilfe-Kassette, Verbandzeug, Jod, Tabletten und eine Schere.

Einige Phiolen, ein paar Tuben Salbe sowie eine Injektionsnadel wechselten blitzschnell in irgendwelche Taschen. Einige der Diebe rannten, was das Zeug hielt, zu ihren Kamelen, um das für sie ohnehin vollkommen wertlose Zeug in ihren Satteltaschen zu verstecken, wußten sie doch, daß nun die unvermeidliche Zeremonie des Rückerstattens des Diebesguts käme.

Musil zeigte dem Anführer einige der eiligsten Missetäter, die schon bei ihren Kamelen angelangt waren, der, nicht ohne Sinn für Theatralik, hinüberrief: »Welcher ehrenwerte Krieger würde je etwas von diesen unseren Freunden an sich nehmen? Wer nicht augenblicklich alles zurückbringt, der möge zur ewigen Hölle fahren, dessen Kamel möge hinken bis ans Ende der Tage, dessen Kinder und Kindeskinder mögen verdammt sein, ja dessen Nachkommen mögen bis ans Ende der Zeiten in Armut dahinvegetieren!«

Diese schrecklichen Flüche wiederholte er immer wieder, währenddessen die Männer, zunächst zögernd, aber dann doch alle miteinander, Stück um Stück der Beute vor den Ausgeplünderten hinlegten.

Der Anführer, Schajer Eben Burman von den Fredsche, bat schließlich sehr herzlich um Vergebung für das Vorgefallene. Er erzählte, er sei mit seinen Männern vor zweiunddreißig Tagen zu einem Raubzug gegen die Skur vom Stamme der Amarat aufgebrochen, von denen sie hörten, daß sie bei al-Barrit, sechshundert Kilometer südlich von Dmejr, lagerten.

Als sie dort ankamen, waren die Skur weg ... und damit jegliche Aussicht auf Beute. Nun, da eine Art Freundschaft geschlossen war, ließ der Kommandant jeden einzelnen seiner Schar vortreten und der mußte einen feierlichen Eid schwören, alles, aber auch schon restlos alles, zurückgegeben zu haben.

Jeder Zana leistete seinen Schwur und einer fügte freimütig hinzu: »Ausgenommen eine Handvoll Rosinen, die habe ich geschluckt und die sind jetzt in meinem Bauch. Aber ich bin gewillt, dafür Ersatz zu leisten.«

Als die ganze Zeremonie vorüber war, warf sich der Anführer in Positur: »Sieh, Scheich Musa, das Antlitz deines Freundes Schajer Eben Burman ist weiß. Wenn dir noch etwas fehlt, so wende dich bitte an Arhan Eben Bawwas, meinen Unterführer, der mit fünf Mann zugegen ist.« Da tatsächlich noch eine Menge fehlte, nahm Musil den Unterführer, eine ausgemergelte Erscheinung mit stark vorstehenden Zähnen und einem ausgeronnenen linken Auge, scharf ins Gebet, zumal der nämliche Arhan vergeblich versuchte, Musils Reitgerte in seinem Ärmel zu verstecken.

Dann war der Spuk vorüber. Musil und seine Leute zogen nach Nordosten weiter, die Zana Muslim vom Stamme der Ruala nach Süden ...

Am 16. Dezember erreichte Musil unter der kundigen Führung Blejahns den Euphrat und am heiligen Abend al-Hamad. Am späteren Nachmittag schrieb Rudolf Thomasberger – vulgo Tuman ibn Nemsa – in sein Tagebuch: »Heute ist Rasttag. Schon morgens konnte ich mich vor Müdigkeit kaum bewegen. Und doch, nach dem Frühstück kletterte ich mit Scheich Musa auf einen Felsgipfel um dort zu arbeiten. Einige Vulkane stehen neben den Abstürzen. Mit dem Meßtisch hielt ich die Richtungen fest und zeichnete den Umfang der Senkung. Nur zu rasch ging der Ruhetag zu Ende.« Weiter ging's nach Westen.

Unter den bleichen Wolken am Himmel leuchtete der Westen wie von geschmolzenem Gold, während sich das Grau des Ostens mit dem immer schwächer werdenden Blau im Norden und Süden mischte.

Urplötzlich wechselte alles über zu stumpfem Grau; nur im Westen verblieb noch ein Rest von Licht; ein Widerschein der schon entschwundenen Sonne.

Es war Weihnachtsabend.

»Wieder ganz unvermittelt, genau oberhalb der untergegangenen Sonne, erkannten wir den zarten Schwung der Mondsichel am Firmament, und Blejhan erhob die Arme zum Himmel und grüßte inbrünstig: »Du junger Mond! O du mein Herr! Du Bringer von Glück!«

Wir hockten während der ganzen Zeit, fest in unsere Mäntel gehüllt, auf unseren Kamelen, die entsicherten Karabiner stets schußbereit in Händen. Die Tiere griffen nach Sonnenuntergang noch einmal kräftig aus, und um 18 Uhr 05 hießen wir sie schließlich im Tal von Samhan halten und niederknien. Der Ruhetag ging zu Ende. Wir banden den Kamelen die Füße und legten uns auf dem gefrorenen Boden zur Ruhe. Ich werde diesen Weihnachtsabend niemals vergessen.«

Am Morgen des 27. Dezember war das Zelt so steif gefroren, daß zunächst einmal alles hinausgeräumt werden mußte, alle Vorräte, die Decken, die Kleidung, und dann entfachten die Diener drinnen ein Feuer, damit das Eis von der Plane abtauen konnte; hätte man versucht, das Zelt ohne diese Prozedur zusammenzulegen, wäre das Gewebe wohl gebrochen. Die Kamele, selbst über und über von schneeweißem, hartgefrorenem Frost bedeckt, schienen interessiert zuzuschauen.

Im Laufe des Tages erreichte die Expedition ein kleines Talbecken inmitten der Hügelkette von Rumamim asch-Schami. »Wir entdeckten dort eine ganze Reihe von kreisrunden Mauern, ungefähr 40 cm hoch, die Steine ohne Mörtel kunstvoll ineinandergefügt, mit einem schmalen Eingang. In der Mitte eines dieser Gebilde erkannten wir eine rechteckige Grabstätte.«

Ansonsten hielt der akute Wassermangel an; Zejd und Blejhan suchten alle umliegenden Löcher vergeblich nach Wasser ab.

Erst am 29. Dezember sollte die Gruppe auf einen Brunnen stoßen ... allerdings unter recht unerfreulichen Umständen.

Beim Aufbruch am Morgen um 6 Uhr früh erlebten Musil und seine Begleiter ein eigenartiges Naturschauspiel: Der graue, kalte Nebel verdichtete sich zu winzigen, eiskalten Tropfen, die an der Oberfläche der Kleidung, der Felle und des Bodens augenblicklich froren.

Als es endlich aufklarte, erblickten die Reisenden am Horizont eine große Kamelherde, die sich offensichtlich um eine Wasserstelle drängte. Blejhan machte sich erbötig, die Schläuche zu füllen. Als er nach einer Weile zurückkam, war er völlig durchnäßt und über und über von

Schlamm bedeckt. Die Kamele hatten das ohnehin nur eine Spanne tiefe Wasser zu einer häßlichen Brühe aufgewühlt und mit ihrem Kot verunreinigt. Doch Musil hatte keine Wahl: Man mußte versuchen, durch längeres Abkochen die jaucheähnliche Brühe genießbar zu machen. Da auch die Lebensmittelvorräte zur Neige gingen, nährten sich die Männer schon seit Tagen nur mehr mit Aschenbrot.

Wann und wo würden sie den Fürsten und somit auch ihre Karawane finden? In dieser kritischen Lage stießen sie endlich nachmittags auf das Lager eines befreundeten Scheichs, Raschid Eben Smer vom Stamme der Wuld-Ali Ruala.

»Ich wollte Raschid Eben Smer fragen, wo sich der Fürst mit den Seinen befinde, als er uns freudig gestikulierend entgegeneilte: Er pries Allah, uns lebend zu sehen, weil er gehört hatte, wir seien am Euphrat überfallen, ausgeplündert und erschlagen worden.

›Al-hamdu lillah, es ist ja gar nicht so!‹ rief er sichtlich bewegt und lud uns in sein Zelt ein. Dort erfuhren wir die wichtigsten Neuigkeiten: Vor zehn Tagen sei Fürst an-Nuri, endlich von Prinz Nawwaf überredet, in Richtung al-Dschof aufgebrochen. Während wir noch mit einem Führer verhandelten, zu welchem Preise er uns zum Stamm der Ruala führen würde, ertönte ein Warnschrei.«

Augenblicklich stürzten die Männer zu ihren Pferden und galoppierten in südlicher Richtung davon. Einer der Hirten hatte am Horizont einen fremden Reiter ausgemacht und den Alarm ausgelöst.

Kurze Zeit darauf brach allerdings sehr rasch die Dunkelheit herein und die Krieger kehrten, ohne in dem unübersichtlichen, von zahllosen Felstrümmern übersäten Gelände einen Feind ausgemacht zu haben, unverrichteter Dinge wieder zurück.

Raschid riet Musil, nicht weiterzureiten, sondern die Nacht in seinem Zelt zu verbringen. Später kehrten vier Kundschafter heim, und es stellte sich heraus, daß die Streitmacht Raschids zu schwach gewesen wäre, dem übermächtigen Gegner standzuhalten.

Unter diesen Umständen beschloß der Häuptling, sein Lager ganz zeitlich früh morgens nordwärts in die Nähe der befreundeten Eschadsche-e-Ruala zu verlegen, und Scheich Musa schloß sich mit seiner Gruppe an.

Während des Ritts entdeckte Musil zu seiner großen Überraschung, wie wohlinformiert sich Scheich Raschid über die Zustände in Europa und in der Türkei zeigte und wie sehr er sich für die Geschichte Arabiens interessierte. Als ihm Musil erzählte, zu welchem Zweck er sich in der Wüste befände, forderte ihn Scheich Raschid auf, nur ja alles genau zu beschreiben, damit die Regierung endlich über die Pro-

Bei den Brunnen von Kerazer

bleme und Schwierigkeiten der Beduinen Bescheid wüßte; über ihre Sitten, ihren Charakter und ihre Nöte: »Wenn sie uns erst einmal besser verstehen, können sie gewiß auch mehr für uns tun.«

Die nächsten Tage wuchsen sich zu einer einzigen Gewalttour aus. Die Vorräte gingen zur Neige, und so setzte Musil vorsichtshalber die Ration auf ein Viertelliter Wasser und ein Viertelkilo Brot – oder Teigwaren – pro Tag herab. »Das Fehlende muß der Körper zusetzen«, notierte Tuman ibn Nemsa sarkastisch.

Am 4. Jänner erreichten sie endlich Kerazer und dort gab es tatsächlich Wasser! Die Brunnen lagen völlig verlassen da, nichts rührte sich, bloß ein paar Raben zogen ihre Kreise. Kerazer weist gut dreißig Wasserstellen auf, einige davon bloß ein oder zwei Spannen tief, andere fast einen Meter. Das Wasser ist von vorzüglicher Güte, schmeckt aber leicht salzig.

Nach dem Tränken der Tiere und dem Füllen der Wasserschläuche erhob sich die große Frage: Wohin nun? Wo lag das Lager des Fürsten?

Im Lager der Ruala

Da entdeckte Musil, ein wenig nordwärts der Brunnen und eher zufällig, die typischen Überreste eines erst vor ganz kurzer Zeit abgebrochenen Beduinenlagers und gleich darauf die Spuren des Abzuges, die nach Westen wiesen. Alles deutete darauf hin, daß es sich um an-Nuris Stamm handelte.

Kurze Zeit darauf tauchte auch schon ein Beduine hinter einem Felsen auf und – al-hamdu lillah! es stellte sich heraus, daß es sich um einen waschechten Ruala handelte. Er berichtete, das Lager des Fürsten befinde sich in der Gegend al-Biz, am westlichen Rande des Wadi Sirhan. Müde und hungrig hielt Musil mit seinen Leuten nachmittags gut zwei Stunden Rast. Nach dem neuerlichen Aufbruch tauchten endlich die ersten Zelte der Ruala am Fuße der pyramidenförmigen Bergstöcke von al-Husejin auf. Dort erfuhr Scheich Musa, von den Stammesangehörigen überall freudig begrüßt, daß sich das Zelt des Fürsten am südöstlichen Rand des Lagers befinde.

»Nun eilten wir vorwärts, dem großen Feuer zu, von dem ich wußte, daß es stets im ›be-it‹ des Fürsten brenne.

Da sah ich auch schon, zur Rechten des seinen, das Dach meines eigenen Zeltes, und wenige Augenblicke darauf stieg ich aus dem Sattel und stolperte glücklich über die Zeltschnüre – nach dreißig Tagen Abwesenheit – ›nach Hause‹.

Schon war ich von Freunden umringt, umarmt, geküßt, willkommen geheißen. Der Fürst dankte Allah für meine glückliche Heimkehr, Nawwaf drückte meine Hände und fragte, warum ich gar so lange fortgeblieben sei, und Sa'ud und Meschhem und der kleine Hafadschi wollten mich überhaupt nicht mehr loslassen ...« Es mochte den Freunden Scheich Musas ja das alles wie eine Auferstehung erscheinen, hatten sie doch gehört, er sei mit den seinen bei einem schweren Gefecht am Euphrat umgekommen.

Freudig und herzlich empfingen die Ruala auch den treuen Tuman ibn Nemsa, der später erzählte: »Ich konnte vor Freude und Rührung kein Wort herausbringen, nur meine Augen verrieten, wie mir zumute war. Dann verlangte ich Tee und etwas zum Essen. Seit achtundvierzig Stunden hatte ich bloß ein einziges Stückchen Brot im Magen. Dann legte ich mich hin und schlief achtundvierzig Stunden lang, bis sich die Lebensgeister endlich wieder regten ...«

Und dann: »Die Berechnungen der Polhöhen und die maßstabgerechte Eintragung der Reiseroute in einen Handriß war das einzige, was ich machen konnte. Noch bin ich nicht hergestellt, das Arbeiten macht mir noch Schmerzen.«

Durch die Wüste Nefud

In der dritten Jännerwoche des Jahres 1909 rüstete Musil zu einer neuen, großen Exkursion, die von an-Badsch über Ubejt in die

Oase al-Dschof führen sollte. Er mußte die notwendigen Vorräte für sechs Teilnehmer und fünf Kamele zusammenstellen lassen. Frejh, der Neger, sollte ebenso wie Mohammed ein eigenes Tier reiten und die zugehörigen Kamele an der Leine führen.

Während sich die Männer unter der umsichtigen Führung von Tuman ibn Nemsa um das Packen und Verladen kümmerten, suchte Scheich Musa den Fürsten an-Nuri auf, um sich zu verabschieden.

Der saß vor seinem Zelt und erteilte soeben zwei Meldereitern genaue Befehle. Die beiden sollten zu Prinz Nawwaf in die Oase al-Dschof eilen und eine wichtige Botschaft übermitteln. Unmittelbar nach ihrer Abfertigung liefen die beiden jungen Männer zu ihren bereits gesattelten Kamelen und ritten los. Sie hatten keine leichte Aufgabe, mußten sie doch die Strecke nach al-Dschof und wieder zurück in das Lager ihres Fürsten bis zum folgenden Abend zurückgelegt haben. An-Nuri erwartete, daß sie im Morgengrauen des kommenden Tages die Botschaft übermitteln und mit Sonnenuntergang bereits wieder zurück in seinem Lager sein würden; al-Dschof lag aber gute 150 km südlich des derzeitigen Standorts! Die beiden Melder mußten, wollten sie ihre Aufgabe befehlsgemäß lösen, innerhalb von 36–40 Stunden an die 300 km zurücklegen, und das unter schwierigsten Geländebedingungen. Der Fürst sandte, wegen der Wichtigkeit seiner Botschaft, aus Sicherheitsgründen zwei Melder aus.

Als die beiden hinter den ersten Dünen verschwunden waren, begleitete er Scheich Musa bis zu seinem Zelt und warnte ihn eindringlich vor den Gefahren des neuen Unternehmens: »Bruder«, meinte er kummervoll, »du ziehst mit deinen Gefährten jetzt in eine Gegend, in der nicht nur zahllose Banden ihr Unwesen treiben, sondern, und das ist noch viel schlimmer, viele einzelne, ganz allein auf sich gestellte Räuber ihren Opfern auflauern, kaltblütige, habgierige Menschen ohne Sinn für Gnade oder gar Gerechtigkeit. Bei Tejma treiben sich die Gesetzlosen, die vollends Ausgestoßenen der Schararat, der Beni Attije, Htejm, Weld Slejman und der Schammar herum, ja sogar der Abschaum der Hwetat, und wir sind nicht nur mit diesen Stämmen verfeindet, sondern erst recht mit jenem Gesindel. Ich bitte dich, bleib stets wachsam und schau, daß du zu deinen Freunden heimkehrst, wie wir es dir wünschen, gesund und lebendig!«

Durch die trostlose, schwarze Wüste al-Bschajta kamen die Reisenden in das öde habb al-Dschemal, wo Musil nach großer Anstrengung und mit viel Geduld endlich einen Führer vom Stamme der Scharari mieten konnte. Kein Mensch wollte zunächst Musil auf seinen »durub almowt«, wie sie sagten, auf seinen »Pfaden des Todes« begleiten. Am nächsten Tag durchquerten sie den Arejsch, einen der gefährlichsten Ausläufer der Wüste Nefud. Da Musil und seine Leute fast kein Wasser mehr hatten, die Gegend aber außerdem sehr gefährlich war, ritten sie in dem schluchtartigen Nefud auch des Nachts und hätten dabei mitsamt ihren Tieren beinahe das Leben eingebüßt:

In der Dunkelheit der Nacht blieben die schärfsten Abbrüche und gefährlichsten Höhlungen oft verborgen. Immer wieder mußten die Reiter schwierige Umwege um unpassierbare Stellen herum in Kauf nehmen.

Schließlich fanden sich die Männer am Ende einer langen, tiefen Sandtrift gefangen wie in einer Falle; zu beiden Seiten steile Wechten, vorne einen schier senkrechten Abbruch im Treibsand. Die Kamele brachen in Panik aus, spürten sie doch zuerst, daß es an dieser Stelle kaum ein Weiter und noch weniger ein Zurück gab. Es bestand nur ein einziger Ausweg: Nach vorn. Als Musil den Rand des Abbruchs endlich erklommen hatte, gab der Sand nach und alles – das Kamel, das Gepäck, Scheich Musa und Unmengen von Sand glitten, rutschten, schleuderten nach vorn und hinunter in einen gleitenden Abgrund.

Als sich die Sandlawine ausgelaufen und beruhigt hatte, gab es weder von Scheich Musa noch von dem Tier noch dem Gepäck auch nur eine Spur.

Mit unbeschreibbarem Geschick ließen sich Fredsch und Mohammed in die Richtung gleiten, in der Mann und Kamel begraben sein mußten, und mit flinker Hand buddelten sie die Verschütteten heraus; Musils Bargeld und seine Brieftasche blieben nichtsdestoweniger verschwunden.

Hierauf traten sie so etwas wie Stufen in den Sandhügel und nach stundenlangen Bemühungen überwanden sie auch dieses Hindernis.

Die nächsten Tage sahen Musils Karawane mühsam die Nefud durchqueren. Im Südosten erhoben sich zahllose, einzeln stehende Findlingsblöcke aus dem Sand, die aus der Ferne wie einzelne Reiter, Kamele oder ganze Familien mit Vater, Mutter und Kindern aussehen. Manche dieser steinernen Gestalten nehmen, ausgehöhlt oder angenagt von Wind und Sandgebläse, so bizarre Formen an, daß der Wanderer unwillkürlich stillehält, um diese Gebilde zu bewundern.

»Da hörte ich einen Schuß und schon zischte eine Kugel an mir vorbei. Ich drehte mich erschrocken nach rechts und sah dort eine Gruppe von Berittenen; einer von ihnen lud soeben seine Flinte, die noch rauchte, neu.

Er hob die Waffe ans Auge und zielte haarscharf auf mich. Es gab keinen Zweifel, auf mich, stand ich doch an der Spitze unserer Gruppe, deutlich als ihr Führer erkennbar, allein da. Auch die zweite Kugel galt mir: Ich sah den Feuerstoß aus dem Lauf, die kleine Rauchwolke. Würde mich die Kugel treffen? Ich bückte mich unwillkürlich und – alhamdu lillah! das Geschoß sauste ein paar Zentimeter oberhalb meines Kopfes über mich hinweg, und, so dachte ich gleich, der Kerl hat gut gezielt. Wie in einer Reflexbewegung faßte ich nach meinem Karabiner, riß ihn hoch, aber da warf sich schon unser Masud zwischen uns, riß seinen Mantel hoch, winkte und schrie: »O Schararat! Töte keinen Schararat!«

Sekunden später hatten die Männer den guten Masud auch schon von seinem Kamel gerissen und stürzten sich über ihn, ließen aber sofort los, als sie erkannten, er sei wirklich ein Schararat. Sie entschuldigten sich und erklärten mit offenkundiger Freude, es sei Allahs Wille gewesen, daß ihre Kugeln das Ziel verfehlt hatten.

»Als schon alles vorbei war, lief es mir plötzlich eiskalt über den Rükken. Es ist schon ein seltsames Gefühl, ein Gewehr auf sich gerichtet zu sehen und den Schuß zu hören ...«

Nachmittags erreichte die Gruppe einen Höhenrücken, von dem aus sich ein besonders schöner Blick auf die Wüste darbot. Musil bestieg, wegen des schwierigen Geländes zum Teil auf allen Vieren kriechend, gemeinsam mit dem Neger Masud ein Felsriff, um von dort aus die Landschaft mit dem Feldstecher genauer zu betrachten.

»Ich konnte den Blick einfach nicht wenden von den ununterbrochen wechselnden Farben dieses prachtvollen Bildes. Wahrhaft groß sind die Werke des Schöpfers! Und doch wird auch diese hinreißende Landschaft mit ihren Weiten und den gewaltigen Klippen vergehn, verwehn. Wind und Wetter werden den Sandstein so lange bearbeiten, bis nichts bleibt als ebene Wüstenei, und all diese bizarren Formen werden eines Tages als Staub in die Nefud geweht. Härteres Kalkgestein wird noch etwas länger stehn, dann wird auch das Vergangenheit sein. ›O, Musa, was in dieser Welt ist denn nicht vergänglich?‹, fragte der Neger Frejh, als ich ihm Genesis und Zukunft der Landschaft al-Mezahir erklärt hatte, ›alles wird vergehen, alles. Nur unser Schöpfergott wird bleiben, unwandelbar und für immer!‹«

Da die Steintrümmer und herausragenden Felsenriffe in der al-Mezahir ein besonders gutes Gelände für Raubüberfälle durch kleinere oder größere Banden bilden, bedurfte es erhöhter Aufmerksamkeit.

Alsbald zeigte es sich, daß die Reisenden immer öfter einzelne Steine oder Gruppen von Felsen für Kamele, Reiter oder ganze Räuberscharen hielten. Alles zeigte sich erleichtert, als es endlich, gegen acht, zur Nachtruhe ging ...

In den darauffolgenden Tagen überlegte Musil, wie er am besten zu der Ruinenstätte al-Medschenne gelangen könne, wo er auf nabatäische Inschriften zu stoßen hoffte. Das ganze Gebiet war aber im Augenblick heiß umkämpft; von Süden drangen Eben Sa'uds Kämpfer vor, vom Norden die an-Nuris, und die Krieger des immer noch um sein Überleben ringenden Eben Raschid-Landes hatten sich in der Umgebung von al-Medschenne festgekrallt. Vertrauenswürdige Männer berichteten, es sei so gut wie unmöglich, sich im Augenblick der Oase al-Medschenne zu nähern, und so beschloß Musil, zunächst schnurstracks nach al-Dschof zu reiten, wo er auf den Prinzen Nawwaf zu treffen hoffte.

Die Wüste Nefud gehört zu den herrlichsten Landschaften Nordarabiens. Die niedrigen, lang hingezogenen Dünen, auf deren Rücken weithin sichtbare Raza-Büsche wuchern, geben der Wüste irgendwie das Bild eines unendlichen Gartens, oder ja, eines der früheren, alten Landschafts-Friedhöfe. Dann und wann, wenn das Licht ins Weiß wechselt, erinnern die Hügel und kahlen Rücken an die Gletscher der Alpen, hingegen die Senken dazwischen mit ihrem kargen Immergrün, das sich hin und wieder zu kräftigen Buschen verdichtet, an die frischen Täler unserer Breiten.

Eine der Geländezeichnungen Thomasbergers:
Arejsch an-Nefud von Süden

Aber in der Nefud gibt es kein Wasser, und das Land, so verführerisch schön es auch den Wanderer locken mag, bedeckt trügerischer Treibsand, der schon so vielen zum Verhängnis gereichte.

»Nicht einmal das Meer ist so fintenreich wie diese Wüste, diese launische Lügnerin, die so sanfte, mild geschwungene Linien zu bilden weiß, Kurven, Rundungen. Das Auge läßt sich so leicht betrügen. Der Reiter mag sein Pferd in diese Schönheit hineintreiben, meinend, er könne sie leicht erobern – aber die Nefud ist anders: Einmal ist der Boden so fest, daß Hufe nicht einmal eine Spur hinterlassen, kaum eindringen, dann wieder so tief, daß Mann und Roß in ihm versinken. Oft ziehen Kamele mit ihren Reitern stundenlang über die so gleichförmig scheinende Wüste dahin, und unverhofft stehen sie vor einem Abbruch im Sand – ein einziger Schritt zu viel und sie rutschen ab, der Sand ihnen nach und über die beiden hinweg und sie sind von der Wüste verschlungen.

›In der Nefud gibt es allüberall Wege‹ sinnierte einer von meinen Begleitern, ›und dennoch gibt es in ihr keinen einzigen Weg. Wer in der Nefud den Weg verliert, der hat sein Leben verloren!‹

Jeder Stamm, der die Nefud durchqueren will, nimmt sich einen guten Führer, und auch jede Räuberbande tut das. Üblicherweise ist das ein Straußen- oder Antilopenjäger.«

Am 3. Februar hatte Musil mit seinen Getreuen die Nefud überwunden. Vor ihnen lag nun das Hochland von al-Bowlijat, und alsbald fanden die Kamele auch einen Weideplatz, wo sie sich nach der Durchquerung der so gefahrvollen Wüste gütlich taten.

Gegen Abend traf Musil auf eine Schar von Ruala-Hirten. Sie erzählten, daß Prinz Fejsal aus dem Hause Raschid, der in al-Dschof als Stadthalter seines Bruders, des Fürsten Sa'ud Eben Raschid, residierte, nach der Ermordung seines Bruders angeordnet hatte, alle Brunnen der Umgebung von al-Dschof zu verschütten, damit den Feinden die Annäherung an die Oase so schwer wie möglich gemacht werde. So sei auch der Brunnen von Sfan zur Zeit bestimmt nicht benützbar.

Es war an einem Donnerstag; Donnerstag, dem 4. Februar 1909, als ein paar Minuten nach halb zwölf hinter der kleinen Schar Musils, die mit ihren Reit- und Packkamelen langsam westwärts, in Richtung al-Dschof zog, ein Geräusch wie von tausenden und abertausenden wild dahergaloppierenden Pferden aufkam.

Ein Überfall, nein, ein ganzer Feldzug ... da kam es auch schon näher, lauter, wilder ... und Sekunden später spürten die Reiter den schier unwiderstehlichen Anprall eines beginnenden Sandsturms, »wie ich ihn nur selten in meinem Wüstenleben sah«. Der Sturmwind stöhnte und brauste und trug ungeheure Mengen Sand und Staub vor sich einher in Richtung Nordwesten. Musils Karawane, die um die Mittagszeit über bis zu fünf Meter hohe, zart rosig schimmernde Dünen dahingezogen war, sah sich auf einmal inmitten eines ungeheuren Transportgeschehens, trug doch der Sturm mit unvorstellbarer Macht gewaltige Sandmassen in die Höhe, ebnete Dünentäler ein, trieb neue Wellen für Sekunden hoch, fauchte sie wieder flach und türmte sie neu wieder auf. Wo immer der Sturm auf Widerstand stieß, sei es ein Busch, ein Strauch, eine Erhebung, raffte er alles im Vorbeirasen mit sich. »Welch ein Glück, daß uns dieses Elementarereignis nicht in der Wüste Nefud überrascht hatte! Wir wären dort mit Sicherheit zugrunde gegangen. Und welch ein Glück, daß der Sturm vom Südosten nach Nordwesten blies, uns also nach vorne zwang ...«

Zu Mittag stieß Musil auf einige Ruala-Hirten, die von den Wasserstellen al-Dschof heimwärts zogen. In den kurzen, manchmal nur Sekunden dauernden Pausen, in denen der Sturm etwas nachließ, hörte Musil von den Hirten, daß Prinz Nawwaf die Oase al-Dschof vor zwei Tagen erobert und sich im Namen seines Vaters, des Fürsten an-Nuri, zum Gebieter über al-Dschof ausgerufen hatte. Das bedeutete für Musil wahrlich frohe Kunde, konnte er doch mit Sicherheit damit rechnen, bei seinem Freund, dem Prinzen Nawwaf, gut aufgehoben zu sein. Die Hirten hatten mit ihrer Herde, bewegten sie sich doch südwärts, allergrößte Schwierigkeiten, überhaupt einen Schritt voranzukommen. Die Tiere brüllten und immer wieder drehten sie sich bei besonders starken Windstößen gegen die Marschrichtung und spreizten sich, mit dem Hintergestell dem Wind entgegen, mit weit geöffneten Beinen ab.

Musil und seine Leute hasteten, vom Sturm vorwärtsgestoßen, gen Nordosten, und die Tiere, erschöpft, hungrig und durstig, gaben ihr Letztes, um so schnell wie möglich die rettende Oase zu erreichen, die sie instinktiv vor sich spürten. »Der Sand bereitete uns Schmerzen, körperlich und seelisch.« Der Mund, der Schlund, die Nase, die Lungen, vor allem aber die Augen ... alles voll Sand und Staub. Die Kleider durch und durch wie eingewebte Wüste; bei jedem Schritt, jeder Bewegung schmerzte die längst gerötete, aufgeriebene Haut, als ob sie von Schmirgel aufgerauht und dann bis aufs Blut weggewetzt worden sei. Eine Peinigung, eine Geißelung. Die trocken geröteten Lider suchten vergebens die längst schon tränenlosen Augen zu schützen; das ganze Nervensystem rebellierte, Atmen nur kurz und flach, Verbissenheit drohte bereits hinüberzukippen in nackte Verzweiflung. Doch griffen nicht plötzlich die Hufe der Tiere besser im wehenden Sand, spürten sie schon die rettende Wasserstelle, die schützende Senke al-Dschof? Endlich, es ging schon gegen fünf, erkannten die Reisenden vor sich eine weit hingestreckte, dunkle Mulde – das mußten die Palmen der Oase al-Dschof sein!

Der Abstieg führte durch eine schmale Öffnung einer Felsklippe geradewegs auf die hohen Mauern der Palmgärten zu. Die Kamele fürchteten den Anblick der steilen Wände ebenso wie den der Palmen und gerieten vollends in Panik, als die Karawane zwischen den Mauern der Palmengärten an dem Kadaver eines Kamels vorbei mußte. Da stand aber zum Glück ein Bewaffneter am Ende des Weges und hielt zunächst die scheuenden Tiere, dann die Männer auf. Als er hörte, die

Fremden suchten den Prinzen Nawwaf Eben Scha'lan, führte er sie zu einem hohen, rechteckigen Turm und erklärte, dort sei er zu finden. Noch während Musil und seine Leute die Kamele in die Knie zwangen, kamen schon die Negersklaven und die Krieger des Prinzen aus dem Torbogen des Turms heraus und umringten und begrüßten die Freunde herzlich. Der feste Bau, in dem Prinz Nawwaf residierte, bestand aus einer schlampig quadratischen Festungsmauer, in derern südöstlicher Ecke sich ein niedriger, rechteckiger Turm erhob, wohingegen die gegenüberliegende Ecke ein hoher, sich nach oben zu leicht verjüngender Steinkasten beherrschte, an dessen Ostseite sich der einzige Zugang zu dem Festungsgeviert befand. Das Dach eines niedrigen, langgezogenen Wohnhauses entlang der Mauer konnte man an einer Stelle über eine Treppe, am anderen Ende jedoch bloß über einen angelehnten Palmstamm erreichen. In der Nordostecke des Hofs öffnete sich ein breites Tor in das Innere des Turms mit seinem dunklen, weiten Erdgeschoß, in dessen Mitte sich eine gewaltige, aufgemauerte Säule zur Abstützung des Daches erhob. Beide Türme wiesen Schießscharten, jedoch keine Fenster auf. Prinz Nawwaf kam Musil und seinen Gefährten im Hofe entgegen und nach einer freudigen Begrüßung führte er seinen Gast in den dunklen, unteren Hauptraum des Turms, wo hinter der Mittelsäule ein großes Feuer brannte. Prinz Nawwaf bot Musil einen Platz an und setzte sich dann gleichfalls, und zwar so, daß sie beide von draußen nicht gesehen werden konnten. Nawwaf erzählte, er sei mit fünfunddreißig Bewaffneten nach al-Dschof gekommen, und die meisten von ihnen seien junge Neger. Sie ließen übrigens ihre Waffen so gut wie nie aus den Händen, drohten doch noch von allen Seiten Gefahren. Als sich Prinz Nawwaf mit seinem Gast und Freund Scheich Musa unterhielt, standen allein zwischen Mittelsäule und Toröffnung gut zwanzig Bewaffnete Wache. Nawwaf traute den Häuptlingen der Oase und ihrer Umgebung nicht, und um zu verhindern, daß er und sein Gast bei einem allfälligen plötzlichen Feuerüberfall ins Schußfeld geraten könnten, hieß er Musil hinter der Säule Platz nehmen.

Musil lernte einen der Häuptlinge, Zeben Eben Ka'ajed, im Laufe seiner Unterhaltung mit dem Prinzen Nawwaf kennen und meinte, der Vierzigjährige trage die klassischen Züge der alten Babylonier. Ka'ajed war gekommen, um dem neuen Herrn von al-Dschof eine Einladung in die umliegenden Oasen und Siedlungen zu überbringen, weil ihn seine neuen Untertanen als ihren Herren begrüßen wollten.

Prinz Nawwaf wußte über die Bedeutung dieser Geste, hängt doch die Lebensfähigkeit al-Dschofs vollkommen von der Umgebung der Oase, also von den umliegenden Stammesniederlassungen ab, widrigenfalls al-Dschof auf Gnade und Ungnade der Willkür von Räuberbanden oder irgendwelchen Kriegsherren ausgeliefert gewesen wäre. So lange etwa die Herrschaft des Eben Raschid stark und die Beziehung zu Fürst an-Nuri freundlich war, konnte die kleine Garnison des Eben Raschid die Oase al-Dschof halten. In dem Augenblick aber, als in der Domäne Eben Raschid Bürgerkrieg ausbrach, ging al-Dschof sofort verloren und die Bewohner der Gegend um al-Dschof begannen einander zu bekriegen. Tägliche Raubüberfälle, Scharmützel und Rachezüge machten die Oase und ihren Umkreis geradezu zu einer Hölle. Häuptling Ka'ajed tat unter diesen Umständen das Klügste, was überhaupt möglich war: Er suchte einen mächtigen Schirmherrn für al-Dschof und bat ihn, dort die Macht neu zu übernehmen ... und so war Nawwaf Herrscher dieses Gebietes geworden, freilich federführend für seinen Vater, den Fürsten an-Nuri.

An die vierzig Mann leisteten allerdings in den Vororten – oder Vor-Oasen – Mared und al-Hadne noch erbitterten Widerstand, und es hieß, ihr Befehlshaber, ein Abenteurer namens Eben Na'ame wäre selber gern Herrscher al-Dschofs geworden. Nawwaf wußte allerdings, daß es unter den gegebenen Umständen nur an ihm lag, durch Blockieren der beiden kleinen Oasen, Zuschütten der Brunnen, Fällen der Bäume und Vertreiben (oder Rauben) der Herden Na'ame zur raschen Aufgabe zu zwingen, und Musil wohnte der Unterredung bei, in der Ka'ajed den Prinzen mit all seinen Überredungskünsten zu diesen drastischen Schritten verleiten wollte. Musil wendete sich, nach ausdrücklicher Befragung, unmißverständlich *gegen* diesen Vorschlag, würde doch dessen Durchführung nichts bedeuten als eine entscheidende Schwächung des neuen Herrschaftsgebietes seines Freundes Nawwaf. Was konnte der für ein Interesse daran haben, sein neues Land zunächst selbst zu verwüsten? Die Oasen mußten auf andere, klügere Weise gewonnen werden! Nach sorgfältiger Prüfung der Gegebenheiten schlug Scheich Musa seinem Freunde Nawwaf vor, keineswegs mit Eben Na'ame, aber jedenfalls mit den Häuptlingen der Oasen Mared und al-Hadne in Verhandlungen zu treten. Musil konnte sich erst gegen Mitternacht in einen der Räume an der Westseite des Hofes zurückziehen ... doch sollte leider von Ruhe keine Rede sein, platzten ja die Lokalitäten nicht nur von Menschen, sondern auch von Ungeziefer sonder Zahl. »Ich konnte das Erscheinen des Morgensterns kaum erwarten ...« und als der oberhalb der östlichen Mauer erschien, machte sich Musil noch im Morgengrauen auf, um die Umgebung der Festung und der Oase näher zu untersuchen.

Bei den Gesprächen mit Ortsbewohnern erfuhr er, daß die langandau-

ernden Kämpfe mit Eben Sa'ud und an-Nuri sowie die inneren Streitigkeiten bereits mehr als 300 Todesopfer gefordert hatten; für die Oase al-Dschof ein allzuhoher Blutzoll.

Als Musil von – wahrscheinlich nabatäischen – Inschriften in Suk Mared hörte, eilte er augenblicklich dorthin, geriet aber alsbald in einen
Kugelhagel und drehte unverrichteter Dinge bei.

Den ganzen Tag über hielten die Schießereien an und in der Nacht ver-
schlimmerte sich die Lage so, daß weder Musil noch einer seiner Gefährten Ruhe fand. Völlig erschöpft beschloß er daher, zu Fürst an-
Nuri weiterzureiten und den Besuch der Oasen al-Kara und Skaka auf
einen späteren Zeitpunkt zu verschieben.

Zum Fürsten an-Nuri

Die Oase al-Dschof und der nächstgelegene Punkt der Hedschasbahn
liegen an die 350 km Wegstrecke durch die Wüste voneinander entfernt. Ziemlich genau auf halbem Weg zwischen al-Dschof und dem
Schienenstrang befand sich das Zeltlager des Fürsten an-Nuri, in das
sich Alois Musil begeben wollte, vor allem, um der Hölle von al-
Dschof mit ihren ununterbrochenen Schießereien, den zahllosen Kranken und Verwundeten und dem trostlosen Anblick der zerschossenen
Palmen zu entkommen. Er konnte nicht ahnen, wie sehr die Oase in
den darauffolgenden Jahren des quälend langen, bürgerkriegsähnlichen Kampfes um ihren Besitz noch leiden sollte; in der Erinnerung
erschien ihm bei seinem Besuch im Jahre 1915 der Zustand der Oase
im Jahre 1909 geradezu paradiesisch.

Prinz Nawwaf hätte seinen Freund Scheich Musa noch gerne länger bei
sich gesehen, weil er bei ihm alle Kranken und Verwundeten in guter
Hut wußte und sich so manchen klugen Rat hätte holen können, doch
Musil wollte fort, Richtung Südwesten, ins Lager des Fürsten, wo er
sich mehr Bewegungsfreiheit versprach.

Während der Neger Frejh in al-Dschof zurückblieb, schloß sich ein
verwegener Räuber, »der nie eine Gelegenheit zum Abenteuer unge-
nützt ließ« – er hieß Mizel –, Scheich Musa an. Mizel lebte von Raub
und Diebstahl, besaß aber nichts, weil er Beute ebenso großzügig zu
verschenken pflegte, wie er sie seinen Opfern gnadenlos abnahm; offenbar handelte es sich bei Mizel um eine Art innerarabischen Robin
Hood, wenn auch mit Einschränkungen. Nun schickte ihn Prinz Nawwaf gemeinsam mit Musil zu seinem Vater, dem Fürsten an-Nuri, weil
Mizel während seines jüngsten, fünfwöchigen Raubzugs durch die Ge-

gend östlich von al-Dschof die Verhältnisse dort angeblich bestens kennengelernt hatte und nun dem Fürsten Bericht erstatten sollte.

Schon tags darauf erreichte Musil nach üblicher, zielstrebiger Wanderung mit seinen Leuten und dem vorläufig noch recht passablen – wenn auch keineswegs seinem Rufe entsprechenden – Mizel das neue Lager des Fürsten bei al-Knejfdat. »Al-hamdu lillah, Bruder! Gott sei Dank, daß dich der Allmächtige gesund und heil zu mir führte«, grüßte an-Nuri: »Du unternimmst ja Züge, von denen nicht einmal ein Mizel zu träumen wagt!« Noch am gleichen Tag erklärte der Fürst seinen Freund Scheich Musa vor allen Häuptlingen der Ruala zum Oberhäuptling und gebot ihnen, Scheich Musa als solchen zu respektieren. Im ersten Augenblick der Freude des Wiedersehens fiel Scheich Musa das jugendlichfrische Aussehen des Fürsten auf, und er gab sich diesem freundschaftlichen Glücksgefühl auch vollkommen hin, allerdings bloß für Sekunden, merkte er doch schon beim zweiten Blick, daß diese Frische von einem pechschwarz gefärbten Bart, gefärbten Brauen und wohl auch aufgeröteten Wangen herrührte. Immerhin wirkte der Fürst wenigstens äußerlich verjüngt, ja er trug sogar ein sauberes Oberhemd. Freund Musa erfuhr das Geheimnis dieser Veränderung sofort: Der Fürst hatte erst vor einigen Tagen die Mutter seiner Söhne Sa'ud und al-Hafadschi entlassen und sich eine um sechzehn Jahre jüngere, neue Frau genommen, die er in jenen ersten Tagen der »jungen« Liebe noch gerne und öfters aufsuchte, die sich aber alsbald als ein völliger Fehlschlag der Wahl eines alternden Mannes erweisen sollte. Doch noch freute sich der Fürst, nicht ahnend, daß seine neue Frau sein neues Oberhemd niemals waschen, ja sich überhaupt jemals um irgendetwas, ausgenommen ihre Verwandtschaft, ihren Kaffee und ihre Wasserpfeife kümmern werde. Fürst an-Nuri erzählte, es sei ein Brief von Eben Sa'ud aus dem fernen Riyad gekommen, in dem Eben Sa'ud die Besetzung von al-Dschof und die Niederwerfung der Eben Raschid begrüßte, eine Tatsache, die, zumindest was al-Dschof betraf, inzwischen so gut wie vollzogen war.

Unweit der Stelle, an der sich Fürst an-Nuri und Scheich Musa unterhielten, stehend, die Tiere am Zügel, setzten zwei Beduinen ihren Bruder bei, der am gleichen Morgen verstorben war. Während sie eine flache Mulde in den Boden schaufelten, weinten zwei Frauen, die Mutter und die Witwe, an der Leiche still vor sich hin.

Als das Grab eine Tiefe von vielleicht vierzig Zentimetern erreicht hatte, hoben die beiden Männer den Toten hinein, bedeckten ihn mit Sand und streuten Schießpulver über die Stelle, die keinerlei sonstiges Zeichen markierte. Die Ruala meinen, daß der Geruch des Pulvers

Hyänen abschreckt, die sich sonst vielleicht über den Kadaver hermachten.

Nach Beendigung ihrer traurigen Arbeit sattelten die Männer ihre Tiere, die Frauen stiegen in ihre sänftenartigen Tragkörbe und langsam und ruhig folgten sie ihren Stammesgenossen, ohne auch nur einen einzigen Blick zurückzuwerfen. Außer den nächsten Angehörigen hatte überhaupt niemand dieser Beerdigung beigewohnt, obwohl der Verstorbene zu den bekanntesten, tapfersten Kriegern der Ruala zählte, weithin berühmt auch wegen seiner freizügigen Gastfreundschaft. Der echte Beduine verspürt eine tief verwurzelte Abneigung gegen alles, was mit Tod zusammenhängt, jeder Kult um Tote – und wenn es der eigene, leibliche Vater ist – widersteht ihm.

»Wofür ist ein Toter noch gut? Was kann er seinem Stamm noch nützen? Daß wir alle sterben müssen, wissen wir alle. Warum sollten wir wegen etwas Unausweichlichem trauern?« räsonierte Fürst an-Nuri, als er sah, mit welch gemischten Gefühlen Scheich Musa Ablauf und Ende der Bestattung beobachtete.

Im Laufe des Nachmittags erreichte der Stamm die Senke von al-Hawdscha, wo es ausreichend Wasser gibt, vorausgesetzt man gräbt auch ausreichend tief ...

Am 11. Februar 1909 schlugen die Ruala ihr Lager bei Kur al-Hawdscha auf. Die folgenden Tage brachte Scheich Musa meistens in seinem eigenen Zelt zu, um verschiedene Skizzen und Notizen der vergangenen, so anstrengenden Wochen aufzuarbeiten. Damit gingen – endlich an *einem* Standort – gut drei Wochen zu. Der Fürst besuchte ihn des öfteren, ging aber niemals unter Musils Dach, weil es dort ein wenig nach Jod roch, nachdem Scheich Musa einen verwundeten Ruala behandelt hatte. Beduinen sind ungewöhnlich geruchsempfindlich; so machten sie um jenes Kamel Musils, das eine Ladung Toilettenseife und Duftwässer für zu beschenkende Beduinenfrauen trug, stets einen weiten, angstvollen Bogen. Nichtsdestoweniger wollte jeder so etwas Duftendes für seine Weiber haben, und Prinz Nawwaf ging in al-Dschof, angesichts dieser Schachteln mit verlockend parfümierten Seifen und Wässern, sogar so weit, um eine größere Sendung zu bitten, weil er damit die Herzen aller Bewohner der Gegend für sich zu gewinnen hoffte.

Am 27. Februar kam ein merkwürdiger Besucher ins Lager, ein Häuptling der al-Hwejtat namens Awde abu Tajeh. Für Musil bedeutete der Mann mit dem gut geschnittenen, interessanten Gesicht zunächst nur ein neuer Patient. Awde litt unter den Folgen eines schlecht verheilten, komplizierten Bruchs des rechten Ellenbogens. Das Unglück war fast zwei Monate vorher geschehen, als Awde nach einem erfolgreichen Raubzug gegen die Htejm samt seiner Beute einem wagemutigen Häuptling der Schammar in die Arme lief, der ihm seinerseits die Beute abnehmen wollte. Die Wunde sah oberflächlich recht gut aus, doch der Arm war völlig steif, das Gelenk geschwollen und die Schmerzen waren, besonders in der Nacht, unerträglich. Musil nahm sich des ungewöhnlichen Gastes an, lud ihn in sein Zelt ein und versuchte, die Wunde sachgerecht zu behandeln. Awde faßte sofort Vertrauen zu seinem unerwarteten Helfer, und als er hörte, Scheich Musa wolle nach Tejma, dieser berühmten Oase (etwa 300 km südwestlich von al-Dschof), in der schon der britische Arabienforscher Doughty so große Schwierigkeiten gehabt hatte – der Zug nach Tejma war an-Nuris Idee gewesen –, bot er sich an, den sympathischen Fremden dorthin zu führen. Die Abreise wurde schon für den nächsten Morgen geplant, und Musil ging auch daran, sein Gepäck herzurichten. Kurze Zeit darauf setzte ein schwerer Sturm ein. Schon nach wenigen Minuten bedeckte eine 3 cm dicke Schicht feinsten Sandes alle in Musils sorgfältig abgedichtetem Rundzelt aufbewahrten Instrumente und Papiere.

Noch während Musil versuchte, der Sandplage Herr zu werden, besuchte ihn der Fürst und fragte wohlwollend, wie ihm denn die herrliche Kamelkeule, die er ihm mittags zukommen ließ geschmeckt habe. »Ich dankte für den großen Knochen, beteuerte aber, nicht ausdrücklich begeistert zu sein, da sich an dem Knochen kaum ein rotol (1,28 kg) Fleisch befunden habe.« Die Wahrheit stellte sich daraufhin bald heraus: Fürst an-Nuri hatte seinem Freund eine prachtvolle Kamelkeule als besondere Aufmerksamkeit in sein nur zehn Schritt entferntes Zelt hinüberbringen lassen. Doch während dieser zehn Schritt Transportweges geschah es eben: an-Nuris Sklaven fraßen die Kamelkeule kahl. Kurz darauf besprach sich Musil noch einmal mit seinem neuen Freund Awde (der später, zu Beginn des Ersten Weltkrieges auf Seiten Musils, drei Jahre später auf Seiten der Briten eine sehr bedeutende Rolle spielen sollte) und hörte von bürgerkriegsähnlichen Zuständen in Tejma, einer Schlüsselposition im Kampf der Eben Sa'uds gegen die Eben Raschids. Nun lief Fürst an-Nuri, der die Idee, nach Tejma zu ziehen, geboren hatte, Sturm gegen den geplanten Aufbruch und drängte auf Aufschub; Tejma sei außerdem spielend leicht mit der neuen Bahn aus al-Öla oder Medajn Saleh zu erreichen. Wozu jetzt diese außergewöhnliche Anstrengung? Musil gab den Gedanken an diesen Ausflug angesichts der besseren Argumente seiner Freunde auf. Allerdings um einen hohen Preis: er sollte niemals nach Tejma kommen.

Die Temperatur stieg in den folgenden Tagen bis auf 40 Grad, und der ganze Stamm litt unter verheerendem Wassermangel. Einer der Diener Musils holte aus einer trüben Lache, in der ein verendetes Kamel lag, schlammiges Wasser und füllte es als »Trinkwasser« in einen der Vorratsschläuche Musils, »und ich hatte davon getrunken. Vom 18. bis 20. März schwebte ich zwischen Leben und Tod, und der Fürst ließ meinetwegen das Lager beim Schalta umm Mcharuk nicht abbrechen«.

Dennoch überwand sich Musil, zitternd vor Kälte und Schwäche, zur Kartenarbeit. »Ich mußte mich mit aller Gewalt zwingen, und mehrmals legte ich mich zwischendurch flach auf den Boden, um neue Energie zu sammeln. Als ich endlich wieder in mein Zelt zurückkehrte, mußte ich sofort meine Kleider wechseln, weil sie von Schweiß geradezu trieften. Dann legte ich mich nieder, geschüttelt von Frost.«

Abends kam ein schwerer Sturm auf. Als auch noch Regen einsetzte, ertönte ringsum im Lager Freudengeschrei. Es klang übrigens so kläglich und rasch ab wie der kurze, schwache Regenguß, ganz im Gegensatz zu der verheerenden Diarrhöe, die Musil die ganze Nacht über bis zur völligen Erschöpfung quälte. »Am Sonntag, ganz zeitlich in der früh, überkam mich endlich der Schlaf. Nach sechs ununterbrochen aufeinanderfolgenden schlaflosen Nächten bedeutete das eine wahre Erquickung ...«

In der Syrischen Wüste

Doch schon nachmittags ging es weiter; der Fürst hatte vernommen, daß es Scheich Musa wieder besser ging und gleich darauf den Aufbruch befohlen, weil der Stamm an jenem wasser- und weidelosen Lagerplatz allmählich in Gefahr geriet.

»Als ich aus dem Zelt treten wollte, drehte sich die ganze Welt rings um mich wie im Kreis und ich mußte mich augenblicklich setzen, um nicht von diesem Wirbel zu Boden gerissen zu werden. Das Blut hämmerte wie wild in meinen Schläfen und vor meinen Augen hing etwas wie ein dichter, schier undurchsichtiger Schleier. Unsagbarer Durst quälte mich ...« Doch was sollte es: Aufbruch. Die Frage war nur, wohin?

Nach endlosem Hin und Her entschied sich der Fürst für das Hochland von Amrar, weil einer der Kundschafter dort Regen gesehen haben wollte, aber der Stamm glaubte ihm nicht und drängte nach Südosten, Richtung al-Labbe.

Als Fürst an-Nuri auf seiner Route bestand, zog der Stamm kurzerhand ohne ihn fort und das Stammesoberhaupt zog allein, nur von seinen Sklaven und Musil begleitet, in Richtung Amrar. Vom Stamme selbst schloß sich nur Prinz Sa'ud dem Vater an. Nach kaum zwanzig Minuten kam der junge Schwiegersohn des Fürsten, Mischrif Eben Kurdi, in wildem Galopp angeritten und forderte an-Nuri in ebenso höflichen wie unmißverständlichen Worten auf, seinen Starrsinn zu lassen und sich seinem Stamme anzuschließen. Der Fürst drehte bei und folgte seinen Leuten. Gegen Mittag setzte er sich wieder an die Spitze des langen Zuges und bestimmte alsbald auch mit gewohnter Sicherheit das neue Lager. »Während all dieser Zeit führte Sa'ud mein Kamel, während ich mich kaum im Sattel halten konnte. Als mein Tier am neuen Lagerplatz endlich in die Knie ging, glitt ich kraftlos zu Boden und blieb liegen. Sobald mein Rundzelt stand, trugen mich ein paar Männer hinein und deckten mich zu. Trotz völliger Erschöpfung konnte ich nicht schlafen ...«

Früh morgens erfolgte der Aufbruch; der Kranke konnte weder sprechen noch sich alleine im Sattel halten. Der Kopf schmerzte zum Zerspringen, die Zunge klebte am Gaumen und der Durchfall quälte. Im Laufe des Vormittags tauchten wieder zwei »Pfadfinder« auf, die vorgaben, einen guten Lagerplatz ausfindig gemacht zu haben, doch keiner – ausgenommen Fürst an-Nuri selbst – glaubte ihnen. Schließlich trennte sich an-Nuri von seinen Leuten, um sich selbst zu überzeugen, was an den Berichten der Kundschafter Wahres dran sei.

Als er nach Stunden noch immer nicht zurückkam, entschied Scheich Musa, wo das Lager für die kommende Nacht aufzuschlagen sei.

Kurze Zeit darauf kehrte an-Nuri zurück und wollte auf Weitermarsch bestehen, doch versagte ihm der Stamm, eingeschlossen seine eigenen Sklaven, den Gehorsam und bestand auf Bleiben. Alles, was die Leute wollten, ließ sich in einem einzigen Wort umschreiben: Ruhe. Diese Stimmung der Erschöpfung, vielleicht Verzweiflung, hielt auch den ganzen nächsten Tag an, und das Lager verblieb an der gleichen Stelle.

Musil schlief den ganzen Tag ohne Unterlaß. Als er gegen Abend erwachte, schmerzte der Kopf nicht mehr so arg und er verspürte zum ersten Mal seit eineinhalb Wochen Hunger. Er aß ein paar Löffel gekochten Reis und am Abend bestimmte er mit Tuman gemeinsam die geographische Position.

Die letzten Tage des Monats März nützte Musil zur Gänze für die Vollendung seiner Karte von al-Labbe und Hedschera.

Der Schlubi Faradsch konnte mit beispielloser Sicherheit Hügel, Täler,

Wadis und Wüsten in den Sand von Musils Zelt zeichnen, Namen –
für die sich Musil als leidenschaftlicher Topograph stets besonders interessierte – und Richtungen mit erstaunlicher Genauigkeit angeben;
bloß bei den Entfernungen versagte Faradsch. Am 9. April erreichte
Musil den sagenumsponnenen Dschebel Anaza. Früh morgens bestieg
Musil gemeinsam mit Thomasberger den Hügel und mit aller erdenk-
lichen Sorgfalt nahmen sie das umliegende Gelände auf. Der Heimweg
gestaltete sich – trotz des Karfreitags – ungewöhnlich bequem, problemlos, ja amüsant, verhedderten sich doch die beiden Begleiter Musils, der Räuberhauptmann Mizel und ein neu aufgenommener Führer
namens Taresch, in ein nichtendenwollendes Wortgefecht, das weder
Anfang noch Ende zu kennen schien.

Mizel, ein durchaus sympathischer, ja liebenswerter, witziger Kerl,
hielt sich an den unerfahrenen, doch noch sehr jugendlichen Taresch,
der unvorsichtigerweise einmal eine Bemerkung darüber fallen ließ,
daß er auch gern einmal eine Frau hätte, pausenlos schadlos für die
ihm augenblicklich auferzwungene Abstinenz, indem er ununterbrochen in seinen einschlägigen Erinnerungen kramte und sein gesamtes
Sexualleben zum Besten gab. Mizel, der Räuber, stand in seinem drei-
ßigsten Lebensjahr und in der sechzehnten (!) Ehe. Elf Mal schloß er
den Bund fürs Leben mit Jungfrauen (darauf hielt er sehr) und fünf
Mal mit schon geschiedenen Frauen, von denen er, zumindest nach
seinen Erzählungen, mehr erwartete als von den Frischlingen. »Er
zählte diese Frauen je nach Laune entweder in alphabetischer oder in
chronologischer Reihenfolge auf«, wobei er in Einzelfällen und nicht
ohne ein gewisses Protzentum auch berichtete, daß das kurze Glück
bloß sechs oder acht Nächte angedauert habe, und das ganze Ehever-
hältnis sei von einer so oberflächlichen Art gewesen, daß er nicht einmal an Scheidung gedacht habe. Kein Mensch jener Breiten wäre auf
den Gedanken gekommen, in einer Lebensauffassung wie jener Mizels
etwas Schlechtes zu sehen, bildete doch die Polygamie ebenso einen
wesentlichen Bestandteil im Leben der Beduinen wie insgeheim auch
die Vielmännerei: »Für uns ist es überhaupt keine Schande, wenn einem die Frau davonläuft, weil sie sich einen anderen in den Kopf gesetzt hat. Wir Männer machen es genau so!«

Am 10. April fiel die Temperatur auf etwas unter Null Grad und ein
kurzer Schneeregen setzte ein, gerade lang genug, um die ohnehin zu
dünnen Kleider zu durchnässen.

Die Arbeit mit dem Theodoliten fiel unter diesen Umständen auch
nicht leicht und die übliche Bestimmung der geographischen Position
erfolgte mit klammen Fingern. Der kleine Wassersack mußte am Mor-

gen zunächst am Feuer aufgetaut werden, weil er steifgefroren zu bersten drohte.

Im Laufe des Vormittags verschlechterte sich das Wetter zusehends. Kälte und eisiger Wind erschwerten das Vorwärtskommen und Musil ärgerte sich: »Auf keiner meiner vorangegangenen Reisen fror ich jemals so jämmerlich wie diesmal. Und dabei ermunterte mich der Fürst zu dieser Exkursion und sagte mir große Hitze voraus!«

Die Kamele froren genau so wie ihre Reiter und verloren infolge der übergroßen Anstrengung »geradezu sichtbar« stündlich Fleisch. Und Wasser und Wärme lagen noch Tagereisen entfernt weiter im Süden! Als der Abend über die trostlose, von Wind, Nässe, Durst, Hunger und Kälte geprägte Szenerie hereinbrach, begann Scheich Musa sogar ein wenig mit dem Schicksal zu hadern: »In der Heimat beginnen jetzt die Auferstehungsglocken von allen Kirchtürmen zu läuten. Alles jubelt und feiert, alles freut sich über die Auferstehung des Erlösers. Wir quälen uns hier in der Einsamkeit ab, aufgegeben, verlassen.

Aufgegeben, verlassen? *Allah* war mit uns und wir reisten immer unter seinem Schutze. Hallelujah!«

Nacht zum Ostersonntag: die ganze Zeit hindurch nichts als Frieren, keiner konnte sich warm halten. Feuer konnte keines gemacht werden, weil das die Gefahr eines Überfalls heraufbeschworen hätte, und die dünnen, völlig falsch gewählten Kleider wärmten zu wenig.

Unausgeschlafen, müde und mißmutig ging's in den Ostermorgen, Richtug Süd-Südost, wie Musil auf seinem Kompaß ablas und Richtung »Südliche-Nase«, wie es Mizel ausdrückte – glauben doch die Beduinen (also auch Mizels Stamm der Slejb), daß sich an jedem Ende der Welt ein hoher Berg befinde, der nach innen zu auf Land, an der Außenseite jedoch auf dem Weltenmeer ruht; seeseitig steil, wüstenseitig jedoch flacher abfallend. Auf den vier Bergspitzen lastet das Himmelszelt. Während der Regenzeit wohnen die Geister – nein, nicht nur die, auch Allah persönlich – am Südberg, der asch-Scherk heißt, weil er in der inneren Wüste steht, während Geister und Gott im Sommer auf den Nordberg, den »jerarebow«, übersiedeln.

Zwischen 11 Uhr 10 und 11 Uhr 25 nahmen Musil und Thomasberger die genaue Position auf und legten entsprechend die Marschroute fest. Mizel, schon seit Tagen störrisch und gelegentlich frech, wollte die Wegrichtung unbedingt mehr im Osten sehen, während Musil, fest in der Überzeugung, das Lager der Sakaka befinde sich im Süden, sich mehr nach links hielt.

Mizel wollte sich zur Gänze auf gelegentliche Landmarken verlassen, während Musil dem Kompaß vertraute. Schließlich rebellierte Mizel und zog auch den unerfahrenen Taresch auf seine Seite.

Am Ostermontag verschlechterte sich das Wetter; im Osten lag eine gewaltige, spiralförmige Wolkenbank dicht oberhalb der endlosen Wüste Nefud und aus dem Westen trug ein scharfer Wind Staub und Sand heran.

Schließlich erreichte die kleine Karawane den Lavarücken, der sich in einer Höhe von gut fünfzig Metern von Amud gegen Osten zieht. Musil wollte den übermüdeten Tieren so gut wie möglich die schmerzhaften Schritte auf dem glasharten, scharfen Gestein ersparen und suchte sandige Pfade, während Mizel – und hinter ihm Taresch – rücksichtslos mit den Kamelen über die Lava zogen. Schließlich sah sich Scheich Musa gezwungen, den beiden zu sagen, sie müßten absteigen (die beiden Helden hüteten sich, selber über die Lava zu gehen!), wollten sie nicht augenblicklich Sandpfade aufsuchen.

»Das wirst du nicht machen!« antwortete Taresch herausfordernd.

»Und wer wird mich daran hindern«? fragte Scheich Musa und hielt dem Dahamsche seine Pistole unter die Nase.

Kurz darauf schoß er tatsächlich – allerdings nicht auf Taresch, der sich ängstlich an Musils Wegvorgabe hielt, wie übrigens auch Mizel, sondern einen Falken.

Mizel betrachtete das tote Tier verdrießlich und meinte schließlich, es sei ungenießbar, weil es einen gekrümmten Schnabel habe.

»Ein solcher Vogel soll von niemandem gegessen werden«, erklärte er, »das bringt Unglück«.

»Aber Eidechsen schon, nicht wahr?« antwortete Scheich Musa und begann gemeinsam mit Tuman ibn Nemsa den Vogel auszunehmen und in der glühenden Asche zu braten. Taresch hätte gar zu gerne allen Hader vergessen und auch ein Stück von dem köstlich durftenden Fleisch genossen, doch Mizel untersagte es ihm, zuzulangen.

Nach dem neuerlichen Aufbruch ging das ständige Nieseln rasch in schweren Regen über und Mizel wollte sofort ein neues Lager aufschlagen. Musil lehnte kategorisch ab, weil sich die Karawane wieder im Flachland befand und die mit Sicherheit zu erwartende Überflutung der Wüste das gesamte Gepäck durchnäßt und auch Vorräte und wissenschaftliche Instrumente gefährdet hätte.

Als Musa und Tuman endlich einen Hügel erreichten, ließen sie die Kamele nieder und entluden die Tiere, die augenblicklich in langen, gierigen Zügen aus einer Wasserlache tranken und ihre Mägen füllten. Endlich kamen auch Mizel und Taresch nach, luden gleichfalls ab und gingen daran, ein Lager aufzubauen.

Da der Regen bereits nachließ, bestand aber Musil auf Aufbruch und die beiden gehorchten, wenn auch ungern.

Abends endlich gelang es, die Kumpanei der beiden ungleichen Verbündeten zu beenden. Während Scheich Musa und Tuman das Abendessen bereiteten, richtete sich Mizel einen guten Windschutz für die Nacht und sammelte zu diesem Zweck allerlei Gräser und Steine, ohne sich um seine eigentliche Arbeit – das Aufstellen des gemeinsamen Lagers – auch nur im mindesten zu kümmern.

Als Mizel schließlich merkte, daß Musil und Thomasberger bereits genußvoll schmausten, forderte er sein Essen.

»Dort ist der Vorratssack«, sagte Musil – »nimm dir heraus, was du für dein burrul (ein Brei aus gebrochenem Weizen) brauchst!«

Mißmutig, aber hungrig machte er sich an die Arbeit. Als der burrul fertig war, kam er mit der Pfanne zu Tuman, um sich Butter zu holen. Thomasberger gab ihm zwei kräftige Löffel voll darauf, Mizel rührte – scheinbar! – noch kräftiger drin um, vergrub aber die Butter auf seiner Seite der burrul-Pfanne. Musil und Thomasberger hatten diesen Vorgang schon seit Tagen beobachtet, doch nie etwas gesagt. Nun aber, da die Lage innerhalb der kleinen Gruppe doch recht ernst zu werden drohte, schritten sie zur Tat.

Mizel wollte seinen Teller an sich nehmen und zu essen beginnen.

»Warte noch einen Augenblick«, meinte Musil harmlos, »dein Freund Taresch ist bei den Kamelen, er muß sofort kommen!«

Wütend und hungrig drehte sich Mizel zu den Kamelen hin und rief ungeduldig nach seinem »Freund«. Blitzschnell tauschte mittlerweile Musil die beiden Teller aus. Unmittelbar darauf kam Taresch, steckte den Löffel in seinen burrul, führte ihn zu seinem Mund ... und ein unbeschreibbares Leuchten ging über sein Kindergesicht: »Bei Allah, nie in meinem Leben aß ich solch einen fetten burrul«, strahlte er – während Mizel mißmutig in seinem Trockenbrei herumstocherte.

»Diesen burrul ißt dein Freund Mizel jeden Tag«, erläuterte ihm nun Musil, »er stiehlt dir nämlich tagtäglich deine Butter. Heute habe ich bloß einmal die Teller vertauscht!«

Nicht einmal Musil hätte die Konsequenz, mit der Taresch von dieser Sekunde an seinen ehemaligen Genossen Mizel schnitt, also keines Wortes, ja keines Blickes mehr würdigte, erwartet.

In dem kleinen Team verlagerte sich nun das Gewicht so eindeutig zu Ungunsten des in den vergangenen Tagen immer gefährlicher gewordenen Mizel, daß Musil und Thomasberger auch wieder mehr schlafen konnten – hatten sie doch in den vergangenen Nächten stets einen Angriff der beiden befürchten müssen.

Ein Illustrations- und Arbeitsbeispiel aus Musils Werk »Sitten und Bräuche der Ruala-Beduinen«: Schematische Darstellung eines Kamels mit allen von den Ruala benützten Bezeichnungen für die Körperteile des Tieres.

1 `ajn	18 sanám	37 sirr
2 `arnúna	19 derwa, ras as-sanam	38 obtsa
3 haschm	2o mentscheb	39 zor
4 borfom	21 daffá	4o ku
5 fámm	22 dschamb	41 assda
Schneidezahn :	23 schulb	42 rukba
tenáje	24 tschilwe	43 dra
Augenzahn :	25 mardeja	44 chaff
nibán	26 `uruk	45 raschas
6 schizz	27 fahad	46 manvhar, madbah
7 hanatschen	28 dél	47 dschifscher
8 lachje	Schwanzwurzel :	Hinterteil :`arara,
9 hegadsch	`okrat ad-dél	tejz
1o hedschr, hasa	29 schébib	Sexualorgan : hejf
11 idn	3o táfne	Hoden : hoschján
12 fa`us	31 `arkub	Sexualorgan einer
13 háma	32 sak	Kamelin :
14 mosán	33 berdschúm	sabba
15 `elba	34 mafrak az-zmú	Euter : dejd
16 dkajetsch ar-rkuba	35 ssufr	Zitzen : schtur
17 ráreb, tschetf	36 fersem	

Wie kritisch sich die Lage der Forscher dennoch gestaltete, geht schon allein aus der Datierung von Musils Tagebuch hervor: Donnerstag, 16. April bis Sonntag, 18. April ... in *einer* Eintragung. »Völlig erschöpft vor Durst setzten wir den Weg zwischen roten Steinen und toten Sträuchern fort.« Mizel nahm auf sein Kamel überhaupt keine Rücksicht, das Tier quälte sich mit letzter Kraft voran.

Gegen sieben Uhr früh tauchte am Horizont »zu unserer unbeschreibbaren Freude« endlich die Siedlung Sakaka auf. »Wir hatten uns, entgegen der ununterbrochenen Drohungen Mizels, nicht verirrt. Da vorne lag alles: Wasser, Essen, Sicherheit ...«, doch die Vorfreude geriet nie zur Freude, denn schon tauchten die ersten Berittenen auf, und da fielen auch schon die ersten Schüsse.

Eine wilde Meute preschte heran. Was sollte das bedeuten? Fürst an-Nuri hatte doch ausdrücklich gesagt, Scheich Musa solle sich in Sakaka erkundigen, wo er wieder auf ihn stoßen könne! Vergeblich suchte der ziemlich verängstigte Räuberhauptmann Mizel, soeben noch störrisch und frech zu seinen Wohltätern, den Bewaffneten zu erklären, wer er, wer Scheich Musa sei. Es half alles nichts. Der gegnerische Anführer stellte trocken fest: »Du bist ein Slubi, daher unser Feind. Ihr sei alle Slejb und daher alle unsere Feinde!« und ab ging's schon in Gefangenschaft, nach Sakaka, einem Wüstennest, dessen Häßlichkeit nur noch seine Unfreundlichkeit überbot.

Eine alte Frau – es stelle sich später heraus, daß es die Mutter des jugendlichen Häuptlings Radscha war, der die Gefangennahme ausgesprochen hatte, spuckte Musil ins Gesicht, die Männer rissen das Gepäck von den Tieren und verschwanden damit.

Bewaffnete stießen Musil und Thomasberger quer über einen schmutzigen Hof in einen noch schmutzigeren, dunklen Raum, den ein paar Feuer gespenstisch beleuchteten. Fragen prasselten auf die beiden nieder, Flüche und Stöße, doch da sich der Anführer Radscha noch nicht blicken ließ, schwieg Musil.

Die Rettung brachte ein Zufall: der Zufall, daß der Obersklave des Fürsten an-Nuri, der Schwarze Hmar, nach Sakaka kam, weil er die Tochter eines Schmieds ehelichen wollte. Musil begab sich augenblicklich zu Hmar, den er sehr gut kannte, und Minuten später gab es keinerlei Probleme mehr, ehrten die Leute von Sakaka doch den mächtigen Obersklaven des Fürsten so, als wäre er dessen Ministerpräsident – und irgendwo mochte es wohl auch so sein.

Am nächsten Morgen stellten sich die Männer und Weiber von Sakaka in endloser Reihe vor Musil an, um von ihm medizinisch betreut zu werden.

Am Samstag erledigte Musil mit Hilfe Thomasbergers noch die gesamte topographische und geographische Arbeit, und am Sonntag früh ging es weiter, endlich in Richtung des fürstlichen Lagers. »Da mein Kamel zu schwach war, mit mir auf dem Rücken hochzukommen, mußte ich wieder aus dem Sattel, es allein aufstehen lassen und dann im Schwung über den Hals hinauf ...«

Die Kunde von der unguten Behandlung, die Scheich Musa – Oberhäuptling der Ruala! – in Sakaka widerfahren war, eilte dem Zug allerdings um Stunden voraus, und so begrüßte denn auch der Fürst seinen Bruder Scheich Musa freudig und dessen Begleitung aus Sakaka zutiefst empört. Jedenfalls bekam Scheich Musa alles, aber auch restlos alles, was ihm und Tuman in Sakaka entwendet worden war, wieder erstattet.

Bei Fürst an-Nuri hatten sich die Dinge auch nicht so entwickelt, wie es sein sollte. Der Kleinkrieg zwischen den Streitkräften seines Sohnes Nawwaf und den dem Fürsten Eben Raschid treu gebliebenen Kriegern hielt an, und verschiedene Vermittlungsversuche schienen zwar noch im Gange zu sein, versprachen aber nicht allzuviel Erfolg. »Mein Sohn Nawwaf und seine Häuptlinge handelten, ohne auf mich zu hören. Nun mögen sie handeln, ohne auf mich zu warten ...«

Ein paar Tage darauf führte Scheich Musa ein über zweistündiges Gespräch mit dem Fürsten. Fahad Eben Maschur und mehrere andere Häuptlinge waren seit Tagen ihrem Oberhäuptling Scheich Musa in den Ohren gegangen, um ihn zu bitten, doch seinen Einfluß auf Fürst an-Nuri geltend zu machen: Es gehe bereits um Leben und Überleben seines Sohnes Nawwaf ... stünde ihm der Vater jetzt nicht bald bei, könne sich sein Statthalter in al-Dschof nicht mehr lange halten, weil die Übermacht der Eben Raschid-Anhänger einfach zu groß sei; außerdem würde der Fürst die Sympathien des mächtigen Eben Sa'ud zu ar-Riyad durch allzulanges Zögern gleichfalls verlieren.

»Ich zögerte lange, wollte ich doch, als beider Freund, in einen solch tiefgreifenden Generationenkonflikt nicht eingreifen. Als ich aber in diesen kritischen Stunden eine Bemerkung aufschnappte, die so viel sagte, als daß Prinz Nawwaf drum und dran sei, das Joch seines Vaters abzuschütteln, wußte ich, daß etwas geschehen müsse, um beiden zu helfen.« Wie gesagt, die Unterredung dauerte zwei Stunden und »am Ende des Gesprächs erhob sich Fürst an-Nuri schweigend und verließ das Zelt. Was hatte er vor?«

Sonntag früh erhob sich vor Scheich Musas Zelt gewaltiger Lärm; Pferdegetrappel, Rufe, Schreie, Trommelwirbel, vielstimmiges Stimmengewirr mischten sich zu einer Kriegssymphonie.

»Nach al-Dschof« rief der Fürst, als er seines Freundes Scheich Musa ansichtig wurde – und schon galoppierte die Streitmacht vorbei.

Der Fürst kehrte gegen Abend in sein Lager zurück, die zweihundert Streiter ritten gen al-Dschof, um dem jungen Prinzen beizustehen.

Am Montag wanderte der Stamm weiter. Fürst an-Nuri bestieg sein Kamel um sieben Uhr früh und zur gleichen Zeit erhob sich auch jene Stute, die das Symbol seiner Macht trug, ein Banner mit der Zierschrift abu - d - dhur.

Den ganzen Mai über widmete sich Musil ethnographischen und topographischen Arbeiten in al-Kara. Keine leichte Aufgabe. An einem jener Arbeitstage etwa, an einem Montag, lud Musil einen zufällig im Lager anwesenden Schlubi namens Sanad zu sich ins Zelt, um ihn über die Sitten und Gebräuche seiner Landsleute auszufragen. »Ich versuchte es gute zwei Stunden lang ... zwecklos. Das einzige, was herauskam, waren ununterbrochene Forderungen nach Kaffee, Tabak und Essen, sowie eine ganze Legion von Läusen, die er aus seinem schmutzigen Hemd holte und freimütig auf meinen Teppich warf.«

So ging das nicht weiter, und eine Weile drauf holte sich Musil einen anderen Schlubi – er hieß Faradsch – ins Zelt. Nun ging's.

Viele interessante Antworten ließen Scheich Musa schon den Kummer mit dem raffgierigen Sanad vergessen, als auf einmal dessen wütende Stimme durch die Zeltwand schrillte: »Warum unterrichtest du Scheich Musa? Bist du wahnsinnig? Der Mann erhält für jedes Wort, das du ihm sagst, daheim ein Goldstück – und was bekommst du? Halt den Mund, der Scheich wird bloß reich an dir!«

Faradsch getraute sich nun nichts mehr zu erzählen und die Arbeit ging so unfruchtbar zu Ende, wie sie vielversprechend begonnen hatte. Nachmittags setzte Musil seine Arbeiten mit Aufzeichnungen von Ruala-Liedern und Gedichten fort, und so ging es weiter, tage- und nächtelang.

Der Schreiber des Fürsten, der umsichtige Sklave Dschwod, brachte ununterbrochen neue Informanten herbei, denen der Fürst, Mann für Mann, persönlich auftrug, alle Fragen nach bestem Wissen und Gewissen zu beantworten. Musil gelang schließlich ja auch ein wahres Standardwerk – seine Arbeit über die »Manners and Customs of the Rwala Bedouins«, das im Jahre 1928 in New York erschien. Musil gelang es damals – auch dank des Verständnisses seines Freundes, des Fürsten an-Nuri –, Lebensgewohnheiten, Lyrik, Musik, Glaube und religiöse Wirklichkeit, Gesellschaftsstrukturen und alle anderen Äußerungen menschlichen Lebens und Zusammenseins im Stammesverband der Ruala zu erschließen und aufzuzeichnen.

9 Berühmte Zeitgenossen Alois Musils auf dem Gebiete der Arabien-Forschung: Richard Burton (1821–1890), der 1853 die Pilgerstraße nach Mekka bereiste; Charles Daughty (1843–1896), Musils Vorgänger bei der Erforschung der Arabia Deserta und des Hedschas; Gertrude Bell (1868–1916), die fast gleichzeitig mit Musil 1912 bis nach Ha'il vorstieß, sowie John Philby (1885–1960), der in Arabien kartographierte.

10 und 11 Treue Reisegefährten Alois Musils: Univ.-Prof. Dr. Leopold Kober, bis 1954 Leiter des Geologischen Instituts der Universität Wien, ein Schüler von Eduard Suess, nahm als »Rifat« an der Hedschas-Expedition von 1910 teil; Prinz Sixtus von Bourbon-Parma ermöglichte die Expedition von 1912; er wurde »Emir« genannt.

12 Rudolf Thomasberger, der »Tuman ibn Nemsa« der Expeditionen von
1908/09, 1910 und 1912.

Kasr Amra: Erster Nebenraum, Tonne (Zeichnung Mielich)

Die Forschungsarbeit im Becken al-Kara ging unter recht schwierigen Bedingungen vor sich, fiel doch die Quecksilbersäule im Zelte Scheich Musas kaum je unter 40 Grad.

Der beginnende Juni sah Musil an Stätten, die er schon ein Jahrzehnt vorher erforscht hatte: bei den omajadischen Wüstenschlössern. Er sah Kasr Hamam asch-Scharach, Kasr at-Tuba, Kasr al-Azrak. Das war am 14. Juni.

Am 15. Juni erfuhr er die Leiden des Forscherlebens, wie sie tragischer kaum sein könnten: die Wandmalereien des Jagdschlößchens Amra, die er im Jahre 1901 mit so viel Mühe gereinigt und gut sichtbar gemacht hatte, zeigten sich nur mehr als Schatten ihrer selbst. »Um sie kenntlich zu machen, mußten wir sie 1901 mit Wasser und verschiedenen Chemikalien reinigen, wodurch die die Malereien schützende Patina entfernt wurde, so daß sich jetzt die Farbenteilchen loslösen.«

Kurz darauf erreichte Musil Hamam asch-Scharach, dessen Plan er genau aufnahm. Diese Anlage entspricht derjenigen von Amra und war ebenfalls mit Wandmalereien geschmückt, von denen jedoch nur mehr kleinste Fragmente erhalten waren.

Am 19. Juni verließ Musil nach einem bewegenden Abschied den Fürsten an-Nuri, »und am 21. nachmittags gelangten wir zu den Gärten von Damaskus, wo uns der ausgezeichnete k.u.k. Dragoman Khalil Fattal mit einem Khawas erwartete ...« Der Kawass (ein osmanischer Polizeisoldat) kannte seine Pflichten und half nach Kräften bei der Befriedigung aller Bedürfnisse Musils.

Am 1. Juli schiffte sich Musil mit Thomasberger in Beirut ein, und über die altösterreichische Hafenstadt Triest ging's nach Wien, wo die beiden am 14. Juli eintrafen. »Mein Gehilfe, der k.u.k. Feldwebel Rudolf Thomasberger, bewährte sich ausgezeichnet durch vorzügliche Dienstleistungen.«

Musil faßte die wissenschaftlichen Ergebnisse dieser so beschwerlichen wie gefährlichen Reise in wenigen Punkten zusammen:

»1. Ergänzung der Karte von Arabia Petraea.

2. Karte von Nordarabien.

3. Topographischer Reisebericht nebst genauer Beschreibung des ganzen erforschten Landes, vielen Plänen, Skizzen und Photographien.

4. Ethnographischer Reisebericht, umfassend eine Aufzählung aller in Nordarabien lagernden Nomaden, sowie eine ausführliche Darstellung der Sitten und Gebräuche, religiösen, juristischen und sozialen Zustände, Lieder und Traditionen des einzigen Repräsentanten des alten Arabertums, des Stammes der Ruala.

5. Epigraphischer Reisebericht über die in Nordarabien aufgefundenen Inschriften.
6. Naturhistorischer Reisebericht über die in Nordarabien gesammelten Pflanzen, Moose, Flechten und Mineralien.
7. Nachträge zu meinem ethnographischen Reisebericht Arabia Petraea III.
8. Ausführliche Bemerkungen über I. G. Wetzstein und die Sprache der Beduinen.«

Die Auflistung scheint mager. Und dennoch: allein der unter »4« angeführte »Ethnographische Reisebericht« umfaßt ein wahres Wunderwerk der Völkerkunde, Musils Werk über den von ihm so geliebten Stamm der Ruala, das im Jahre 1928 in New York, 712 Seiten stark, erschien, und wahrscheinlich zu den besten Büchern der Völkerkunde überhaupt gehört: »The Manners and Customs of the Rwala Bedouins«, in den Vereinigten Staaten übrigens so bekannt und vielgelesen wie hierzulande vergessen.

9. KAPITEL

Die Hedschas-Expedition 1910

Mitte März des Jahres 1910 erhielt Alois Musil von der k. und k. österreichisch-ungarischen Botschaft in Kostantinopel die telegraphische Aufforderung, sofort in die Hauptstadt des Osmanischen Reiches zu kommen, um die notwendigen Vorbereitungen für eine Forschungsreise in das nördliche Hedschas zu treffen.

Betreiber der Einladung und umsichtiger Organisator der notwendigen Hilfestellungen für Alois Musil war Dr. Mark Kaller, »unser inpulsiver Delegierter beim Obersten Sanitätsrat in Konstantinopel, dessen zielbewußter Umsicht das Zustandekommen der Reise überhaupt zu verdanken ist«.

»*In*pulsiv« schreibt der übergenaue Musil, als wollte er damit sagen, Dr. Mark Kaller habe nicht »von plötzlichen Einfällen abhängig« gehandelt, sondern die Expedition *angeregt*. Die Verhandlungen zwischen Alois Musil, der Osmanischen Regierung und dem Obersten Sanitätsrat in Konstantinopel gingen rasch und erfolgreich über die Bühne.

Die Gespräche zeigten sehr bald, daß diese Dreiecks-Konstellation, wie sie sich offenbar ganz von selbst ergab, ideale Voraussetzung für ein Gelingen einer Hedschas-Expedition bildete:

Der *Oberste Sanitätsrat* (eine internationale Organisation, die in mancherlei Hinsicht die Arbeit der Weltgesundheits-Organisation der Vereinten Nationen schon vor dem Ersten Weltkrieg wahrnahm) zeigte sich an einer Verbesserung der hygienischen Verhältnisse bei der Hedschasbahn interessiert. In den Augen der Herren des Sanitätsrates schien Alois Musil der beste Mann zu sein, eine zweifache Aufgabe zu lösen: Musil sollte entlang der Bahnlinie Örtlichkeiten ausfindig machen, die für die Errichtung von Lazaretten oder Quarantänestationen am besten geeignet seien. Darüber hinaus sollte sich Musil besonders über die Zustände der Quarantäne-Anlagen nahe des Bahnhofs von Tebuk informieren.

Tebuk liegt genau in der Mitte zwischen Ausgangs- und Endpunkt der Hedschasbahn, als auf halbem Wege zwischen Damaskus und Medina. In Tebuk befand sich eine größere Quarantänestation, die in der Zeit der Hadsch, der Wallfahrt, von kranken und krankheitsverdächtigen Pilgern überquoll und selbst schon wieder einen neuen Gefahrenherd bildete. Viele der Mekkapilger wichen nun, um unliebsamen Aufenthalten in Tebuk, das wie eine »Gesundheitsreuse« vor Medina wirken sollte, in weitem Bogen aus und brachten ihre ansteckenden Krankheiten erst recht an die heiligen Stätten.

Der Oberste Sanitätsrat hätte von Musil gerne gewußt, *wie* es die Pilger schafften, Tebuk auszuweichen, welche Wege und Möglichkeiten sie dabei benutzten und wie diesem Übelstand zu begegnen sei, und schließlich, ob diese Quarantänestation nicht besser überhaupt an eine andere Stelle der Bahnlinie zu verlegen sei.

Die *kaiserlich-osmanische Regierung* wieder, damals als Verhandlungspartner Musils bereits in Gestalt des energischen »Jungtürken« Talat Bey, wollte Genaueres über die politischen An- und Absichten der arabischen Stammeshäuptlinge im Hedschas erfahren. Talat hätte auch gerne von Musil gehört, welche Gegenden sich zur Entwicklung von Landwirtschaft und neuen Siedlungen eigneten, welche Regionen Arabiens entwicklungsfähig seien, um den Lebensstandard dort zu heben. Alois Musils eigenes Anliegen war, »die Umgebung der Bahnstrecke zwischen Ma'an und al-Öla kartographisch aufzunehmen und topographisch und geologisch zu erforschen«. Für ihn war dies der Kern des Unternehmens. Er hat auf dieser unendlich beschwerlichen Reise nicht weniger als 1200 Toponymika, also Ortsnamen, mit unerhörter wissenschaftlicher Akribie genau verzeichnet, Namen, die heute längst vergessen wären, weil die Neuzeit das alte Beduinentum so wenig kennt wie die alten Namen. Alle amtlichen Befehle und Empfehlungen für den Universitätsprofessor Alois Musil lauteten auf den Namen asch-Schejch Musa ar-Ruwejli – Scheich Musa vom Stamme der Ruala –, »unter dem ich im Oriente bekannt bin«.

Für die geologischen Untersuchungen begleiteten Musil der ihm von der kaiserlichen Akademie der Wissenschaften vorgeschlagene Assistent am geologischen Universitätsinstitut, Dr. Leopold Kober, und als wissenschaftlicher Assistent der »langjährige und bewährte Reisegefährte«, der k. u. k. Feldwebel Rudolf Thomasberger aus dem k. u. k. Militärgeographischen Institut.

Die drei Männer verließen Wien am 21. April 1910, schifften sich in Triest ein und fuhren, wie üblich, mit einem Österreichischen Lloyddampfer über Alexandrien nach Beirut und von dort mit der Bahn nach Damaskus, wo die letzten Vorbereitungen für die Expedition in das Hedschas-Gebiet getroffen werden sollten.

Leider befand sich der Gouverneur der Provinz Syrien, Ismail Fadel Pascha, auf einer ausgedehnten Inspektionsreise, und dessen Vertreter wußte nicht, wie er sich Musil gegenüber verhalten sollte:

Er wollte (und mußte) jedenfalls – trotz der Empfehlungsschreiben aus

Konstantinopel – noch einmal in der Hauptstadt nachfragen, weil er unter gar keinen Umständen erlauben wollte, daß Musils Expedition die Eisenbahntrasse wesentlich verlasse, also ausgedehntere Abstecher in die Wüstenzone hinaus unternehme.

Für Musil erwuchs daraus ein nicht unbeträchtliches Dilemma, weil ein Festhalten an der Eisenbahnroute seine umfassenden Pläne zur Erforschung des gesamten Hedschas (der sich ja nicht nur in Sichtweite der Bahntrasse erstreckte!) vollkommen vereitelt hätte.

In seinem ersten Rechenschaftsbericht kleidet er diese Problematik in die diplomatische Formulierung: »Und doch sollte ich auch die Wege untersuchen, auf denen das zu errichtende Lazarett eventuell umgangen hätte werden können.« So gesehen lag freilich das ganze Hedschas-Gebiet zur Disposition Musils, eine Betrachtungsweise, die sich der Stellvertreter des Generalgouverneurs aus verständlichen Gründen *nicht* zueigen machen konnte, weil von einer so exzessiven Auslegung der zu Konstantinopel mit Hilfe des geschickten Dr. Mark Kaller formulierten »Umgehungen« der Hedschasbahn ja wirklich nur der Befehlshaber selbst, also General Ismail Fadel, Gebrauch machen konnte – doch der befand sich auf Inspektionsreise.

Blieb nur noch »der bewährte k.u.k. Honorar-Konsul Khalil Fattal«, und »dank seines Einflusses und seiner unermüdlichen Bemühungen« gelangte Musil in den Besitz wichtiger Privatempfehlungen an einzelne Würdenträger im nördlichen Hedschas – ja selbst in Medina! –, »und so konnte ich auf die diesbezüglichen Empfehlungen der Regierung verzichten«.

Auch die Direktion der Hedschas-Bahn wollte die Musil in Konstantinopel in Aussicht gestellten Begünstigungen nicht im gewünschten Ausmaß gewähren, »und wieder war es Honorar-Dragoman H. Khalil Fattal, der mir die einzelnen Stationsvorstände geneigt machte«.

Im Klartext: das, was sich Musil selber an den Kassenschaltern ersparte, zahlte der k.u.k. Honorar-Dragoman schon vorher in barer Münze in die Taschen der Stationsvorstände ein.

Musil hat sich immer wieder äußerst kritisch über die Zustände bei der Hedschas-Bahn geäußert: »So lange europäische Ingenieure in Verwendung standen, herrschte überall Ordnung, aber seit ihrer Entlassung geht alles zugrunde ...« Sicher ist, daß die türkischen, griechischen, kurdischen, tscherkessischen, armenischen, arabischen Bahnangestellten, denen eine solche technische Errungenschaft damals, knapp nach der Jahrhundertwende, inmitten der Wüste etwas völlig Neues bedeutete, nicht so gut arbeiteten wie die deutschen, schweizerischen oder österreichisch-ungarischen Eisenbahner.

Tatsache ist aber auch, daß die Bahn arbeitete, daß sie im Ersten Weltkrieg Bewundernswertes leistete, ja daß auch die Instandhaltung der Maschinen nicht so schlecht sein konnte, wie ein persönliches Erlebnis beweist:

Ich selbst fuhr im Sommer 1984 in Syrien, südlich von Kaddam (der zentralen Werkstätte der gesamten Hedschasbahn) auf einer Dampflokomotive aus Winterthur, die genau 100 – einhundert – Jahre auf dem Kessel hatte und in ihrer einfachen, aber perfekten Konstruktion nach Meinung meines Lokomotivführers »noch weitere hundert, nein was sage ich da, zweihundert Jahre lang fahren wird«.

Die Hedschasbahn gehört zu den technischen und menschlichen Großleistungen ihrer Epoche. Ihr Entstehen verdankt sie einem genialen, allerdings vielverkannten Gespann von zwei Staatsmännern, Sultan Abdül Hamid und seinem zweiten Sekretär, dem späteren Kriegsminister, schließlich auch Oberbefehlshaber des Heeres, Izzet Pascha.

Izzet Achmed Pascha el-Abd, Jahrgang 1864, stammte aus einer arabischen Familie und verkörperte in seinem späteren politischen und militärischen Leben geradezu ideal den loyalen Beamten und Offizier. Treu diente er zunächst dem vielgeschmähten Sultan Abdül Hamid und setzte um die Jahrhundertwende – getreu den Absichten Abdül Hamids, der klar erkannte, daß er seinem Vielvölkerstaat einen islamisch-religiösen Überbau geben müsse, um im Zeitalter des explodierenden Nationalismus das Reich bewahren zu können – den Bau der Hedschasbahn durch. Sie sollte die Pilgerströme in geordnete Bahnen lenken und selbstverständlich auch militärische Belange befriedigen.

In den Jahren zwischen 1901 und 1908 bauten zehntausende osmanische, islamische Soldaten, unter den schwierigsten Bedingungen, in höllischer Hitze und trostloser Trockenheit einen Schienenweg von gut eineinhalbtausend Kilometern quer durch Arabien.

Im Ersten Weltkrieg bildete, ihrer Bedeutung entsprechend, die Hedschas-Bahn den Hauptangriffspunkt der Briten und der von ihnen bestochenen Beduinen. Es sei dennoch daran erinnert, daß der Zielpunkt der Bahnlinie, das fünfzehnhundert Kilometer südlich von Damaskus liegende Medina, nicht nur allen Angriffen der mit den Briten verbündeten Stämme bis zum Ende des Ersten Weltkriegs standhielt, sondern noch ein halbes Jahr länger als die osmanische Gesamtarmee: Das osmanische Armeekorps in Medina streckte erst am 10. Januar 1919 die Waffen – und auch das nur, weil von Konstantinopel der strikte Befehl zur Übergabe gekommen war. Im Jahre 1910, als Musil die Problematik der Bahnlinie hinsichtlich der Bewältigung der Pilgerströme und den Nördlichen Hedschas wegen allfällig entwicklungsfähiger Gebiete besuchte, gärte es bereits im arabischen Raum.

»Am 21. Mai fuhren wir von Damaskus mit der Hedschasbahn nach Maan«. Wie leicht sich das liest, ein Dreivierteljahrhundert nachher ... und wie leicht es eigentlich auch war. Man löste eine – im Falle Musils sogar verbilligte – Karte nach Maan und traf auch sicher dort ein.

Nicht so heute. Die Bahnverbindung Damaskus–Maan besteht zwar – theoretisch – weiter, aber die Beziehungen zwischen den Diadochenstaaten Syrien und Jordanien stehen nicht zum besten, ähnlich vielleicht den Beziehungen Tschechoslowakei–Österreich, wo sich über den Bahnhof von Gmünd auch nicht mehr sehr viel abspielt, obwohl die Linie Wien–Prag einst zu den wichtigsten des alten Reiches gehörte.

Die Bahnreise von Damaskus nach Maan verlief völlig problemlos, das einzige, was Musil zu ärgern schien, war, daß die Türken die Bahnstation Ziza nicht richtig »Ziza«, sondern »Dschiza« nannten ... doch gerade in solchen sprachlichen Dingen wie korrekte Aussprache und Schreibung erwies sich Musil stets als ein »Prälat ohne Milde«.

Von Maan aus sandte Musil sofort Boten nach seinem Freund, dem Häuptling Awde abu Tajeh, um möglichst schnell Kamele zu erhalten, mit denen er in sein Lager gelangen könne: Dort wollte er dann eine Anzahl Tiere für die Expedition in den Hedschas kaufen. Quartier bezogen die drei Reisenden Musil (Scheich Musa), Thomasberger (Tuman) und Kober (Rifat) im »Bahnhofshotel«.

Der Kajmakam (Distriktsvorsteher) von Maan, »einer der redlichsten und intelligentesten Beamten, die ich in Syrien kennenlernte, begriff sofort die Wichtigkeit meiner Mission und gewährte mir vollkommene Freiheit, bekannte jedoch offen, daß ich mich selbst schützen müsse, da sein Einfluß nicht über die Schußweite der Gewehre der regulären Truppen hinausreiche«. Doch Musil kannte ja die Verhältnisse und ließ sich auch durch die zu hunderten auf den Hügeln vor Maan herumlagernden, herumlungernden Beduinen, die auf die Auszahlung irgendwelcher Subsidien warteten, kaum abschrecken, immer neue Ausflüge in die Umgebung zu unternehmen und seinen Arbeiten nachzugehen.

Schon am 26. Mai trafen in der Eisenbahnstation zwei Sklaven des Oberhäuptlings Awde abu Tajeh vom Stamme der Hwejat ein. Sie führten, wie erbeten, vier gute Kamele mit sich.

Nun teilte sich die kleine Expedition Musils: Er selbst ritt mit Tuman und Rifat (Dr. Kober) zu den Hwejat, um von deren Lager aus

Die Quelle von Tebuk

größere Exkursionen zu unternehmen. Das große Gepäck aber ging mit der Bahn voraus nach Tebuk, dessen Umgebung später das hauptsächliche Arbeitsgebiet sein sollte.

Mit dem Reisegepäck fuhr der treue Sklave des Fürsten an-Nuri, der Mohr Dschwod, auf den sich Musil völlig verlassen konnte. Er kannte Dschwod schon lange nicht nur als einen treuen Freund, sondern auch als einen Vertrauensmann des Fürsten.

Auf dem Ritte in das Lager des Oberhäuptlings erfuhr Musil eine Menge Neuigkeiten über den Stand der Dinge. Der Sklave Mohammed erzählte, daß der Stamm der Hwejtat die vergangene Regenzeit im Gebiete der Schararat verbrachte, mit denen er in bestem Frieden lebte. Als das Wasser dort zur Neige ging, zogen sich die Hwejtat in ihre eigenen Weidegründe zurück, und die Schararat wollten ihnen selbstverständlich folgen. Aber Oberhäuptling Awde vom Stamme der Hwejtat, zu dem sich Musil nun begab, überfiel eine Abteilung seiner bisherigen Freunde, der Schararat, und plünderte sie völlig aus.

Als Musil eine Bemerkung über diese merkwürdige Handlungsweise »Freunden« gegenüber machte, meinte der Sklave Mohammed: »Die Schararat sind unser Vorratslager, das wir leeren, wann es uns beliebt. Wollen wir Krieg, bekriegen wir sie, brauchen wir Frieden, haben sie ihn zu schließen«.

Die meisten Unterabteilungen der Hwejtat lagerten bereits westlich der Bahnlinie, und nur der Klan des Oberhäuptlings Awde abu Tajeh verweilte noch östlich des Schienenstrangs, allerdings bereits auf der Wanderung in den Siedlungsraum der Ansässigen, also in bebautes Land, um sich mit Getreide einzudecken.

Aus all diesen Gründen war zu erwarten, daß das gesamte Gebiet östlich der Bahn bis zum Wadi Sirhan »nur« mehr von Razw-Trupps beherrscht sei: von kleineren und größeren Gruppen Beutesuchender, also Räubern.

Dazu kam, daß Musils besondere Freunde, die Hwejtat, nicht nur mit den Schararat im Kriege lagen, sondern auch mit dem Stamme der Beni Schahr und den Schammar, »diesen uralten Feinden der Hwejtat«. Musil und seine Freunde mußten sich auf einiges gefaßt machen, lag doch das erste große Arbeitsfeld, das Musil gewählt hatte, nämlich das Wassergebiet al-Dschaffar, zwischen der Bahnlinie und dem Wadi Sirhan. Der Kommentar des Sklaven Mohammed: »Wenn Allah dir gut will, wirst du dennoch lebendig zurückkehren.«

Am nächsten Tag sichtete Musil im Norden einen größeren Rawz-Zug, konnte ihm aber, ohne von den Beduinen bemerkt zu werden, ausweichen. Gegen Mittag erreichte Musil das Lager seines Freundes, des Oberhäuptlings Awde abu Tajeh vom Stamme der Hwejtat. Er gehörte in Musils Tagen zu den berühmtesten und verwegensten Kriegern der nordarabischen Stämme, und die osmanische Regierung hatte einen gigantischen Kopfpreis auf seine Ergreifung ausgesetzt. Selbstverständlich hätte es niemand gewagt, ihn auszuliefern, da ihm die grauenhafteste Rache der Hwejtat gewiß gewesen wäre – und nicht nur ihm, sondern auch dem Klan und dem Stamm.

Es gehört zu den kleinen Merkwürdigkeiten der Weltgeschichte, daß Alois Musil ausgerechnet an einem 27. Mai – dem 27. Mai des Jahres 1910 – im Lager der Hwejtat eintraf, um dort seinen alten Freund, den machtvollen Oberhäuptling Awde abu Tajeh, zu treffen. Denn wiederum an einem 27. Mai, allerdings genau sieben Jahre später, traf Awde abu Tajeh selbst in dem großen Lager seiner Hwejtat ein und beendete damit nach einer mehr als zweiwöchigen Gewalttour durch die Wüste, gemeinsam mit T. E. Lawrence, den gefahrvollsten Teil seines Ritts von Wejdsch nach Akaba. Am 6. Juli 1917 eroberte Awde abu Tajeh, Musils Freund und Gönner, die wichtige Hafenstadt des Osmanenreiches am Roten Meer als Verbündeter der Briten.

Wie konnte es kommen, daß ein so hervorragender Mann und Krieger wie Awde gegen seinen rechtmäßigen Kalifen, den Sultan von Konstantinopel, Seite an Seite mit einem Ungläubigen wie Lawrence und unter Führung eines Hochverräters wie des Großscherifs von Mekka, Krieg führen konnte?

Musil hat die Tragödie seines Freundes Awde schon im Jahre 1910 genau aufgezeichnet, als hätte er das bittere Ende vorausgesehen.

Musil scheiterte ja auch in seinem Bemühen, Awde mit den osmanischen Behörden zu versöhnen. Die Geschichte des Osmanenreiches und der Türken hätte dann sicher eine andere Wendung genommen ... der Erste Weltkrieg wäre vielleicht anders ausgegangen.

Und das ist die Geschichte des Oberhäuptlings Awde abu Tajeh vom Stamme der Hwejat, der in einer der wichtigsten Episoden des Ersten Weltkrieges die entscheidende Rolle spielte:

Der Stamm der Hwejat besteht aus drei großen Unterabteilungen: den Hwejat at-Tihama, die die Gegend am Roten Meer besiedeln, den Hwejat Eben Dschad (oder Alawin), die in der Nordwestgegend von Hesma lagern, vom Wadi Ram bis zum asch-Schera im Osten und schließlich den Hwejat Eben Dschasi, den Herren der asch-Schera und der im Osten angrenzenden Wüste. Von den sieben mächtigen Klans der Hwejat Eben Dschasi war der mächtigste jener der al-Matalka. Nach zahllosen Scharmützeln mit den vordringenden osmanischen Soldaten und der Gefangennahme des bis 1894 unumstritten herrschenden Arar Eben Dschasi ging die Vormacht auf den Klan der at-Tawajhe über, dessen größter Sohn Awde abu Tajeh wurde.

Awde herrschte seit dem Jahre 1917 mit uneingeschränkter Autorität über alle Gruppen und Klans der Hwejat zwischen dem Roten Meer und der Gegend um Maan.

In allen Zelten der Beduinen kündeten die Krieger vom Ruhm des Awde, der für Mut, Entschlossenheit und Ausdauer ebenso galt wie für Grausamkeit. Im Jahre 1902 hatte er einmal einen Raubzug gegen die Schararat geführt, geriet aber mitsamt seiner großen Beute nach der Heimkehr in eine Falle der Schararat. Die Weiber der Hwejat konnten siebzehn Tage und Nächte lang ihre Zelte nicht verlassen.

Awde schwor damals: »Wenn Häuptling Dasan von den Schararat in meine Hände fällt, töte ich ihn und trinke sein Blut!«

Dasan fiel von der Hand eines Verwandten von Awde. Awde stürzte sich über den sterbenden Dasan, riß ihm das zuckende Herz aus der Brust und schluckte das Blut gierig hinunter. An jenem Tag gab es dreihundert Tote, darunter siebenundzwanzig nächste Verwandte von Awde.

»Augenzeugen beschrieben mir, wie Awde bei verschiedenen Gelegenheiten das Herz eines verwundeten Feindes aus dessen Brustkorb schnitt und danach schnappte.«

Alois Musil traf diesen Häuptling Awde zum ersten Male im Frühjahr 1909, als er das Lager des Fürsten an-Nuri in al-Hawdscha aufsuchte.

Musil gelang es damals, den von einem Gewehrschuß verletzten Arm Awdes wieder zu heilen. Er haßte nichts mehr als die türkische Regierung, die 1908 sogar einen Steckbrief gegen ihn erließ, weil er zwei Gendarmen, die ihn wegen überfälliger Tributzahlungen nach Maan bringen sollten, niedergeschossen hatte.

Awde versicherte Musil, er habe den Tribut im Jahre 1906 sehr wohl bezahlt: Er sei mit seinem Bruder nach Maan geritten und habe das gesamte Tributgeld sowie den Erlös für 10 verkaufte Kamele mit sich geführt. Gemeinsam hätten sie das Geld beim Kadi von Maan und dem Steuereintreiber abgegeben und gebeten, den genauen Betrag der zu entrichtenden Abgaben auszurechnen und ihnen den Rest zurückzugeben. Die beiden Beamten übernahmen den gesamten Beutel, ausgenommen sieben Goldmünzen, und versicherten Awde und seinem Bruder, daß damit alles bezahlt sei.

Der vorsichtige Awde verlangte eine Bestätigung über den eingezahlten Betrag, aber die beiden Beamten meinten, es sei genau die Stunde al-asr, des Nachmittagsgebetes, und sie müßten sich daher zurückziehen.

Die beiden Beduinenführer kehrten erst am nächsten Tag wegen der Bestätigung zurück und erfuhren, daß der Kadi krank und der Steuerbeamte verreist sei. Sieben Tage lang warteten sie in Maan, aber der Zustand des Richters besserte sich nicht und der Steuereintreiber kehrte von der Reise nicht zurück. Freunde von Awde und seinem Bruder versicherten den beiden, daß es ja für die Bezahlung genug Zeugen gäbe, sie mögen unbeschwert nach Hause reiten und die Bestätigung später in Empfang nehmen.

Daraufhin zog das Brüderpaar ab und führte seinen Stamm zur Überwinterung in das Gebiet von at-Tubejk. Als sie acht Monate später wieder nach Maan kamen, zeigte es sich, daß die beiden Beamten – Richter und Steuereintreiber – versetzt und irgendwelche Belege nicht aufzufinden waren.

Ende des Jahres 1907 starb Awdes Bruder Rbeje und Awde erhielt die dringende Aufforderung, seine Steuerschuld für 1905 endlich zu bezahlen. Als er dieser Order nicht nachkam und abermals erklärte, er habe schon bezahlt, und zwar gegen Ende des Jahres 1906, erschienen im Frühsommer des Jahres 1908 besagte zwei Gendarmen im Lager Awdes und forderten ihn auf, nach Maan zu kommen. Da Awde fürchtete, eingesperrt zu werden, lehnte er es ab, dem Haftbefehl Folge zu leisten. Einer der Gendarmen feuerte auf Awde, verfehlte sein Ziel und beide fielen von der Hand der Diener Awdes. Seit jenem Tag vermied es Awde, nach Maan zu gehen.

Gelegenheit zur Rache bot sich während des Ersten Weltkrieges. Im Jahre 1917 schloß sich zuerst die an der Küste des Roten Meeres lebende Unterabteilung der Hwejtat, die at-Tihame, den Alliierten an, lagen sie doch dem britischen Machtzugriff (und den gewaltigen Mengen von Gold, Waffen und Munition, die damals freimütig an die zum Aufstand bereiten Beduinen verteilt wurden) am nächsten.

Nach den Hwejtat des Küstenlandes schlossen sich die Ruala des Fürsten an-Nuri den Aufständischen an – und bald darauf erfolgte der Schulterschluß zu den noch weiter im Osten des Roten Meeres lagern-

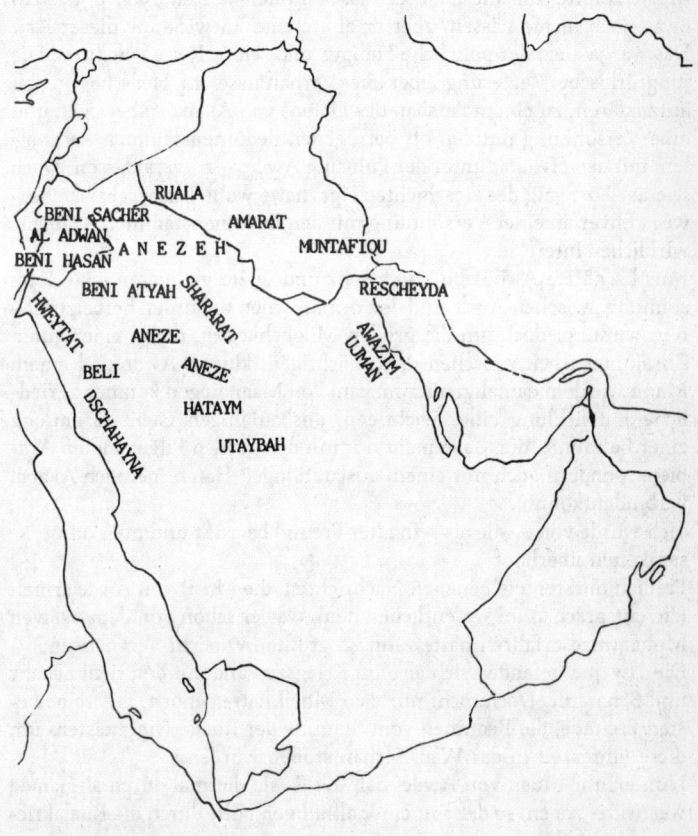

Die wichtigsten Stämme des Hedschas und ihre Weideplätze

den Hwejtat Eben Dschasi, deren Oberführer Awde endlich Gelegenheit fand, sich für die (wahre?) Geschichte von der Unterschlagung seiner Tributzahlung an den Steuereintreibern von Maan zu rächen.

Es waren Krieger vom Stamme der Hwejtat, die am 27. Mai des Jahres 1917 den Oberhäuptling Awde abu Tajeh sowie E. T. Lawrence und den kleinen Begleittrupp von Edschil-Beduinen auf ihren Weidegründen in Syrien in Empfang nahmen. Sie bereiteten dann gemeinsam den Angriff auf die osmanische Garnison in al-Akaba vor, der auch am 6. Juli 1917 gelang.

Musil konnte von diesen Ereignissen in den Jahren 1909 und 1910 zwar noch nichts wissen, aber er ahnte eine Entwicklung dieser Art. Das war ja auch der politische Hauptgrund seiner Reise von 1910: Die jungtürkische Regierung über die Verhältnisse im Hedschas genau aufzuklären, zu einem Ausbau des Hafens von Akaba zu bewegen und eine Versöhnung mit den oft betrogenen Beduinenstämmen – vor allem mit den Hwejtat unter der Führung Awdes – zu veranlassen. Doch wie der Fortgang der Geschichte zeigt, hatte wohl Talaat, aber keineswegs Enver an einer Versöhnung mit den Beduinenstämmen Arabiens wirkliches Interesse.

Musil schätzte Awde abu Tajeh sehr und setzte viel daran, eine Versöhnung zwischen Awde und den osmanischen Behörden herbeizuführen, wußte er doch um die großen Möglichkeiten, die in einer guten Zusammenarbeit zwischen dem mächtigen, klugen Awde und einem Mann wie dem damaligen Kajmakam von Maan liegen konnten: Friedliche Entwicklung eines wichtigen, ausbaufähigen Gebietes entlang einer Bahnlinie, die Maan nicht nur mit den großen Pilgerstädten Arabiens, sondern auch mit einem ausbaufähigen Hafen, nämlich Akaba, verbinden konnte.

»Ich wurde von Awde als sein alter Freund begrüßt und mit Aufmerksamkeiten überhäuft ...«

Freilich mußten die genauen Nachrichten, die Musil von Awde erhielt (sie entsprachen im wesentlichen dem, was er schon von dem Sklaven Mohammed erfahren hatte), ihn zu größter Vorsicht veranlassen:

Die Hwejtat befanden sich also im Kriegszustand mit den Beni Schahr und Schararat. Doch nicht nur das. Musil hatte gehofft, daß seine besten Freunde, die Beduinen vom Stamme der Ruala, wie meistens um diese Jahreszeit in das Wadi Sirhan stoßen würden.

Nun erfuhr Musil von Awde, daß die Ruala diesmal durch al-Hamad westwärts zogen, so daß mit einer allfälligen Hilfe durch die Rualakrieger keinesfalls zu rechnen war.

Prinz Nawwaf, der Sohn des mächtigen Fürsten an-Nuri und treu ergebene Freund Musils, befand sich mit seinen einhundert Sklaven (seiner bewaffneten Macht) in der fernen Oase al-Dschof und versuchte mit wechselndem Erfolg, seine Eroberung von 1908/09 gegen die Krieger Eben Raschids zu halten.

Nawwafs Vater, Fürst an-Nuri, hatte wohl mit den Amarat und Schararat Frieden geschlossen, um freie Hand gegen Eben Raschid zu haben, doch hielt sich Eben Raschid mit den Seinen dennoch überraschend gut. Es war dem Vormund des jungen Eben Raschid sogar gelungen, mit einer kleinen Streitmacht während der Abwesenheit des Fürsten in dessen Lager einzudringen und große Beute zu machen.

Auch die Hoffnungen, die Fürst an-Nuri in sein Bündnis mit dem machtvollen und aufstrebenden Imam Abdalaziz Eben Sa'ud (dem späteren, ersten Monarchen des neuen Königreiches von Saudi-Arabien) setzte, erfüllten sich insofern nicht, als eine schon das vierte Jahr anhaltende Trockenheit in der Gegend von ar-Riyad (der Hauptstadt der Sa'uds) alle kriegerische Handlungsfreiheit des Abdalaziz Eben Sa'ud sehr einschränkte.

Der künftige Herrscher von Saudi-Arabien sah sich im Jahre 1909 gezwungen, mit seinen Leuten in das Gebiet von al-Hasa am Persischen Golf abzuwandern, um seinem Stamme das Überleben zu ermöglichen ... er bewegte sich also in genau die entgegengesetzte Richtung nach Südosten fort, anstatt an-Nuri und seinem Sohn in einer nordwestlichen Stoßrichtung gegen Eben Raschid beistehen zu können.

Eben Raschids Statthalter nützte diese einmalige Gelegenheit selbstverständlich sofort aus und setzte an-Nuri und Nawwaf hart zu. Immer mehr der kleineren Stämme, die in der Gegend um al-Dschof lagerten, schlossen sich wieder Eben Raschid an. Diese Festigung des schon am Zerbröckeln gewesenen Reiches Eben Raschids mochte auch durch den Aberglauben der Beduinen beschleunigt werden, sahen doch die Stämme in der verheerenden Trockenheit, die Eben Sa'uds Machtgebiet um ar-Riyad heimsuchte, eine Strafe Gottes.

Eben Sa'ud hatte von den »Ungläubigen« – den Engländern – Waffen genommen, um die Söhne Allahs zu bekriegen!

Dennoch herrschte schon im Jahre 1910 bei Musil und seinen Freunden die Meinung vor, daß sich Eben Sa'ud durchsetzen werde.

In Musils Vorbericht über jene Reise von 1910, der ein Jahr später in Wien erschien, heißt es: »Doch glaubt man allgemein, daß Abdalaziz Eben Sa'ud, der bisher bei seinen Operationen stets Erfolg hatte, nicht eher ruhen werde, als bis er Ha'il, die Hauptstadt Eben Raschids, eingenommen habe. Wie recht »man« hatte: Sa'ud wurde nicht nur mit Eben Raschid fertig, sondern auch mit dem von den Engländern im

Ersten Weltkrieg unterstützten Großscherif von Mekka Feisal aus der Familie der Haschemiten.

Damals aber, im Jahre 1910, hörte Musil vom im Entstehen begriffenen Reiche Eben Sa'uds noch aus einem anderen Grunde voll begierigem Wissensdrang, erzählte ihm doch ein Händler »viel von der Provinz Machmal des Eben Sa'ud, wo es viele Städte mit Ruinen geben solle. Auch von ihm hörte ich von dem vier- oder dreieckigen Obelisken, der in der Stadt Sadus auf dem Hauptplatze stehe und mit Inschriften und Reliefs geschmückt sei . . .«

Doch an jenem Freitag im Mai 1910 mußten noch andere Probleme gelöst werden. Musil kaufte im Lager Awdes sieben gute Kamele und suchte einen zuverlässigen Mann, der ihn in die Oase Tejma führen würde, die von der osmanischen Regierung kurz vorher besetzt und so dem Reiche einverleibt worden war. Es lag dort (Tejma befindet sich etwa 500 km südsüdöstlich von Maan, heute führt eine moderne, breite Fernverkehrsstraße von Tejma nach Medina) auch schon eine kleine, osmanisch-islamische Truppeneinheit.

Musil interessierte sich besonders für die dortige Nekropolis und schmiedete bereits Pläne zu einem Besuche der Oase Tejma, als sich die Lage schlagartig änderte: Der Oberhäuptling der benachbarten Atawne erschien in Awdes Lager und meldete, daß sich an die fünfhundert feindliche Reiter näherten.

Awde ließ daraufhin augenblicklich das Lager abbrechen und hieß seine Leute nach Norden reiten, um den Angriff bei dem leichter zu verteidigenden habra Minwa zu erwarten. Augenblicklich zog aber der bereits gemietete Führer, der Musil nach Tejma hätte geleiten sollen, sein Wort zurück, und es fand sich auch kein Ersatz. Alle hatten Angst.

Diese Stimmung nützte auch der Oberhäuptling der Atawne und verlangte von Musil gleich eine »Anzahlung« auf die Passagegebühr, die Musil für den Fall einer Durchquerung des Gebietes der Atawne auf jeden Fall zu leisten gehabt hätte. Außerdem intrigierte er im ganzen Lager eifrigst gegen Musil und seine Gefährten.

Obwohl er die Regierung des Generalgouverneurs von Damaskus ansonsten kaum oder gar nicht anerkannte, ja gegen sie hetzte wo immer er nur konnte, verlangte er von Musil einen persönlich an ihn gerichteten Brief des Generalgouverneurs, damit er ihn durch sein Stammesgebiet reisen lasse.

Musil blieb nichts als eine schnelle Abreise, wollte er das Unternehmen Wadi Sirhan nicht von vorherein aufgeben. Der treue Häuptling Awde, sonst den Machenschaften seines Gastes kaum gewachsen, gab

Musil als Führer seinen tüchtigen Sklaven Mohammed mit, den Musil sehr schätzte.

Aus Sicherheitsgründen bewegte sich die kleine Karawane nun in östliche Richtung, weil es dort »sicherer« zu sein schien; Dr. Kober wurde dennoch in den Ruinen der Nabatäerstadt al-Homejma zum ersten Male ausgeraubt. »Wir befanden uns dort bereits im Gebiete der Kleintierzüchter, von denen Kamelzüchter abfällig sagen: »Wer sich von denen stark fühlt, *raubt;* wer sich schwach fühlt, *bettelt* ...«

Über die alte Römerstation al-Kwera gelangten die Forscher nach al-Homejma, wo sich, wahrscheinlich durch eine Infektion, das rechte Auge Musils zu entzünden begann, was in den darauffolgenden Tagen zu ernsthaften Komplikationen führen sollte. Trotzdem bestieg er mit Tuman und Hammad, einem seiner Kameltreiber, den Gipfel des al-Waraka, weil er sich von dort eine besonders günstige Gelegenheit zur Landaufnahme versprach.

Der Aufstieg dauerte an die vierzig Minuten und erwies sich als viel schwieriger, als von unten her angenommen.

Kaum hatten sich die Kletterer halbwegs beruhigt, den Schweiß verrinnen und die ärgste Atemnot vergehen lassen, als sie von unten, von ihrem »Basislager« her, wüstes Geschrei und schon auch Schüsse hörten.

Hals über Kopf eilten sie nach unten, um den zurückgebliebenen Gefährten zu helfen. Da sahen sie bereits die Bescherung: Die Kamele taten sich irgendwo am Grün gütlich, unbeeindruckt von der ganzen Ballerei, das Gepäck lag in weitem Umkreis herum und Ismain, Mohammed, Scherif und Salem hockten hinter Felsbrocken und suchten eine wild heranstürmende Meute von Beduinen zurückzuscheuchen.

Im gleichen Augenblick, da Hammad (der mit Musil und Tuman soeben den Gipfel bestiegen hatte) erkannte, daß es sich bei den Angreifern um Stammesgenossen handle, riß er seinen prachtvollen Überwurf von den Schultern und ließ ihn durch die Luft schweben, dabei wilde Schreie von sich stoßend. Die Angreifer sahen Hammad, weil sie ihn an seinem rot-gelben Überwurf erkannten, schon von Weitem und verließen fluchtartig die Stätte.

Abends, beim Lagerfeuer, erzählte Hammad stolz von seinem Mantel: der sei ein persönliches Geschenk des Sultans und habe die Kraft, Feinde augenblicklich mit Blindheit und in die schmachvolle Flucht zu schlagen. Der kluge Mohammed beruhigte ihn wieder und sie kamen beide überein, sicherheitshalber für die Nacht dennoch Wachen aufzustellen.

Am nächsten Tag breitete sich die Entzündung auch auf das zweite Auge Musils aus, und ein böses Fieber überkam ihn.

Am Nachmittag erreichte seine kleine Karawane die Quelle asch-Scherija, wo ein größerer Familienverband des Asban-Klans vom Stamme der Imran lagerte. Der Anführer, ein gewisser Kasem, rannte, was das Zeug hielt, mit gut zwanzig Angehörigen herbei und beschwor Musil und seine Gefolgschaft, doch seine Gäste zu sein.

Von heftigem Fieber geschüttelt und von Schmerzen in den Augen so gepeinigt, daß er sich ohnehin kaum mehr im Sattel halten konnte, verlangte Musil nach nichts als Ruhe. So ersuchte er den Mann, ihm die Erlaubnis zu geben, im Schatten seines Zeltes und des mächtigen Baumes neben der Quelle ein wenig ausruhen zu dürfen; er, Scheich Musa, werde dafür den Ruhm seiner Gastfreundschaft an allen Lagerfeuern verkünden.

In der Nähe der Quelle befand sich ein nicht allzu hoher Felsen, und den bestieg Musil trotz seines Zustandes gemeinsam mit Tuman, um noch eine Geländeaufnahme vorzunehmen. Scherif bereitete mittlerweile zu Füßen des Felsens ein Ruhelager für Scheich Musa. »Dort legte ich mich kurz darauf nieder. Mein rechtes Auge, blutunterlaufen und geschwollen, schmerzte noch mehr als das linke. Der ganze Leib tat weh, und ein immer heftiger werdendes Fieber schüttelte mich. Kaum hatte ich mich mit meinem Mantel zugedeckt und die Augen geschützt, tauchte Kasem, der Anführer der Gruppe, dort auf und brachte mir einen verschreckt und verängstigt blökenden Widder als Geschenk dar und band das unruhige Tier an den Baum hinter mir fest, wo es wild und sinnlos herumzerrte. Dann setzte er sich zu mir und fragte.

Er fragte mich, wie es um mein persönliches Wohlbefinden stünde.

Dann fragte er, wie es meinen lieben Eltern gehe.

Dem Vater?

Der Mutter?

Meinen Verwandten?

Und wie es dem neuen Sultan, dem verehrungswürdigen Mechmed, ergehe?

Aber er fragte nicht nur nach dem neuen Sultan, nein, keineswegs, er erkundigte sich auch nach dem Befinden des vertriebenen, des abgesetzten Sultans Abdül Hamid!

Der war nämlich, so erzählte mir der unerbittliche Kasem in all meine Leiden und Schmerzen hinein und durch den mich bedeckenden Mantel hindurch, ein großer Wohltäter der Imran gewesen, weil er teurere, bessere Mäntel als Geschenke für die Beduinen sandte als der neue

Sultan Mohammed, und das ging so weiter und das ging so fort, und mittlerweile kamen noch viele andere Männer seiner Familie und setzten sich zu mir und betasteten meinen Mantel und rühmten die Weichheit des Stoffes und stellten übereinstimmend fest, er sei von weit besserer Qualität noch als jener, den ihr Häuptling als Ehrengeschenk vom Sultan erhalten habe. Dann begannen sie, meine Flinte zu betasten und gebührend zu bewundern.

Ich konnte weder meinen Mantel von den Augen ziehen noch mich überhaupt rühren. Nach endlosem Geschwätz – objektiv betrachtet muß es sich um eine Viertelstunde gehandelt haben – erhoben sie sich und begaben sich an das Feuer, wo inzwischen der Kaffee unwiderstehlich zu duften begann.

Der Hammel an dem Baum hinter mir blökte immer lauter, immer verrückter, immer schmerzhafter, bis es in meinem armen Kopfe von Widdern nur noch so hammelte.«

Es schien dem Fieberkranken, als zerre der Widder nicht an Strick und Baum, sondern an ihm, und das ununterbrochene Blöken des verängstigten Tieres ging ihm durch Mark und Bein. Da ... auf einmal ... Stille! Das Opfer hatte sich losgerissen und stob in wilder Flucht in seine unverhoffte Freiheit. Al hamdu-lillah!

Freilich dauerte es nicht lange, und die Männer beim Kaffee merkten den Fluchtversuch des prädestinierten Schlachttieres. Augenblicklich ließen sie den schwarzen Saft sein und stürzten dem Fliehenden nach, Minuten später hing er wieder an einer Schnur, diesmal allerdings gleich in der Nähe des Feuers, wo die Männer, zum unbeschreibbaren Leidwesen des Kranken, die ganze Nacht über laut schwatzten und der Hammel blökte.

Schon im Morgengrauen saß der Sippenobere Kasem wieder bei dem bedauernswerten Kranken, der das »Geschenk« berappen sollte.

»Er bot mir das Tier als einen Willkommensgruß an, selbstverständlich in der gierigen Erwartung eines viel wertvolleren Gegengeschenks.«

Schon am Vorabend hatte er ja Musils Reisegesellschaft großzügig zu sich eingeladen, dann aber am Lagerfeuer bei Tuman, Rifat, Mohammed, Hammad und den anderen Platz genommen, alle seine Freunde natürlich mit ihm, und nicht nur das gesamte Abendessen der Gastgeber verzehrt, sondern auch im Laufe des darauffolgenden Schwatzes vier große Kannen Kaffee geleert. »Nichtsdestoweniger betrachtete er sich als mein großzügiger Gastgeber und erwartete ein generöses Gegengeschenk!«

Musils Freunde gestikulierten denn auch wild und abblehnend hinter dem Rücken Kasems, als Scherif den Auftrag erhielt, ihm drei Silbermünzen auszuzahlen. Kasem bestieg, das Geld mürrisch in der Hand, wortlos sein Kamel und ritt grußlos von dannen. Er hatte weit größeres Verständnis für seine Liebenswürdigkeit erwartet ...

Die Imran, die in der Gegend von Akaba leben, erhielten vom Sultan ein Jahresgeschenk – heute würde man sagen »Entwicklungshilfe«, die Türken selber nannten es schlicht »Tribut« – von 250 Goldstücken, damit sie halbwegs Frieden hielten. Ihr Gebiet war damals etwa 60 km breit und 30 km lang »und sie haben eine klare und ganz entschiedene Aussprache des ›k‹ und ihr stimmhaftes ›z‹ klingt fast wie im englischen ein weiches ›th‹ ...«

Gegen Mittag des gleichen Tages erreichte Musil mit seinen Leuten endlich al-Akaba, wo er über den Rat Ismains, der sich dort bestens zurechtfand, gleich am Ortsrand, unweit einiger Holzhütten, die ungefähr 150 osmanischen Soldaten als Kaserne dienten, sein Lager aufschlug.

In Begleitung Ismains begab sich Musil sofort zum Kajmakam, einem intelligenten, sympathischen Mann von kaum fünfunddreißig Jahren, der sehr gut arabisch sprach.

Musil nahm diese Tatsache insofern mit größter Freude zur Kenntnis, als die neue, »jungtürkische« Regierung im Gegensatz zu der »reaktionären« Regierung des Sultans Abdül Hamid kaum Rücksicht auf die Sprachkenntnisse ihrer Beamten nahm, ganz im Gegenteil meistens die sprachunkundigsten in die heikelsten Gebiete entsandte.

Musil übergab dem Kajmakam seine Beglaubigungsschreiben aus Konstantinopel und die Empfehlung aus Damaskus. Der junge Beamte machte aus seinem Herzen keine Mördergrube und erzählte Musil freimütig – und gewiß in der Absicht, eine Besserung der Zustände herbeiführen zu können –, wie es in seinem »Garnisonort« Akaba, diesem ebenso wichtigen wie entwicklungsfähigen Hafen, zuging: Von seinen 150 Soldaten lagen ständig 130 (!) fieberkrank – meistens infolge von Malariaanfällen – darnieder, und seine »berittene« Streitmacht verfügte bloß über zwei (!) Kamele, die von Tag zu Tag mehr dahinschwanden, weil es nicht genug Futter gab. Von einem Arzt – weder für Mensch noch für Tier – konnte keine Rede sein, und die nächste Sanitätsstation befand sich in Maan ... mit dem Kamel immerhin acht Tagesreisen weit entfernt.

Die Mannschaft blieb jeweils sechs Monate in Akaba, dann gab es Entsatz. Zu allem Übel kam noch hinzu, daß im Vorjahr – also 1909 – ägyptische Mekkapilger auf ihrem Heimweg von den heiligen Stätten die Cholera nach Akaba verschleppten, wo sie verheerende Wirkung zeitigte.

Zur Zeit von Musils Akaba-Besuch im Jahre 1910 wies die so entwicklungsfähige Hafenstadt dreißig Hütten auf, in denen insgesamt neunzehn Familien ihr Dasein fristeten, meistens Abkömmlinge ägyptischer Söldner, aber auch Pilger, die nach einer überstandenen Krankheit – oder Garnisonszeit – dort geblieben waren.

Am 8. Juni begann Musil die große Südreise: von Akaba zunächst die Küste des Golfs entlang, schließlich durchs Landesinnere nach al-Hrabije am Roten Meer und von dort nach Osten, Richtung Tebuk, von Tebuk wieder in westsüdwestlicher Richtung tief in das Landesinnere zwischen Bahnlinie und Küste, dann wieder zur Bahn, hinauf nach Norden in Richtung Tebuk und von dort zurück nach Damaskus. Eine schwierige, den Männern alles abverlangende Reise.

Die Küste nach Süden zu entlangreitend »konnten wir genau beobachten, wie die von Osten kommenden Täler die Meereszunge ununterbrochen mit Geröll füllen. Das Rote Meer muß in historischer Zeit viel weiter nördlich gereicht haben als heute. Während der Ebbe fanden wir überall süße Quellen«.

Hinter der Oase al-Hmeza verließ Musils Expedition die Küste und gelangte in eine »alpine Landschaft mit hohen Granitbergen und breiten, tief eingeschnittenen, vollkommen öden Tälern«.

Am 11. Juni stieß Musil in die Oase al-Bed vor, eine fruchtbare Senke von 6 km Länge, üppig mit Palmen bewachsen, die dem osmanischen Innenminister Talat Bey als eine überaus entwicklungsfähige und empfehlenswerte Gegend für künftige Siedlungsprojekte empfohlen werden konnte.

Von der herrlichen Oase al-Bed gings schnurstracks nach Süden, wo die Männer bei al-Hrabije das Rote Meer erreichten. Einer der Oberhäuptlinge der Hwejtat befand sich dort, um die Dattelernte zu überwachen. Infolge übergroßer Trockenheit hatte der Vater des Oberhäuptlings alle seine Pferde nach Ägypten und die Kamele auf östliche Weiden geschickt. Musil beeilte sich angesichts dieser Umstände, so schnell wie möglich nach Osten, Richtung Bahn und Tebuk zu kommen.

Der Oberhäuptling Afnan stellte auch einen Führer bei und begleitete Musil persönlich bis zur Oase Scherma, die sich in einer Länge von 25 km erstreckt.

Wieder eine Notiz für Talat Bey: »Scherma könnte mit den anliegenden ausbaufähigen Flächen vielen tausenden fleißiger Menschen Nahrung liefern. Die ganze Küste ließe sich kolonisieren und müßte zu den blühendsten Bezirken des ottomanischen Reiches gehören.«

Musils Anregungen kamen zu spät. Schon fünf Jahre später machten sich dort britische Kriegsschiffe über die Küstengewässer her und kurz darauf islamische Truppen aus Ägypten oder Indien, die im Verbande mit einigen dem Sultan untreu gewordenen Stämmen kämpften, über die Küstenregion selbst.

Musil vergißt in seinem Berichte nicht zu notieren, wie wenig beliebt die »ottomanische Regierung an der Küste des Roten Meeres ist. Sie bietet den Bewohnern gar nichts, verlangt aber von der Bevölkerung Einfuhrzölle und läßt die hier dislozierten Truppen meistens von der Bevölkerung ernähren. Diese armen Soldaten hängen vom guten Willen der Einheimischen ab ... Nirgendwo zeigt sich Interesse für das, was in Konstantinopel vorgeht, wohl aber interessiert man sich für England und Ägypten.«

Ägypten gehörte zu Musils Zeiten nominell zwar noch immer zum Osmanenreich, stand aber de facto längst unter britischer Verwaltung und genoß alle Vorteile, die sich aus einer effizienten, weitgehend unbestechlichen europäischen Administration ergaben.

»Die Reichen auf der türkischen Seite des Roten Meeres und der umliegenden Gebiete stehen in kommerzieller Verbindung mit Ägypten und lesen ägyptische Zeitungen, und die Armen suchen in Ägypten Arbeit und Verdienst und verkünden in ihrer Heimat Englands Ruhm. Die Pilgerfahrt, die der ägyptische Khedive im Winter 1909/1910 über al-Wedsch nach Medina unternommen hatte, gab Anlaß zu verschiedenen Hoffnungen, und ich wurde des öfteren gefragt, wann denn England die ganze Küste von al-Akaba bis al-Wedsch (500 km südlich von al-Akaba; heute befindet sich dort ein Flugplatz und eine Entsalzungsanlage, die Trinkwasser aus dem Meere bereitet) besetzen werde. Von dieser Besetzung erwarten sich die Menschen ein Aufblühen des gesamten Lebens an der Küste des Hedschas-Gebietes und im Landesinneren, eine Kolonisation der fruchtbaren Täler, den Aufbau von Wasserwehren, regelmäßigen Schiffsverkehr und anderes mehr.«

Alois Musil faßt zusammen: »Und diese Erwartungen ließen sich auch von der ottomanischen Regierung leicht verwirklichen. Das Tal Efal mit der Oase Bed könnte wenigstens 10000 Menschen ernähren und andere 10000 Menschen und mehr könnten die fruchtbaren Flächen zwischen Efal und Ajnuna kultivieren; und die Oasen Ajnuna, Scharma u. a. ...«

Von Scharma schlug Musil die östliche Richtung ein und gelangte in das Granitgebiet al-Dscheles, das fast parallel zur Küste südwärts verläuft.

Die Täler, schmal und mit Geröll gefüllt, fast ohne Vegetation und Wasser, sind westwärts gerichtet, von hohen, glatten Felswänden eingeschlossen. Der Aufstieg durch den Paß Sik gehörte »zu den schwierigsten und gefährlichsten, die ich in Arabien ausgeführt habe«. Die Kamele scheuten, warfen das Gepäck ab, mußten wieder eingefangen und die Lasten neu aufgepackt werden. Die einheimischen Begleiter verloren völlig den Kopf und so mußten Musil, Tuman und Rifat die Arbeit zur Gänze allein verrichten.

»Eines der Kamele riß mich zu Boden und schleppte mich über die Felsblöcke mehrere Meter tief hinunter, wobei mir zwei Rippen eingedrückt wurden.« Doch nicht genug damit. Ganz im Gegenteil, die schaurige – menschliche – Fortsetzung des schwierigen Weges durch den Paß Sik folgte auf dem Fuß.

Als Musil in Begleitung Tumans von einer schwierigen kartographischen Arbeit auf einem der umliegenden Gipfel zum Lager zurückkehrte, sah er, daß eine Gruppe von zehn Bewaffneten seine Freunde umringte und äußerst unfreundlich bedrängte. Die Männer hielten Musils Schar für eine Einheit von Steuereintreibern und bedachten sie dementsprechend mit gebührendem Haß. Da Musil noch über keinen Führer aus jener Gegend verfügte, galt es, wie stets in solchen Situationen, sich so schnell wie möglich unter den persönlichen Schutz einer der Bedränger zu stellen – sonst konnte alles verloren sein, nicht nur das Gepäck, sondern auch das Leben.

Einer der Hirten forderte auch schon: »Die müssen wir loswerden und die Beute gerecht verteilen!« Im gleichen Augenblick aber sprang Musil auf den Mann zu (ihn damit als den Anführer bezeichnend) und gab zu erkennen, daß er ihn als jenen Schirmherrn betrachte, unter dessen persönlichen Schutz er sich mit seinen Gefährten stelle.

Das brachte die gewünschte Entspannung. Gemeinsam ging's ins Lager, wo anstelle des Häuptlings, der sich auf einem Raubzug befand, dessen zwanzigjähriger Sohn die Lage wieder ins Lot brachte, freilich dabei selber nicht schlecht Geschenke und gute Worte einsteckte.

Nach diesen langwierigen Verhandlungen konnte Musil sogar einen neuen, recht umsichtigen Führer zu günstigen Bedingungen anheuern, der nicht nur den Weg, sondern auch den Verlauf der jüngsten politischen Ereignisse Innerarabiens vorzüglich kannte:

Zamel Eben Subhan, der ebenso wagemutige wie kluge Vormund des zehnjährigen Eben Raschid, befand sich auf großem Raubzug gegen die Wulud Sliman Alajde und Fukara. Die Fukara lagerten unter dem Schutze osmanischer Soldaten bei Medain Saleh an der Hedschasbahn. Vor wenigen Tagen nun hatten die Hirten die Ankunft des Eben Raschid gemeldet. Daraufhin verschanzten sich die Fukara mit den Soldaten in der kleinen Festung Medain Saleh, doch durch einen vorgetäuschten Abzug gelang es den Eben Raschid-Kriegern, die Soldaten zur Verfolgung der »Fliehenden« aus den schützenden Mauern zu locken.

Die osmanische Abteilung lief in die Falle wie in ein offenes Messer, verlor viele Männer und alle Reittiere. Ähnlich erging es der türkischen Besatzung von Tejma, wo die Soldaten verjagt und alle jene, die mit den Türken »kollaboriert« hatten, dem Henker zum Opfer fielen.

Nach diesen Erfolgen des Stadthalters Eben Raschids wollten sich seine Leute sofort an die Rückeroberung von al-Dschof machen, wo Musils Freund und Bruder, der junge Prinz Nawwaf residierte, doch der weitblickende Zamel Eben Subhan zog es vor, zunächst schwächere Einheiten zu schlagen oder zu ihm hinüberzuziehen, dem Hause Eben Raschid wieder gefügig zu machen.

Infolge der vielen kriegerischen Ereignisse sei das Gebiet um Tebuk von Beduinen so gut wie völlig verlassen, meinte der neue Führer; eine Nachricht, die Musil nicht gerne hörte, weil er hoffte, »unsere müden Tiere bei ihnen ausruhen zu lassen«. Auf guten Weideplätzen.

Auch diese Aussicht zerstreute der Führer: in der Nähe von Tebuk gäbe es zur Zeit kaum Grün und außerdem sei gerade dort jeden Augenblick mit einem Überfall durch einen Razw-Trupp zu rechnen.

Am 18. Juni kam Musil mit seinen Leuten endlich in der Oase Tebuk an. Während die Gefährten unter einigen schattenspendenden Bäumen Erholung suchten, begab sich Musil mit Isma'in zur Eisenbahnstation, um nach Dschwod zu suchen, der ja den überwiegenden Teil des Gepäcks mit der Bahn von Maan herangeschafft hatte.

Dschwod wohnte im »Bahnhofshotel« des Herrn Sarikakis, des Griechen, der entlang der Hedschasbahn eine Art »Hotelkette« besaß, freilich nicht vom Komfort eines Holiday Inn, aber immerhin mit ungebrannten Lehmziegeln und einem Dach mit luft- und lichtspendenden Löchern.

Nach einer sehr herzlichen Begrüßung und einer Kontrolle des Gepäcks und der Vorräte, die trotz Mäusefraß im großen und ganzen die Reise gut überstanden hatten, begab sich Musil nachmittags, wieder in Begleitung Isma'ins, zum Müdür, dem »Vorsteher« von Tebuk und Umgebung.

Er lebte im ersten Stock einer ziemlich verfallenen, kleinen Festung und zeigte sich nach einer eher kühlen Begrüßung wenig geneigt, dem Fremden, den er offensichtlich bloß als Schnüffler betrachtete, bei der Erfüllung seiner Aufgaben zu helfen ... im Gegenteil.

Immerhin gelang es Musil, einen schon etwas älteren, recht vernünftigen Gendarmen für die bevorstehende Reise in die weitere Umgebung

Tebuks zu gewinnen. Am nächsten Tag lernte Musil auch den Leiter der Quarantänestation von Tebuk kennen, Abdarrachman Effendi, der sich über den Besuch des Fremden aus Österreich sehr erfreut zeigte und das Quarantänegelände bereitwilligst für Musil und seine Begleitung zur Verfügung stellte.

Um den Belästigungen durch den Müdür und die jungen Gendarmen von Tebuk zu entgehen, entschloß sich Musil zu einem raschen Aufbruch. Am 29. Juni erreichte er nach beschwerlichem Marsch die nördliche Wasserscheide des wadi al-Kura und folgte dem wasserreichen Tal al-Dschisel, also einem »Schönen Tal«, was durchaus für die Gegend, kaum aber für die folgenden Ereignisse galt: Das Tal ist über einen Kilometer breit, dicht bewachsen und von niedrigen, roten Sandsteinklippen sowie steilen, hohen Basaltwänden eingeschlossen.

So schön das »Schöne Tal« auch sein mochte: Seine Bewohner galten weithin als »heimtückisches, verräterisches Gesindel, dem weder die Gastfreundschaft noch das Asylrecht heilig ist. Diese Unterabteilungen der Beli, die as-Sama und al-Freat, bekriegen sich auch untereinander ständig, kennen keinen Herrn. Von der Treulosigkeit der Beli-Freat konnten wir uns selbst überzeugen . . .«

Am 29. Juni traf Musil mit seinen Begleitern in einer kesselartigen Ausbuchtung des »Schönen Tals« auf eine kleine Gruppe der Freat, und sobald Musil das Zelt des Anführers ausgemacht hatte, beeilte er sich, es zu betreten, und so schnell wie möglich einen Schluck Wasser angeboten zu bekommen sowie im Zelte des Gastgebers zu trinken . . . Voraussetzung zum Erlangen eines Status als »Gast«.

Es verlief alles wunschgemäß und als Dank für die Aufnahme ließ Musil aus seinen Vorräten das Lieblingsgetränk der Beduinen zubereiten. Nachdem alle ihren Kaffee getrunken hatten, zeigte Musil auf seine Zunge und sagte feierlich: »Sieh da! Dein Salz ruht auf meiner Zunge!«, was so viel heißt wie: »Ich bin dein Gast geworden und darf erwarten, von dir nach den Gesetzen des Gastrechts behandelt zu werden«.

Der Alte fragte nach dem Begehr Musils, und der ersuchte um Begleitung bis Medajn Saleh.

»Das ist eine Reise von fast dreieinhalb Tagen und sie führt durch feindliches Gebiet. Ich kann dich nicht bis dorthin begleiten!«

»Dann führe uns zum nächsten Klan, der entlang dieser Wegstrecke lagert, und Allah wird für das Übrige sorgen«, antwortete Musil.

Doch schon wenige Meter außerhalb des Lagers sollte es anders kommen. Ein schriller Kriegsruf ertönte – von hinten! – und eine wilde Meute von Männern und Weibern, die Flinten, Speere und Knüppel schwangen, stürmte aus dem Zeltplatz heran. Unmittelbar darauf hatten sie schon Musil und seine Leute umzingelt und die Rasenden warfen sich wie eine Meute wilder Bestien über die völlig überrumpelten Fremden. »Ihr Christen! Ihr verfluchten Christen! Ihr gehört alle erschlagen!« gellte es von den sich wie verrückt gebärdenden Freatiin und sie schlugen mit Kolben, Prügeln und Speeren auf die völlig verdutzten »Gäste« ihres Sippenoberhauptes ein.

»Was dann geschah, läßt sich kaum beschreiben. Jeder Bericht muß da unzulänglich bleiben und kann auch die Gefahr nicht vergegenwärtigen, in der wir uns befanden. Sie schleppten uns in ein kleineres Zeltlager hinüber und Tuman und Rifat verurteilten sie zum Tode, weil sie Christen seien. Aber auch alle übrigen sollten ein ähnliches Schicksal erleiden, damit es keine Zeugen geben könne. Umgeben von einer sich wie irr gebärdenden Menge von Männern, Weibern und Kindern, konnten wir die ganze Nacht über kein Auge schließen.«

Tuman hat in seinen Aufzeichnungen eine kleine, aber gewiß typische Episode festgehalten, die sich bezeichnenderweise in den sonst so genauen Berichten von Musil selbst nicht findet:

»Unsere Lage war hoffnungslos ... Nach einer halben Stunde kam eine Rotte bewaffneter Sklaven und umringte uns. Ich war der Meinung, daß sie uns zur Richtstätte holten und wollte meinen kleinen Browing, den ich in der Unterhose verborgen hatte, hervorholen, um mich selbst zu töten. Das sah Scheich Musa und rief: ›Machen Sie keine Dummheiten, es ist nichts zu befürchten!‹« Und, schimpfend auf die Meuchelmörderbande, erklärte Musil seinen Gefährten, die von der jüngsten Entwicklung in diesem dramatischen Fall nichts mitbekommen hatten, den Sachverhalt: die Banditen hatten erfaßt, daß zu den Freunden Musils auch der Oberführer der Beli, Sliman Eben Refade, gehörte. Scheich Musa und seine Freunde standen daher unter »Schutz«. Das gab den Ausschlag. In Musils kurzem Worte liest sich das so: »Aber Allah hat uns nicht verlassen. Meine Verbindungen mit mächtigen Beduinenfürsten und die Furcht vor deren Rache kamen mir sehr zustatten, und nach 26 bitteren Stunden konnten wir das Lager fluchtartig verlassen.«

So schön war wadi al-Dschisel ... das »Schöne Tal«!

Der überhastete Weiterritt zeitigte alsbald schlimme Folgen.

Alle Kamele rieben sich die Fußsohlen auf dem glasharten, scharfrandigen Lavagestein auf, ein Tier blutete bereits auf beiden Hinterfüßen, ein anderes aus aufgeschundenen Knöcheln und Musils Kamel hatte sich einen spitzen Stein in den linken Vorderfuß eingetreten und stolperte jeden Augenblick; das Reitkamel von Dr. Kober war schwer aufgeritten (wohl auch Dr. Kober selbst) und es erwies sich alsbald als völlig ausgeschlossen, angesichts solcher Umstände die Reise nach Süden fortzusetzen. Dazu kam nach den entsetzlichen Erlebnissen mit den Beli-Freat eine allgemeine Niedergeschlagenheit und alle wünschten, aus der Machtzone dieses perfiden Stammes hinauszukommen.

Musil wollte allerdings die Erforschung des Nordteiles von wadi al-Kura dennoch nicht lassen, und zu diesem Zweck das Lager des Abu Schama, eines ihm gut bekannten Oberhäuptlings der Mwahib-Beli, aufsuchen, um neue Kamele zu erwerben.

Am »wahren Sinai«

Die leidgeprüfte Karawane wendete sich nach Norden.

Über das nun eintretende Ereignis gibt es zwei Berichte: Die Kurzdarstellung, die Musil der Öffentlichkeit in einem wissenschaftlichen Vorbericht gleich im darauffolgenden Jahr bot; und ein umfangreiches Werk, das Musil 1926 in New York herausbrachte.

Zunächst die Stelle aus der so begeistert hingeschriebenen Kurzfassung von 1911: »So verließen wir das Tal al-Dschisel und gelangten in die ausgedehnte Ebene al-Dschaw, in der wir am 2. Juli unverhofft die – meiner Ansicht nach – wichtigste Entdeckung auf dieser Forschungsreise machten, nämlich die *des wahren biblischen Berges Sinai.*

Alle unsere Mühen wurden vergessen und gerne hätten wir auch die Grotten der ›Diener des Moses‹ genau untersucht, aber unser Führer wollte um keinen Preis, daß wir den heiligen Vulkan al-Bedr betreten, und drohte, uns augenblicklich zu verlassen, wenn wir nicht weiter ostwärts zögen.

Wir mußten uns fügen, und ich hoffte, daß uns Allah morgen ermöglichen werde, was uns heute unmöglich war.

Unser Weg führte uns mitten zwischen den Harragebieten ar-Rha und al-Awaerz, so daß wir fast alle erloschenen Vulkane ziemlich genau aufnehmen konnten.« Der Traum vom »wahren Sinai« schien erfüllt.

In seinem großen Reisebericht schreibt Musil über die gleiche Gegend: »Im Südosten erkannten wir den Hügel Slej, und in der Fortsetzung dieser Linie den Vulkan al-Asi, an dessen Hängen sich die ›Höhlen der Diener des Moses‹ (Morajer Abid Musa) befinden.

Unser Führer berichtete, daß die Diener Moses' dort Aufenthalt nahmen, während Moses selbst bei Allah verweilte.

Tadra und die ganze Umgebung dort ist voll von Legenden. Vom Vulkan al-Bedr heißt es, er habe einst Feuer und Steine gespieen, und viele Beduinen sowie ihre Kamele und Schafe getötet. Seit damals fürchteten sich die Beduinen, den Vulkan zu besteigen und treiben ihre Herden niemals auf seine Hänge, weil sie ihren Tieren nicht erlauben können, dort zu weiden.

In der Nähe des Vulkans al-Bedr habe einst ein Beduine sein Lager aufgeschlagen, der zu jenen Menschen gehörte, die Erscheinungen haben (ahl as-sirr), der also von Dingen wußte, die anderen ein Geheimnis bleiben. Jener Beduine verkehrte mit himmlischen Geistern. Als sein Stamm neue, bessere Weideplätze suchen wollte, riet er ihm davon ab und sagte voraus, daß viele auf dem Wege umkommen würden. Aber seine Stammesgenossen wollten nicht auf ihn hören. Als sie fortzogen, blieb der Mann mit den Gesichten beim Vulkan al-Bedr zurück und mit ihm seine Tochter Hamda. Er pflegte auf der Höhe des Kraters zu sitzen und seine Tochter auf einem Ausläufer des Berges, der nach ihr Tor Hamde genannt wird. Täglich brachte ein Adler dem Vater und der Tochter je einen halben Brotlaib zur Nahrung. Das ging so zwanzig Jahre hindurch. Dann kehrten die letzten Überlebenden des Stammes, der einst so mächtig gewesen war, zu ihrem Ausgangspunkt zurück. Sie trafen den Mann mit den Gesichten wieder und auch seine Tochter und handelten fürderhin nach seinem Geheiß. Alsbald gewannen sie daher ihre alte Kraft zurück und auch ihre entschwundene Glückseligkeit.«

Auf das, was er in der Kurzausgabe so bestimmt erklärte, nämlich den wahren Berg Sinai entdeckt zu haben – den Vulkan al-Bedr –, geht Musil in direkter Form nicht ein. Offensichtlich aber beabsichtigt er, mit der breiten Wiedergabe jener alten Beduinenlegende, deren Parallelen zur biblischen Berichterstattung über Moses und den Berg Sinai offenkundig sind, den Leser selbst zu der Meinung zu bringen, er müsse soeben vom ›wahren Berg Sinai‹ – jenem Vulkan al-Bedr also – gehört haben, den Musil mit aller ihm gegebenen Überzeugungsstärke für den Gesetzesberg hielt.

Ganz ähnlich verfährt Musil in seinen äußerst umfangreichen Anmerkungen zu dem gleichen Thema.

Er erwähnt dort den Vulkan al-Bedr nicht ausdrücklich, stellt aber fest, daß er nach seiner Meinung in der Gegend östlich des Golfs von Akaba liegen müsse, im Lande Madian: »Sinai muß deshalb ein isoliert dastehender Gipfel gewesen sein, wahrscheinlich nahe dem sche'ib (einem kleinen Wasserlauf) von al-Hrob an der Nordgrenze des welligen Geländes von al-Hrajbe.« Ohne es bestimmt auszusprechen: Er kann wieder nur von seinem Vulkan al-Bedr geredet haben! Musil kommt auch gleich darauf zu sprechen: »Entsprechend Exodus, 19:16 grollte der Donner, erleuchteten Blitze die Landschaft, und eine schwere

Wolke lastete auf dem Berge, während eine laut dröhnende Trompete zu hören war, so daß das Volk zu zittern begann ... Viele dieser Einzelheiten legen den Schluß nahe, daß es sich beim Berge Sinai um einen Vulkan gehandelt haben muß, aber die Beschreibung unterscheidet sich grundsätzlich von der eines aktiven Vulkans, wozu noch kommt, daß Moses sein Volk ja niemals an einen solchen aktiven feuerspeienden Berg herangeführt hätte.« Wohl aber muß, nach Meinung Musils, in jener Gegend eine lebendige Erinnerung an die Gefahren bestanden haben, die von einem solchen Berg ausgehen können ... der ›wahre Sinai‹ muß also nach seiner Beweisführung in einem vulkanischen Gebiet liegen.

Er schließt seine Folgerungen mit dem Satze: »Diese Stelle muß sich im Lande Madian befinden, im Südosten der zeitgenössischen Siedlung Akaba.«

Er meint seinen al-Bedr ...

Am 3. Juli 1910 erreichte Musil endlich wieder die Bahnlinie. In der Station al-Mu'azzam erwartete Musils Begleitgendarm bereits ein dringendes Telegramm aus Tebuk mit dem strikten Befehl des Müdürs, sofort zurückzukommen.

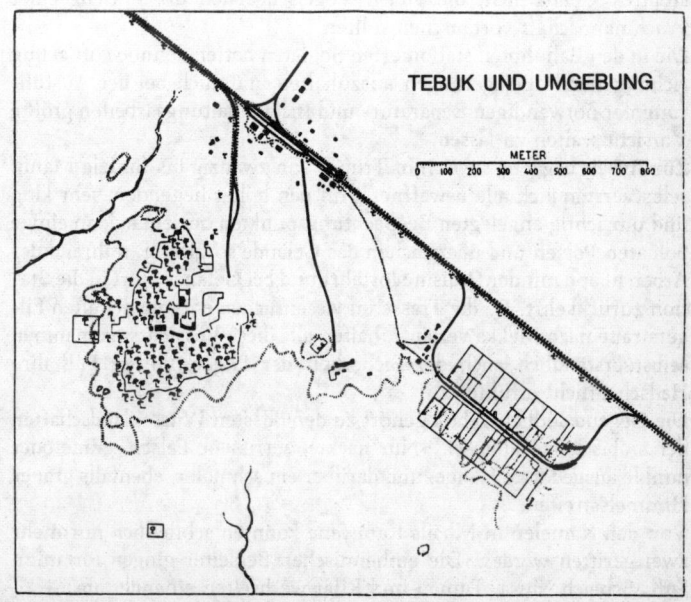

TEBUK UND UMGEBUNG

METER
0   100   200   300   400   500   600   700   800

Sollte sich Musil widersetzen, so hieß es in der Depesche, »dann solle er mir und meinen Begleitern erklären, daß die Regierung gar keine Verantwortung für mich übernehme«. Der Gendarm habe in diesem Falle sofort allein heimzukehren. »Ich durfte gehen, wohin ich wollte, aber ich war vogelfrei. Wäre es mir möglich gewesen, zu den mit mir befreundeten Häuptlingen der Wuld Sliman vorzudringen, so hätte ich bei ihnen Schutz gefunden, aber sie lagerten im Südosten, und die an der Bahn lagernden und von der Regierung wenigstens nominell abhängigen Unterabteilungen der Atawne und Schararat hätten uns sicher für die gute Prise angesehen. So zogen wir längs der Bahn nordwärts nach Tebuk.« Auch dieser Ritt bereitete manche Gefahr, obwohl es den Beduinen strengstens verboten war, sich der Bahnlinie oder gar den festungsartigen Eisenbahnstationen zu nähern. Es verlief aber alles glatt; die mehrmals auftauchenden Militär- oder Gendarmeriepatrouillen erkannten stets rechtzeitig, mit wem sie es zu tun hatten. In der Gegend zwischen al-Muazzam und al-Ahzar, wo der Schienenstrang durch besonders unübersichtliches, für Raubüberfälle vorzüglich geeignetes Gelände führt, lagen die Wachhäuser dichter beieinander und gelegentlich stießen Musil und seine Leute sogar auf »ausgestopfte« Gendarmen, die gleich Vogelscheuchen die Präsenz einer Wachmannschaft vortäuschen sollten.

Die in den Bahnhöfen stationierten Soldaten hatten dennoch oft genug richtiggehende Belagerungen auszuhalten und auch bei der Ausführung der notwendigen Reparatur- und Instandhaltungsarbeiten größte Vorsicht walten zu lassen.

Zur Arbeit begaben sie sich in Trupps von zwanzig bis fünfzig Mann, selbstverständlich alle bewaffnet. Auf den höher liegenden, sehr klug und umsichtig angelegten Beobachtungspunkten beziehen dann einige Soldaten Posten und überwachen das Gelände sorgfältig, während der Arbeitstrupp mit der Draisine losfährt und bei Gefahr sofort in die Station zurückkehrt. Da die Trasse im wesentlichen entlang der alten Pilgerstraße nach Mekka verläuft, halfen alle diese Vorsichtsmaßnahmen selbstverständlich auch der Sicherheit der Pilger, die zu Fuß ihre Hadsch-Pflicht erfüllten.

Die Gegend südlich Tebuk gehört zu den ödesten Wüstenlandschaften der arabischen Halbinsel. »Nur nackte, zerrissene Felsen, graue oder dunkle ausgedörrte Hänge, und darüber ein schmaler, ebenfalls grauer Himmelsstreifen ...«

Von den Kamelen in Musils Karawane konnten schließlich nur mehr zwei geritten werden. Die einheimischen Begleiter gingen fortan zu Fuß; Scheich Musa, Tuman und Rifat wechselten einander ab.

Endlich tauchte am Horizont das »Wahrzeichen« von Tebuk auf, der Gipfel al-Mambar der Scharora-Gruppe. Doch selbst dort, schon im Weichbild der immerhin mit einer kleinen Garnison versehenen Bahnhofsfestung Tebuk, entgingen die erschöpften Reisenden nur mit knapper Not einem wilden Razw-Trupp, der sich frech bis an die Schußweite der Gewehre der Soldaten von Tebuk wagte.

»Endlich, am 6. Juli, stiegen wir um 1 Uhr 55 Minuten vor dem Lazarette von Tebuk ab. Der Verwalter des Lazaretts, Abdarrachman Effendi, bekundete große Freude, uns lebend wiederzusehen.« Wie nicht anders zu erwarten, lag ja entlang der ganzen Bahnlinie geradezu eine Wolke von Gerüchten um »Scheich Musa« und seine kleine, verwegene Schar in der Luft: Die einen hatten ihn lebend gesehen, die anderen verwundet und ausgeplündert, die dritten tot und verstümmelt. Die Unruhe über Musils Befinden – es konnte den osmanischen Behörden keinesfalls gleichgültig sein, ob ein so berühmter, international angesehener Wissenschaftler gesund und munter oder tot und ausgeplündert in Tebuk weilte! – war mehr als verständlich, hatte doch soeben erst ein gut fünfzig Mann starker Razw-Trupp die Eisenbahnstation Tebuk belagert. »Sollten die Beduinen Tebuk einmal wirklich überfallen, so wird kein Soldat, kein Beamter entkommen.«

Musil wollte von der Station Tebuk aus, wo er sich mit seinen Leuten trotz der äußerst angespannten Lage wieder etwas erholten konnte, zu den am Oberlauf des wadi Zejti lagernden Beni Atije wandern, doch da traf die Nachricht von einem großen Razw-Zug der Schammar in jenem Gebiet ein.

Zur gleichen Zeit erhielt der Müdür eine strenge, telegrafische Anweisung aus Damaskus, den »Adschnabi«, den »fremden Untertan«, streng zu bewachen; nichts hätte die neue, jungtürkische Regierung in Konstantinopel gerade in jener Zeit weniger brauchen können als eine Meldung über einen Europäer, der bei Unruhen in Arabien umgekommen war ...

Währenddessen ging aber die Zusammenarbeit mit dem Leiter der Sanitätsstation von Tebuk bestens voran und am Ende der ersten Juliwoche konnte Musil trotz aller Widrigkeiten beruhigt feststellen: »Die uns von dem obersten Sanitätsrate gestellte Aufgabe hatten wir bereits vollkommen gelöst.«

Vereinbarungsgemäß meldete Musil diese Tatsache telegraphisch in Konstantinopel, um die Entsendung der vereinbarten Sanitätskommission zu veranlassen, erfuhr aber, daß sie erst im Dezember abgehen könne: Die Regierung wollte eine Beruhigung der Lage abwarten. Am 8. Juli verließ Musil Tebuk. Es dauerte drei Stunden, die ohnehin so

schwachen Kamele, die vor den Waggons und der ganzen ihnen unge-
wohnten Umgebung des Bahnhofes scheuten, auf die Ladeflächen zu
bringen, zumal es keine entsprechende Rampe gab.

Aber die Reise mit der Hedschasbahn von Tebuk nach Maan ging völlig reibungslos vonstatten, und schon am nächsten Mittag grasten Musils Kamele auf den Weiden vor Maan.

Musil nahm zunächst auch die Arbeit wieder auf und begann, gemeinsam mit Tuman und Rifat neue Geländeskizzen zu verfassen, doch da
zeigte sich doch, daß die Grenzen des Machbaren nicht nur erreicht,
sondern überschritten waren: Sowohl Dr. Kober als auch Thomasberger brachen völlig erschöpft zusammen und Musil erfaßte Nervernfie-
ber, das glücklicherweise bald abklang.

Die verschiedenen Maßnahmen der Behörden, die zunächst Musil so
gestört hatten, weil sie den Eindruck erweckten, man wolle ihn an seiner Bewegungsfreiheit hindern, zeigten sich in Maan und später erst
recht in Damaskus in einem ganz anderen Licht, als Scheich Musa in
Begleitung von Dschwod den Kajmakam von Maan aufsuchte: die
Hwejtat befanden sich in hellem Aufruhr, und die Unruhe, die sie verursachten, breitete sich bereits über die ganze Region aus.

Ursache dürften verzögerte Auszahlungen der »Subsidien« gewesen
sein. Unter diesen Umständen beschloß Musil, nach Damaskus zurückzukehren, »was sowohl Tuman als auch Rifat eine augenblickliche
Besserung brachte«.

Auf der Fahrt von Maan nach Damaskus fertigten die Unermüdlichen
dann noch zahllose Geländeskizzen an und trafen Mittwoch den
12. Juli 1910 in der Hauptstadt des osmanischen Wilajets Syrien ein.
Unmittelbar darauf traf Musil mit dem Wali – dem Generalgouverneur – zusammen, der sich wegen der telegrafischen Ordres nach Tebuk und Maan entschuldigte, aber angesichts der Unruhe unter den
Stämmen und der Sorge um Musils Sicherheit um Verständnis für diese Maßnahme bat.

Da inzwischen auch Nachrichten über Unruhen im Hawran (dem
Landstrich südlich von Damaskus, an der Westflanke des Dschebel al-
Druz) eintrafen, ersuchte der Wali, Scheich Musa möge sich zu seinem
großen Freund an-Nuri begeben und nach Vermittlungsmöglichkeiten
suchen.

Scheich Musa erfüllte die Bitte des Wali und brachte eine diplomatische Meisterleistung zustande, die ungezählten Menschen das Leben
rettete, weil sie den ganzen Hawran vor einer blutigen Fehde bewahrte: Es glückte ihm, das Bündnis der Aneze-Beduinen mit den gefährlichen Drusen wieder rückgängig zu machen. Musil schreibt darüber

13   Die osmanische Eskorte für Alois Musil anläßlich seiner Expedition nach Kasr Amra im Jahre 1901.

14   Die Säulenstraße von Palmyra-Tadmor.

15 und 16 *Auf den Spuren Alois Musils: der Autor Erich Feigl (oben, links) bei einer seiner ersten Filmexpeditionen (1964) im arabischen Raum in der Palmyrena und im Gebiet der Wüstenheiligtümer Syriens (El Barah).*

einen einzigen, kurzen Satz: »Es gelang mir, diese mächtigen Stämme
den Drusen abwendig zu machen.«

Diese für die osmanische Verwaltung so wichtigen Unterhandlungen
nahmen gut zehn Tage in Anspruch. Dann ging es auf dem üblichen
Weg über Beirut und Triest zurück nach Wien, wo Musil mit Thomasberger und Dr. Kober am 17. August, einen Tag vor »Kaisers Geburts-
tag«, eintraf.

Mit den Ergebnissen »dieser äußerst anstrengenden Reise« konnte
Musil mehr als zufrieden sein. Trotz aller Widrigkeiten hatte er so gut
wie alles erreicht, was er sich als »Plansoll« gesteckt hatte.

Angesichts der unerhörten Zurückhaltung, der sich der in allen Le-
bensäußerungen so asketische Alois Musil stets befleißigte, gewinnt
auch der kurze Satz großes Gewicht, in dem er seine Reisegefährten
abschließend erwähnt: »Sowohl Dr. Kober als auch R. Thomasberger
erfüllten alle an sie gestellten Anforderungen und verzagten selbst in
den schwierigsten Lagen nicht.« Wer zwischen den Zeilen des Musilschen Reiseberichtes zu lesen weiß, versteht, welch ein besonderes Lob
Musil seinen Mitarbeitern damit abschließend aussprechen wollte.

Schon eine Woche nach der glücklichen Heimkehr in die Reichshaupt-
und Residenzstadt Wien erschien im repräsentativsten Blatt der Doppelmonarchie, in der Tageszeitung »Neue Freie Presse«, ein Bericht
aus Musils Feder über seine jüngste Orientmission, in dem er einlei-
tend feststellte, »ein Gebiet von 450 km Länge und 300 km Breite kartographisch aufgenommen, topographisch und geologisch beschrieben« zu haben; das sei das Erbgnis dieser »harten Arbeit. Die topographische Nomenklatur ist um mindestens 1200 Namen bereichert
worden. Somit ist es mir möglich, meine Karte von Nordarabien bis
zum Roten Meer auszudehnen. Nebst ethnologischen Aufzeichnungen
bringe ich viele Inschriften, von denen insbesondere eine von höchster
historischer Bedeutung ist. An sonstigen Altertümern fanden wir uralte Heiligtümer, Nekropolen und andere Anlagen.

Ich glaube auch, den wahren Berg Sinai tatsächlich gefunden zu haben.
Die Gründe dafür werde ich erst später in einer Publikation der Kaiserlichen Akademie der Wissenschaften niederlegen. [Anmerkung des
Autors: Was nie geschah. Offensichtlich bekam Musil von kirchlicher
Seite in dieser Angelegenheit einen Verweis.] Vorläufig bemerke ich
nur, daß ich neue Stationen der Exodusroute fand, und daß diese Stationen zu einer ausgedehnten, fruchtbaren und ziemlich wasserreichen
Ebene führen. Mitten in dieser Ebene erhebt sich ein langgezogener,
grauer Tafelberg (der Horeb?), aus dem ein pechschwarzer Krater
hoch zum Himmel emporragt. Dieser Krater heißt Hala al-Bedder,

gleich Mondberg, was der Bedeutung des Sinai gleichkommt (sin = Mond). Alle diese Ergebnisse dürften mit den Resultaten meiner Reise in Nordarabien mehrere Bände füllen, welche wahrscheinlich wie die früheren als eine selbständige Publikation der Kaiserlichen Akademie der Wissenschaften erscheinen werden.«

Abgesehen von diesen, für die Öffentlichkeit doch sehr interessanten Ergebnissen hatte Musil erstmals auch die Botanik bereichert. Der Kurs in »Pflanzenpräparieren« zeitigte ganz ungewöhnliche und außerordentliche Erfolge, die Botaniker immer noch beschäftigen, war doch Musil der *erste* Forschungsreisende, der sich auch auf das sachkundige Sammeln und Bewahren von Pflanzen im arabischen Raum verstand. Musil übergab seine Kollektion an den böhmischen Botaniker J. Velenovský, der die Sammlungsstücke wissenschaftlich einordnete und beschrieb und im Jahr darauf, 1911, unter dem Titel »PLANTAE ARABICAE MUSILIANAE« im Verlag der Königlich Böhmischen Gesellschaft der Wissenschaften publizierte. Velenovský spricht in seiner Arbeit vor allem davon, daß Musil eine »verhältnismäßig große Anzahl neuer Arten« entdeckt habe, die folgerichtig auch den Namen Musils in der Botanik verewigten ... als »Thymus Musili, Linarium Musili sp. n. Suffructiosa, Scorzonera Musili, Pyrethrum Musili, Malcolmia Musili, Tephrosia Musili, der Musilia Arabica« und zahllosen anderen, von Musil entdeckten Species mehr. Die Wissenschaft beschäftigt sich mit den von Musil gesammelten Pflanzen bis in unsere Tage. Die Botaniker Rechinger (Wien) und B. L. Burtt (Edinburgh) sowie Professor Dr. H. Riedl, der beste zeitgenössische Kenner der Pflanzenwelt im arabisch-iranischen Raum, beschäftigten sich immer wieder mit der einmaligen Sammlung Alois Musils.

Es wäre nicht eine Musil-Expedition gewesen, würde sie nicht auch in die Politik übergreifen. Musils Träume von einem geeinten, ähnlich wie Österreich-Ungarn funktionierenden türkisch-arabischen Doppelstaat unter dem Hause der Osmanen scheinen sich für ihn in der Persönlichkeit des Fürsten an-Nuri zu konkretisieren, den er in einem Brief an die Akademie der Wissenschaften bereits (lapsus linguae?) »König« der Araber nennt. In der Tat gab es damals *drei* arabische Fürstenfamilien, die für eine Führungsrolle in jenem Raum in Frage kamen: die Eben Raschid (mit der Hauptstadt Hadschel; Musil mochte sie nicht und sollte in seinem Urteil recht behalten), das Haus Eben Sa'ud (dessen kommende Macht er instinktiv spürte und für das er sich immer verwendete) und schließlich die Familie Scha'lan, deren Oberhaupt an-Nuri er freundschaftlich verbunden war. Musil erträumte sich damals – innerhalb des Osmanischen Reiches! – eine Führungs-

Fig. 2. *Astragalus
al-hamedensis* Rech. f.
(Al Hamed, leg. Musil). 2/3.

rolle an-Nuris, und das mit gezielter Hilfestellung von Seiten Österreich-Ungarns. Bereits im Jahre 1917 (und auch das immer noch als
Erster!) erkannte er, daß es nicht die Stunde an-Nuris, sondern die
Stunde des Fürsten Abdul Aziz Eben Sa'ud, des späteren ersten Königs
von Saudi-Arabien war, die heraufdämmerte.
Im Jahre 1910, als Alois Musil seine Hedschas-Mission begann, stand
seine Arbeit in hohem Maße im Dienste des begabtesten Mannes

im Kreise der Jungtürken, Talaat. Ihm hatte Musil versprochen, Informationen über die Zustände im Hedschas zu liefern und Lösungsmöglichkeiten für eine künftige, gedeihliche Zusammenarbeit von Türken und Arabern unter dem gemeinsamen Dach des Hauses Osmans zu liefern. Musil war dieser Aufgabe voll und ganz nachgekommen. Die Jungtürken nicht ganz so gut. Aber vielleicht war ihre Zeit schon abgelaufen, bevor sie noch wirklich begonnen hatte.

10. KAPITEL

Mit Prinz Sixtus von Bourbon-Parma durch Nordostarabien und Südmesopotamien, 1912

»Nachdem mein Bruder Sixte seine Doktorsarbeit abgeschlossen hatte, wollte er eine größere und interessante Reise unternehmen. Ich glaube, es war ein Vortrag von Professor Musil über Arabien und der Mangel an passenden Landkarten, der meinen Bruder auf den Gedanken brachte, sich als freiwilliger Mitarbeiter anzubieten, was umso leichter war, als nur wenige Leute an einer solchen schwierigen Reise interessiert waren«, erinnert sich Kaiserin Zita im Dezember 1984, mehr als sieben Jahrzehnte nachher. Aber sie wurde, so wie Erzherzog Karl und die Geschwister in Schwarzau am Steinfeld, im Zuge der Vorbereitung der Expedition und ihrer glücklichen Vollendung auf Musil und seine Fähigkeiten, seine Pläne hinsichtlich einer Verstärkung des österreichischen Einflusses im Orient aufmerksam.

Prinz Sixtus war mehrere Jahre lang Zögling der berühmten, für ihre beispiellose Härte bekannten STELLA MATUTINA, einer von Jesuiten geführten Internatsschule in Vorarlberg gewesen, wo er auch maturierte. Einer seiner Klassenkameraden an der »Stella«, Josef Schwagula, schlug die diplomatische Laufbahn ein und arbeitete schließlich als Attaché am österreichisch-ungarischen Konsulat in Beirut. Dort lernte Schwagula eines Tages Alois Musil kennen, als der berühmte Mann nach Abschluß der Hedschas-Expedition im Konsulat vorsprach. Zwei Jahre später fragte Prinz Sixtus, der mit seinem Kameraden Josef Schwagula Kontakt gehalten hatte, in Beirut brieflich wegen verschiedener Landkarten an, um für seine geplante Orientreise gut gerüstet zu sein.

Offensichtlich hielt Prinz Sixtus damals noch an dem Plane einer Expedition nach Arabien *und* Persien fest; am 15. Dezember 1911 jedenfalls verschickte das Außenamt in Wien noch ein »Offenes Vorschreiben« an die Botschaften in Konstantinopel und Teheran, in dem es eine solche Reise des Prinzen Sixtus ankündigte und um »Reiseerleichterung« bat.

Schwagula erinnerte sich sofort des »Scheich Musa«: »Ich gestehe meine vollständige Unwissenheit über diesen Punkt und erlaube mir deshalb, Euer Hochwürden um gütige Bekanntgabe einiger einschlägiger Kartenwerke zu bitten, sofern Ihre kostbare Zeit dies gestattet.« Musil schickte nicht nur seine soeben fertiggestellte Nordarabienkarte

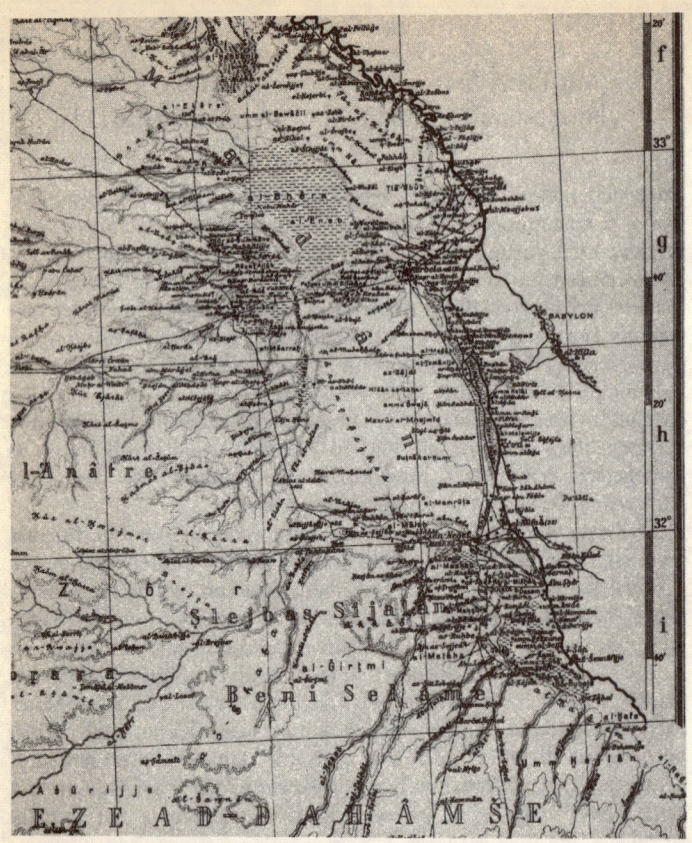

Eines der Ergebnisse der Expedition Alois Musils mit Sixtus von Bourbon-Parma nach Nordostarabien und Südmesopotamien war die gesamte Aufnahme der Route einschließlich der ersten kartographischen und topographischen Darstellung von Innermesopotamien.

nach Beirut, sondern fragte an, ob sich Prinz Sixtus nicht vielleicht unmittelbar an ihn, Musil, wenden wollte, zumal aus der Korrespondenz zwischen Schwagula und seinem prinzlichen Schulfreund hervorging, daß sich Schwagula Sorgen machte: »Ich glaube, es nicht verantworten zu können, den Prinzen, welcher des Arabischen nicht mächtig ist, so allein in die Wüste ziehen zu lassen.«

Ähnlich schrieb Schwagula offenbar an seinen abenteuerlustigen Schulfreund, und Prinz Sixtus handelte rasch. Er verschob die Reise, suchte und fand in dem Grafen von Maumigny einen Reisegefährten und nahm vor allem die Gelegenheit wahr, bei dem berühmten Priestergelehrten Alois Musil persönlich vorzusprechen.

Es hatte sich zwar in der Zwischenzeit die bemerkenswert rasch und zügig arbeitende diplomatische Maschinerie in Bewegung gesetzt und, entsprechend den ursprünglichen Plänen des Prinzen Sixtus, die österreichisch-ungarischen Vertretungen in Konstantinopel und Teheran von der unmittelbar bevorstehenden Ankunft des Prinzen in Kenntnis gesetzt. Die Familie Bourbon-Parma genoß in Österreich nach ihrer gewaltsamen Vertreibung aus dem Herzogtum Parma durch die vereinigten Truppen der Piemontesen und Napoleons III. im Jahre 1859 in Österreich politisches Asyl und zu Lebzeiten des vertriebenen Herzogs Robert von Parma (des Vaters von Prinz Sixtus) auch eine rechtliche Sonderstellung; so wurden alle das Haus Bourbon-Parma betreffenden Angelegenheiten über das Obersthofmeisteramt abgewickelt.

Nach dem Tode des Herzogs Robert im Jahre 1907 waren diese Privilegien zwar erloschen, inzwischen hatten sich aber die Bourbonen von Parma noch viel inniger mit den Habsburgern verbunden: Im Oktober 1911 vermählte sich Erzherzog Karl mit der Bourbonenprinzessin Zita. Da zu dieser Zeit bereits feststand, daß Erzherzog Karl der künftige Thronerbe sein werde (wenn auch, angesichts des guten Gesundheitszustandes des Erzherzog-Thronfolgers Franz Ferdinand, mit einer Thronbesteigung durch Karl erst für 1940 oder gar noch später zu rechnen war), schenkte die Regierung den Plänen des Bourbonenprinzen besondere Aufmerksamkeit. Der damalige Minister des Äußeren, Graf Lexa von Aehrenthal, nahm die ganze Angelegenheit der Reise des Prinzen selber in die Hand, damit ja alles sorgfältig und umsichtig getan werde, um Schwierigkeiten bei der Reise des Prinzen zu vermeiden. Die Betulichkeit Aehrenthals entbehrte in diesem Zusammenhang nicht einer gewissen Pikanterie, war es doch er gewesen, der die Annexion Bosniens und der Herzegowina durch Österreich im Jahre 1908 betrieben und dadurch nicht nur eine schwere Verstimmung mit dem Osmanischen Reich, sondern auch die ganze Balkankrise jener Jahre (die schließlich in den Ausbruch des Ersten Weltkrieges mündete) ausgelöst hatte. Doch Prinz Sixtus änderte seine Reisepläne sofort, als sich herausstellte, er könnte vielleicht den damals bereits berühmten Professor Alois Musil dazu gewinnen, die Führung der geplanten Expedition zu übernehmen.

Ich kann auf Grund früherer Aufzeichnungen meiner Gespräche mit dem Prinzen Xavier (einem Bruder von Sixtus) diese Begegnung Musils mit dem unternehmungslustigen Bourbonen mit Genauigkeit wiedergeben.

Beide hatten insgeheim Erkundigungen über den potentiellen Partner eingeholt, und die Ergebnisse klangen auf beiden Seiten gleich gut. Die erste Begegnung fand schließlich in Musils Arbeitszimmer in der Hofbibliothek statt und begann mit einer kleinen Episode.

Während Musil den charmanten jungen Prinzen musterte, rümpfte der die Nase, schnupperte und fragte: »Was ist das für ein merkwürdiger Geruch hier, Hochwürden?« Musil, in Gedanken bereits mit Sixtus irgendwo in der Wüste, verstand zunächst die Frage nicht. »Geruch? Was für ein Geruch?« fragte er schließlich arglos zurück. »Gestank, ganz entsetzlicher Gestank!« antwortete Sixtus lachend: »Ich sehe, dort köchelt etwas vor sich hin. Sollte das etwa Tischlerleim sein?«

In der Tat, auf einem Spirituskocher brodelte eine Brühe und gab glucksend Geräusche und Geruch von sich ... »Geruch« oder gar »Duft« jedenfalls in der Nase Musils; für ungeschulte Richorgane allerdings das Gegenteil: durchdringender Gestank.

»Haben Sie schon einmal etwas von *Pemikan* gehört, königliche Hoheit?« Sixtus strahlte: »Ich bitte Sie, ich kenne meinen Karl May und meinen Gerstäcker! Das ist luftgetrocknetes Büffelfleisch. Sie kochen hier *Büffel*fleisch?«

»Nein, königliche Hoheit, das ist nicht die eiserne Ration eines Indianers, sondern die eines Beduinen ... ich koche getrocknetes *Kamel*fleisch. Es dauert eine Weile, bis es gar ist, und ich würde mir kaum erlauben, Sie ...«

Prinz Sixtus fiel ihm geradezu heftig ins Wort:

»Aber ich bitte Sie! Laden Sie mich ein auf eine Kostprobe. Ich müßte mich doch eigentlich so früh wie möglich akklimatisieren – oder?«

Und er aß von dem aufgekochten Widatsch, zögernd zwar, aber er aß.

»Wie, sagten Sie, heißt das?«

»Widatsch. Eigentlich ist es eher Kamel*fett* als Fleisch. Das Zeugs wird zunächst gekocht, dann kommt es in einen Ledersack und hält bis zu drei Jahren.«

Prinz Sixtus kaute etwas zögernd, offensichtlich stellte er eine Berechnung an. Es war Anfang 1912, Musil weilte zuletzt im Hedschas ... nun, das sollte sich noch ausgehen.

»Ich wäre froh, wieder frischen Widatsch zu bekommen ...«

Er bekam. Bald darauf.

Schon am nächsten Tag meldete sich der Prinz:

»Sehr geehrter Herr Professor,
seit dem Momente, da ich mich gestern von Ihnen verabschiedete, läßt
mir der von Ihnen vorgeschlagene Plan einer Forschungsreise keine
Ruhe. Was meine Person angeht, so bin ich dazu fest entschlossen,
und es scheint mir unmöglich, daß mein Freund Maumigny anderer
Ansicht sein könnte. Ihr großmütiges Anerbieten, uns zu begleiten,
erfüllt mich mit Freude. Denn eine so interessante Reise unter solch
wissenschaftlicher Führung wird wohl noch wenigen beschieden worden sein. Das Interesse der Wissenschaft mit der persönlichen Genugtuung, eine so wenig bekannte Gegend zu durchforschen, schien mir
von jeher das schönste Reiseziel.
Ich brauche wohl Ihnen, Hochwürden, nicht zu sagen, wie dankbar ich
Ihnen dafür wäre, mir ein solches Glück zu bereiten . . .«
Ein paar Tage darauf erhielt Musil auch noch eine Anfrage von Erzherzogin Zita (der Schwester des Prinzen Sixtus), ob er nicht noch ein Ex-
emplar des bereits vergriffenen Werkes »Arabia Petraea« übrig hätte.
Auch das Außenamt kam sofort wieder auf Touren. Aktennotiz:
»Universitätsprofessor Dr. Musil sprach am 23. I. im Departement 8 A
vor und teilte mit, daß er in Begleitung des Grafen Mercoeur (Prinzen
Sixtus von Parma) und des Grafen Joseph de Maumigny am 15. II.
d. Js. eine wissenschaftliche Reise nach dem Orient unternehmen wird,
zu welcher er und seine Begleiter Irade's für die Vilajete Damaskus,
Aleppo, Bagdad und das Mutessareflik Deir Zor benötigen.
Dem Gfn Merceur wurde seitens des Dep 2 lediglich ein Ministerialpaß
ausgestellt.«
Dann schaltete sich wieder der Außenminister ein.
Telegramm in Ziffern:
»S. Kgl. Hoheit Prinz Sixtus von Parma begibt sich unter dem Inko-
gnito eines ›Grafen Mercoeur‹ in Begleitung des Universitätsprofessors
Prälat Musil und des Comte Joseph de Maumigny am 15. Februar auf
eine wissenschaftliche Forschungsreise nach dem Orient. Ersuche, die
erforderlichen Empfehlungsschreiben der Pforte an die Vilajete Beirut,
Damaskus, Aleppo, Basra, Bagdad und Mossul sowie des Mutessare-
fliks Deir es Zor unverzüglich beschaffen und behufs Ausfolgung an
Prälat Musil bis spätestens 10. R. Mts. vorlegen zu wollen.

Aehrenthal«
Markgraf Pallavicini, österreichisch-ungarischer Botschafter bei der
Hohen Pforte, erledigte alles sofort, fragte aber vorsichtshalber noch
zurück, »ob und welche Waffen und Munition die Expedition mit sich
führen wird«.
Darauf der Außenminister:

Brief Musils an die Kaiserliche Akademie der Wissenschaften mit Bemerkungen Karabaceks und Müllers

»Unter dem Inkognito eines Grafen von Mercoeur wird Prinz Sixtus von Bourbon-Parma nächstens in Beirut landen.

Ersuche competenten Ortes zu intervenieren, damit unbehinderte Einfuhr eines Mannlicher-Schönauer Jagdgewehres samt Munition, welches Graf Mercoeur mit sich führt, bewilligt und Zollbehörde Beirut entsprechend instruiert werde. Aehrenthal«

Dann stellte er gleich darauf richtig:

»Bezug auf mein Telegramm 344: Graf Mercoeur trifft in der Türkei nicht in Beirut, sondern auf dem Landwege wahrscheinlich Orientexpress ein, um sich zuerst nach Constantinopel zu begeben, und führt auch zwei Schrotgewehre mit. Euer — wollen daher wegen Instruierung der Behörden an der Grenze und in Constantinopel entsprechend vorsorgen.

Aehrenthal«

Antwort aus Constantinopel:

»Markgraf Pallavicini.

Pera, am 27. Dezember 1911.

Chiffre.

Mit Bezug auf Telegramm No 352 vom 24. dieses Monats.

Die Zollämter Mustafa-Pascha und Bahnhof Stambul wurden entsprechend angewiesen. Wegen Beistellung eines Kawassen zum Bahnhof wäre Mitteilung des Ankunftstages erwünscht.«

Musil und der Prinz trafen einander schließlich in Haifa.

Abermals wurde der Zweck der Reise durchbesprochen:

Aufnahme der ganzen bereisten Gegend nach Augenschein und der benachbarten Gebiete nach Aussagen verläßlicher Zeugen, »Gewährsmänner Leute, die nicht immer lesen und schreiben, aber mit sicherer Hand zeichnen konnten, oft zwar bloß in den Sand, aber das mit sicherer Hand.«

Es stand aber noch mehr auf dem Programm als eine Aufzeichnung der landschaftlichen Gegebenheiten. Darüber hinaus wollte die kleine Expedition »alle Überreste alter Kultur gründlich untersuchen, Pläne anfertigen, Skizzen, Photographien, Inschriften abklatschen und Pflanzen sammeln.«

Die erforderlichen wissenschaftlichen Instrumente stellte, wie schon zuvor, das k.u.k. Militärgeographische Institut zur Verfügung, während die notwendigen Überprüfungen die k.u.k. Marinesektion in Pola, dem österreichisch-ungarischen Kriegshafen in Istrien, vornahm.

Der auf früheren Forschungsreisen erprobte k.u.k. Feldwebel Rudolf Thomasberger, dessen Beurlaubung vom Militärdienst die Kaiserliche Akademie der Wissenschaften bewirkte, sollte die kleine Reisegesellschaft als wissenschaftlicher Assistent begleiten. Es sei gleich vorweggenommen, daß sich die neuerliche Wahl Thomasbergers als Fehlgriff erwies, nicht weil er nicht tüchtig oder zuverlässig gewesen wäre – ganz im Gegenteil –, sondern weil er sich einen gewissen kameradschaftlichen (wenn schon nicht freundschaftlichen) Anschluß erwartete, den Musil aber nicht wollte.

Durch Vermittlung der k.u.k. Ministerien für Kultus und Unterricht sowie des Äußern erhielten die Teilnehmer ihre Iradeler, die kaiserlich-osmanischen Aufenthaltsgenehmigungen, bereits in Wien ausgefolgt.

Generaldirektor Hofrat Frankfurter wieder vom Österreichischen Lloyd verständigte die Hafenleitung in Triest, und so ging die Einschiffung auf die PRAGA völlig problemlos vonstatten.

Die PRAGA war mit ihren Schwesterschiffen BARON BECK, PALACKY, BREGENZ, GRAZ und BRÜNN im Jahre 1903 in Dienst gestellt worden und zählte zu den beliebtesten Schiffen unter den zahllosen »professionellen« Orientreisenden, die damals den Österreichischen Lloyd im Levantedienst benützen.

In Haifa, damals Zielhafen all der unzähligen Jerusalempilger jener Jahre, stießen Musil und sein Begleiter Thomasberger auf den Prinzen Sixtus – den »Emir«, wie sie ihn während der Expedition nannten – und dessen Freund, den jungen, etwas allzu dandyhaften Grafen de Maumigny, »den er sich aus Paris mitgenommen hatte«, wie Thomasberger etwas suffisant bemerkte: »Zu mir war der Prinz sehr freundlich und machte mir ein Kompliment über mein Aussehen ...«

Die Ankunft in Beirut stand unter keinem sehr glücklichen Stern. Eine Woche vorher hatte die italienische Flotte Stadt und Hafen bombardiert. Die Bevölkerung war recht erregt, »schwüle Stimmung herrschte überall, man befürchtete den Ausbruch eines fanatischen Sturms«, wie Prinz Sixtus später erzählte.

Das Osmanische Reich befand sich seit September 1911, als italienische Truppen Tripolis, Bengasi und andere Küstenstädte Libyens besetzten, in einem erbitterten Verteidigungskrieg gegen die Eindringlinge. Da die italienische Offensive hilflos steckenzubleiben drohte, versuchte Rom durch Schüren von Unruhe in anderen Teilen des Osmanenreiches den Invasionstruppen in Libyen Erleichterung zu verschaffen.

Am ehesten bot sich dazu der unruhige Libanon an, wo Rußland und Frankreich seit Jahrzehnten die religiösen Gefühle der christlichen und der islamischen Bevölkerung nützten, um die Parteien gegeneinander aufzuhetzen, um so selber besser Fuß fassen zu können.

Am 10. Oktober 1840 hatte eine gemeinsame österreichisch-britisch-türkische Flotteneinheit vor Beirut Ruhe geschafft, die auch bis 1860 anhielt, als sich endlich die »Bemühungen« der »christlichen« Mächte bezahlt machten, und im Libanon ein blutiger Aufstand mit ebenso blutiger Niederschlagung Rußland und Frankreich einmal mehr Gelegenheit bot, ihren Einfluß zu verstärken.

Als Alois Musil und seine Leute am 3. Februar 1912 in Beirut an Land gingen, waren sie als Gäste aus Österreich-Ungarn mehr als willkommen, betrachtete doch eine überwiegende Mehrheit der maßgeblichen osmanischen Gesellschaft damals die Doppelmonarchie gewissermaßen als Vorbild einer künftigen Entwicklung im türkisch–arabischen Raum. Der Sultan sollte demnach Kaiser des Gesamtreiches und König der Araber sein und außerdem noch rechtmäßiger Kalif, als Oberhaupt aller Gläubigen, eine Würde, deren inhaltsschwere Bedeutung erst Sultan Abdül Hamid II. wieder zu voller Geltung gebracht hatte.

Abdül Hamid II. war erst 1909 abgesetzt worden und seither regierten im Osmanischen Reich die »Jungtürken« ... allerdings mit mehr als zweifelhaftem Erfolg. Die osmanischen Provinzen auf dem Balkan waren verlorengegangen, nun stand Libyen auf dem Spiel und schon schien es, als wollten die Italiener im Verein mit den Franzosen auch nach dem Libanon die Hand ausstrecken.

Als der Lloyddampfer im Hafen von Beirut einlief, warteten dort auf dem Pier bereits Generalkonsul Pinter und sein »Vize« Dr. Schwagula, der die Expedition des Prinzen Sixtus mit Musil eingefädelt hatte. Nach herzlicher Begrüßung und der Übernahme des sehr umfangreichen Expeditionsgepäcks im Zollgelände fuhr die kleine Wagenkolonne zum Bahnhof der »D.H.B.«, der Schmalspurbahn Damaskus–Homes–Beirut, die inzwischen nur mehr zum Gütertransport Verwendung findet, seinerzeit aber ein bequemes, romantisches und auch rasches Verkehrsmittel war.

Mit der Bahn ging's von Beirut problemlos nach Damaskus.

Dort empfing der bewährte Herr »k.u.k. Honorardragoman« Khalil Fattal, der Musil schon so oft behilflich gewesen war, die Expeditionsteilnehmer auf das liebenswürdigste; er machte sich, selbst ein hochgeachteter, wohlhabender Bürger der syrischen Hauptstadt, eine besondere Ehre daraus, Musil, seine vornehmen Begleiter und den wissenschaftlichen Helfer Rudolf Thomasberger so gastfreundlich wie möglich aufzunehmen.

Musil, der »Emir« Prinz Sixtus und sein junger Freund, der Graf von Maumigny, logierten in den besten Zimmern des Hauses Fattal, Thomasberger, der »Tuman ibn Nemsa«, im »Hôtel d'Egypte«.

Schon am folgenden Tag begann im Basar von Damaskus, dem Suk, eine Art von stillem Krieg zwischen Thomasberger und seinem »Meister« Alois Musil, der die Atmosphäre dieser Reise vergiftete.

Bei bester Laune, voll der Vorfreude auf die bevorstehende Expedition, holten Alois Musil, Prinz Sixtus und der Graf von Maumigny ihren wackeren Thomasberger von seinem Hotel ab ... in einer Art launiger Kostümierung: irgendein Straßenhändler hatte den drei hochgestellten Persönlichkeiten orientalische Kopfbedeckungen angedreht, und voller Stolz über ihr zweifellos reizvolles Aussehen holten die drei dunkelhäutigen »Orientalen« Musil, Bourbon und Maumigny den strahlend blonden Thomasberger von seinem Domizil ab, jeder seinen Tarbuschm, den Fez, auf dem Haupte. Als sie durch das Basarviertel gingen, geschah die »Katastrophe«. Als das gutgelaunte Quartett aus drei schwarzhaarigen und einem hellen, blauäugigen Herren den ersten besten Laden des Basars betrat, »stürzten alle, der Chef und die Kommis auf mich zu«, erinnert sich Thomasberger, »sie konnten sich mir gegenüber nicht genug unterwürfig zeigen, während meine Reisegefährten völlig unbeachtet blieben. Mir war das Ganze unbeschreiblich peinlich und ich suchte, durch Handbewegungen und Fingerzeige die Aufmerksamkeit des Geschäftsinhabers und seiner Gehilfen auf den jungen Prinzen zu lenken. Man nahm zwar meine Wünsche entgegen, doch änderte das nichts daran, daß sie Professor Musil wie meinen Dolmetsch und Prinz Sixtus und seinen gräflichen Freund wie meine Angestellten behandelten ...« und das alles aus der völlig richtigen Überlegung heraus, daß der blonde Herr *ohne* Fez ein vornehmer *Europäer* sein mußte und die drei Orientalen dienende Begleiter.

Während Prinz Sixtus und Graf von Maumigny den völlig harmlosen Irrtum des Ladeninhabers lachend zur Kenntnis nahmen, verzieh sich Musil, der die Wirkung der Kopfbedeckungen auf die Einheimischen hätte kennen müssen, diese Nachlässigkeit nie. Noch weniger aber verzieh er dem völlig unschuldigen Thomasberger, den er von dieser Sekunde an mit kleinlichem, rachsüchtigem Haß verfolgte, der sich um so mehr steigerte, je deutlicher Prinz Sixtus und Graf Maumigny dem liebenswürdigen Thomasberger ihr Wohlwollen zeigten.

Nichts verzieh sich Alois Musil weniger als ein »Versagen«. Nach seinem Selbstverständnis hätte ihm, als dem vollkommenen Kenner des Orients und seiner Gepflogenheiten, ein solches Mißgeschick nie passieren dürfen. Wie konnte er nur die Symbolkraft einer Kopfbedeckung übersehen!

Thomasberger war schuld. »Der erste Weg aus diesem Laden führte zu einem Fezhändler, wo mir Scheich Musa eine solche Kopfbedeckung verpaßte, und zwar eine knallrote, wie sie dort die Kameltreiber tragen. Ich habe diesen Fez später dann gegen einen etwas dunkleren ausgetauscht ...«

Aufbruch nach Nordarabien

Wie die Reisenden kurz darauf in Damaskus erfuhren, war der Regenfall sowohl in Arabien als auch in Mesopotamien äußerst gering gewesen, so daß weder Weide noch Wasser in ausgiebiger Menge zu erwarten war. »Infolgedessen entschlossen wir uns, ausschließlich Kamele als Reit- und Lasttiere zu verwenden, und zwar, um uns die Freiheit der Bewegung in jeder Hinsicht zu wahren, nicht gemietete, sondern eigene Tiere, die wir uns in der Umgebung von Palmyra verschaffen wollten.

Reit- und Lastsättel, drei kleine, ortsübliche Zelte, Wasserschläuche, beduinische Mäntel, Kopftücher und verschiedene Geschenke kauften wir noch in Damaskus. Das gesamte Material schickten wir nach Homs voraus. Schwierigkeiten bereitete einzig der überaus vorsorgliche, gastfreundliche Generalgouverneur, Nazim Pascha. Er wollte uns auf Biegen und Brechen fünfzig berittene Soldaten mitgeben. Erst nach langen Besprechungen und wiederholten Versicherungen unsererseits, daß wir von den uns befreundeten Stämmen Nordarabiens überhaupt nichts zu befürchten hätten, und daß im Falle eines größeren Raubzuges der unbotmäßigen Beduinen aus Nedsched auch fünfzig Kavalleristen nicht standhalten könnten. Wie beanspruchten nur einen einzigen, höchstens zwei berittene Gendarmen, die uns bei den Dorfbewohnern und Kleinviehzüchtern sozusagen als sichtbare Regierungspässe dienen sollten, auch für solche, die weder lesen noch schreiben konnten. Eine größere Eskorte hätte unsere Bewegungen nur gehemmt und jede erfolgreiche Arbeit unmöglich gemacht.

Mit den notwendigen Empfehlungsschreiben des Generalgouverneurs versehen, verließen wir Damaskus und reisten über Balbek nach Homs, von wo aus wir die Wüste durchqueren wollten.« In Homs freilich ereilte den armen Rudolf Thomasberger – völlig unschuldig – neuerdings sein Schicksal, und diesmal verzieh der auf dieser Reise so auffallend unduldsame Musil seinem Freund und Helfer nicht mehr.

Es war in Balbek, als das Unheil des Rudolf Thomasberger begann. Prinz Sixtus, der auf der Reise von Damaskus nach Homs plötzlich auf den Gedanken kam, Balbek näher besichtigen zu wollen, bat Thomasberger, mit dem Gepäck vorauszufahren und in Homs, wo die Jesuiten von der bevorstehenden Ankunft der hohen Gäste schon wußten, Quartier zu beziehen.

Schon von Damaskus aus hatte man die Quartierfrage für Homs geregelt: das Jesuitenpriorat war gebeten worden, dem »Grafen von Mercoer« und seinen Begleitern, dem »hochwürdigen Prälaten und dem hochgeborenen Grafen Maumigny Unterkunft zu gewähren«; Musil, der Quartierbesteller, hatte Thomasbergers Präsenz nicht einmal einer Erwähnung wert gefunden.

In den Aufzeichnungen des Rudolf Thomasberger liest sich das Ganze wie eine Kabarettszene:

»Der 3. März 1912 war der Tag der Abreise von Damaskus und der Ankunft in Homs. Ich gab unmittelbar vor der Abfahrt das von Professor Musil verfaßte Telegramm an die Jesuiten von Homs auf dem Bahnhof von Damaskus auf. Nachdem es nur eine einzige Wagenklasse gab, fuhren wir alle zusammen in dem gleichen Abteil. In der Station Balbek sah man die Tempelsäulen des Sonnengottes vom Coupéfenster aus.

Der Prinz, sehr impulsiv, sagte: ›Ich schlage vor, wir steigen hier aus und sehen uns diese interessanten Ruinen näher an. Tuman wird so gut sein, mit unserem Diener Nasser vorauszufahren und uns zu entschuldigen. Wir kommen morgen mit dem nächstfolgenden Zug zur entsprechenden Zeit!‹

Gegen Mittag kam ich mit dem guten Nasser nach Homs.

Schon von weitem sahen wir eine Menge Leute im Bahnhofsgelände, beim Näherkommen erkannte ich, daß es sich in der Mehrzahl um Klosterbrüder handelte. Ich selbst trug noch europäische Kleidung und Hut. Wir stiegen aus, Nasser trug meinen Koffer.

In diesem Augenblick löste sich aus der ehrfürchtig wartenden Menge ein ehrwürdiger Greis, schritt auf mich zu und begann mit dem Worte: MONSEIGNEUR LE PRINCE! eine Ansprache.

Ich fiel ihm naturgemäß augenblicklich ins Wort und radebrechte in meinem dürftigen Französisch: Bitte, mein Name ist Thomasberger, ich bin aus Wien. Ich bin einer der Reisebegleiter des Prinzen Sixtus von Bourbon. Der läßt sich aber entschuldigen, er ist mit dem Prälaten Musil in Balbek geblieben und kommt erst morgen, mit dem gleichen Zug!

Doch der Prior schüttelte bloß den Kopf und sagte: Das glaube ich einfach nicht ... ›et entre nous: Vous êtes Monseigneur le Prince et jamais wird das jemals jemand erfahren ... das bleibt ein secret entre nous pour toujours ... und jetzt kommt ihr zu uns ins Kloster.‹

Ich protestierte neuerlich. Vergeblich. Hierauf stellte er mir der Reihe nach alle Würdenträger der Jesuitenniederlassung von Homs vor. Mit tiefem Kniefall suchte jeder einzelne der Klosterbrüder mir die Hand zu küssen, was ich nur mit äußerster Kraftanstrengung verhindern konnte. Schließlich traten wir die Fahrt zum Kloster an.

In der Kalesche mußte ich den Platz zur Rechten des Priors einnehmen. Ein Kawass, ein türkischer Polizeisoldat, diente als Zierde.

Endlich trafen wir an der Klosterpforte ein. Palmenlaub, Rosen. Weit offen das Tor, zu beiden Seiten ein Spalier von Klosterbrüdern und

sonstigen Klosterinsassen, die den Weg säumten und einen waschechten Prinzen erwarteten.

Da in dieser Lage alles zu spät war, schritt ich lächelnd und kopf-
nickend durch die Reihen.

Endlich im Hause, fragte man mich vorsorglich, ob ich nicht ruhen
oder mich erfrischen wolle.

Schließlich führten mich die Ehrwürdigen ins Refektorium, das im
Zauber einer ungewöhnlich festlich gedeckten Tafel stand. Der Ehrenplatz, zur Rechten des Priors, gebührte dem Prinzen, also mir. Nach
der Suppe sprach der Prior seinen Trinkspruch. MONSEIGNEUR LE
PRINCE! Meine Brüder in Christo! Solange unser Kloster besteht, be-
herbergte es noch nicht so einen hohen Gast, einen Mann aus königlich französischem Geblüt, einen Mann aus jenem Frankreich, das uns
Christen im Osmanischen Reiche seit so langer Zeit Schutz und Hilfe
gewährt ... und so ging es weiter und so ging es fort und alles strahlte
mich an.

Dann kam die Reihe an mich und ich stellte mich in meinem gebroche-
nen Französisch noch einmal vor.

›Ich bin der Rudolf Thomasberger aus Wien. Ich bin kein Prinz, ich bin
kein Graf. Ich bin das, was ich bin: der Rudolf Thomasberger aus
Wien.‹

Offenbar war mein Französisch doch nicht so schlecht, wie ich es erhofft hatte, wie es mich doch entlarven hätte müssen.

Der Prior: Glaubt ihm nicht. Er ist unser Prinz. Er reist inkognito,
fürchtet die Publizität. Umso mehr ist er unser Prinz.

Alle meine Bemühungen erwiesen sich als fruchtlos.

Nachdem der alte Herr absolut nicht zu überzeugen war, ließ ich den
Dingen ihren Lauf. Ich prostete den ehrwürdigen Herren zu, freute
mich daran, wie die Stimmung allmählich an Steifheit verlor und
langsam einer stillen, gelassenen Gemütlichkeit Platz machte. Mehr
aus Verlegenheit, nur damit wieder etwas geredet werde, lobte ich den
Wein und fragte, ganz unauffällig und beiläufig, ob das wohl ein Zy-
pernwein sei?

Damit hatte ich aber den Nagel auf den Kopf getroffen, mich als prinz-
licher Connaisseur ausgewiesen. Augenblicklich sandte der Prior in
den Keller, um eine ganz besondere Weinprobe aus den Tiefen des
Hauses zu holen.

Nachdem wir diesen Schatz gehoben hatten, mußte die Tafel wohl oder
übel aufgehoben werden. Es war nach drei Uhr nachmittags.

Ich begab mich in das luxuriöse Bett. Ein Messingbett, mit Mousti-
quaire, einem Mosquitonetz von solcher Feinheit, wie ich es noch nie

gesehen. Der köstliche Wein verhalf mir zu erquickendem Schlaf. Gegen Abend begab ich mich in den Klostergarten, um, erstens, den Leuten auszuweichen und, zweitens, die Abenddämmerung meines Prinzendaseins so würdig wie möglich zu gestalten. Ich betrachtete die Pflanzen im Hof, handelte es sich doch um nichts weniger als einen echten, kleinen botanischen Garten.

Mit dem Klosterhund hatte ich meinen Spaß. Als ich zufällig aufschaute, merkte ich, daß die Fenster zum Hof von Köpfen angefüllt waren. Daraufhin unterließ ich die vielleicht ungehörigen Spiele mit dem Hund. Sittsam lustwandelte ich vor mich hin. Niemand sollte mir vorwerfen, ich wüßte nicht, mich zu benehmen. Zum Glück läuteten sie alsbald zum Abendessen, woraufhin die Vorstellung ein Ende fand. Das Diner verlief ohne Zwischenfall. Von beiden Seiten konnte nichts Neues vorgebracht werden. Vor dem Schlafengehen bat ich den Prior noch einmal, am folgenden Tag ja nicht den Wagen für den Prinzen zu vergessen.

Er klopfte mir vertraulich auf die Schulter und meinte – »wird geschehen, Eure königliche Hoheit« und ich dachte schließlich, respektlos geworden vor so viel Unterwürfigkeit: Du unbelehrbarer, alter Narr, morgen wirst du andere Augen machen.

Am kommenden Morgen fuhren wir gemeinsam zum Bahnhof.

Ungefähr die gleiche Anzahl von Personen war versammelt wie am Vortag. Als der Zug endlich hielt, machte ich den Prior auf den Prinzen Sixtus aufmerksam und sagte noch: Der mit dem schwarzen Bart ist der Professor.

Dann ging ich den Ankommenden entgegen, um Prinz Sixtus sein Köfferchen abzunehmen. Der Prior setzte zu einer Rede an: ›Monsieur le Comte ...‹, doch der junge Prinz fiel ihm ganz ungeniert ins Wort und entschuldigte sich höflich, seine Ankunft um einen Tag verschoben zu haben; er gab auch die Gründe an, und meinte unschuldig: ›Aber das wird Ihnen der gute Thomasberger ohnehin schon alles erklärt haben‹.

Für den alten Herrn war das zuviel. Ihm schien das Hirn stillzustehen. Der ganze Empfang geriet ins Wanken. Nicht halb so viel Ehren hatte man dem *wahren* Prinzen bezeugt als mir!

Auch im Kloster erwies sich schließlich alles als nur Aufgewärmtes, einschließlich des Essens. Dem Prinzen Sixtus ist das alles klarer Weise aufgefallen, offenbar bekam er auch manches getuschelte Wort der Klosterbrüder mit, kurzum, nach Tisch bat er mich zu sich und fragte mich, was da los sei.

Selbstverständlich erzählte ich die ganze Geschichte wahrheitsgetreu und Prinz Sixtus amüsierte sich dabei wahrhaft königlich. Im Verlauf der Reise mußte ich ihm noch des öfteren Einzelheiten aus meinem ›Prinzendasein‹ schildern.

Freilich änderte sich damals, unmittelbar nach dem Eintreffen unserer Nachzügler, manches für mich, und zwar sowohl kurz- als auch lang-fristig.

Zunächst einmal mußte ich mein Zimmer räumen und dabei stellte sich heraus, daß ein Ersatzquartier für mich weder vorgesehen noch vorhanden war. Es blieb mir nichts als eine Bank in der Bibliothek. Während aber Prinz Sixtus die ganze Angelegenheit mit Humor nahm, ärgerte sich der Herr Professor und schob die ganze Schuld, wie ich es auch nicht anders erwartete, mir zu.

So kam er am nächsten Tag und erklärte mir, der Prior könne mir nicht in die Augen schauen und die Mitbrüder müssen immer lachen, wenn sie mich sehen, es sei daher notwendig, daß ich anderswo esse.

Am meisten ärgerte er sich aber darüber, daß mir der Prinz unverholen seine Sympathie zeigte.

Nun hatte der Gang von der Küche zum Refektorium eine Verbreite-rung, eine Art Alkoven, in der ein Tisch und einige Sessel standen, und dort war fürderhin mein Platz. Da saß auch noch der einzige, weltliche Schullehrer des Hauses, ein verschüchtertes, dünnes Männlein. Am ersten Tag beobachtete ich zunächst, wie unsere Bedienung ausfiel. Wir mußten warten, bis drinnen alles abgespeist war, und als man uns die Suppe endlich reichte, erhielten wir einen längst erkalteten, kärgli-chen Rest. Bei Fleisch und Zuspeise spielte sich das Gleiche ab. Am zweiten Tag faßte ich den Bruder, der die Speisen auftrug, an der Kutte und stach mit der vorbereiteten Gabel auf die besten Fleischstücke, gab zuerst dem entsetzten Lehrer und langte dann für mich zu. Eine Handvoll Zigaretten und ein paar Münzen taten das übrige. Auch sagte ich den Brüdern trocken, daß ich mich für die Fehler des Priors nicht bestrafen lasse. Das alles zusammen wirkte Wunder. Bei der nächsten Mahlzeit blieb der Bruder schon von selbst bei uns stehen. Natürlich durfte von diesem unserem Abkommen niemand etwas wissen.

Die kommenden Tage blieben den Reisevorbereitungen gewidmet, wir fertigten Sattelpolster an, besorgten Wasserschläuche und vernähten die persönliche Habe des Prinzen und der übrigen Reiseteilnehmer in Säcke. Die Munition fand ihren Platz in kleinerer, handlicher Verpak-kung und alles versahen wir mit Inhaltsangabe. Das Ganze wieder packten wir zu Traglasten für den Transport zusammen. Homs war deshalb zum Ausgangspunkt der Reise gewählt worden, weil wir hofften, dort Kamele kaufen zu können, doch lagerten 1912 die Beduinen ausnahmsweise erst in der Nähe von Tadmor-Palmyra.

Dorthin sandten wir unser Gepäck am 15. März, und am gleichen Tag erfolgte auch unsere Abreise.

Wir verfügten über vier Reittiere, nämlich drei Pferde mit Sätteln und eine magere Mähre *ohne* Sattel für mich. Angeblich war ein vierter Sattel nicht aufzutreiben. Ich sollte also auf einem zusammengelegten Sack reiten und dabei die Route skizzieren. Als Steigbügel dienten zwei aus dem Strick geknotete Schlingen, die, wollte ich aufsteigen, sich um den Pferdeleib herumdrehten und den Sack herunterrissen. Ein Aufsitzen war ohne fremde Hilfe nicht möglich. Hier zeigte sich die ganze Bosheit des Professors. Wo es nur anging, mir eins auszuwischen und mich lächerlich zu machen, tat er es. So wollte er den Prior rächen und seinen eigenen Sadismus stillen. Die Spannung zwischen uns währte die ganze Reise. Schon nach ein paar Tagen lief meine Sitzfläche ganz rot an, da die Wirbelknochen meines Kleppers am Gesäß sägten. Endlich, Tage darauf, am Brunnen al-Barde, kaufte man mir ein Kamel, weil ich auf meiner Mähre nicht mehr weiter konnte. Ich war bereits derart aufgeritten, daß ich am Abend hohes Fieber bekam.

Der Kauf des Kamels wurde abgeschlossen, das Tier gesattelt.

Kaum hatte ich die Herde verlassen, machte das Kamel kehrt und lief zu seiner gewohnten Gesellschaft zurück. Nun führte ich es am Halfter aus seiner Herde heraus und erst später, als die anderen Tiere nicht mehr in Sicht waren, stieg ich in den Sattel. Zuerst ging es ganz gut, dann blieb es aber plötzlich stehen und weder gutes Zureden noch Schläge halfen. Das Heimweh war stärker. Plötzlich riß das Tier aus, warf mich mitsamt dem Sattel ab und eilte seiner gewohnten Herde zu. Mit aller Kraft hielt ich es am Halfter fest und rief einen Reiter an, mir zu helfen. Einer der beiden Gendarmen, die uns begleiteten, kam rasch herbei und wir nahmen das Tier in Koppel ...«

Aus Musils Aufzeichnungen geht klar hervor, daß es generell Schwierigkeiten gab, gute Reittiere überhaupt aufzutreiben; über Thomasberger berichtet er – genau wie Prinz Sixtus – nur Gutes –: »unsere Reisebegleiter waren der bewährte Rudolf Thomasberger als wissenschaftlicher Assistent, und, als Diener, Nasser Eben Obejd al-Marluk aus el-Scherjiten.

Wir planten, unsere Reise auf von den Arabern gekauften Kamelen zu unternehmen. Wir hörten aus verschiedenen Quellen, daß sich in der Nähe von el-Forklos einige Lager befänden, und die wollten wir mit gemietetem Wagen erreichen. Das Gepäck, die Sättel und alles das, was wir auf dem Wagen nicht mehr unterbrachten, sollte auf Lasttieren, die unter Aufsicht Nassers standen, getragen werden.«

Ähnlich schreibt Prinz Sixtus: »Im Hofe der Mission der Väter der Gesellschaft Jesu, die uns Gastfreundschaft gewährten, wurde die ganze Reiseausrüstung definitiv in Kamellastsäcke verpackt, auf gemietete Kamele verladen und am 15. März nach el-Forklos expediert. Wir folgten am gleichen Tag in Begleitung von Tuman (Thomasberger) und eines Halbfellachen aus el-Karitejn namens Nasser Eben Obejd, der sich gleichfalls bereits auf der Forschungsreise 1908/09 gut bewährt hatte . . .«

In seinem Tagebuch notiert Musil:

»Freitag, 15. März 1912, 8 Uhr und 3 Minuten fanden wir uns am Bab Tudmor, dem Palmyrator, ein. Nördlich von uns lag ein malerischer islamischer Friedhof, dahinter die große, dem Andenken des Chaled ibn al-Walid geweihte Moschee. Ihre weißen Mauern und die überschlanken Minarette bildeten einen reizvollen Gegensatz zu den schwarzgrauen, niedrig dahockenden Basalthäusern der Bauern. Das Ganze machte einen so frischen, jungfräulichen Eindruck, und der begleitete uns noch auf dem Weg hinaus aus dem Tudmortor, als wir mit unserem gemieteten Pferdewagen in die Landschaft hinausfuhren. Die starken Pferde zogen uns durch gut bestellte Weizen- und Gerstenfelder. Am südlichen und westlichen Horizont grüßten die schneebedeckten Hänge des Libanon und des Antilibanon, im Nordwesten begrenzte der Rücken des an-Nuscherije das Gesichtsfeld. Der Osten und Süden erinnerte mit seinen weiten, leicht hügelanwogenden Feldern an die rollende Dünung des Meeres.

Nach einer dreiviertel Stunde erreichten wir den Weiler Zejdan, in dessen rund achtzig Hütten fast ausschließlich syrische Christen lebten. Die Häuschen kauern rund um eine würfelförmige Kirche mit einem Stummel von Kirchturm. Das Dörfchen entwickelte einen besonderen Reiz durch etliche kubbe, Bauwerke mit konisch geformten Dächern, die wie graubraune Zuckerhüte in den Himmel ragen und teilweise zum Wohnen, aber vor allem als kühle Lagerhäuser Benützung finden.«

Am Nachmittag erreichte der Wagen al-Forklos, ein Dorf am Ende eines langgestreckten Tals, an dessen Westseite eine Ruine von vergangenen besseren Zeiten kündet.

»Der Erdboden, von Sonne und Wassermangel bis zum Weißbluten ausgelaugt, konnte die Aussaat von Weizen und Gerste nicht nähren; überall starrte uns Armut und Elend entgegen.

Ausgerechnet heute, zu unserer Ankunft, schien ein heftiger Regenfall bevorzustehen. Dunkle, dräuende Wolken hatten sich über uns zusammengeballt. So suchten wir Zuflucht beim Dorfältesten, einem würdigen, sympathischen Moslem. Al-Forklos wird von Christen und Anhängern des Propheten bewohnt, und sie leben in Frieden zusammen. Es gab da sogar einen syrischen Priester, der es aber in al-Forklos partout nicht aushalten konnte und unbedingt ›in irgendeine größere Stadt‹ wollte.

Übereinstimmend erzählten uns die Leute, daß infolge des vollständigen Ausfalls von Regen in der Umgebung mit Sicherheit keine Beduinen zu finden wären; wenn überhaupt, dann lagerten sie in der Umgebung von Palmyra.

Wir brauchten Pferde. Unser Kutscher, der den Wagen bis al-Forklos gebracht hatte, weigerte sich standhaft, mit uns weiterzufahren, weil er überzeugt war, daß wir alsbald von Räubern überfallen und ausgeraubt werden müßten; die Gegend sei einfach zu gefährlich, meinte er kopfschüttelnd und zappelte von einem Bein auf das andere, weil er zurück nach Homs wollte.

Da die Pferde irgendwo an den Hügeln des asch-Schomerije grasten, war guter Rat im wahrsten Sinne des Wortes teuer, da die Dorfbewohner unsere mißliche Lage sofort erkannten und die von ihnen für die Tiere genannten Preise folglich astronomische Höhen erreichten.

Nach schier endlosem Feilschen kamen wir überein, für ein Pferd eineinhalb Medschidije zu bezahlen und halb so viel für den Begleiter.

Bei Einbruch der Dunkelheit kam unser Diener Nasser nach, ein braver Kerl, der sich schon auf meiner Expedition von 1908/1909 bewährt hatte. Er brachte nicht nur unser schweres Gepäck mit, sondern zu unserer angenehmen Überraschung einen jungen Moslem namens Mohammed Eben Sa'adaddin al Hamute, der so nett war wie sein Name lang; wir engagierten ihn gerne.«

Da die Reise ja nicht nur durch die Wüste, sondern auch durch bewohnte, der türkischen Regierung voll unterstehende Ortschaften führen sollte (al-Forklos war so ein Platz), trugen die Expeditionsteilnehmer graue Khakianzüge wie die türkischen Offiziere und darüber Mäntel und Kopftücher wie Beduinen.

Samstag, 16. März 1912

»Schon vor sieben Uhr früh brachten die Männer von al-Forklos die Pferde, die sie offenbar noch während der Nachtstunden von ihren Weideplätzen geholt hatten, und damit begann auch eine geradezu absurde Jagd der Dorfbewohner nach allem, was auch nur irgendwie wie ein Sattel aussehen mochte oder zu einem solchen zusammengemurkst werden konnte; mit Stricken und Fetzen, Lederresten und Schnüren fertigten sie irgendetwas an und wollten uns das als »Sattel« andrehen. Ähnlich ging es mit allem, was da nur in al-Forklos irgendwo herumliegen mochte; sie kamen mit alten Säcken, zerrissenen Kleidungsstücken, kurz allem, um es bei uns irgendwie zu Geld zu machen. Und erst die Pferde! Alle standen sie da vor uns, klein, ausgehungert, abgemagert, über und über mit Schwären bedeckt, mit Verhärtungen. Die wenigen, überhaupt brauchbaren Sättel erwiesen sich als elend und die Befestigungen als nahezu unbrauchbar.

Trotzdem mußten wir mit den Leuten handelseins werden, da wir die Kamele erst in der Gegend von Palmyra erwerben konnten. Das einzig Erfreuliche in dieser Lage war der Anblick unserer beiden Diener Nasser und Mohammed, die beide alle Hände voll zu tun hatten und sich ihrer mannigfachen Aufgaben bestens entledigten.

Um halb neun konnten wir dann endlich aufbrechen. Nasser und Mohammed zogen mit den Lasttieren, während wir zu Pferd voranritten. Zwei Stunden später, ein eisiger Wind blies uns die ganze Zeit entgegen, sahen wir kaum noch etwas, weil ganz niedrighängende dunkelbraune Wolken knapp oberhalb des Bodens, manchmal sogar alle Erhebungen verhüllend, dahinzogen.

Gegen Mittag erreichten wir ein Lager des Akejdat-Stammes, dessen Bewohner verzweifelt um ihre Zelte kämpften: Frauen und Kinder zurrten die Seile und Zeltschnüre fest, die Männer jagten bereits hinter den in der Gegend herumfliegenden Zeltbahnen nach. Ein Chaos. Zum Glück heiterte es später etwas auf, und als wir die felsigen Höhen des Zukum al-Hanzir erreichten, bot uns die eine oder andere Wand zeitweilig Schutz.

Am späten Nachmittag kamen wir endlich an die Wasserstelle al-Jasir, in deren Umkreis einige Weizen- und Gerstenfelder reiche Ernte versprachen. Der Eigentümer, ein Christ übrigens, bewohnte eine von ihm errichtete Hütte nördlich der Quelle. Der Sturm erreichte inzwischen eine solche Stärke, daß es uns völlig unmöglich wurde, die Zelte aufzuschlagen; wir suchten also in der Behausung Zuflucht. Dort verbrachten wir die Nacht mit dem Bauern, den Kühen, den Ziegen und Schafen in dem einzigen Raum unserer Unterkunft. Immerhin bot uns die Hütte Schutz vor der beißenden Kälte der Nacht.

Am nächsten Morgen jagten kleine, dunkle Wolken einander am Himmel. Wir brachen gegen sieben auf, um die nächste Wasserstelle, al-Komkom, anzupeilen. Zur Rechten sahen wir später zahlreiche Störche, die würdevoll einherstelzten. Die Eingeborenen jagen sie nicht, essen auch niemals von deren Fleisch und schätzen die guten Dienste, die sie den Menschen leisten, weil sie Heuschrecken fressen. Im übrigen zählen die Beduinen Störche irgendwie zum verachteten Stamm der Slejb, einer armen, ausgestoßenen Volkschaft, die über ganz Arabien verstreut lebt und, so wie die Störche, ›miskin‹ genannt wird, was so viel wie ›arme Teufel‹ heißen mag.

Im Laufe des Vormittags grasten unsere Kamele auf einem zwar sehr schmalen, dafür aber umso längeren Streifen herrlichen, frischen Grases, gegen Mittag überquerten wir dann die Straße, die von Damaskus nach Palmyra führt.

Im Nordwesten gewahrten wir Kamele, die ganz offensichtlich den Bewohnern von al-Scherjitejn gehören mußten. Die Tiere bewegten sich mit ihren Hütern langsam in Richtung Norden. Selbstverständlich ritten wir sofort näher, weil wir doch nichts dringender benötigten als ordentliche Reit- und Lasttiere. Zu unserem großen Bedauern mußten wir allerdings, kaum näher gekommen, feststellen, daß die Herde ausnahmslos von Reude befallen war. Wir suchten schleunigst das Weite. Nachmittags überquerten wir dann die steinigen Höhen des Hawaja umm Sire, wo wir auf einige Wasserlöcher zu stoßen hofften. Leider enttäuschte uns die Wirklichkeit bitter. Der Weg zog sich so steil dahin, daß wir gezwungen waren abzusteigen und die Pferde am Zaum zu führen. Unsere Lastkamele kamen überhaupt nur mit allergrößter Anstrengung voran. Linker Hand sahen wir die frischen Wasser der Quelle az-Zerka und Nasser erzählte uns munter, daß diese Gegend ein Lieblingsaufenthalt für Steinböcke sei. Er selbst habe hier an dieser Stelle schon einige erlegt. Man müsse bloß sehr vorsichtig sein, dürfe kaum atmen, und müsse sich sehr sorgfältig tarnen. Bei günstigem Wind könne der glückliche Jäger sogar zwei Steinböcke sofort hintereinander erlegen, doch alles sei recht schwierig wegen der übergroßen Scheu dieser Tiere.

Der Abstieg gestaltete sich indes noch viel schwieriger als der Anritt. Selbstverständlich wagten wir es nicht, zu reiten, sondern führten unsere Pferde auf das gewissenhafteste den steilen Weg bergab. Überhaupt getrauten wir uns nicht, unsere Tiere auch nur eine Sekunde allein zu lassen, fürchteten wir doch, die Besitzer der Pferde, von denen wir die Mähren in al-Forklos gemietet hatten, könnten damit zurückkehren und uns allein lassen.

Als wir am späten Nachmittag, es dämmerte bereits, die Brunnen von al-Barde gewannen, kannte unsere Erleichterung keine Grenzen. Diese Wasserstellen erreichen eine Tiefe von zehn Metern und mehr und liefern vorzügliches Wasser. Aus Vorsichtsgründen vermieden wir es, dort zu übernachten, weil wir fürchteten, von Hirten allzusehr belästigt zu werden. So zogen wir noch eine gute Stunde weiter und schlugen unser Lager zu Füßen des Höhenrückens al-Barde auf. Dort fanden wir, zu unserer freudigen Überraschung, auch etwas Brennbares, dürre Zweige, trockenes Unkraut, und so konnten wir uns wenigstens heißen Kaffee zubereiten. Von Wärmen am Feuer konnte leider keine Rede sein.«

Am nächsten Morgen zog die kleine Karawane auf einem Umweg durch das al-Kantara-Tal zu den Ruinen von Basiri. Gegen neun bereits bemerkten die Reisenden zu ihrer Rechten Überreste von Mauern, die vor Zeiten Weingärten und Felder geschützt haben mochten. Schon eine Viertelstunde später zeichneten sich zwischen den Ausläufern des al-Hlejel und des Kehle-Berges die Ruinen von al-Basiri ab. Im Südwesten des Geländes erblickten sie einen großen Friedhof und drei Frischwasserbrunnen von gut zwanzig Metern Tiefe.

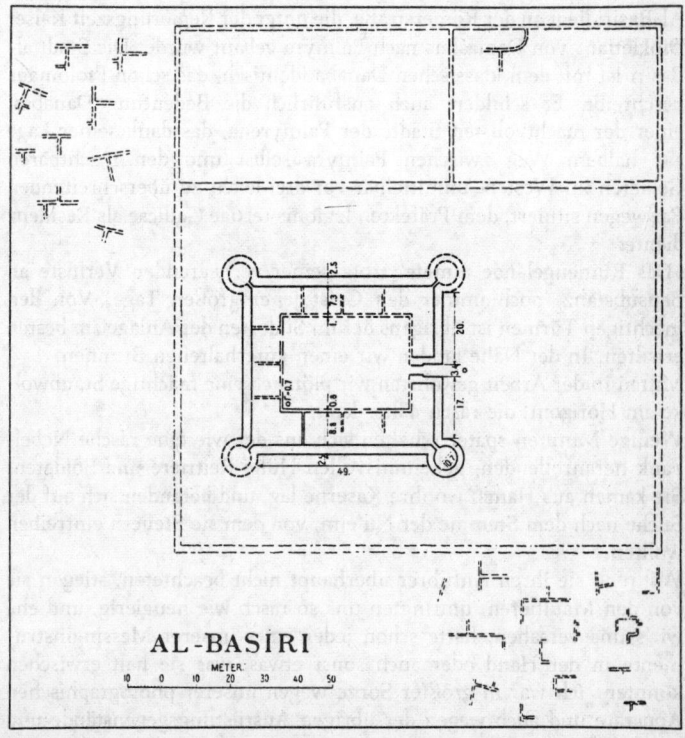

AL-BASIRI

METER.
10 0 10 20 30 40 50

Nasser erzählte, sein Vater habe in Basiri vor allen christlichen Hochfesten in einer der Kirchenruinen noch regelmäßig ein Öllämpchen entzündet. Schon vor gut fünfzig Jahren allerdings sei die Kirche von Stammeskriegern der Fwa're völlig zerstört worden.

»Wir begannen sofort mit unserer Arbeit. Das ganze Gelände unterzogen wir einer gewissenhaften Prüfung. So weitläufig sich das Ruinenfeld darbot, so hoffnungslos zerstört war es auch. Vom größten der Bauwerke, das noch in seinen Grundfesten stand, zeichneten wir einen Grundriß.

Im Mittelpunkt des Ruinenfeldes erkannten wir zwei Meter dicke Grundmauern, die ein Rechteck von 140 m Länge und 100 m Breite bildeten. In dem weiten Hof steht ein Fort, dessen Ost-West-Mauer 49 m lang ist und 40 m breit; an jeder Ecke erhebt sich ein Rundturm von 10,7 m Durchmesser; am besten erhalten ist der südöstliche Turm.«

Al-Basiri liegt an der Römerstraße, die unter der Regierungszeit Kaiser Diokletians von Damaskus nach Palmyra gebaut wurde. Die Stadt al-Basiri ist mit dem klassischen Danaba identisch, das schon Ptolomäus beschreibt. Er schildert auch ausführlich die Bedeutung Danabas, einer der machtvollsten Städte der Palmyrena, das dank seiner Lage auf halbem Weg zwischen Palmyra selbst und den fruchtbaren Gebieten im Westen, unmittelbar vor drei leicht zu überschreitenden Paßwegen situiert, dem Präfekten legionis tertiae Gallicae als Residenz diente.

»Das Ruinengelände atmete, trotz seiner verheerenden Verluste an Bausubstanz, noch immer den Geist jener großen Tage. Von den mächtigen Türmen ist übrigens der im Südosten der Anlage am besten erhalten. In der Nähe fanden wir einen guterhaltenen Brunnen.

Mitten in der Arbeit gewahrten wir plötzlich eine mächtige Staubwolke am Horizont, die rasch näher kam.

Wenige Minuten später schälten sich aus der wie eine rasche Nebelbank heranrollenden, geheimnisvollen Hülle Reittiere und Soldaten. Sie kamen aus Hama, wo ihre Kaserne lag, und befanden sich auf der Suche nach dem Stamme der Nu'ejm, von dem sie Steuern eintreiben wollten.

Während sie ihren Anführer überhaupt nicht beachteten, stiegen sie von den Maultieren, umringten uns so rasch wie neugierig, und ehe wir's uns versahen, hatte schon jeder eines unserer Messinginstrumente in der Hand oder auch sonst etwas, was sie halt erwischen konnten. Ich war in größter Sorge wegen unserer photographischen Apparate und auch wegen der übrigen Ausrüstungsgegenstände und forderte den Befehlshaber auf, dem Treiben Einhalt zu gebieten, aber der lachte bloß, bat um Zigaretten und legte sich dann ins Gras.

Naturgemäß konnte unter solchen Umständen von weiterer Arbeit keine Rede sein und so packten wir unsere Sachen zusammen, um ins Lager zurückzureiten. Die Soldaten begleiteten uns fröhlich und erklärten sich taxfrei zu unseren lieben Gästen. Da die Späße der Soldaten und ihres Anführers nach einer Weile unerträglich wurden, blieben wir nach einer halben Stunde Ritts stehen und legten uns nun unsererseits neben den Pferden in den Sand. Die Guten taten alsobald das Gleiche, wobei sie allerdings darauf drängten, möglichst bald wieder aufbrechen zu wollen, da sie Hunger verspürten.

Da wir keinerlei Anstalten machten, ihnen zu Willen zu sein, begann sie die ganze Sache zu langweilen und einer nach dem anderen stand auf, um weiter zu reiten; schlußendlich erhob sich sogar der Befehlshaber, nicht ohne vor seinem Abritt Beschwerde darüber einzulegen, seine Hungrigen nicht abgefüttert zu haben.

Abends gelangten wir dann auf dem Umweg über unseren Zeltplatz in ein Lager der Nu'ejm, um dort endlich Kamele zu kaufen.

Der Häuptling sandte augenblicklich einige junge Männer aus, um jene Tiere einfangen zu lassen, die im Umland des Stammes weideten.

Es dauerte gute zwei Stunden, bis die Burschen wieder zurückkamen, und sie brachten einige ganz vorzügliche Kamelstuten mit. Der verlangte Preis lag allerdings so hoch, daß wir bloß ein einziges Reittier kaufen konnten. Elf Türkpfund mußten wir berappen, ein Preis, zu dem wir auch in Europa ein gutes Reitpferd kaufen ...«

»Dienstag, 19. März 1912

Nachts regnete es und in der früh waren dann die Zelte so schwer, daß sie die Lasttiere unmöglich hätten tragen können.

So mußten wir recht lange warten, bis sie Wind und aufkommende Tageswärme wenigstens teilweise wieder abtrocknen ließen.

Nachmittags verdichteten sich die Wolken wieder recht bedrohlich, sie hingen auch immer tiefer am Horizont, näherten sich rasch, bauten sich auf zu phantastischen Gebilden, lösten sich wieder auf, boten immer neue, beeindruckende Bilder, und plötzlich, geradeaus im Westen, rollte eine ganze Reihe von ungeheuer großen, wie menschliche Gestalten anmutende Dunst- und Staubgebilde heran. Wir blieben stehen und hielten den Atem an; so ein Schauspiel hatte noch keiner von uns je gesehen.

Von einer Sekunde zur anderen löste sich das Phänomen in rauhe Wirklichkeit auf: aus dem Wolkendunst schälte sich, erst knapp vor uns, der gleiche Trupp Berittener mit ihrem Offizier, den wir schon gestern getroffen hatten. Die Freude der Soldaten läßt sich kaum beschreiben, sie begrüßten uns, als wären wir die ältesten und besten Freunde von der Welt. Natürlich hätten sie gern etwas zu essen gehabt, aber unser Diener Nasser legte ihnen mit klugen und überlegten Worten dar, daß wir selber nicht genug Fleischvorräte hätten, wohingegen die Nu'ejm, die da in einiger Entfernung hinter den Hügeln lagerten, gar nicht wüßten, wohin sie mit all ihrem Fleisch sollten – dort mögen sie doch um Allahs Willen hinreiten, dort gäbe es die feistesten Hammel der Welt.

Die Soldaten begleiteten uns noch eine Weile bis zum Brunnen al-Beza, wo sie so wie wir die Tiere tränkten und dann wendeten sie sich nach Osten, voll der freudigen Erwartung auf ein köstliches Abendessen.

Abends erreichten wir den Gendarmerieposten von al-Beza, einen völlig verwahrlosten, ja verwüsteten Bau inmitten eines verschmutzten Ortes. Der Platz war dabei gar nicht so bedeutungslos, liegt er doch an dem sehr sicheren Verkehrsweg von Tudmor-Palmyra nach as-Zerjitejn und Damaskus; al-Beza war immer ein gutbesuchter Übernachtungsplatz gewesen. Angesichts des Allgemeinzustandes der Örtlichkeit zogen wir es allerdings vor, in unseren Zelten zu übernachten.

Kaum war das Lager errichtet, platzte auch schon der Himmel aus allen Nähten und es begann fürchterlich zu regnen. Zum Glück dauerte das Ganze aber nicht allzu lang.

Mittwoch, 20. März 1912

Wir hatten eine sehr erholsame Nacht.

Erfrischt und gestärkt bestiegen wir um 1 Uhr 10 unsere Reittiere und bewegten uns in Richtung Nordnordost.

Die Luft schnitt uns mit eisiger Kälte fast schmerzhaft in die Gesichter, doch war die Sicht so klar, daß wir jede Einzelheit in der Bergkette ar-Rawak, die sich südlich entlangzog, erkennen konnten.

Gerne hätten wir einen Abstecher zu dem längst zerstörten, aber dennoch sicher sehr interessanten Han al-Leben gemacht, bei dem einst die Straße von Homs nach Tudmur vorbeiführte, doch erwies sich das Vorhaben alsbald als undurchführbar, weil der Pfad in einen gefährlichen Sumpf führte. Wir versuchten noch einen Umweg, gerieten dabei aber wieder an den Rand eines Salzsumpfes (>sabha<). Wir drehten wieder bei.

Eine Stunde nach Aufbruch vom Lager erreichten wir das weitläufige, seichte Tal von ar-Raml, in dem zahllose Überreste von Dämmen von alten Versuchen Zeugnis ablegten, wie sehr sich einst die Menschen hier um Wasser bemüht hatten, wie sie versuchten, das Abschwemmen der kostbaren Humusschicht hintanzuhalten. Gelegentlich erkannten wir auch die Grenzmauern längst zerstörter und verlassener Bauernhöfe.

Kurze Zeit darauf hielten wir vor den Überresten des befestigten Lagers al-Klejbije. Von dort gelangten wir in die Niederungen von at-Tarfa, wo wilder Sauerampfer schlechthin alles überwucherte; bloß zwei palmyrenische Altarsteine ragten da hervor, und ich erinnerte mich, genau an dieser Stelle im Jahre 1897 mein Lager aufgeschlagen zu haben. Damals hatte ich alle auffindbaren Inschriften kopiert, es blieb uns also Zeit zum Schauen, ohne uns irgendeiner wissenschaftlichen Arbeit näher widmen zu müssen.

Nach wenigen Minuten bereits brachen wir wieder auf und gelangten, ganz wie in den klassischen Zeiten die Reisenden, sicher von einem römischen Meilenstein zum anderen. Manche trugen Inschriften, andere nicht. Wie gesagt, alles das hatte ich schon 1897 aufgezeichnet. Gerne wären wir noch entlang dieser romantischen Wegstrecke geritten, doch unsere Diener mußten inzwischen bereits Palmyra erreicht haben, und so nahmen auch wir den kürzesten Weg dorthin.

Wir ritten ostwärts, mitten durch die Ebene al-Ka. Rechter Hand tauchte die Feste Kal'at eben Ma'an auf.

Palmyra, Säulenstraße am Theater
(Darstellung vom Ende des 19. Jahrhunderts)

Palmyra selbst verbarg sich noch hinter dem zweigipfligen Ausläufer des al-Muntar.

Um 13 Uhr und 5 Minuten erklommen wir endlich die Höhe des an-Nwejser und erblickten die ersten Grabtürme von Palmyra.

Südlich von uns sprudelten die Wasser einer herrlichen Quelle; ihr köstliches Naß fließt in einem jüngst wieder völlig erneuerten Aquädukt in den Ort Tudmor hinein.

Entlang dieser Wasserleitung ritten wir durch eine zum Teil recht gut bebaute Ebene, gaben den Pferden noch einmal Gelegenheit, ausgiebig zu trinken, und um halb vier ritten wir endlich in Tudmor ein.

Nasser hatte inzwischen alles bestens vorbereitet und empfing uns bereits wie ein gastlicher Hausherr inmitten eines geräumigen Hofhauses, wo wir sehr günstig unterkamen. Dort schlugen wir unser Hauptquartier auf.«

Die Siedlung Tudmor gehörte damals zum Sandschak Deir-az-Zor, und der Vertreter der kaiserlich-osmanischen Regierung zu Tudmor trug den Allerweltstitel eines ›Müdür‹, was alles und nichts heißen kann: vom ›Direktor‹ einer imaginären Macht- oder Geschäftsansammlung bis zum ohnmächtigen Vollzugsorgan der wirklichen Machthaber, der sich dann Pascha oder Kaymakam nennen mochte.

»Da uns sein Stellvertreter keinerlei Beachtung schenkte, winkte uns vollkommene Freiheit. Rasch brachten wir in Erfahrung, daß im Nordwesten von Tudmor die Großfamilie der Häuptlinge Masur und Medschel vom Stamme der Umur lagerten und dort im Umkreis ihrer rund einhundert Zelte Herden hervorragender Kamele weideten. Kamelkühe: eingetauscht für weißgottwas für Tauschobjekte vom Stamme der Aneze-Beduinen. Oder einfach gestohlen?

Wir beauftragten unseren klugen Nasser, die Kamelkühe der Umur am nächsten Tag einer genaueren Prüfung zu unterziehen und beschlossen, uns selbst vorerst einmal dem Ruinengelände von Palmyra zu widmen.«

Die Leidenschaft des Alois Musil galt aber immer dem besonders Ausgefallenen; die Tatsache, in Palmyra zu sein, warum ihn jeder Geograph, jeder Historiker oder Altphilologe Mitteleuropas damals maßlos beneidet haben muß, genügte ihm nicht. Sicher, er würde einen genauen Plan von Palmyra zeichnen.

Aber zunächst einmal mußte er weiter, über Palmyra hinaus, und er hatte da auch schon ein Ziel ausgemacht, eine weithin unbekannte Siedlung, in die kaum noch jemals ein Europäer gekommen war, in der neueren Zeit zumindest nicht, und dorthin wollte er. Prinz Sixtus, im Grunde genommen aus dem gleichen Holz geschnitzt wie sein

Expeditionsleiter und Freund Alois Musil, tat da aus ganzem Herzen mit.

»Donnerstag, 21. März 1912

Um 6 Uhr 23 Minuten ritten wir auf jenen Pferden, die wir in al-Forklos gekauft hatten, aus unserer Unterkunft in Richtung al-Bhara los. Der Weg führte uns zwischen den Gärten von Tudmor nach Süden; entlang der hohen Mauern zwischen den einzelnen Grundstücken floß das warme Wasser vom Nahr-al-Bahad. Gerste gedeiht hier überall ganz prächtig, sie ist geradezu eine Spezialität von Tudmor. Dazu Oliven, Orangen, Äpfel, Birnen, auch Datteln – die zwar nicht in der Qualität der Datteln vom Wadi Sirhan oder gar von al-Dschof, doch immerhin vorzüglich. Ich meine übrigens, daß das Beste, was Tudmor-Palmyra zu bieten hat, seine Oliven sind. Ich finde, sie sind von köstlichem Geschmack und liefern herrliches Öl.

Schon nach etwa zwanzig Minuten kamen wir am Kasr Anen vorbei, ursprünglich eine palmyrenische Festung, später ein christliches Kloster.

Wir drehten ein wenig nach Südosten bei und trafen auf eine Gruppe von zwanzig Tadamre – Bewohnern von Tadmor – die auf ihren Eseln ausritten, um Trüffel (›kema‹) zu suchen.

Al Bazurijje (westliche Ruine)

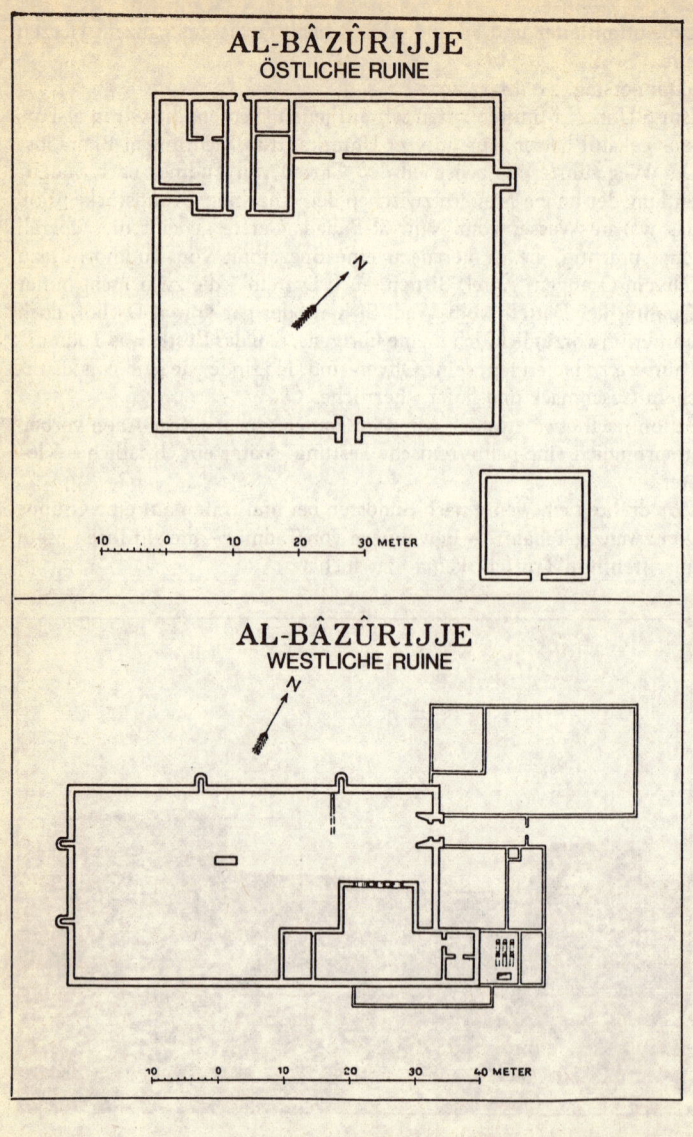

AL-BÂZÛRIJJE
ÖSTLICHE RUINE

10   0   10   20   30 METER

AL-BÂZÛRIJJE
WESTLICHE RUINE

10   0   10   20   30   40 METER

Um halb zehn erreichten wir die Ruinen von al-Bazurijje, in denen wir mehrere Stunden arbeiteten. Nach einer kurzen Rast in al-Han gelangten wir nach al-Bhara. Kurz vorher erlebten wir noch ein einmaliges Schauspiel, wie es keine Gegend der Welt schöner bieten kann als die Palmyrena: Es schien, als sei die weite Landschaft vor uns mit glitzerndem Wasser bedeckt, eine optische Täuschung, die von einer feinen Schicht Dunst oberhalb des heißen Erdbodens verursacht wird; der al-Frej-Berg ragte wie ein Riff aus dem ›Meer‹.

Am Rande von al-Bhara erreichten wir den Friedhof. Die einzelnen Gräber trugen die unterschiedlichsten Verzierungen, vielfach in Mörtel geformt, die Grabdeckel bestanden öfters aus dunklem Stein.

Als ich hier im Jahre 1908 zum ersten Mal weilte, war der Friedhof noch völlig unberührt.

Nun bot sich ein anderes Bild: Gut zweitausend Gräber lagen da geschändet vor uns, die Grabsteine zerbrochen, überall sahen wir Skelette herumliegen. Die Gräber erweckten den Eindruck, geradezu ausgekehrt zu sein, so gründlich untersuchten die Grabräuber, nein die Grabschänder, jeden einzelnen Erdklumpen.

Nasser erzählte uns, die Fellahin von as-Suhne hätten hier vor einem Jahr ›ganze Arbeit‹ geleistet. Nachdem einer von ihnen durch Zufall eine hübsche Kette im Gräberfeld gefunden habe, sei der ganze Stamm gekommen, und im Laufe einiger Wochen sei eben kein Stein auf dem andern, kein Knochen am andern geblieben ...

Ein paar hundert Meter weiter beginnt das Ruinenfeld von al-Bhara, das aus einem befestigten Mittelteil, einer Art Fort, sowie einer großen Siedlung – also dem, was davon blieb – besteht; das Siedlungsgelände verläuft nach Norden und Süden.

Von einer unglaublichen, geradezu fesselnden Schönheit sind die vielen Kapitelle mit ihrem reichen Schmuck und Trümmer mit palmyrenischen Ornamenten, die überall herumliegen; beeindruckend auch die gewaltigen, roh behauenen Bausteine, die in wildem Durcheinander da zu sehen sind. Es erwies sich allerdings angesichts des heillosen Wirrwarrs als unmöglich, irgend eine Art von Grundriß zu zeichnen. Insgesamt hinterließen die Erbauer immerhin so viel Spuren, daß ich zu erkennen glaubte, al-Bhara müsse einst eine bedeutende Siedlung von großem strategischen Wert gewesen sein. Offensichtlich schützte die Stadt die südliche Flanke Palmyras.

Ich nehme übrigens an, daß es sich bei al-Bahra um das in der Antike bekannte Goaria handelt. Es gibt auch einen Bericht darüber; Walid II., einer der Omajadenkalifen, soll übrigens hier ermordet worden sein.«

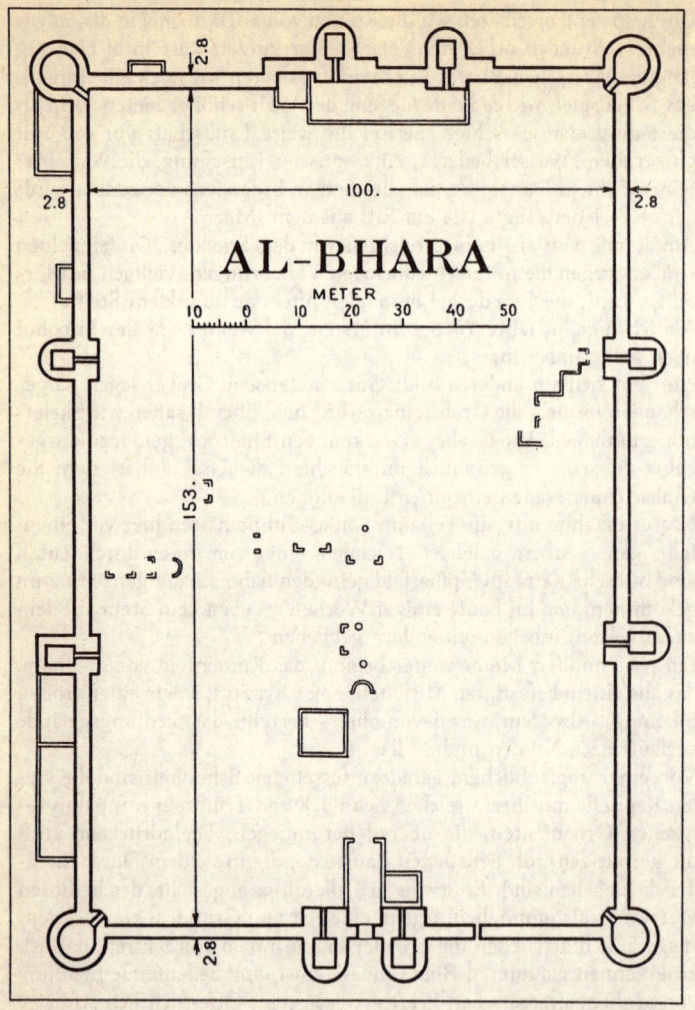

AL-BHARA

METER

10 0 10 20 30 40 50

100.

153.

2.8

Prinz Sixtus faßte augenblicklich eine besondere Vorliebe für diese
Wüstenstadt.

»Als Palmyra blühte«, meinte er später in seinem Bericht, »blühte
auch diese Stadt mit. Sie erfuhr manche Erweiterung, allenthalben

schmückten Prachtbauten, von denen heute nur mehr die Säulentrommeln, Kapitäle, Friese Zeugnis ablegen, den Ort.

Chosroes II., der mächtige Perserkönig aus der Dynastie der Sassaniden, der sogar bis Byzanz vordrang und die damalige Hauptstadt der Christenheit des Ostens belagerte, erkannte die wichtige strategische Lage von al-Bhara, lag sie doch fast genau in der Mitte zwischen seinen Erblanden und den von den Persern damals jüngst eroberten reichen Provinzen Syrien und Palästina. Chosroes II. ließ al-Bhara neu aufbauen. Schon unmittelbar darauf verlor der Perser Reich und Leben, die machtvolle Omajadendynastie ergriff die Herrschaft über den Orient.

Die Prinzen der Omajaden pflegten sich hier gerne aufzuhalten, und der kunstsinnige Herr von Amra, dessen bemaltes Wüstenschloß Monsignore Musil entdeckt hatte, fiel ausgerechnet in al-Bhara einem Aufstand zum Opfer. Ich interessierte mich gleich von Anfang weg für dieses verlorene Wüstennest in einem Ausmaß, wie ich es bisher noch nicht gekannt. Vielleicht steckte mich die stille, schier verbissene Arbeitswut an, mit der Monsignore von der ersten Sekunde an die Ruinen von al-Bhara durchforschte? Lag die Lösung des Rätsels darin, daß Professor Musil hier nach Spuren jenes Aufstandes suchte, dem sein Held von Kasr al-Amra zum Opfer gefallen war??

El-Barah:
Schmuckgesimse am
großen Mausoleum

Es lag aber mit Sicherheit vor allem an der einmaligen Atmosphäre, die dieser vergessene, heute weltabgeschiedene Ort verbreitet.

So mag dereinst, in fernen Zeiten, vielleicht Wiener Neustadt auf Altertumsforscher der Zukunft wirken, wenn eine Weltstadt wie Wien ähnlich in Trümmer gefallen sein wird wie heute Palmyra.

Immer wieder fiel mir sowohl in al-Bhara wie auch in dem gewaltigen Ruinenfeld von Palmyra die Kraft jenes griechisch-römischen Mischstils auf, die sich in den Bauten der Wiener Ringstraße genau so jung und lebensfähig zeigt wie in den Trümmern von Palmyra.«

Es war der junge Sa'addadin, der »Aufbruch!« rief. Nicht, daß ihn die Geschäftigkeit des Frankenprinzen Sixtus, des Scheich Musa oder gar des gemütlichen Tuman gestört hätte, ganz im Gegenteil, so lange sich die drei mit Photographieren und Landvermessung beschäftigten, hatte er seine heilige Ruhe, bloß gelegentlich mußte er eine Meßlatte halten oder Kaffee kochen.

Die Angst vor Räubern und Überfällen beherrschte die Beduinen allemal. Als die kleine Reisegesellschaft am späten Nachmittag nach Palmyra zurückkam, leuchteten ihnen die mächtigen Säulen der Stadt der Kaiserin Zenobia entgegen.

Wie immer galt Musils besonderes Interesse den römischen Meilensteinen: »Um 5 Uhr 40 fanden wir gleich vier Stück auf einmal. Mit der größten Kraftanstrengung drehten wir sie alle herum, damit wir allfällige Inschriften aufzeichnen konnten. Auf dreien von ihnen war nichts mehr zu lesen, auf dem vierten erkannten wir das Wort CONSTANTINO.« Kein Wunder, daß Musil und seine Gefährten bei dieser Tätigkeit jedwedes Gefühl für Ort und Zeit vergaßen, auf einmal sahen sie sich in stockfinsterer Nacht »und wir hatten größte Schwierigkeiten, unserem Führer ins Quartier von Suk al-Barranije zu folgen.

Dort erwartete uns freilich eine umso größere Freude. Nasser erzählte uns, er habe gleich zwanzig vorzügliche Kamelstuten gefunden und aus ihnen könnten wir uns leicht die neun schönsten Tiere aussuchen ... also genau, was wir suchten und brauchten.«

Die nächsten beiden Tage verbrachten die Reisenden mit der Aufzeichnung eines exakten, in alle damals erkennbaren Einzelheiten gehenden Plans von Palmyra und seiner Umgebung.

»Unglücklicherweise war die ganze Anstrengung für nichts. All die schönen Blätter, die eine Grundlage für einen genauen Plan der Stadt bilden sollten, gingen verloren, als uns zwei Monate später Räuber aus dem Stamme der Schammar überfielen und vollständig ausplünderten.

Am Samstag, gegen Mittag, brachte Nasser die Kamelinnen, die er im Lager der Häuptlinge Mazur Eben Teli und Medschel eben Sened erworben hatte. Nachmittags markierte er die Tiere mit unserem Brandzeichen, während wir zusammenpackten.

Der berittene Gendarm aus Tadmor, der uns bis Dejr az-Zor begleiten sollte, brauchte für sein Pferd Gerste und so mußte auch das noch besorgt werden. Als Führer mieteten wir einen Einheimischen.«

Sonntag, den 24. März 1912, verließ die kleine Karawane Musils Palmyra: »Wir führten unsere Kamele aus unserem Hof durch die engen Wege zwischen den prachtvollen Ruinen. Am Fuße des Hügels al-Muntar stiegen wir in die Sättel. Ruhig schritten die Kamele voran, und um 6 Uhr 57 Minuten konnten wir einen letzten Blick auf die einst so stolze und machtvolle Stadt Palmyra werfen ...«

Zwei Tage darauf herrschte wieder bittere Kälte.

»Etwa drei Stunden nach unserem Aufbruch kamen wir an den Höhenrücken von at-Turkmanije, auf dem sich wieder ein kümmerlicher Hügel erhebt, der von Ruinen bedeckt ist. Die Wälle trugen Terebinten, Harzbäume, die hier offenbar einen idealen Nährboden fanden ... wie sonst nur auf Zypern oder auf Chios. Die Terebinten säumten auch unseren weiteren Weg, verliehen der Gegend den Eindruck eines gewaltigen, unberührten Naturparks. Die Einheimischen lesen die Terebintenfrüchte gerne vom Boden auf, weil sie köstliches Öl geben, Öl, das schmackhafter sein soll als selbst das beste Olivenöl. Die Früchte erreichen sogar den Markt von Aleppo, und die Tadamre, die Bewohner von Tadmor-Palmyra, gaben schon immer dem Terebintenöl den Vorzug. Von überall her hörten wir den Ruf »höff-höff« der Wiedehöpfe, die in den Rinden der Harzbäume herumsuchten.

Unser Führer erzählte von den vielen Gazellen, die im Sommer in diesem Gebiet nördlich von Tadmor anzutreffen seien, bloß jetzt im Winter bevorzugten sie die Gegend von al-Hamad. Die Palmyrena habe, wegen ihrer allgemeinen Feuchtigkeit, bis in den Herbst hinein auf den Weidegründen saftiges Gras aufzuweisen.«

Prinz Sixtus beschäftigte sich eingehend mit dem »festen, gut erhaltenen Bau in der Mitte des Walles, der mit Kreuzornamenten versehen ist. Er dürfte nach meiner Schätzung aus der Zeit Justinians I. stammen, also aus dem 6. Jahrhundert. Seine einstige Bedeutung für Byzanz ist wohl schon daraus zu ermessen, daß er nicht nur die Zugänge zu den wichtigsten Tränkorten beherrscht und an der Kreuzung zweier wichtiger Karawanenwege liegt, sondern auch von weitem, sogar von Resafa und Serija aus zu sehen ist. Südlich des Turms befand sich einst wohl ein Kloster, aus dem sich später ein Dorf entwickelte.

Leider störte ein penetranter Geruch unsere ganze Aufnahme, ein Gestank, den Hunderte und Aberhunderte von überall herumliegenden,

Musils Lager bei at-Turkmanije

halbverwesten Schafen und Ziegen ausströmten. Übrigens fanden wir auch auf unserer weiteren Reise im Gebirge al-Bischri tausende von toten Schafen, Ziegen und Kamelen, ja sogar Pferden, die bei dem im letzten Februar durch 22 Tage einen Meter hoch liegenden Schnee verhungert waren. Die dem Euphrat entlang und in Syrien wohnenden Halbfellahin erlitten dadurch große Verluste und die Fleischpreise stiegen in der ganzen Gegend ins schier unermeßliche.«

»Nachmittags trafen wir auf eine Gruppe von fünfzehn ›nawar‹ ... Zigeunern. Männer und Frauen trugen hautenge Hosen; die Frauen ritten auf den Eseln und die verheirateten unter ihnen hatten schwarze Tücher um den Kopf gehüllt. Sie trieben an die zwanzig Zicklein vor sich her, ihren Lohn für ein umfangreiches Unterhaltungsprogramm, das sie den Fellahin, den Schaf- und Ziegenzüchtern, die im Winter in der Palmyrena ihre Herden weiden, geboten hatten.«

Der Versuch, unter den Hadedijn, die in der Nähe von Musils Zeltplatz lagerten, einen verläßlichen Führer nach ar-Resafa zu finden, erwies sich als völliger Fehlschlag. »Es stellte sich heraus, daß es bei dieser Sippschaft der al-Buhassan nicht einen einzigen Mann gab, der sich in der Topographie dieses Landstrichs auskannte. Abends bestimmten wir unsere genaue Position.

Donnerstag, 27. März 1912

In der früh mußten wir die Tiere zur Tränke führen und unsere Wasserschläuche nachfüllen, was uns sehr viel Zeit kostete, da auch die Hadedijn um genau die gleiche Stunde ihre Herden zu den Wasserstellen trieben. Es gibt da sechs Brunnen in einem Becken, jeder davon etwa 16 Meter tief, jeder mit frischem, gutem Wasser.

Es wurde bereits acht, als wir endlich weiterkamen.

In den as-Swane-Bergen stießen wir auf einen einsamen Reisenden, einen Mann vom Stamme der Suhne, der uns die Namen verschiedener Berge und Täler nennen konnte, während wir gemeinsame Rast hielten. Gerne wäre er mit uns weitergezogen, doch meine Gefährten baten mich inständig, davon abzusehen, weil seine linke Gesichtshälfte von Aussatz entstellt war – und vor Lepra fürchten sich hier alle entsetzlich, ja sie kennen überhaupt nichts Schreckhafteres.

Nasser wollte dem armen Kerl nicht einmal eine Schale Tee reichen, und endlich, als ich ihn dazu zwang, markierte er das Gefäß und stellte es später auch nicht zurück unter die anderen Küchengeräte. Er fürchtete Ansteckung, obwohl es heißt, daß gerade die in Syrien verbreitete Lepra nicht ansteckend sein soll.

Am nächsten Tag kamen wir wieder in eine jener scheußlichen Fäulniszonen, die schon von weitem ›ruchbar‹ sind: Hinter einer Bodenerhebung lagen auf dem terrassenförmig gegliederten Geländehang hunderte und aberhunderte Kadaver von Schafen. Das Unglück hatte die Herde auf dem Weg vom mittleren Euphrat nach Aleppo und Hama ereilt; die Schafhändler bevorzugen diese Route, auf der auch wir soeben nach Osten zogen. Der katastrophale Schneefall vom vergangenen Februar hatte diese Katastrophe verursacht.

Am 29. März, einem Freitag, erblickten wir endlich um 12 Uhr und 13 Minuten die Ruinen von Resafa.

Seit Stunden schon hatten wir das Tiefland durchquert, ein Meer von prachtvoll gelben Blüten, erbijjan, und bei jedem Schritt des Reittiers kam eine Wolke von Wohlgeruch aus dem Blumenmeer. Wir stießen auch auf eine Gruppe von Halb-fellahin vom Stamme der Wade, die am rechten Ufer des Euphrat Ziegen und Schafe züchten und Land bebauen. Drei ihrer Mädchen sammelten Brennstoff, als wir vorbeikamen: alten Kameldung und trockene Stämme und Wurzeln von Jährlingen, die sie mit den Händen aus dem Erdboden zogen.

Wie gesagt, um 12 Uhr 13 erblickten wir zum ersten Mal Resafa ... nein, eigentlich erahnten wir die Siedlung mehr als wir sie sahen: Die machtvollen Mauern schienen über dem Horizont zu schweben, viel viel größer und respektheischender als die ohnehin schon so machtvollen Mauern sein konnten.

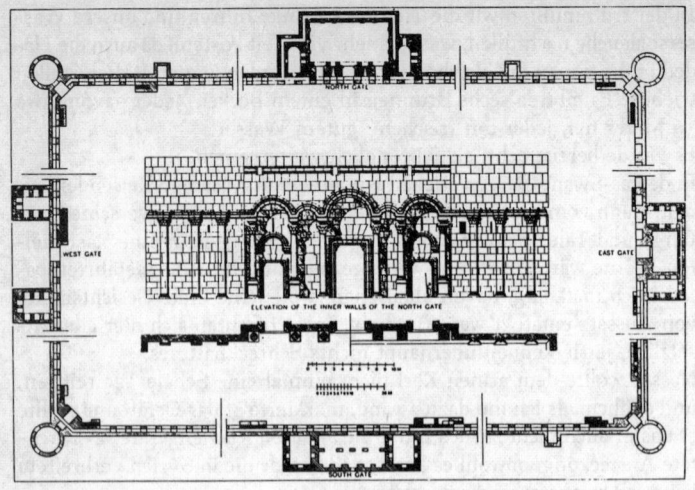

Ar-Resafa: Tore, Grundriß; Rekonstruktion der Innenmauern
des Propugnaculums vom Nordtor

Es war dieser merkwürdige, durchsichtige Streifen zwischen Erde und
Festung, der das Gemäuer so geheimnisvoll schweben machte, wie in
einer Levitation von Architektur. Die Kirche des hl. Sergius thronte
über dem Bild wie ein kraftvolles Festungswerk, fast drohend, ehr-
furchtgebietend ... und Neugier erweckend, weil das Auge so herzhaft
erfreuend.

Als wir uns näherten, zogen dichte, dunkle Nebelschwaden geräusch-
und schwerelos zwischen uns und der Festung inmitten der längst ver-
lassenen Stadt dahin und ließen das geheimnisumwobene Bauwerk wie
ein verwunschenes Schloß erscheinen.

Um 2 Uhr und 30 Minuten langten wir endlich in den Ruinen an und
schlugen unser Lager in der Südwestecke der großen Umfassungs-
mauer auf; dann, unmittelbar nach einer ersten, raschen ›Inspektion‹
des Geländes, machten wir uns an die ernsthafte Arbeit.

Am Abend wollte unser ›Emir‹ – so nannten wir unseren Prinzen Sixtus während der Reise, was nicht nur gut zu ihm paßte, sondern auch
die Kompliziertheit der an sich gehörigen Anrede ›Königliche Hoheit‹
vermeiden half – unser Emir jedenfalls wollte auf Biegen und Brechen,
trotz unserer Warnungen, sein Nachtlager unter dem Gewölbe eines
der Ecktürme aufschlagen.

Ich versuchte, ihm diese Idee auszureden. Ich versuchte ihm zu erklären, daß wir im Falle eines Angriffs von Räubern allesamt gefährdet wären, wenn er in einem solchen abgeschlossenen Raum übernachte. Ich erklärte ihm auch, daß wir in jenem Gebäudetrakt unmöglich ein Feuer machen könnten, weil der Widerschein von den Wänden und den Mauerlöchern weithin sichtbar sein werde.

Außerdem bedeckte eine dicke, übelriechende Schicht von Raubvogelmist den gesamten Boden des Turmabteils, da ja die Vögel in den Löchern und Fensternischen oben nisteten.

Aber unser Emir – vielleicht erwartete er Regen für die Nacht – wollte diesmal absolut nicht nachgeben. Was blieb uns andres übrig, als mit vereinten Kräften den Boden wenigstens halbwegs zu reinigen; dann schlugen wir unsere Schlafplätze auf. Im Turmgemäuer.

Feuer machten wir draußen, gegenüber des Eingangs zum Turm, und etwas nach acht löschten wir alle Lichter und gingen schlafen.

Ar-Resafa:
Basilika des
hl. Sergius,
Rekonstruktion
des Kirchenschiffs,
Blick ostwärts

Um Mitternacht flogen durch die Schießscharten Steine auf uns herein, glücklicherweise trafen sie keinen. Dann fiel ein Schuß.

Wir packten unsere Gewehre, rannten, so schnell wir nur konnten, aus unsrem Gefängnis hinaus, Richtung Lasttiere, sprangen über die Mauer – alle miteinander plumpsten wir mitten in ein Schlammloch, das sich gerade dort ausbreitete, und suchten unterhalb der Rampe Schutz. Da sahen wir sie auch schon, eine Reihe von dunklen, wie Schatten dahinhuschenden Menschen, Silhouetten gleich. Ein paar Schüsse ... dann Stille.« Verdreckt und durchnäßt harrte man der Dinge. Über Resafa dräute wahrlich etwas wie ägyptische Finsternis. Von Lichtmachen keine Rede, von Schlaf erst recht nicht.

»Warten. Immerhin, nach einer Weile zogen wir unser Bettzeug aus dem Gemäuer heraus und blieben dann draußen, versuchten zu schlafen, teilten auch eine Wache ein (obwohl wir ohnehin alle wachten) und freuten uns trotz alledem, daß weder Gepäck noch Tiere Schaden genommen hatten.

Die Angreifer kehrten übrigens nicht mehr zurück; ich denke, unsere Schüsse hatten sie Mores gelehrt.

Ar-Resafa liegt ganz genau dort, wo die wellenförmige Ebene al-Kwar in das Tiefland al-Hora übergeht.

Der Kern der alten Stadt ist von einer Mauer umgeben; an den vier Eckpunkten erheben sich machtvolle Bastionen, an den Längsseiten springen kleinere Türme vor. Die nach oben sich verjüngende Mauer geht in einen Wehrgang über und weist zahlreiche Schießscharten auf. Überall führen Stiegenaufgänge zur Galerie. Beeindruckend ist vor allem das Nordtor – dort kam einst der heilige Sergius in die Stadt und vor dem Nordtor erlitt er auch den Märtyrertod.

Innerhalb der Stadtmauern imponieren vor allem die Ruinen dreier Kirchen und einiger Wohnblöcke, doch abgesehen davon macht das Gelände einen völlig verwüsteten Eindruck. Irgendwie ist in dem Trümmerfeld auch die Trasse einer einstigen Prachtstraße erkennbar ... inmitten all der Debris rundum geht von den Überresten dieser 28 Meter breiten Avenue, die zu beiden Seiten von Säulengängen begrenzt war, eine überwältigende Wirkung aus.

Von der Hauptstraße verliefen zahlreiche Abzweigungen in die Stadt, gelegentlich erinnerte noch Bruchwerk von Säulenschäften und Pfeilerabschlüssen an die versunkene Herrlichkeit.

An zwei Stellen entdeckten wir sogar noch Bauspuren von Triumphbögen, und einer von ihnen steht in der Nähe des Nordtors, wo er offenbar dem Straßenzug, der zum Martyrium führte, besondere Weihe verleihen sollte.

Das Dach der soeben erwähnten Gedenkstätte war einst von zweiundzwanzig Säulen getragen worden, doch blieb nur der östliche Gebäudeteil erhalten, wo besonders starke, erdbebensichere Wände das gebogene Dach der drei Apsiden abstützten.

Weiter südlich, fast genau im Norden des Südtores, erhebt sich der zerstörte Turm der größten Kirche von ar-Resafa zu der immer noch imponierenden Höhe von fünfzehn Metern. Wir zählten fünfundzwanzig Lagen von behauenem Stein, zwischen 45 und 65 cm dick. Nach unseren Schätzungen muß der Turm einst an die 25 m hoch gewesen sein und einen prachtvollen Ausblick über die weite Ebene um Resafa gewährt haben.

Im Osten der Basilika steht das größte Kloster der Stadt Sergiopolis, wie ar-Resafa einst hieß. Es muß länger und auch kontinuierlicher bewohnt gewesen sein als die anderen Klöster im Stadtgebiet, da es ungezählte Male erneuert, vergrößert oder instandgesetzt worden ist.«

Musil hatte schon im Jahre 1908 genaue Pläne der Basilika sowie drei weiterer Kirchen gezeichnet, nun, vier Jahre später, konnten Vergleiche angestellt und Verbesserungen vorgenommen, vor allem aber ein genauer Gesamtplan der Stadt ar-Resafa-Sergiopolis verfaßt werden. In einer neuen Untersuchung wurden die umfangreichen, der Wasserversorgung dienenden Anlagen sowohl im ummauerten Ruinengelände selbst als auch westlich der Stadt erforscht und die christlichen und islamischen Friedhöfe und Mausoleen eingehend besichtigt.

»Leider hatten auch in ar-Resafa die Grabräuber ganze Arbeit geleistet«, klagte später Emir-Prinz Sixtus: »Der christliche Friedhof bei der Kirche al-Mundris ist vollkommen ausgeplündert, und in der Stadt selbst sind unzählige Versuchsschächte ausgehoben worden. Die auf der Forschungsreise von 1908 entdeckte und kopierte Inschrift des Metropoliten Symeon, die in einer Höhe von sechs Metern in der Sergius-Basilika angebracht war, ist bereits verschwunden. Es wäre doch sehr zu wünschen, daß die türkische Regierung diesen Plünderungen Einhalt tue, bis eine systematisch betriebene Ausgrabung erfolgt, die freilich nur in den regenreichen Wintermonaten stattfinden könnte. Der Aufenthalt in ar-Resafa ist übrigens wegen des zahlreich sich dort herumtreibenden Gesindels ziemlich gefährlich ...«, und auch Alois Musil kommt in seinem Reisebericht immer wieder auf dieses leidige Thema zurück:

»Das Wochenende vom 30. und 31. März brachten wir, ununterbrochen arbeitend, im Ruinengelände zu. Ich überprüfte all meine Pläne aus dem Jahre 1908, wir maßen die Höhe verschiedener Bauten, fertigten einen genauen Plan der Stadt und ihrer Umgebung an und zeichneten oder photographierten zahllose Ornamente, ja, ich möchte sagen, wir standen unmittelbar vor der Lösung einiger kniffliger wissenschaftlicher Fragen. Aber Allah entschied anders.

Die wichtigsten Zeichnungen und Pläne verwahrten wir in einer speziellen Weißblechkiste, die wir – aus Sicherheitsüberlegungen noch dazu! – nicht, so wie manch anderes Gepäckstück von al-Hamam nach Aleppo vorausschickten, sondern mit uns in den Irak nahmen. Als wir dann von den Schammar am 28. Mai überfallen wurden, ging alles verloren, alles.

Die Frucht unserer Arbeit von 1908 und 1912 fiel der Vernichtung anheim. Wir retteten bloß Entwürfe, Memoranda und Tagebuchaufzeichnungen ...«

Doch der Friede, so erfreulich lang er während der Arbeiten in al-Resafa auch anhalten mochte, erfuhr schon am Samstag eine unliebsame Unterbrechung, als einige Räuber, die irgendwo in der Umgebung der Stadt Rinder gestohlen hatten, ihre Beute in die Ruinenstadt trieben.

»Als sich einer der finsteren Gesellen zu nahe an uns heranwagte, setzten wir ihn kurzerhand gefangen. Als seine Kumpane, die sich an dem Morast an der Südmauer aufhielten, merkten, wie der Hase lief, nahmen sie reißaus und verschwanden irgendwo zwischen den Höhlen und Steinlöchern im Osten.

Unser Gendarm nahm dem Räuber seinen Revolver ab, außerdem ein schweres Beil und vor allem die Rinder ... dann wollte er den Missetäter zum Posten von al-Hammam bringen. Nach einigem Hin und Her entschloß er sich aber angesichts der Gefahren, die von den geflüchteten Banditen drohen mochten und angesichts unserer Wasserknappheit doch, seinen Gefangenen laufen zu lassen. ›Wenn du nach Osten gehst, dorthin, wo dich wahrscheinlich deine Spießgesellen erwarten, schieß ich dich augenblicklich nieder. Jetzt lauf – aber nach Norden!‹ Wie nicht anders zu erwarten, versicherte der Gefangene treuherzig, sich genau an diese Weisung zu halten und rannte, freigelassen, eilig nach Norden davon. Unser wackerer Gendarm, der einen der Wachtürme erklommen hatte, blickte ihm, Gewehr in der Hand, so streng wie triumphierend nach.

Selbstredend wußte der Fliehende genau, was er von der Martini unseres Gendarmen zu halten hatte: Schon nach kaum fünfhundert Schritt, wandte er sich nach Osten, wo er seine Freunde vermuten mußte.

Er dürfte nicht mit unseren Mannlichergewehren gerechnet haben, sauste aber wie eine Gazelle nach Norden davon, als ihm eine unserer Kugeln am Ohr vorbeipfiff.

Unser Gesetzesvertreter zeigte sich nicht wenig stolz über die Schau, die er geliefert hatte und gab auch seiner Freude über die erbeuteten Waffen und Rinder Ausdruck, die er selbstverständlich erst nach Erhalt des entsprechenden ›Finderlohns‹ zurückgeben wollte. Mit fortschreitendem Nachmittag und hereindämmerndem Abend gab er sich allerdings immer kleinlauter, da er einen Rachezug der Räuberbande fürchtete. Schließlich forderte er uns auf, unser Lager in Verteidigungszustand zu versetzen. Die ganze Nacht über konnte er nicht ein Auge schließen, legte sich beim Südwestturm, der ihm als der sicherste Hort erschien, auf Lauer und ließ sich kein Geräusch entgehen, nicht ohne wiederholt an uns heranzurobben und uns zu flüstern ›Sie kommen‹ oder ›Jetzt kommen sie aber wirklich‹. Klar, daß auch wir keinen Schlaf fanden. Auch tagsüber blieb er so wachsam wie nie zuvor und in der nächsten Nacht wiederholte sich das ganze Theater in allen Einzelheiten. Unsere Wasservorräte erschöpften sich, die Rinder brüllten den ganzen Tag über vor Hunger und Durst und so blieb uns nichts anderes über, als in Richtung Euphrat aufzubrechen, obwohl wir gerne noch ein paar Tage in ar-Resafa zugebracht hätten.

Von ar-Resafa nach Hit

Montag, 1. April 1912. Um ein Uhr und fünfundzwanzig Minuten nachmittags verließen wir – ausgerechnet bei einer Temperatur von einem Grad und 25 Hundertstel – ar-Resafa durch das Nordtor. Bald entschwand die Stadt hinter unseren Blicken, als wir eine weite Bodenerhebung überquerten.
Von 5 Uhr bis 5 Uhr 10 verweilten wir im Kasr ad-Dahal, einem mittelalterlichen Kloster oder vielleicht auch einem freien Landsitz, und bemerkten zu unserer Rechten niedrige Befestigungswälle mit zahlreichen halbkreisförmigen Ausbuchtungen, wahrscheinlich also Überreste eines festen Platzes. Weil wir nicht einmal mehr auch nur einen einzigen Tropfen Wasser besaßen, mußten wir das gewiß interessante Objekt hinter uns lassen ohne es näher besichtigen zu können. Die Devise hieß bloß: Euphrat. Wasser.«
Am Montag, dem 8. April, um acht Uhr und zwölf Minuten erblickten die Reisenden die Stadt Dejr az-Zor an dem Ufer des Euphrat. Zwei Stunden später erreichten sie die Reichsstraße von Darb as-Sultani. Jenseits des Stroms, wie verborgen in zauberhaft violett schimmerndem Dunst, lagen die Vulkane von al-Hscheffat. Dort drüben lag Mesopotamien, das Zweistromland!

»Um 10 Uhr und 42 Minuten schlugen wir vor den Toren von Dejr az-Zor unser Lager auf . . .«

Die Stadt liegt am rechten Euphrat-Ufer, gegenüber einer grünen Insel inmitten des Stroms, über den schon zu Musils Tagen eine »permanente« Brücke bei Dejr az-Zor führte.

Über den braunen, flachen Dächern des Städtchens leuchten sechs schneeweiße Minarette weit in die Landschaft hinaus. Im Norden liegt eine große Kaserne, dahinter eine Tscherkessensiedlung. Neben zahlreichen, öffentlichen Schulen verfügt der Ort auch über eine »rudschdije« – eine Art Polytechnikum – und eine »adadije«, eine Hochschule.

Die Bewohner von Dejr az-Zor verdienen ihren Lebensunterhalt hauptsächlich im Handel. Sie kaufen Wolle und erzeugen daraus Teppiche und Tücher, die wieder an die Halb-Fellahin der Umgebung verkauft werden, gelegentlich auch an die Beduinen. Man kauft aus der Umgebung auch Schafs- und Ziegenbutter zusammen, die wieder in Damaskus und Aleppo ihre Abnehmer findet; aus Aleppo und Damaskus wieder kommen importierte, europäische Metall- und Baumwollwaren nach Dejr, aus Bagdad feine Stoffe, vor allem jedoch der geschätzte »tumbak« – Tabak für die Wasserpfeife, zart und hell.

In Biretschik besorgen sich die Händler kleine Flöße, die dort gebaut werden, und beladen sie mit Weizen und Gerste. In acht bis zehn Tagen – in den Nächten ruht die Schiffahrt – erreichen sie al-Felludsche, wo das Korn dann leicht an die Wiederverkäufer, die ihre Ware mit Lasttieren oder Wagen weiterschaffen, abgegeben werden kann; auch die Flöße finden dort (wegen des wertvollen Holzes) ihre Käufer.

Mitunter kehren die Händler auf ihren Flößen auch wieder zurück, nachdem sie in al-Felludsche Butter besorgten, die sie dann langsam, flußaufwärts von Dorf zu Dorf rudernd, absetzen. Für so eine Tour braucht ein Händler an die zwei Monate (wie gesagt, stromabwärts mit dem Korn etwa eine Woche).«

Neben viertausend Moslems lebten in Dejr az-Zor damals ungefähr achthundert syrische Christen, dazu noch sechshundert Armenier (Katholiken!) und zweihundert Juden. Die katholischen Armenier und die monophysitischen Syrer verfügten über je eine Kapelle.

Dem Gendarmeriekommando in Dejr az-Zor unterstanden die Kasernen am Westufer des Euphrat, unmittelbar an der Fernstraße von Damaskus nach Bagdad, die Dejr auch mit Aleppo verband. Die Garnison von Dejr az-Zor umfaßte vierhundert »barrale« (bewaffnete Reiter mit Maultier), die Patrouillentätigkeit oblag 120 Gendarmen.

»Von besonderem Vorteil für die Bewohner von Dejr az-Zor erwies sich die Neuerung, die Post aus Damaskus nach Bagdad nicht mehr über den Darb as Sa'i, sondern über Aleppo und Dejr zu senden.«

Diese Änderung erwies sich nicht nur für die Leute von Dejr als äußerst segensreich, sondern – »dauerte doch die Postsendung von Damaskus nach Baghdad nur mehr acht Tage« – auch für den Grafen von Maumigny, der, so Thomasberger in einer Tagebucheintragung, »alles eher tut als in diese Stadt zu passen. Er nahm von uns Abschied. Wie einen Koffer hatte er sich von Ort zu Ort schleppen lassen ...« Nun war das grausame Spiel vorbei: »Er fährt mit der aus Baghdad kommenden Postkutsche bis zur Küste und dann nach Europa zurück.« Weder Prinz Sixtus noch Professor Musil erwähnen in ihren Aufzeichnungen den Grafen von Maumigny auch nur mit einer Silbe. Noblesse oblige.

Jedenfalls hatte de Maumigny mit einer angenehmen Reise zu rechnen: Für jede einzelne Stunde Verspätung hatte der für die Postzustellung verantwortliche al-Hadschi Schejho ein Türkpfund Strafe zu zahlen, was aber so gut wie nie eintraf, weil der ganze Verkehr vollkommen reibungslos ablief. Der ebenso fromme wie geschäftstüchtige Hadschi erhielt von der osmanischen Postverwaltung für seine Dienste 105 Türkpfund – im Falle einer nur viereinhalbtägigen Verzögerung einer Postsendung wäre daher sein Monatsverdienst verloren gewesen!

An allen Poststationen unterhielt er Ställe mit Pferden zum Wechseln. Die reitenden Boten konnten in entsprechenden Abständen stets frische, ausgeruhte Pferde übernehmen und sofort weiterreiten, und zwar immer im Trab. Geld- oder Paketsendungen durften sie nicht übernehmen. Die Postkutschen für die Reisenden machten zwischen Damaskus und Bagdad siebzehnmal Station ... die Fahrt dauerte also insgesamt achtzehn Tage für die rund 800 km (über Aleppo!), was einem Tagesdurchschnitt von knapp fünfzig Kilometern entspricht.

»Wir suchten den Mütasarif, den Gouverneur des Sandschaks – des alttürkischen Regierungsbezirkes – von Dejr az-Zor, da er aber schlief, überreichten wir unsere Geleitbriefe dem Gendarmeriekommandanten.

Schon zwanzig Minuten nach zwei verließen wir die Stadt wieder, da es sich als unmöglich erwies, für unsere Tiere Futter zu finden. Die freien Weiden hatten Maultiere vollkommen abgegrast und ins bebaute Grünland konnten wir unsere Kamele naturgemäß nicht treiben. Erst zwei Stunden später fanden wir in Stromnähe in der Nähe von Bauernland Weideplätze.

Ich muß gestehen, wie sehr wir die Bauern, die wir da eine Weile bei ihrer Schwerarbeit beobachteten, bedauerten. Was diese Menschen bei der Bewässerung ihrer Felder leisten müssen, grenzt ans Menschenunmögliche. Die ganze Nacht über schaffen sie mit Hilfe ihrer Rinder Wasser aus dem Strom in die schmalen Gräben, die das kostbare Naß in die Felder leiten, wo es die Bauern mit breiten Schaufeln in die Erde mischen. Eine grausam harte Arbeit, ich kann mir einfach nicht vorstellen, daß unsere Bauern sich an so etwas gewöhnen könnten ...

Zur Rechten tauchte schließlich, hoch über der Tiefebene des Stroms, die Ruine ar-Rhaba aus dem Dunste der Niederung auf. Sie erhebt sich auf einem inselartigen Riff inmitten eines weitläufigen Morastfeldes und ist von einem Steinwall umgeben, durch den ein schmaler, gewundener Weg zur Burghöhe führt.

Halb al-Mijadin mochte wohl aus den Bausteinen von ar-Rhaba errichtet sein; überall »sahen wir Spuren dieses Raubbaus an der Substanz der Burg. Nur unter größten Schwierigkeiten konnten wir die Höhe, auf der sich die Festung erhebt, erreichen, weil alle halbwegs erreichbaren Steine aus dem Mauerwerk herausgebrochen waren.

Immerhin befinden sich noch zahlreiche weitläufige unterirdische Gewölbe in hervorragendem Zustand. In der Mitte der Burg umgeben

Die Burg ar-Rhaba

hochaufragende Mauern einen rechteckigen Platz, in dessen Mitte sich wieder ein machtvolles Gebäude erhebt, wieder mit starken Mauern und einem zweiten Innenhof. Auch aus den Mauern haben die Leute alles Brauchbare herausgeholt, zahllose Bausteine fortgeschleppt. Im Norden und Osten der Burg sahen wir Überbleibsel einer früheren Siedlung und ganze Hügelketten von zerschlagener Tonware. Zahllose frisch ausgehobene Löcher ließen erkennen, daß auch hier pausenlos und unermüdlich nach Altertümern gesucht wird – und nach Schätzen . . .«

Am Morgen des 10. April erschwerte eiskalter Nordwestwind das Vorwärtskommen, und nur einen Tag später lastete eine so drückende Hitze über dem Land, daß das Atmen schwer fiel; »gegen Mittag kam dann ein harter Wind auf, der ganze Wolken von feinkörnigem Sand vor sich hertrieb, der jede freie Hautstelle wie in einem Sandgebläsestrahl irritierte. Zu allem Überfluß trafen wir dann auf eine Gruppe Fellahin, die auf ihren Eseln einem in der Nähe gelegenen Dorf zustrebten.

Der letzte Mann der Gruppe, ein einäugiger, ältlicher Gnom, belegte uns mit einem ganzen Schwall von übelsten Verwünschungen: ›Oh, heute noch sollt ihr sterben, heute noch zur Hölle fahren . . . oh . . . wäre das doch bloß euer letzter Tag . . .‹. Unser Diener Mohammed wollte sich, zornerfüllt und erbittert wegen der Häßlichkeit dieser Vorgangsweise, über den Alten stürzen und ihn schlagen, doch ich ermahnte ihn ernsthaft, sich zu beherrschen. Um weiteren Beleidigungen zu entgehen, hieß ich meine Reisegefährten, die Fernstraße, auf der wir uns fortbewegten, zu verlassen und nach einer Weile machten wir an einem Seitenkanal für eine Stunde Halt, so daß wir nach menschlichem Ermessen mit dem Übelgesinnten nicht mehr zusammenstoßen konnten.

Am Nachmittag des 11. April erreichten wir die Gendarmeriestation von al-Kajem. Am rechten Ufer des dort verlaufenden Kanals befindet sich ein neu errichteter Khan. Zwei Stunden später trafen wir in der Wüste auf eine Handelskarawane, die Datteln und Butter aus Àna nach Aleppo brachte.« Einen Tag später schlugen die Reisegefährten Musils ihre Zelte zur Linken der Fernstraße unter einigen tarfa-Büschen auf. »Die ganze Nacht über hörte man aus nahegelegenen Ruinen, wo eine Sippschaft der Dlejmi ihr Lager aufgeschlagen hatte, eintönigen Trommelschlag: Sie bereiteten sich auf eine Beschneidungsfeier vor und Männer und Weiber tanzten dort die ganze Nacht durch . . .«

Am Morgen des 13. April, eine Stunde nach Aufbruch (5 Uhr 46 Minuten) »sahen wir die ersten »na'ura«, das sind ganz besonders ge- schickt gebaute Wasserräder. Die Konstruktion besteht aus schlanken Hölzern, die zwei gleichgroße Räder im Abstand von etwa einem Me- ter bilden. An den Verbindungsstreben der parallel stehenden Räder sind Tonkrüge befestigt. Die Radnabe liegt ziemlich tief unterhalb des Wasserspiegels, die Achse ruht auf zwei Steinsäulen. Der Wasser- strom setzt das Rad in ständige Bewegung und die vollen Tonkrüge entleeren sich oberhalb einer Rinne, die auf Steinbogen verläuft und das Wasser in die Felder führt. Tag und Nacht ist weithin das ohrenbe- täubende, kreischend-knirschende Geräusch der sich fortwährend be- wegenden Räder zu hören.

Tags darauf erreichten wir die Siedlung Àna.

Knoblauch und Zwiebel werden hier angebaut, in reicher Fülle; neben den üblichen Palmen sahen wir Granatäpfel- sowie Feigen- und Maul- beerbäume und, wenn auch seltener, Olivenbäume. Zunächst ritten wir zwischen den Gärten und Felswänden mit zahllosen natürlichen und künstlichen Höhlen dahin, dann verengte sich das Tal, und wir folgten einem schmalen Weg zwischen Gärten und Hütten, die ausse- hen, als klebten sie an der Felswand ... bald sahen wir, daß die ganze Siedlung aus nichts anderem besteht als einer ungefähr fünf Kilometer langen Folge von an oder in die Felsschlucht gebauten, hingekleister- ten Behausungen, abenteuerlich anzusehen, noch abenteuerlicher zu bauen und zu bewohnen, und das ganze Nest klemmte zwischen dem Euphratufer im Norden und einem Felsabbruch am anderen Ende.

Von 10 Uhr 53 bis 11 Uhr 41 warteten wir auf den Vertreter des Kaj- makams, des Bezirkshauptmannes, der sich irgendwo auf Inspektions- reise befand. Das Amtsgebäude steht am rechten Ufer des Kanals von al-Kantara. Als sich der Beamte zu Mittag noch nicht sehen ließ, machten wir uns auf eigene Faust an die Besichtigung von Àna, einem überaus interessanten Ort, wohnen dort doch neben siebenhundert is- lamischen auch fünfhundert (!) jüdische Familien, die in den Ortsvier- teln al-Uge und as-Scheria leben. Sie verfügen auch über eine Synago- ge – eine »kenise«, wie es dort heißt. Ihr Oberhaupt ist der ehrwürdige Hodscha Ruben ibn Menachem. Viele Häuser von Àna sind noch nach altem Stil errichtet – sie sehen aus wie kleine Festungen auf quadrati- schem oder auch rechteckigem Grund, bis zu drei Stockwerken hoch, aber ohne Fenster in den unteren Geschossen, sie verjüngen sich nach oben leicht und die Flachdächer sind mit Zinnen bewährt.

Am frühen Mittag erreichten wir wieder den Euphrat, und es schien, als habe sich der Strom eine begleitende, zauberhafte Girlande gewun- den, blühten doch zu beiden Seiten des Ufers in einem Streifen von gut

Das Haus eines Juden in Àna

dreißig Metern Breite Millionen und Abermillionen von tarfa und
awsedsche in Rot und in Weiß, während die ansteigenden Hügel
daneben unter einem saftiggrünen Rasenteppich, übersät von frisch er-
blühten Jährlingen und immerwährenden Blumen, einen wuchernden,
frischen Rahmen bildeten.
Unsere Kamele, so gierig wie hungrig, stürzten sich geradezu in das
üppige Grünzeug und wir, verschwitzt und verschmutzt, stürzten uns
nicht minder lustvoll in den Strom und nahmen ein köstliches, erfri-
schendes Bad.
Da uns der Platz gar so gut gefiel und des Grasens bei den Tieren und
des Badens bei uns kein Ende sein wollte, schlugen wir um 11 Uhr
48 Minuten dort auch unser Lager (zwischen der Fernstraße und dem
Euphrat) auf, wobei wir uns recht nahe ans Ufer hielten.
Es gefiel uns so gut, daß wir gleich zwei volle Tage dort blieben.«
Selbst bei gewissenhaftester Analyse der Aufzeichnungen Musils wird
der Leser von den internen Spannungen, die das kleine Team inzwischen erfaßten, kaum etwas gewahr. Nur Rudolf Thomasberger
schrieb später über diese beiden – zumindest aus seiner Sicht – sehr
denkwürdigen Rasttage: »Während der Ruhepause am 16. und 17.
April kam es zwischen mir und Professor Musil zu Auseinandersetzungen, in deren Verlauf ich die Expedition beinahe verlassen hätte.
Der Streit war durchaus kein Ausbruch eines Tropenkollers. Er hatte
sehr reale Grundlagen.
Ich war der einzige, der bei dieser Expedition arbeitete, und zwar nicht
wenig, und jeder arabische Kuli hatte mehr Rechte als ich. Das war der
Dank für mein treues Ausharren in jeder Situation des abenteuerlichen

Lebens. Die Freundschaft bekam einen Sprung. Der Prinz bekam, war er bei einer der Auseinandersetzungen gerade nicht dabei, vom Professor nachher eine subjektiv gefärbte Information, die den Zweck hatte, seine Sympathie für mich ins Gegenteil zu verkehren. Ich verhielt mich künftig sehr reserviert.«

Erst am 18. April 1912 brach Musil mit seinen Gefährten wieder auf; die ungewöhnlich »lange« Arbeitsrast von zwei Tagen hatte allen sehr gut getan. Nach Überquerung des Kanals von al-Fejmi stiegen die Reisenden langsam zum Hochland von al-Awsdschat auf. Linkerhand bot die Gendarmeriestation al-Fejmi mit zwei hochragenden Steinsäulen eine gute Richtungshilfe. Faul wand sich der Euphrat durch die Landschaft, breit zwischen wohlbebauten Feldern und um zahllose bewaldete oder sonst wohlbegrünte Inseln dahinströmend. Nachts erhellten zahllose grelle Blitze die Landschaft.

Tags darauf »trugen uns unsre Wüstenschiffe über die Wogen eines sich wie in endlosen Bodenwellen dahinziehenden Geländes, nur einmal unterbrochen durch einen steil abfallenden Felsspalt, in dem wir zahllose Gräber wahrnahmen. Kurz nach sieben zeigte uns unser Gendarm neben dem Banat al-Hasan-Kanal Skelette von Kamelen und Pferden ... letzte Überbleibsel eines heftigen Kampfes, den sich hier Gendarmerie und Krieger vom Stamme der az-Zefir geliefert hatten.«

Die Zefir, deren Weidegründe in der Nähe des Persischen Golfs liegen, waren bis in diese Gegend vorgestoßen, um eine der Handelskarawanen der für ihren Reichtum bekannten Händler aus Àna auszuplündern: die Karawane sollte »tumbak« – leichten Tabak für Wasserpfeifen – von Àna nach Aleppo schaffen, dazu noch feine Stoffe aus Bagdad. Herz eines Zefir – was begehrst du mehr? Obwohl die Àna'iin auf ihrer Hut waren, fielen sie doch in die Hände der räuberischen Zefir. Zwei Gendarmen verloren ihr Leben, drei ihre Gesundheit, die Karawanenführer ihr Hab und Gut. Die Kaufleute retteten nichts als das nackte Leben, die Zefir trieben die Tiere und ihre Ladung davon. Halbfellahin folgten dem merkwürdigen Zug wie Schakale einem verwundeten Tier; wann immer eines der Lasttiere nicht weiterkonnte und zurückbleiben mußte, stürzten sie sich darüber und machten sich über das Fleisch her.

Die Knochen blieben den Asgeiern.

Zwei Tage später erreichten Musil und seine Gefährten das Städtchen Hit. Die Häuser von Hit bilden einen an die dreißig Meter hohen Kegel, der von unten bis oben in seiner gleichmäßigen, aber doch wohlabgestuften gelblichen Färbung an einen vergessenen Haufen Stroh erinnert. Die größeren Bauten befinden sich im östlichen Stadtteil;

17 Fürst an-Nuri Eben Scha'lan zu Besuch bei Alois Musil in Mähren.

18 Emir Nawwaf, Sohn des Fürsten an-Nuri Eben Scha'lan, war Herr des Gebietes der Oase al-Dschof (eine Landschaft fast so groß wie Böhmen) und übertrug Alois Musil für die Zeit seiner Abwesenheit oberste Befehlsgewalt über al-Dschof.

19 Das Innere der Zitadelle von al-Dschof, Residenz des Emirs Nawwaf und Alois Musils.

20 Die katholische Missionsstation von Madaba, Ausgangspunkt der ersten Forschungsreisen Alois Musils im Gebiet des Toten Meeres.

23 Einer von Musils Reisebegleitern, bekleidet mit einem besonders malerischen »Bischt«.

24 Die Palmengärten und Mauern der Oase al-Dschof.

21 Musils Karawane bei der Durchquerung der Salzwüste von al-'Edejd.

22 Kasr Amra von Norden.

dort steht auch das recht abenteuerlich gekrümmte Minarett, nicht so machtvoll, gewaltig, wie das von Mossul, aber doch ganz interessant. Eine für orientalische Verhältnisse auffallend breite Straße teilt den Ort am Fuße des Konus in einen Stadtteil für Gäste- und Lagerhäuser und ein eigentliches Wohnviertel; davor liegt noch eine Gegend für Bitumen-Öfen, wo das Erdpech – der Asphalt – geschmolzen und raffiniert wird.

Hit mag an die fünftausend Einwohner haben; zwei Drittel sind aus dem Stamme der Dlejm, ein Fünftel von dem der Akejl. Die Häuser sind allgemein zwei Stockwerke hoch, die Straßen sind – abgesehen von der erwähnten Trennlinie zwischen den Khans und dem Wohnvierteln – auffallend schmal und sagenhaft schmutzig. Die einzige Reinigung, die es gibt, sind die heftigen Frühjahrsregen; den Rest des Jahres beherrschen Abfälle und Gestank die Szene.

Zwei Tage später, die Reisegesellschaft tränkte gerade die durstigen Tiere an den bitteren Wassern einer Quelle, in der es sogar Fische, Krebse und Schlangen gab, brach ein fürchterlicher Sturm aus. Der Sand hüllte die Männer so ein, daß sie einander überhaupt nicht mehr sehen konnten, obwohl sie dicht aneinandergedrängt in einem der Steintürme, die dort zum Schutze der Bauern gegen die räuberischen Beduinen stehen, Zuflucht gesucht hatten. Die Palmen bogen sich tiefer und tiefer, bis ihre Kronen fast schon die Erde peitschten und die Palmblätter gaben im Sturme Töne von sich wie wimmernde Kinder. »Als sich der Sandsturm etwas gelegt hatte, brachen wir auf und schlugen eine Stunde später hinter einer hohen Mauer am Dorfrand von ar-Rahalije unser Lager auf. Fast gleichzeitig hörte der Sturm völlig auf, einige schwere Regentropfen fielen und kurz darauf blinkten die Sterne klar vom dunkelnden Firmament. Unsere hungrigen Tiere stoben in ihrer wilden Gier nach Futter und Wasser derartig wild in die Gärten von ar-Rahalije hinein, daß zwei der Lastsättel an Baumstämmen krachend in tausend Stücke zersplitterten.

Mittwoch, den 24. April 1912 verließen wir um 5 Uhr 30 – die Temperatur betrug um 5 Uhr 19 Grad C – unser Lager und brachen in südlicher Richtung auf. Schon um 7 Uhr 40 erreichten wir die Ruinen von Ajn at-Tamr, in denen wir bis 8 Uhr 47 verweilten. Da unser Führer einen Angriff von Seiten räuberischer Beduinen fürchtete, blieben wir stets innerhalb der Mauern. Das Fort ist an die 3 km lang und 2 km breit und weist in der Mitte der Ostmauer ein Tor auf. Vor der Festung, etwa einen Kilometer entfernt, sprudeln gleich sieben Quellen auf einmal aus dem Boden und ergießen sich in das asch-Schrejsch-Tal. Unser Führer erzählte, Ajn at-Tamr sei von Bardwil ibn-Raschid erbaut worden, und einer seiner Söhne habe der eigenen Schwester Gewalt angetan. Die sei nach Süden geflohen, voll Kummer und Schmerz, und habe in der Quelle al-Mschejschisch ein Bad genommen – und seither fließe deren Wasser rot.

In der Nähe von ar-Rahalije und Schetata wachsen nicht weniger als zehntausend Palmen, und es wäre Platz genug für gut hunderttausend.

Gegen Mittag ruhten wir etwa eine Stunde lang – bei einer Temperatur von 28.5 Grad C – am nordwestlichen Ende der Gartenanlagen. In der Nähe befand sich ein Teich mit einer Fülle von Wassertieren und ich meine, man könnte dort hochinteressante Studien betreiben, ist ja dieses Wasser seit langem von dem des Euphrat, der jetzt mehrere Kilometer weit vorbeifließt, vorher aber mit diesem Teich in Verbindung stand, getrennt.

Übrigens wechselten wir dort unseren begleitenden Gendarmen aus, kauften neue Gerste für die Gäule und setzten den Ritt nach Süden fort.«

In den Hochburgen der Schiiten

»Donnerstag, 25. April 1912. Aufbruch um 5 Uhr 30, zwischen 5.48 und 6.07 Aufenthalt in der Burg al-Achejzer.

Ich nehme an, daß al-Achejzer identisch ist mit dem Dar al-Hedschra der Karmaten.

Nach dem Berichte des Achu Muchsin hatten sich die Karmaten eine Festung errichtet, um sich jederzeit ungestört zurückziehen zu können. Zu diesem Zweck wählten sie die Gegend um Bichkubad, im fruchtbaren Gebiet von al-Kufa an der Schwelle zur Eufrat-Senke, in einer Gegend, deren Boden dem Sultan gehörte. Gewaltige Steine wurden herangeschafft und innerhalb der hohen Umfassungsmauern ein geräumiges, stark befestigtes Gebäude errichtet, in dem im Ernstfall zahlreiche Familien Zuflucht finden konnten. Das Ganze nannten sie Dar al-Hedschra, das Haus der Zuflucht. Nach den Jahren 890–891, als die Karmaten niemanden mehr fürchten mußten – dafür aber die Welt sehr wohl sie –, muß Dar al-Hedschra wohl mehr ein Lust- oder Jagdschloß gewesen sein denn eine Festung.«

Wer waren die Karmaten, von denen Musil so nebenbei spricht? Im unteren Mesopotamien und in Ostarabien im allgemeinen hatte sich im 9. Jahrhundert eine merkwürdige, ismaelitische Sekte breitgemacht, die nach ihrem Begründer, Hamdan Karmat, benannt wird. In

Die Silhouette von al-Achejzer

der Mitte des 10. Jahrhunderts bedeuteten sie für die Stämme zwischen dem Zweistromland und Nordafrika, vor allem aber für Syrien, eine wahre Landplage, weil sie aufgrund ihrer »kommunistischen« Lebens- und Sozialauffassung meinten, einfach den »Reichen« nehmen zu dürfen, mit Gewalt, versteht sich, was sie den Armen schuldig zu sein glaubten. Das Problem liegt aber tiefer, ist vor allem so gegenwartsbezogen, weil die Karmaten als gewalttätige schiitisch-ismailitische Sekte allen anderen ihren Glauben auf Gedeih und Verderb aufzuzwingen suchten.

Der Emir, Prinz Sixtus von Bourbon-Parma, formulierte all die Ereignisse im Zusammenhang mit dem Besuche von al-Achejzir knapp und treffend: »Kasr al-Achejzer, dessen Polhöhe wir bestimmten, identifizierten wir mit dem Zentrum der Karmaten, dem Machtmittelpunkt jener besessenen ismailitisch-schiitischen Fanatiker, die im 10. Jahrhundert herrschten. Dieses ziemlich gut erhaltene Schloß der Karmatenführer war auf unserer weiteren Reise am Westfuße der von Nord nach Süd gerichteten felsigen Erhöhung Tar asch-Schejhed auf die Entfernung von über 50 km stets in Sicht . . .«

Gleich nach dem Aufbruch erreichten die Reisenden den Hügelzug von ar-Rakkaschi, wo einige Schafe und Kühe vor einem Gemäuer weideten.

In dem Augenblick, »da uns der Hirte ausmachte, schrie er laut Alarm und zog sich mitsamt den Tieren in die Ruine zurück. Fünf Mann tauchten gleichzeitig auf und bezogen mit ihren Waffen Stellung.

Wir stiegen ab, riefen ihnen zu, daß wir nichts Böses im Schilde führten und schickten unseren neuen Führer aus der Oase Schetata hinüber.

Eine kurze Weile drauf kam der Führer der kleinen Schar hinter den Mauertrümmern, Häuptling der al-Morara-Sippe, hervor und begrüßte uns herzlich.

247

Fast eine Stunde lang blieben wir bei den Leuten, dann führte uns Zaher weiter, stolz und hoch zu Roß. Bei al-Hzera stießen wir auf eine Quelle, die Bitterwasser gibt, und Zaher erzählte uns, er habe dort schon mehrmals ziemlich große Brocken von Bitumen herausgeholt, mit denen er das Dach seines Hauses decke oder ausbessere.«

»Um 4 Uhr 20 erblickten wir einige Reiter, die sich aus südlicher Richtung am Höhenzug al-Lisan bewegten.

Da wir nirgendwo eine Siedlung gesehen hatten, vermuteten wir sofort, es könne sich bloß um Räuber handeln, Männer aus irgendeinem der Halbfellahin-Stämme, die über Sommer und Herbst an den Euphrat-Ufern leben und sich im Winter und Frühling in der Wüste herumtreiben.

Alle Stämme der Aneze lagerten zur Zeit im Norden, und die Zefir wieder, deren Weidegründe tief im Süden lagen, hätten einen Überfall hoch zu Roß und aus so großer Entfernung niemals gewagt.

Die Halbfellahin des Euphrat aber sind wegen ihrer Grausamkeit berüchtigt, und unsere Gendarmen fürchteten sie als ihre hauptsächlichen Feinde.

Angesichts dieser Umstände zogen wir uns augenblicklich in eine Bodenwelle zurück, banden die Kamele fest, nahmen den Tieren die Lasten ab und zugleich die Wasserschläuche sowie Waffen und Munition an uns und krochen auf einen kleinen Hügel neben unserer Senke, die Reiter dabei niemals aus den Augen lassend. Die Gruppe hatte uns selbstverständlich ausgemacht und stürmte in wildem Galopp heran; ein ebenso schönes wie gefahrdrohendes Bild.«

Tuman ibn Nemsa, der wackere Thomasberger, erinnerte sich später, daß die beiden Gendarmen vor Angst zitterten und dennoch ununterbrochen ihren Mut beteuerten, während der Herr Professor meinte, daß auf diesem Hügel wohl ihr Grab sein werde ...

Nach einer kurzen Beratung schloß sich Prinz Sixtus der Meinung Thomasbergers an, eine Schwarmlinie zu bilden, mit einem Abstand von 20 m zwischen den Schützen; ein paar Kopftücher wurden noch rasch zwischen die Männer gelegt, um eine stärkere Besatzung des Hügels vorzutäuschen. »Wir zählten fünfunddreißig Reiter. Als sie auf eine Entfernung von ungefähr drei Kilometern herangekommen waren, feuerten wir jeder drei Schuß ab. Sie hielten augenblicklich an, weil ihnen unsere Kugeln um die Ohren pfiffen ... niemals hatten die Kerle erwarten können, daß unsere Gewehre so weit tragen! Kurz darauf verschwand die Bande in einer Bodenmulde. Zwanzig bange Minuten lang blieb alles vollkommen still.

Wir sahen, wie sie den Gestürzten aufhalfen, versuchten die Pferde hochzukriegen, wie sie die Verwundeten aufluden und mit den heilen Tieren in hastiger Eile das Weite suchten.

Sie verschwanden. Es dauerte nicht lange, und sie tauchten schon wieder auf, diesmal haargenau aus dem Westen, wohl in der Überlegung, das Schießen direkt in die untergehende Sonne hinein müßte uns das genaue Zielen unmöglich machen.

Wir zielten so gut wir konnten in das blendende Sonnenlicht, in dem wir undeutlich ihre Gestalten ausnahmen, hinein, um sie aus ihrer Vorteilslage hinauszuschießen, und tatsächlich brachte sie unser Feuer aus der idealen Angriffsrichtung. Sie verhielten die Pferde, begannen zu palavern und zogen sich wieder zurück, dann begannen sie offensichtlich eine Beratung.

Nach einer Weile trennte sich ein einzelner Reiter von ihnen, der langsam, immer mit einem weißen Tuche winkend, auf uns zukam.

Wir schickten ihm unseren tapferen Führer Zaher entgegen und nahmen dabei gleichzeitig auf unserem Hügel mehrere sichtbare Stellungswechsel vor, um dem Kerl den Eindruck zu vermitteln, wir seien eine recht große Schar von Bewaffneten.

Bei seiner Rückkehr von der Unterhandlung berichtete uns Zaher folgendes: Es handle sich um Halb-Fellahin vom Stamme der Haza'el, die auf Raubzug unterwegs seien, um die Amarat, die bei den Wasserstellen westlich von Schetata lagerten, ihre Herden abzujagen.

Bei dem Kampfe jetzt hätten sie fünf Pferde verloren und einer ihrer Männer sei tot und drei verwundet.

Zaher machte dem Unterhändler klar, daß wir zur ›Regierung gehörten‹ und über genügend Munition verfügten, um ihnen weitere schwere Verluste zuzufügen. Natürlich wußten die Männer vom Stamme der Haza'el, daß sie uns besiegen konnten, sie erkannten aber auch, daß Beute, Verluste und nachfolgende Schwierigkeiten mit Regierungstruppen in keinerlei Nutzverhältnis zueinander stünden. So versprach der Unterhändler, daß sie sich allesamt zurückziehen und uns nicht mehr belästigen würden.«

So geschah es auch. Als Halb-Fellahin hatten sie von der Regierung, zu der sie immerhin in einem gewissen Abhängigkeitsverhältnis standen, wesentlich mehr zu fürchten als die so gut wie unabhängigen Beduinen, derer im Ernstfall ja kaum jemand habhaft werden konnte.

Nach Einbruch der Dunkelheit beluden die Reisenden wieder die Kamele, zurrten die Lasten fest und brachen in südöstlicher Richtung auf.

So lange sich die Karawane im offenen Gelände bewegte, bestand die Gefahr eines neuerlichen Überfalls. Später, als die Wüste allmählich in felsiges Gelände überging, war man wohl etwas sicherer, weil

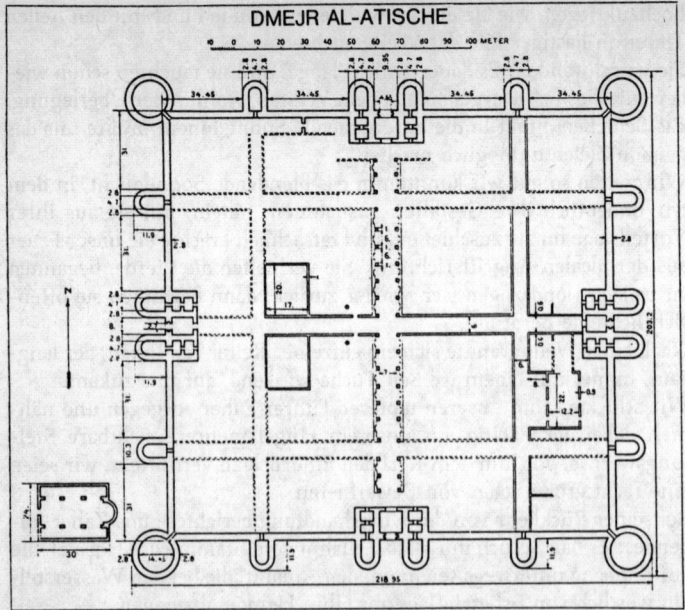

DMEJR AL-ATISCHE

leichter Deckung gefunden werden konnte, dafür aber verlangsamten die vorsichtigen Kamele ihren Schritt derartig, daß die Gruppe wieder ideale Ziele abgab. Es geschah aber nichts ... und »um 9 Uhr und 9 Minuten erreichten wir endlich den befestigten Bauernhof von al-Atische, wo wir die Nacht zubrachten.

So ein ›befestigter Bauernhof‹ – genannt ›kasr‹ – erinnert an eine viereckige kleine Festung, die an allen Seiten von hohen Mauern umgeben ist, an den Eckpunkten mit Türmen verstärkt. Das Tor liegt entweder an einem dieser turmbewehrten Eckpunkte, oder aber auch in der Mitte einer Frontseite, die dann allerdings von einem zusätzlichen Torturm bewährt wird. Der Eingang führt in einen großen Hof, der zu beiden Seiten von kleinen, mit Flachdächern versehenen Häusern flankiert ist. Greift ein Feind an, treiben die Hirten ihre Herden zunächst in den geschützten Hofraum, dann werden die Tore geschlossen, und über die Dächer gelangen die Verteidiger rasch an die Schießscharten an den oberen Mauerpositionen.

Gerne hätten wir gerade dort auch unsere geographische Position genau aufgenommen, doch war der Nachthimmel derart bedeckt, daß an keinerlei Himmelsbetrachtung zu denken war. Wir versuchten's, als es aufzuklaren schien, zwei Mal ... vergeblich, immer wieder zogen dichte Wolkenfelder auf.«

Am nächsten Tag, Freitag den 26. April, brachen die Reisenden um 5 Uhr 30 auf (Temperatur um 5 Uhr früh 15 Grad C) und der »Emir« notiert in diesen Tagen: »Seit unserem Wegritt von Rumadi litten wir viel durch Sandstürme. Vor Nedschef schließlich bliesen sie in einer solchen Stärke, daß nicht einmal die Kamele dem von West kommenden Anprall standhalten konnten ... Die Landschaft südlich und westlich von den Tar asch-Schejhed ist eine mit Sanddünen besäte steinige Ebene mit zahlreichen, gewöhnlich salzigen Quellen. Einst waren beide Ufer von al-Herr mit Palmen bepflanzt, doch jetzt sind die alten Ortschaften und Klöster zerstört. Wir beobachteten jedoch allenthalben, wie neuerdings wieder überall Palmgärten angelegt werden, so daß wir von Tukutkane bis an-Nedschef immer zwischen kleinen, gewöhnlich von einer Mauer umgebenen Dörfern dahinreiten.

Nach einer kurzen Besichtigung der Moschee al-Imam in Nedschef bezogen wir am rechten Euphratufer bei al-Kufa ein Lager. Der folgende Rasttag galt kartographischen Aufnahmen der weiteren Umgebung von al-Kufa und an-Nedschef.«

Musil bemerkt noch: »Um 6 Uhr 10 Minuten glänzte das Gold der strahlenden Kuppel des Heiligtums der Stadt an-Nedschef zu uns herüber, in der Niederung vor uns lag at-Tukutkane. Im gleichen Augenblick, da die Einwohner erkannten, daß sich Fremde näherten, begannen sie Alarmtrommeln zu schlagen und alles eilte der Festung zu. Da die Oase kaum zwei Kilometer vor uns lag, konnten wir mit unseren Ferngläsern bereits jede Einzelheit ausnehmen. Da es aber offensichtlich weder ältere Häuser noch antike Ruinen gab, ritten wir weiter ... zumal wir unsere Zeit nicht damit verschwenden wollten, mit den verängstigten Bewohnern von Tuktukane endlose Verhandlungen um nichts zu führen.

Wir wendeten nach Osten, immer die goldene Kuppel des Heiligtums von an-Nedschef vor uns, die uns wie ein heller Leuchtturm den Weg wies. Wir beeilten uns, aus der Wüste hinauszukommen, weil wir noch immer einen neuerlichen Überfall der räuberischen Haza'el erwarteten. Als wir am späteren Nachmittag zwei gewaltige Felsen namens Bab al-Hawa (Tor der Stürme) erreichten, wollten wir dort unser Lager aufschlagen, doch aufkommender Sturm, der dem Bab al-Hawa wahrlich gerecht wurde, trieb uns weiter: Wir sattelten wieder, beluden die Kamele neu, zurrten die Riemen und Stricke fest und suchten im nahegelegenen al-Telma Zuflucht.

In der Nähe des Nordtores fanden wir einen recht ansprechenden, großen Gasthof, wo wir allerdings ein für al-Nedschef bezeichnendes Erlebnis hatten: Da alle Gasträume des Khans bereits überbelegt waren, bot uns der Wirt drei Gewölberäume an, die »ausnahmsweise« noch leer stünden.

Es handelte sich um fensterlose Kammern, in denen die Pilger aus Persien die Leichen ihrer Angehörigen oder Freunde, die in der Nähe des Grabmals des Imam Ali zu an-Nedschef beigesetzt wissen wollten, über die Nacht lagerten.

Die drei Räume verströmten einen derartig durchdringenden, faulig-süßlichen Geruch, daß wir fluchtartig das Freie suchten und unsere müden Glieder schließlich in einer Mauernische zur Ruhe betteten.

Das schien zunächst recht gut zu gehen, wir ruhten wirklich nicht schlecht, aber da kam schon vor Mitternacht ein böser Sturm auf, der aus dem Westen derartige Mengen Sand in den Hof wirbelte, daß wir trotz der sicher ungewöhnlich hohen Mauern des Khans schon nach kurzer Zeit von einer etwa zehn (!) Zentimeter hohen Sandschicht bedeckt dalagen ... von weiterem Schlaf konnte überhaupt keine Rede sein, eher von beklemmender Atemnot.

Als sich der Sturm im Morgengrauen endlich etwas legte, gingen wir an die Reinigung der Kleider, Decken und der Gepäckstücke ...«

Schon früh am Morgen des 27. April besuchten Alois Musil und seine Reisegefährten die heilige Stadt an-Nedschef. Durch das Nordtor der Umfassungsmauern zogen sie durch den Suk – den »Basar«, der sich zur rechten und linken Seite der Hauptstraße hinzieht und »Smert« und »Skert« genannt wird, zur Moschee mit dem Grabmal des Ali, Schwiegersohn des Propheten. Er ist der Größte der schiitischen Heiligen.

»Um 5 Uhr 40 nachmittags brachen wir wieder auf und verließen die Heilige Stadt in Richtung Osten. Übrigens fährt eine Pferdebahn nach al-Kufa ...«

Diese Tramway gibt es seit 1909, errichtet auf Kosten des Stadtrates von an-Nedschef. Zu beiden Seiten der Straßenbahn liegen einige armselige Gräberfelder, al-Hennane im Süden, al-Kumejl im Norden. Um 8 Uhr 10 überquerten die Reisenden einen uralten Kanal und schlugen um 8 Uhr 58 Minuten unter den Palmen, die am Ufer des Euphrat dort üppig gediehen, auf den Feldern des Herrn Drejm ibn Barrak, Häuptling der al-Barrak, ihr Lager auf. Der Häuptling selber befand sich zwar, aus welchen Gründen auch immer, augenblicklich im Gefängnis, aber sein Bruder war da als Stellvertreter »und der hieß uns herzlichst willkommen. Wie wir hörten, gehörte Drejm ibn Barrak, ob zu recht oder nicht blieb uns unbekannt und war uns auch uninteressant, zu den bestgehaßten Männern der ganzen Gegend. Uns aber konnte die freundliche Aufnahme durch seinen Bruder nur recht sein, gehört doch der Klan der Barrak zum Stamme der Haza'el! Herz, was willst du mehr? So schien der Schußwechsel vom al-Lisan nun endlich auch seine nachwirkenden Gefahren verloren zu haben. Wir erzählten ihm offen, was vorgefallen war, und er erklärte bereitwillig und freundlich, das alles sei nun ja wohl zu vergessen und zu begraben ... außerdem sei es doch augenfällig Allahs Wille, daß unsere Gewehre die weiter tragenden Waffen seien!«

Tags darauf fertigte Musil eine Liste der Stämme und Sippen in der Gegend zwischen ar-Ruchbe und al-Msajeb an und verbesserte Geländeskizzen, während sich der Emir besonders für die zahllosen unterirdischen Wasserleitungen und ihre Einstiegschächte interessierte; das ganze System versorgte trotz der völlig trockenen Umgegend an-Nedschef klaglos mit Trinkwasser.

Es dämmerte der 29. April herauf, als Musil und seine Gefährten ihr Lager um 5 Uhr zwanzig in nord-nordwestlicher Richtung verließen. Genau eine dreiviertel Stunde später erreichten sie die Ruinen von Tell as-Sajjar, wo die Leute von Kufa seit Menschengedenken nach Altertümern graben und auch an dem Tage, als Musil und sein Emir dort durchzogen, fleißig buddelten; gegen sieben erkannten sie das am Horizont, was einst die Prachtstadt des Imams Ali gewesen war, die Ruinen von Kufa. Vorbei an der Dorfoase Cifil, über deren dunkelgrünen Palmen sich ein schlankes Minarett erhob, kamen sie zum Euphrat.

Die Eingeborenen benützen aufgeblasene Tierhäute als Verkehrsmittel zwischen den Strominseln. Überall gab es zahllose Büffelherden, Dörfer und Palmenhaine.

»Zwischen 12 Uhr 43 und 13 Uhr 47 hielten wir Rast.

Über den Palmwipfeln erkannten wir im Norden den Ruinenhügel von el-Biris. So wie wir ihn vom Süden sahen, erinnerte er uns an die Silhouette der Rotunde von Wien. Auf einer mächtigen Ruine, die an eine Kuppel gemahnt, die an ihrer Ostseite abgeschnitten scheint, steht ein schmaler, länglicher Überrest alter Mauern« ... und Musil hielt es nicht mehr für notwendig, »el-Biris« näher zu beschreiben oder gar die paar Kilometer, die ihn von diesem Ort trennten, auch noch zurückzulegen: Die große Stunde von el-Biris war ja damals, gerade zur Zeit von Musils Reise, schon vorbei, der »wahre Turm« anderswo entdeckt. Als Karl May, etwa zwei Jahrzehnte vorher, sein Buch »Im Reiche des silbernen Löwen« geschrieben hatte, und, etwas früher, die hinreißende Reiseerzählung »Von Bagdad nach Stambul«, griff er noch auf die damals herrschende Meinung zurück, die Ruinen von Borsippa (das ist »el-Biris«, wie Musil die Stätte nennt, meist wird sie heute »Birs Nimrud« genannt) seien identisch mit den Trümmern des Turmbaus zu Babel. Es ist durchaus möglich, daß Musil die Ruinen von Borsippa sehr wohl besuchte, sie aber nicht erwähnen wollte, um nicht den »Verdacht« zu erwecken, er befinde sich mit dem Prinzen Sixtus auf Karl Mays Spuren.

Als Musil im Frühjahr des Jahres 1912 vor Borsippa lag, grub der Deutsche Robert Koldewey nur ein paar Reitstunden nordöstlich davon bereits das Fundament der wirklichen Zikkurat von Babylon aus und war den Hängenden Gärten der Semiramis auf der Spur.

Sicherlich aber kannte Musil auch die sonderbare Schmugglergeschichte des Karl May, die er in den Ruinen des Birs Nimrud spielen ließ: Sie handelt von schiitisch-persischen Bösewichten, von Paschern, die ihr Schmuggelgut in Särgen transportieren, weil sie wissen, daß der unerträgliche Gestank der Leichen jeden Zöllner weichen läßt; die Gauner verbrennen denn auch die bereits durch die Hitze faulenden und zergehenden sterblichen Überreste der Gläubigen zu Füßen des Stufenbergs, anstatt – wie versprochen und dafür hoch bezahlt – die Toten zur ewigen Ruhe nach Kerbela oder an-Nedschef zu schaffen.

»Kara Ben Nemsi«, der »schwarze Sohn Österreichs«, befreit selbstverständlich alle Guten, verschafft ihnen ihr Recht und bestraft die persisch-schiitischen Scheusale so wie er auch die Agenten des Schah in die Enge treibt: »Sie wissen, daß der Schah Nasir-ed-Din nach dem Besitz von Bagdad trachtet«, läßt er einen osmanischen General gesprächsweise erläutern. »Er hat vor einigen Jahren die Bedrängnis der Türkei benutzt, es zurückzuverlangen, stieß aber auf unerwarteten Widerstand. Jetzt nun mehren sich die Zeichen, daß er diese Absichten in anderer Weise verfolgt . . .«, nämlich durch Infiltration, Spionage, Subversion und was es da noch an bösen Handlungsweisen alles gibt. Der unwiderstehliche General, der im Auftrage Seiner Majestät des Padischah Abdül Hamid II. die Machenschaften seines persischen Gegenspielers, des Schah Nasir-ed-Din, vereiteln soll, heißt Oman Pascha. Er residiert im Verlaufe einer Inspektionsreise zufällig in Hille, heißt aber, das stellt sich bald heraus, in Wirklichkeit nicht »Oman Pascha«, sondern schlicht und einfach Adolf Farkas. Er ist aber keineswegs ein Hochstapler, sondern ein schlichter Österreicher und ehemaliger Abenteurer, der nach Konstantinopel geht, das Vertrauen des Großherrn erwirbt und es beim Sultan zunächst zum Obersten, dann sogar zum General bringt und von Kara Ben Nemsi stets per

»Exzellenz« angesprochen wird (übrigens ein Titel, den auch Alois Musil zur Zeit seiner Orientmission mit Erzherzog Hubert führte, während er als »Generaloberkriegsrat« im Jahr 1917 durch das Osmanenreich reiste). Wie es der Zufall so will, ist Karl Mays Romanheld aber nicht nur »Österreicher« sondern, genauer gesagt, »ein Mähre« ... also ein unmittelbarer Landsmann des Alois Musil ...

Karl May nimmt es zur Zeit seiner Niederschrift der Reiseerzählung noch als gegeben an, daß der »Birs Nimrud« identisch ist mit den Trümmern des Turmbaus von Babel, und ergeht sich in sehr langen Schilderungen der überwältigenden Gefühle, die ihn beim Anblick der nichtigen Trümmer überkommen: »Das WAR Babel. Und jetzt ...! – Hier am Birs Nimrud dachte ich mich in die Heimat zurück, in die stille Stube mit der aufgeschlagenen Bibel vor mir. Wie oft hatte ich die Weissagung Jeremias gelesen, die wie Posaunenschall über das von Gott gerichtete Sinear erklang. An den Wassern Babylons, am Ufer des Euphrat und an den Rändern der Seen und Kanäle saßen die heimatlosen Söhne Abrahams ...

Und nun, da ich hier oben auf der Ruine stand, konnte ich sehen, in wie schrecklicher Weise sich das Wort des Herrn erfüllt hatte. Mit 600 000 Streitern zu Fuß, 12 000 Reitern und mit 1000 Sichelwagen, ungezählt noch tausende von Kamelreitern, kam Cyrus und eroberte die Stadt.«

Und als er zu seinen eigenen Erlebnissen am Birs Nimrud kommt, wo er einem berüchtigten schiitisch-iranischen Banditen in die Hände fällt, versäumt Karl May nicht, den überheblichen Perser sagen zu lassen: »Aus meiner Hand kann dich kein Allah retten. Hier im Birs Nimrud gilt er nichts. Da bin ich allein der Herr.«

Fast überflüssig zu erwähnen, daß sich Kara Ben Nemsi, Österreichs Schwarzer Sohn, eigenhändig aus seinem Gefängnisloch im Birs Nimrud hinausgräbt und die Bösen vernichtet; das auch dank der Hilfe des – mährischen – Paschas. Heute sind wieder Österreicher am Werk, um am Birs Nimrud zu graben. Seit 1981 arbeitet dort ein kleines Team von Altertumsforschern der Universität Innsbruck unter der Leitung von Frau Dr. Helga Trenkwalder und hat bereits einige sensationelle Forschungsergebnisse vorzuweisen.

So gelang es, den Nachweis zu erbringen, daß Borsippa gewissermaßen eine »Schwesterzikkurat« des Turms zu Babylon ist, mit zahllosen Parallelen zum babylonischen Turm. Als im 19. Jahrhundert C. J. Rich und Jules Oppert dort gruben, vermeinten die Wissenschaftler noch, in »Babylon« selbst zu sein. Als man die Wahrheit entdeckte, wurde Borsippa-Birs Nimrud verlassen. Die Ruine schien auch nichts mehr zu geben, hatten doch die Engländer und die Franzosen mit bewährter Gründlichkeit längst die Eckteile des Bauwerks aufgebrochen und mit sicherer Hand die Gründungsinschriften herausgenommen und nach Paris und London geschafft.

Die Österreicher stellten 1982 eine weitere, in den obersten Ziegelmassen des Bauwerks verborgene Gründungsrolle sicher, die selbstverständlich im Irak bleiben wird: Die einzige »Urkunde« dieser Art, über die das Zweistromland heute verfügt, aufgefunden in dem obersten Teil der »Rotunde«, die Musil in einer anderen, für ihn charakteristischen Form beschrieb, nämlich als Topograph.

Musil geht zunächst auf die Geschichte der Namen dieses Bauwerks ein. Er nennt Al-Beladori, bei dem der Hügel al-Biris Burs oder Ahmet Burs heißt, und widmet sich dann ganz ausführlich den Namen und Streckenläufen des umfangreichen Kanalsystems, das einst das ganze Gebiet rund um die babylonische Metropole und ihrer Schwesterstadt Borsippa seit Menschengedenken bewässerte und verkehrsmäßig verband ... und verteidigen half: Zur Zeit des Nebukadnezar, der Birs Nimrud-Borsippa erbauen ließ, wie zur Zeit des Abu Bakr, im 7. Jahrhundert, und heute, in den Tagen des Saddam Hussein, spielen die Sümpfe und Kanäle des Zweistromlandes die wichtigste Rolle bei seiner Verteidigung.

Der Anblick von al-Biris hat Musil den ganzen Tag über beschäftigt; nachmittags notierte er einmal: »Al-Biris ragte zwischen den Häusern zweier Dörfer hervor und schaute, von dieser Seite, wie eine Pyramide mit Zubau herüber.«

Und dann noch einmal: »Um 4 Uhr 55 schlugen wir in den letzten Strahlen der untergehenden Sonne westlich von al-Biris, nahe am Ufer des Euphrat, unser Biwak auf ... Am 30. April, 1912, brachen wir um 5 Uhr 15 auf. Gerade kam die Sonne hoch, genau hinter al-Biris, ihre Strahlen trafen die Ruinen haarscharf und zerstreuten sich wie in endlosen Schäften am Firmament ...«

Gegen Mittag später kamen sie endlich in den Dunstkreis der heiligen Stadt Kerbela. Unterwegs sahen die Reisenden zahllose Pilger, die von Bagdad nach Kerbela zogen, meist auf in Bagdad geheuerten Tieren. Die Miete für ein Maultier (Bagdad – Kerbela oder umgekehrt) betrug 15 bis 20 Piaster, nach derzeitigem Kaufwert etwa 100 österreichische Schilling oder 15 DM.

Gegen Mittag des 30. April 1912 »tauchte vor uns, jenseits der dunkelgrünen Silhouette der vor uns liegenden, üppigen Gärten, die goldene Kuppel der dem Hussejn geweihten Moschee von Kerbela auf ...«

Kerbela hatte damals 30000 Einwohner, die Hälfte von ihnen Perser.

Die wichtigsten dort vertretenen Stämme waren die Beni Sa'ad, Salalme und al-Wuzum. »Die reichste Familie heißt Dede; diese Leute haben den Nahr-Kanal gebaut, und der Sultan belohnte sie dafür mit einer überreichen Gabe fruchtbaren Ackerlandes ... Selim war für diesen Stil berühmt. Die angesehenste Familie heißt Al Bwe; ihr Ahnherr hat einst Hussein begraben.

Das große Heiligtum – es erhebt sich im Westen der Stadt über das Häuser- und Hüttenmeer von Kerbela – ist die as-Sahn-Moschee, al-Imam Sajedna Hussejn, mit ihrer gewaltigen, goldenen Kuppel.

Die Moschee im Ostteil der Stadt heißt Sajedna Abbas. Das Regierungsgebäude wurde 1871 unter der Herrschaft des Gouverneurs Midhat Pascha begonnen, ist aber noch nicht vollendet. Der gleiche Gouverneur ließ auch den Marktplatz in unmittelbarer Nähe des Regierungsgebäudes erweitern. Die Stadt selbst heißt im Sprachgebrauch der Eingeborenen »Maschad (also »die Stadt«) oder »Maschad al-Hussejn«, Stadt Husseins.

Bauern besuchten Musils Reisegruppe am letzten Apriltag des Jahres 1912; schon kurz nach 5 Uhr früh war man aufgebrochen, und nach dem Besuch mehrerer schiitischer Heiligtümer ließ sich der »Herr Professor«, wie Thomasberger stets sagte, von den Einheimischen, die wie immer beste Kenntnisse zur nächsten Umgebung besaßen, das umliegende Gelände erklären.

»Ich war schließlich in der Lage, meine topographischen Notizen über diese Gegend verläßlich abzuschließen, die Gegend zwischen Kerbela, Schetata und ar-Rumadi.« Wieder konnte ein Mosaiksteinchen der künftigen, großen Arabienkarte als »vollendet« abgelegt werden.

Tags darauf, am 1. Mai 1912, brach die Gruppe um 5 Uhr 16 auf; »unsre hungrigen Kamele weideten zwischen 5 Uhr 55 und 6 Uhr 17 ... also knapp eine halbe Stunde Pause, nicht zur Erholung, sondern zum Fressen.«

»Gegen Mittag überquerten wir den Euphrat auf einer Schiffsbrücke«, erzählt Prinz Sixtus, »dann ritten wir in südöstlicher Richtung nach dem Han al-Mahawil weiter. Der Weg war äußerst beschwerlich. Unzählige alte und zahllose neue, wasserführende Kanäle durchziehen die Ebene; die angebauten, bewässerten Strecken waren so feucht, daß unsere Kamele nur mit äußerster Mühe vorwärts kamen. Von al-Mahawil aus besuchten wir das deutsche Grabungsfeld von Babylon. Von dem Leiter, Herrn Dr. Koldewey, liebenswürdigst empfangen, besichtigten wir unter seiner fachmännischen Führung das Ruinenfeld.«

Musil ist in seiner Schilderung des Besuchs von Babylon genau so wortkarg, erwähnt aber noch, daß »Professor Robert Koldewey uns freundlich empfangen hat, zu uns über den Stand seiner Ausgrabungen sprach und verschiedene Teile der alten Stadt erläuterte. Schließlich, nachdem er uns noch mit Erfrischungen gelabt hatte und sich auf das herzlichste verabschiedete, kehrten wir zu unseren Kamelen zurück.«

Am 3. Mai, wie fast immer brach die Musil'sche Reisegruppe knapp nach 5 Uhr früh auf, begegnete sie einer Abteilung von mehreren hundert berittenen Soldaten, die gegen den Stamm der Ba Ejdsch-Fellahin zogen, denen das Land südöstlich von Han al-Mahawil gehört. Erst wenige Tage vorher hatten die Männer vom Stamme der Ba Ejdsch den Kajmakam, den Bezirkshauptmann von al-Hilla sowie einige seiner Gendarmen angegriffen und getötet. Gegen elf wurde beim Gendarmerieposten von al-Haswa kurze Rast gemacht, dann ging's weiter, durch gottverlassene Gegend, bis man endlich al-Mahmudije erreichte, ein Dorf mit immerhin – damals – zwanzig Gasthöfen, Kaffeehäusern, »und einigen Wohnhäusern. Dann durchquerten wir das Land der Ba Amer, einer Verzweigung des Madan-Stammes. Das ganze ist eine wilde, unwirtliche Gegend. Zur Rechten wie zur Linken Ruinenfelder, dazwischen nacktes Erdreich. Nur hie und da einmal in einer Senke Spuren von Grün, und auch diese Halme unter einer dicken, grauen Schicht von Staub. Vor uns hob der Wind immer neue Wolken von Staub und Sand empor, die wahre Säulen bildeten, hoch hinauf, und uns immer wieder von Kopf bis Fuß zudeckten. In all dem Gemisch von trockener Luft, heißer Sonne und schneidendem Südostwind, voll von Staub und Sand, war es kein Wunder, daß wir nur den einen Wunsch hegten: weiter zu kommen.«

Eine halbe Stunde lang gönnten sie sich Rast und den Kamelen Zeit zum Grasen, dann blieben sie bis gegen neun Uhr im Sattel, um schließlich, todmüde, im Straßengraben links der Hauptverbindungslinie zwischen Kerbela und Bagdad das Nachtlager aufzuschlagen.

Es konnte kein Feuer gemacht werden. Erstens gab es weit und breit nichts Brennbares und außerdem fürchtete man, mit dem Schein des Feuers Gesindel anzuziehen. Da der Tigris nicht sehr weit weg war, »überfielen uns, und zwar in kürzerer Zeit, als ich diese Zeile da niederschreiben kann, Massen von Moskitos«. Nach einer schlecht verbrachten Nacht ging es, wieder knapp nach fünf, am 4. Mai weiter: »Rechter Hand sahen wir die Segelboote auf dem Tigris, die langsam, wie faul, auf dem Wasser dahinglitten. Die Sonne sandte ihre ersten Strahlen aus, flach und verschwommen, als wolle sie das Land erst einmal erkunden, das sie später so ganz in Besitz nehmen sollte, und sie schien so richtig aus dem Wasser des Tigris zu steigen, so niedrig lag das alles, Strom und Sonne, am östlichen Rand unseres Gesichtsfeldes.«

Trotz der frühen Morgenstunde füllte sich die Straße alsbald mit bunt gemischtem Volk: Bauern und ihre Weiber, schwer beladen mit allerlei frischem Gemüse, strebten der Stadt zu, viele trugen auch Geflügel und Korn; schiitische Pilger kehrten von ihrer Wallfahrt heim oder befanden sich gerade auf dem Weg nach Kerbela oder Nedschef. Dazwischen immer wieder Züge von Leichenträgern, die ihre tote Last in der Nähe der Heiligtümer Husseins oder Alis beisetzen sollten. Mitunter in der Menge wohlhabende Bürger aus Bagdad, die mit ihrer Dienerschaft einen ihrer Landsitze in der Umgebung der Metropole aufsuchten, und um diese reich gekleideten, hoch zu Roß oder in Sänften dahinziehenden Patrizier wieder die Viehhändler, die in dichten Wolken von Staub und Fliegen Büffel und Schafe den Schlachthöfen Bagdads zutrieben. Mit einem Wort, der ganze Wirbel auf der Heerstraße zeigte an, daß sich Musil und seine Begleiter in der Bannmeile der Stadt Harun al-Raschids bewegten.

Aber immer noch ließ sich Bagdad nicht sehen, Dächer und Minarette verbargen dichte Schleier von Dunst, in den das im Morgenlicht schimmernde Wasser des Tigris eine Bresche zu brechen schien … und, ja, da tauchte doch nördlich Bagdads etwas golden Schimmerndes auf: Die Doppelkugel von al'Kazimejn, dem Wallfahrtsort im Weichbild Bagdads.

Um 6 Uhr 15 überquerten die Reisenden die große eiserne Brücke und wendeten nach Norden, um die Reichsstraße nach Mossul zu gewinnen. In der Nähe des kleinen Heiligtums von as-Sitt Sobejde hielt eine kleine Abteilung osmanischer Soldaten Schießübungen ab. »Der Befehlshabende erlaubte uns, zwischen den Schützen und dem Ziel durchzuziehen – es bedeutete eine kleine Wegverkürzung –, rügte aber gleichzeitig unseren Begleit-Gendarmen scharf, weil er uns überhaupt in die Nähe gelassen hatte. Armer Kerl! Er war ein alter Mann aus al-Mahawil, dessen Sohn, gleichfalls ein Gendarm, erst vor wenigen Tagen im Verlauf eines Scharmützels mit Aufständischen vom Stamme der Ba Ejdsch in der Nähe von Hilla den Tod gefunden hatte; mit dem Geld, das er sich bei uns verdiente, wollte er seinen verwaisten Enkelkindern Kleider kaufen.«

Um 8 Uhr früh schließlich erreichten Musil und seine Leute endlich die Straße nach Mossul, wo sie unter den Palmen des Gartens von Ali Hadschi Tama das Lager aufschlugen »und den Aufenthalt dort wahrlich genossen. Der Boden war trocken, die Palmen spendeten uns ihren Schatten und die Maulbeerbäume ihre köstlichen, frischen Früchte.«

Obwohl der Tigris nur wenig Wasser führte, wucherte doch an seinen Ufern üppig grünes Gras – »ein Labsal für unsere Kamele, die in den vergangenen paar Tagen wahrlich wenig Grund zum Fressen gefunden hatten. Nichts fehlte mehr zu einer geradezu vollkommenen Erholungspause für uns alle. Und nichts brauchten wir, alle miteinander, mehr als das.« Dieses bemerkenswerte Lager, in dem es – nach Musils eigenen Worten – an nichts fehlte und die weiteren Umstände dieses knapp einwöchigen Aufenthalts finden in des Professors Aufzeichnungen (gemeint sind jene, die er fünfzehn Jahre später in Amerika veröffentlichte) keinerlei Erwähnung. Er setzt erst am 8. Mai seinen Bericht fort.

Prinz Sixtus von Bourbon-Parma erzählt etwas mehr: »Das Volk hielt uns für deutsche Eisenbahningenieure und erwies uns alle möglichen Gefälligkeiten. Niemand durfte uns oder gar unsere Kamele behelligen, sie konnten auf allen Feldern weiden, und wir selbst wären in allen Häusern willkommen gewesen. Auf der berühmten Pferdebahn wollten die Kondukteure von uns partout kein Fahrgeld entgegennehmen, ja oft haben sogar wildfremde Personen für uns Fahrkarten gelöst. Alle verehren die Deutschen, weil sie durch die Eisenbahn – die berühmte Bagdadbahn – Verdienst und Sicherheit ins Land bringen. Seine Exzellenz Meissner Pascha, der Direktor der Bagdadbahn, genießt bei dem Volke außerordentlich hohe Achtung und Verehrung.«

Verständlich, daß Musil, zehn Jahre nach seiner denkwürdigen Reise mit Erzherzog Hubert (im Auftrage Kaiser Karls) und fünfzehn Jahre nach der ebenso denkwürdigen Reise mit dem Schwager Kaiser Karls – dem »Emir« Prinz Sixtus von diesen Begebenheiten nichts mehr erwähnte. Sie wären in der »neuen« Tschechoslowakei so wenig gern gehört worden wie in den Vereinigten Staaten eines Woodrow Wilson. Mit allen notwendigen Empfehlungsschreiben versehen – Vizekonsul Xanthopoulos hatte das alles bestens erledigt – verließen die Reisenden Bagdad am 8. Mai in Richtung Akarkuf.

Um die Mittagszeit erreichte Musils kleine Karawane die Gegend des schiitischen Schreins von Sajedna Ibrahim ibn Halil ammu Ali und stieß im Laufe des Nachmittags in das Stammesgebiet der Dlejm vor, die zur osmanischen Exekutive keineswegs freundliche Gefühle hegten und daher folgerichtig auch Musil und seinen Begleitern feindselig gegenüberstehen mußten, standen sie doch unter dem »Geleitschutz« von zwei berittenen Gendarmen.

Es dauerte nicht lange, und Männer vom Stamme der Dlejm umringten Musil und führten bittere Klage über das Unrecht, daß ihrem Häuptling von seiten der Regierung angetan worden sei: Nedschres ibn Ka'ud habe sehr wohl seine (und ihrer aller) Steuern bezahlt, bloß der ungetreue Schurke von einem Steuereintreiber sei ein Betrüger, der jetzt verlange, sie sollten ihre Steuern ein zweites Mal zahlen, was aber bestimmt nicht der Fall sein werde und überhaupt und so weiter und so fort. Die Steuern seien bestimmt bezahlt, bloß habe der Steuereintreiber keine Quittung ausgestellt, wie es ja doch wohl seine Pflicht sei, und sie ließen sich nicht völlig ausplündern ...

Jedenfalls machten die beiden heldenhaften Gendarmen die ganze Nacht kein Auge zu, weil sie ständig einen Überfall und die Rache der Dlejm fürchteten und verdarben damit auch den anderen die Nachtruhe.

Tatsächlich gab, irgendwann nach Mitternacht, ein Unbekannter einen Schuß auf sie ab. Alles schreckte aus dem ohnehin schon so unruhigen Schlafe, jeder ergriff seine Waffe, und dann war wieder nichts, nichts regte sich, niemand griff an. Keine Rede mehr von Ruhe oder gar von Schlaf.

Am 9. Mai ging bereits während der Stunde des Aufbruchs, wie üblich knapp nach fünf, das Gejammer der Gendarmeriebeamten weiter, und zu allem Überdruß schloß sich der Führer der Gruppe Musils dem Angstgerede an.

Der Dragoman, ein Mann aus Tekrit, erzählte umständlich, daß die Schammar – das wisse er aus sicherer Quelle von Freunden bei den Dlejm – in offener Revolte gegen die Regierung stünden und sowohl die Straße von Mossul nach Bagdad wie auch jene von der Hauptstadt nach al-Felludsche unter Kontrolle hätten und jeden ausplünderten, der sich dort vorwage.

Offenbar ein unsterbliches Gerücht von den unsicheren Straßen im Zweistromland: Als ich selbst, auf den Spuren Musils, im Frühjahr und im Herbst des Jahres 1984 zwischen Bagdad und Mossul forschte, mich auch sehr viel abseits der großen Heerstraße von der türkischen Grenze nach Bagdad und Basra bewegte, hörte ich pausenlos Warnungen jeder Art. Geschehen ist weder mir noch meinen Reisegefährten etwas.

Musils Führer aus Tekrit wußte aber auch Einzelheiten zu berichten, warum die Schammar den Aufstand wagten: Die Regierung habe ihren Oberhäuptling Medschwel ibn Farhan erst vor zwanzig Tagen abgelöst und dessen Bruder Hmejdi ernannt. Daraufhin habe sich Medschwel mit einem zweiten Bruder namens Feisal zusammengetan und nun befände sich der ganze Stamm auf dem Kriegspfad. Bei dem ganzen Bericht handelte es sich um eine höchst komplizierte Familiengeschichte mit allen kriegerischen Folgen, und sie spielte wegen der erbitterten

Streitereien im Klan des Häuptlings bis tief nach Innerarabien, die eigentliche Heimat der Schammar, hinein.

Die umständliche Erzählung ängstigte die beiden Gendarmen so, »daß sie beinahe den Verstand verloren und mit lauter Stimme ihr Schicksal beklagten, das ihnen Allah zugedacht habe«.

Die Luft füllte sich immer mehr mit feinem Staub, der fast wie eine Glocke von Nebel frei in der Landschaft hing. Ganz schwach schimmerte Hell durch den weißlichen Schleier. Die Hitze lastete unerträglich schwer auf Mensch und Tier. Nichts regte sich, bloß Musils Karawane zog langsam durch die gelbgraue Wüste, manchmal in einer der Mulden halb untergehend, wieder auftauchend, wieder im Gewoge der Hügel und Gruben versinkend.

»Nichts vor und nichts hinter uns ... immer nur Wellen von Sand und Stein. Es dünkte allen schier unmöglich, in diesem Trübsal von Dunst, Hitze und Sandwellen noch die Orientierung zu finden. Es blieb nur die vage Hoffnung auf unseren bisher recht tüchtigen Führer. Da sagte er auch schon: Ihr habt doch einen Kompaß. Ich weiß nicht mehr weiter. Bitte nehmt den Kompaß ...«

Nachmittags weigerten sich die beiden Gendarmen von einer Minute auf die andere, auf dem geplanten Weg weiterzugehen. Sie drohten, augenblicklich zum Tigris zurückzukehren, wenn Scheich Musa auf der Beibehaltung des geplanten Kurses bestehen sollte. Kurz darauf schloß sich der Führer der Meinung der beiden Gendarmen an, und so blieb Musil nichts anderes übrig, als mit seiner einheimischen Begleitung in Verhandlungen zu treten; jedes Bestehen wäre nicht nur sinnlos, sondern gefährlich gewesen.

Den ganzen langen Tag über hatte die Reisegesellschaft nicht einen einzigen Menschen, kein Tier, kein Zelt gesehen, nur Bodenwellen, Sand, Stein, Dunst und heißen, weißlichen Schimmer vom Sonnenlicht.

Schließlich kamen die beiden Parteien – hie Scheich Musa, der Emir und Tuman, dort die Gendarmen, die Diener und der Führer – überein, den Tigris nicht auf dem kürzesten Weg nach Norden, sondern auf einem Umweg nach Osten zu gewinnen. Zunächst drehte die Karawane nach Nordnordost, in Richtung auf einen gewaltigen Hügel, der am verschleierten Horizont auftauchte.

Gegen Abend schlug man ein Lager in einer der Bodensenken auf, um vor Wetter und Widersachern halbwegs gesichert zu sein. Immerhin wuchs in der Mulde auch so viel Gras, daß sich die müden Tiere gütlich tun konnten.

Am 10. Mai »waren wir schon zwei Minuten nach fünf im Sattel«. Gegen elf tauchte aus dem trüben Staub- und Dunstschleier ein Minarett am Horizont auf, und westlich davon glühte eine Kuppel über den Dächern einer Stadt wie pures, rotgelbes Gold heraus: *Samarra.*

Andere Kuppeln zeichneten sich langsam ab, Silhouetten von Dächern, Palmen, von Minaretten. Der flimmernde Dunst am Horizont, an dem das Bild der Stadt sich vom fernen Himmel begrenzte, wechselte ständig das Bild. Kuppeln und Minarette, Palmkronen und Dächer schienen ununterbrochen ineinander und übereinander zu gleiten.

Langsam näherte sich die Karawane der Stadt. Schneller und schneller schien die Sonne am Himmel zu steigen, es wurde heiß. »Die brennenden Strahlen der Sonne trafen uns ohne Gnade, die Luft schien zu beben, nicht mehr zu flimmern, nein, zu zittern, zu beben, und auf einmal bauten sich die Dunstschleier auf zu gewaltigen Wolken, die wie Kulissen am blauen Himmelszelt wie von Geisterhand getrieben hin und her, hinauf und hinunter geschoben wurden ...«

Typisch: Musil ging *nicht* nach Samarra. Er, der gnadenlose Wüstenwanderer, der jeden Meter Wüstenboden trotz aller Strapazen und Entbehrungen genoß wie nichts in der Welt, dachte nicht im Traum daran, die alte Kalifenstadt Samarra mit seinem Besuch – oder gar einer Besichtigung! – zu ehren. Es genügte dem asketischen Priestergelehrten vollkommen, aus der Hitze der Wüste heraus, ohne die kühlen Brunnen der Stadt zu besuchen (oder gar aus ihnen zu trinken), einen langen Blick auf Samarra zu werfen und ein bißchen zu sinnieren:

»Wie herrlich und prachtvoll muß doch einst die Kalifenstadt Bagdad gewesen sein, wenn schon Samarra sich in dieser hinreißenden Schönheit zeigt! Hier hatten die Kalifen doch bloß so eine kurze Weile gelebt. Samarra ist voll von Erinnerungen an eine große Vergangenheit (die Musil nicht suchte, nicht sah, nicht genoß), während doch in Bagdad so gut wie nichts blieb von der alten Pracht. Dort ist ja alles verdorben, kaum ein Gebäude aus jener Zeit blieb. Anders ist das in Samarra ...«. Nur hingehen mochte Scheich Musa nicht! Er zog mit Prinz Sixtus und Thomasberger vorbei, trabte weiter mit seinen Leidensgenossen, in Richtung Tekrit.

»Tausend Einwohner mag der Ort wohl haben«, meint Musil, »viele von ihnen sind Juden, es gibt dort aber auffallender Weise nicht eine einzige christliche Familie. Die Leute leben vom Handel mit Samarra, mit den Kurden, mit Bagdad.« Tekrit muß auch aus der Ferne einen wenig einladenden Eindruck gemacht haben, sonst wäre Musil nicht in diesen Ort gegangen.

Nicht weit von Tekrit beobachteten die Reisenden Flößer, die aus

Bagdad zurückkamen. Ihre Esel waren hoch beladen mit den Flößen; Säcke, aus Ziegenhäuten genäht, die sie flußaufwärts mit ihren Lasttieren bis Kurdistan bringen.

Dort kaufen sie Nutzholz, Korn, Wolle und Butter. Mit den Hölzern bauen sie Flöße, die an ihrer Unterseite und an den Rändern mit den – aufgeblasenen – Säcken aus Ziegenhaut abgesichert werden. Mit diesen ebenso einfachen wie sicheren Fahrzeugen treiben und segeln sie wieder den Tigris hinunter nach Bagdad. Dort verkaufen sie ihre Ware aus dem Norden, das Holz, das Korn, Wolle und Butter. Nur die Ziegenhäute sind unverkäuflich: mit denen wandern sie wieder nach Norden, hinauf bis ins ferne, kühle Kurdistan, kaufen dort Butter, Wolle und Holz, blasen die Ziegenhäute auf und lassen sich wieder nach Bagdad treiben ...

In Tekrit galt es zunächst einmal, einen neuen, verläßlichen Führer aufzutreiben, den Musil schließlich in der Person »eines gewissen Ahmed al-Hattab« fand, ohne zu ahnen, daß er damit den prominentesten Räuberhauptmann der ganzen Gegend engagiert hatte ... freilich einen, der bereits seinen Übertritt ins Bürgerliche geschafft hatte und sich bestens bewährte.

Hierauf mußte noch Gerste für die beiden Pferde der beiden Gendarmen eingekauft werden, und dann verließen sie endlich diese »unsaubere, unordentliche Siedlung« über eine nackte, ebene Wüstenlandschaft in westlicher Richtung.

Aber schon eine Stunde nach dem Aufbruch führte sie Ahmed al-Hattab in die Talsenke Schischin, wo zur allgemeinen, freudigen Überraschung der Reiseteilnehmer die stets hungrigen Tiere reichlich Nahrung fanden und sich gierig an dem Grün gütlich taten. Musil und seine Gefährten freuten sich über den schönen, ruhigen Rastplatz, an den sie so unverhofft geraten waren, und der Führer Ahmed al-Hattab zeichnete mit viel Geschick eine Karte der umliegenden Gegend in den Sand und benannte viele wichtige Punkte, was alles Musil eifrig notierte.

Sie sollten in den nächsten Tagen die kleinen Reserven, die sie in der näheren Umgebung von Tekrit noch angelegt hatten, bitter nötig brauchen: Wie Prinz Sixtus später ausführlich erzählte, »gab es zwar viele Wasserstellen, meist in Form von 0,5–3 m tiefen Brunnen, aber durch Heuschreckenkadaver verpestet. Die Heuschreckenschwärme füllen die einzelnen Brunnen bis zu einer Höhe von einem Meter; sie verwesen und bilden in den Brunnen eine eklige, gelblichrote Masse und machen das Wasser so ungenießbar. Wären wir bloß um zehn Tage später gekommen, hätten wir überhaupt kein trinkbares Wasser mehr gefunden, da die Heuschrecken selbst die letzte Weide verzehrt und dadurch die Araber zur Verlegung ihrer Lagerplätze gezwungen hätten. Nur dort, wo die Beduinen lagerten und die Brunnen vor dem Eindringen der Heuschrecken schützten, wie etwa jenen von Abu Samatsch, gab es noch von dem kostbaren Naß. Im Brunnen von Abu Samatsch, ungefähr 2 m tief und 1,5 m breit, steht das Wasser an die 80 cm hoch. Unser Führer und auch die in der Nähe lagernden Dlejm versicherten uns, daß man in dem Brunnen oft kleine Fische bemerke, die das Wasser aus der Erde mitbringe.«

Am 12. Mai 1912 erreichte Musils Expedition die Wasserscheide zwischen Tigris und at-Tartar. Ein eisiger Nordwind erschwerte das Vorwärtskommen, ließ die Röcke und Hemden wie Fahnen im Winde flattern und zwang schließlich die Reiter aus den Sätteln; stundenlang mußten sie, immer gegen den Sturm ankämpfend, frierend und der Erschöpfung nahe, die Tiere am Zaume führen.

Dichte Wolken ließen kaum einen Sonnenstrahl durch, »und unsere Finger wurden steif von Kälte. Ein paar Minuten nach zwölf wollte der Dlejmi-Führer einfach nicht mehr weiter, und auch unser Räuberhauptmann Ahmed ließ deutlich merken, daß er am liebstn umgedreht hätte.« Bei dem guten Ahmed kam wohl auch noch dazu, daß er fürchtete, unterwegs Fellachen aus Rawa oder Kaufleute aus Ana zu treffen, die er einst ausgeplündert hatte, und im Gegensatz zu den Jungtürken und dem Sultan dachten die damals Beraubten wohl kaum an Amnestie. »Unser Dlejmi wieder hatte vor einiger Zeit einen Ruawa angeschossen und sein Blutgeld noch nicht entrichtet. Er fürchtete so um seine Kamelin, wie Ahmed um sein Pferd.«

Dazu kam, daß alle jämmerlich froren, Ahmed und der Dlejmi am meisten. Ahmed hatte nur ein Hemd an und der Dlejmi, der irgendeinen uralten Mantel um seinen Leib gewickelt trug, schwatzte ununterbroch davon, wie schön es an einem Feuer und in einem warmen Zelt doch wäre. Die Gendarmen wieder, die gleichfalls vor Kälte nur so bibberten, wollten vorwärts, weil sie wußten, daß in Ana die Ablöse ihrer harrte.

»Es ist keine ganz glückliche Reise«, notiert Musil am 14. Mai. Die Führer murrten und maulten ununterbrochen, jeder einzelne fror, und das jämmerlich, und die Gegend entnervte alle durch ihre schier tödliche Einförmigkeit. »Wenn wir in die Nähe eines ›tablat‹ kamen, eines von diesen runden Löchern, fürchteten sich wieder die Kamele ... und so herrsche allenthalben die Angst vor. Gelegentlich sahen wir wieder solche ›tablat‹ von drei Metern Höhe und fünfzehn Metern Durchmesser. Viele von ihnen sind in sich zusammengebrochen, andere ganz in takt. Üblicherweise beginnen sie unten, an ihrem Fuße, einzubrechen, weil die Masse dort am meisten dem Treibsand ausgesetzt ist, der wie ein Sandgebläse die Basis bearbeitet.« Bricht eine solche Blase dann einmal in sich zusammen, erweckt das Ganze fast den Eindruck eines glitzernden, gleißenden Haufens von Glasscherben.

Am Abend setzte Regen ein, der Sturm ließ endlich nach. Rasch wurde noch ein großer Haufen von ausgedorrten Pflanzen zusammengetragen, ein riesiges Feuer angefacht »und dann wärmten wir uns alle so gut wir nur konnten, schlürften heißen Tee und vergaßen darüber bald die Kälte, die uns den langen Tag über gequält hatte. Allerdings setzte alsbald der Sturm wieder mit voller Gewalt ein und blies die ganze Nacht über um unsere Zelte, so daß von Schlaf kaum die Rede sein konnte.«

Der 15. Mai sah die Karawane Musils erst knapp vor sechs im Aufbruch. Es regnete zwar nicht mehr, doch der eiskalte Wind verblies jede schöne Erinnerung an das Lagerfeuer vom Vorabend. Der gleiche spröde Boden zum Vorwärtskommen, die gleichen lästigen Blasen, Löcher, Senken, tafelförmige Anhöhen, und kaum etwas, was der Aufmerksamkeit wert gewesen wäre.

Der Dlejm und sogar Ahmed wollten nichts als zurück, doch Musil brauchte vor allem den »Räuberhauptmann«; weniger wegen der allgemeinen Orientierung, das hätte man auch mit der Bussole geschafft, sondern wegen der Ortsnamen, der Namen all der Höhenzüge und Täler, die Musil mit beispielloser Konsequenz sammelte und in seine Skizzenhefte eintrug, wobei ihm der tüchtige Thomasberger oft eine unentbehrliche Hilfe bedeutete.

Nach einer kurzen Morgenrast auf dem Kart as-Sanadschre flehte der Dlejmi um Entlassung, bevor ihn einer der Fellachen vom Stamme der Ruawa erblicken würde. Zwar versicherten ihm alle, er stünde unter dem Schutze der Gendarmen und der Europäer, aber er fürchtete, seine Feinde würden ihm irgendwo im Hinterhalt auflauern und seine kostbare Kamelin rauben, ehe jemand einschreiten könne. »So zahlte ich ihn schließlich aus. Ahmed wollte unbedingt gleich mit ihm weglaufen, doch diesmal blieb ich hart und bestand auf seinem Bleiben, wenigstens bis die erste Siedlung in Sicht sei. Er solle sich nicht lächerlich machen: Mit seinem Pferd könne er jederzeit fliehen, falls es notwendig sei, und den fahnenflüchtigen Dlejmi immer noch einholen ...«

Gegen Mittag erreichte die Gruppe endlich das Tal des Euphrat. Der Abstieg bereitete einige Schwierigkeiten. Das ganze Stromtal lag unter einer schier undurchdringlichen Glocke von Dunst und Staub. Es herrschte völlig Windstille. Die Sonne, verborgen in diesem grauen Gemisch aus aufsteigenden Wasserdämpfen und Wüsten- und Uferschlammstaub, strahlte Hitze ab wie ein überheizter Backofen. »Wir sehnten uns nach den Schatten von Palmengärten, nach frischen Wassern und gutem Essen ... aber die Kamele schritten mit unbeeinflußbarer Würde langsam, ja pathetisch dahin: Unten, am Strom, wartete Wasser und Grün und wir kamen nicht und nicht aus dem Weiß und Grau der Felsen in Ufernähe hinaus.«

Nach einer letzten Kraftanstrengung »erkannten wir am Horizont die Ruawa-Siedlung. Ahmed hielt augenblicklich an: Die heiß ersehnte Minute seines Rückzugs brach herein! Er empfing seinen wohlverdienten Lohn und ritt nach herzlichem Abschied, so schnell die Beine seines Rappen trugen, in Richtung Tekrit davon. Unmittelbar nach dem Einzug in dem armseligen Dorf nahmen auch die beiden Gendarmen nach einer kurzen Verschnauf- und Teepause ihre Soldaufbesserung entgegen und suchten das Weite.«

16. Mai: Musil beginnt schon um fünf Uhr früh mit der Arbeit an seiner Kartenskizze, besser: mit dem Sammeln und Eintragen von Daten. Für einen einzigen Streckenabschnitt brauchte er bis zu sechs Informanten, wobei er jeweils mit Hilfe des Nächsten die Angaben des Vorhergehenden korrigieren oder verfeinern konnte. »Das schien mir die sicherste Methode, die Skizzen so genau wie nur immer möglich zu Papier zu bringen.« Am Abend brachte der frühere Weggefährte Scherif noch zwei verläßliche Dlejm ins Lager, die sich in der Umgebung von Hit besonders gut auskannten. Sie halfen Musil bei der Vollendung einer Geländezeichnung, die er seinerzeit nach Angaben des Häuptlings Ibn Nedschres angefertigt hatte. »Da ich bald erkannte, daß die neuen Beschreibungen mit den alten Aufzeichnungen übereinstimmten, konnte ich diese Arbeit als abgeschlossen betrachten.«

Am Abend des folgenden Tages konnten die Reisenden einmal mehr den unglaublichen Instinkt der Heuschrecken beobachten, trafen sie doch in der vollkommenen Wüstenei, inmitten einer Gegend, die allüberall von verkrustetem Salz bedeckt war und wo der an und für sich schon kümmerliche Pflanzenwuchs durch die Dürreperiode des Vorjahres so gut wie vollkommen zum Absterben gekommen war, Unmengen von verendeten Locusten rund um die Wasserstelle. Zum Glück für alle, die den Brunnen aufsuchten — weit und breit den einzigen —, war das Wasser gerade noch verwendbar; die Wasserstelle war recht geschickt abgedeckt gewesen, so daß die Heuschrecken nicht, wie meist in solchen Fällen, eine dicke, gelbe Schicht von Aas auf dem Wasser bildeten — sondern nur eine dünne. Ein paar tausend verendete Insekten genügen, um einen Brunnen wie jenen von al-Uwed-sche für Monate unbrauchbar zu machen.

Zwei Tage später ging's über den Salzsumpf al-Edejd: »Das Salz krachte und knirschte unter unseren Tritten, die Tiere hatten größte Mühe, voranzukommen.«

Nach Stunden beschwerlichster Wanderung erreichten Musil und seine Gefährten endlich wieder TERRA FIRMA, allerdings hatte es in der Gegend schon seit sechs Jahren nicht mehr geregnet, und so bot sich auch jenseits des Salzlagers nur trockene, ausgedörrte Wüste dar.

Ein paar Stunden später trafen die Reisenden auf eine Gruppe vom Stamme der Akejdat, die unterwegs zum Salzlager al-Edejd waren; »nach so viel Salz schien es fast absurd, daß sich Menschen der Mühe unterzogen, Salz auch noch zu holen!«

Am 20. Mai lagerte Musil mit seinen Leuten in der Nähe von Zelten der Akejdat und der Dschbur. Es ging darum, aus der Schar der Araber einige gute Führer für die nächste Wegstrecke herauszufinden.

Als eine kleine Gruppe von ihnen ins Zelt Musils kam, unterzog er sie einer eingehenden Prüfung über ihre diesbezügliche Tauglichkeit: »Jeden einzelnen forderte ich auf, mir eine Skizze der Umgebung mit der Euphratkrümmung in den Sand zu zeichnen. Kiesel mußten dort plaziert werden, wo sich eine Siedlung befand. Einige der Prüflinge fielen von vornherein aus, da sie weder die Himmelsrichtungen kannten noch sonst etwas wußten. Kam einer in die engere Wahl, ließ ich ihn die Wege in seine Skizze einzeichnen, vor allem den Verlauf der Straße nach Dejr az-Zor oder, von as-Swar, gleich nach ar-Rakka.

Sobald ich einen Mann vollständig ausgefragt hatte, nahm ich mir den zweiten, dritten, vierten und fünften vor, immer wieder die Ergebnisse gegeneinander abwägend. So konnte ich meine Karte der Gegend weitgehend vervollständigen.«

Der ganze folgende Tag, der 21. Mai, war ausgefüllt mit Kartenarbeit. Es galt, alle Erkenntnisse des bisherigen Expeditionsverlaufes in die Aufzeichnungen einzubringen und den unmittelbar bevorstehenden Reiseabschnitt nach ar-Rakka gewissenhaft vorzubereiten.

Am 22. Mai wurde das ganze, umfangreich gewordene Gepäck in ein großes Boot verladen und zum rechten Ufer des Habur übergesetzt; die Kamele durchquerten das Gewässer in einer Furt, etwa einen halben Kilometer weiter flußabwärts.

Die Luft vibrierte von ungewöhnlicher Hitze. Deutlich zeichneten sich fünf Schichten darin ab, jede von anderer Färbung und Durchsichtigkeit. Musil nennt das »Mirage«-Effekt, »saraab« im Arabischen ... offenbar nicht ganz das Gleiche, was landläufig unter einer »Fata Morgana« zu verstehen ist. Im Süden tauchten die beiden Vulkane von al-Hschefat auf, und da die saraab sie teilweise verschleierte, wirkten sie wie zwei schwarze Ungeheuer, die wie in Levitation gewichts- und schwerelos frei in der Atmosphäre zu schweben schienen. Im Laufe des Nachmittags tauchten die ersten großen Trümmer von Basalt und Lava entlang des Weges auf.

Am nächsten Tag erreichte die Expedition die Ruinen von al-Maha, die Musil gerne näher untersucht hätte, weil die Mauern aus Basalt bestanden, aber Dschemal, der Führer, warnte eindringlich vor einem Aufenthalt in diesen Ruinen: »Überall hier in der Gegend zu Füßen des Abdal-Aziz-Höhenrückens gibt es Räuber. Sicher beobachten sie schon seit längerer Zeit alle unsere Bewegungen, sahen uns aus der Ferne zu, wie wir die Tiere tränkten und die Wasserschläuche füllten. Machen wir, daß wir weiterkommen!«

Während dieser Worte setzte sich Dschemal auf einen Felsblock und hielt die Höhenzüge vor al-Maha scharf im Auge.

Die Gendarmen pflichteten Dschemal in bewegten Worten bei und drängten ebenso zum Aufbruch; sie wieder fürchteten einen Überfall der Kurden, bei dem wieder sie kaum etwas zum Lachen gehabt hätten. Schon um diesem Gerede auszuweichen, gab Musil nach und so brach die Runde bald darauf auf, ohne die Ruinen einer näheren Prüfung unterzogen zu haben.

Um 14 Uhr 20 tauchten im Süden sechs Berittene auf, denen vier Mann zu Fuß folgten. Die Gruppe bewegte sich nach Norden, ergriff aber augenscheinlich die Flucht, als sie die Heranziehenden bemerkte. Offensichtlich hielten sie die berittenen Gendarmen in Musils Karawane – die drei Männer zu Pferd – für Räuber und die beladenen Kamele mit den Lasten für Beute.

»Wahrscheinlich handelte es sich bei den Flüchtenden um Raubgesindel, das uns auch angegriffen hätte, wären bei uns nicht Männer zu Pferd gewesen, was uns den Vorteil der größeren Schnelligkeit verschaffte ...«

Die Nacht vom 24. zum 25. Mai war mild und klar, der Wind kam von Westen. Man lagerte in einer Bodensenke zu Füßen zweier Vulkane inmitten eines Lavafeldes. Weit und breit gab es absolut nichts Brennbares, keinen Zweig, keinen Halm, keine Wurzel ... nichts.

Früh am Morgen »ritten wir entlang der südlichen Flanke des zweiten Vulkans und gegen halb acht erreichten wir glücklich das Ufer des Euphrat«. Endlich fanden die ausgehungerten Tiere einen annehmbaren Weideplatz.

Im Südwesten des Euphrat-Kanals bildeten zahllose Wasserläufe,

Rinnen und Inseln ein wüstes Durcheinander von Wasser, Sumpf-
gelände und Land. Da es überhaupt keinen festen, schon gar keinen
felsigen Boden dort gab, wechselten Wasserläufe und Inseln ständig
Verlauf und Lage.

Musil versuchte, mit seinen Leuten einen kürzeren, direkten Weg in
Richtung ar-Rakka zu finden und sozusagen querfeldein ar-Rakka zu
erreichen, doch blieben sie schon nach wenigen Minuten im marschi-
gen Boden, auf dem Unkraut üppig wucherte, stecken.

Also wieder zurück, irgendwo hinauf auf trockenen, steinigen Boden.
Nach größeren Schwierigkeiten vor allem mit den Tieren erreichten sie
endlich ar-Rakka, das damals von gut dreihundert Familien bewohnt
wurde.

Ein paar Minuten später gelangten sie an das Ufer des Euphrat und den
Anlegeplatz der Fähre. Es kostete alle Anstrengung, die scheuen Tiere
in das ihnen fremde, hohe Boot hineinzubringen. Dazu kamen die
Schiffer, eine »grausame Bande«, wie Musil sagte, die anstatt mit guten Worten die Vierbeiner nur mit Schlägen, Tritten und Verwünschungen bedachten ... »Wir fürchteten schon, sie würden den Tieren
die Lenden eintreten.« Nasser, Mohammed und Tuman gingen zunächst mit den Pferden und Kamelen an Bord, während Musil und der
Emir beim Gepäck warteten. Die Fähre trieb während des Übersetzens
weit nach Süden ab, landete aber sicher am Ufer. Während Mohammed und Tuman drüben warteten, kehrte Nasser wieder zurück. Nachdem die restlichen drei Kamele endlich auf der Fähre waren, stiegen
auch Musil und der Emir zu, und das Abenteuer der Flußüberquerung
endete dank des Geschicks der sonst so brutalen Schiffer ohne weitere
Schwierigkeiten.

Von ar-Rakka nach Aleppo

Am 26. Mai brach Musils Karawane bereits um 4 Uhr 57 Minuten auf.
Ungeduld schien die Stimmung zu prägen, vielleicht auch bereits
Überroutine, die sich nach der Gewalttour der vergangenen Wochen
bezeichnender Weise in immer neuen Rekordleistungen der Expeditionsteilnehmer niederschlug: Hitze, Kälte, Wassermangel, Überfälle,
Schlaflosigkeit, Hunger ... alles bereits Gewohnheit, verhaßte und
dennoch unumgängliche Routine.

Der Weg führte zunächst, gegenüber von ar-Rakka, die Uferlandschaft
des Euphrat entlang durch ein weitläufiges Überschwemmungsgebiet,
in dem zu dieser Jahreszeit allüberall die Lakritze wucherte, an der aber
weder die Kamele noch die Pferde rechten Gefallen fanden.

Um 11 Uhr 20 erreichte die Reisegesellschaft al-Hamam. Ein Kreis hatte sich geschlossen: In al-Hamam war man schon am 2. April gewesen, und die Beschreibung der Siedlung klang damals so übel nicht. Nun ist die Charakterisierung kürzer, drastischer: »Ein Gendarmerieposten, zwei Gasthöfe, eine Telegrafenstation, ein paar elende Hütten. Eine Stunde Rast.«

Ein paar Minuten später, um 13 Uhr 05, »kamen wir zu unserem Lagerplatz vom ersten und dritten April«.

Weiter ging es nach Westen, Richtung Aleppo.

Gegen vier Uhr nachmittags erreichten die Reisenden den Engpaß von asch-Schaba, eine Art Klamm, durch die sich ein Weg wand, der an mehreren Stellen auf die Beengtheit eines Saumpfades schrumpfte. Links eine dreißig Meter hohe Felswand, rechts ein Steilabbruch zu den reißenden Wassern hinunter, dazwischen der ungesicherte Weg entlang eines kaum ausnehmbaren Vorsprungs in dem Abhang, aus dem zu allem Überfluß auch noch spitze Felstrümmer und Zacken in die Passage ragten.

Langsam und vorsichtig, immer ein Tier hinter dem anderen, versuchten die Männer den Weg der Kamele durch das Nadelöhr zu meistern. Da blieb auch schon die weiße Kamelin mitsamt ihrer Last an einem der Felsvorsprünge hängen, strauchelte und stürzte kopfüber die Felswand hinunter und in den Fluß. Gewiß wäre das Tier ertrunken, hätte nicht die Last auf seinem Rücken wie eine Schwimmweste gewirkt: die Kamelin kam hoch und trieb flußabwärts davon, die Beine, wild strampelnd obenauf, verzweifelt versuchend, den Kopf über Wasser zu halten.

Schon nach kurzer Zeit blieb die Last irgendwo unter Wasser hängen und daher hielt das Wüstenschiff, fast so als wäre es vor Anker gegangen, zumindest in erreichbarer Lage. Während Dschemal die Tiere im Klammweg zu beruhigen suchte, kletterten die anderen die Steilwand hinunter, um die Kamelin aus ihrer verzweifelten Lage zu befreien. Mit einem Seil gelang es, das wild um sich schlagende Tier ans Ufer zu ziehen und es schließlich, hundert Meter weiter unten, wo der Fels etwas flacher ins Wasser ging, wieder auf die Beine zu stellen. Vorsichtig wurde die vor Nässe, Kälte und Schreck an allen Gliedern zitternde Kamelin von ihrer Last befreit, das Gepäck Stück um Stück zum Saumpfad hinaufgeschleppt und schließlich auch das Tier selbst wieder hochgezurrt. Glücklicherweise hatte es sich weder äußerlich noch innerlich verletzt ... abgesehen vielleicht von dem Schock, den das Wüstenschiff bei seiner ersten, so dramatischen Fahrt auf dem Wasser erlitten haben mochte. Dazu Musils wörtliche Eintragung im »Logbuch«: »Die Verspätung, die uns dieser Zwischenfall einbrachte, betrug genau siebenunddreißig Minuten, nämlich von 4 Uhr 38 bis 5 Uhr 15.«

Abends, am Lagerfeuer, gings ans große Trocknen, waren doch alle völlig durchnäßt. Der Zuckervorrat bildete nur noch einen unförmigen, unappetitlichen Klumpen, das Mehl Papp und wie eingeweichtes Brot wirkten die Zigaretten. Erinnerte sich Thomasberger: »Wir trockneten und sortierten sie, so gut es ging. Für die Wüste waren sie noch brauchbar ...«. Raucherschicksal.

Prinz Sixtus, der in seiner Rolle als Emir voll aufging, erwähnt in seinen Aufzeichnungen mit keiner Silbe, daß er bei dem Abenteuer am Fluß seinen weißen Anzug einbüßte; es war aber ohnehin gleichgültig, weil schon ein paar Tage später nicht nur das gesamte Reisegepäck, sondern auch das, was Musil und seine Gefährten auf dem Leibe trugen, an eine Räuberbande ging ... Pünktlich um sechs Uhr früh brach Musils Karawane am 27. Mai auf und schlug den Weg nach Westen, Richtung Banat-abu-Hrera ein, »wo wir im Uferfelsen zahlreiche künstliche Höhlen bemerkten«, wie der Emir berichtet, »die früher teils als Grabkammern, teils als Einsiedeleien gedient haben mochten. Jedenfalls stand seinerzeit bei den ›Banat-abu-Hrera‹ genannten islamischen Welis ein großes Kloster.«

Bei Kasr ad-Dibsi verließ Musils Karawane den Euphrat und zog in die Hügellandschaft von al-Hass hinein, um sie einer näheren Erkundung zu unterziehen. Das abendliche Lager bezogen die Männer auf dem höchsten Punkt der Hügelkette Abu-Kbara, unweit der Ruinen von Um-Harum.

Dienstag, den 29. Mai, brachen die Reisenden schon vor fünf Uhr früh auf ... zu einem »äußerst ermüdenden Marsch«, wie Musil notierte. »Wir zogen völlig allein dahin, und das eintönige Land bot nichts, was Freude oder Abwechslung bringen konnte. Zu allem Überdruß blies uns ein heißer, trockener Südostwind entgegen, ein Wind, den unser Führer ›samum‹ nannte und der auf Mensch und Tier gleich enervierend wirkte. Als der Mittag nahte, schien das Himmelszelt mit goldenen, hauchdünn trüben Schleiern verhängt zu sein, die das Gesichtsfeld auf unsere nächste Umgebung beschränkten.«

Zwei Kamele erkrankten. Eines davon ging in die Knie, legte sich hin, und um nichts auf der Welt hätte es sich wieder erhoben. Erst nach einstündigem guten Zureden und allerlei Herumdoktern gelang es, das Tier wieder auf die Beine zu bringen.

Die drückende Hitze, diese auf allen lastende dumpfe Luft, machte den Weitermarsch zur Qual. Doch dann geschah es.

Thomasberger erinnerte sich: »Die Sonne brannte unbarmherzig vom Himmel und die von der Erde zurückgeworfenen Strahlen verursachten Schmerzen an den Lidern. Wir ritten daher mit geschlossenen Augen und bemerkten nicht, wie sich ein dunkler Punkt auf einer nördlichen Bodenwelle ständig vergrößerte, bis der ganze Haufen beisammen war ...«

Musil erinnerte sich so: »Als wir durch ein tiefes Tal ritten, sichteten wir um zwölf Uhr zu unserer Rechten zwei Kamelreiter; ein wenig später nahmen wir hinter uns weitere zehn Mann aus und es dauerte nicht lange und ein Trupp von etwa hundert Räubern hatte uns umzingelt. An Gegenwehr konnte unter den gegebenen Umständen überhaupt nicht gedacht werden. Jeder von uns trug wohl an die hundert Schuß Munition bei sich und im großen Gepäck führten wir noch mehr mit, aber in jener Stunde befanden wir uns in einer völlig ungeschützten Talsenke, deren oberer Rand ringsum vom Feind besetzt war.

Nachdem ich meinen Leuten kurz Befehl gegeben hatte, ja nicht das Feuer zu eröffnen, rief ich, so laut ich konnte, hinüber: ›Wir alle stellen uns unter den Schutz eures Anführers!‹

Vergeblich. Sie stürmten heran und warfen sich wie ein Rudel ausgehungerter Wölfe auf uns. Im Nu rissen sie uns von den Sätteln, und ehe wir noch recht begreifen konnten wie uns geschah, hatten sie uns auch schon der gesamten Bekleidung beraubt ... bis auf die Haut.

Sie führten gar keinen Anführer mit sich, der kam erst eine halbe Stunde später daher, in Begleitung von fünf anderen Männern und einer davon, ein älterer Neger, schrie auf einmal, als er mich sah: ›Allah beschütze uns vor Rache! Gott errette uns vor Bestrafung! Ist das nicht Scheich Musa, der Blutsbruder von Nawwaf ibn Scha'lan?«

Der Anführer kanzelte den Schwarzen kurz ab:

›Du irrst! Niemals ist das Scheich Musa!‹

›Nein, ich irre mich bestimmt nicht, ganz bestimmt nicht, das ist Scheich Musa!

Ich bestätigte natürlich sofort, tatsächlich ›Scheich Musa‹ zu sein, doch der Räuberhauptmann hieß mich barsch schweigen.

Im gleichen Augenblick bereits trat unser Führer aus Abu Hrera hervor und erklärte dem Anführer, daß ich tatsächlich der Scheich Musa sei und daß die ganze Gruppe unter dem besonderen Schutze der Regierung stehe, als deren sichtbaren Ausweis der Gendarm mit von der Partie sei. Anstelle einer Antwort schlug der Unhold den Mann aus Hrera mit dem Gewehrkolben nieder. Schweigend. Auf das Wehgeschrei unseres Gendarmen reagierte er überhaupt nicht.

Aus einigen Wortfetzen der Unterhaltung unserer Feinde konnte ich immerhin heraushören, daß sie zu den Stämmen der Schingare und der Abde von den Schammar gehörten. Obwohl diese beiden Stämme Eben Raschid gehorchten, mußten sie doch auch zum Emir von al-Dschof gute Beziehungen aufrecht erhalten, weil ihre Weideplätze an jene des Emirs von al-Dschof grenzten. Da zu jener Zeit mein guter Freund, der Emir Nawwaf ibn Scha'lan, in al-Dschof herrschte, sagte ich zu dem Führer der Räuberbande:

›Höre meine Worte! Ich kenne deinen Namen zwar noch nicht, aber ich weiß bereits, daß deine Männer zu den Schingara und zu den Abde gehören. Beide Stämme gehorchen Eben Raschid, dem die Regierung monatlich eine bestimmte Summe dafür ausbezahlt, daß er die räuberischen Überfälle hintanhält.

Und nun haben deine Männer vom Stamme der Schingara und der Abde nicht nur Fremde ausgeplündert, sondern darüber hinaus auch noch den Gendarmen, das sichtbare Symbol der Regierungsgewalt, beraubt. Ich weiß auch, daß sowohl du als auch deine Männer meinen Freund Nawwaf fürchten, und Nawwaf ist mein Blutsbruder. Du hast mich, den Blutsbruder von Nawwaf, ausgeplündert.

Nun höre, was ich beschlossen habe: Ich werde die Regierung auffordern, die Zahlungen an Eben Raschid so lange einzustellen, bis er das Zehnfache dessen, was ihr uns heute geraubt habt, ersetzt, denn ihr seid seine Abde und Schingara. Und damit es dir nie wieder einfällt, über die Regierung hohnzulachen, sage ich dir, daß ich dem Emir Nawwaf persönlich schreiben werde, um ihn aufzufordern, die Beleidigung, die ihr seinem Blutsbruder Scheich Musa angetan habt, gnadenlos zu rächen. Und daß Fürst Nawwaf mich rächen wird, das weißt du so genau wie ich. So wahr mir Gott helfe!‹

Auf diese schwungvolle Rede hin versammelte der Räuberhauptmann seine engsten Freunde, um mit ihnen Kriegsrat zu halten.« Nach einer Weile näherten sie sich, um mir ihren Entschluß mitzuteilen, welcher lautete: Alles was von unserem Eigentum noch zu finden sei, wollten sie zurückgeben. Zuerst einmal erhielten wir alles wieder, was aus Papier war ... Aufzeichnungen, Skizzen, Hefte. Schließlich brachten sie die Kamele, ausgenommen eines, das, angeblich, mitsamt seiner Last inzwischen verschwunden war. Natürlich gaben sie einmütig vor, nicht zu ahnen, wo es sein könne.

Selber mußten wir uns um unsere Sättel kümmern. Auch davon waren zwei Stück spurlos verschwunden, wofür sie uns großzügig zwei andere Sättel überließen, alt, völlig ausgetragen und zerrissen – aber was konnten wir tun.

Was unsere Waffen betraf, erhielten wir wohl die Gewehre zurück, doch nicht die Munition. Und unsere Kleider? Die Räuber streiften einfach alles über, was sie an sich gerafft hatten; einer hatte drei Hemden um seine Beine gewickelt, über die er noch zwei Hosen streifte und das ganze Kleiderbündel befestigte er mit einem Gurt an seiner Hüfte. Da sie aber sicherheitshalber auch noch sehen wollten, was in so einer Kamera oder im Barometer wohl drin sei, schlugen sie mit Steinen drauf oder brachen den Apparat mit dem Dolch auf. Erst nach dieser »Besichtigung« gaben sie die unbrauchbar gewordenen Instrumente zurück. Einer der Räuber vergrub noch rasch unseren Theodoliten und ein Barometer im Sand, vielleicht, um die ihm ebenso rätselhaft wie wertvoll dünkenden Gegenstände später wieder abzuholen. Die Wüstenszene glich einem Alptraum. Unsere ganze, mit so viel Mühe und Sorgfalt zusammengetragene Pflanzensammlung streuten sie aus und ließen sie vom Winde verwehen.

Das schlimmste aber war, und das ärgert mich bis heute und sicher mein Lebtag, daß sie die Grundrißzeichnungen und Pläne von al-Resafa wie auch von Palmyra und seiner Umgebung irgendwo irgendwie vernichtet haben mußten. Diese großen Blätter hatten wir, sorgfältig zusammengerollt, in langen runden Zinnbehältern aufbewahrt. Vielleicht hielten sie diese Büchsen für Gewehre? Wer weiß. Von ar-Resafa gingen so die Zeichnungen von 1908 und 1912 verloren.

All die anderen für immer verlorenen Gegenstände will ich garnicht alles aufzählen.

Von unseren Lebensmitteln bekamen wir ebensoviel zurück wie von unserer Kleidung, nämlich nichts. Das Wasser tranken sie bis zur letzten Neige aus. Als die Sonne unterging, kam der Räuberhauptmann zu mir und verlangte eine schriftliche Bestätigung, daß wir all unser Eigentum zurückerhalten hätten. Das konnte ich nun wirklich nicht tun. Nach endlosem Hin und Her einigten wir uns auf die Formel, ich hätte alles zurückerhalten, was aufzufinden gewesen war, und daß sie den Rest sofort nach seiner Aufbringung zurückgeben wollten.«

Thomasberger, nicht ohne Humor, erinnerte sich später an den Anblick, den sie an jenem Abend boten: Einer nur eine Unterhose, einer bloß ein Hemd, er, Tuman trug wieder außer einem Netzleiberl nichts, und die arabischen Diener waren überhaupt splitterfasernackt. »Man hätte lachen können, wenn es nicht so tragisch gewesen wäre«, notiert Tuman ... »Ich hatte alle Hände voll zu tun, das überall verstreute Material zu sammeln. Sämtliche Photographien sind vernichtet, die Apparate zerschlagen, die Waffen, sämtliche Lebensmittel und das Wasser fort ...«

Endlich, bereits gegen halb neun, konnten die Ausgeplünderten weiterziehen. Musil: »Wir ritten so schnell und so leise wie möglich in nordwestlicher Richtung davon, weil wir fürchteten, sie würden nachts zurückkommen, um uns umzubringen.«

Gegen zehn Uhr nachts scheuchte ein Kamel eine schlafende Hyäne auf, die mit einer solch rasenden Geschwindigkeit durch die Karawane flüchtete, daß alle Tiere scheuten und in wilder Panik davonstoben. »Fast alles, was wir noch gerettet hatten, ging bei dieser sinnlosen Flucht verloren.« Als die Tiere endlich wieder zur Ruhe kamen, konnten die Ausgeplünderten nur mehr feststellen, daß immerhin Leben und Gesundheit erhalten geblieben waren...

Gegen Mitternacht erreichte die Karawane Musils – oder das, was von ihr noch bestand – den Mesa Schbet und um 1 Uhr 30 bereitete man, so gut es ging, mit den Restbeständen und inmitten der wärmenden Tiere ein Lager.

Am Morgen des 29. Mai erbettelte Nasser irgendwo etwas Milch, und dann trabten die Ausgeplünderten in nordwestlicher Richtung weiter, so weit die Richtung ohne Kompaß halt stimmen mochte.

Musil hat auch an jenem trüben Morgen nicht verabsäumt, die Namen der Berge und Täler, der Wadis und Ruinen zu erfragen und fleißig zu memorieren, um sie bei erster bester Gelegenheit zu notieren.

Von 10 Uhr 45 bis 11 Uhr 50 legten sie eine Rast ein, und Nasser und Mohammed erbettelten bei einem Weiler abermals Brot und saure Milch. Nach der Mahlzeit hielten die Opfer des Überfalls Heerschau, was an Kleidung gerettet worden war: Scheich Musa besaß noch einen zerfetzten Hut, der Emir Prinz Sixtus ein paar Schuhe.

Irgendwo trieb Scheich Musa noch eine Art Umhang auf, den er über die Schulter warf – unten ohne – und Prinz Sixtus stellte lachend fest: »Sie sind ja ein sans-culotte, Hochwürden!!«

Die anderen sahen nicht weniger komisch aus, das Ganze wirkte wie ein Rest von einem Lumpenball. »Was soll's«, notierte Scheich Musa am nächsten Tag. »Wir waren alle gesund. Keiner verwundet, keiner tot. Wie durch ein Wunder hatten wir die Tagebücher bewahren können und auch, wie sich später herausstellte, wenigstens einen Teil der photographischen Aufnahmen.«

Zu Mittag machte der seltsame Zug bei Abu Derih Rast und Mohammed erbettelte wieder ein wenig Brot. Das Gleiche am Abend: Als das Nachtlager aufgeschlagen wurde, ergatterte der Gute wieder Brot und Milch. »Durch's Betteln«, notiert Scheich Musa.

»Donnerstag, 30. Mai 1912. Aufbruch um 5 Uhr 15, wir erreichen Aleppo um 8 Uhr 50«.

25 Der junge Eben Raschid (Sa'ud Abdul Aziz Eben Raschid) zwischen seinem Bannerträger al-Babari und dem türkischen Befehlshaber des nordarabischen Abschnitts, Fakri ed-Din Pascha mit einer Gruppe osmanischer Offiziere sowie Soldaten der Syrien-Armee.

26 Abdul Aziz Eben Sa'ud (1880–1953), der erste König von Saudi-Arabien, dessen Bedeutung Alois Musil als einer der ersten erkannte, mit seinem Sohn und Nachfolger Sa'ud Eben Abdal Aziz (gest. 1969).

27 Einer der nabatäischen Hochaltäre von Petra, deren zentrale Bedeutung im Kult der Nabatäer Musil als erster erkannte.

28 Der Überrest der Zikurat von Borsippa/Birs Nimrud.

29 Der knapp nach der Jahrhundertwende errichtete Hedschas-Bahnhof in Damaskus; fast bis zum Ende des Ersten Weltkriegs fuhren Züge von Damaskus bis nach Medina. Musil brach von diesem Bahnhof zu zahlreichen Expeditionen in die Wüste auf.

Die Zitadelle von Aleppo

Schrieb Prinz Sixtus ergänzend: »Die Missionare der Gesellschaft Jesu nahmen sich unser gastfreundlich an und mit ihrer Hilfe konnten wir uns mit dem Notwendigsten wieder versehen«.

Auch die Aufzeichnungen Thomasbergers sprechen eine beredte Sprache: »Mit den übriggebliebenen Fetzen bedeckten wir unsere Blößen. Wenn auch der Verlust der persönlichen Habe schmerzlich war, ist mir am meisten leid um die zwei Tontafeln mit Keilschrift aus Babylon. So verblieb mir nichts als die Erinnerung.

Unter der Devise »Rette sich wer kann« trachteten wir, so bald wie möglich Aleppo zu erreichen. Mildtätige Frauen aus den Tscherkessendörfern, an denen wir vorüberkamen, labten uns mit saurer Kamelmilch und Brotfladen.

Nach dreitägigem Ritt kamen wir unter dem Hallo der Jugend in Aleppo an ... «

In der Familie des Prinzen Sixtus lebt die ganze Reise mit ihrem dramatischen Abschluß wie eine Legende weiter, unter anderem auch ein Zitat des Scheich Musa: »Wirde bewahren, Wirde bewahren, kenigliche Hoheit«, raunte er dem Prinzen aufmunternd zu, als sie, zu zweit auf einem Kamel und nur allernotdürftigst von einem Fetzen und einem Hut (Schuhe nicht zu vergessen) bedeckt, durch die Straßen Aleppos der Jesuitenniederlassung zustrebten.

Die Patres dort verwahren immer noch das liebenswürdige Dankschreiben, das ihnen Prinz Sixtus nach seiner Heimkehr aus Schloß Schwarzau am Steinfeld, Niederösterreich, zukommen ließ.

Ich habe im Frühjahr 1984 im Zuge meiner Recherchen auch Aleppo aufgesucht und bei den Jesuiten dort ohne viel Mühe diesen Brief gefunden.

Der räuberische Überfall auf Musil, Prinz Sixtus und Thomasberger, der den Betroffenen ja keinen wirklichen Schaden zugefügt hatte, da all das geraubte Zeug leicht ersetzbar war, hatte seinen höchst bürokratischen Nachklang. Aus der Anzeige des Prinzen Sixtus läßt sich bis in Einzelheiten entnehmen, was alles auf eine solche Expedition mitgeführt wurde.

Liste der gestohlenen oder beschädigten Gegenstände

1	Kamel	350,—
1	Photographischer Apparat Ritschel-München	300,—
1	Stereo-Photographischer Apparat, Lechner-Wien, beschädigt	100,—
1	Etui zu diesem Apparat	70,—
30	Dutzend photographische Platten, zerbrochen	60,—
5	Filmpackungen à 5 frcs.	25,—
1	Fernglas Zeiss	200,—
3	Anzüge, komplett	200,—
	Wäsche, Unterwäsche, komplett	200,—
		1605,—
	Bettlaken, wasserdicht, mit Kautschukbelag	100,—
11	Keffiehs aus Seide[1])	350,—
1	Perserteppich	60,—
1	Revolver, Browning	60,—
4	Kamelsättel	140,—
1	Zaumzeug, silberbeschlagen, mit Seide	100,—
3	Tücher, klein	15,—
8	Zaumzeuge (gewöhnlich)	15,—
1	Mantel, schwer	60,—
1	Toilettausrüstung, komplett	60,—
1	Aghal[2])	10,—

[1]) weite Kopftücher

[2]) schwere Schnüre, die die Keffiehs halten

4 Keffiehs, gewöhnlich	12,—
2 Patronengürtel	30,—
1 Jagdmesser	30,—
Mundvorrat für 12 Tage	200,—
2 Uhren, gewöhnlich	24,—
1 Lodenmantel	40,—
1 Lederjacke	40,—
1 Apotheke	150,—
Jagdmunition	65,—
1 Fernrohr	80,—
1 Aghal	10,—
	3256,—

Gegenstände, die meinem Diener Nasser gestohlen wurden und die
ich ihm zu ersetzen habe:

3 Kleidungsstücke aus Ana	15,—
3 Kleidungsstücke aus Karyatein	15,—
3 Keffiehs	20,—
1 Aghal	5,—
1 schwerer, dicker Mantel	15,—
6 Kleidungsstücke aus Bagdad	15,—
1 Weste, bestickt	16,—
1 Dschucha	16,—
1 Patronentasche	16,—
4 Felle	2,50
2 Medschidijes*)	20,—
6 Türkpfund, die dem Gendarmen Kassem aus Tadmor gehören. Er hat meinen Diener Nasser gebeten, dieses Geld nach Tadmor zu seiner Familie zu bringen. Er selbst ist im Mütessarifat von Der el Toz stationiert.	138,—
4 Münzen, antik, meinem Diener Nasser anvertraut	400,—

Gegenstände, die meinem zweiten Diener, Mohammed aus
Farklas, nahe von Homs, gestohlen wurden und für die
ich ersatzpflichtig bin:

2 Kleidungsstücke	20,—
2 Kleidungsstücke aus Ana und Bagdad	5,—
4 Hosen und Hemden	10,—

*) türk. Währung

1 Mantel	10,—
2 Keffiehs	2,50
1 Gürtel	1,25

Gegenstände, die dem Gendarmen Abdullah el Kurdi Nohta aus
Abu Herera gehören und für die ich ersatzpflichtig bin:

1 Jacke	5,—
1 Anzug	4,50
1 Mantel und Keffiehs	12,50
1 Hardji	7,50
1 Gürtel mit 50 Patronen	65,—
Tabakwaren	9,—

Gegenstände, die unserem Führer Hassan aus Abu Herera
gestohlen wurden, die ich zu ersetzen habe:

| 1 Mantel | 14,— |
| 1 Tschucha | 14,— |

Diese Liste setzt sich fort und endet mit einer Gesamtschadenssumme
von 14 877,75 französischen Francs.

Der eigentliche, ganz unverhoffte Vorteil dieser Beraubungsgeschichte
lag aber in der Tatsache, daß die Behörden dem Prinzen und Alois Musil plötzlich etwas *schuldeten* – und das kam wieder dem alten Freund
Musils, dem Fürsten an-Nuri Eben Scha'lan, zugute, der, wie es der
Zufall so wollte, ausgerechnet zu jener Zeit in Damaskus im Gefängnis
saß und wenig Aussicht auf baldige Freilassung haben durfte, wogen
doch die Vorwürfe gegen ihn (gewaltsamer Tod mehrerer Verwandter,
Aufruhr, Steuerhinterziehung und ähnliches mehr) sehr schwer. Alle
diese Vergehen gegen die »öffentliche Ordnung« – in europäischen
Augen z. T. Kapitalverbrechen – hatten selbstverständlich nach den
Gesetzen der Wüste ein vollkommen anderes – nämlich gar kein – Ge-
wicht, im Gegenteil, sie trugen nur zu seinem Ansehen bei. Es gelang
Musil nach seiner Heimkehr nach Wien, auch Erzherzog Karl Franz
Joseph – den späteren Kaiser Karl I. – von diesen Umständen und den
sich im osmanisch-arabischen Raum abzeichnenden Chancen zu über-
zeugen, und Erzherzog Karl hat sich auch sofort für eine Freilassung
des Fürsten an-Nuri eingesetzt.
Nach der Erledigung der »Anzeige« wegen des Raubüberfalls und der
Betreuung des Fürsten an-Nuri begaben sich die Expeditionsteilneh-

mer gemeinsam auf die Heimreise nach Europa: Musil und Thomasberger zurück nach Österreich-Ungarn, Prinz Sixtus ging ins heimatliche Schloß Pianore im (ehemaligen) Herzogtum Parma und wurde
bald darauf von Papst Pius X. in Privataudienz empfangen. Die österreichisch-ungarische Orientinitiative des Jahres 1917 (Orientreise Erzherzog Huberts mit Alois Musil) dürfte ihre Wurzel in diesem Gespräch haben.

Wie sich die Beziehung von Alois Musil mit der Familie Bourbon-Parma und im Anschluß daran zu Erzherzog Karl weiterentwickelte, geht
aus der Korrespondenz hervor, die im Musil-Archiv in Wischau aufbewahrt wird. Karl Johannes Bauer hat einige besonders charakteristische Stellen aus der großen Fülle des Materials (wie erwähnt sind an
die 14000 an Musil gerichtete Briefe in Wischau aufbewahrt) heraus-
gesucht. Einer dieser bezeichnenden Briefe lautet:

»In der Redaktion meines Notizbuches bin ich bereits bis Palmyra –
seeliges Angedenken! – gelangt ... Seit Port Said habe ich bereits
mehr als 3 kg zugenommen. Alles wird hier orientalisch. Sogar die
neugeborenen Kälber heißen Resafa, Bagdad oder Damaskus.«

Und bald darauf: »... beauftragt mich Mamam, Sie einzuladen, ob Sie
nicht wenigstens auf einen Tag herkommen wollten. Zu besprechen
haben wir ja sehr viel und bei der kolossalen Arbeit, die Sie jetzt leisten, wäre doch eine kleine Ruhepause recht angezeigt. Jedermann,
meine Geschwister insbesondere, würden sich riesig freuen, Sie zu sehen. Bitte also nur selber Datum und Stunde zu bestimmen. Alles ist
mir recht. Das Zelt ist aufgeschlagen, Nasser wartet mit dem Kaffee
und mit Tschai. Die Euter meiner Kamelinnen strotzen von Milch und
meine Hammel sind fett.«

Unter Mithilfe von Alois Musil faßte der junge Prinz Verlauf und
Zweck der Expedition auch in einer Broschüre zusammen, die im Anzeiger der philosophisch-historischen Klasse der kaiserlichen Akademie der Wissenschaften erschien.

»Die wissenschaftlichen Ergebnisse dieser Reise sind vielgestaltig und
reichhaltig. Außer der genauen Aufnahme der ganzen Route sowie der
im Gesichtskreis liegenden Umgebung waren wir bemüht, nach Angaben verschiedener zuverlässiger Gewährsmänner auch die weiteren
Gebiete, so Teile von Innermesopotamien, kartographisch darzustel-
len. Diese letzteren Aufnahmen erheben freilich keinen Anspruch auf
vollkommene Genauigkeit, können aber doch ein ziemlich getreues
Bild der Landschaft bilden.

Unsere Karte des südlichen Mesopotamien stellt überhaupt die erste
Karte dieses Landes vor. Das ganze Gebiet wurde außerdem genau

topographisch beschrieben, zahlreiche Ruinen gezeichnet und photographiert, die Stämme und die Unterabteilungen verzeichnet, verschiedene Inschriften abgeklatscht, Pflanzen gesammelt. Das gesamte wissenschaftliche Material gedenken wir, außer der Karte, in einer ausführlichen Abhandlung zu verarbeiten und zugänglich zu machen«.

Die schriftstellerischen Phantasien Karl Mays entsprachen durchaus der Realität, wie sie Musil erlebte.

11. Kapitel

Das Osmanische Reich, die Mittelmächte
und der Erste Weltkrieg

Als im Hochsommer des Jahres 1914 zwischen den Mittelmächten (Österreich-Ungarn, Deutschland, Bulgarien) und den Alliierten (England, Frankreich, Rußland, Serbien, Japan und in der Folge Italien) der Krieg ausbrach, war es nicht von vornherein sicher, daß sich das Osmanische Reich auf die Seite der Regierungen in Berlin und Wien schlagen werde, stand doch vor allem das Verhältnis der Hohen Pforte zur Doppelmonarchie im Schatten der »Annexionskrise« von 1908/09. In ihrem Bestreben, die schmachvolle Niederlage von 1866 gegen Preußen anderswo wieder gut zu machen, hatte sich die Doppelmonarchie gegen das Versprechen der Neutralität im Russisch-Türkischen Krieg von 1877/78 in das Abenteuer einer Besetzung von Bosnien und der Herzegowina eingelassen. Damit waren wohl zwei zusätzliche Provinzen auf dem Balkan gewonnen, aber der russischen aggressiven Politik gegen den Vielvölkerstaat »Osmanisches Reich« Vorschub geleistet worden. Niemand konnte damals ahnen, daß in der Hauptstadt Bosniens, in Sarajewo, dereinst die auslösende Bluttat zum Ausbruch des Ersten Weltkriegs stattfinden sollte ...
Im Jahre 1908, sechs Jahre vor Beginn des Weltkriegs, leitete jedenfalls der soeben erst ernannte österreichisch-ungarische Außenminister Alois Graf von Aehrenthal auf dem Balkan eine neue Phase wirtschaftlicher und politischer Expansion ein, und zwar abermals auf Kosten des Osmanischen Reiches. Es ging dabei um die Annexion von Bosnien und der Herzegowina, Provinzen des Osmanenreiches, die sich nun seit dreißig Jahren unter österreichischer Verwaltung befanden. Der Ausbruch der jungtürkischen Revolution im Sommer des Jahres 1908 und die Wiederherstellung der alten Verfassung von 1876 durch Sultan Abdül Hamid II. am 24. Juli 1908 brachten nämlich den Ballhausplatz in einen fatalen Zugzwang: Es standen im Osmanischen Reich allgemeine Wahlen zu einem gesamtosmanischen Parlament ins Haus. Daran sollten *alle* Völker des Riesenreichs teilnehmen, also auch die Bevölkerung Bosniens und der Herzegowina, gehörten doch die beiden Provinzen nominell immer noch in die Jurisdiktion der Hohen Pforte. Am 5. Oktober des Jahres 1908 verkündete Kaiser Franz Joseph I. die Souveränität über das Land, was in der Folge zu einer schweren, letztlich bis zum heutigen Tage schwelenden Balkankrise führte; damals

jedenfalls löste die österreichische Vorgangsweise eine ganze Kette von Kriegen auf dem Balkan aus, die schließlich im Ersten Weltkrieg mündeten.

In den Jahren vor dem Ersten Weltkrieg »profilierten« sich drei Staaten als die besonderen Feinde der Türkei: Österreich-Ungarn, das die Welle der Angriffe gegen die Türken 1908 ausgelöst hatte; Bulgarien, das sich gleichzeitig mit der Annexionsverkündung als von der Türkei völlig unabhängiges Zarenreich etablierte und bald darauf nach Konstantinopel griff, und schließlich Italien, das im Windschatten des österreichisch-ungarischen Angriffs Tripolitanien besetzte.

Und nun sollte mit Beginn des Ersten Weltkrieges das Osmanische Reich Schulter an Schulter mit Österreich-Ungarn, Bulgarien und Italien (noch bestand ja der Dreibund!) gegen die Briten kämpfen, die immerhin mehrmals der Pforte gegen Rußland beigestanden waren?

Gewiß, Rußland, der Erb- und Erzfeind der Türken, war nun mit den Engländern verbündet. Aber bedeutete nicht auch der deutsche Expansionismus eine ungeheure Gefahr für das Osmanische Reich? Vielen Türken erschienen die deutschen Militärberater und die zahllosen Wirtschaftskontakte mit dem Deutschen Reich als Zeichen einer beginnenden Abhängigkeit von Berlin.

Dazu kam, daß der britische Botschafter bei der Hohen Pforte, Sir Louis Mallet, ein äußerst geschickter, kluger Diplomat, es verstanden hatte, das Vertrauen aller jener osmanischen Beamten und Offiziere zu gewinnen, die keine Freunde des jungtürkischen Komitees waren – und die zählten nicht gering. Darüber hinaus hatte sich der britische Admiral Lympus, der die osmanische Flotte reorganisieren sollte, in Konstantinopel einen guten Namen gemacht. Doch das jungtürkische Komitee entschied sich schließlich für das Zusammengehen mit Deutschland. Ausschlaggebend für diesen – letztlich für das Osmanenreich tödlichen – Schritt mochte die Erkenntnis sein, daß unter allen Feinden der Pforte Rußland gewiß der schlimmste sei und ein Zusammengehen mit den Mittelmächten immer noch mehr verspreche: Zumindest entsprach das der Meinung Envers, und der setzte sich durch.

Am 2. August des Jahres 1914 gelang es den Deutschen, mit den Türken einen geheimen Allianzvertrag unter Dach und Fach zu bringen. Nur neun Tage darauf trafen bereits der deutsche große Kreuzer »Goeben« und der kleine Kreuzer »Breslau« in den Dardanellen ein, und als die Briten gegen das Einlassen der feindlichen Schiffe in den neutralen Hafen von Konstantinopel protestierten, konnte der Großwesir bereits erklären, es handle sich um *türkische* Schiffe: man habe sie von Deutschland erworben.

Selbstverständlich boten jetzt die Botschafter der Ententemächte in Konstantinopel erst alles auf, um das Osmanische Reich so lange wie möglich neutral zu halten.

So schlecht stand diese Möglichkeit noch immer nicht, blieb doch die österreichisch-ungarische Offensive in Serbien stecken und entwickelte sich doch auch an der Marne alles nicht so, wie es sich die Deutschen vorgestellt hatten; auch der Vormarsch der Russen in Galizien und der Fall von Lemberg stellten ja nicht gerade eine Einladung dar, auf seiten strahlender »Sieger« in den Krieg zu ziehen. Die Entente verstärkte ihre Bemühungen, die Türkei wenigstens neutral zu halten. Nichtsdestoweniger betrachteten sowohl Berlin als auch Wien das Osmanische Reich bereits im Sommer 1914 als einen sicheren Verbündeten und künftigen Waffengefährten.

Die offizielle Kriegserklärung der Hohen Pforte an die Adresse Frankreichs und Großbritanniens sowie Rußlands erging schließlich am 2. November 1914. Die Kämpfe hatten im Schwarzen Meer und an der russischen Küste bei Odessa schon ein paar Tage vorher, inoffiziell, aber nicht minder blutig, begonnen. Nach dem »amtlichen« Eintritt des Osmanischen Reiches in den Krieg richtete Kaiser Franz Joseph I. ein Telegramm an Sultan Mehmed Reschad:

»In diesem feierlichen Augenblicke, da das Osmanische Reich, genötigt, für seine Ehre und für die Wahrung seiner obersten Interessen zu kämpfen, sich auf die Seite Österreich-Ungarns und seines Verbündeten, Deutschland, stellt, liegt es Mir sehr am Herzen, Eurer kaiserlichen Majestät die hohe Genugtuung auszudrücken, die Ich darüber empfinde, unsere Heere und unsere Flotte in edler und hehrer Begeisterung für die Unversehrtheit und den Ruhm des Vaterlandes kämpfen zu sehen . . .«

Das Antworttelegramm des Sultans lautete:

»Gestützt auf mein Recht und im Vertrauen auf den Allmächtigen habe ich den von unseren gemeisamen Feinden aufgedrängten Kampf angenommen. Ich kann Eure Majestät versichern, daß ich meinerseits die lebhafteste Befriedigung darüber empfinde, meine Heere mit den glorreichen Heeren Österreich-Ungarns und Deutschlands für die Verteidigung unserer heiligsten Rechte kämpfen zu sehen . . .«

In Wahrheit war der Sultan mit ebensowenig Begeisterung in den Krieg getreten wie der greise Kaiser Franz Joseph in Wien. *Beide* konnten kaum gewinnen, aber viel, ja alles verlieren: Als Repräsentanten der großen, übernationalen Reichsidee mußte ihnen *jeder* Krieg, vor allem dann, wenn nationalistische Motive dahinterstanden, widerstreben.

Die Türkei eröffnete ihre Operationen im Osten: An der kaukasischen Front – dort sollte sich bald darauf unter der dilettantischen Führung Envers die Tragödie des IX. und X. Korps erfüllen. Schon einen Monat nach Kriegsausbruch gingen dort 80 000 Mann an Hunger und Kälte zugrunde, weil sie Enver ohne entsprechende Ausrüstung bei sibirischer Kälte ins Gebirge hetzte.

Die Engländer wieder eröffneten die Kampfhandlungen am Tage des Kriegsausbruchs, dem 2. November 1914, mit einem Schiffsangriff auf den Hafen von Akaba – just am gleichen Tage, an dem sich Alois Musil in Wien in den Zug setzte, um über Konstantinopel und Damaskus in die Wüste vorzustoßen und die ihm befreundeten Stämme im Hinterland von Akaba gegen die Engländer zu mobilisieren.

Jedenfalls bekundeten die Briten schon am ersten Kriegstag mit dieser Beschießung, welche Bedeutung sie dem arabischen Raum von Beginn an beimaßen. Ähnlich gewichtig fiel auch die Beurteilung Arabiens in den Augen der führenden Politiker und Strategen der Mittelmächte aus. Seit Ausbruch des Krieges wälzten sie Pläne, wie die Araber in das Ringen gegen den übermächtigen Gegner mit seinen schier unerschöpflichen Reserven auf dem indischen Subkontinent eingeschaltet werden könnten – zumal die Heiligtümer der Moslems im osmanischen Arabien lagen.

Führende Kraft dabei war Alois Musil.

Zu Beginn des Ersten Weltkrieges fühlten sich die Alliierten weniger durch die osmanische Militärmacht bedroht als durch die Möglichkeit, daß die Ausrufung eines »Heiligen Krieges« durch den Sultan-Kalifen in Konstantinopel Unruhe in ihre islamischen Besitzungen bringen könnte. Immerhin wäre Frankreich in einem solchen Fall von Marokko bis Tunis, Großbritannien gar von Ägypten und dem Sudan über seine arabischen Besitzungen bis Indien und weiter nach Malaysien und Südostasien schwersten inneren Problemen ausgesetzt gewesen ... von Unruhen in islamischen Kolonien bis zu Meutereien moslemischer Truppeneinheiten.

Die Mittelmächte wieder sahen sich einem anderen Problem ausgesetzt: Ein »Dschihad« – ein »heiliger Krieg« – mußte sich ja gegen *alle* Andersgläubigen wenden; bei seiner Ausrufung mußte der Kalif also wohl Bedacht darauf nehmen, die Mittelmächte auszusparen und auch Italien (den Aggressor in Tripolitanien), denn noch gehörte ja das Königreich zum Dreibund.

Doch es kam alles anders: Die Ausrufung des »heiligen Krieges« erwies sich als eine stumpfe Waffe. Es liefen wohl an der Suezfront einige indische Einheiten zu den Türken über, doch rigorose Strafmaßnahmen dämmten diese Tendenz, die nie wirklich zum Tragen kam, rasch ein. Außerdem sandten die Briten eiligst einige indisch-islamische Fürsten an die Sinaifront, denen es tatsächlich gelang, die Loyalität rasch wiederherzustellen.

Viel Hoffnung setzte Konstantinopel auf eine Erneuerung der Verbindung zu Ägypten. Das Land am Nil gehörte nominell immer noch unter die Oberherrschaft des Sultans, für den ein Khedive – ein Vizekönig – regierte, noch dazu einer, der seinem Padischah treu ergeben war: Abbas II. von Ägypten.

Doch bei Kriegsbeginn handelten die Briten blitzartig; sie setzten den pro-osmanischen Vizekönig ab, erklärten die türkische Oberheit für erloschen und machten Ägypten zum britischen Protektorat. Die Bevölkerung reagierte auf diese Vorgänge kaum. Die Briten hatten zu beiden Seiten des Suezkanals nun schon seit Jahrzehnten die Macht ausgeübt, nun war das also sozusagen »offiziell« geworden. Nicht mehr ...

Bedeutete die Ausrufung des »Heiligen Krieges« letztlich also nicht allzuviel, konnten sich doch auch die moslemischen Turkvölker in den Weiten des südlichen Rußlands kaum gegen die russisch-zaristische Militärmacht erheben, so brachte sie *einen* Würdenträger in den Zwiespalt von Nutzen und Anstand:

Husejn aus dem Hause der Haschemiten, Großscherif von Mekka.

Vor dem Krieg bereits hatte er über Mittelsleute Beziehungen mit den Briten in Ägypten aufgenommen, mit dem Ziel, den Hedschas mit den heiligsten Stätten der Moslems, Mekka und Medina, aus der Herrschaft des Kalifen herauszubrechen – und sich selbst zum Führer der Gläubigen auszurufen.

Nach dem Kriegsausbruch von 1914 und der Ausrufung des »Dschihad« fiel ihm eine Entscheidung besonders schwer; auch seine Familie zeigte sich da uneins.

Husejns Sohn Feisal neigte zunächst eher zu einer Allianz mit Konstantinopel (er war nach dem Krieg ganz kurze Zeit König von Syrien, bis ihn die Fanzosen verjagten, und erhielt dann den Irak), während Abdallah – später König von Transjordanien – für die Briten plädierte. Der Großscherif entschied sich für ... *Zuwarten.*

Er hörte, was die Engländer zu geben bereit wären, schickte seine Emissäre nach Syrien und in den Irak, um zu erfahren, wie die Stimmung unter der arabischen Bevölkerung sei und wie die Chancen bei einer allfälligen Revolte gegen die Türken stünden.

Als Musil zu Kriegsausbruch nach Innerarabien aufbrach, um die Stämme zur Treue zum Kalifen anzuhalten und sie gegebenenfalls gegen die Engländer zu mobilisieren, wies er in seinen Berichten immer wieder darauf hin, daß es zwei Monate zu spät sei, die kostbarste Zeit sei bereits verloren.

Genau diese Zeit hatte vor Musil, allerdings aus einer unvergleichlich besseren Ausgangsstellung heraus, Lord Kitchener bereits genützt und mit dem Großscherif von Mekka geheime Verhandlungen aufgenommen (acht Monate vorher schon mit Emir Abdallah). Dann stieg Lord Kitchener – der Held von Omdurman, der 1898 die Mahdisten besiegte, dann die Buren vernichtend schlug und hierauf auch noch Indien und Ägypten den Briten völlig unterworfen hatte – zum Kriegsminister auf und organisierte ein britisches Millionenheer.

Kitchener versprach dem Großscherif goldene Berge; das Gold kam auch alsbald in größten Mengen, die Versprechungen erwiesen sich nach dem Krieg allerdings als Schall und Rauch.

Das war die Lage, in die Alois Musil mit seiner Arabienmission von 1914–1915 hineingeriet: Als ein Einzelkämpfer, auf nichts gestellt als seinen persönlichen Mut und die persönliche Freundschaft mit einigen Beduinenführern, sollte er Innerarabien nicht nur den inneren Frieden der stets untereinander verfeindeten Stämme bringen, sondern sie auch noch gegen die Engländer in den Krieg führen.

Und das alles zur Zeit eines jungtürkischen Kriegsherrn – Enver Pascha –, der nicht nur davon träumte, zunächst die Turkvölker Rußlands befreien zu müssen, sondern tatsächlich in der kritischen Anfangsphase des Krieges sich voll und uneingeschränkt auf eine Offensive im Kaukasus konzentrierte und darüber alle wirklichen Probleme – und Chancen! – mehr oder weniger übersah.

Das soll nicht heißen, daß Enver den Wert der Musil'schen Mission nicht erkannte. Aber er hat sie nicht in entsprechender Weise gefördert!

12. Kapitel

Arabienexpedition 1914/1915

> »Musil – der Österreicher – ist führender Rat-
> geber des Generalstabs in Damaskus: sonderbare
> Sachen passieren heutzutage ...«
> E. T. Lawrence in einem Brief an D. G. Hogarth;
> Kairo, 15. Jänner 1915

Sobald im Sommer 1914 feststand, daß Konstantinopel auf Seiten der
Mittelmächte in den Krieg eintreten werde, erkannten sowohl die Ge-
neralstäbe als auch die verantwortlichen Politiker die Bedeutung der
arabisch-islamischen Welt für den Kriegsverlauf. In den Augen der
Mittelmächte kam der arabischen Frage für den Erfolg des Vielvölker-
staates »Osmanisches Reich« eine Schlüsselstellung zu. Es ging dabei
um eine aktive Teilnahme arabischer Stämme am Kriegsgeschehen.
Die Schwerpunkte waren: Vormarsch zum Suezkanal und Lahm-
legung des Seeweges Großbritannien–Indien. Ägypten gehörte nominell bei Beginn des Krieges immer noch zum Osmanischen Reich. Darüber hinaus sollte auch der Jemen, übrigens bis Kriegsende fest in türkischer Hand, bei der Störung der Verkehrsverbindungen der Briten
eine wichtige Rolle spielen. In der Phantasie mancher Generalstäbler
entstand bereits eine militärische Verbindung zwischen dem osmanischen Jemen und der deutschen Kolonie »Ostafrika« mit ihrem Hafen
Dar es-Salam. Um aber die Verbindung auf dem Landweg zwischen
Syrien und seiner Hauptstadt Damaskus und dem Jemen und seiner
Hauptstadt Sa'na aufrechtzuerhalten, bedurfte es der Gewinnung der
arabischen Stämme in Innerarabien und in der Küstenzone des Hedschas – es mußten die Stammesführer gewonnen werden, und vor allem der Großscherif von Mekka, Husejn aus dem Hause der Haschemiten. Selbstverständlich durfte auch die strategische Bedeutung der
gegenüberliegenden Küste Arabiens mit Kuweit und Basra nicht vergessen werden. Mächtigster Mann jenes Gebietes war der Beherrscher
von ar-Riyad, Eben Sa'ud. Die innerarabische Zone stand unter der
Herrschaft von Eben Raschid, auf den die Jungtürken große Stücke
hielten; die Zone nördlich davon unter dem Fürsten an-Nuri und die
heilige Stadt Mekka waren Einflußgebiet Husejns.
Unmittelbar nach Kriegsausbruch stellten sich sowohl auf seiten der
Entente als auch auf seiten der Mittelmächte die besten Orientkenner

in den Dienst der von ihnen als »gerecht« erkannten Sache. In Deutschland meldeten sich berühmte Orientalisten bei den zuständigen Stellen, um ihrer Regierung zu helfen: Eduard Sachau, der Verfasser der berühmten »Chronologie orientalischer Völker«, ferner Enno Littmann, ein profunder Kenner mehrerer Beduinenstämme, sowie Max von Oppenheim, der Entdecker Tell Halaf, der berühmten Hethiterstadt am Oberlauf des Khabur, dessen subaräische Götterfiguren den spektakulären Mittelpunkt des Orientforschungsinstituts in Berlin bildeten, und Friedrich Delitzsch.

Die Gelehrten verfaßten flammende Aufrufe in arabischer Sprache, die tonnenweise in den Orient verschickt wurden, um die Stämme für den Kalifen zu begeistern. Doch *selbst* zu Kriegszeiten in die Wüsten Arabiens zu gehen, wagte nur *einer:* Alois Musil. In den innersten Kreisen der verantwortlichen Staatsmänner der Mittelmächte wußte man seit dem 2. August – also praktisch von Kriegsbeginn an –, daß zwischen dem Deutschen und dem Osmanischen Reich ein Geheimabkommen bestand. Es darf daher nicht verwundern, daß schon in den ersten Kriegstagen Pläne einer Reise Alois Musils nach Arabien geschmiedet wurden. Die Idee entstand im Kreis um den Thronfolger, Erzherzog Karl, und fand ihren eifrigsten, von jugendlicher Begeisterung und Abenteuerlust glühenden Anhänger in dem 21jährigen Prinzen Renatus von Bourbon-Parma, einem Bruder des Prinzen Sixtus. Er brannte darauf, es seinem Bruder gleichzutun. Renatus fühlte sich durch und durch als Österreicher; er war in Schwarzau am Steinfeld geboren und hat während des gesamten Krieges in der österreichisch-ungarischen Armee gedient. Er erwarb sich dabei das Signum Laudis und das Eiserne Kreuz II. Klasse. In den Wirren der ungarischen Revolution von 1918 rettete er Kronprinz Otto und dessen Geschwister, indem er sie trotz größter Gefahren in einem Handstreich aus Schloß Gödöllö sicher nach Wien brachte.

Alois Musil hatte gerade gegen einen Begleiter wie den Prinzen Renatus nichts einzuwenden, im Gegenteil, die Vorteile lagen auf der Hand. Ein Schwager des Erzherzog-Thronfolgers als Reisebegleiter konnte sowohl bei den Türken als auch bei den Arabern nur von größtem Nutzen sein – ganz abgesehen von der persönlichen Sympathie, die Musil und Renatus verband, und den zusätzlichen Geldmitteln, die eine solche Beteiligung bringen mochte.

Die Angelegenheit wurde an den alten Kaiser persönlich herangetragen, und am 12. Oktober 1914 berichtete Alois Musil seiner Schwester Karla in Richtersdorf stolz, Seine Majestät »höchstderoselbst« habe das Arabien-Unternehmen angeordnet.

Musil ging nun mit unglaublicher Schnelligkeit und bewundernswerter Umsicht ans Werk; nichts vergaß oder übersah er, nicht einmal die unverhoffte Gelegenheit, im Zuge dieser Ereignisse auch noch rasch ein waschechter »Hofrat« zu werden. Musil trug seine Angelegenheit bei den zuständigen Stellen vor und fand sofort Verständnis und Gehör. Der neue »Minister des k. u. k. Hauses und des Äußern«, Leopold Graf Berchtold, wendete sich in dieser Angelegenheit persönlich an den Ministerpräsidenten Freiherrn von Hussarek:

»STRENG VERTRAULICH
Professor Musil hat mir von dem ihm gewordenen Anerbieten Kenntnis gegeben, mit dem Bemerken, daß er ein Unternehmen in Arabien, um die dortigen Beduinen gegen England aufzuwiegeln, für sehr aussichtsvoll halte.
Professor Musil hat mich daher um meine Vermittlung ersucht, damit ihm der Titel eines Hofrates verliehen werde.
Indem ich noch hinzufüge daß ich auf ausdrückliche Bitte des genannten Gelehrten die Zustimmung Sr. k. u. k. Ap. Maj. für das geplante Unternehmen eingeholt habe . . .«

Außenminister Leopold Graf Berchtold sprach seine Bitte nicht vergeblich aus; schon *acht* Tage später, am 20. Oktober 1914, erhielt »Universitätsprofessor Dr. Alois Musil« frohe Kunde aus der Feder des k. u. k. Ministers für Kultus und Unterricht:

»Seine k. u. k. Apostolische Majestät haben mit Allerhöchster Entschließung vom 19. Oktober d. J. dem ordentlichen Professor der biblischen Hilfswissenschaften und der arabischen Sprache an der Universität Wien, Dr. Alois Musil, den Titel und Charakter eines Hofrates mit Nachsicht der Taxe allergnädigst zu verleihen geruht.
Mit der Ausfertigung des Dekrets und der Publikation dieser Allerhöchsten Auszeichnung wird vorläufig bis auf weiteres innegehalten.«

Musil hatte in der Zwischenzeit nichts unversucht gelassen, um zusätzlich die Unterstützung des deutschen Verbündeten für sein Unternehmen zu gewinnen, ging es doch dabei auch um die Aufbringung der für solche Expeditionen notwendigen Mittel.
Der kaiserlich deutsche Botschafter in Wien berichtete denn auch an seinen Reichskanzler von Bethmann nach Berlin:

»Der bekannte Arabienforscher, Prälat und Professor an der Universität Wien, Alois Musil, hat sich seiner Majestät dem Kaiser Franz Joseph zur Verfügung gestellt . . .

Ich glaube, daß Musil, dessen Reisen und Forschungen in Arabia Petraea ich seit Jahren verfolge, dank seiner wirklich freundschaftlichen Beziehungen zu den dortigen Araberscheichs jedenfalls die geeignetste Persönlichkeit ist, um die wertvolle Unterstützung der Stämme für eine gegen den Suezkanal in Ägypten wirksam nur durch Kamelreiter zu unternehmende Aktion zu gewinnen.

Diese Kamelreiter müßten zu gleicher Zeit von der Küste aus an den verschiedensten Stellen des Suezkanals erscheinen, um den Engländern dadurch nicht Zeit zu lassen, den Kanal gegen einen Handstreich zu verteidigen.

Dadurch wäre dann der Weg für das Vordringen einer türkischen regulären Armee nach Ägypten gebahnt.   gez. von Tschirschky«

Musil, der, abgesehen von seiner patriotischen Pflicht, auch die Chance auf ein neues Abenteuer und jene auf Komplettierung seines Werkes sichtlich kaum erwarten konnte, schrieb an den deutschen Botschafter: »... Infolge meiner ethnologischen Forschungen kenne ich alle in diesem Gebiete lagernden Stämme und bin mit den meisten Häuptlingen persönlich bekannt und befreundet. Im innigsten brüderlichen Verhältnis stehe ich zu dem Fürsten der Aneze, Nuri eben Scha'lan, Scheich der Ruala, mit dem ich 14 Monate in der innersten Wüste zugebracht habe. Nuri ist der mächtigste und tatkräftigste Oberhäuptling in Nordarabien und könnte im Vereine mit den übrigen Häuptlingen der Aneze 50–55 000 mit etwa 30 000 Martini-, St. Etienne- und Mausergewehren bewaffnete Kamelreiter stellen ... Er ist blutsverwandt und innig befreundet mit dem Emir Abdul Aziz Eben Sa'ud, den ich ebenfalls kenne, sowie mit dem Oberhäuptling der Hwetat, Awde abu Tajeh, dessen Stammesgenossen zum Teile auf der Halbinsel Sinai lagern.

Freitag 2. 10. 1914 erhielt ich von dem Fürsten an-Nuri einen Brief mit der Mitteilung, daß ihm die Engländer viel Geld anbieten, wenn er das türkische Gebiet plündern wollte. Er hatte jedoch von meinem Vertrauensmann erfahren [es handelt sich um den k. u. k. Honorardragoman Khalil Fattal], daß die Inkliz [die Engländer] die Namsa [die Österreicher] bekriegen und können folglich mit ihnen nicht gehen.

Dienstag den 6. d. M. erhielt ich auch von Awde einen ähnlichen Brief. Es ist also klar, daß die Engländer unter den Stämmen arbeiten und daß die Stämme der Türkei nicht trauen und daß sie vielleicht den Türken in den Rücken fallen könnten. Dienstag abends berichtete ich über diese Angelegenheit in unserem Ministerium des Äußern, wo ich aufgefordert wurde, meine Zeit und meine Kenntnisse in den Dienst

Österreichs zu stellen und unverzüglich nach Arabien abzureisen. Dort soll ich die mit mir befreundeten Häuptlinge besuchen, die inneren Streitigkeiten schlichten, dem Oberhäuptling von dem Krieg zwischen den Inkliz und den Namsa erzählen, ihnen Vertrauen zu den Türken, wenigstens für die Dauer der kriegerischen Operationen, einflößen und für ihre persönliche Sicherheit Sorge tragen.

Auch könnte ich Situationsberichte der türkischen Leitung zukommen lassen. Es wäre gar nicht unmöglich, auf diese Art die Beduinen des Nuri eben Scha'lan, des Eben Raschid und des Eben Sa'ud, also zwei Drittel von Arabien für eine tatkräftige Unterstützung der türkischen Regierung zu gewinnen.

Nur müßte mir Liman Pascha einen vernünftigen, türkischen Offizier mitgeben, der die kriegerischen Fragen zu lösen bestimmt wäre. Auch müßte die absolute Freiheit meiner Bewegung in Arabien gewährleistet werden.«

Am 14. Oktober schrieb Musil an seine Schwester Karla, er habe »lange Zeit mit Zita und ihrer Mutter gesprochen, Prinz Felix oder Prinz René« würden ihn begleiten. Mittlerweile trafen Musils Vorschläge in Berlin ein. Die Deutschen zögerten keine Sekunde. Max von Oppenheim beantwortete eine Anfrage der Reichsregierung: »Der Plan des Professors Musil entspricht den Bedürfnissen der gegenwärtigen Lage ... die Angelegenheit ist nicht zu unterschätzen und kann für die Zukunft von großer, politischer Bedeutung werden.«

Die Kosten für dieses Unternehmen wollten Deutschland und Österreich-Ungarn gemeinsam tragen. Die ungewöhnlich hohen Beträge – zumindest schienen sie für kontinentaleuropäische Verhältnisse sehr hoch zu sein; in England oder Frankreich setzte man da ganz andere Maßstäbe an – wurden anstandslos bewilligt, wie übrigens auch Nachzahlungen. Buchstäblich im letzten Augenblick sah sich die Herzogin von Parma gezwungen, Musil zu schreiben, ihr Sohn René sei »an einer schweren Grippe erkrankt und müsse daher von einer Teilnahme an der Expedition Abstand nehmen«.

In Wirklichkeit waren bei den Deutschen Bedenken gegen den Prinzen aufgetreten, weil er ja »ein Franzose« sei ..., und seine Brüder Sixtus und Xavier hatten sich inzwischen entschlossen, nach Frankreich zu gehen. Im Oktober 1914 versuchten Sixtus und Xavier vergeblich, in der französischen Armee unterzukommen und anfangs November wechselten sie nach Belgien hinüber, wo Sixtus am 7. November schwer verunglückte. Diese Entwicklung war nicht unbekannt geblieben und der Hauptgrund, warum man Prinz René nahelegte, von einer Teilnahme an der Reise Abstand zu nehmen.

Am 2. November – also genau am Tage der Kriegserklärung des Osmanischen Reiches an die Westmächte – verließ Alois Musil Wien in Richtung Konstantinopel. In seiner Begleitung befand sich Karl Waldmann vom Militärgeographischen Institut in Wien.

In Konstantinopel standen die Mitarbeiter der österreichisch-ungarischen Botschaft bereit, Professor Musil zu helfen. Allerdings mit allen Vorbehalten, die Berufsdiplomaten einem Dilettanten, und sei er auf seinem Fachgebiet auch noch so anerkannt, entgegenbringen. Daran ändern auch Vollmachten und Geleitbriefe nichts. Im Gegenteil. In der Tat besaß Musil ein unvergleichliches Reisedokument, einen ihm »Auf Allerhöchsten Befehl« und »Im Namen Seiner Majestät des Kaisers von Österreich, Königs von Böhmen etc.« für drei Jahre gültigen Spezialpaß. Aber:

»Der Prälat glaubte zur Durchführung dieser schwierigen Aufgabe (die Emire Ibn Sa'ud und Ibn Raschid miteinander zu versöhnen und sie zum gemeinsamen Kampf gegen England zu bewegen) auch einen ausdrücklichen Auftrag von seiten des Sultans-Kalifen besitzen zu müssen.« So äußerte sich der Militärattaché in Konstantinopel. Aus Pomiankowskis Worten trieft geradezu das Mißbehagen über Musils

294

»Ansinnen« – als wäre es nicht die einfachste Selbstverständlichkeit der Welt, daß ein Fremder auf einer so heiklen Mission auch die Zustimmung des türkischen Souveräns einholen wollte!

Pomiankowski wird in seiner Erzählung fast gehässig:

Musil »ersuchte mich, ihn behufs Erlangung desselben Enver Pascha vorzustellen. Dieser wollte jedoch von Musil nichts hören, behauptete, daß die Araber sehr wohl wissen, daß er katholischer Priester sei und ihn deshalb nicht leiden können. Es sei ferner ganz unmöglich, daß sich der Kalif und die türkische Regierung zu Verhandlungen mit fanatischen Arabern eines katholischen Priesters bedienen. Dies alles sagte Enver auch Musil selbst, als ich schließlich doch bei ihm vorsprach.«

In Musils persönlichem Bericht liest sich die Kontaktaufnahme in Konstantinopel allerdings anders:

»Am 2. d. M. habe ich Wien verlassen, um über Bukarest nach Kospoli (Konstantinopel) zu reisen.

Die rumänischen Behörden waren recht unhöflich und bereiteten mir wegen meines Gepäcks in Bukarest und Giurgiu große Schwierigkeiten. In Bulgarien und in der Türkei war ich wie in der Heimat.

In Kospoli wurde weder Liman Pascha noch Enver Pascha von meiner Mission verständigt. Die eine Botschaft wollte den Vorzug der Handlung der anderen überlassen ... und der Effekt war, daß nichts geschah.

Erst am Tage meiner Ankunft erzählte unser Militärattaché davon Liman von Sanders. Ich stellte mich ganz allein vor – und fand bei Liman das größte Verständnis. Er war fast begeistert von der mir gestellten Aufgabe und bat mich, sobald wie möglich abzureisen. Donnerstag, Freitag und Samstag verhandelte ich mit ihm sowie General Bronsart und Enver Pascha. Liman ist der stärkste von ihnen. Er ist der eigentliche Geist im Kriegsministerium. Wenn ihm der Kriegsminister folgt (Enver), so kann die türkische Armee große Erfolge erzielen.

Die wirklichen Verhältnisse in den arabischen Provinzen kennt man in Kospoli gar nicht. Enver mußte dies selbst zugeben. Ich bekam von ihm verschiedene Vollmachten und Samstag um Mitternacht den Auftrag, Sonntag früh weiterzureisen.«

General Bronsart von Schellendorf und Generalleutnant Liman von Sanders befanden sich seit Dezember des Jahres 1913 in Konstantinopel; Bronsart als Generalstabschef, Liman als Generalinspektor des osmanischen Heeres. Beide leisteten als Leiter der Reorganisation der unter dem Oberbefehl des Sultans stehenden Streitkräfte Gewaltiges. Einige Tage nach der Ankunft Limans wurde der erst dreißigjährige Enver (damals Major) Kriegsminister. Verständlich, daß es zwischen

Kriegsminister Enver Pascha

dem jugendlichen Draufgänger, der seine militärischen Kenntnisse
hauptsächlich der Tatsache verdankte, drei Jahre lang osmanischer Militärataché in Berlin gewesen zu sein, und dem erfahrenen, ruhig und
überlegt denkenden Liman mehr als einmal zu Meinungsverschiedenheiten kam. Verständlich auch, daß ein so besonnener Mensch wie
Alois Musil dem ungestümen Enver nur mit größter Reserve begegnete.

Immerhin hat aber Alois Musil während seines kurzen Aufenthaltes in
»Kospoli« alles ihm notwendig Erscheinende durchgesetzt.

Schließlich erfolgte der Aufbruch.

»Die Fahrt durch Kleinasien, im Wagen über den Taurus und nach Damaskus, in Schnee und Regen, war recht beschwerlich. In Damaskus
wurde ich mit größter Freude begrüßt, und zwar nicht nur von der

militärischen, sondern auch von der zivilen Verwaltung. Es wurde mir offen gesagt, daß die Aktion gegen Ägypten nur mit meiner Hilfe erfolgreich durchgeführt werden kann. Man will etwas tun, weiß jedoch nicht: was, wie und wann.

Nur Baron Kress hat sich nach traurigen Erfahrungen zu einem kleinen Entschlusse durchgearbeitet, aber um diesen Entschluß durchzuführen, braucht er die Hilfe der anderen – und diese wird ihm sehr oft versagt.«

Der bayerische Oberst im Generalstab, Freiherr Kress von Kressenstein, war schon im September 1914 – also zwei Monate vor Kriegseintritt der Türkei – nach Syrien entsandt worden, um mit der Aufstellung eines Expeditionskorps gegen Ägypten zu beginnen.

Seit damals gab es immer wieder Scharmützel an der (im Jahre 1906 über Musils Vorschlag gezogenen) Linie zwischen Syrien und Ägypten; als der britische Botschafter Sir Mallet eines Tages bei Innenminister Talaat in Konstantinopel gegen diese fortwährenden »Übergriffe an der türkisch-ägyptischen Grenze« protestierte, antwortete Talaat, daß die osmanische Regierung eine »Grenze zwischen Ägypten und der Türkei nicht kennt«.

Von der Lage in Damaskus und in Syrien erstattet Musil Kurzbericht: »Viele betrachten die militärischen Vorbereitungen als Mittel zur eigenen Bereicherung, andere grollen der Regierung, weil sie ihnen Opfer abverlangt, und wieder andere wünschen, daß nichts geschehen möchte. Die städtische Bevölkerung benimmt sich meistens passiv, die ländliche leidet unter den massiven Requisitionen, die gar nicht notiert werden, die Bedu sind in die innere Wüste geflohen, weil man sie monatelang quälte und eigennützig behandeln ließ.

Der Wali ist ein intelligenter, einsichtsvoller Mann, fühlt sich jedoch zurückgesetzt durch die militärischen Maßnahmen. Die Offiziere vermissen eine feste, führende Hand. Baron Kress hat sich ihr Vertrauen erworben, aber als Oberstleutnant kann er nie die eigentlich führende Rolle übernehmen.

Nach langen Besprechungen mit den maßgebenden Organen wurden folgende von meinen Vorschlägen angenommen: Als Stützpunkt für die kriegerischen Operationen soll el-Awge gewählt werden. Die Truppen werden von el-Awge in westlicher Richtung zwischen der Sand- und Steinwüste ziehen. An und längs dieser Route werden künstliche Regenwasserbehälter errichtet werden. Für den Transport sind womöglich nur echte Wüstenkamele zu verwenden, die mindestens zehn Tage ohne Wasser aushalten und sich selbst die Nahrung suchen. Folglich müssen die erworbenen Kamele in zwei Gruppen geteilt werden:

Für den Zug selbst sind die Tage zwischen dem 10. und 20. des Monats zu wählen, damit die Truppen auch in den mondhellen Nächten marschieren können.

Rechts und links von den eigentlichen Truppen soll je eine Kolonne aus Beduinen operieren, und zwar unter eigener, beduinischer Führung. Die Bedu sollen die notwendige Munition und Verproviantisierung von der Regierung bekommen. An die Spitze der nördlichen Kolonne soll sich der von der türkischen Regierung proskribierte [das heißt: für vogelfrei erklärte] Awde abu Tajeh stellen, damit er seine in Ägypten lebenden Stammesgenossen – die Hwejtat – gewinne. Für den Aufbruch wurde der 5. Jänner 1915 bestimmt.

Ob diese angenommenen Vorschläge auch wirklich durchgeführt werden, hängt von den respektiven Organen ab. Ich kann die Durchführung nicht überwachen, weil ich nach Arabien ziehen muß, um die Stämme zu gewinnen. Für den Zug nach Ägypten und für die Operation in Syrien und am Roten Meer kann die Regierung auf gar keine Hilfe der Bedu rechnen.

Die in den Zeitungen figurierenden Beduinen, welche die sinaitische Halbinsel besetzten, existieren ebensowenig, wie die Feldbahn von Razze [Gozo] nach el-Arisch. Es handelte sich um einen Trupp bewaffneter Halbfellahin, die aber alle bereits wieder auseinandergingen. Die Regierung traut den England freundlichen Drusen nicht – sie sollen von einem Trupp Bedu überwacht werden. Man befürchtet eine Landung der Engländer bei al-Akaba, um durch dieses Manöver den Zug nach Ägypten zu verhindern. Al-Akaba soll überwacht werden. Das – oder die – Hilfskorps für den Zug sollen zustandegebracht werden. In oder an der Grenze von Syrien lagert kein einziger Stamm der Bedu. Nuri Scha'lan wurde mehrere Monate in der Nähe von Damaskus festgehalten. Seine Stämme lagern bei al-Dschof – und er selbst war froh, am Tage nach meiner Ankunft entkommen zu können. Gleich am Tage meiner Ankunft hatte ich mit ihm eine lange Besprechung.

Eben Raschid erhielt 1913 von der Regierung 15 000 Gewehre samt Munition und bekommt 220 Türkpfund monatlich. Sein Vertreter Ferid Pascha lebt auf Kosten der Regierung in Konstantinopel. Im gleichen Jahre bat der genannte Ferid Pascha Frankreich um die Übernahme eines Protektorats über die Schammar Eben Raschids!

Die Akten über diesen unglaublichen Vorgang wurden im hiesigen französischen Konsulat vorgefunden. Und vor diesem Ferid warnte ich die Regierung bereits im Jahre 1909! Aber erst jetzt glaubt man mir. Statt gegen die Feinde der Türken vorzugehen, bekriegt nun Eben Raschid mit den ihm von der Regierung geschenkten Waffen die der

Regierung treuen Stämme ... und ist imstande, uns in den Rücken zu fallen, falls wir die nötigen Hilfskorps stellen.

Der von der Regierung bezahlte Eben Dschod bekriegt den tatkräftigsten Führer der Hwejtat, Awde abu Tajehj. Dieser lagert vor Maan.

Die Eisenbahn nach Maan ist – wie gewöhnlich – unterbrochen und es kann 10–14 Tage dauern, bis die weggeschwemmte Brücke neu aufgebaut ist. Folglich kann ich nicht nach Maan fahren, sondern muß meine Reise von Damaskus aus beginnen.

Morgen, am 2. 12. 1914, ziehen wir nach Dmejr und weiter in die Wüste, wo ich mit Nuri und einigen Häuptlingen verhandeln muß.

Östlich von Hauran und dem Wadi Sirhan will ich nach al-Dschof gelangen und von dort aus operieren. Die nächstfolgenden Stationen sollen sein: al-Öla und Hajbar. Von da aus nach Ha'il und in die Gebiete des Eben Sa'ud.

Die Häuptlinge, die vollkommen ausgepreßt sind, verfügen nicht mehr über die zur Ausrüstung und Verproviantierung notwendigen Mittel. Diese müßte ich ihnen zur Verfügung stellen. Dazu reichen aber die mir zur Verfügung gestellten 64000 und 50000 Kronen nicht mehr. Mit diesem Gelde sollte ich meine ursprüngliche Aufgabe lösen – aber diese wurde jetzt erweitert und erschwert.

Baron Kress meint, es müßten mir mindestens noch 10000 Türkpfund bewilligt werden. Er telegrafierte in diesem Sinne an die deutsche Botschaft in Kospoli. Ich kann die mir gestellte Aufgabe nicht übernehmen, solange ich die Zustimmung der österreichischen und deutschen Regierung nicht habe. Denn ohne die notwendigen Geldmittel kann ich kein Hilfskorps ausrüsten.

Aber selbst wenn mir die nötigen Mittel bewilligt werden sollten, weiß ich nicht, ob ich mit Erfolg arbeiten werde können, weil die Zeit zu kurz und die Entfernung zu groß ist.

Die türkischen Behörden haben mich mit Vollmachten ausgestattet, wie ich sie noch nie besessen habe.

Wenn mir Allah hilft, so kann ich viel leisten.

Und Allah wird mir helfen, da ich für eine gute Sache tätig bin ...

Die Gefahren sind sehr groß, aber Ew. Exzellenz können versichert sein, daß ich keine Gefahr scheuen werde, um zu dem mir vorgeschriebenen Ziele zu gelangen. Sollte ich unterliegen, so bitte ich zu glauben, daß mich der Tod auf dem Weg zu meinem Ziel ereilt hat.

Mit dem Ausdrucke meiner aufrichtigen Verehrung zeichne ich

Ew. Exzellenz ergebener
Musil

Damaskus, 1. 12. 1914

P.S.:

Ich bitte

um 2000 Patronen für den Mannlicher Karabiner (rumänisches) Modell 1897

um 500 Patronen für den Gosser Armeerevolver

um 8 Abdrucke meiner Karte des Euphrat-Tigris-Gebietes
(Maßstab 1 : 500000)

Alle diese Sachen kann unser Kurier nach Kospoli bringen.

Unser Militärattaché kann sie S. Exz. Liman Pascha übergeben, der sie
für mich an die Deutsche Militärmission oder an unseren Konsul nach
Damaskus schicken wird.

Der unermüdliche und liebenswürdige Herr Generalkonsul Roppoport
wird die große Güte haben, diese Sachen für mich zu beschaffen. Man
hat mir in Berlin versprochen, sie mir zu schicken, aber ob das Versprechen gehalten wird, weiß ich nicht. Die Patronen brauche ich für
die meinen Freunden vor Jahren geschenkten Waffen.«

Um die von Baron Kress vorgeschlagenen (von Musil nie in Empfang
genommenen) 10000 Türkpfund in ein Größenverhältnis zu bringen:
Aus einer beiläufigen Notiz bei E. T. Lawrence geht hervor, daß im
Sommer des Jahres 1917 die Hwejtat des Awde abu Tajeh, der damals
bereits die Fronten gewechselt hatte, für eine *einzige*, eher beiläufige
Aktion von Feisal 25000 Goldpfund erhalten hatten.

Was Musil in Damaskus dank seiner hervorragenden Verbindung und
seiner Zähigkeit und Durchschlagskraft gelungen war, konnte sich sehen lassen:

Er hatte seinem alten Freund, dem Fürsten an-Nuri, sehr rasch die
Freiheit verschafft – und sich damit seinen »Bruder« neu verpflichtet.

Er hatte sich massiv für den berühmt-berüchtigten Awde abu Tajeh
eingesetzt – und sich damit die Hwejtat abermals zu Verbündeten gemacht.

Schließlich war es ihm gelungen, den Mächtigen in Damaskus einen
vernünftigen, durchführbaren Kriegsplan mit Einbeziehung seiner
Freunde nahezubringen. Was sie damit machten, lag nun ganz bei
ihnen.

Musil konnte sich nun seiner schwierigsten Aufgabe zuwenden, nämlich die Stämme im Innern der Wüste miteinander auszusöhnen – und
seine Karte und topographischen Aufzeichnungen zu ergänzen oder
vervollständigen.

Am 3. Dezember 1914 (am gleichen Tag wird Belgien unter deutsche
Militärverwaltung gestellt; südlich von Krakau gelang es niederöster-
reichischen und mährischen Landwehrtruppen, die Russen zurück-

zuschlagen) ließ Alois Musil seine zehn Kamele beladen. Er führte Vorräte für acht Monate mit sich. Tatsächlich sollte er auch so lange unterwegs sein.

In seiner Begleitung befand sich Karl Waldmann – »Halef« – als wissenschaftlicher Helfer. Dazu gesellten sich noch drei Diener: die Brüder Naser ur.d Mansur al-Marluk aus al-Scherjitejn, die Musil auf der gesamten Reise begleiten sollten, sowie Naser Eben Mohammed, der bloß für ein Stück Weges engagiert war.

Der besorgte Kajmakam bot seinem berühmten Gast fünf berittene Gendarmen als Begleiter an, doch lehnte Musil dankend ab. Er hatte überhaupt nur eine Chance, durch das Gebiet der an-Nuri feindlichen Stämme bis zum Fürsten vorzustoßen: er mußte *unbemerkt* durchkommen, und die fünf Begleiter wären geradezu eine Herausforderung für einen Überfall gewesen.

Am 6. Dezember, St. Nikolaustag, stürmte eine wilde Reiterschar von gut 50 Mann im Galopp auf Musils Karawane zu. Während sie noch die Gewehre schußbereit hielten, hörten sie schon den jungen Anführer schreien: »Willkommen bei uns, Scheich Musa!« Jetzt erkannte Musil den Rufer; es war der Häuptling Sultan al Tajar, den er seit dem Jahre 1908 nicht mehr gesehen hatte.

»Die Freude des Wiedersehens überwältigte uns. So ein unerwartetes Zusammentreffen! Doch mittlerweile kamen auch die übrigen Reiter heran, die auf alles gefaßt gewesen waren nur nicht auf die für sie entsetzliche Tatsache, auf *Freunde* gestoßen zu sein, noch dazu solche mit so schwer beladenen Kamelen.

Sallum, ein kleiner Bursch mit langem Speer, fluchte wie ein Fiakerkutscher, als er vor unseren Schätzen stand und nicht zulangen durfte. Abends saß Sultan bei unserem Lagerfeuer und plauderte mit mir bis Mitternacht. Morgen früh schon wollten wir weiterreiten und ziemlich viele Stammesangehörige mit uns. Alle hatten nur das eine Ziel, möglichst rasch aus der Bannmeile der Gendarmerie oder gar der Regierungstruppen zu entkommen, um den Requirierungen zu entgehen.

An dem Krieg in Europa nahm kein Mensch auch nur den geringsten Anteil. Auf großes Interesse stießen hingegen die Kämpfe der Türken mit den Engländern, den »Ingliz«, an der Grenze nach Ägypten, in al-Kuwejt und bei al-Basra, von denen sie in Homs kürzlich gehört hatten; sie besprachen diese Ereignisse wie Kämpfe unter Beduinenstämmen, mit denen sie weiters nichts verband als die Neugier am Ausgang des Raubzuges und der möglichen eigenen, wenn vielleicht auch noch nicht wahrscheinlichen Gelegenheit zum Beutemachen.«

In den Wünschen für einen Ausgang dieser Kämpfe zeigten sich schon hier geteilte Auffassungen. Während die einen eine Niederlage der Türken herbeisehnten, weil sie hofften, dann keine Steuern mehr entrichten zu müssen, warnten die Klügeren bereits vor einem englischen Sieg, da sie meinten, die Ingliziin seien äußerst schlaue Leute und würden auf die bislang recht bewährten Tricks der Abgabenhinterziehung weniger leicht hereinfallen als die Türken.

»Die Engländer würden außerdem die Häuser der Siedler so gut bewachen, daß wir dort überhaupt nichts mehr stehlen könnten«, meinte einer düster.

Montag, den 7. Dezember, traf der Häuptling der Chsene, Sa'ud Eben Melhem, mit seinen Söhnen Fendi, Turki und Mohammed im Lager ein. Er wies Scheich Musa eine Anordnung von Zeki Pascha vor, derzufolge sie sich in das Lager an-Nuris zu begeben hätten. Sa'ud Eben Melhem erklärte, alles für den Sultan opfern zu wollen, sein eigenes Leben und auch das seiner Söhne, und es sei gewiß, daß Allah dem Großherrn-Kalifen den Sieg über die Ungläubigen schenken werde.

»Als er von mir hörte, daß ich neue Anweisungen mit mir trage, befahl er den Männern, sich in dem großen Zelt Scheich Sultans zu versammeln.

Bald füllte sich die Stätte, und auch vor und hinter dem Zelt stauten sich die Neugierigen. Jeder wollte das Neueste aus dem Gebiet der Siedler hören und vom Fortgang des Krieges. Mein Diener Mansur trug nun getragenen Tons vor, ganz feierlich. Als er seine Ansprache beendigt hatte, riefen viele mit lauter Stimme: ›Möge Allah dem Sultan den Sieg bescheren‹, andere wieder schwiegen.

Bald darauf schwatzten wieder alle von allen möglichen Dingen, bloß den Krieg und das ferne Konstantinopel vergaßen sie bald, nicht aber ihre unmittelbar bevorstehenden Raubhändel und noch nicht zur Gänze abgewickelte Verteilungsprozeduren der Beute jüngst stattgefundener ›Razzien‹ gegen Nachbarstämme.

Da Sa'ud Eben Melhem wußte, daß ich mit Prinz Nawwaf befreundet war, bat er meinen Diener gleich auch noch, ihm einen Brief an den Genannten abzufassen, weil er durch irgendeinen Tauschhandel im Jahre 1898 ein Haus mit großem Palmgarten dort erworben hatte. Diesen Besitzstand wollte er durch die Bekanntschaft mit mir gleich wieder reaktivieren.

Nach dem Abendessen lud ich Sultan und Sa'ud in mein Zelt, um mit ihnen über die jüngste politische Entwicklung zu sprechen.«

Musils Zelt

Herkunft und Schicksal der beiden Männer konnten nicht bezeichnender sein für die Verhältnisse, unter denen die Beduinenscheichs damals lebten.

Sa'ud Eben Melhem, ungefähr 65 Jahre alt, von kleiner, schmaler Statur und seinem ganzen Auftreten nach viel eher ein Städter, besaß ein großes Haus in Homs und mehrere andere in verschiedenen Dörfern. Während der Regenzeit wohnte er in Homs, in der schönen Jahreszeit zeltete er gerne zwischen seinen verschiedenen Besitzungen – ein typischer Halbnomade auf dem Wege zum Seßhaftsein.

Nach dem Ausbruch des Krieges zog er sich aber in die Wüste zurück, um dem ständigen Requirieren durch die Gendarmen zu entgehen. ›Du weißt, Musa‹, meinte er betrübt, ›daß ich weder meine Häuser noch meine Felder in die Wüste mitnehmen kann, und wie vorsichtig ich sein muß. Überall gibt es übelwollende Ohren und Schwatzmäuler. Du kennst ja die Regierung. Sie nimmt viel und gibt nichts. Da ich nicht will, daß mir die Steuereintreiber alles wegnehmen, muß ich mitunter anders reden, als ich eigentlich denke. Das ist meine »sijase« (Diplomatie). Die Gicht plagt mich bereits und das Reiten fällt mir schwer, trotzdem habe ich mein Haus in Homs verlassen und ziehe in die Wüste. Sie haben eine Kriegssteuer eingeführt – und täglich kommt ein neuer Steuereintreiber. Wer zahlt, ist ruiniert, und wer nicht zahlt, wird ruiniert. Ziegen, Schafe, Kamele, Esel ... alles haben sie meinen Leuten weggetrieben. So wartete ich eine günstige Gelegenheit ab, um meine eigenen Herden in die Wüste treiben zu können, wo sie von den Finanzbeamten nicht gefunden werden. Nachdem mir Zeki Pascha die schriftliche Zusicherung gegeben hatte, daß mein Haus nicht beschlagnahmt werde, ich ging auch in die Wüste. Zeki Pascha meinte, ich sollte mich an-Nuri anschließen. Wenn mich nur nicht die Gicht so quälte.‹

Auf meine Frage, ob er sich irgendwelchen plündernden Beduinen anschließen würde, meinte er, das hänge ganz vom Willen an-Nuris ab. Dann bat er noch, ich möge doch in seinem Namen an die Fedan und Sba'a schreiben und sie auffordern, mit den Beni Wahab Frieden zu schließen.«

Das war es ja, was Musil wollte und sollte: die Stämme untereinander versöhnen.

Je tiefer nun Musil mit Sa'ud und Sultan in die Wüste vordrang, desto mehr fürchteten die beiden einen Überfall der Fedan- und Sba'a-Stämme.

Schon im Jahre 1909 hatte Musil seinen Freund an-Nuri dazu überreden können, mit den Fedan und den mit ihnen verbündeten Ebede Friedensgespräche aufzunehmen. Auch Musil selbst hatte sich in die Verhandlungen eingeschaltet, aber nach der verräterischen Gefangennahme an-Nuris durch Regierungsbeamte im August 1910 und den darauffolgenden Überfällen von an-Nuris Ruala-Beduinen auf türkische Kasernen hetzten die Beamten unter verschiedenen Versprechungen abermals die Fedan und Sba'a gegen an-Nuris Ruala auf. Die alten Streitereien begannen aufs neue.

»Als ich an-Nuri im Jahre 1912 endlich aus dem Gefängnis befreien konnte, hatte ich mich beim Gouverneur wegen dieser Vorgangsweise bitter beschwert und ihn ersucht, die Friedensverhandlungen unter den Stämmen zu fördern.«

So willig der Gouverneur auch sein mochte, verfolgten diesmal die Ruala ihre Erzfeinde, die Fedan, mit unversöhnlichem Haß; sie griffen an, wann immer sie konnten. Die Fedan wieder, immer noch bestens ausgerüstet aus den Tagen, da sie über Aufforderung durch die Regierungsbeamten die Ruala bekriegten, schlugen stets grausam zurück und schonten bei ihren Überfällen nicht einmal kleine Kinder.

»Im November nun trat Zeki Pascha an mich heran, ich möge doch die Fedan wenigstens zu einem Waffenstillstand von acht Monaten Dauer bewegen ... bis dahin, hoffte er, sei der Krieg ohnehin vorüber.«

Musil hoffte aus einem ganz bestimmten Grund, die untereinander verfeindeten Stämme für einen Waffenstillstand und einen späteren, gemeinsamen Angriff gegen die Engländer gewinnen zu können: Der gemeinsame Feind der Stämme waren die Krieger der Kmusa, die einem verbrecherischen Häuptling Bischir gehorchten, der übrigens mit einer exzentrischen Französin verheiratet war. Gegen diesen

Stamm der Kmusa konnte Musil unter Umständen alle anderen gemeinsam mobilisieren und im Anschluß an den Kriegszug einen allgemeinen Friedensschluß zustandebringen.

In diesem Sinne suchte Musil auch seine beiden Begleiter Sa'ud und Sultan zu motivieren.

»Die Beduinen hatten weder an England noch an der eigenen Regierung auch nur das geringste Interesse. Behörden kannten sie nur in Zusammenhang mit Steuern. Auch der Islam bedeutete ihnen wenig; eine Beziehung zwischen ihnen und der Regierung mit Hilfe ihrer ›Religion‹ herzustellen, erwies sich als überhaupt unmöglich.«

Hätte ihnen die türkische Regierung eine große Kriegsbeute versprechen können, wären sie gegen die Engländer zu mobilisieren gewesen.

Hätte ihnen die britische Regierung versprochen, daß sie die Häuser der Siedler ungestraft plündern dürften, wären sie mit den Engländern gegangen.

Es ist einzig und allein das Verlangen zum Beutemachen, das die Bewohner der Wüste zu großen Taten anspornt – nichts sonst.

Ein Begriff wie »Vaterlandsliebe« kennen sie ja überhaupt nicht. Da sie nicht erwarten durften, daß ihnen die türkische Regierung einen Freibrief zum Ausrauben der besiedelten Gebiete geben würde, hatten sie auch kein Interesse an ihr. Ein umfassender Friede in der Wüste – ja, das mochte sie reizen; aber auch *nur* in dem Zusammenhang, daß sie dann mit vereinten Kräften jene Siedlungen, die von den Regierungstruppen augenblicklich nicht unter Bewachung standen, gemeinsam überfallen konnten.

»Das war übrigens auch das einzige Motiv, warum sie an mich herantraten, ich möge doch zwischen ihnen und den verbündeten Fedan und Sba'a Frieden vermitteln.«

Am 17. Dezember 1914 quält sich Musils Karawane mühselig nach Süden.

Jener 17. Dezember 1914 war auch für die Entwicklung des Orients von großer Bedeutung. England verkündete an diesem Tage, daß die Oberhoheit der Pforte über Ägypten erloschen sei. Der den Osmanen treu ergebene Khedive wurde von den Briten abgesetzt. England proklamierte das uralte Kulturland Ägypten zu seinem »Protektorat«.

Am 26. Dezember erreicht Musils Karawane endlich das Lager an-Nuris.

Das Zelt an-Nuris blieb bis zuletzt außerhalb es Gesichtsfeldes, weil es in einer tiefen Bodenmulde stand.

Da rief auch schon der Sklave Ali: »Der Scheich Musa!«

Er rannte den Reitern entgegen und führte Musils Kamel am Zügel zur linken Zeltwand. »Ich konnte noch nicht einmal richtig absteigen, als auch schon der Fürst vor mir stand, mich umarmte und küßte. Hinter ihm stand Emir Nawwaf, der beide Arme nach mir ausstreckte. Dann folgte eine lange, lange Rede von alten, treuen Freunden nach, und des Küssens und Umarmens wollte kein Ende sein.«

Sonntag, 27. Dezember: Musil wäre gerne aufgebrochen, doch die Beduinen zogen es angesichts des schaurig schlechten Wetters vor, in ihren wollenen Behausungen vor sich hinzudösen. Ein Brei aus grauem Nebel verdeckte den Blick in die Ferne und zum Himmelszelt. Nur Düsterkeit, Kälte, Nässe. Die Feuchtigkeit drang in die Zelte, schlich in die Decken, die Leiber, machte müde und fröstelin. Um 7 Uhr 45 zeigte die Quecksilbersäule in Halefs Thermometer kaum 2 Grad an; ganz genau 1,7 Grad C ... zum Erfrieren zu viel, zum Aufwärmen zu wenig.

Endlich, gegen zehn, kam das Zeichen zum allgemeinen Aufbruch.

An der Spitze des Stammes der Fürst, Prinz Nawwaf, Häuptlinge, Sklaven. Kein Gesicht zu sehen, nicht einmal Umrisse menschlicher Gestalten; bloß Vermummtes hoch zu Kamel, kein Antlitz, nicht einmal Augen. Jeder fürchtet, haßt die Kälte, leidet und schweigt verbissen in sich hinein.

Jeder der Reiter trug alles am Leib, was er nur überhaupt besaß: Felle, Tücher, Mäntel mit überlangen Ärmeln, gleich zwei oder drei übereinander, Hemden, Hosen ... einfach alles. Unter den Hemden schauten die nackten Beine heraus, lächerliche Sandalen, nur hie und da ein Schuh, und der voller Löcher, gelegentlich ein Paar knallrote Reitstiefel aus dünnem Leder, das die klammen Zehen sichtbar noch klammer machte. Dazu die nackten Beine der Beduinen: der steife Wind blies die Mäntel und Hemden und Jacken hoch bis zu den Schenkeln; der Eiswind drang bis zu den Hüften vor, ungehindert.

Einige schielten mitleiderfüllt zu Scheich Musa hinüber, der jämmerlich fror und keinen Überpelz trug, aber wenigstens Hosen und Stiefel. Einer wollte zu Musa, ihm seinen Mantel leihen, doch der Fürst sagte scharf: »Du Narr, siehst du denn nicht deine nackten Beine? Und jetzt schau zu Musa: Stiefel trägt er und seine Knie sind bedeckt. Was willst du von ihm?«

Und als Trad nicht gleich zurückwich, meinte der Fürst: »In ein paar Tagen werden wir alle leiden – unter der Hitze. Was braucht Scheich Musa da heute einen Mantel?!«

Emir Nawwaf trug zu Ehren Scheich Musas seine beste Kleidung: Durchsichtige Handschuhe, halbseidene Socken, lederne Halbschuhe mit Gummisohlen – alles Geschenke der Händler, die al-Dschof aufsuchten, um mit den Beduinen Geschäfte zu machen. Von seinem Sattel hing ein Dolch mit bemerkenswert kostbarer Klinge; eine niederländische Inschrift erwähnte das Jahr 1672. Auf der Scheide prangten Juwelen; die Verzierungen in Silber und Gold stammten von seinem Sklaven, dem jungen Ali.

Der gutherzige, liebe, wenn auch etwas wankelmütige Knabe Nawwaf aus dem Jahre 1908 hatte sich zu einem ernsthaften, tatkräftigen jungen Mann von 1914 herausgemausert. Sein Gesicht zeigte bereits Spuren des harten Lebens in der Wüste mit Elementen von Grausamkeit. In seinen Augen konnte fröhliches Lächeln seinen Widerschein finden, aber auch die lauernde Drohung eines unbezwingbaren Raubtiers. Zwei Männer aus seiner Leibgarde ritten, in einem Respektabstand von zehn Schritten, ständig hinter ihm.

Prinz Nawwaf war gekommen, um seinen Vater zu besuchen, nach vielen Monaten wieder einmal. In seiner Begleitung befanden sich mehrere hundert Krieger, alle Kamelreiter, die an der Spitze ihres Zuges ein besonderes Banner trugen: An dem oberen Ende eines langen Speers, dessen Spitze Straußenfedern zierten, flatterte ein Streifen Tuch, tief schwarz, auf dem zwei aus Stoff ausgeschnittene, auf das schwarze Material aufgenähte und gekreuzte Schwerter prangten; »darunter las ich die eingestickten Schriftzeichen ›la ilah illaha wa muhammed rasul allah‹ – da ist kein Gott außer Gott, und Mohammed ist sein Prophet.«

Nawwaf wohnte in einem weißen Rundzelt, umgeben von denen seiner Krieger. Sie dienten bei Nawwaf alle als Söldner, gegen Entlohnung und freie Station; ihre gesamte Ausrüstung gehörte Emir Nawwaf.

In Nawwafs Streitmacht herrschte eiserne Disziplin. Selbst der geringste Ungehorsam fand seine Strafe darin, daß der Söldner einen langen, schweren Zeltpflock während des Marsches durch die Wüste zu schleppen hatte. Ärgere Vergehen bedeuteten unweigerlich Todesstrafe.

Das Geld für die Besoldung seiner kleinen Privatarmee stammte ausschließlich aus dem Erlös der Beute, die seine Söldner machten. Der Grund des Besuches bei seinem Vater lag denn auch weniger in reiner Zuneigung oder Heimweh, als vielmehr darin, daß er mit dem Fürsten einen gemeinsamen Feldzug gegen die Schammar und die Fedan sowie gegen die stets verhaßten Drusen plante.

Gegen Mittag – es war Sonntag, der 27. Dezember 1914 – wärmte sich die vornehme Gesellschaft des Stammes an einem mächtigen Feuer, das die Sklaven über Geheiß des Fürsten an-Nuri entfacht hatten.

Neugierig fragte der alte Häuptling Marfud: »Du wirst an unserem Raubzug gegen die Fedan doch teilnehmen, Musa?«

Die Frage bot eine günstige Gelegenheit, die Meinung der Beduinen zum Krieg zu erkunden. Musil wandte sich, so daß es alle hören konnten, an Marfud:

»Weißt du nicht, daß der Kalif zum Heiligen Krieg, zum Dschihad gegen die Ungläubigen ausgerufen hat und aus diesem Grunde alle Kriegszüge innerhalb der islamischen Gemeinschaft verboten sind?«

»Was weiß denn der Kalif«, brummte der Alte. »Für uns sind die Fedan *Ungläubige,* und daher müssen wir gegen sie auch Krieg führen!«

»Was soll das, Marfud; du weißt genau daß die Fedan zum großen Volk der Aneze gehören, genau so wie ihr, die Ruala. Sie sind echte Stammesgenossen; sie bekennen den gleichen Glauben wie ihr!«

»Ich weiß, daß wir miteinander verwandt sind, natürlich, ich weiß auch, daß sie den gleichen Glauben haben wie wir. Aber sie haben uns verraten und überfallen und betrogen und deshalb sind sie noch viel schlimmer als die Christen und alle Ungläubigen miteinander und deswegen müssen wir auch gegen sie einen *heiligen* Krieg führen!«

Und nach einer kleinen Atempause fügte er boshaft hinzu: »Die Schammar des Eben Raschid und die Drusen der türkischen Regierung sind genau so armselig. Was geht uns der Dschihad des Kalifen an? Für uns ist jeder Krieg ›heilig‹, wenn wir nur Beute machen.«

Musils Gastgebern schien diese Argumentation nicht unbedingt zu gefallen. Sowohl Fürst an-Nuri als auch sein Sohn hatten den Kalifen bereits ihrer Treue versichert. Nichtsdestoweniger erklärte Marfud: »Wir gehorchen dem, dem wir gehorchen *wollen.* Das einzige Gesetz, dem wir folgen, ist das Gesetz der Wüste.«

Marfud sagte einfach und offen, was er dachte; an-Nuri und Nawwaf vertraten die »offizielle Meinung«, ohne an sie zu glauben. Begriffe wie Religion, Nation, Einheit: Was konnte das für die Söhne der Wüste bedeuten?

Ihre Auffassung vom Koran stand in krassem Gegensatz zum wahren Islam. Und »Nation«? Das Fassungsvermögen des Beduinen für Zusammengehörigkeitsgefühl endet dort, wo seine unmittelbare Verwandtschaft aufhört, ob die entfernteren Angehörigen nun arabisch sprechen oder nicht. Und wenn – gelegentlich, aber eher sehr selten – Beduinenstämme auch Bündnisse eingehen, würden sie sich *niemals* mit Siedlern zusammentun.

Die Beduinen sehen keinerlei Gemeinsamkeit zwischen ihnen und jenen, wie sie meinen, versklavten Bewohnern der Städte und Dörfer, draußen, außerhalb des Freiraums »Wüste«, in dem ein anderes Gesetz gilt.

Übrigens überraschte es Musil, wie stark der Islam seit seinen ersten Besuchen an Boden gewonnen hatte. »Ich hatte im Jahre 1908 niemals einen Ruala beten gesehen. 1914 zeigte sich ein völlig verändertes Bild. Möglicherweise ging das auf die Aktivitäten des Emirs Nawwaf zurück. Als er mit seinen Beduinen und Sklaven in al-Dschof einfiel, hätte er sich wahrscheinlich alles verdorben, wäre er nicht auf die strengen, von den Wahabiten beeinflußten Bräuche der Siedler in den Dörfern eingegangen.« Auch seine Soldaten, die aus der Gegend am Mittleren Euphrat und al-Kasim stammten, beteten regelmäßig, der eine oder andere konnte sogar ein ganzes Kapitel aus dem Koran auswendig hersagen. Sowohl die Männer aus al-Kasim als auch jene vom Euphrat standen, wie Musil alsbald herausfand, völlig im Banne der von Eben Sa'ud protegierten Lehre der Wahabiten, die an Strenge und Ursprünglichkeit nichts zu wünschen übrig ließ. Es zeichnete sich da bereits eine Entwicklung ab, die wenige Jahre später zum vollständigen Sieg des Wahabitentums im künftigen Königreich von Saudi-Arabien führen sollte und zur allgemeinen »Re-Islamisierung«.

»Was mich bei diesem Aufenthalt am meisten wunderte, war der zunehmende Haß gegen die Christen, den ich bei den einst so toleranten, um nicht zu sagen gleichgültigen Rualas beobachtete. Es dürfte das auf die Balkankriege und den Krieg in Tripolitanien zurückzuführen gewesen sein. Nicht, daß sich die Beduinen einen Deut darum kümmerten, ob der Sultan ein Stück Land verloren habe oder nicht; im Gegenteil, je schwächer die Obrigkeit, desto glücklicher der Beduine.

Aber sie zürnten über den Umstand, daß die Regierung – wegen dieser Kriege! – bei den Akejl Kamele requiriert hatte. Nun konnten die Akejl ihrerseits bei den Beduinen keine Tiere mehr kaufen, und das traf die Söhne der Wüste hart.

Obwohl es die osmanische Regierung war, die beschlagnahmte, traf der Zorn der Beduinen die Briten, Italiener und Europäer im allgemeinen: Hätten die »Christen« nicht Krieg mit dem Sultan begonnen, hätte der die Beduinen in Ruhe gelassen.

Die Logik der Wüstenbewohner ging weiter: Die »Ingliz« hatten doch stets versprochen, den Sultan vor den »Moskub« – den Moskowitern, den Russen – zu schützen. Da mußten sie ihn doch genau so vor den anderen Ungläubigen in Schutz nehmen! Da sie dieses ihr Versprechen jedoch keineswegs gehalten hatten, galten sie bei den Beduinen als »bowk«, als Wortbrüchige, Verräter. Und als solche, die nur ihrem eigenen Nutzen dienten.

Die Beduinen wußten genau: Je weniger Weideland der Sultan-Kalif in der Nähe von Konstantinopel für seine Herde fand, desto mehr würde er sich an den Weideplätzen der Beduinen schadlos halten. Sollte der Sultan also in diesem Krieg von 1914 (1292 im Jahre der Hedschra) draufzahlen, würden nur *sie,* die Beduinen, darunter zu leiden haben.

Außerdem gingen Gerüchte um, daß auch die Weideplätze der Ingliziin nicht sehr groß seien und diese Leute daher Grasland bei al-Kuwejt und al-Basra zu gewinnen suchten.

»Das alles hörte ich bei den Ruala, und sie schwatzten stundenlang, eigentlich ununterbrochen. Fürst an-Nuri hielt sich auffallend zurück. Er machte so gut wie nie eine Bemerkung dazu.«

Tags darauf; 28. Dezember 1914. Das Thermometer zeigte um 7 Uhr früh bloß 0,1 Grad C und die Beduinen schliefen alle noch ... Beduinen sind notorische Spätaufsteher. Musil arbeitete an seinen Aufzeichnungen, im Lager herrschte bis gegen Mittag völlige Stille. Die Kälte lähmte die Zeltstadt.

Erst knapp vor der Mittagsstunde erschienen der Fürst und sein Sohn Nawwaf bei Musil. Das Gespräch drehte sich erwartungsgemäß gleich wieder um Politik.

»Du kennst mich, mein Bruder«, sagte der Fürst. »Du weißt, daß ich der Regierung nicht traue und sie nicht mir. Wärest *du* nicht gekommen ... ich säße noch immer in dem Gefängnis von al-Ruta, als ›Ehrengast‹ des Gouverneurs. Mein Stamm wäre längst tief in der Wüste und weder der Statthalter noch der General ließen mich laufen.

Sie gaben vor, sie bräuchten mich in ihrem Krieg gegen die Ingliziin. Ich sagte ihnen: Wie kann ich der Regierung in der Stadt denn nützen? Nie! Laßt mich in die Wüste zurück und von dort bringe ich tausend Kämpfer und wir schlagen die Ingliziin aufs Haupt. Doch sie verzögerten den Tag meiner Freilassung täglich aufs Neue. Ich fürchtete schon, sie ließen mich nie wieder frei.

Endlich kamst du. Da durfte ich gehen. Jetzt fürchten sie, ich würde mich gegen sie wenden. Ja, ich würde es gerne tun. Aber ich kann ja gar nicht. Sie haben Eben Raschid gegen mich aufgehetzt. Der bedroht mich von Süden und Hatschem von Norden. Hilf mir, mit beiden Frieden zu machen!«

»Sie hetzen uns gegeneinander auf«, meinte Nawwaf. »Warum sollten wir uns gegenseitig umbringen? Nur um den Engländern umso leichter zum Opfer zu fallen?«

Am meisten vergrämte die Ruala die Tatsache, daß Eben Raschid so gewaltige Waffenlieferungen aus Konstantinopel erhalten hatte, und das zu einem Zeitpunkt, da sein Stern schon verblaßte.

»Zu Beginn dieses Jahres sandten sie ihm abermals fünfzehntausend Mauser-Gewehre, Feldkanonen und so viel Gold, daß zehn Kamele es kaum tragen konnten. Verdammt sollen sie sein! Es ist jenes Gold, das man mir zuerst abgeluchst hat!«

Mit Verbitterung nur erinnerte sich Fürst an-Nuri der ungetreuen Beamten in Maan, die ihn um die Jahressteuer betrogen hatten, damals, im Jahre 1910. Einzig die Tatsache, daß der neue Gouverneur nichts von ihm wollte als Loyalität, versöhnte ihn ein wenig.

Dann wallte seine Wut wieder auf gegen Enver Pascha:

»Warum hat er Eben Raschid so viele Waffen geschickt?

Damit er Eben Sa'ud bekämpfen kann. Denn Eben Sa'ud hat vor eineinhalb Jahren die Türken aus der Provinz al-Hasa hinausgeworfen. Er wird ihnen zu groß, zu gefährlich. Aber der gleiche Enver Pascha hat Eben Sa'ud, der ihm so gefährlich erscheint, zum Gouverneur von dem ganzen großen Nedschad gemacht! Und ihm versichert, der Sultan sei ihm gewogen!«

Fürst an-Nuri wußte über die Winkelzüge des Eben Raschid, von den Lügen seines Vertreters Reschid in Konstantinopel und von den gleichzeitigen Verhandlungen seines Repräsentanten in Damaskus mit dem französischen Konsul in Damaskus erstaunlich gut Bescheid.

Trotz ihrer Verbitterung verstanden die Beduinenführer sehr wohl, daß das einzige, was ihnen unter den Gegebenheiten der Stunde nützen konnte, Friede untereinander war. Nach stundenlangen Verhandlungen stimmten sie der Aufnahme von Friedensgesprächen mit Eben Raschid zu; Scheich Musa sollte vermitteln ...

Am nächsten Tag, dem 29. Dezember, stieß Awde abu Tajeh zu ihnen ins Lager, Oberhaupt der Hwejtat, die mit den Ruala zelteten.

Die Häuptlinge der Hwejtat, die ihre Weidegründe in der Nähe von Maan und entlang der Hedschasbahn besaßen, zählten zu den erbittertsten Gegnern der Regierung, die ihren Herrschaftsbereich seit der Jahrhundertwende ständig ausdehnte und dadurch die Macht der Beduinenscheichs beschnitt.

Zunächst herrschte übrigens zwischen Awde und der Regierung Einvernehmen. Awde trieb die Steuern von seinen Beduinen ein und lieferte sie auch prompt ab. Er verfolgte jene Bedus, die ständig versuchten, die Eisenbahnlinie zu unterbrechen (weil ihnen durch die Bahn die Wegmaut der Mekkapilger entging!), schützte die Siedler vor den Räubern (den Beduinen) und die Beduinen vor den Händlern (den Siedlern) – was schließlich aber die Regierung beunruhigte, weil sich

Awde zu einem allzu angesehenen, allseits respektierten, aber auch wegen seiner Grausamkeit gefürchteten Beduinenführer herausbildete. Schließlich wurde Awde wegen seiner Greueltaten angeklagt und mußte flüchten.

Von seinen Wüstenverstecken aus bekämpfte er die Regierungstruppen und ihre neuen Schützlinge.

Bis zum Juni 1914 entwickelte sich die Gegend entlang der Hedschasbahn zu einem wahren Hexenkessel, in dem jeder gegen jeden kämpfte, plünderte, bis die Regierung vor Kriegsausbruch energisch zu allgemeiner Versöhnung aufforderte.

Trotz ihrer eingeborenen Lust an Krieg und Kriegsspiel wußten sie alle, daß ein Punkt erreicht worden war, von dem aus es nur mehr einem allgemeinen, inneren Frieden zugehen konnte.

»Du kennst uns seit 1908«, meinte Awde versöhnlich, »du weißt, welch eine Unzahl von Beamten, die uns alle nur bestehlen wollten, wir mittlerweile gesehen haben. Jetzt soll alles anders werden, gut. Die Regierung hofft, daß wir einige tausend Krieger aufstellen können, um gegen die Ingliziin in Ägypten zu ziehen. Weder die syrischen Christen noch die verdammten Drusen sind dazu fähig, *nur wir.*«

»Und du würdest wirklich gegen Ägypten ziehen, Awde?«

»So lange wir nicht untereinander Frieden haben, werde ich unsere Wüste nicht verlassen. Aber sobald mit Eben Raschid Ruhe herrscht und meine Hwejtat von drüben, von Ägypten her, um Hilfe rufen, will ich dort einmarschieren.

Die Regierung hat mir Waffen und Gold versprochen, sie wollen mir beides in einer Eisenbahnstation zukommen lassen. Ich brauche auch beides, Waffen und Gold. Dann werde ich gern kämpfen. Ich weiß aber jetzt noch nicht gegen wen, auf jeden Fall aber gegen jeden Feind, gegen den meine Stammesbrüder drüben in Ägypten kämpfen. Die Hwejtat sind ein Stamm und helfen zusammen. Wenn sich die Hwejtat in Ägypten gegen die Engländer erheben, werde auch ich sie bekriegen. Erheben sie sich gegen den Sultan, werde ich die Soldaten des Sultans massakrieren. Auf keinen Fall werde ich mich von meinen Stammesgenossen absondern!«

Nawwaf fragte Scheich Musa, ob es wirklich wahr sei, daß die Ingliziin nur in der Mitte des Meeres kämpften, wo sie weder ein Kamel- noch ein Pferdereiter jemals erreichen könnte.

Übrigens waren beide überzeugt, daß die Engländer Ägypten erst jetzt, 1914, besetzt hatten, was nicht ganz stimmte, da die Engländer ja schon seit Jahrzehnten über Ägypten herrschten – freilich ohne die nominelle Oberhoheit des Sultans anzutasten.

»Als ich ihnen erzählte, daß die Engländer schon seit dem Jahre 1882 fest in Ägypten säßen, glaubten sie mir wohl, schüttelten aber die Köpfe. Wie war das möglich, daß die Akejl trotzdem, bis vor knapp drei Monaten, ihre Kamele hinüber nach Ägypten zur Weide schicken durften?«

Immer wieder fragten die Ruala, ob es der Wahrheit entspräche, daß Ägypten jetzt ganz in die Hand der Ungläubigen gerate und die Briten alle Moslems aus dem Lande am Nil vertreiben würden, um es völlig den Christen zu überantworten.

»Wer konnte den Beduinen solch einen verbrecherischen Unsinn einreden? Jedenfalls erklärten mir an-Nuri und Nawwaf mit Bestimmtheit, daß sie nicht nach Ägypten ziehen würden, und zwar unter keinen Umständen. Erstens sei das viel zu weit, sagten sie, und außerdem müßten sie da das Meer überqueren, in dem Fische lebten, die weder die Beduinen noch Kamele leiden könnten und beide verschlingen würden.

Sie glaubten mir einfach nicht, daß es möglich sei, vom Wadi Sirhan aus Ägypten in bloß zehn Tagesmärschen zu erreichen, daß es keineswegs notwendig sei, das Meer zu überqueren und daß sie trockenen Fußes über den Kanal von Suez kämen – ganz genau so wie über den Euphrat bei al-Fellaje.

Ich nannte ihnen die Namen der Stämme und der Brunnen ... es half einfach nichts. »Laß doch die Regierung reden und versprechen, was sie will. Ich gehe über das Tote Meer nicht hinaus. Was sollte ich dort drüben? Ich habe keine Verwandten dort. Schau, Musa: Ich kann von Aleppo bis in den Oman marschieren und treffe überall auf Verwandte. Aneze lagern in Syrien, Aneze lagern bei Muskat. *Hier* bin ich überall zuhause. Einhundert Tage lang kann ich nach Norden oder nach Süden ziehen und überall treffe ich auf *mein* Blut. Nur zehn Tage westwärts ... und ich bin fremd und allein. Ich werde mich doch nicht selber umbringen!« meinte einer aus der Runde.

Awde lachte schallend, aber an-Nuris Sohn Nawwaf nickte verständnisvoll. »Du hast leicht lachen, Awde«, grollte der Fürst. »Deine Verwandten sitzen überall am Toten wie am Roten Meer. Deine Verwandten werden dir helfen. Und wer hilft mir?«

»Allah!«

»Allah? Allah will nicht, daß wir im Westen auf Raubzug gehen. Wollte er das, hätte er uns im Westen Verwandte gegeben. Aber er hat alle Aneze in Arabien gelassen.«

»Und gegen wen würdest du überhaupt kämpfen wollen?« fragte der Gastgeber.

»Gegen die *Drusen*, Musa!«

»Warum? Weil sie Freunde der Engländer sind?«

»Was scheren mich die Engländer. Die Engländer kümmern mich so wenig wie die Regierung. Aber die Herren helfen ja immer den Drusen und die plündern uns aus. Sie sind unsre erbittertsten Feinde. Mit allen Menschen könnte ich mich versöhnen, sogar mit den Christen, aber niemals mit den Drusen.«

Schließlich faßten die Ratschlagenden einen Entschluß. Ihre Absicht, die Drusen zu bekämpfen und auszuplündern, kleideten sie in einen geschickt formulierten Brief, in dem sie die Regierung ersuchten, die Drusen *überwachen* zu dürfen. »Damit sie sich nicht mit den Feinden des Sultans, den Ingliziin, verbünden können.« Und alles Weitere würden sie schon selber besorgen.

Donnerstag, 30. Dezember 1914. Um sieben Uhr früh hat es 9 Grad Celsius. Aus Nordwesten bläst ein sanfter Wind, es regnet nur leicht, dafür aber ohne Unterbrechung. Kälte und Feuchtigkeit kriechen in die Zelte, die Kleider. Das erste Kriegsjahr geht zu Ende.

Nachmittags kam interessanter Besuch ins Lager der Ruala, ein Besuch, der die politische Diskussion vom Vortag in ein neues Licht rückte. Es ging um die Weltpolitik im Verhältnis zu der Zukunft der innerarabischen Stämme, die Alois Musil zu einem Frieden untereinander und einem Zusammengehen gegen die Feinde des Kalifen gewinnen wollte. Musil mißtraute den Absichten der Engländer zutiefst; er ahnte, daß die Araber im Falle eines Sieges der Entente nur in eine völlig fremde und seelenlose Abhängigkeit geraten würden – was sich in der »Mandatszeit« zwischen den beiden Weltkriegen leider auch vollinhaltlich bewahrheitete.

Im Zelte des Fürsten saßen als Gäste bedeutende Persönlichkeiten der arabischen Welt von gestern: Drei Häuptlinge vom Stamme der Amarat, namens Ajed, Razi und Taban, die gekommen waren, um ein paar innere Streitigkeiten beizulegen.

Die Amarat gehörten damals gewiß zu den »bestinformierten« Stämmen der Wüste, weil sie während der Monate August und September zwischen al-Felludsche und Bagdad, und anschließend daran bei Kerbela ihre Zelte aufgeschlagen hatten. Die wußten bereits ganz handfest von der Besetzung Basras durch die Briten.

Sie brannten jetzt geradezu darauf, diese völlig neue Lage einer Besetzung eines Stückes Land, das sich seit Menschengedenken in der Hand des Sultans von Konstantinopel befand und nun plötzlich in die Gewalt von (unheimlichen, weil ganz neuen) fremden Truppen geriet, erläutert zu bekommen.

Wer waren diese »Ingliziin« – Engländer?

Die meisten Schwierigkeiten bereitete den Wüstensöhnen der Ausdruck »Frandsch« (oder »Fransa«). Alle Beduinen waren der Meinung, daß »Europa«, ganz Europa, »Fransa« hieß und die Bezeichnung »Frandsch« für alle Europäer gelte.

Nun mußten sie zu ihrer maßlosen Überraschung zur Kenntnis nehmen, daß »Fransa« das Frankenland (ein Ausdruck, der sich wahrscheinlich seit den Tagen der Kreuzfahrer in Arabien hielt) nur einen *Teil* von Europa umschrieb und »Frandsch« nur *einen* Stamm bezeichnet, dessen Weidegründe in einer Gegend Fransa liegen.

Warum, zum Teufel, nannte man dann alle Europäer Frandsch, wenn es doch gar nicht für alle galt?

Diesmal ergriff der Fürst persönlich das Wort:

»Frandsch ist die Familie, die immer über ganz Europa regiert. So wie Eben Sa'ud ein gewaltiges Gebiet mit vielen Stämmen beherrscht, halten die Frandsch viele unter ihrer Oberhoheit, so zum Beispiel die Alman (die Deutschen) und die Namsa (Österreicher), die Taljan (Italiener), Inkliz (Engländer), Rusija (Russen), Moskub (Moskowiter), Serbija, Rum (die Griechen) und andere. Vor vielen Jahren warfen die Rum ihr Joch ab, und das ist auch der Grund, warum sie »Rum« heißen und nicht Frandsch.

Auch die Engländer machen eigentlich schon lange, was sie wollen.

Nun aber haben die Stämme der Alman und der Namsa gegen die Frandsch revoltiert. Die Serbija, Moskub, Rusija und Ingliz helfen aber den Frandsch.

Die bitterste Feindschaft herrscht zwischen den Alman und den Ingliz. Das ist fast so arg wie zwischen den Ruala und ihren Todfeinden, den Drusen, oder zwischen Fedan und Amarat.

Die Engländer besitzen viele Inseln, die mitten im großen Meer liegen. Auf diesen Inseln wohnen viele Menschen, die sie gegen die Alman ausschicken.

Die Alman erzeugen übrigens hervorragende Waffen, aber die besten Gewehre, Revolver und Pistolen kommen von den Namsa.

Aber was helfen die besten Waffen, wenn ein Stamm nicht über genug Krieger verfügt?

Die Alman und die Namsa sind äußerst kluge Leute, aber ihre Armeen sind zu klein. Aus diesem Grunde beschloß der Sultan, seine Soldaten gegen die Frandsch und Ingliz auszuschicken. Nun schufen die Alman, Namsa und die Atrak (die Türken) ein Bündnis, aber nicht so sehr gegen die Frandsch, sondern vor allem gegen die Ingliz.

Der Grund dafür liegt darin, daß die Frandsch dem Sultan kaum etwas getan haben, die Ingliz ihm aber vor einigen Wochen ganz Ägypten wegnahmen. Jetzt wollen sie ihm auch noch al-Basra rauben und den ganzen Irak.«

Einer der Häuptlinge ergänzte: »Auch die Moskub sind sehr zahlreich. Die wollen den Sultan gar aus Konstantinopel vertreiben.«

Sagte an-Nuri: »Ja, es gibt viele Moskowiter, aber noch viel, viel mehr Rusija. Sie besitzen zahllose Königreiche, und selbst die Perser fürchten die Russen. Dennoch haben sie noch nicht alle Stämme, die zu ihnen gehören, befreit.

Mein Bruder Musa ist Sohn eines Stammes, der eigentlich zu den Rusija gehörte, so wie die Ruala ein Zweig der Aneze sind.

Aber Scheich Musas Stamm gehorcht heute dem Sultan der Namsa.

Die Rusija sind äußerst zahlreich, aber nicht tapfer.

Ich habe gehört, daß sie der ganz kleine Stamm der Jaban (der Japaner) auf ihren *eigenen* Weidegründen geschlagen hat!

Die fürchterlichsten unter all den kriegführenden Stämmen sind die Ingliz. Obwohl unendlich reich, sind sie stets auf der Jagd nach neuen Weidegründen. Ihr werdet noch sehen, daß die auch al-Basra einstecken, und zwar nicht, weil sie über so gute Waffen verfügen, sondern weil sie so klug sind.

Männer vom Stamme der Akejl, die im Lande der Hend (Indien) weilten, erzählten mir, daß keiner so gut Ordnung zu halten versteht wie der Ingliz.

Aber was nützt das alles, wenn sie keine Freiheit gewähren?

Wer von uns will deren *Sklave* sein?«

Nach einer Weile bedächtigen Schweigens meinte der alte Häuptling Razi: »Laß uns nicht ängstlich sein, an-Nuri. Schon unsere Altvorderen erfreuten sich stets der vollkommenen Freiheit, und auch uns werden sie nicht unterkriegen, weder mit Waffen noch Gold!«

Alle Anwesenden stimmten eifrig zu.

Nun fragte Scheich Musa, ob die anwesenden Häuptlinge wohl an dem Heiligen Krieg gegen die Engländer teilnehmen wollten.

»*Unser* Dschihad besteht darin, die eigenen Weideplätze, Zelte und Herden zu schützen. Sollten die Ingliz danach greifen, dann wehe ihnen! So lange sie aber die Regierung bekriegen, und das auf dem Boden der Siedler, sollen sich die Betroffenen selber wehren. Bis zum Augenblick gelten die Ingliz für uns weder als Freund noch als Feind. Und was sein wird, weiß Allah allein!«

»Du sagtest die Wahrheit«, pflichtete an-Nuri dem Sprecher, dem alten Razi, bei, »aber wir müssen doch unserem Sultan gehorchen. Möge ihm Allah den Sieg verleihen!«

Auf dem Wege zurück zum Zelte Musils machte Fürst an-Nuri allerdings aus seinem Herzen keine Mördergrube: »Wir sollen also einen Heiligen Krieg gegen die Ungläubigen führen. Und was haben mir die Ingliz bis heute getan? Nichts. Und die Regierung? Viel. Und nichts Gutes ...«

Scheich Musa jedenfalls hatte ihm eine prachtvolle österreichische Armeewaffe – mit Zielfernrohr! – und dazu 100 Patronen geschenkt.

Gar zu gerne hätte er gewußt, was sich noch alles an Schätzen im Gepäck seines Gastes befand, doch lehnte es Musil ab, seinen Freund an-Nuri in die Geheimnisse seiner Geschenkwelt blicken zu lassen. Grollend zog der Fürst von dannen.

Scheich Awde abu Tajeh

Am Nachmittag fanden sich der Emir Nawwaf und Scheich Awde abu Tajeh bei Musil ein, um die Ergebnisse der Gespräche zusammenzufassen. Beide versprachen, weder die Siedler noch arabische Stämme ohne ausdrückliche Billigung ihres Freundes und Ratgebers Scheich Musa anzugreifen.

Das Versprechen fiel ihnen sichtlich schwer. Wohl hingen sie weitgehend von Nachschub aus Damaskus und dem Irak ab, von wo sie die wichtigsten Nahrungsmittel sowie Gegenstände des täglichen Bedarfs bezogen.

Doch noch wichtiger erschien ihnen stets die unmittelbare Aussicht auf Beute, die sie nur bei den Nachbarstämmen machen konnten. Darauf verzichteten sie nun. Und sie verzichteten auf noch viel mehr: Sie wußten bereits, daß sich von beiden Seiten der Arabischen Halbinsel – vom Persischen Golf und vom Roten Meer, ja sogar aus Aden – eine neue Macht heranmachte: die Briten. Daß sich dieses merkwürdige Volk, dem die »Weideplätze auf seiner Insel zu klein geworden waren«, die Ausdehnung seines Gebietes etwas kosten lassen wollte, wußten die Beduinen bereits.

Es war das ausschließliche Verdienst Musils, den Mittelmächten in dem wichtigen Grenzabschnitt zur arabischen Welt wenn schon nicht Verbündete, so doch Neutrale zugeführt zu haben.

An der Wende der beiden Kriegsjahre 1914/15 verfaßte Musil einen Zwischenbericht zu seiner damals knapp zweimonatigen Tätigkeit:
»Zwischen al-Hedschm und al-Bark

29. XII. 1914

Die Stämme fliehen vor der Requisition der Regierung. Ganz allein mit meiner kleinen Karawane habe ich den Fürsten an-Nuri suchen müssen. Von einer Begeisterung für den Islam keine Rede. Der Krieg zwischen England und der Türkei interessiert die Stämme wenig. Englische Agenten arbeiten tüchtig vor. Ein Agent gelangte über el-Akaba nach al-Dschof zu dem Sohne des Fürsten an-Nuri, dem Emir Nawwaf Eben Nuri ibn Scha'lan, um ihn für England zu gewinnen.

Die Wüste ist voll von Flüchtlingen, von Herden der Dorfbewohner. Meine bisherigen Arbeiten:

Friedensschluß zwischen dem Fürsten an-Nuri und mehreren Abteilungen der Zana Bisr und den Kmusa (Sba'a), Ebede und Fiki.

Absendung von Friedensnoten zu Ebn Mhejd, dem Häuptling der Fed'an, und zu Ebn Gazi, Häuptling einer Abteilung der Hwejtat.

Bereitstellung von etwa 5000 Kamelreitern (3000 des Fürsten an-Nuri und 2000 des Emirs Nawwaf von al-Dschof) für die Unterstützung der Regierung.

Friedensschluß mit einigen Stämmen der Schammar.

Ein Bote des Fürsten an-Nuri reist mit mir nach Ha'il, um den Frieden mit Eben Raschid zu schließen. Dieser Eben Raschid, durch die ihm 1913 geschenkten Waffen übermütig gemacht, plündert die Stämme des Fürsten an-Nuri und seines Sohnes, des Emirs Nawwaf, und verhindert auf diese Art die Absendung der 5000 Kamelreiter an die ägyptische Grenze, weil er sonst die Lagerplätze überfallen und ausplündern könnte.

Gelingt es, Eben Raschid zum Friedensschluß zu bewegen, so stehen der Regierung große Kräfte zur Verfügung. Eben Raschid wird ohnehin von der Regierung bezahlt!

Dies sind meine bisherigen Leistungen.

Wäre ich nur zwei Monate früher gekommen! In Anbetracht der ungeheuren Entfernungen, der schlechten Witterung und der Verstimmung der Stämme wird die hohe Regierung sicher zugeben, daß ich in dieser kurzen Zeit nicht mehr leisten konnte.

2. I. 1915

Am 4. Januar werde ich nach Ha'il reisen.

Fürst an-Nuri und der Emir Nawwaf gaben mir ihr Ehrenwort, daß sie keinen größeren Razw-Zug unternehmen werden. Der Emir Nawwaf wird in etwa 14 Tagen vom hiesigen Lager aus nach seiner Oase al-Dschof zurückkehren, um dort die Nachricht vom Friedensschluß mit Eben Raschid abzuwarten.

In al-Öla dürfte ich Anfang Februar eintreffen.«

Dieser wichtige Bericht Musils traf erst in der dritten (!) Februarwoche 1915 in der österreichisch-ungarischen Botschaft in Konstantinopel ein. Von dort schickte ihn Markgraf Pallavicini an den neuernannten Minister des k. u. k. Hauses und des Äußeren, Stephan Baron Burián, mittels Kurier weiter. Als man in Wien Musils Situationsbericht in Händen hatte, waren längst andere – falsche – Meldungen eingetroffen und vieles, was geschehen hätte können, geschah nicht oder wieder einmal viel zu spät.

Glücklicherweise blieb Musil wenigstens das Wissen um die Fehlleistungen des österreichisch-ungarischen Konsulats in Damaskus erspart. Er stand unmittelbar vor dem Aufbruch nach al-Dschof und konzentrierte alle seine Aufmerksamkeit auf diese Reise.

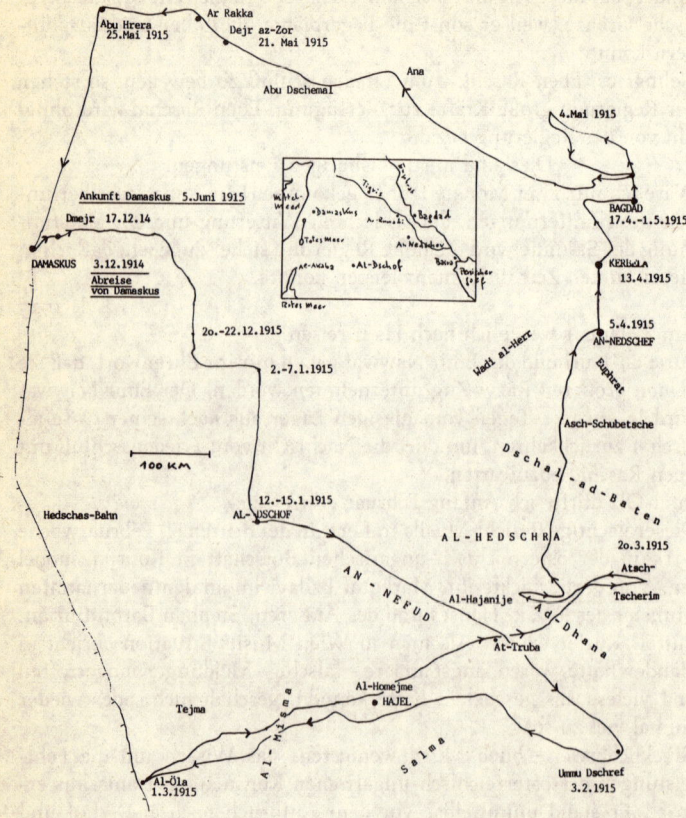

Abu Hrera
25. Mai 1915

Ar Rakka
Dejr az-Zor
21. Mai 1915

Ana

Abu Dschemal

4.Mai 1915

Ankunft Damaskus 5.Juni 1915

Dmejr 17.12.14

BAGDAD
17.4.-1.5.1915

DAMASKUS 3.12.1914
Abreise
von Damaskus

KERBELA
13.4.1915

5.4.1915
AN-NEDSCHEF

2o.-22.12.1915

Wadi al-Herr

2. -7.1.1915

Asch-Schubetsche

Dschal-ad-Baten

100 KM

12.-15.1.1915
AL-DSCHOF

AL-HEDSCHRA

Hedschas-Bahn

2o.3.1915

Atsch-

AN-NEFUD

Al-Hajanije

Tacherim

Ad-Dhana

At-Truba

Al-Homejne

Tejma

HAJEL

Al-Misma

Salma

Ummu Dschref
3.2.1915

Al-Öla
1.3.1915

13. Kapitel

Auf der Suche nach Frieden

Als Musil zur Jahreswende 1914/15 kurze Bilanz über das bisher Geleistete zog, konnte er auf seine Arbeit stolz sein. Er befand sich zu Beginn des Jahres 1915 ungefähr 350 km südwestlich von Damaskus und durfte annehmen, alle Beduinenstämme des Wilajets Damaskus einschließlich einer Zone, die im Westen bis an die ägyptische Grenze und im Osten an das Wilajet Bagdad reichte, untereinander ausgesöhnt und der Regierung gegenüber geneigt, zumindest aber friedfertig gemacht zu haben, und das trotz der bescheidenen Mittel, die ihm zur Verfügung standen, und trotz der vorzüglichen Arbeit britischer Agenten, deren Wühlarbeit sich bereits fühlbar machte. Einem von diesen Männern war es doch sogar gelungen, aus der Gegend von al-Akaba bis nach al-Dschof vorzustoßen, um den Prinzen Nawwaf gegen den Kalifen aufzuwiegeln! Nawwaf wies den Briten ab. Noch stand die von Musil aufgebaute »innere Front« der Stämme.

Nun stand Musil der schwierigste Abschnitt seiner Mission bevor: Der Vorstoß in das Herrschaftsgebiet des Eben Raschid, des gefährlichsten, weil völlig unberechenbaren Mannes in Innerarabien, der sich mit jedem verbündete, von dem er sich einen augenblicklichen Vorteil versprach, und der den bekämpfte, dem er sich im Moment überlegen fühlte.

Je näher die Stunde der Abreise Musils in das Herrschaftsgebiet des Eben Raschid rückte, desto beunruhigter zeigten sich Fürst an-Nuri und Prinz Nawwaf. »Schau', Musa«, meinte Nawwaf warnend, »dieser Minister Subhan, der bei den Eben Raschids im Augenblick das alleinige Sagen hat, ist ein treuloser Verräter. Ein Verräter aber kennt weder Allah noch Ehre. Er weiß, daß du mein Freund bist, er weiß vor allem, daß du mir geholfen hast, die Oase al-Dschof zu erobern. Er wird versuchen, dich mit Hilfe jener Männer zu bestrafen, die ich aus al-Dschof vertrieb. Wer wird dich beschützen, wenn du dich südlich meiner Oase al-Dschof in das Gebiet Eben Raschids begibst? Dabei weiß ich, daß weder er noch seine Leute dich bei Tag offen angreifen werden, wissen sie doch, daß du im Auftrage des Kalifen kommst, von dem sie Geld und Waffen beziehen und ihm vorlügen, seine Freunde zu sein. Sie werden sich nachts in dein Lager einschleichen und dich meuchlings töten, vielleicht sogar vergiften!«

Musil kannte die Gefährlichkeit seiner Aufgabe, versuchte aber, den

Prinzen Nawwaf zu beruhigen: »Fürchte nichts, Nawwaf. Nicht alle Männer vom Stamme der Schammar sind Verräter wie jener Subhan, der im Reiche Eben Raschids das Sagen hat. Ich werde erst dann das Herrschaftsgebiet der Eben Raschid betreten, wenn ich einen machtvollen Beschützer aus einem ihrer Stämme gefunden habe, vielleicht einen Schammar von den Sindschara, bei denen ich einige Häuptlinge kenne. Vergiß nicht: Die Sindschara verachten diesen Subhan. Ich sagte dir schon, ich werde erst dann in das Gebiet der Eben Raschid vorstoßen, wenn ich einen Sindschara gefunden habe, der sich für meine Sicherheit verbürgt. Dann wird es auch ein Subhan nicht wagen, mich anzutasten, weil er sich nicht noch mehr Feinde leisten kann.«
Doch der kluge Nawwaf stellte schon die nächste besorgte Frage: »Und wie willst du überhaupt in das Gebiet der Sindschara gelangen?«
In diesem Augenblick mischte sich einer der anwesenden Häuptlinge ein, von dem Alois Musil am wenigsten ein Hilfeangebot erwartet hätte: Awde abu Tajeh, der ebenso grausame wie tapfere Häuptling der Hwejtat. Er hatte sich doch erst vor wenigen Tagen bei einer Lagebesprechung sehr abwartend geäußert und die Meinung vertreten, seine Hwejtat würden gegen den kämpfen, gegen den sich seine Stammesbrüder in Ägypten wenden würden. Tatsächlich verbündete sich Awde im Laufe des Krieges mit den Briten und mit dem abtrünnigen Großscherif von Mekka; er war im Sommer des Jahres 1917 auch führend an der Eroberung Akabas durch die Briten beteiligt und zählte zu den eifrigsten Helfern des Lawrence und seiner Sabotagetrupps. Aber an jenem Jännertag des Jahres 1915, als er mit Alois Musil, dessen Umsicht und Tapferkeit er seit Jahren kannte und schätzte, in einem Zelt beisammensaß, vergaß er die selbstauferlegte Zurückhaltung und bot Musil Hilfe an – wie sich bald herausstellen sollte, die *entscheidende* Hilfe.
»Einer meiner Brüder hat vor kurzem einen todkranken Mann vom Stamme der Schammar aufgelesen«, meinte Awde Abu Tajeh bedächtig. »Er hat ihm flüssige Butter in den Mund geträufelt und ihm das Leben gerettet. Dieser Mann stammt aus einer sehr vornehmen Familie. Er heißt Nazel und gehört zu den Eben Tnejan. Ich werde dir diesen Nazel aus meinem Lager herüberschicken. Er ist krank und du besitzt die Heilmittel. Du brauchst einen Führer, und er kennt den Weg.«
Prinz Nawwaf hatte sehr zufrieden zugehört und meinte nun zu Musil: »Du kannst beruhigt sein, Musa, wenn dir Awe diesen Schammari gibt. Ich kenne die Familie Eben Tnejan. Die gehört wirklich zu den vornehmsten im Stamme der Schammar. Niemand wird es wagen,

dich anzutasten, wenn dich dieser Nazel aus der Familie Eben Tnejan begleitet!«

Sonntag, 3. Jänner 1915

Alois Musil saß in seinem Zelt und arbeitete an den topographischen Aufzeichnungen der vergangenen Tage. Er hatte trotz der langwierigen, umständlichen Verhandlungen mit den Stammeshäuptlingen und den Abgesandten, die nur sehr langsam begriffen, daß ein Friedensschluß unter den Stämmen nicht nur dem Kalifen, sondern in erster Linie ihnen selbst nützen würde, seine wissenschaftlichen Arbeiten gewissenhaft weitergeführt. Er hatte hunderte Kilometer Wüstenstrecke in seiner Karte entweder neu eingetragen oder Geländeaufzeichnungen vervollständigt und Ortsnamen verzeichnet, zahllose Pflanzen gesammelt und präpariert und Skizzen angefertigt. Sein wissenschaftlicher Assistent, der kleine »Halef« – Karl Waldmann –, bewährte sich vorzüglich als stiller, unaufdringlicher Helfer, so daß auch die vielen Stunden, in denen sich Musil seiner politischen Aufgabe widmen und mit den Häuptlingen verhandeln mußte, stets genützt waren. Ganz vertieft in seine Aufzeichnungen nahm er zunächst gar nicht wahr, daß zwei Männer in sein Zelt getreten waren.

»Sieh, Bruder Musa«, hörte er da den Prinzen Nawwaf sagen, »das ist Nazel Eben Tnejan, der machtvolle Häuptling vom Stamme der Schammar!«

Musil blickte auf und begriff nicht sofort, denn vor ihm stand ein zarter junger Mann mit bleichem Gesicht, in dem die soeben überstandene Krankheit ihre Spuren hinterlassen hatte; den ausgemergelten Körper bedeckte ein dünner, unscheinbarer Mantel. »Schau', das ist dein Führer und Beschützer Nazel«, wiederholte nun Prinz Nawwaf, dessen kraftvolle, hochgewachsene Gestalt den kleinen Nazel noch unscheinbarer machte, als er ohnehin schon war; es klang, als wolle er Musil aus seinen Gedanken aufscheuchen. Das war nun endlich gelungen. Und der sollte der neue Führer und Beschützer sein?

Musil schmunzelte. Das Männlein sollte . . . doch ja, da blitzte etwas in den Augen des Kleinen; Witz und Kraft, Unternehmungsgeist und Zähigkeit.

Nawwaf erkannte Musils Gedanken: »Musa, ich kenne meinen Bruder Nazel und lege meine Hand für ihn ins Feuer. Nimm ihn mit dir, er wird dir ein treuer, verläßlicher Begleiter sein.

Ich reise nun mit meinen Leuten ab, du folgst mir in vier Tagen nach. Du weißt, du hast einen Freund in al-Dschof. Dein Bruder Nawwaf erwartet dich!«

Dreißig Berittene erwarteten ihn vor Scheich Musas Zelt. Er hatte eine schwierige Runde vor sich ... er mußte von den ihm ergebenen Stämmen Steuern eintreiben. Die Erhaltung seiner kleinen Streitmacht kostete viel Geld, und die kriegerischen Ereignisse rundum wirkten sich bereits recht bös auf das Einkommen der Stämme aus, denn für requirierte Kamele oder Pferde gab es kein Geld.

Zum Abschluß überreichte Nawwaf seinem Bruder Musa noch einen Brief, in dem er seinem Sklaven und Statthalter in al-Dschof, dem treuen Neger Amer, auftrug, Scheich Musa im Feiertagskleid willkommen zu heißen und sich zu ihm so zu verhalten, als wäre er, Emir Nawwaf, persönlich nach al-Dschof gekommen.

Der Brief enthielt auch die Nachricht, Scheich Musa käme deswegen nach al-Dschof, um mit Eben Raschid einen Friedensschluß auszuhandeln.

Nichts konnte Innerarabien mehr brauchen als das.

Blieb noch die Frage nach der besten Route offen. Nawwaf schlug einen sicheren Weg quer durch die Wüste Nefud vor, doch Nazel meinte, dort habe es seit drei Jahren nicht mehr geregnet, folglich sei es unmöglich, auf dieser Strecke entsprechende Weideplätze für die Tiere zu finden. »Und am Rande der Nefud lauern auch die Wegelagerer auf!« meinte Nawwaf besorgt.

»Möge Allah dir langes Leben schenken«, wünschte der kleine Nazel schmunzelnd, »es heißt, ich sei der beste Räuberhauptmann landauf und landab. Glaub' mir, ich weiß mich vor meinesgleichen zu schützen!«

Musil stimmte Nazel augenblicklich und uneingeschränkt zu. Welch eine Chance für ihn, eine noch niemals von Europäern begangene Route mit Hilfe dieses sonderbaren Männleins bewältigen zu können!

Um sich aber ja nicht auf ein unüberlegtes Abenteuer einzulassen, unterzog Musil den Kleinen einer strengen Prüfung.

Er fragte ihn über Gegenden, die er gut kannte, aus und erhielt durchwegs exakte Antworten. »Schließlich drückte ich ihm im Zelt zwei Kiesel in die Hand und forderte ihn auf, die Position des Polarsterns und des Südens zu markieren. Ich wollte seine Richtungsangabe dann mit dem Kompaß überprüfen. Dichte Wolken umhüllten den Horizont und die Sonne.

Nazel schaute an die Zeltdecke, streckte die Rechte aus und zog mit dem Stein einen langen, geraden Strich in den Sandboden. Hierauf legte er den größeren Kiesel an das obere, den kleineren an das untere Ende seiner Linie und sagte: »Das, o Häuptling, ist die Lage des al-dschedi (des Polarsterns) und der Strich zeigt nach Süden – »dschenub«.

Ich warf einen Blick auf den Kompaß: Nazel hatte sich um nicht einmal fünf Grad geirrt. Das freute mich naturgemäß sehr. Jetzt wußte ich, einen besonders wertvollen Reisebegleiter gefunden zu haben ...«
Nazel nahm dann eine Handvoll Steine, markierte mit ihnen Brunnen und charakteristische Stellen der Landschaft; mit seinen Händen formte er Täler und Berge im Sand des Zeltbodens. Ein geborener Kartograph.

Eineinhalb Wochen dauerte der beschwerliche Ritt, doch die kundige Führung des stets munteren, heiteren Nazel, der Gefahren mit einer Art sechstem Sinn stets vorausahnte, klug und vorsichtig aus dem Wege ging, ohne dabei notwendige Konfrontationen je zu scheuen, machte die Reise zu einem wahren Vergnügen – trotz aller Strapazen.

Dienstag, den 12. Jänner 1915 – genau um 13 Uhr und 28 Minuten, – erkannte Musil am Horizont die ersten Hütten und Mauern ... die Oase al-Dschof war erreicht. Nach etwas mehr als einer Stunde ritten die Männer zwischen den Häuserruinen von al-Husein und Hasan der Festung zu.

Welch ein trauriger Anblick bot sich den Neuankömmlingen!

Musil erinnerte sich an seinen ersten Aufenthalt in al-Dschof, anfangs 1909. Damals beschatteten üppige Palmen reiche, grüne Gärten.

Die tristen Jahre des Bürgerkriegs hatten das Bild völlig gewandelt.

Ruinen, Trümmer, umgehackte Palmen, dürre Blätter, Unrat, zerbrochene Gerätschaften, wohin der Blick auch fiel.

Die Kamele scheuten beim Anblick der schwarzgrauen Palmstrünke und zerborstenen Häuser derartig, daß die Karawane einen letzten, größeren Umwege einschlagen mußte, um zur Festung zu gelangen.

Scheich Musa beeilte sich, den Regenten der Oase al-Dschof aufzusuchen, der im Namen seines Herrn, des Prinzen Nawwaf, während dessen Abwesenheit die Regierungsgeschäfte führte: den Negersklaven Amer. Es gehörte seit Jahrhunderten zur arabischen Tradition, schwarze Sklaven aus Afrika zu rauben oder über Zwischenhändler zu kaufen, die dann in Arabien als Krieger, Handwerker oder, bei entsprechender Eignung, als Krieger dienten und dabei meist kein so schlechtes Leben führten, und mitunter eine Karriere machten, die daheim in Afrika undenkbar gewesen wäre. Amer gehörte zu diesen Glückspilzen; er war nicht nur enger Mitarbeiter seines Prinzen Nawwaf, sondern, in der Zeit von dessen Abwesenheit, auch sein Statthalter. Musil traf Amer in der Festung an, wo er seinen unvermeidlichen arabischen Kaffee schlürfte und sich von seiner Wache verwöhnen ließ.

Nach herzlicher Begrüßung machte sich Amer sofort über das Studium des Briefes seines Gebieters, des Emir Nawwaf.

Mittlerweile verbreitete sich die Kunde vom Eintreffen Scheich Musas unter der leidgeprüften Bewohnerschaft der Oase al-Dschof wie ein Lauffeuer. Von allen Seiten eilten die Männer herbei, um »den Bruder ihres Herrn, Scheich Musa« wieder zu sehen und zu umarmen. »O Häuptling!« rief einer laut klagend, »befreie uns doch aus diesem entsetzlichen Gefängnis! Seit fünf Jahren schon wagen wir uns nicht mehr vor die Mauern des Ortes, seit fünf Jahren belagert uns der Feind, bei Tag und bei Nacht. Unsere Herden, einst die lebendige Zierde Nefuds, gibt's überhaupt nicht mehr, der Handel verkümmerte längst, jetzt droht der Hunger. Das einzige, was wir noch haben, sind Datteln von den uns verbliebenen Palmen!«

Mittlerweile hatte der Statthalter und Sklave Amer, so wie es ihm Prinz Nawwaf im Briefe befohlen, zu Ehren Scheich Musas sein schönstes Kleid übergezogen, um ihn als den neuen Statthalter der Oase feierlich zu begrüßen. Umgeben von den Dorfältesten hieß er Scheich Musa willkommen und übergab ihm hierauf, im Namen seines Herrn, die Befehlsgewalt über die Oase al-Dschof und das dazugehörige Land, ein Gebiet so groß wie Böhmen und Mähren. Dadurch stieg Alois Musil, der Scheich Musa seiner arabischen Feunde, zum Herrscher über die weite, strategisch bedeutsame Landschaft zwischen dem Wadi Sirhan und dem Dschebel Schammar auf, durch die der historische Pilgerweg vom Persischen Golf nach Mekka führt. Zu Musils Zeiten kannte die Landschaft allerdings seit Jahren nur noch Not, Entbehrung und Bürgerkrieg.

Ursprünglich hatte die Oase zum Herrschaftsgebiet der Ruala gehört, fiel aber um die Mitte des 19. Jahrhunderts in die Hände der Eben Raschid, und war zur Zeit des Höhepunktes der Machtausdehnung der Familie Raschid, um 1880, ein Juwel im Kranz der Oasen, die sich um die Hauptstadt Tejma gruppierten.

1905 aber wurde Eben Raschid von Eben Sa'ud geschlagen, und außerdem drängten die Rualas unter der Führung von Fürst an-Nuri alsbald nach Süden, in ihre alten Besitzungen. Im Jahre 1909 eroberte an-Nuris Sohn Nawwaf die Oase al-Dschof und verwaltete sie fortan im Namen seines Vaters.

Nun, zu Beginn des Jahres 1915, sah sich Alois Musil als Statthalter von al-Dschof, und trotz seiner politischen Mission, die ihn in diese bedeutsame Oase am Ausgang des Wadi Sirhan geführt hatte, betätigte er sich fast ausschließlich als Arzt, als Ratgeber der Kranken und Siechen. Er kümmerte sich um die dringlichsten, hygienischen Maßnahmen, da bereits der Ausbruch von verheerenden Seuchen drohte, tröstete Sterbende und gab Anweisung zur Reinigung und Wiederherstellung von Brunnen. Sicher sind die Tage der Regentschaft Alois Musils in al-Dschof die ersten und bislang einzigen Tage in der Geschichte Innerarabiens, daß ein Europäer dort Macht ausübte. Erst als er alles, was er auf dem Gebiet der Kranken- und Verwundetenpflege tun konnte, auch getan hatte, kümmerte er sich um seine eigentlichen Aufgaben: Vermessen des Gebietes, Erfassen der Ortsnamen des gesamten Geländes um al-Dschof, Kontrolle früherer Eintragungen, Sammeln von Pflanzen, Suche nach Inschriften.

Musil hat in den wenigen Tagen seiner Regentschaft über das Oasengebiet von al-Dschof sowohl die Menschen als auch ihren Besitz und ihr Erbe bewahren geholfen; er hat die Belagerer davon überzeugt, daß es besser sei abzuziehen, und die Belagerten dafür gewonnen, die Abziehenden nicht zu verfolgen. Wenn das innerarabische Friedenswerk (von den ununterbrochenen Raubzügen und Bürgerkriegen macht sich heute niemand mehr eine Vorstellung) zu einem guten Ende kam und das heutige Saudi-Arabien in Frieden leben kann, so ist das auch ein Verdienst Alois Musils.

Am 13. Jänner 1915 brach Musil mit seinen Gefährten Karl Waldmann (genannt »Halef«), seinem alten, treuen Diener Naser und dessen Bruder Mansur in Richtung Südwesten auf, um das Hoflager des Fürsten Eben Raschid, das sich in einer Entfernung von etwa 800 km bei Ummu Dschrejf befand, zu erreichen. Musils Karawane – insgesamt vier Mann mit neun erstklassigen Kamelstuten – stand unter dem Schutz des nun schon bewährten Nazel Eben Tnejan, »einem berühmten Räuber vom Stamme der Sindschara, die zu den Schammar gehören«.

Gleich nach dem Aufbruch fragte Nazel besorgt, ob Scheich Musa auch genug »Rjjal abu Schusche« mit auf die Reise genommen habe, Maria-Theresien-Taler, die im Herrschaftsgebiet des Eben Raschid das begehrteste und wertbeständigste Zahlungsmittel darstellten. »Rejal abu Schusche« heißt so viel wie »Mensch mit kurzen Haaren«, womit die Kaiserin gemeint ist, die auf der Münze ohne Krone und mit schlichter Haartracht dargestellt wird.

Unterwegs nach Südwesten, entlang der trostlosen Wüste Nefud, erwies sich Nazel wie stets als ein kundiger Führer, der außerdem immer neue und interessante Dinge zu erzählen wußte. Als die Karawane eine Hyäne aufscheuchte, erzählte er gleich (»was ich von den Beduinen schon mehrmals gehört hatte«), daß eine Hyäne von einem Manne geschwängert werden könne und umgekehrt auch eine Frau von einer Hyäne. So soll der »ganze Klan der Sba'in aus dem Stamme der Schararat von einem Jüngling abstammen, dessen Mutter eine Hyäne war«. Außerdem kannte Nazel Geschichten von Kindern, die bei den Hyänen großgezogen worden waren und sich bester Gesundheit erfreuten – offenbar Variationen über das Thema »Wolfskind«, das in aller Welt bekannt zu sein scheint.

Trotz der weltabgeschiedenen Gegend, die Musil und seine Gefährten durchquerten, trafen sie immer wieder auf andere Reisende, von denen einige auch über Politik und innerarabische Zustände zu erzählen wußten. Als eine dieser kurzen Reisebekanntschaften gar zu aufdringlich von einem Sieg der Männer Eben Raschids (den Nazel verachtete) über Eben Sa'ud schwärmte, meinte er nach dessen Abschied: »Möge Allah die Zunge dieses Menschen von der Pest verzehren lassen! Meine Ohren schmerzen von Geschätz dieses Prahlers und meinen Leib hat er mit seinem Gerede derartig aufgebläht, daß nicht einmal der Rauch meines Tabaks darin mehr Platz hat! Das sind ja nette Stämme, die da zu meinem Volk gehören!« (Der Reisende war ein Aslami, so wie die Schararat ein Teil der Schammar.) »Viele Schammar glauben, daß diese Aslam von den Juden abstammen, so wie die Akejl, die Bewohner von al-Kasim. Sie sind nämlich die besten Händler weit und breit und hauen die Beduinen über's Ohr«, meinte Nazel nicht ohne Anerkennung.

Am 3. Februar 1915 erkrankte Alois Musil schwer. »All das ständige Erbrechen und der entsetzliche Durchfall kehrten wieder. Meine Temperatur stieg auf 39,2 Grad C, aber wir mußten weiter. Am Vortag hatte uns ein Negersklave mit einem herrlichen, roten Kaftan erblickt und mit Sicherheit bereits unsere bevorstehende Ankunft gemeldet. Wir mußten unser Ziel erreichen – das Hoflager Eben Raschids.

Um sieben Uhr früh erblickten wir endlich eine Gruppe weißer Zelte und schlugen deshalb in einer sanften Bodenmulde nördlich dieses Platzes unser eigenes Lager auf. Wir waren kaum aus den Sätteln gestiegen, als auch schon fünf Sklaven auftauchten, einer beritten, vier zu Fuß, und ihre Hilfe anboten. Nazel raunte mir zu, ich solle nur den Berittenen behalten und die anderen verscheuchen, sie seien alle nur Diebe. Doch schon kamen zwanzig andere Sklaven herbei, die eine riesige Zeltbahn mit sich trugen, aus herrlicher, weißer Wolle, und sofort daran gingen, sie für uns aufzuspannen. Nazel, der die Gebräuche der Eben Raschids bestens kannte, warnte Scheich Musa eindringlich vor dem Betreten dieses »Gastzeltes«: »Musa, bedanke dich für alle Großzügigkeit, aber nimm *nichts* an. So lange wir für uns sind, sind wir freie Männer. Von dem Augenblick an, da wir uns des Eigentums Eben Raschids bedienen, sind wir ihm auch schon verpflichtet.«

Nazel erwies sich in den gefährlichen Tagen im Hoflager des Fürsten Eben Raschid als eine ebenso treue wie unentbehrliche Stütze. Er haßte den Minister des Fürsten, Subhan, und verachtete den Fürsten Eben Raschid aus ganzem Herzen. Doch sein Haß machte ihn nicht blind, sondern hellhörig und geistesgegenwärtig.

Kurz nachdem die Männer Alois Musils das Lager errichtet und ihre Kamele versorgt hatten, erschien der allmächtige Minister des Fürsten Eben Raschid, der dunkelhäutige Sa'ud Eben Subhan, im Zelte des »Scheich Musa Eben Nemsa«, von dem er schon so viel gehört hatte.

»Subhan dürfte an die fünfundzwanzig Jahre alt gewesen sein, klein gewachsen, mager, im Gesicht eine Stupsnase und dicke, fleischige Lippen. Sein linkes Auge war tot. Grauer Star. Er lächelte mir zu und fand viele, freundliche Worte, aber seine Blicke sprachen Bände und der ganze Körper schien sprungbereit, als bereite er sich auf einen Angriff vor. Niemals blickte er in die Richtung, in die er sein Gesicht wandte. Wenn er das Antlitz nach rechts drehte, schaute er nach links. Alsbald fühlte ich, wie sehr mich dieser Mann haßte. Meine Anwesenheit störte alle seine Pläne, mochte sie sogar durchkreuzen. Er wußte, daß ich ein Freund seiner Feinde, des Fürsten an-Nuri und dessen Sohn Nawwaf war, daß ich auch Eben Sa'ud kannte, und er wollte es kaum ertragen, mich in der Gesellschaft eines Mannes wie Nazel Eben Tnejan zu sehen, dem volkstümlichsten Krieger des Stammes der Sindschara.«

Nach einer längeren, entsprechend den Gesetzen der Wüste notwendigen Unterhaltung mit dem Sindschara Nazel wandte sich der Minister Subhan an Alois Musil, nachdem sich Nazel zurückgezogen hatte:

»Was bringt dich zu Eben Raschid?«

Als er von Musil hörte, er habe das Ziel, zwischen Eben Raschid und dem Fürsten an-Nuri Frieden zu vermitteln, antwortete Subhan unwillig:

»Enver Pascha hat zu diesem Zweck bereits vier Delegationen hergeschickt, aber der Fürst hat es abgelehnt, mit an-Nuri Frieden zu schließen. Du weißt, daß sie alle, an-Nuri, Nawwaf und Eben Sa'ud, mit den Engländern zusammenarbeiten. Aus diesem Grund hat Fürst Eben Raschid allen dreien auch den Heiligen Krieg erklärt!«

»Aber der Kalif zu Konstantinopel hat den Ungläubigen den Heiligen Krieg, den Dschihad, erklärt. Gehören Eben Sa'ud oder an-Nuri vielleicht gar zu den Ungläubigen?«

»Sie lassen sich mit den Ungläubigen ein und sind verderbter als jene. An-Nuri wurde wegen seiner Zusammenarbeit mit den Ungläubigen zum Tode verurteilt, und nur du hast ihn vor der Hinrichtung bewahrt.

Und Eben Sa'ud? Der hat die Regierungstruppen aus el-Hasa vertrieben! An-Nuri und Eben Sa'ud sind Feinde der Regierung!«

Die Unterredung steigerte sich allmählich in ein hitziges Wortgefecht. »Sowohl Fürst an-Nuri als auch Eben Sa'ud arbeiten mit den Engländern zusammen«, behauptete Subhan abermals. »Aber Enver Pascha verlangt nun, daß du mit beiden Frieden schließt. Wird Eben Raschid diesem Frieden zustimmen?« antwortete Musil drohend.

»Niemals!«

»Allah wird alles so lenken, daß er Frieden schließen wird!«

Daraufhin zog sich der Minister des Eben Raschid zurück.

Die Beratungen des Ältestenrates Eben Raschids zogen sich bis in den Nachmittag hinein. Um 15 Uhr endlich erschien ein schwarzer Sklave und überbrachte Musil eine Einladung in das Zelt des Fürsten.

»Nazel begleitete mich. Das Zelt des Fürsten Eben Raschid stand in der Mitte des Lagers, gut fünfzehn Meter lang, fünf Meter tief und drei Meter hoch. Der Eingang befand sich an der Schmalseite, deren Bahnen hochgeschlagen waren. Vor dem Zelt wachten vier Standartenträger. Entlang der langen Zeltwand harrten mehrere Häuptlinge, Grundbesitzer aus Tejma und Sklaven aus der engeren Umgebung des Fürsten der Fremden. Am Ende des Zeltbaus erwarteten mich Subhan und sein Herr, Fürst Eben Raschid. Nachdem wir die üblichen Höflichkeiten einander gesagt hatten, ließen wir uns nieder, ich zur Linken des Fürsten.

Fürst Sa'ud Eben Abdul Aziz, der Chef des Hauses Eben Raschid, war ein Jüngling von ungefähr siebzehn Jahren, groß gewachsen, aber ausgemergelt, mit schläfrigen Augen in einem teilnahmslosen Gesicht. Ein Sklave schenkte mir Kaffee ein. Ich gab die Schale an den Fürsten weiter, der von dem Kaffee nippte, und erst dann nahm ich ebenfalls davon. Er fragte mich, wie es mir gehe, ob ich gesund und wie meine Reise verlaufen sei, und dann herrschte Stille.

Nach einer Weile servierte ein Sklave ungemein süßen Tee, von dem ich abermals erst trank, als auch der Fürst davon genommen hatte. Schließlich gab ich zu erkennen, daß ich mich wieder zurückziehen wolle. Alle erhoben sich von ihren Plätzen. Nun erst überreichte ich die Briefe des Fürsten an-Nuri und des Emir Nawwaf, und dann verabschiedete ich mich.«

Abends packte Alois Musil zwei Repetiergewehre mit Zielfernrohr, zwei Pistolen und je hundert Patronen aus, ließ die Geschenke sorgfältig reinigen und schickte sie in das Zelt des Fürsten hinüber.

Am nächsten Morgen, dem 4. Februar 1915, wechselte der Stamm den Lagerplatz. An der Spitze des Zuges ritt der Fürst mit seinen vier Standartenträgern, eine Weile danach folgte eine Kamelin mit einer Sänfte, in der eine Frau des Fürsten saß. Abends, auf dem neuen Lagerplatz, empfing der Fürst abermals seinen Gast Alois Musil. »Er saß in seinem hohen Zelt auf einem Teppich, auf einem Bettgestell neben ihm lag das Repetiergewehr, das ich ihm geschickt hatte, mit dessen Zielfernrohr aber weder er noch seine Umgebung etwas anzufangen wußte. Ich erklärte ihm genau, wie es zu handhaben sei und kam schon bald auf den notwendigen Friedensschluß zu sprechen. ›Der Fürst wird nicht eher Frieden mit Nawwaf und an-Nuri schließen, als die beiden die geraubte Oase al-Dschof zurückgeben!‹ meinte Subhan drohend. ›Du meinst jene Oase al-Dschof, die den Ruala vor sechzig Jahren von euch geraubt worden ist?‹ fragte ich arglos.« Die Unterredung zog sich stundenlang dahin. Am nächsten Morgen brach der ganze Stamm wieder auf, um gegen Mittag neues Lager zu beziehen. Kurz darauf erschien der Minister Subhan im Zelte Musils und erklärte, sein Fürst sei nun zu einem Friedensschluß bereit, allerdings nur mündlich. Musil lehnte ab: So wie Fürst an-Nuri ein feierliches Schreiben an Eben Raschid gerichtet habe, müsse auch Fürst Eben Raschid seinen Friedenswillen schriftlich niederlegen. »Enver Pascha besteht auf einer schriftlichen Vereinbarung. Ich werde mich morgen nach al-Öla an der Hedschas-Bahn begeben und telegrafisch nach Konstantinopel berichten, was hier vorgegangen ist!« Schließlich gaben Subhan und Fürst Eben Raschid nach. Musil diktierte den Vertragstext, der mit dem Ringe des Fürsten besiegelt wurde, und dann stand dem Aufbruch nach al-Öla nichts mehr im Wege.

Am 6. Februar des Jahres 1915 brachten Sklaven eine Kamelin und eine Pferdestute, beide von hervorragendem Wuchs, als Geschenk des Fürsten Eben Raschid zum Lager Alois Musils. »Ich dankte dem Sklaven mit den Worten: ›Möge Allah dem Fürsten wohlgesinnt sein‹, und dann brachen wir nach Westen auf.«

Nach kurzem Ritt bereits erreichten die Männer das Zelt des Fürsten Eben Raschid. »Er hat nicht ein einziges Wort von sich gegeben. Sein Minister Subhan erinnerte mich daran, daß er mein Freund sei.«

Es fiel aber Musil auf, daß er sich, während die kleine Karawane schon weiter zog, sehr dringend an Nazel wandte und ihm etwas ins Ohr flüsterte. Als sie aus dem Bannkreis des Lagers draußen waren, sagte Nazel: »Weißt du, was er gewollt hat? Ich sollte dich nur bis Edscha begleiten, wo das Land der Schammar endet und dich dann deinem Schicksal überlassen, nicht ohne vorher die Weld Slejman davon zu verständigen. Die Beute könnten wir uns dann teilen. So hat Sa'ud zu mir gesprochen, Sohn des Subhan; zu mir, Nazel, Sohn des Duhi Eben Tnejan!«

Musil notierte in seinem Tagebuch abschließend zu diesem denkwürdigen Besuch im Lager des Eben Raschid: »Nirgendwo in Arabien stieß ich jemals auf solche Niedertracht.«

Zwei Tage später bereits, am 8. Februar, traf Musil mit seinen Gefährten im Lager der Familie seines Schutzherren Nazel ein, in dem heller Aufruhr ausbrach, als der längst für tot gehaltene Nazel mit seinen neuen Freunden dort auftauchte. »Alle liefen zusammen«, berichtete Musil gerührt, »und ganz zum Schluß kam eine liebe, alte Frau, die einen Mantel übergeworfen hatte, wie ihn sonst nur Männer tragen. Als Nazel sie sah, sprang er von seinem Kamel, lief ihr entgegen, umarmte sie und küßte sie wieder und wieder. ›Mein lieber, kleiner Sohn‹, rief die Mutter, und ›meine liebe, alte Mutter‹, schluchzte der wackere, sonst so tapfere Nazel. Es war lange her, seit ich so viel Liebe und Zuneigung, so viel Freude gesehen hatte. Nazel führte mir seine alte Mutter zu. Sie wollte meine Füße küssen, und so sprang ich so schnell ich nur konnte von meinem Kamel und umarmte sie gleichfalls. Die Frau weinte und streichelte meine Wangen, als sei *ich* es, dem sie die unverhoffte Heimkehr ihre Sohnes zu verdanken habe. Dann schlugen wir unser Lager auf, an die 300 m von Nazels Zelt entfernt. Abends kam Häuptling Fahad Eben Tnejan, Nazels Cousin, um uns feierlich willkommen zu heißen. Wir waren in Sicherheit!«

Den ganzen folgenden Tag beschäftigte sich Musil ausschließlich mit seiner wissenschaftlichen Arbeit, dem Überprüfen und Nachtragen der Aufzeichnungen, dem Ordnen der Pflanzen und endlich, spät abends, mit der Zusammenstellung des kleinen Gepäcks, das er zur Eisenbahn- und Telegraphenstation al-Öla mitnehmen wollte. Der Rest sollte im Lager der Familie Tnejan bleiben.

Am 11. Februar 1915 brach Musil, nur mit dem notwendigsten Gepäck versehen, mit seinen Freunden in Richtung Westen auf. Vorbei an dem Höhenrücken Salma umging er die Hauptstadt des Eben Raschid, Ha'il, in südlicher Richtung und überquerte das Edscha-Gebirge, um Mowak zu gewinnen. Am 27. Februar endlich traf die Karawane an der Hedschasbahn in al-Öla ein.

Unmittelbar nachdem das Lager aufgeschlagen war, schickte Musil einen umfassenden Bericht nach Wien, um den Minister des k. u. k. Hauses und des Äußern, Baron Burián, zu informieren:

»27. Februar, al-Öla

Nicht anfangs, sondern erst Ende dieses Monats, nämlich am heutigen Tage bin ich nach al-Öla gekommen.

Von al-Dschof durchquerte ich die Wüste Nefud in südöstlicher Richtung, ließ Ha'il fast 250 km westlich und fand den Emir Eben Raschid tief in el-Kasim östlich von el-Breida im Kampfe mit Eben Sa'ud. Zwei Tage und eine Nacht hörte ich die Kanone der Ortschaft Ajn ebn Fhed donnern.

Anfangs wollte der Eben Raschid von einem Frieden mit dem Fürsten an-Nuri und dem Emir Nawwaf nichts hören – stellte unerfüllbare Bedingungen; aber es gelang mir, seinen wichtigsten Ratgeber zu »gewinnen« und ihn umzustimmen. Der Frieden zwischen dem Eben Raschid sowie dem Fürsten an-Nuri und seinem Sohn, dem Emir Nawwaf, ist bedingungslos geschlossen, die diesbezüglichen von Eben Raschid unterzeichneten und von mir diktierten Briefe sind durch einen von mir gemieteten Boten beiden zugestellt worden, und ich selbst besitze eine Kopie mit der Unterschrift des Eben Raschid.

Nun stehen der Regierung mehr als 30000 Krieger zur Verfügung.

Die Stämme Schararat, Hwejtat, Beni Schar, die Ahali el Djof, die Ruala, Wuld Ali, Faware, Kmusa, Ha Ebede können nun die Regierung unterstützen.

Nur muß die Regierung den Fürsten Nuri und den Emir Nawwaf entsprechend behandeln.

Es ist interessant, daß weder die Mission aus Bagdad noch diejenige aus Mekka im Stande waren, den Eben Raschid zum Frieden mit Fürst an-Nuri zu bewegen.

Vom Frieden mit Eben Sa'ud will der Eben Raschid absolut nichts hören.

Es ist ihm gelungen, über diesen am 22. Jänner einen Erfolg zu erzielen – und jetzt hofft er, das ganze Kasim zu erobern.

Er stützt sich auf die ihm zur Verfügung gestellten Waffen und die Munition und erklärt den Eben Sa'ud zum Verräter ...

In dem Treffen am 22. Jänner fiel ein Engländer, der die dem Feisal gehörige Kanone bediente. Ich selbst sprach mit dem Manne, der ihn tötete und seinen Revolver erbeutete.

Es ist gewiß, daß die Engländer und Russen tüchtig vorgearbeitet haben. Der Scherif von Mekka soll ihr Gold »essen«. Der Nakib von el-Bosra agitiert für sie.

Eben Sa'ud ist ein guter Muslim und wäre leicht für den Frieden zu gewinnen, wenn nur der Eben Raschid nicht auf der Abtretung des Kasim bestehen würde.

Eben Raschid ist nicht imstande, Aneiza und Breida zu erobern – aber seine Schammar binden die Kräfte des Eben Sa'ud – und die Engländer lachen.

Der Emir Eben Raschid will mich zu Eben Sa'ud nicht gehen lassen; doch würde ich dies versuchen, wenn ich nur einen Erfolg zu erhoffen hätte.

So werde ich Montag, den 1. März, von da nach dem Nedjd zurückkehren.

Ich ließ dort 7 Kamele und den größten Teil meines Gepäcks bei dem Stamme des Eben Tnejan, da mich der Bruder des Oberhäuptlings der Sindschara (Nazel!) begleitet. Bei meinem Stamme angekommen, werde ich hören, wie die Sachen stehen. Finde ich nur einen Funken von gutem Willen zum Frieden beim Eben Raschid, so reise ich zu Eben Sa'ud – wenn nicht, so begebe ich mich nach dem Irak und werde anfangs April in el Maschad (Nedschef) eintreffen.

Von Nedschef aus will ich den Oberhäuptling der Amarat Eben Haddal aufsuchen und ihn zum Frieden mit Eben Raschid bewegen.

Wenn der Wali von Bagdad durch den Mütesarif von Kerbela den Häuptling Eben Haddal zum Frieden auffordert, so wird der guten Sache nur genützt.

Ende April hoffe ich, nach Bagdad zu kommen.

Soeben sprach mit mir der Begleiter des Scherifs von Medina, der wenige Tage vor mir bei Eben Raschid war und erfolglos zurückkehren mußte.

Er war ganz verblüfft, als er hörte, daß Eben Raschid mit an-Nuri sowie dessen Sohn, dem Emir Nawwaf, Frieden geschlossen hat.

Wenn ich nur diesen Erfolg zu verzeichnen hätte, so wäre er groß genug, um mich all die Entbehrungen vergessen zu lassen, die ich zu überstehen hatte. Schwebte ich doch 10 Tage lang zwischen Leben und Tod, da mich ein typhöses Fieber quälte: die Folge einer Vergiftung? Ich wollte mich von al-Öla aus nach Ha'il begeben, wozu ich jedoch unbedingt Befehle vom Wali von el-Medina brauchte.

Diese wurden mir als absolut sicher zugesagt – in al-Öla sollte ich sie vorfinden – fand jedoch gar nichts.

Wie ich geahnt.

Die Zustände im Hedschas sind so verworren, daß ich keine Lust spüre, mich mit den von Engländern und Franzosen gespeisten Herren von Mekka zu beschäftigen.

P.S.:

Der Titel »Musteschar el imberaturije el Muazzam« (Musil war ja vor seiner Abreise noch rasch »Herr Hofrat« geworden!) hilft mir großartig.

Die Häuptlinge sehen in mir den ›Berater von drei Königen‹ und fühlen sich geschmeichelt, meinen Rat ebenfalls zu vernehmen.«

Am 7. März erhielt Markgraf Pallavicini in Konstantinopel ein chiffriertes Telegramm aus Damaskus:

»Hofrat Musil teilt durch k. u. k. Konsulat in Damaskus mit, daß ihm Vermittlung eines Friedensschlusses zwischen dem Fürsten an-Nuri und Eben Raschid gelungen sei, so daß die nordarabischen Stämme der Regierung Hilfe leisten können. Musil begibt sich jetzt von Ha'il, der Residenz des Eben Raschid, nach Bagdad.«

Der österreichisch-ungarische Konsul in Damaskus hatte mit dieser Nachricht vollkommen recht: Musil war ein historischer Friedensschluß unter den arabischen Stämmen gelungen, der für die kommende Entwicklung Saudi-Arabiens nicht hoch genug eingeschätzt werden kann. Ist Musil auch die Rettung des Osmanischen Reiches nicht gelungen, weil übermächtige Kräfte einer Einheit des gesamten moslemischen Raumes entgegenwirkten, so gelang ihm doch ein Teilerfolg: Durch seine Friedensmission von 1914/1915 wurde lange aufgestauter Haß innerhalb der Stämme, aber auch zwischen Türken und Arabern abgebaut. Die Auflösung des Osmanischen Reiches im Jahre 1918, nach der großen Niederlage, ging dann auch unter weniger dramatischen und blutigen Begleitumständen vor sich, als es ohne die Bemühungen Musils möglich gewesen wäre. Das schuf aber bereits wieder die Grundlage der heutigen und künftigen Zusammenarbeit im Rahmen der moslemischen Völkergemeinschaft.

Eine Analyse der Konsularberichte des Dr. Ranzi aus Damaskus zeigt übrigens eine erschreckende Fehleinschätzung der Lage in Innerarabien; sie zeigt, daß die Beamten nicht einmal die *Namen* der beteiligten Araberfürsten unterscheiden konnten. Französische Agenten des Deuxième Bureaux sowie Vertraute des Ministers Subhan produzierten in Damaskus nicht nur Siegesmeldungen des Eben Raschid am laufenden Band, sondern gelegentlich sogar *Fahnen.* Als es darauf ankam, zur Bewilligung neuer Subsidien durch den Gouverneur von Damaskus von einem großen Sieg über Eben Sa'ud berichten zu müssen, ließ der Gesandte des Eben Raschid in Damaskus »Fahnen« nähen, die nachher ein wenig zerfetzt und mit Pulverschmauch präpariert wurden. Tags darauf stellte man sie in Damaskus schon als »Siegestrophäen« des Eben Raschid über Eben Sa'ud aus. Einer dieser Berichte aus dem österreichisch-ungarischen Konsulat schließt: »... so ist die Haltung Eben Raschids für die türkische Regierung doch ein bedeutender Gewinn. Von Dr. Musil fehlt seit seiner Abreise von Dschof jede weitere Nachricht.

Es zeichnet: der k. u. k. Generalkonsul Dr. Ranzi, Damaskus.
23. Februar 1915.«

Es gehört zu den tragisch-komischen Seiten des Ersten Weltkriegs, daß der völlig irreführende Bericht des Konsuls Ranzi aus Damaskus zur gleichen Zeit in Wien einlangte wie der Brief Alois Musils, der am 28. Februar 1915 aus al-Öla an der Hedschasbahn abgegangen war.

Nichts wäre verfehlter als zu denken, Wien hätte auf die Ereignisse am Rande der Welt – als solcher galt bei vielen die Arabische Wüste – ohnehin keinen Einfluß gehabt.

Das Gegenteil trifft zu: Selbstverständlich verfolgte die osmanische Regierung die Aktivitäten Musils und der Österreicher in Damaskus oder Konstantinopel mit großer Aufmerksamkeit und legte auf Nachrichten von dieser Seite, die allgemein als verläßlich galten, großen Wert.

In Wien hatte übrigens am 13. Jänner 1915 ein Wechsel an der Spitze des Ministeriums des k. u. k. Hauses und des Äußren stattgefunden; an Stelle des Grafen Aehrenthal leitete nun Stephan Baron Burián die österreichisch-ungarische Außenpolitik.

Die alle Ereignisse auf den Kopf stellende Berichterstattung des Konsuls Ranzi in Damaskus bedeutete sicher Wasser auf die Mühlen der zahllosen Gegner und Neider Musils, die nun behaupteten, sie hätten mit der Hilfe für Eben Raschid recht getan und einen treuen und machtvollen Verbündeten Konstantinopels unterstützt.

Genau das aber wollten die Gegner der Mittelmächte; nach ihrem Wunsche sollten Wien, Berlin und die Hohe Pforte ruhig weiter Waffen und Geld an den Falschen liefern. Wäre es nach Musils Vorschlägen und Ideen gegangen, hätte alle Hilfe der Mittelmächte an-Nuri und Eben Sa'ud gelten müssen.

Den Fürsten an-Nuri kannte Alois Musil wie kaum ein Zweiter.

Eben Sa'ud wieder gehörte zu jenen arabischen Herrschern, denen die Würde des Kalifats etwas bedeutete, der daher ein natürlicher Verbündeter Konstantinopels hätte sein können, zumal er die Bestrebungen des Großscherifen von Mekka nur mit äußerstem Argwohn beobachtete. Eben Sa'ud hatte überhaupt kein Interesse daran, daß die Haschemiten in Mekka allzu mächtig werden; dem Herrscher von ar-Riyad war ein Kalif in Konstantinopel lieber, als ein ehrgeiziger Anwärter auf diese Stellung in Mekka, seiner unmittelbaren Nachbarschaft.

Musil hat diese Umstände immer wieder genau analysiert und versucht, der Regierung in Wien wie auch in Konstantinopel die wahren Zusammenhänge aufzuzeigen, wobei er schließlich doch große Erfolge errang. So wurde der osmanische Oberbefehlshaber Enver Pascha endlich auf die Zustände in Innerarabien und im Hedschas aufmerksam und begab sich ein Jahr nach Musils Mission persönlich nach Medina, um die Stellung der Pforte in dieser für das Osmanische Reich so wichtigen Region zu stärken. Alois Musil bereitete seinen Aufbruch vor. Er wollte von der Hedschasbahn noch einmal die Wüste durchqueren, um nach Bagdad zu gelangen.

Alois Musil jedenfalls hätte an einem der letzten Februartage des Jahres 1915 in al-Öla in aller Ruhe einen Zug der Hedschas-Bahn besteigen und samt seinem Gefährten Karl Waldmann in aller Bequemlichkeit nach Damaskus zurückkehren können. Der Erfolg seiner bisherigen Tätigkeit rechtfertigte einen solchen Schritt bestimmt.

Doch Musil und Waldmann verpackten bloß das bisher bereits zusammengekommene wissenschaftliche Material sorgfältig und schickten es nach Damaskus. Ein Telegramm nach Konstantinopel, in dem Musil über die wahren Vorgänge um Eben Raschid und seine »Siege« berichtete, blieb unbeantwortet.

Da Musil aber fürchtete, er könnte vielleicht gar Anweisung bekommen zurückzukehren, er seine Mission aber durchaus noch nicht als abgeschlossen betrachtete, beschleunigte er die Vorbereitungen für einen neuerlichen Aufbruch in die Wüste. Er hatte sich zu einem sehr gewagten Schritt entschlossen: Musil wollte mit seinen Begleitern, also mit Karl Waldmann und dem nimmermüden, unendlich tüchtigen Nazel Eben Tnejan, die Wüste Nefud jetzt noch ein zweites Mal durchqueren, und zwar in umgekehrter Richtung, nach Nordosten.

Das bedeutete 1200 km Sand und Stein von al-Öla an der Hedschas-Bahn bis an-Nedschef am Ufer des Euphrat; hierauf nochmals 1000 km von an-Nedschef über Bagdad nach Damaskus.

Am 2. März 1915 brach Musil mit seinen Leuten auf.

Er wählte dabei eine neue Route, die durchschnittlich etwa 20 km nördlich jenes Weges verlief, den er auf dem Marsche nach Westen eingeschlagen hatte. Über die Höhen von al-Misma erreichte Musil die nördlichen Ausläufer von Edscha und umging hiermit Ha'il. Am 14. März überquerte er den gefährlichen Höhenrücken von Ad-Dhana und stieß zu Frühlingsbeginn bis in die Berge von Atsch-Tscherim vor. Dann ging's nochmals zurück, Richtung Westen, zu einer genauen Geländeaufnahme des nördlichen Ad-Dhana und schließlich in einem Gewaltmarsch sondergleichen schnurstracks nach Norden.

Am 5. April 1915 kehrte Musil mit seinen Freunden, nach fünf Wochen schwerster Anstrengung und größter Entbehrung, in die »Zivilisation« zurück: die kleine Karawane erreichte glücklich »die Stadt« (al-Maschad) an-Nedschef.

Schon unmittelbar darauf merken sie, daß sie sich tatsächlich wieder im Bereiche »der äußeren, mehr leiblichen menschlichen Werte« befanden.

»Wir schlugen unser Lager an der Nordostecke der befestigten Stadt, etwas außerhalb der Mauer auf. Schon um 10 Uhr vormittags gab mir der Kajmakam von an-Nedschef die Ehre. Er brachte als Geschenk auch gleich eine Stute mit und ersuchte mich, zwischen ihm und dem Oberhäuptling Drejjem Eben Barrak einen Frieden auszuhandeln. Die Leute Barraks feuerten wahllos auf jeden Gendarmen, der sich vor den Mauern der heiligen Stadt zeigte. Da ich Barrack von meiner Reise im Jahre 1912 recht gut kannte, versprach ich dem Kajmakam, den Scheich aufzusuchen. Als einzigen Begleiter nahm ich Nazel Eben Tnejan mit, meinen treuen Begleiter durch die Wüste Nefud, allerdings auch einen Gendarmen, bestand doch die Möglichkeit, irgendwelchen osmanischen Truppeneinheiten zu begegnen.

Schon um elf Uhr brachen wir aus dem soeben erst aufgeschlagenen Lager auf. Der Gendarm hielt sich den ganzen Ritt über ängstlich genau zwischen mir und Nazel, offenbar der Meinung, dort für den Fall eines Hinterhalts am besten vor feindlichen Kugeln geschützt zu sein.«

Nach längerem Suchen fand Musil den Häuptling in den Ruinen südwestlich von al-Kufa, südlich der Trasse der berühmten Pferdetramway. Drejjem Eben Barrack erkannte Musil schon von weitem, klatschte nach den Weibern und befahl ihnen, ein Mahl zu bereiten; dann bat er Musil und den kleinen Nazel mit weit ausgestreckten Armen und freudiger Miene in sein Zelt.

Den Gendarmen wollte er augenblicklich wegschicken, doch über Bitte Musils wies er ihm schließlich einen Platz am Rande des Zeltes zu.

»Du kannst dir nicht vorstellen, Musa, was wir unter der Regierung zu leiden haben«, klagte der Scheich, »sie requirieren Tag und Nacht und zwingen unsere jungen Männer zum Militärdienst. Das Schlimmste aber sind unsere Probleme mit dem Ackerland: Seit undenklichen Zeiten bebauen wir unsere Felder zwischen al-Kufa und al-Dschara. Sie gehörten immer uns, schon unsere Väter und Großväter bauten dort an. Nun soll das alles anders werden. Einige reiche Familien in an-Nedschef haben die Behörden bestochen, und nun sollen diese Äcker auf einmal nicht mehr uns, sondern den Mächtigen aus der Stadt gehören. Ist das die Regierung, für die wir kämpfen sollen?«

Musil versuchte, den verzweifelten Scheich aufzurichten und versprach ihm, die Angelegenheit mit dem Kajmakam zu besprechen.

Dort stellte sich alsbald die bittere – politische – Wahrheit dar: Der Kajmakam kannte das Problem wohl, konnte aber so gut wie nichts tun. Die Bauern und Halbfellachen draußen auf dem Lande, erst recht die Beduinen, hatten sich selbstredend niemals um Eintragungen in Grundbücher oder sonstige Dokumente gekümmert, sondern Land einfach dort bebaut, wo schon ihre Väter gewirtschaftet hatten oder wo sie eben Platz zum Ackern oder Weiden der Herden fanden. Innerhalb des Jahrzehnts vor dem Ausbruch des Ersten Weltkrieges änderte sich die Lage sehr rasch. Grundbesitz wurde nur anerkannt, wenn er auch in den Verwaltungsstellen ordentlich registriert war, schon allein aus steuerlichen Gründen. Bisher hatten Bauern Felder bewirtschaftet, im Falle der Steuerpflicht aber einfach erklärt, eigentlich gehöre ihnen ohnehin nichts. Nun saßen viele dieser Steuerflüchtigen, jedoch auch andere, die sich um »Verwaltungskram« nie gekümmert hatten, in der Klemme. Im Zweifelsfalle aber gab die Verwaltung den reichen Großgrundbesitzern, die ihre Wohnungen in der Stadt oder deren Nähe hatten, fast immer recht, nicht nur, weil das Recht fast immer auf ihrer Seite war, sondern vielfach auch, weil im Zweifelsfalle die Behörde für jene entschied, von denen sie eher die Entrichtung der Grundsteuer erwarten durfte: also wieder die Großgrundbesitzer. Während des Ersten Weltkrieges verschärfte sich dieses Problem insbesondere im Zweistromland, wo britische Agenten gegen die osmanische Zentralregierung vor allem in den Städten wühlten und die Behörden selbstredend danach trachteten, die einflußreichen und wohlhabenden Bürger für sich zu gewinnen. Die Mehrheit gehörte ohnehin der schiitischen Glaubensgemeinschaft an und stand schon aus diesem Grunde der Zentralregierung (die sich mehrheitlich aus Sunniten zusammensetzte) ablehnend genug gegenüber. Die Zeche mußte allerdings die Landbevölkerung bezahlen.

Als Musil einige Tage darauf wieder im Lager des Drejjem weilte, merkte er, daß Drejjem – ein Schiit – zwar die ungläubigen Engländer haßte wie die Pest, aber dennoch nichts mehr wünschte, als daß seine schiitischen Glaubensbrüder so ordentlich wären wie jene Dscha'ur – jene Ketzer.

Nachts führten die Männer Stunden über Stunden ihre wilden Kriegstänze vor. »Das sollte allfällige Räuber vertreiben. Mit Sicherheit jedenfalls vertrieb die Tanzerei unsere wohlverdiente Nachtruhe.«

Von Bagdad nach Stambul

Nach umfangreichen Wanderungen in der Gegend südlich und östlich von an-Nedschef kehrte Musil mit seiner kleinen Gefolgschaft am 11. April wieder in die Stadt zurück. Nach einem Besuch beim Bürgermeister der Stadt und beim Kaimakam, der das große Gepäck die ganze Zeit über in seiner Verwahrung gehabt hatte und sich auch redlich bemühte, den Bauern in ihren Problemen zu helfen, ging Musil an das Übertragen seiner Anmerkungen in den Notizbüchern in die Kartenskizzen; eine umfangreiche Arbeit, umfaßte sie doch das ganze Gebiet von al-Öla bis an-Nedschef. Nazel und zwei weitere Eingeborene leisteten dabei Hilfe.

Dann ging's an die Vorbereitung des Aufbruchs nach Norden.

»Ich war körperlich und seelisch bereits so völlig erschöpft, daß ich nichts mehr ersehnte, als ein paar ruhige, erholsame Tage in Bagdad. Dazu kamen die ersten, aber auch schwersten Probleme mit Nazel: Er versprach zwar immer und immer wieder, mich bis al-Bischri begleiten zu wollen, aber ich wußte doch, daß im gleichen Augenblick, da ihn das Heimweh nach der Wüste packte, er augenblicklich umkehren würde.«

Am 12. April verließ Musil mit seinen Leuten die heilige Stadt an-Nedschef und bewegte sich in Begleitung zweier Gendarmen auf der Reichsstraße nach Norden, Richtung Kerbela.

Am frühen Nachmittag erreichten die Reisenden Kerbela, die Stadt der Imame al-Husein und al-Abba. Im Gegensatz zu 1912, als Musil, damals in Begleitung des Prinzen Sixtus, in allen Straßen unzählige Pilger gesehen hatte, beherrschten nun so gut wie ausschließlich Soldaten das Stadtbild.

Abends stattete der Mütesarif von Kerbela dem Gelehrten draußen vor den Mauern in dessen Lager einen Besuch ab, blieb aber nicht allzu lang, weil weder er noch die ihn begleitenden Beamten die Mückenplage aushielten. Jedenfalls warnte er nochmals eindringlich vor den Räubern, die nachts das Gelände vor der Stadt verunsicherten.

»Den ganzen langen Weg von an-Nedschef bis nach Bagdad hörte ich ununterbrochen harte Klage über die Deutschen. Jeder Beamte, ob hoch oder niedrig im Rang, gab ausschließlich ihnen, den ›Alman‹, die Schuld am Krieg überhaupt und am Kriegseintritt des Osmanischen Reiches im besonderen. Der Gendarm Mohammed, der uns seit al-Msajeb begleitete, beschwerte sich bitter darüber, daß die Deutschen seiner Regierung überhaupt nicht helfen wollten, nein, daß sie sogar schamlos die besten Nahrungsmittel selber verbrauchten.

Er beweinte Sultan Abdül Hamid und verfluchte die jungtürkische Partei für Einheit und Fortschritt, die über das Reich nichts gebracht habe als Krieg und Elend.«

Am späten Abend schlug man in der Nähe eines kleinen Lagers der Dschannabiin die Zelte auf, im Schatten eines Kanals, der sein Euphratwasser gut vier Meter hoch über den Feldern führte. Zur Abend-

30 Bei den Mandäern (den »Johannesjüngern«) des Zweistromlandes.

31 In den Ruinen der Sergius-Kathedrale von Resafa.

32 Musils Lager bei Tebuk an der Hedschasbahn.

33 Musils Karawane in der Wüste Nefud.

34 Die Orientmission 1917: Der österreichisch-ungarische Militärbevollmächtigte in Konstantinopel Feldmarschall-
leutnant Joseph Pomiankovski (rechts),
Erzherzog Hubert Salvator, Generaloberkriegsrat Alois Musil, Oberstleutnant Lieber (6. September 1917, Bospo-
rusufer).

35 Alois Musil als k. u. k. Generaloberkriegsrat; Herbst 1917. Alois Musil besaß folgende Auszeichnungen: Medjidi-
je-Orden des Osmanischen Reiches II.
und I. Klasse (fünf Klassen; der Orden
wurde 1851 von Sultan Abdül Medschid
nach dem Muster der französischen Eh-
renlegion gegründet. Rotes Band, grüner
Streifen); Komturkreuz des Franz Josephsordens, Stern zum Komturkreuz
des Franz Josephsordens mit Kriegsdeko-
ration, Orden der Eisernen Krone III.
Kl., Kommandeurkreuz des königl. däni-
schen Danebrogordens II. Kl., königl.
bayerischer Verdienstorden vom hl. Michael II. Kl., Eisernes Kreuz II. Kl.,
Goldmedaille der American Geographical
Society (1928).

dämmerung setzte der Angriff der Moskitoschwärme ein, deren uner-
sättlicher Blutdurst die Männer wie die Tiere bis ins Morgengrauen
gnaden- und pausenlos quälte; dazu kam, daß Boden und Luft so viel
Feuchtigkeit abgaben, daß am Morgen die Leintücher und Decken von
Wasser und Schweiß triefen.

Am 17. April 1915 erreichte Musil die Abzweigung nach Hilleh. Nach
Entrichtung der Maut überquerte er mit seinen Leuten die neue
Brücke bei al-Herr, und kurze Zeit darauf geriet die kleine Gesellschaft
in das Getümmel des Stadtlebens von Bagdad. Alsbald sahen die Männer die Trasse der Straßenbahnlinie nach al-Kazimen, und wenige Minuten später standen sie vor der Mauer jenes Gartens, wo Musil im
Jahre 1912 mit dem Prinzen Sixtus kampiert hatte.

Schon kam der Eigentümer, Achmed Ta'ama, heraus und begrüßte seinen alten Freund Scheich Musa überschwenglich.

Innerhalb einer Stunde waren die Zelte aufgestellt und damit keineswegs die ersehnte Ruhe gefunden ... ganz im Gegenteil. Der Tigris
führte leider Hochwasser und der ganze Garten troff – so wie übrigens
die ganze Umgebung – nur so von Nässe. »Wir konnten uns nirgendwo hinsetzen, überall sprudelte Wasser aus dem Boden, als säßen wir
inmitten eines Quellgebietes. Alles nahm die Feuchtigkeit auf, die Zelte, die Kleider, unser wissenschaftliches Material. Kam die Nässe von
unten, so die Moskitoplage von allen Seiten. Um die Übel zu vervollständigen, setzte gegen Abend heftiger Regen ein. Und es regnete bis
zum nächsten Morgen und länger. Ohne Unterlaß.«

Am 18. April suchte Musil den Gendarmerieposten am rechten Tigrisufer auf, um seine Ankunft zu melden und eine Begleitung anzufor-
dern, um allfälligen Belästigungen zu entgehen. »Dann überquerte ich
die Pontonbrücke, die nach Bagdad selbst führt, um den österreichisch-
ungarischen Konsul Herrn de Tahy aufzusuchen, der am südlichen
Stadtrand unmittelbar am Tigrisufer wohnte.

Auf meinem Wege zu Herrn de Tahy konnte ich sehen, was Krieg und
Flut in Bagdad angerichtet hatten. Die Straßen der Innenstadt, die
1912 von geschäftigen Menschen so überquollen, daß man kaum vorwärts kam, gähnten in öder Leere. Die meisten Geschäfte waren geschlossen, die Läden fest zu, die Kaffeehäuser nur mehr halb voll, und
die Weiber vom Land, die normalerweise hier überall ihre Gemüse und
Früchte verkauften, fehlten überhaupt. Gelegentlich sah man Gruppen
von Soldaten. Das Wasser stand so hoch, daß entlang der Straße, die
nach Persien führt, dort, wo der christliche Friedhof liegt, Särge und
Skelette auf dem trüben Naß dahintrieben. Die Cholera wütete so arg,
daß Tag um Tag an die dreihundert Menschen der Seuche zum Opfer

fielen. Aus diesem Grunde mußte der Friedhof der Christen bis hin zur Überlandstraße erweitert werden und die Passanten suchten nun ihren Weg oft zwischen den frischen Gräbern. Da die Toten meistens nur mit wenigen Schaufeln Erde bedeckt waren, lag über dem ganzen Gelände durchdringender, bestialischer Gestank von faulenden Leichen. Der Hauch des Todes schien übrigens über der ganzen Stadt zu liegen, einst eine der blühendsten Metropolen des Orients.«

Herr de Tahy, ein ebenso vornehmer wie begeisterter Ungar, begrüßte Musil sehr freundlich und nach einem längeren Gespräch, bei dem der Gelehrte seinen Konsul in großen Zügen über den Verlauf des Unternehmens unterrichtete und seine weiteren Pläne bekanntgab, suchten sie gemeinsam den Gouverneur auf, da Musil eine Sondergenehmigung für einen Weitermarsch entlang des linken Euphratufers brauchte. Der Gouverneur erklärte allerdings, das läge ausschließlich im Ermessensbereich des Militärkommandanten und deshalb begab sich Musil in Begleitung de Tahys dorthin.

»Doch der Sohn des Mars wollte mir nicht eigentlich zuhören. Obwohl er sich völlig korrekt verhielt, wischte er meine Empfehlungsschreiben doch insgeheim einfach vom Tische und berief sich bloß auf seine Autorität und die Tatsache, daß ich mich ja jederzeit in Konstantinopel beschweren könne.«

Mit einem Wort, er tat alles, um den Fremden zu behindern, ohne dabei auch nur im geringsten unkorrekt zu sein. Musil verließ das Haus des Militärkommandanten in recht gedrückter Stimmung. Konsul de Tahy meinte schließlich, das seltsame Verhalten des Generals könnte seine Ursache vielleicht darin haben, daß Musils Todfeind, der ungetreue Minister des Eben Raschid, Subhan (ein Liebling des Enver Pascha), nach Kosntantinopel berichtet habe und von dort wieder Order gekommen sei, den unbequemen Gast in seiner Bewegungsfreiheit zu behindern.

»Das schien auch mir äußerst plausibel. Enver Pascha wußte, daß ich seine Politik bezüglich Innerarabien nicht gut hieß.«

Aber hatte nicht Konsul de Tahy die ganze Zeit über davon erzählt, auf wie gutem Fuße er doch mit dem Militärgouverneur stünde? Warum nicht direkt fragen? Nach etwa zwei Stunden des Überlegens und Durchdenkens meldete sich der Konsul abermals beim Befehlshaber an.

»Ich wartete auf ihn, draußen, gegenüber der Kommandantur. Es dauerte eine knappe Stunde und Herr de Tahy erschien vor dem Gebäude und bat mich hinein: Es habe sich alles glücklich aufgeklärt, alles werde auch zu meiner vollen Zufriedenheit sofort erledigt.

Tatsächlich: Der Militärkommandant kam mir mit ausgestreckten, zum Willkommen weit geöffneten Armen freundlich entgegen und entschuldigte sich für sein Benehmen, das er mir gegenüber vorhin an den Tag gelegt hatte.« Der Kommandeur hatte Musil, wie er nun erklärte, für einen »Deutschen« gehalten, der bloß in Österreich lebte und den er nicht von einem »Preußen« zu unterscheiden wußte und wollte nichts als »sich rächen« – an einem »Deutschen«. »Er wollte sich für all das revanchieren, was er von der Mehrheit der deutschen Offiziere im Irak ununterbrochen an Demütigungen einstecken mußte! Und gegen die war er ja hilflos. Mit bitteren Worten beschwerte er sich dann über die Preußen in seinem Bereich, die selbst dann, wenn sie keine Berufsoffiziere waren, ständig vorgaben, alles, aber auch schon alles, besser zu wissen, besser als selbst die besten Offiziere der osmanischen Armee. Als Beispiel führte er einen Major an, der den Stab der Preußen in Bagdad repräsentierte, der nicht nur die osmanischen, sondern auch die österreichischen Offiziere in aller Öffentlichkeit bloßgestellt hatte. Der Gouverneur erzählte ein Beispiel: Kürzlich habe jener Major eine Art Fest gegeben, zu dem er die Prominenz von Bagdad und auch die Offiziere der verbündeten Truppen einlud.
Die Musik kam von einem großen Phonographen. Plötzlich riß irgend eine Feder an dem Apparat und die Platte drehte sich mit überhöhter Geschwindigkeit. Da rief der Major in die Gesellschaft hinein: ›Das ist das Tempo, mit dem die österreichisch-ungarische Armee vor den Russen Reißaus nimmt!‹
Nun, wenn sich der preußische Militärbevollmächtigte schon gegenüber den verbündeten Europäern so benahm, kann sich jeder leicht ausmalen, welche Arroganz er bei den Asiaten an den Tag legte. Die Folge: Nichts freute den Türken mehr, als sich an mir, ›einem Deutschen‹, einmal ein bißchen rächen zu können. Freimütig erzählte nun der Kommandant, wie er kürzlich eine deutsche Persien-Mission geschröpft und aufgehalten hatte. Auch Konsul de Tahy erzählte mir, wie der österreichische Gesandte – gleichfalls auf dem Weg nach Teheran – von der deutschen Delegation ständig zurückgesetzt, ja gedemütigt wurde. Übrigens beklagte der Militärkommandant die Teilnahme am Krieg sehr und gab unverhohlen der Meinung Ausdruck, das bedeute wohl das Ende des Osmanischen Reiches. Seine Überlegung war sehr einfach: Gewinnen die Entente-Mächte, werden sie das Reich zerstückeln und unter den Siegern verteilen. Gewinnen die Mittelmächte, wird die Türkei eine deutsche Kolonie ...«
Ähnliche Befürchtungen hegte Konsul de Tahy übrigens auch für Österreich-Ungarn. Jedenfalls bekam Musil alle notwendigen Bewilli-

gungen und übersiedelte sofort in das Haus des Konsuls, wo ihn die nun voll ausbrechende fiebrige Erschöpfung für eine ganze Woche ans Lager fesselte.

Diese schwere Erkrankung ist auch die Ursache dafür, daß der Bericht, den Musil über seine Reise von al-Öla nach Bagdad verfaßte, das etwas merkwürdige Datum »20.–24. April 1915« trägt. Musil konnte nur »ratenweise« schreiben.

»K. und k. oesterr.-ungar. Konsulat.
Bagdad.
Eure Exzellenz!   Bagdad, den 20.–24. April 1915
Hochverehrter Herr Minister!
Meinen letzten Bericht unterbreitete ich Eurer Exzellenz am 28. Februar d. J. von al-Öla an der Hedschas-Bahn aus, wohin ich am 27. Februar gelangte. Am 1. März verließ ich al-Öla und zog wieder in die innere Wüste zurück.

Wie ich Eurer Exzellenz bereits mitgeteilt habe, gelang es mir, den Frieden zwischen dem Fürsten an-Nuri Eben Scha'lan und dem Emir Nawwaf von al-Dschof einerseits und dem Eben Raschid andererseits zu schließen, und auf diese Art der türkischen Regierung mindestens 30000 Mann zu verschaffen. Die türkische Regierung schickte bereits zwei Missionen zu an-Nuri und Eben Raschid, beide kehrten jedoch erfolglos zurück. Der Eben Raschid wollte von einem Frieden gar nichts hören und verlangte die Rückgabe der von Emir Nawwaf eroberten und ausgezeichnet verwalteten Oase al-Dschof.

Ich drohte ihm, daß wir ihn sofort angreifen und auf diese Art zwischen zwei Feuer bringen werden, wenn er den Frieden nicht annimmt. Diese Drohung sowie die »Gewinnung« einiger Ratgeber – also die Auszahlung hoher Bestechungsgelder – führten endlich zum bedingungslosen Friedensschluß mit Fürst an-Nuri und Emir Nawwaf.

Nun sprach ich für den Frieden zwischen Eben Raschid und Eben Sa'ud, aber der Eben Raschid ersuchte mich, sofort zu schweigen, wenn ich ihn nicht beleidigen wollte ...

Wer ist der Eben Raschid? Eben Raschid ist der Name der Herrscherfamilie, der noch vor 20 Jahren fast die Hälfte von Innerarabien gehörte. Von diesem Reich ist aber jetzt nur ein ziemlich schmaler Streifen östlich und westlich von Ha'il übriggeblieben, und der Name Eben Raschid besitzt zwar noch den alten Klang, aber nicht mehr die alte Macht. Um diese haben sich der Emir Nawwaf und Eben Sa'ud geteilt. Das derzeitige Oberhaupt der Familie Eben Raschid heißt Fürst Sa'ud

Eben Abd el Aziz Eben Raschid und ist ein Jüngling von 18 Jahren, der geistig so minderwertig ist, daß er nie wird selbständig regieren können. Sein Minister – und folglich eigentliche Machthaber –, mit dem ich seit 1909 bekannt war, wurde anfangs November 1914 ermordet, und der Mörder riß alle Macht an sich. Dieser jetzige Wekil heißt Sa'ud Eben Saleh Eben Subhan, zählt etwa 28 Jahre und ist das schlechteste Geschöpf, das ich in Arabien kennengelernt habe. Umgeben von etwa 400 ausgezeichnet bewaffneten Sklaven, plündert er die ihm nicht freundlich gesinnten Oasen und Bedu-Abteilungen, unternimmt Raubzüge gegen die benachbarten Stämme, reizt die Beutelust der Beduinen und führt den »heiligen Krieg« gegen ... Eben Sa'ud.

Dieser Fürst Eben Sa'ud hat im Frühjahr 1913 der imaginären türkischen Herrschaft in al-Hasa dadurch ein Ende gemacht, daß er die dortigen Beamten zur sofortigen Abreise nach el-Basra aufforderte.

Die türkische Regierung – selbst nicht in der Lage, sich in ein innerarabisches Abenteuer einzulassen, schickte von Konstantinopel aus 12000 Gewehre und 10 Feldgeschütze mit dem Auftrage, diese Waffen dem Eben Raschid zu übergeben.

Man glaubte damals in Konstantinopel noch, der Eben Raschid wäre noch immer der einstige – so mächtige – Fürst. Von diesem glänzenden Geschenk gelangten nach Damaskus nur mehr 10000 Gewehre und 5 Geschütze, nach Medina nur mehr 7000 Gewehre und keine Geschütze, aber dafür ein altes Automobil.

Im Spätsommer 1914 sind diese Dinge von einer Karawane des Eben Raschid abgeholt worden. Aber bereits im Frühsommer des Jahres 1914 hatte sich inzwischen die türkische Regierung mit Eben Sa'ud ausgesöhnt und ihn zum Wali und Kommandanten von Nedschd ernannt. So tituliert ihn Enver Pascha in dem mir für ihn mitgegebenen Brief und nennt ihn noch ausdrücklich »Sahib ed-dole« – also »Freund der Regierung«.

Von dieser Aussöhnung will aber Eben Raschid gar nichts wissen und führt mit den ihm von der Regierung geschenkten Waffen den »heiligen Krieg«, den Dschihad, nicht gegen die Engländer, sondern gegen Eben Sa'ud oder – besser gesagt – gegen die nördlichsten der von Eben Sa'ud abhängigen Stämme.

Tage und Nächte lang hörte ich das Gewehrgeknatter in den belagerten Oasen im östlichen al-Kasim ... Größere Erfolge hat er nicht erzielt, hält jedoch die Schammar von einer Unterstützung der Regierung ab und verleitet auch andere Stämme zur Ablehnung der Teilnahme am Dschihad, da er allen Flüchtlingen Waffen schenkt und sie zu seiner Eskorte macht.

Ich habe von ganz zuverlässigen Männern gehört, daß dieser Verwalter des Reiches des Eben Raschid, dieser Subhan, »englisches Gold gefressen hat und noch immer frißt«. Auch von mir wollte er Gold, und zwar viel Gold haben, aber ich hütete mich, ihm vor dem Friedensschluß mit Eben Sa'ud etwas zu geben. Darüber ungehalten, verfolgte er mich auf jede nur denkbare Art und erklärte offen, daß er den Freudeboten reichlich belohnen werde, der ihm die sichere Kunde von meinem Ableben überbringe.

Die Leute des Subhan verkaufen die von der Regierung erhaltenen Gewehre an die unbotmäßigen Schwaja-Stämme zwischen Nedschef und el-Basra und zwar oft um den Spottpreis von 3 bis 4 Medschidijes für ein Mausergewehr von 1909.

Die türkische Regierung schickte zu diesem Subhan, der bei Eben Raschid das alleinige Sagen hat, einen Scherif (einen heiligen Mann aus der Nachkommenschaft des Propheten; viele von denen, die sich als solche ausgeben, sind Betrüger) aus der heiligen Stadt al-Medina. Jenen Scherifen begleitete ein türkischer Beamter namens Ferid Bey, der sich für einen intimen Freund und Sprecher des Eben Raschid ausgibt und zwischen Damaskus und Medina sein Unwesen treibt. Dieser Ferid Bey war es auch, der im Sommer 1914 mit dem französischen Botschafter wegen der Übernahme eines französischen Protektorats über Eben Raschid verhandelte und dafür reichlich Gold einsteckte. Die diesbezüglichen Briefe habe ich selbst gesehen und den Ferid Bey selber gesprochen . . . Und ein solcher Mann soll die Interessen der Hohen Pforte vertreten!

Daß dieser türkische Gesandte, der mich ja unterstützen sollte, alles tat, um mich unschädlich zu machen, ist klar. Gott sei Dank, daß ich unter dem Schutze des Eben Tnejan, des Häuptlings der Sindschara vom Stamme der Schammar, stand.

Dieser Eben Tnejan führte noch vor einem Jahre Krieg gegen den Fürsten Eben Raschid und erklärte dem Subhan offen, daß er mich mit allen seinen Männern gegen jeden schützen werde . . . Aber ich wurde gewarnt, ja nicht einen Kaffee oder Tee oder saure Milch oder ähnliches von einer mir nicht als absolut zuverlässig bekannten Person zu nehmen.

Als ich sah, daß ich auf friedlichem Wege nichts erzielen werde, trat ich mit den Gegnern des ersten Ministers Subhan in Verbindung und gründete eine starke Partei, die ihn beseitigen soll. Die ersten Früchte zeigten sich bereits Ende März 1915. Viele Abteilungen der Schammar verließen Eben Raschids Minister Subhan und zogen weit nach Norden, so daß er alle Eroberungen aufgeben und ein festes Lager bei Lina beziehen mußte. Er soll gezwungen werden, den Frieden mit Eben Sa'ud zu schließen, und wenn er sich weigert, soll er unschädlich gemacht werden. Die Schammar wollen unbedingt an dem Heiligen Kriege gegen die mit den Engländern haltenden Stämme an der Küste teilnehmen und die unbotmäßigen Swaja in Schach halten.

Den Ausbruch der eigentlichen Feindseligkeiten zwischen dem Gefolge des Ministers Subhan und der Gegenpartei konnte und wollte ich nicht abwarten. Ich unternahm aber außerdem noch eine Expedition in die Nähe von el-Basra, um die Stämme der Zefir und Muntekik auszusöhnen und gelangte über el-Kajem, Kerbela, Felludja am 18. April nach Bagdad.

Psychisch und physisch bin ich sehr müde, aber die erzielten Erfolge lassen mich die Müdigkeit überwinden und Allah wird mich stärken! Während der ganzen Reise habe ich wissenschaftlich gearbeitet und ein äußerst reichhaltiges Material gesammelt – ganz neue, unbekannte Gebiete der Wissenschaft erschlossen ... Könnte ich doch meinem so hart bedrängten Vaterlande noch mehr nützlich werden!

Der Boden ist zwischen Aleppo und dem 25. Grad nördlicher Breite (etwa die Linie von al-Medina bis ar-Riyad) sowie zwischen Palästina-Syrien und Mesopotamien für uns sicher.«

Der österreichisch-ungarische Botschafter schickte schon am 23. April, nachdem er aus Bagdad von Konsul Tahy aus Bagdad entsprechende Nachricht erhalten hatte, an Außenminister Burián entsprechende Meldung, in der es ausdrücklich heißt:

»Hofrat Musil beklagt sich, daß die Regierung zu den Stämmen notorische Verräter entsendet, die ihm die Arbeit sehr erschweren und sein Leben bedrohten und daß er in Bagdad bei ihr sehr wenig Verständnis findet.

Mit Bezug auf das letzte Alinea der Meldung des k. u. k. Konsuls in Bagdad werde ich an zuständiger Stelle Rücksprache pflegen.

Der k. u. k. Botschafter
Pallavicini«

In Konstantinopel müssen die Vorstellungen des Botschafters Pallavicini doch sehr rasch auf Gehör gestoßen sein – wie immer zuerst bei Innenminister Talaat.

Schon wenige Tage später konnte Pallavicini berichten:

»Talaat Bey, mit dem ich mich in der Sache Musil ins Einvernehmen setzte, äußerte sich dahin, daß die Angelegenheit ausschließlich in die Kompetenz der Militärbehörde in Bagdad falle, er daher nicht in der Lage sei, irgendwelche Instruktionen dem Wali zu erteilen, der überdies gerade jetzt abgesetzt werde.«

Ganz in ähnlichem Sinne berichtete Pallavicini über die Reaktionen beim Kriegsminister Enver Pascha: Der bemängelte lang und breit, daß Musil als katholischer Priester bei den Arabern einfach nicht ankomme, doch: »Es sei jetzt Oberst Nureddin Bey auf der Reise nach Bagdad, der kürzlich zum neuen Oberkommandanten in Mesopotamien ernannt worden sei. Enver Pascha wünsche daher, daß Hofrat Musil dessen Eintreffen abwarte und mit diesem seine Pläne und seine weitere Tätigkeit eingehend durchspreche.«

Doch Musil reiste bereits, ohne Nureddin Bey abzuwarten, am 1. Mai in Richtung Norden ab.

Er war nach seinem Krankenaufenthalt im Hause von Konsul de Tahy am 28. April in das Lager seiner Freunde zurückgekehrt. Alle hatten inzwischen Impfungen gegen Cholera und Pocken erhalten. »Meine Heimkehr zu unseren Zelten verursachte große Freude. Der Hausherr servierte mir sofort eine Schüssel mit frischen Maulbeeren und eine Tasse vom besten Tee. Nichtsdestoweniger wollten alle meine Gefährten fort – und zwar so schnell wie nur immer möglich. In der Wüste gäbe es zwar kein Gemüse und kein Fleisch, auch kein Obst, und dennoch wäre dort alles besser als hier, im Schatten der Palmen von Bagdad. Da ich der gleichen Ansicht war, gab ich Auftrag, alles für die Abreise zu rüsten, also Sättel zu flicken, das Notwendige zu besorgen, und den 1. Mai als Tag der Abreise anzusehen.«

Am 29. April suchte Musil noch alte Freunde auf, kümmerte sich um die im Orient so wichtigen Empfehlungsschreiben, bestimmte die geographische Position, zeichnete eine Skizze des nun zu durchquerenden Landstrichs und inspizierte die Arbeit seiner Gefährten.

Am 1. Mai brach Musils kleine Karawane schon um 4 Uhr 47 aus dem Garten von al-Metwalije auf. Entlang der Pferdetramway ging es zunächst nach al-Kazimein, dem traumhaft schönen, schiitischen Heiligtum mit seinen herrlichen, goldenen Zwillingskuppeln.

Der Ritt nach Norden, zunächst in Richtung Tekrit, verlief nicht ohne kriegsbedingte Aufregungen und Schwierigkeiten. Es gab so gut wie keine Gerste für die Pferde, weil die geschlagene, von al-Basra zurückflutende kurdische Armee-Einheit mit ihren Reit- und Lasttieren einfach alles Verfügbare requiriert hatte. Einmal stießen die Reisenden auf eine Gruppe Deserteure, die Musils Begleitgendarmen sofort gefangennehmen wollten, doch machte sie der Gelehrte darauf aufmerksam, daß sie zu seinem persönlichen Schutz und nicht zum Jagen von Fahnenflüchtigen abkommandiert seien, womit die armen

Teufel, die schon um ihr Leben gezittert hatten, noch einmal davonkamen.

Ein bei as-Sumejtsche aufgenommener Führer, der vorgab, jeden Stein zwischen dem Euphrat und Damaskus zu kennen, erwies sich alsbald als ein unguter Angeber, der allen zur Last fiel und Musil bei der Abfassung seiner topographischen Aufzeichnungen überhaupt nicht helfen konnte.

Über al-Busera und Dejr az-Zor ging es weiter bis Balis, womit Musil wieder einmal am Eingang zu der von ihm so geliebten Palmyrena stand.

Balis – das antike Barbalissus – erreichte Musil am 25. Mai 1915.

Die restlichen 400 km bis Damaskus legte Musil in der für ihn unverwechselbaren Art zurück: Er berührte keine einzige größere Siedlung, mied selbst die nähere Umgebung von Hama oder Homs – sondern hielt sich stets an Wüstenpfade, die er noch nicht kannte, um seine Geländeaufzeichnungen zu vollenden.

Dann dämmerte der Morgen des 5. Juni 1915 herauf – im Leben Alois Musils ein wahrer Lostag.

Die Eintragung beginnt ganz routinemäßig: »Wir brachen um 4 Uhr 12 Minuten auf, die Temperatur betrug 14,5 Grad C ...«

Es handelte sich um den *letzten* Aufbruch des Alois Musil auf einer Forschungsreise durch die Wüste.

Musil kam zwei Jahre später zwar nochmals in diese Gegend, allerdings unter völlig geänderten Vorzeichen, denn bei der Reise mit Erzherzog Hubert nahm Musil sehr wohl in Homs und Hama Aufenthalt und nicht in Zelten inmitten der Wüste. Seine eigentliche Forschertätigkeit in Arabien war mit jenem 5. Juni 1915 zu Ende.

Doch noch war die große Mission von 1914/15 nicht abgeschlossen; im Gegenteil, jetzt galt es, die Ergebnisse der Reise richtig zu nützen, den Mächtigen die Lage zu erklären und sie zu den richtigen Maßnahmen anzuregen.

Der Generalgouverneur von Damaskus bereitete dem Gelehrten das, was man einen »großen Bahnhof« nennt, hatten sich doch die Bemühungen Musils um einen innerarabischen Frieden inzwischen längst bezahlt gemacht. Sogar in Konstantinopel hatte die Regierung bereits dankbar die Tatsache registriert, daß Fürst an-Nuri und der Emir Nawwaf die nordarabischen Stämme nun unter ihrem gemeinsamen Zepter vereinten. Der Friedensschluß zwischen ihnen und Eben Raschid hielt, und der allmächtige Enver Pascha dachte nun doch anders über Arabienpolitik als zuvor.

Die Befriedung des arabischen Raumes fand darin ihren sinnfälligen

Ausdruck, daß die Aneze – an der Spitze der Stamm der Ruala – an der Grenze zu Syrien lagerten und die stets gefährlich Drusen in Schach und die wankelmütigen Christen bei der Stange hielten.

Der osmanische Generalstab konnte so die Truppen zur Verteidigung der Irak- und der Kaukasusfront freistellen.

Fürst an-Nuri erhielt übrigens eine beträchtliche Summe sowie Waffen und Munition, um seiner neuen Rolle als Verbündeter der Osmanen und deren Ordnungshüter gerecht werden zu können; es soll sich um jährlich 3000 Türkpfund gehandelt haben (eine Summe, die England an einem einzigen Tag für einen Duodezscheich auszugeben bereit war, und was sich leider auch rasch herumsprach unter den Beduinenführern).

Alois Musil gelang es im Juni 1915 sogar, den Emir Nawwaf zu einem Besuche des Generalgouverneurs in Damaskus zu bewegen.

Noch wichtiger dürfte für Alois Musil das darauffolgende Besuchsprogramm des jungen Emirs gewesen sein. Er machte Nawwaf mit Generalkonsul Dr. Ranzi und dem Direktor der Hedschasbahn, dem tüchtigen Ungarn Ing. Hajduk bekannt, selbstverständlich mit dem alleinigen Zweck, für die Zeit nach dem Kriege die Stellung Österreich-Ungarns in dieser Region zu stärken.

Der Generalgouverneur sah diese Aktivitäten Musils mit großem Wohlgefallen, fürchtete er doch kaum etwas mehr als den immer übermächtiger werdenden Einfluß der Deutschen auf sein Land. In seiner Begeisterung für Musil und dessen Freund Nawwaf ging er so weit, einen sofortigen Angriff auf das »zusammenbrechende Reich« des Eben Raschid vorzuschlagen. Musil erwärmte sich für diesen Plan sehr, zumal er ja wußte, daß viele der kleineren Stämme, die Eben Raschid zu dienen hatten, viel eher mit an-Nuri oder Nawwaf sympathisierten.

»Die Türkei könnte dann durch diese beiden uns treu ergebenen Männer mehr als ein Drittel von Arabien beherrschen«, meinte Musil in einem seiner Berichte. Es kam nicht dazu. Übrigens gelang es Eben Sa'ud erst im Jahre 1921 (!), also sechs Jahres später, Eben Raschids Reich und seine Hauptstadt Ha'il zu erobern; die Truppen des Eben Raschid wehrten sich erbittert gegen Eben Sa'ud und gaben ihren Widerstand erst nach einem vollen Jahr schwerster Kämpfe auf.

Doch davon konnte weder Alois Musil noch Nawwaf oder der Generalgouverneur etwas ahnen; die Karten in diesem Blatt waren wohl längst gemischt, aber keiner konnte einsehen, und vor allem Musil – vom Siege und der gerechten Sache Österreich-Ungarns durch und durch überzeugt – sah die künftige Entwicklung mit seinen Augen: Erhaltung eines Osmanischen Reiches unter seinem Kalifen-Sultan und Teilnahme der Araber unter größtmöglicher Unabhängigkeit und Selbständigkeit, aber doch im Rahmen des gemeinsamen islamischen Großreiches, was ja allen Beteiligten nur Vorteile bringen konnte.

Ganz in diesem Sinne – Erhaltung des Osmanenreiches, Erhaltung Österreich-Ungarns, Zusammenarbeit der beiden Vielvölkerstaaten nach dem Kriege – sprach Musil mit dem Generalgouverneur in Damaskus auch ausführlich über ein »Schul- und Erziehungsprogramm für osmanische Jünglinge«, die in Österreich zur Schule gehen und ihre Studien dort abschließen sollten. Schon zwei Jahre später gelang es Musil, wenigstens einen Teilbereich dieses Plans zu verwirklichen und mehrere hundert Schüler nach Österreich zu bringen.

Das größte Anliegen des umsichtigen Generalgouverneurs bestand darin, »daß Scheich Musa doch um Himmelswillen die beiden mächtigsten Männer des Staates, Talaat und Enver, auf die wahren Verhältnisse im syrisch-arabischen Raum aufmerksam machen« wolle.

In Konstantinopel angekommen, berichtete Musil sowohl dem deutschen als auch vor allem dem österreichisch-ungarischen Botschafter alles Notwendige. Kurz darauf sah er bereits Innenminster Talaat Bey, mit dem Musil schon immer bestens zurechtgekommen war. Schwieriger gestaltete sich das Treffen mit Enver. »Anfangs war er rot vor Wut«, berichtete Musil, »als ich ihm sachlich und historisch die in seinem Namen begangenen Fehler darstellte.« Doch schließlich ging Enver auf die Worte Musils ein und bat ihn sogar, zu bleiben und sich weiterhin um die arabischen Belange des Reiches zu kümmern.

Die Tatsache, daß sich Enver Pascha nun konzilianter, verständiger zeigte, mochte ihre Ursache wohl in den Erfahrungen haben, die er inzwischen gesammelt hatte: Die Bitterkeit seiner Niederlage im Kaukasus im Winter 1914/15 und die Süße des Sieges an den Dardanellen im März 1915 hatten Spuren hinterlassen.

Es mag überraschen, daß Musil auf dieses großzügige Angebot eines »geläuterten« Enver Pascha nicht einging.

Doch Musil fühlte sich am Ende seiner Kräfte, zumal ihn bald nach der Ankunft eine heftige Malaria überkam, die ihn für längere Zeit ans Bett fesselte und ihn auch noch daheim lange quälen sollte. Aber Musil blieb nun mit Enver in Kontakt, versprach ihm auch, Vorschläge zu einer besseren Zusammenarbeit mit den Arabern auszuarbeiten.

Unmittelbare Folge der Arabienmission Musils war denn auch die Pilgerreise Envers nach Medina im darauffolgenden Jahr, die auch einer

Versöhnung der Araber mit den Türken dienen sollte. Auch die Vertiefung der Beziehungen Österreich-Ungarns mit dem Osmanenreich, die ihren sinnfälligsten Ausdruck in der Orientmission Erzherzog Huberts im Jahre 1917 und im Staatsbesuch Kaiser Karls in Konstantinopel im Jahre 1918 fanden, gehen auf die Bemühungen Musils zurück; nicht zuletzt auf seine Bemühungen in den Jahren 1914/15.

K. u. k. Militärgeographisches Institut. 　　　*Res. No.* 650　*Adjt. /. Beilage.*

Belohnungsantrag.

1918 Präs.　　　**5 ͇ 16**

Milgeograph. Institut	Techn.Aspirant 2.Klasse *Rang:*1./5. 1914,Nr.3	W A L D M A N N K a r l .	**18/.**

Anlaß:	Forschungsreise in INNERARABIEN während der Kriegszeit.

War während des Krieges als Topograph bei der Forschungsreise des Geheimen Rates Professor Dr.MUSIL vom November 1914 bis Juli 1915 in Gebieten INNERARABIENS, MESOPOTAMIENS, BABYLONIENS u. SYRIENS in Verwendung. Er hat sich bei dieser geiahrvollen, äusserst entbehrungsreichen Expedition nach Aussage des genannten Expeditionsleiters sehr bewährt u. hat zum Erfolge der Forschungsreise durch topographische Aufnahmen in verdienstvollster Weise beigetragen.

Auch hat er die Verarbeitung der Itinerare zu Karten von bisher völlig unbekannten Gebieten in vorzüglichster Weise bewirkt.

Diese Karten haben sowohl unseren als auch den im Osten operierenden deutschen Truppen vorzügliche Dienste geleistet.

Aspirant WALDMANN ist auch in seiner Institutsverwendung als Zeichner eine mehrseitig verwendbare, sehr tüchtige Arbeitskraft.

WIEN, am 25. Februar 1918.

[Unterschrift]

14. KAPITEL

Die Orientmission mit Erzherzog Hubert

1917 befanden sich die Vereinigten Staaten noch nicht im Kriegszustand mit den Mittelmächten, die Fronten standen fest und verliefen tief auf gegnerischem Gebiet. Allerdings machte sich auf allen Seiten Erschöpfung breit. Erzherzog Karl, der im November 1916 Franz Joseph I. als Kaiser Karl I. auf den Thron der Habsburger gefolgt war, suchte in seinem Reiche durch rasche militärische Maßnahmen die Lage zu stabilisieren. Er übernahm selbst das Oberkommando, entließ Conrad von Hötzendorf und verlegte das Hauptquartier aus dem fernen Teschen in das nahe bei Wien liegende Baden. Die Offensivpolitik Conrads, die bereits den Großteil der Blüte des Offizierkorps und der Mannschaft der österreichisch-ungarischen Armee gekostet hatte, wich einer zurückhaltenden, Menschenleben schonenden Defensivstrategie.

Die Kriegsmüdigkeit der Völker der Ententemächte richtig einschätzend, versuchte Kaiser Karl alles ihm zu Gebote stehende, um einen *rechtzeitigen* Friedensschluß herbeizuführen und dafür auch seine Bündnispartner zu gewinnen.

Es zeigte sich aber bald, daß die oberste deutsche Heeresleitung, Männer wie Ludendorff, Falkenhayn und wohl auch Hindenburg, keineswegs daran dachten, den (wie ihnen schien) zum Greifen nahen totalen Sieg durch einen vorzeitigen Friedensschluß zu verwässern.

Allerdings hatten einflußreiche Kreise bei den Bündnispartnern Bulgarien und Osmanisches Reich ihre Lektion bereits gelernt.

So durfte Österreich-Ungarn im Jahre 1917 nicht nur auf einen Friedensschluß für sich allein hoffen, sondern auch auf einen Fortbestand des Osmanenreiches und eine gute Zusammenarbeit zum künftigen Wohl beider Vielvölkerstaaten. Bulgarien suchte übrigens, als alle Friedensversuche nichts fruchteten, im Oktober 1918 sein Heil im Alleingang und schloß seinen eigenen Waffenstillstand.

Österreich-Ungarn schritt im November 1916 mit der Übernahme der Regierung durch Kaiser Karl auf einem neuen Weg. Doch auch für die osmanische Heeresleitung brach genau zur gleichen Zeit ein neuer Abschnitt der Kriegsführung ein.

Die ungestümen Angriffe der ersten Kriegsmonate, das völlig rücksichts- und bedenkenlose Verheizen ganzer Armeen in sinnlosen, dilettantisch vorbereiteten Offensiven im Osten hatte den Mannschaftsstand des osmanischen Heeres derartig dezimiert, daß von weiteren Angriffsoperationen der Türken überhaupt keine Rede mehr sein konnte.

Zur gleichen Zeit verstärkten Briten und Franzosen ihren Druck auf die osmanischen Frontlinien in Mesopotamien und an der Palästinagrenze.

Einzig der mittelarabische Abschnitt, wo dank der Wirksamkeit Musils bis 1917 weitgehend Ruhe herrschte, bereitete keine unmittelbaren Sorgen.

Angriffe der Engländer an der Palästinafront, besonders bei Gaza, konnten im März 1917, vor allem dank der Tüchtigkeit und Tapferkeit der österreichisch-ungrischen Artillerie, zurückgeschlagen werden, worauf für ein halbes Jahr wieder Ruhe herrschte. Trügerische Ruhe ...

Das Jahr 1916 stand noch im Zeichen großer Planungen. In Deutschland träumten Ludendorff und seine Ratgeber von einer Einverleibung Österreichs in das Deutsche Reich, von einer Ausdehnung der Grenzen über Polen hinaus bis tief nach Rußland hinein, von einer totalen Seeherrschaft und einer Übernahme der wichtigsten britischen Kolonien, von einer Beherrschung des Osmanischen Reiches, um auf dem Wege über Bagdad und Persien den Landweg nach Indien zu gewinnen.

Die Machthaber des jungtürkischen Kreises um Enver Pascha wieder wollten die Deutschen (die sie bewunderten, aber gleichzeitig haßten und fürchteten) zum Zwecke ihrer eigenen Machterweiterung benützen. Ihre Stoßrichtung galt der Ausdehnung türkischer Vorherrschaft im Osten, um den Schulterschluß der Turkvölker jenseits der russischen Grenze mit den Türken Anatoliens herbeizuführen. Enver träumte von einem Großturanischen Reich, das von Konstantinopel über Anatolien und Persien, Georgien und den Kaukasus bis in die unendlichen – türkischen! – Weiten Asiens reichen sollte, nach Turkmenistan, Kirgistan, Kasachstan, Tadschikistan und weiter nach Osten, zum Pamir, in das Becken von Sinkiang, zum Altai und Turan, und weiter nach Ostturkestan ... ein Traum, und doch in der Geschichte der Turkvölker schon ungezählte Male verwirklicht.

Zur Rechtfertigung dieses Fanatikers sei angemerkt, daß er für diesen Traum nicht nur ungezählte osmanische Soldaten in den Tod jagte, sondern auch selbst gab, was er von anderen forderte: das Leben. Nach dem Zusammenbruch des Osmanenreiches ging er 1919 mit einigen Getreuen nach Buchara, ins ferne Usbekistan, um von dort aus ein großtürkisches Reich zu gründen. Er fiel am 8. April 1922 bei Baldjivan im Kampfe mit den Bolschewiken ... sagt die eine Version;

die Kommunisten erklären, er sei nach einem von ihm angezettelten antisowjetischen Aufstand der Basmatschen in Djuschambe (Tadschikistan) erschossen worden.

Auch die Entente schmiedete ihre unheiligen Pläne, gebärdete sich freilich flexibler, rechnete sie doch ziemlich lange mit einem rechtzeitigen Absprung der Osmanen oder der Habsburger. Nichtsdestoweniger gab es »Kriegsziele«.

Sofern sie das Osmanenreich betrafen, präzisierten je ein Herr des British Foreign Office und des Quai d'Orsay, was im Orient geschehen sollte: Monsieur Georges Picot und Sir Mark Sykes. Das Unglückspapier, das sie aushandelten und an dem der Orient und mit ihm die Welt noch heute leiden, ging als »Sykes-Picot-Abkommen« in die Geschichte ein und brachte über den Mittleren Osten ähnlich viel Unheil wie Wilsons »14 Punkte« über Europa.

Es bedeutete nicht mehr und nicht weniger als eine Absichtserklärung der kommenden Siegermächte, die zu erwartende Erbmasse des Osmanischen Reiches zunächst zu zerstückeln und hierauf zu Kolonialgebieten zu degradieren.

Gemäß diesem Abkommen sollten nach dem Siege der Ententemächte ganz Syrien, der Irak und der Süden Anatoliens in umittelbare und mittelbare Interessengebiete Englands und Frankreichs aufgeteilt werden.

In den jeweils »roten« oder »blauen« Zonen sollten England und Frankreich völlig nach Belieben schalten und walten dürfen.

Die »rote«, die britische Zone, umfaßte das Wilajet Bagdad und Basra, aber auch Haifa und Akkon: Die palästinensische Küste, Palästina.

Zur »blauen« Zone Frankreichs hingegen gehörte die syrische Küste, einschließlich Iskenderun, Latakia, Tripoli, Beirut, Tyros und Sidon sowie ein großer Teil von Kleinasien.

Darüber hinaus teilten die Herren Sykes und Picot die arabische Welt auch in Einflußsphären, in denen wohl arabische Staaten bestehen sollten, aber eben unter dem Protektorate einer der beiden Mächte. Frankreich fiel in diesem Spiel um Stämme und Völker Syrien und Mossul zu (alles westlich der Linie Mossul–Aleppo–Damaskus) und England die Zone »B« von Kirkuk bis Amman. Jerusalem bedachte man mit »Braun« . . . hier sollte einmal etwas geschehen. *Was,* wußten nur ein paar Eingeweihte (wie Balfour).

Ein wesentlicher Schönheitsfehler dieses Sykes-Picot-Abkommens bestand darin, daß der Großscherif von Mekka, Husejn, Hochverrat gegenüber seinem Kalifen in Konstantinopel geübt hatte und in den

Krieg gegen seinen Sultan-Kalifen eingetreten war, weil ihm die Engländer auch Syrien versprochen hatten, selbstverständlich den Libanon eingeschlossen. Dafür war er mit seinen Anhängern an der Seite der Ententemächte in den Weltkrieg gezogen.

Aber während ihm die Briten in seiner Umgebung ständig einredeten, welch ein großer, gesamtarabischer Herrscher er nach dem Siege der Ententemächte sein werde, war das ihm versprochene Großsyrien längst an die Franzosen verschachert, die sich um den Großscherif von Mekka keinen Deut kümmerten und insgeheim die Machtübernahme Frankreichs in Damaskus vorbereiteten.

Die Türken beeilten sich, den Teilungsplan den aufständischen Arabern zuzuspielen. Die hörten davon zum ersten Male in den Wochen zwischen Oktober und November 1917, zu jener Zeit also, als Alois Musil und Erzherzog Hubert diesseits der Frontlinie freundschaftliche Kontakte für eine spätere türkisch-arabisch-österreichisch-ungarische Zusammenarbeit aufnehmen wollten.

E. T. Lawrence, dieser leidenschaftliche Freund der Araber, schreibt über jene schmutzige Episode der Weltgeschichte:

»Gerüchte über diesen Betrug erreichten die Araber über die Türken. Im Orien traut man einem Menschen mehr als einer Behörde. Aus diesem Grunde fragten die Araber auch mich, da sie ja meine Gesinnung im Kugelregen schätzen gelernt hatten, ob die Versprechungen der britischen Regierung auch wahr seien. Ich wußte vorher nichts über das Sykes-Picot-Abkommen; auch von den Zusagen McMahons hatte ich keine Kenntnis; beides gehörte in den Wirkungsbereich des Foreign Office. Da ich aber kein vollkommener Narr war, sah ich, daß alle unsere Versprechungen an die Araber im Falle eines tatsächlichen Sieges nichts weiter bedeuteten als einen Fetzen Papier ...« Und:

»Wäre ich ein ehrenhafter Ratgeber gewesen, hätte ich meine Männer nach Hause geschickt und sie nicht für so etwas ihr Leben auf's Spiel setzen lassen ...«

Er ließ.

Angesichts dieser Umstände und Aspekte wirkt die Lektüre der »Instruktion für die Orientmission« des k. u. k. Kriegsministeriums in Wien vom 18. August des Jahres 1917 wie eine Lesung aus der Heiligen Schrift.

Initiator der Mission war Alois Musil, der dank seines untadeligen Rufes als Priester und Orientalist stets mit der Aufmerksamkeit Kaiser Karls rechnen konnte.

Musil hat sich ja – nach den Forschungen Karl Bauers – gerade in den ersten Regierungsmonaten Kaiser Karls durch seine Anregungen hinsichtlich einer umfassenden Amnestie, die dann als »Juli-Amnestie« in die Geschichte einging, besondere Verdienste erworben und immer (auch in der kritischen Zeit des Untergangs des Reiches) für Milde und Gewaltlosigkeit plädiert.

Die Militärkanzlei gab in intensiver Zusammenarbeit mit Musil ein streng geheimes Dokument heraus, das die Aufgaben der Orientmission genau umschrieb. Es wurde eine Art »Charta« österreichischer Orientpolitik.

Instruktion
für die vom k. u. k. Kriegsministerium abgehende Orientmission

I.
Umschreibung der Aufgaben

A) Allgemein

1. Durch die Tatsache der Entsendung soll das Interesse Österreich-Ungarns an dem Gedeihen der Türkei und unserer Beziehungen zu derselben von militärischer Seite betont werden. Der hierdurch erfolgende Ausdruck des gleichen Anrechtes Österreich-Ungarns und des Deutschen Reiches auf die Wirtschaftsquellen des asiatischen Hinterlandes der Türkei soll ein Glied in der systematischen Tätigkeit der Orient-Abteilung sein. Es soll von militärischer Seite verhindert werden, daß aus der deutschen Arbeit in der Türkei ein Monopol des Deutschen Reiches werde. Die Orient-Mission soll durch Unterbrechung des diesbezüglich sich herausbildenden Gewohnheitsrechts mit ein Moment zur Schaffung einer Plattform bilden, von der aus in Hinkunft mit dem Deutschen Reiche nach dem Prinzip der Partität über eine loyale wirtschaftliche Konkurrenz verhandelt werden kann.

2. Das Erscheinen der Mission soll bei den militärischen Stellen und bei den österreichisch-ungarischen Kolonien durch den handgreiflichen Beweis des Interesses der Heimat an ihr den Eifer für die gemeinsame Sache heben und in die gewünschten Bahnen lenken und den Kontakt mit der Heimat herstellen.

3. Es soll – im Gegensatz zu den bisherigen, lückenhaften und einander widersprechenden Berichten – rasch ein Gesamtbild der derzeitigen Lage Österreich-Ungarns in der Türkei beim Abschluß des 3. Kriegsjahres gewonnen werden. Es soll das die Grundlage der neu aufgestellten Orientabteilung bilden.

Zwecks Durchführung dieser Aufgaben ist taktvolles, aber sicheres Auftreten Richtschnur, das Verschweigen der einzelnen Aufgaben und stetes Betonen der Bundesgenossenschaft mit den Türken und Deutschen unerläßlich.

Die Mission darf die Aufmerksamkeit nicht ostentativ auf sich lenken (etwa durch ausgesprochen repräsentatives Auftreten etc.).

Die Mission muß es dem Umstande, daß an derselben, wenn auch nur als k. u. k. Oberleutnant und nicht als Vertreter des Allerhöchsten Herrscherhauses bzw. Österreich-Ungarns Seine k. u. k. Hoheit, der Erzherzog Hubert teilnimmt, überlassen, daß ihr von allen Seiten besonderes Gewicht beigemessen wird.

Als allgemeiner, repräsentativer Grundsatz diene, daß die Repräsentation in dem Ausmaß zu halten ist, wie sie einer privat (also weder dienstlich als k. u. k. Offizier, noch offiziell in repräsentativer Mission) reisenden Persönlichkeit vom Range seiner k. u. k. Hoheit zukommt.

Das Ministerium des Äußeren wurde ersucht, in diesem Sinne die k. u. k. Botschaft zu verständigen und anzuweisen, einen dementsprechenden, den Landesverhältnissen angepaßten Detailentwurf über zu erstattende Besuche etc. der Mission zu übergeben.

Als offizielle Aufgabe der Mission ist jederzeit nur die Inspektion der k. u. k. Truppen, Etappen und Wohlfahrtseinrichtungen in der Türkei zu nennen.

B) Detailaufgaben

a) *Militärische Beurteilung der österreichisch-ungarischen Truppen, Sonderformationen und Anstalten.*

Allgemeines Aussehen, Dienstverhältnisse, Adjustierung, Ausrüstung, Eignung und Zustand des Materials in bezug auf den Sonderdienst, Wohnverhältnisse, Verhältnis zu den verbündeten Truppen und zur Zivilbevölkerung, sanitäre Verhältnisse, vorkommende Krankheiten, Epidemiefälle, Disziplin, Bestrafung, Menage, Einkaufsmöglichkeiten (Artikel, Preise, Geld, Hart- und Papiergeld), Naturalientausch, Sicherheitsverhältnisse, religiöser Dienst, Beschäftigung der Offiziere und Mannschaften außer Dienst, Entgegennahme ihrer Wünsche. Welche Mannschaften entsprechen am besten den dortigen Anforderungen? Zahl und Qualität der Offiziere und Unteroffiziere. Beurteilung der einzelnen Offiziere, Ärzte, Beamten und Geistlichen.

Vergleich der bezüglichen Verhältnisse mit jenen der deutschen und der türkischen Truppen und Anstalten.

b) *Wirtschaftlich.* Wahrnehmungen von österreichisch-ungarischem Besitz und wirtschaftlich tätigen Personen, von Export- und Importgelegenheiten, Kapitalinvestierungen, Möglichkeiten für landwirtschaftliche, bergbauliche und industrielle Unternehmungen; Transportverhältnisse.

Da das praktische Studium und die Beurteilung jedes einzelnen derartigen Projektes lange Zeit und Spezialfachleute in Anspruch nehmen würde, sind nur *bezügliche Ideen* und *deren allgemeine Durchführungsmöglichkeiten* möglichst zahlreich zu sammeln und der Orientabteilung zwecks weiterer Behandlung vorzulegen.

Die bezügliche Sammeltätigkeit hat sich nicht nur auf Projekte, sondern auch auf schon bestehende derartige Tätigkeiten auszudehnen. Endlich sind auch wirtschaftliche Spezialwünsche der österreichisch-ungarischen Kolonien betreffs erbetener Unterstützung etc. entgegenzunehmen.

c) *Personelle Orientierung*

1. Orientierung über das Interesse der einzelnen k. u. k. Offiziere für den wirtschaftlichen Vorteil Österreich-Ungarns.
   Welche Offiziere können für Arbeiten der Orientabteilung an Ort und Stelle herangezogen werden?
   Welchen Offizieren wären wirtschaftlich gebildete Organe beizugeben?
   An welchen Orten wäre die Placierung wirtschaftlich gebildeter Offiziere wünschenswert? Wie läßt sich dies praktisch durchführen?
2. Das Gleiche gilt für Mitglieder der österreichisch-ungarischen Kolonien.
   Welche Mitglieder scheinen besonders verläßlich und förderungswert? Deren Tätigkeit?

Welche arbeiten nicht für uns, bzw. mit den Deutschen?
Verhalten gegenüber den k. u. k. Truppen?

3. Welche einheimischen Personen (Offiziere, Beamte, Zivilisten) sind von Einfluß? Welche arbeiten für uns oder stehen uns sympathisch gegenüber und wären für uns zu gewinnen? Wie kann das geschehen?

d) *Orientierung über Politik und Kultusfragen* (Zustände, Stimmungen, Strömungen, Presse, Verwaltungsverhältnisse, Wünsche etc.)

e) *Wissenschaftliche Orientierung* über die Möglichkeiten, derzeit praktisch wissenschaftliche Forschungen durchzuführen. In welchem Belange und wo?

f) *Spezielle Angelegenheiten,* deren Erledigung bei diesem Anlaß durchgeführt werden kann; so etwa die Berichterstattung durch Oberleutnant Rippel an Ort und Stelle an Hand seines Materials; Informierung über das Bahnprojekt Konia–Antalya;
Erkundigung über Pferdepreise in Syrien auf Wunsch des k. u. k. Ackerbauministeriums; Erkundigung über eine k. u. k. Etappenpfarre in einer günstig gelegenen und geeigneten Kirche in Aleppo und in Damaskus.
Beurteilung der derzeitigen volkswirtschaftlichen Verhältnisse in der Türkei.
Lebensverhältnisse und Stimmung der Bewohner, bezügliche, durch den Krieg verursachte Veränderung.
Nahrung, Kleidung, Anbau, Hausindustrie, Handel, Überfluß und Mangel, sanitäre Verhältnisse, Epidemien, staatliche Familien- und Kinderfürsorge.

II.
Verteilung der zu bearbeitenden Agenden

Hofrat Musil, als dem Leiter der Mission, obliegt die Wahrung einvernehmlicher Zusammenarbeit.
Derselbe hat ferner die Wege und Möglichkeiten zu eröffnen, durch die fruchtbringende Arbeit erzielt werden kann.
Hofrat Musil obliegt die Bestimmung der Reiseroute, des Reiseprogramms, der Aufenthalte und der Dauer derselben.
Ihm obliegt die Bestimmung der vorzunehmenden Besuche, der Einquartierung und der Art der Verköstigung, sowie die Verrechnung des Vorschusses und die Verteilung der Geschenke.
Die Absendung einzelner oder mehrerer Missionsmitglieder zu besonderen Aufgaben hat er anzuordnen. Ihm obliegt die Vorlage eines Gesamtberichtes über die Reise.
Oberstleutnant Lieber hat die Punkte a–d zu bearbeiten und hierüber einen Deteilbericht auszuarbeiten. Oberstleutnant Lieber obliegt das militärische Kommando über die Militärpersonen der Mission, sowie die Durchführung und Instradierung derselben.
Er verrechnet die Gebühren und die Menage.
Inspizierungen von k. u. k. Truppen, Spezialformationen, Etappen etc. sind durch Oberstleutnant Lieber vorzunehmen.
Oberleutnant von Rottauscher hat die Bearbeitung der Punkte b, c, e, f vorzunehmen und hierüber einen Detailbericht vorzulegen.
Von der Verpflichtung zur Teilnahme an repräsentativen Empfängen, Besuchen, Diners etc. – mit Ausnahme jener, bei denen das Erscheinen der Gesamtmission unerläßlich ist (eventuelle Audienz beim Sultan, Meldung bei Sr. Exzellenz dem türkischen Kriegsminister, Besuche beim Patriarchen von Jerusalem, Meldung bei Exzellenz Dschemal Pascha etc.) ebenso wie zur Teilnahme

an turistischen Besichtigungen etc. sind Oberleutnant Lieber und Oberstleutnant von Rottauscher mit Rücksicht auf ihre Arbeiten enthoben.
Sie können jedoch über eigenen Wunsch bei erübrigender Zeit hieran teilnehmen.

Die Bedeutung der Orientmission Alois Musils und Erzherzog Huberts ist nur dann in ihrer ganzen Tragweite verständlich, wenn die in diesem Zusammenhang stehenden Ereignisse und Pläne kurz dargestellt werden. Sie gehen von den Friedensplänen Kaiser Karls aus und umfassen den Besuch seines jüngeren Bruders, des Erzherzogs Max, in Konstantinopel (Februar 1917) sowie den kurzen Aufenthalt Enver Paschas in Wien (März 1917). Alles begann sehr hoffnungsvoll. Als Musil seine Reise im September 1917 endlich antreten konnte, war es für vieles schon sehr spät ...
Das Jahr 1917 stand im Zeichen einer besonderen Beziehung zwischen Österreich-Ungarn und dem Osmanischen Reich.
Am 19. Februar bereits traf mittels »Separatzug« der jüngere Bruder Kaiser Karls, Erzherzog Max, in Konstantinopel ein, »um dem Sultan die Thronbesteigung des jungen Kaisers zu notifizieren« – wie der österreichisch-ungarische Militärattaché in der osmanischen Hauptstadt, Joseph Pomiankowski, Militärbevollmächtigter an der österreichisch-ungarischen Botschaft, in seinem Erinnerugswerk berichtet.
An demselben Tag, am 19. Februar 1917, dem Tag der Ankunft des Erzherzogs Max in Konstantinopel, zieht E. T. Lawrence zum ersten Mal eine notwendige Kontaktaufnahme mit dem Fürsten der Ruala, mit an-Nuri Eben Scha'lan in Betracht: »Der Emir Nuri Scha'lan ist nach dem Großscherif von Mekka, nach Eben Sa'ud und Eben Raschid, die viertwichtigste Figur unter den unsicheren – prekären – Fürsten der Wüste.« Und weiter in dieser offenen Beurteilung: »An-Nuri verhielt sich in der Tat noch sehr freundlich zu den Türken. Damaskus und Bagdad waren ja seine Märkte, und die Türken hättein ihn innerhalb von drei Monaten aushungern können, hätte er sich ihnen gegenüber verdächtig gemacht. Seine Gunst, das wußten wir, würde uns den Zugang zum Wadi Sirhan öffnen, dieser berühmten Durchgangsstraße, mit ihren Lagerplätzen, einer ganzen Kette von Wasserlöchern, die von al-Dschof, an-Nuris Hauptstadt, bis Azrak und nach Syrien hinein führt ...«
Die Briten erkannten klar: Sie mußten an-Nuri und Scheich Awde gewinnen – Musils engste Freunde –, um Arabien zu erobern.
Am 11. März 1917 war Bagdad, die Hauptstadt des Zweistromlandes, die legendenumwobene Metropole Mesopotamiens, an die Briten verlorengegangen.

Der Fall Bagdads wirkte nicht nur in Konstantinopel, sondern auch in Berlin wie ein Blitz aus heiterem Himmel.

Verteidiger von Bagdad war Chalil Pascha gewesen – der in militärischen Belangen womöglich noch dilettantischere, auch noch jüngere Neffe seines Onkels Enver Pascha.

In Konstantinopel erhoben sich jetzt erstmals unüberhörbare Stimmen im »Jungtürkischen Komitee«, aber auch innerhalb der Regierung, *gegen* Enver und *für* einen rechtzeitigen Friedensschluß.

Für Enver gab es unter diesen Umständen bloß *einen* Weg: ins Große Deutsche Hauptquartier nach Bad Kreuznach. Aber auch einen kleinen Abstecher nach Wien plante Enver ein.

Die oberste deutsche Heeresleitung ließ sich von der Notwendigkeit der Wiedereroberung Bagdads von Enver leicht überzeugen. Es mußte zu diesem Zwecke eine Armee neu aufgestellt werden, und Österreich-Ungarn sollte dazu eine seiner berühmten Gebirgshaubitzenbatterien beistellen.

Die Chance der österreichischen Friedenspartei kam, als sich Enver Pascha auf dem Heimweg von Bad Kreuznach vom 30. bis 31. März 1917 in Wien aufhielt.

Enver besuchte das Armee-Oberkommando in Baden bei Wien und ersuchte, erwartungsgemäß, um die Beistellung von Gebirgshaubitzen und Kraftwagen. Zu Mittag empfing Kaiser Karl den türkischen Gast, und an dem Frühstück nahm auch Kaiserin Zita teil.

»Er war von dem ihm bereiteten, herzlichen Empfang sichtlich auf das Angenehmste berührt. Ganz besonderen Eindruck hatte auf ihn die Kaiserin gemacht«, berichtet Pomiankowski in seinen Memoiren. »Er konnte ihren Liebreiz und ihre Intelligenz nicht genug rühmen und bemerkte, er habe das Gefühl, daß man mit ihrem Einfluß auf den Kaiser sehr ernstlich rechnen müsse.«

Was die Sehnsucht nach Frieden betraf, ganz gewiß.

Eine unglückliche Entscheidung traf allerdings der Klüngel um Ludendorff: General Baron Erich von Falkenhayn, ein notorischer Gegner der österreichisch-ungarischen Heeresleitung, einer der Hauptschuldigen der unseligen, mörderischen Schlacht um Verdun, war dazu ausersehen worden, »Bagdad zurückzuerobern«.

Die Ernennung Falkenhayns wirkte auf die osmanische Heeresleitung sehr ungünstig. Falkenhayn umgab das Flair des Mißerfolgs und der Arroganz.

Günstig mußte sich die Fehlentscheidung allerdings auf die Friedensbestrebungen Kaiser Karls auswirken, auf die Friedensbereitschaft der Verantwortlichen in Konstantinopel. Immer mehr Mitglieder des

Jungtürkischen Rates und der Regierung setzten auf »rechtzeitigen Friedensschluß«.

Tatsächlich liefen ja auch gegen Ende des Jahres 1917 in der Schweiz unter der Schirmherrschaft von General Jan C. Smuts, der all seinen Einfluß in dieser Richtung geltend machte, gleichzeitig Friedensgespräche mit Österreich-Ungarn *und* dem Osmanischen Reich. Es wird auf diese Unterredungen noch ausführlicher zurückzukommen sein.

Während Musil in Wien seine Orientmission mit Erzherzog Hubert bereits in allen Einzelheiten mit wissenschaftlicher Akribie und generalstabsmäßiger Präzision vorbereitete, braute sich über dem zu besuchenden Gebiet Unwetter zusammen.

General Falkenhayn erwies sich als katastrophaler Versager. Nach großsprecherischen Ankündigungen stellte sich im Juli 1917 heraus, daß Falkenhayn keineswegs in der Lage sein werde, Bagdad zurückzuerobern, dafür aber die Gaza- und Syrienfront in immer größere Gefahr geriet.

Der ganze Unfug der ohnehin illusorischen Wiedereroberungspläne von Bagdad verbitterte vor allem Dschemal Pascha, den osmanischen Befehlshaber, der für die Sicherheit Syriens und Palästinas verantwortlich zeichnete.

Dschemal nannte Falkenhayns Bagdad-Aktivitäten schlicht eine »deutsche Finanzunternehmung« und die Haltung der Türken, die vielleicht Falkenhayn noch unterstützten, »Wahnsinn«.

Immer noch hielten aber Enver und Falkenhayn an dem Gedanken eines Feldzuges zwecks Wiedereroberung von Bagdad fest.

Um den wütenden Dschemal Pascha etwas zu besänftigen, lud ihn die deutsche oberste Heeresleitung im August zu einer Besichtigung verschiedener Frontabschnitte im Westen ein. Bei der Heimfahrt nach Konstantinopel machte Dschemal Pascha in Wien aus seinem Herzen keine Mördergrube und zeigte sich über das Verhalten des deutschen Generals so erbost wie vorher.

Dschemal fürchtete – und wie die kommenden Wochen zeigen sollten völlig zu recht –, daß die unsinnige Vorbereitung einer Offensive in Mesopotamien die Sinai-, Palästina-, Hedschas- und Syrienflanke des Osmanischen Reiches in höchste und unmittelbare Gefahr bringen mußte.

Die Zeichen standen auf Sturm: Dschemal fürchtete von einem Tag zum andern den Beginn eines britischen Großangriffs.

Wie recht er haben sollte!

Das waren schließlich die Umstände, in die Alois Musil mit seiner Begleitung mitten hineinfuhr ... das Artilleriefeuer und der Fliegerangriff, den sie am 2. Oktober bei Gaza miterlebten, bildeten schon unmittelbare Vorbereitungen zum Großangriff der Engländer, der Ende des Monats einsetzte.

Die Widerstände gegen den Besuch des Erzherzogs (sprich: Musil) nahmen zeitweilig groteske Formen an.

Botschafter Markgraf Pallavicini schickte am 18. August, also nur mehr zwölf Tage vor der für den 1. September vorgesehenen Abreise der »Orientmission«, einen Brief an das Außenamt, in dem er »schwerwiegende Bedenken« gegen das Unternehmen vorbrachte. Von den Vorbereitungen zur Bagdadoffensive über die Läuseplage bis zur Gefahr von Flecktyphus fuhr er jedwedes psychologische Geschütz auf, das nur überhaupt denkbar war.

Der österreichisch-ungarische Militärattaché in Konstantinopel, Joseph Pomiankowski wieder, sonst so ein umsichtiger, loyaler Mann, ließ auf anderer Ebene nichts unversucht, Musil schlecht, wenn nicht gar lächerlich zu machen.

Pomiankowski hatte zufällig gegen Ende August in Wien zu tun und beschloß, bei Musil persönlich zu intervenieren, um, »ganz abgesehen von prinzipiellen Bedenken«, wenigstens eine Verschiebung der Reise zu erwirken:

»Da ich schließlich den Prälaten Musil als die wichtigste Persönlichkeit in der Mission ansah, begab ich mich direkt in dessen Wohnung, um die Angelegenheit mit ihm zu besprechen.

Im Vorzimmer Musils fiel mir ein am Kleiderrechen hängender, funkelnagelneuer, ganz mit roter Seide gefütterter Generalsmantel, dann ein neuer Säbel mit neuem Offiziersportepee auf.

Ich erklärte dem Prälaten den Zweck meines Besuches, erhielt jedoch eine ziemlich übelgelaunte Antwort, daß der Tag der Abreise der Mission endgültig festgesetzt sei und nur der Kaiser selbst etwas daran ändern könne.

Auf meine Frage, wem der im Vorzimmer hängende Generalsmantel und der Säbel gehören, teilte er mir mit, daß der Kaiser persönlich ihn zum Generalmajor ernannt und ihm befohlen habe, während der ganzen Reise Generalsuniform zu tragen. Der Kaiser wünsche nämlich, daß die Anwesenheit eines Priesters in der Suite des Erzherzogs geheim bleiben solle. Meine Bemerkung, daß diese Verkleidung doch ganz nutzlos sei, weil er – Musil – in Konstantinopel und in ganz Syrien Messen gelesen habe und überall gut bekannt sei, wollte er nicht gelten lassen. Die Aussicht, die Generalsuniform zu tragen, gefiel ihm so gut, daß er erklärte, er werde entweder als General oder gar nicht reisen!

Trotz dieses erlittenen Fiaskos ließ ich die Hoffnung noch nicht fallen, der Monarchie eine Kompromittation zu ersparen und begab mich in dieser Absicht zum Kriegsminister (!), zum Chef des Generalstabs und zu einem einflußreichen Referenten des Kriegsministeriums ...«

Pomiankowski traf zwei Tage vor der Orientmission in Konstantinopel ein und muß dort offensichtlich noch einmal wild gegen die Beförderung Musils aufgetreten sein.

Daraufhin stellte der Außenminister persönlich in einem »Telegramm in Ziffern« an den Botschafter in Konstantinopel fest:

»Nach ergänzenden Mitteilungen des k. u. k. Kriegsministeriums wurde Hofrat Musil die Charge eines Generaloberkriegsrates mit dem Titel Exzellenz verliehen.

Er hat die Uniform eines Militärbeamten der IV. Rangklasse (nicht eines Feldmarschalleutnants) zu tragen.

Militärischer Leiter der Mission, welche vom Kriegsministerium als Orientmission des k. u. k. Kriegsministeriums bezeichnet wird, ist Oberstleutnant Lieber.

Vorstehendes zu Euer — Information.   Czernin«

Das »—« stand für alle Titel des Markgrafen und Botschafters Pallavicini. Das Telegramm bedeutete daher eine unmißverständliche Aufforderung an die österreichischen Vertretungsmitglieder in Konstantinopel, die Intrigen einzustellen und Musil und seine Orientmission zu akzeptieren.

Die Reise begann schließlich, trotz aller Hindernisse und Intrigen, am 1. September 1917 am Wiener Nordbahnhof.

Der fahrplanmäßige Zug setzte sich um Punkt 19 Uhr in Bewegung und erreichte Belgrad genau zwölf Stunden später, am 2. September 7 Uhr morgens.

Die Fahrt dauerte hiermit, im Jahre 1917, um genau 53 Minuten, also eine knappe Stunde, weniger als heute.

Am 3. September morgens erreichten die Reisenden Adrianopel (Edirne) und um 17 Uhr Konstantinopel (heute dauert dieses Unternehmen zwei Stunden länger), wo sich ein Empfangskomitee zur Begrüßung der Orientmission eingefunden hatte.

Am 4. September erfolgte ein Gespräch mit Enver Pascha, dann folgte eine Visite bei Talaat, dem Innenminister. Talaat verstand die Friedensabsichten Kaiser Karls und legte sich zu einem Verständigungsfrieden nicht unbedingt quer.

Die Armenier sahen übrigens in Talaat Bey einen der Hauptschuldigen der Umsiedlungsaktion von 1915 und rächten sich, indem sie ihn am 15. März des Jahres 1921 in Berlin ermordeten.

Am 5. September fand eine Truppeninspektion auf dem Taxim-Platz von Konstantinopel statt, damals *dem* Exerzier- und Paradegelände der Hauptstadt.

Am Abend gab's eine ausführliche Unterhaltung mit dem österreichisch-ungarischen Botschafter, Johann Markgraf von Pallavicini, der seinen Posten bis 1918 innehatte.

Am 6. September erschien eine vom Großherrn entsandte Delegation und überreichte dem Erzherzog das Großkreuz des Osmanie-Ordens mit Brillanten. Zu Mittag lud der Sultan zum Déjeuner in den Yildiz-Palast, und am gleichen Tag krachte es fürchterlich über die Kaiserstadt am Bosporus hinweg: Das riesige Munitionsdepot drüben in Haidar Pascha, wo sich auf dem Bahnhof Kriegsmaterial für die Jilderim-Heeresgruppe (die Bagdad wiedererobern sollte) befand, flog in die Luft. 200 Eisenbahnwaggons, beladen mit Munition und den heißbegehrten östereichisch-ungarischen Leichtkraftwagen sowie den Geschützen, gingen in Flammen auf. Es dauerte Monate, bis aus Mitteleuropa wieder Ersatz nachkommen konnte.

Die Explosion zerstörte aber mehr: Sie machte die hochfliegenden, unrealistischen Pläne einer Wiedereroberung von Bagdad nun von vornherein zunichte, verhinderte aber auch jedwede Stärkung der Palästinafront, selbst für den Fall eines Umdenkens bei Enver und Falkenhayn. Mit der Zerstörung des Kriegsmaterials im Gelände des Bahnhofs von Haidar-Pascha verflog letztlich auch die Hoffnung auf ein Halten der Palästinafront und des Hedschas.

Friedlicher ging's am 7. September zu, als Musils Delegation dem wöchentlichen »Selamlik« – dem Moscheebesuch des Sultans – beiwohnte.

Dann begann die eigentliche Reise in die Tiefen des Osmanischen Reiches. Erster großer Aufenhalt wurde in Izmir genommen, wo die Orientmission das k. u. k. Artillerie-Instruktionsdetachement inspizierte sowie Spitäler, Klöster und die Niederlassungen des florierenden Wiener Bankvereins und der Ungarischen Banken- und Handelsgesellschaften besuchte.

Am 12. September unternahm die Mission einen Ausflug nach Ephesos, der bis heute berühmtesten und bekanntesten österreichischen Grabungsstätte.

Ephesos ist seit 1895 Einsatzort österreichischer Archäologen. Otto Benndorf hatte diese Stadt ausgewählt, als er den Auftrag erhielt, einen der Bedeutung der österreichischen Doppelmonarchie entsprechenden Grabungsplatz in Kleinasien zu suchen.

Es lag ganz im Interesse der Orientmission Musils, durch den Besuch von Ephesos – wo damals Dr. Walter die Mitglieder führte – auch mitten im Krieg die Aufmerksamkeit auf derartige kulturelle Unternehmen zu lenken ... nach Musils Vorstellungen sollten die Österreicher noch viele ähnliche Grabungsstätten übernehmen.

Es gehörte ja zu Musils Konzept, schon während des Krieges möglichst viele österreichisch-ungarische Studenten der Altertumskunde im Orient »unterzubringen«, meistens ohnehin in der Etappe (wie den schon erwähnten Fritz Schachermayr), damit in der Zeit nach dem Krieg die Monarchie auch auf diesem Gebiete eine möglichst gute Ausgangsposition habe.

Zu diesem Zeitpunkt zog auch die Botschaft in Konstantinopel erste Besuchs-Bilanz:

»An Seine Exzellenz den Herrn Minister des k. u. k. Hauses und des Äußern Ottokar Grafen Czernin!

Mit der Aufnahme, welche die Mission türkischerseits hier gefunden hat, können wir, glaube ich, zufrieden sein.

Seine Majestät der Sultan als auch der Großvezir und der Kriegsminister sind der Person Seiner k. u. k. Hoheit des Herrn Erzherzogs auf das freundlichste entgegengekommen ...

Ich hatte eine sehr eingehende Aussprache mit General-Ober-Kriegsrat Musil, in welcher ich ihm sehr offen meine Bedenken auseinandersetzte, welche bekanntlich in der Art der Zusammensetzung der Mission, in dem Mißtrauen, das die Reise eben durch diese Zusammensetzung bei den Türken und bei den Deutschen erwecken könnte und schließlich in der Befürchtung bestehen, daß die Entsendung der Mission das versteckte Ziel der katholischen Propaganda-Aktion in Syrien und Palästina hatte.

In letzterer Beziehung hat Hofrat Musil einigermaßen meine Bedenken zerstreut, da er mich auf das entschiedenste versicherte, daß ein solcher Zweck der Mission nicht zugrunde liege.

Was die Türken betrifft, so könnte eine längere Unterredung, welche Talaat Pascha nach dem Diner auf der k. u. k. Botschaft mit Hofrat Musil hatte, eine günstige Wirkung haben.

Es scheint, daß Talaat Pascha sehr geschickt die Reise der Mission für eigene Zwecke als eine Art Propaganda gegen die Entente-Mächte benützen will.

Ich schließe dies daraus, daß der Großvezir Talaat den General-Ober-Kriegsrat Musil ersuchte, auch den Libanon zu besuchen und in Palästina auf die zahlreichen österreichischen und ungarischen Juden einzuwirken – beides Ziele, die über den Rahmen und den Zweck der geplanten Reise hinausgehen ...

Die Durchführung von Versprechen wie ... der Aufnahme von Absolventen der österreichisch-ungarischen Schule zur weiteren Ausbildung in Österreich könnte dem Ansehen und dem Gedeihen unserer Anstalten entschieden Nutzen bringen.

Der k. u. k. Geschäftsträger
Trauttmannsdorff«

Mittlerweile traf Musils Orientmission bereits in Aleppo ein.

Belustigt notiert Erzherzog Hubert in seinem Tagebuch, daß auf einem Abschnitt der Reise vor Aleppo bereits ein »deutsch-türkischer Eisenbahnmajor teilnahm, geschickt von Falkenhayn, um uns einzukochen«.

Gerade in jenen Tagen, als Musil mit seiner Delegation in Aleppo weilte, schlug E. T. Lawrence mit seinen Freunden dem britischen General Salmond einen »longdistance-air raid« vor, einen Luftangriff über eine weite Strecke: Die Flugzeuge sollten in Akaba starten und Maan bombardieren.

Am 12. September, als Trauttmannsdorff nach Wien berichtete, traf E. T. Lawrence in Akaba ein. Die Briten hatten aus Akaba in den wenigen Monaten seit der Eroberung des Hafens dort einen gewaltigen Entladeplatz aus dem Boden gestampft. Vor den neu errichteten Anlegestellen lag eine ganze Flotte von Fracht- und Kriegsschiffen vor Anker, die Truppen aus Indien oder Australien und Kriegsmaterial in jeder nur vorstellbaren Menge aus Europa brachten.

Am 19. September, als Musil und der Erzherzog das österreichisch-ungarische Feldspital in Aleppo besuchten, beschreibt E. T. Lawrence einen seiner grauenhaftesten Überfälle auf die Hedschasbahn, bei dem er tatenlos zusah, wie seine hemmungslose »Leibwache« nicht nur die osmanischen Gefangenen, sondern auch eine größere Gruppe von österreichisch-ungarischen Offizieren und Ingenieuren, deren sie habhaft geworden war, vor seinen Augen gnadenlos niedermetzelte:

»... unsere Maschinengewehre schnatterten über meinen Kopf hinweg, und die langen Reihen von Türken auf den Wagendächern rollten hinunter wie Bauwollballen ... Die Überlebenden rannten in Panik in die Wüste davon, im Laufen warfen sie ihre Waffen und Ausrüstungsgegenstände fort.

Das war die Gelegenheit für die Lewis-Schützen. Der Sergeant verschoß Trommel um Trommel, bis der Wüstensand mit Leichen bedeckt war.

Mushagraf, der Schrari-Knabe hinter der zweiten Kanone ... lief hinunter, um sich den anderen anzuschließen, die wie wilde Bestien die Wagen aufrissen ...«

Offenbar erkannten aber einige der Bedrängten in Lawrence einen Europäer und wandten sich in ihrer Todesangst inmitten der rasenden Briganten, die offenbar in einer Art Blutrausch wüteten, an ihn.

Doch Lawrence bemerkte: »Türken, so zusammengebrochen, bieten ein widerliches Schauspiel. Ich stieß sie, so gut ich es vermochte, mit meinen nackten Füßen fort und konnte mich endlich befreien.« Das Gemetzel durfte beginnen.

Nur kurze Zeit darauf fiel Lawrence in Deraa in die Hände der Türken. Gewiß, es gab da einige Erlebnisse mit dem osmanischen Kommandanten von Deraa, der an dem hellhäutigen Fremden Gefallen fand. Als er aber sein Ziel nicht erreichte, bekam der seltsame Gast wohl eine Tracht Prügel, aber niemand trachtete ihm nach dem Leben. Die Türken ließen ihren Gefangenen wieder laufen ... Anders bei Lawrence und seiner »Leibgarde«. Am gleichen Tag, an dem sich der Überfall auf den Eisenbahnzug ereignete, bei dem die türkischen Gefangenen vergeblich um ihr Leben flehten, ergeht es auch den österreichisch-ungarischen Gefangenen nicht anders. Im Angesicht von Lawrence werden sie hingemordet. Lawrence beschreibt diese tragische Episode recht kühl: »Hierauf ersuchte mich eine Gruppe von Österreichern, Offiziere und Instrukteure, ruhig um Pardon; in türkischer Sprache. Ich antwortete in meinem lahmen Deutsch, worauf mich einer von ihnen in englischer Sprache um einen Arzt bat, der seine Wunden versorgen sollte. Wir hatten keinen: nicht, daß das etwas bedeutete, denn er war ohnehin tödlich verwundet und lag bereits im Sterben.

Ich sagte ihnen, die Türken würden sicher bereits in einer Stunde da sein und sich um die Verwundeten kümmern.

Aber er war noch vorher tot, so wie die meisten anderen auch (Instrukteure für diese neuen Skoda-Gebirgshaubitzen, mit denen sie die Türken für den Hedschaskrieg versorgten), weil zwischen den Österreichern und meiner eigenen Leibwache irgendein Disput ausbrach und einer von ihnen auf einen jungen Rahail einen Pistolenschuß abgab. Meine wütenden Männer stachen sie alle – bis auf zwei oder drei – nieder, bevor ich zurückkommen konnte, um einzuschreiten.«

Das alles spielte sich bei der Station Mudowara ab, am 19. September 1917. Musil besuchte am nächsten Tag die Klöster von Aleppo und am 21. September auch den dortigen chaldäischen Bischof.

Am 23. September verabschiedete sich die Mission von Schefki-Pascha, dem türkischen Kommandanten, und Baron Falkenhayn.

Über Hama und Homs begab sich die Reisegruppe nach Balbek; der Direktor der Hedschas-Bahn, ein waschechter Ungar, hatte einen Schlafwagen bereitstellen können und in dem übernachtete man.

Der folgende Tag brachte einen der Höhepunkte der Reise, was äußeres Gepränge und Freude aller Teilnehmer, Betroffenen und Zaungäste betraf: die Ankunft und Begrüßung in Damaskus. Die gesamte, sehr umfangreiche österreichisch-ungarische Kolonie erwartete auf dem Bahnhof die hohen Gäste und grüßte mit lautem »Eljen«.

In der syrischen Hauptstadt erklang das »Gott erhalte«. Auch ein waschechter Osmanenprinz fand sich zum Willkommensgruß ein, und Wohnung bezogen Erzherzog Hubert und Hofrat Musil – wie anders – bei der Familie des »k. u. k. Honorar-Dragomans« Fattal, der sich schon so oft bewährt hatte und für den dieser Besuch Höhepunkt – und auch Abschluß seiner k. u. k. Karriere bedeutete, neigte sich doch diese Zeit unweigerlich ihrem Ende zu.

Der darauffolgende Tag galt den »Wundertätern« von Damaskus-Kadam, den Eisenbahnern der Hedschasbahn, die sich in der technischen Abteilung fast ausschließlich aus Ungarn rekrutierten. Unter der Leitung von Ingenieur Hajduk vollbrachten sie wahre Meisterleistungen an Instandhaltung und Wiederinstandsetzung.

In diesen Werkstätten, draußen vor den Toren von Damaskus, im Vorort Kadam, hat sich übrigens so gut wie nichts geändert. Es stehen die gleichen Maschinen und Reparaturwerkzeuge zur Verfügung wie damals und die haargenau gleichen Treibriemen bewegen die gleichen Räder an den gleichen Drehbänken. Es ist, als wäre die Zeit seit der Jahrhundertwende nicht fortgeschritten; und die gleichen Lokomotiven wie damals ziehen noch immer die gleichen Waggons.

Am 1. Oktober fuhr Erzherzog Hubert ins Wadi Sardar, während sich Musil und Oberleutnant Rottauscher als »Vorauskommando« bereits nach Jerusalem begaben.

Tags darauf hörte der Erzherzog die Kanonen donnern und die Flugzeugmotoren und die Maschinengewehre knattern: Die Briten probten den Angriff. General von Kress, der typische, tüchtige Frontsoldat, der (im Gegensatz zu Falkenhayn) versuchte, seine Männer zu schonen, holte Erzherzog Hubert persönlich ab und bemühte sich, die Probleme seiner Heeresgruppe zu erläutern. Sie erwiesen sich als schlimm genug; Kress stand einer unvergleichlich stärkeren Invasionsarmee gegenüber. Das Kräfteverhältnis, in dessen Spannungsfeld Musils Orientmission unmittelbar hineingeriet, sah so aus:

An der Frontlinie zwischen Gaza und Birscheba standen auf der Seite der Mittelmächte sieben Infanterie- und eine Kavalleriedivision mit insgesamt 25 000 Gewehren, 200 Geschützen und 1000 Reitern. Die Briten verfügten über 60 000 Gewehre, 500 Geschütze und 10 000 Reiter unter General Allenby.

Angesichts dieser Umstände drängten die türkischen Offiziere darauf, die Front zurückzunehmen und eine günstigere, kürzere Verteidigungslinie (die bereits vorbereitet war!) zu beziehen und beim Abzug die für die nachrückenden Briten lebenswichtigen Brunnen zu zerstören.

Erwartungsgemäß lehnte Falkenhayn ab (er harrte im 650 km hinter der Front liegenden Aleppo der Dinge) und überließ General von Kress alles weitere. Falkenhayn traf erst am 6. November in Jerusalem ein, eine Woche, bevor die Engländer ihre Offensive begannen.

Am 3. Oktober kam Erzherzog Hubert in Jerusalem wieder mit Musil zusammen. Die Delegation wohnte im österreichischen Pilgerhaus, und der Kaiserenkel bemerkte in seinem Tagebuch mit Rührung, daß er in dem gleichen Zimmer einquartiert war, »in dem einst Großpapa gewohnt hat«.

Die ganze darauffolgende Woche galt Besuchen bei den christlichen und moslemischen Würdenträgern und – vor allem – der sehr zahlenstarken österreichisch-ungarischen Kolonie ... »nur Geistliche und Juden« wie der Erzherzog etwas sarkastisch, aber treffend bemerkt; an ihrer Treue und Liebe zum alten Vaterland konnte kein Zweifel bestehen.

Am 10. Oktober bereitete die österreichisch-ungarische Kolonie der Orientmission einen besonders liebenswürdigen Empfang, wie immer mit »Eljen« und »Gott erhalte«, und Musil gab ein knappes Jahr nachher in seiner »Österreichischen Monatsschrift für den Orient« einen Situationsbericht über die Zustände in Jerusalem.

Das Bemerkenswerte an diesem Aufsatz ist, daß er weder auf die Balfour-Deklaration, in der 1917 den Juden ein eigener Staat versprochen worden war, noch auf die Tatsache, daß Jerusalem schon seit einem Jahr in britischen Besitz war, einging. Er tut, als habe die Eroberung Jerusalems am 8. Dezember 1917 entweder überhaupt nicht oder bloß in der Phantasie der Engländer stattgefunden. Er spricht auch von arabischen »Reichstagsabgeordneten« (zum osmanischen Parlament), als nehme er den Verlust der Stadt einfach nicht zur Kenntnis.

Nach Besuchen von Bethlehem, Nazareth, dem Toten Meer (die Herren fuhren mit dem Motorboot bis in die Jordanmündung) und Jericho verrichteten sie am 16. Oktober auf Golgotha ihr Abschiedsgebet.

Ähnlich wie Erzherzog Hubert, dem die Streitereien unter den christlichen Gemeinden überhaupt nicht gefallen, macht sich auch Musil bloß mit einer gewissen Gewalt von seinen Ressentiments frei und gibt den etwas krampfhaft freundlichen Rat: »Der Pilger soll sich einzig und allein den religiösen, mit dieser einzigartigen Stadt verknüpften Erinnerungen hingeben, nur in die Vergangenheit schauen, das Äußere und die Gegenwart gar nicht berücksichtigen, dann wird er in seinem Glauben gestärkt in seine Heimat zurückkehren.«

In vollkommen gleichem Sinn spricht sich auch Erzherzog Hubert aus, dem sichtlich das Benehmen der Moslems am Felsendom mehr zusagt als das Gezänk der christlichen Religionsgemeinschaften am Heiligen Grab.

Ausführlich geht Musil noch auf die Bedeutung der österreichisch-ungarischen Kolonie in Jerusalem ein, die damals, bei einer Gesamteinwohnerzahl von 80000 Menschen immerhin 5000 Personen umfaßte:

»Die österreichisch-ungarische Kolonie in Jerusalem zählt über 5000 Juden, die in acht Landschaftsgemeinden zerfallen, und zwar in eine österreichisch-galizische, Kossower, Wissnitzer, Bukowiner, österreichisch-ungarische-böhmisch-mährische, Siebenbürger, Marmaroscher und Munkacser Gemeinde. Die stärkste ist die österreichisch-ungarische-böhmisch-mährische, dann die österreichisch-galizische Gemeinde.

Die meisten österreichisch-ungarischen Juden wohnen in kasernenartigen, dicht aneinandergedrängten Häusern nordwestlich von der Stadt. Die Reinlichkeit ist im Verhältnis zu dem Judenviertel in der Stadt recht beachtenswert, was umso höher anzuschlagen ist, da ja das Wasser in Jerusalem einen der kostbarsten Artikel bildet, da jede gefüllte Zisterne sofort zu einem hohen Preis verkauft werden kann.«

Dann kommt Musil zu einem für ihn typischen Schul-Schluß:

»Diese unsere Landsleute müssen nach und nach für ein wirklich tätiges Leben in Jerusalem erzogen werden, sonst bilden sie für uns nur eine Last.« Heftig wendet sich Musil gegen die Aschkenasim, die in der Erziehung der Jugend, vor allem schon in der Volksschule, den ärgsten Feind ihrer Religion sehen.

Traurig stellt Musil fest, daß die erstklassige »Lämel-Schule«, einst von der Wiener Kultusgemeinde gegründet, »dem Hilfsverein der Deutschen Juden in Berlin« gehört.

Am 17. Oktober zog in Haifa zu Ehren der Musil'schen Delegation eine Ehrenkompanie auf (am 16. November besetzten die Engländer bereits Jaffa), und dann führte der Weg der Delegation über Nazareth und Tiberias zurück nach Damaskus, wo Musil dem Erzherzog seine soeben fertiggestellte Arbeit »Zur Zeitgeschichte Arabiens« überreichte, ein kleines, aber gewichtiges Werk mit einer umfassenden Darstellung der Geschichte der innerarabischen Herrscherfamilien und Stämme und schlechthin seherischen Aussagen über die Zukunft des Hauses Sa'ud.

Am 26. Oktober wurde die Delegation in Kasr es Sitt, südlich von Damaskus, Zeuge der schiitischen Exzesse anläßlich des Todestages von Imam Hussein, als sich tausende von schiitischen Fanatikern in den Straßen der Stadt mit Ketten und Geißeln peinigten und das Blut in Strömen fließen ließen: »Eine menschenunwürdige, grausliche Komödie«, notierte der Erzherzog in seinem Tagebuch.

Am 30. Oktober abends saßen Musil und seine Begleiter mit Dschemal Pascha in Damaskus bei einem Diner und besprachen die Lage; es war der gleiche Tag, an dem die Front bei Birscheba einbrach.

Die Engländer griffen dort seit dem frühen Morgen mit drei Infanteriedivisionen (ungefähr 30000 Gewehren) an; zu deren Unterstützung griffen 120 Geschütze und ein Kavalleriekorps ein; also zusätzliche 8000 Reiter.

Gegen 17 Uhr räumte der Verteidiger, Ismet Bei, Berscheba und zu der Stunde, da Dschemal Pascha mit Musil dinierte, zog sich seine geschlagene Truppe in das Gelände von Tell Scheria zurück.

Wie hatte doch Alois Musil am 24. Juli des Jahres 1901 in sein Tagebuch geschrieben: »Um 11 Uhr 31 Min. gelangten wir auf den Rücken eines niedrigen Höhenzuges und erblickten vor uns das rote Dach des neuen Regierungsgebäudes von Bir es-Seba. Es macht einen befremdenden Eindruck, hier in der gelbgrauen Wüste ein Haus, und noch dazu ein modernes, europäisches zu sehen.

Nach einer Stunde kamen wir in Bir es-Seba an und ließen uns im Schatten einer Gartenmauer nieder.«

Nun also residierten bereits die Europäer – die Briten – in dem neuen Regierungsgebäude von Bir es-Seba und im Schatten der Mauern lagerten die Sieger, während die überlebenden Gefangenen einem ungewissen Schicksal entgegenzogen.

Der österreichisch-ungarische Generalkonsul Dr. Ranzi berichtete über diese Tage: »Am Nachmittage des ersten Novembers erfolgte die Abreise der Mission nach Beirut. Zur Verabschiedung fanden sich Minister Dschemal Pascha mit seinem Generalstabschef, der Korpskommandant, der Stellvertreter des Generalgouverneurs, der Bürgermeister, Scheich Assad, von deutscher Seite der Kaiserlich deutsche Konsul, Meissner Pascha, und mehrere deutsche Offiziere auf dem Bahnhof ein, wo eine Ehrenkompanie mit einer Musikkapelle und Abteilungen der Polizei und Gendarmerie aufgestellt waren. Die österreichisch-ungarische Kolonie war vollzählig erschienen und brachte Seiner Kaiserlichen Hoheit ihren huldigenden Abschiedsgruß dar.

36 Der Höhepunkt der politischen Wirksamkeit Alois Musils: Kaiser Karl und Kaiserin Zita treffen am 19. Mai 1918 zu ihrem Staatsbesuch in Konstantinopel ein. Zwischen Kaiser Karl und Sultan Mechmed V. Reschad der osmanische Kriegsminister und Generalstabschef Enver Pascha; neben Kaiserin Zita Außenminister Rifaat Pascha und der Thronfolger und letzte Sultan Mechmed VI. Vahid al-Din.

37 Francis Leatherbee Crane Masaryk und Jan Masaryk auf Hochzeitsreise: die Ehe währte von 1924 bis 1929 und der Versuch einer Pseudo-Dynastiegründung tschechisch-amerikanischer Herkunft mißlang völlig.

38 Charles Richard Crane (1858–1939), Unternehmer, Abenteurer, Philanthrop; Freund Sir Richard Burtons, Gönner Musils, Protektor Th. G. Masaryks.

39–42 *Alois Musil im hohen Alter: Priester, Patriarch, Gärtner. Musils rote Wüstenstiefel, seine Reitpeitsche.*

Charge	Name	Dienst-		Staats-angehö-rigkeit	Besitzt Auszeich-nungen	Verdienste	Allerunter-tänigster Antrag
		Verwendung	Ort				
kais. türk. GM.	SCHEFKI PASCHA	Kps.- und StatKmdt. in ALEPPO				Förderung der österr.-ung. Interessen. Großes Ent-gegenkommen gegenüber unseren Institutionen und Staatsangehörigen. Rege Sympathie für unsere Monarchie.	MVK. 2. (KD)
	ALI RIZA PASCHA	Kmdt. des 15. ArmKps.			LO.-R.		
kais. türk. Obstl.	KEMAL BEY	EtpInspektor der VII. Armee in ALEPPO	ALEPPO			Großes Entgegenkommen und Förderung gegenüber den k. u. k. Truppentrans-porten, sowie gegenüber den k. u. k. Formationen in ALEPPO. Große Sympathie für unsere Monarchie.	MVK. 3. (XD)
kais. türk. Mjr.	MEHMED BEY	Präsident des Kriegs-gerichtes in ALEPPO				Rege Tätigkeit im Interesse der in ALEPPO dislozierten k. u. k. Formationen. Förde-rung unserer Institutionen und Staatsangehörigen.	
kais. türk. Ferik	AHMED DJEMAL	Kmdt. von Syrien u.d. westlichen Arabien, kais. türk. Marine-minister	DAMASKUS		LO. 1. (KD) EKO-R.1. (KD)	Ist der Monarchie günstig gesinnt, bringt dies auch den in Syrien befindlichen österr.-ung. Formationen gegen-über tätig zum Ausdrucke. Hat die Orientmission in seinem Bereiche gastlich aufgenommen und in jeder Beziehung unterstützt.	MVK. 1. (KD)

Auszeichnungsanträge der Orientexpedition für osmanische Offiziere, unter ihnen Kemal Bey, der spätere »Atatürk«

Die Entsendung hiesiger Knaben nach Österreich, welche sich anfäng-lich auf Christen beschränkte, wurde nunmehr auch auf mohammeda-nische Knaben ausgedehnt und wurde die gleiche Zahl, nämlich 14, auch für die letzteren festgesetzt.

Behufs Auswahl der Knaben wurde die Vermittlung des Generalgou-verneurs in Anspruch genommen, welcher hierbei das größte Zuvor-kommen bekundete. Ich werde über diese zweite Expedition, welche in ungefähr zwei Wochen zustandekommen dürfte, ausführlich berich-ten.

Außer den erwähnten 14 mohammedanischen Knaben sollen noch et-wa 50 Lehrlinge, die ebenfalls von der Regierung ausgewählt werden, behufs Erlernung eines Gewerbes in die Monarchie entsendet werden. Die Entsendung von so vielen Kindern des Landes in die Monarchie ... erregte großes Aufsehen ...

Als ein günstiges Zeichen für die Anschauung der Bevölkerung mag es gelten, daß der erste Notable der Stadt, der Senator Abdarrachman

Pascha el Jussef den Herrn Erzherzog persönlich um die Aufnahme seines Sohnes ins Theresianum bat.

Über die Haltung der deutschen Kreise habe ich vorläufig keine Beobachtungen zu berichten. Es ist klar, daß unsere Propaganda deutscherseits als eine Konkurrenz gegen das bisherige deutsche Einflußmonopol aufgefaßt wird. Doch hat sich bisher in keiner Weise ein Entgegenwirken oder eine Einflußnahme zu unseren Ungunsten bemerkbar gemacht.   Der k. u. k. Generalkonsul
Dr. Ranzi«

Über Beirut und Reyak, wo die Mission eine österreichisch-ungarische 24 cm-Mörserbatterie inspizierte, führte der Rückweg über Aleppo, Adana, Konia, Eskischehir und Haidar-Pascha schließlich zurück nach Konstantinopel, wo die Delegation dem Sultan einen Dankbesuch abstattete.

Eine Woche Konstantinopel brachte noch die ganze notwendige »Aufarbeitung« des Ganzen; neuerliche Besuche in den österreichisch-ungarischen Instituten, bei befreundeten Diplomaten und vor allem bei Talaat Pascha, der trotz der Mißerfolge an den Fronten mit dem Ergebnis der Musil'schen Mission vollkommen zufrieden sein konnte. Musil hatte ja nicht nur viel zur Beruhigung der Araber und der Christen beigetragen (obwohl sich letztere bereits recht schamlos auf die Ankunft der Sieger einstellten), sondern vor allem das Verhältnis des Osmanischen Reiches zur Doppelmonarchie abermals verbessert. Der persönliche Kontakt mit Talaat war dabei von entscheidender Wichtigkeit; jetzt bereits bereitete die Delegation Alois Musil – Erzherzog Hubert den Staatsbesuch des Kaiserpaares in Konstantinopel vor.

In den Tagen, da Alois Musil aus Arabien wieder nach Konstantinopel zurückfuhr (es sollte ja ein Abschied für immer sein!), traf E. T. Lawrence in Kasr al-Azrak ein, jenem düsteren Wüstenschloß, das Musil, ganz im Gegensatz zu seinen hellen, gelben Lustschlössern Kasr Tuba und Kasr Amra, nie gemocht hatte. Nun hatte Lawrence dort Quartier bezogen und sinnierte, wie er den Fürsten an-Nuri, der immer noch stille hielt und noch immer nicht gegen die Türken in den Krieg gezogen war, endlich auf die Seite der Engländer, also der Entente ziehen konnte.

Bereits am 13. November zog Markgraf Pallavicini, der österreichisch-ungarische Botschafter in Konstantinopel, brieflich Bilanz; sie liest sich, besonders natürlich in dem Gegensatz zu seinen ursprünglichen Bedenken, mehr als erfreulich:

»An Seine Exzellenz den Herrn Minister des k. u. k. Hauses und des
Äußern Ottokar Grafen Czernin!
Ich habe bereits Gelegenheit genommen; Euer Exzellenz zu melden,
daß seine k. u. k. Hoheit der Durchlauchtigste Herr Erzherzog Hubert
Salvator am 8. d. Mts. wohlbehalten in Konstantinopel eingetroffen ist
und sich des besten Wohlseins erfreut. Seither hatte ich wiederholt die
Ehre, mit S. k. u. k. Hoheit über die Reise der Orientmission zu spre-
chen und erlaube mir nun, Eurer Exzellenz auf Grund der hierbei er-
haltenen Eindrücke, nachstehendes zu melden.
Wie Euer Exzellenz erinnerlich sein dürfte, habe ich seinerzeit gewisse
Bedenken und insbesonders gegen die Teilnahme eines k. u. k. Erzherzogs an derselben geäußert.
Ich fürchtete in der Hauptsache einerseits das türkische Mißtrauen,
welches in der Orientmission eine Tendenz unsererseits erblicken
könnte, uns um das katholische Protektorat zu kümmern und mit den
Katholiken Syriens Kontakt zu nehmen, andererseits das Mißtrauen
der Deutschen.
Ich sehe nun, daß meine Bedenken ersterwähnter Natur, dank der besonderen Umsicht seiner k. u. k. Hoheit, nicht begründet waren und
daß die Reise der Mission in türkischen Kreisen kein Mißtrauen her-
vorgerufen hat.«
Nach einer ausführlichen Besprechung der Lage im syrisch-palästinen-
sischen Raum und der Stimmung in der Bevölkerung kommt Markgraf
Pallavicini noch auf die Jerusalem-Berichte der Missionsteilnehmer zu
sprechen:
»Über die Zustände in Jerusalem im allgemeinen und namentlich in
Bezug auf die dortige Geistlichkeit hat sich Seine k. u. k. Hoheit abfällig ausgesprochen; Hochderselbe war in dieser Hinsicht speziell die
unter der dortigen Geistlichkeit herrschende Uneinigkeit, ja sogar
Feindseligkeit, sowie der Umstand recht unliebsam aufgefallen, daß
sich die geistlichen Herren dort viel mehr mit Politik als mit ihren
geistlichen Obliegenheiten befassen.«
Pikanterie am Rande: Bereits drei Wochen nach Abfassung dieses Be-
richtes, genau am 8. Dezember 1917, fiel Jerusalem in die Hand der
siegreichen britischen Truppen.
Am 16. Dezember sahen die Mitglieder der Orientmission noch einmal
den Sultan, der sie »sehr freudig begrüßte«, und dann ging's über Bulgarien und Belgrad heim nach Wien: »Belgrad 7 Uhr, 15 Uhr Buda-
pest, 21 Uhr 30 Wien-Nordbahnhof«, notierte der Erzherzog.
Die Orientmission Musils zeitigte mannigfache Ergebnisse.
Zunächst einmal verbesserte sie die Beziehungen zwischen dem Osma-

nenreich und Österreich-Ungarn abermals. Entscheidend scheint dabei zu sein, daß zwischen so unterschiedlichen Charakteren wie Enver Pascha und Alois Musil, die auch grundlegend unterschiedliche Auffassungen von »Reich« und »Recht« hatten, doch eine gewisse Verständigung zutage trat; man verstand einander »nachher« besser. Enver erkannte, wenn auch fast schon zu spät, die Absichten Musils, die stets auf Verständigung mit den Arabern ausgerichtet gewesen waren, weil er wußte, daß das Osmanenreich die Araber, aber auch die Christen der unterschiedlichsten Nationalitäten (Araber, Armenier, Griechen, Georgier, Chaldäer ...) brauchte, um die Probleme der Zeit bewältigen zu können.

Wie gut Talaat Pascha die Absichten Musils verstand, beweist die Tatsache, daß er sich voll hinter das geniale Musil'sche Programm der »Schüleraktion« stellte.

Eine gewisse Enttäuschung bereiteten allerdings die orientalischen Bischöfe, die längst mit dem Vormarsch der Briten kalkulierten und sich nichts mehr vergeben wollten oder sich gar bereits insgeheim auf die Seite der Sieger schlugen.

Musil, der die Mentalität der Hierarchie von Jerusalem gut kannte, zog rasch die Konsequenzen und dehnte seine Schüleraktion noch mehr auf moslemische Knaben aus.

Übrigens trafen die ersten syrischen Jugendlichen bereits am 10. November in Wien ein, also zu einem Zeitpunkt, als Musil noch in Konstantinopel mit den osmanischen Behörden verhandelte.

Die Buben fanden in den Gymnasien von Waidhofen/Ybbs und Waidhofen/Thaya Aufnahme.

Im Winter und Frühjahr 1918 trafen weitere Gruppen ein: 20 Schüler aus Smyrna und schließlich gar zwanzig Schüler und fünfzig Lehrlinge aus Beirut.

Musil kümmerte sich um jeden einzelnen jungen Gast, setzte sich mit seiner Herkunft und seinen Plänen auseinander und bemühte sich, so gut wie nur immer möglich, auf die besonderen Ausbildungswünsche der Burschen einzugehen.

Welche Schwierigkeiten allein die Ernährung und Bekleidung der Schüler bereitete, und mit welcher Energie Musil bei der Bewältigung dieser Probleme vorgehen mußte, ist kaum mehr nachvollziehbar. Es sei nur daran erinnert, daß die Monarchie mit schwersten Versorgungsschwierigkeiten zu kämpfen hatte, die im letzten Kriegsjahr in manchen Teilen des Reiches bereits zu Hungersnöten führten.

Wie Karl Johannes Bauer berichtet, hatte Musil auch pädagogisch bestens vorgesorgt:

»Je eine Gruppe von 8–12 Schülern hatte einen eigenen Professor, der sich den ganzen Tag ausschließlich ihnen widmete, so daß sie in möglichst kurzer Zeit die Sprache erlernen würden. Musil empfing die ankommenden Knaben selbst am Bahnhof und bereitete sie auf ihren Aufenthalt im kriegsgeplagten Österreich vor. Er bat sie, nicht über die spärliche Verköstigung zu schimpfen, fleißig zu studieren.

Die zum Priesterberuf Bestimmten besuchte er anfangs selbst regelmäßig im Priesterseminar in St. Pölten, um ihnen, die des Deutschen noch unkundig waren, auf Arabisch die Beichte abzunehmen.«

Es ist, als ob alle Berichte und Wahrnehmungen über Musils »Härte« auf einmal ihre Gültigkeit verloren hätten.

Mehr Liebe und Fürsorge, als er seinen orientalischen Gästen in Wien und Niederösterreich entgegenbrachte, ist kaum vorstellbar.

Hier stimmten einmal das politische Programm – denn um ein solches handelte es sich im besten Sinne des Wortes – und die persönliche und sittliche Neigung vollkommen überein, obwohl Alois Musil ausgerechnet mit seiner Aktion »Osmanische Jünglinge«, die ja fast zur Gänze *arabische* Lernwillige betraf, auf schier unüberwindliche Hindernisse gestoßen war. So lehnte der Bischof von St. Pölten eine Aufnahme der Schützlinge Musils rundweg ab und verwies auf die Stifte Melk und Seitenstetten, die Musil gleichfalls die kalte Schulter zeigten. So blieb nichts anderes übrig, als die Knaben bei Privatpersonen unterzubringen. Besser gelang das Unternehmen in Waidhofen an der Ybbs und auch in Waidhofen an der Thaya: Dort wurden am 30. Oktober 1917 acht »osmanische Schüler syrisch-katholischen Glaubens« in die 1. Klasse aufgenommen. Im darauffolgenden Februar besuchte Musil seine »Osmanen« und am 4. Mai 1918 kam er, gemeinsam mit Landesrat Kastner, nochmals, um nach dem rechten zu sehen. Ein Jahr darauf wurde das Experiment abgebrochen – »wer sollte denn die Unterhaltskosten aufbringen«, fragt der Schulchronist unverblümt – und die acht Burschen wurden wieder nach Hause geschickt; ein Lebenstraum Musils, der sicher als *der* Pionier einer echten Entwicklungshilfe bezeichnet werden darf, zerbrach an Unverstand und Engherzigkeit seiner Mitbürger.

15. Kapitel

Musils Verhältnis zur Politik

> »24. Jänner 1917.
> Musil. Moderner Marco d'Aviano. Seine wissen-
> schaftliche Bedeutung. Seine Reise mit einem
> Parma. Seine Verbindung und Intimität mit der
> Kaiserin. Sein Metier: Beduine sein.«
> Der österreichisch-ungarische Minister ohne
> Portefeille Joseph Maria Baernreither in einer
> seiner Tagebucheintragungen

Ein Mann wie Alois Musil hätte dank seines Ehrgeizes und seiner Fähigkeiten gewiß auch ohne Verbindungen zu den Habsburgern und
Bourbonen von Parma seinen Weg gemacht. Das Ungewöhnliche, ja
Außerordentliche und Einmalige im Forscherleben Alois Musils wäre
allerdings kaum denkbar ohne seine besondere Beziehung zum Herr-
scherhaus, seine Loyalität zu Kaiser Franz Joseph und schließlich seine
persönliche Bindung an das junge Kaiserpaar. Begriffe wie »Kirche«
auf der einen, »Staat und Politik« auf der anderen Seite bildeten für
ihn noch eine selbstverständliche Einheit; wahrscheinlich sah er sie in
Kaiser Karl ideal verwirklicht. Bei den Habsburgern und Bourbonen
dürfte er vor allem den Willen zum Zusammenführen, zur »Verständigung« geschätzt haben. Musil dachte, so unerbittlich er in Einzelheiten und Kleinigkeiten auch sein konnte, großzügig, großräumig,
übernational. Dabei erschien Musil vielen als der Typ eines kaltherzi-
gen Karrieristen. Doch Musil war sehr wohl herzlicher Bindungen fähig, ja er brauchte sie als Grundlage seines Priester- und Gelehrtendas-
eins.
Er fand diese heißersehnten Bindungen im Kreise der eigenen Familie
(besonders bei seiner Schwester Karla, aber auch bei der Familie seines
Bruders Anton) und bei den in Schwarzau am Steinfeld in Niederösterreich lebenden Bourbonen von Parma; in der Folge, nach der Heirat
von Prinzessin Zita mit Erzherzog Karl im Jahre 1911, auch bei der kaiserlichen Familie. In Schwarzau am Steinfeld lebte die Herzogin-Wit-
we Maria Antonia von Bourbon-Parma, die Musil sehr schätzte und
deren große Kinderschar, allen voran die Prinzen Sixtus, Xavier, René,
Felix und – nicht zuletzt – Zita, mit dem jungen Priester, der so viel

von der Welt zu erzählen wußte und schon so viel erlebt hatte, alsbald innige Freundschaft schlossen. Ähnliche Sympathie erwuchs in der Folge auch zwischen Erzherzog Karl (dem späteren Kaiser) und Alois Musil. Wenn sich Musil »bereichert« hat, dann mit Orden und Titeln, aber auch da wieder nicht nur um seiner Eitelkeit zu frönen, sondern wahrscheinlich vor allem, um mit Hilfe seiner Titel und Dekorationen mehr für die Wissenschaft erreichen zu können. Undenkbar wäre denn auch die Weltgeltung Musils als Orientalist ohne seine politischen Beziehungen: Weder die Expedition von 1912 mit Prinz Sixtus noch seine Sondermission von 1914/15 hätten (zumindest in diesem Umfange) sonst stattfinden können, von der ausschließlich politisch motivierten Orientmission mit Erzherzog Hubert im Jahre 1917 ganz zu schweigen. Kaiser Karl hat sich übrigens zu dem Problemkreis Alois Musil (den es in der Zeit des Untergangs der Monarchie zweifellos gab, weil man in ihm die »Graue Eminenz« sah) sehr offen geäußert:
»Zweier Leute wäre noch zu erwähnen, von denen behauptet wurde, sie hätten politischen Einfluß auf mich und wären einflußreiche Mitglieder der ›Nebenregierung‹: Es sind dies Professor Alois Musil und Professor Schmidt. Natürlich ist dies von A bis Z erlogen. Musil ist, wie jedermann bekannt, ein großer Orientforscher und machte einst auch, mit meinem Schwager Sixtus, eine Forschungsreise nach Arabien. Ich lernte den Professor daher näher kennen und es freute mich immer, seinen so geistvollen Ausführungen zuzuhören. Sein Lieblingsthema – und gleichzeitig sein Herzenswunsch – war, daß Österreich, sein von ihm über alles geliebtes Vaterland, im Orient einen entscheidenden Einfluß erhalte.
Er hatte mit alledem nur zu recht, in mancher Hinsicht muß man sagen: ›leider‹. Unsere Vertreter und Konsuln im Orient waren vielfach reine Bürokraten, die den österreichischen Handel und das österreichische Prestige im allgemeinen wenig unterstützten … Bei uns wurden höchstens lange, unverständliche Noten geschrieben, die der Orientale in blumenreicher Sprache erwiderte und kostbare Zeit wurde vertrödelt.
Gerade in unserem Vielnationalitäten-Staate ist es doppelt notwendig und nützlich, unsere Leute von den kleinen, innerpolitischen und nationalen Kämpfen abzuziehen und ihnen ein großes Arbeitsfeld im Auslande zu zeigen, wo sie sehen können, wie kleinlich all diese Streitereien sind, und wie allein ein großes, gemeinsames Vaterland ihnen wirksam helfen kann.
Hinaus in die Welt! Und als gute, österreichische Patrioten mit einem weiten Horizont und mit Verachtung für die Kleinigkeitskrämerei

kehren sie zurück. Unsere österreichischen Kolonien im Ausland hielten immer musterhaft zusammen, es gab kaum nationale Reibereien zwischen ihnen.

Um in diesen Belangen eine entscheidende Besserung zu erlangen, gründete Alois Musil mit einigen Patrioten eine ›Orientalische Gesellschaft‹, die es sich zur Aufgabe stellte, junge Österreicher, angehende Kaufleute zu Studienzwecken in den Orient zu senden und junge Orientalen nach Österreich zu bringen, damit sie dort unsere Kultur und unsere Sprache kennenlernen. So hoffte man, durch gegenseitige, intensive Berührung beiderseitiges Interesse anzubahnen und Handelsbeziehungen anzuknüpfen. Die ›Orientalische Gesellschaft‹ plante die Errichtung einer eigenen Schule und eines Internats für die Orientalen, in Konstantinopel hingegen eine Österreichische Akademie für Meeresforschungen. Ich interessierte mich daher für das ganze Unternehmen. Im Jahre 1918 waren bereits junge Orientalen zu Studienzwecken in Wien, aber der Umsturz begrub, wie so vieles andere, auch dieses Unternehmen. Ich ernannte Musil wegen seiner großen Verdienste zum Geheimen Rat, eine für einen Professor noch nie dagewesene Auszeichnung, deretwegen seine Kollegen neidisch waren. Ich glaube überhaupt, daß gerade dieser Neid eine der Quellen der vielen Gerüchte über ihn waren.«

Kaiser Karl schrieb diese Zeilen – ohne irgendwelche amtliche Unterlagen, wie er ausdrücklich bemerkt – während seines schweizerischen Exils; sie zeigen, welche Bedeutung er der Wirksamkeit dieses Mannes und seiner Stellung als Motor der österreichisch-ungarischen Orientpolitik beimaß.

Die Verbindung des Kaisers zu Musil blieb nicht verborgen. Schon zwei Monate nach der Thronbesteigung Kaiser Karls notiert Josef Maria von Baernreither, im Reichsrat Vertreter des verfassungstreuen Großgrundbesitzes in Böhmen, von Kaiser Karl zum Minister ohne Portefeuille ernannt, in seinem Tagebuch:

»Musil. Moderner Marco d'Aviano. Seine wissenschaftliche Bedeutung. Seine Reise mit einem Parma. Seine Verbindung und Intimität mit der Kaiserin. Sein Metier: Beduine sein.

Hat aber keine nationale Ader oder verbirgt sie. Seine Leidenschaft ist der Orient, insbesondere die ihm aufgetragene Arbeit gilt der Verbindung Österreichs mit ihm. Er ist die Seele der wissenschaftlichen und kulturellen Arbeiten der Orientgesellschaft. Hat den Kaiser dafür gewonnen und hält ihn ununterbrochen warm. Seine gute, ja große Seite ist, daß er den Sachen auf den Grund geht. Hat natürlich, wie alle leidenschaftlichen Menschen, seine Sympathien und Antipathien, und das ist seine weniger günstige Seite, wie er auch beim Kaiser und bei der Kaiserin Stimmung macht, und das ist gefährlich.«

Bestimmt nicht für Baernreither: Er saß gemeinsam mit Musil in der Leitung der »K.u.k. Österreichischen Orient- und Überseegesellschaft«.

Der Gedanke zur Gründung einer solchen Vereinigung war zuerst in Gesprächen mit Prinz Sixtus aufgetaucht, später immer und immer wieder mit dessen Schwester, der Prinzessin Zita – der nachmaligen Erzherzogin und Kaiserin – sowie mit dem jungen Erzherzog Karl durchgesprochen worden, der in diesen Kreis von Orientliebhabern wie selbstverständlich hineinwuchs und vor allem niemals vergaß, daß die Habsburger in ihrem »Großen Titel« auch den eines »Königs von Jerusalem« führten, was freilich keinen Machtanspruch, sondern eine Verpflichtung bedeutete. Kaiser Karls Vater, Erzherzog Otto, hatte über seine Reise ins Osmanische Reich ein kleines Buch verfaßt (»Drei Wochen auf der Halbinsel Sinai«, Wien, 1895), sein Großoheim Kaiser Franz Joseph wie auch dessen Bruder Karl Ludwig und Kronprinz Rudolf hatten alle den Orient bereist.

Von seiten des Herrscherhauses herrschte reges Interesse an der neuen Orientgesellschaft, aber auch von seiten der Wirtschaft und der Wissenschaft. Am 26. Juni des Jahres 1916 war es so weit: Es trat die konstituierende Versammlung des neuen Vereins zusammen, der das Erbe des berühmten Vorgängers »Österreichisches Handelsmuseum« übernahm, mit dem erklärten Zweck, nicht nur wie das »Handelsmuseum« ausschließlich wirtschaftliche, sondern fortan auch wissenschaftliche und kulturelle Beziehungen zwischen Österreich-Ungarn und dem Orient zu fördern.

Präsident des Vereines wurde Joseph Maria von Baernreither, höchster Protektor Erzherzog Carl Franz Joseph, der Erzherzog-Thronfolger und kommende Kaiser und König. Zu den prominentesten Vereinsmitgliedern zählten der Bürgermeister der Reichs-Haupt- und Residenzstadt Wien Richard Weiskirchner, der durch »Slatin Pascha« wohl »erblich belastete« Rudolf von Slatin, der Generaldirektor des Österreichischen Lloyd Albert Frankfurter, der Präsident der k.u.k. Geographischen Gesellschaft, Eduard Brückner, Karl Freiherr von Škoda (dessen Gebirgshaubitzen die westliche Last der Verteidigung der Palästina- und Sinaifront trugen!), Alfred Treichl, der Direktor des Wiener Giro- und Kassenvereines, und Joseph Gruntzel vom k. k. Handelsministerium.

Da noch zahllose große Firmen und Industrieunternehmungen sowie Gelehrte (Professoren der Universitäten und Mitglieder der Kaiser lichen Akademie der Wissenschaften) zu den Mitgliedern der Gesellschaft zählten, hatte Musil ein Instrument von beachtlicher Effizienz geschaffen.

Musil erkannte klar die Chance, die Österreich-Ungarn gerade in der Zeit, da der Einfluß Englands, Rußlands und Frankreichs wegen des Krieges völlig ausgeschaltet war, im Osmanenreich erblühte; zu diesem west-östlichen Leerlauf gesellte sich die Großmannssucht des Deutschen Kaiserreiches, das sich psychologisch bei den Türken durch überhebliches Gebaren selber ausschaltete. Nach zahllosen Zeugnissen osmanischer Offiziere, Beamter und Diplomaten griff dort die Angst, nach einem allfälligen Sieg der Mittelmächte zu einer »deutschen Kolonie« herabzusinken, immer mehr um sich.

Musil entwickelte da ein wohl völlig andersartiges Programm für seine »Orientgesellschaft«. In deren Gründungsversammlung sagte er am 26. Juni 1916: »Die Okzidentalen halten oft die Orientalen für halbwilde Barbaren und verletzen dadurch ihr Empfinden: waren doch die Orientalen nach ihrer Meinung einst die Herren und Lehrer der halbwilden Europäer. Jahrzehntelang lasen die Orientalen in den europäischen Zeitungen und Büchern die Fabel von dem »kranken Mann am Bosporus«, während unterdessen in Anatolien und Syrien tausende Kilometer Eisenbahn gebaut und weite Strecken der Kultur erschlossen wurden.

Den Mann am Bosporus machten aber nur die russisch-englisch-französischen Ärzte krank und daß er ihrer ärztlichen Fürsorge nicht unterlegen ist, hat er nur seiner natürlichen Lebenskraft zu verdanken. Kein Wunder, daß sowohl die Türken als auch die Araber den Europäern gegenüber sehr mißtrauisch sind. Je mehr man dem Orientalen die Freundschaft anbietet, je mehr man ihm versichert, nur sein Bestes zu wollen, umso mehr wächst sein Mißtrauen.

Behandeln wir also alle Orientalen als Gleichgestellte, Gleichberechtigte, beweisen wir ihnen durch Taten, daß wir nicht nur unseren, sondern auch ihren Nutzen wollen, leisten wir unser Möglichstes zu ihrer wirtschaftlichen und kulturellen Hebung, erfüllen wir gewissenhaft jede eingegangene Verpflichtung, bleiben wir fest, unnachgiebig, in unseren berechtigten Forderungen und wir werden uns die Orientalen zu unseren treuesten Freunden machen.

Die sind die Grundlagen einer gesunden, wirtschaftlichen Betätigung im Orient. Diese Grundlagen schließen jede Annexions-, Kolonial- und Ausbeutungspolitik aus.«

Publizistisches Organ der »K. u. k. Österreichischen Orient- und Übersee-Gesellschaft« war die »Österreichische Monatsschrift für den

Orient«, die unter der Leitung von Joseph Maria von Baernreither, Alois Musil und Hans Übersberger stand, der an der Wiener Universität osteuropäische Geschichte lehrte. Zweifellos ging aber der politische Einfluß Alois Musils während der Regierungszeit Kaiser Karls über die unmittelbaren Belange der österreichisch-ungarischen Stellung im Orient hinaus; er machte sich doch recht stark sowohl im humanitären Bereich als auch bei den Friedensplänen des Kaisers bemerkbar.

Baernreither geht darauf einmal in einer seiner Aufzeichnungen ein (er darf wohl auch der Klatschsucht mit deutsch-nationalem Zungenschlag bezichtigt werden, was aber seine Bemerkungen nicht weniger interessant macht). So schreibt er am 19. April, als die »Enthüllungen« über die »Sixtus-Affäre«, also den Versuch Kaisers Karls, Frieden zu schließen, die Gemüter bewegten: »Majestätsbeleidigungen in Fülle, auch eine Flut von Gerüchten. Aber gewisse Parmapläne werden immer deutlicher. Sixtus und Elias in Frankreich (Bemerkung des Autors: Herzog Elias von Bourbon-Parma diente damals als hochdekorierter Soldat in der östereichisch-ungarisaben Armee), Spekulationen auf den Thron, den sie durch die Übergabe von Elsaß-Lothringen zu ergattern hoffen. Ebenso wie mit Frankreich korrespondiert die Familie mit dem Papst, Italien, England. Italien soll belohnt werden, beim Frieden gut abgefunden, damit es dem Papst Konzessionen machen kann. Der hiesige Nuntius, Musil, andere spielen mit . . .«

Tatsächlich verwendete sich Musil voll und ganz für den Frieden – aus seinem Priesteramte heraus vor allem für den inneren Frieden der Monarchie; als Orientalist für eine möglichst baldige Einbeziehung des Osmanischen Reiches in die Friedensgespräche.

Nach einer Bemerkung Kaiserin Zitas auf eine Anfrage des Autors (20. Dezember 1984) wurde die Juli-Amnestie des Jahres 1917, die so viel berechtigte Hoffnung auf einen inneren Frieden der Doppelmonarchie auslöste, zunächst »durch eine Nachfrage von Arthur Polzer von Hoditz über militärische Übergriffe gegenüber Strafverfahren im Hinterland« angeregt. In der Folge hat sich der Kaiser wiederholt mit Alois Musil über die Grundzüge einer Amnestie, ihren Umfang und die zu erwartenden Ergebnisse und Weiterungen unterhalten, später auch immer wieder über einzelne Fälle von Begnadigungen. Der junge Historiker Karl Johannes Bauer hat darüber eine auch in Einzelheiten gehende Untersuchung an Hand der im Musil-Archiv von Wischau in Mähren aufbewahrten Papiere zusammengestellt, die zeigen, wie sehr sich Musil um innere Verständigung und Frieden bemühte, um das große Reich, das er in seiner Vielfalt und Buntheit liebte, zu bewahren. Ähnlich verhielt es sich hinsichtlich der Friedensbemühungen Kaiser Karls, die ja auch das Osmanische Reich in die Gesamtplanung einbezogen. Nach dem Scheitern der Versuche, über seine Schwäger Sixtus und Xavier für Österreich-Ungarn einen rechtzeitigen Friedensschluß herbeizuführen, unternahm der Kaiser weitere Aktionen, so auch in den Gesprächen zwischen dem Grafen Mensdorff und dem Vertreter der Entente, dem Südafrikaner J. C. Smuts, um zu einem guten Ende zu kommen. Parallel zu den Kontakten zwischen Österreich-Ungarns Repräsentanten Albert Graf Mensdorff liefen in der Schweiz Gespräche zwischen Philipp Kerr (dem späteren Lord Lothian), Sekretär des britischen Premierministers David Lloyd George, und einem Repräsentanten des »Roten Halbmondes«. Es mußte für die türkische Friedenspartei ja ein offizieller Anlaß gefunden werden, um einen Friedensvermittler in die Schweiz entsenden zu können: Herrn Dr. Parodi. Dieser Wahltürke – Wahlosmane – Dr. Parodi vertrat eine bestimmte, nicht unbedeutende Interessengruppe des Osmanischen Reiches. Dr. Parodi trat in Bern im Dezember des Jahres 1917, unmittelbar nach Abschluß der Orientmission Erzherzog Huberts mit Alois Musil, als Vertreter einer Friedenspartei innerhalb des Osmanischen Reiches auf, die sich leicht lokalisieren läßt: Sie hatte sich außerhalb des Dunstkreises der »Partei für Einheit und Fortschritt« mit dem stillschweigenden Einverständnis des klugen Talaat Bey konstituiert, sicher auch mit Wissen des Sultans und des Thronfolgers (und letzten Sultans) Mehmet Vaheddin. Wichtige Kraft in der Herstellung der Kontakte und beim Aufzeigen der Möglichkeiten war wieder Alois Musil. Kaiserin Zita meinte dazu, »der Kontakt mit den Türken war sehr gut, und es gab auf beiden Seiten viel Vertrauen zum anderen. Wertvoll in der ganzen Art dieser Kontakte waren vor allem die Ratschläge Alois Musils.« (20. 12. 1984)

»Wertvoll«: Dieses Wort könnte man als Motto über das gesamte Wirken des Gelehrten und Priesters setzen, für den »Politik« kein abgesondertes Teilgebiet, sondern Ausdruck des Zusammenwirkens von Menschen bedeutete, die sich einer von ihm als richtig erkannten »Wert-Ordnung« verpflichtet fühlten. Höhepunkt dieser politischen Wirksamkeit Musils war zweifelos die Anregung eines Staatsbesuchs des jungen Kaiserpaars in Konstantinopel und seine wissenschaftliche Vorbereitung sowie propagandistische Auswertung. Daß auch diese Meisterleistung Musils – so wie vieles andere in seinem Leben – nicht mehr zum Tragen kam, ja der Vergessenheit anheimfiel, obwohl dieser Staatsbesuch der erste wissenschaftlich vorbereitete Besuch dieser Art überhaupt war, gehört gleichfalls zur Tragik im Leben des Alois Musil.

16. Kapitel

Kaiser Karl und Kaiserin Zita in Sofia und Konstantinopel

»Bericht Alois Musils:

Auf dem Balkan und im Orient kommt einem Besuche eine weit höhere Bedeutung zu als bei uns. Das gedruckte Wort und Zeitungen begegnen hier weit geringerem Glauben und Vertrauen als bei uns, gilt ja doch im Orient der Schriftsteller als nahe verwandt dem Erdichter oder gar Aufschneider. Bei führenden Persönlichkeiten sind die Völker erst dann von der gegenseitigen Freundschaft überzeugt, wenn sie sich persönlich besuchen. Der Besuch gilt in diesen Ländern nie der Person des Oberhauptes allein, vielmehr das ganze Volk, der ganze Stamm nimmt an ihm regen Anteil.

Freundschaft kann dann nicht mehr ohne weiteres aufgegeben werden, wurzelt sie doch bereits in den Herzen des gewonnenen Volkes.

Die Völker des Balkans und des Orients sind in mancher Beziehung noch recht naiv und wünschten daher, daß der Besuch unseres Kaiserpaares in eine Jahreszeit fiele, in der die Prachtentfaltung nicht durch Witterungseinflüsse zu leiden habe, sehen sie doch nur allzu leicht in verschiedenen natürlichen Ereignissen eine Fügung Allahs. Die Völker Bulgariens und des Osmanischen Reiches wünschten daher, daß der ursprünglich für den Winter geplante Besuch auf das Frühjahr verlegt werde und daß der junge Kaiser von der jungen Kaiserin begleitet werde. Das öffentliche Auftreten einer unverschleierten Frau mitten in einem prachtvollen Zuge ist in dem ganzen Osmanischen Reiche, aber auch noch auf dem Balkan, ein sehr seltenes Ereignis; dieses Bild mußte in der Volksseele einen tiefen Eindruck hinterlassen.

Der Staatsbesuch unseres Kaiserpaares in Sofia

Die altehrwürdige Stadt Sofia, die bereits in der römischen Kaiserzeit eine bedeutende Rolle gespielt hat – wollte sie doch Kaiser Konstantin der Große zu seiner Residenz erwählen und zur Hauptstadt des Orients erheben –, war bald von der aus dem ganzen Lande zusammenströmenden Bevölkerung erfüllt; kein Platz blieb frei; die Vertreter aller bulgarischen Stämme erschienen in ihren kleidsamen Volkstrachten. Ungeheuer gespannt war die Erwartung des in Sofia versammelten Volkes, als sich am 17. Mai 1918 unser Kaiserpaar der Stadt näherte. Es war dies ein prachtvoller Tag. Die Söhne des Zaren der Bulgaren, Kronprinz Boris und Prinz Kyrill, begrüßten Ihre Majestäten auf dem Bahnhof und begleiteten sie in die Stadt, an deren Triumphpforte sie Bürgermeiter Radew begrüßte und der Hoffnung Ausdruck gab, die Monarchie möge für ewige Zeiten an Bulgarien grenzen. Dort hatte sich auch fast die gesamte österreichisch-ungarische Kolonie eingefunden. Sie umjubelte Ihre Majestäten, welche jetzt die meisten von ihnen zum ersten Mal zu sehen bekamen und wer weiß wann wieder sehen werden. Der Österreicher, der daheim so kleinlich sein kann, gelangt im Ausland dazu, daß er sich als Österreicher stolz fühlt, stolz auf seine Heimat, auf seinen Kaiser. In dem Augenblicke, da sie das jugendlich schöne Kaiserpaar vor sich sahen, fühlten die österreichisch-ungarischen Staatsangehörigen die Bedeutung des Tages; hoch schlugen ihre Herzen und es bemächtigte sich ihrer die Überzeugung, daß für Österreich und für jeden einzelnen von ihnen in diesem hohen Paar die Bürgschaft einer besseren Zukunft beruhe ...

Der historische Staatsbesuch im Osmanischen Reich

Nach Sonnenaufgang am 19. Mai befand sich das Kaiserpaar bereits auf dem vor wenigen Jahren noch so heiß umkämpften Boden des Osmanischen Reiches. Alle die während des Balkankrieges so oft genannten Städte und Ortschaften waren von den Fenstern des Hofzuges zu sehen; endlich wurden die Befestigungen von Tschataltscha durchquert und es zeigten sich in der Ferne die byzantinischen Mauern, die Konstantinopel nach dem Festlande zu Europa gegenüber abschließen. In der Hauptstadt des Osmanischen Reiches herrschte seit mehreren Tagen eine fast fieberhaft erregte Stimmung. Das gesamte Volk freute sich auf die Gäste des Padischahs und erkundigte sich lebhaft um die bisherigen Lebensereignisse des Kaiserpaares sowie um die Geschichte und die Geschicke der Monarchie. Von Österreich-Ungarn weiß man in der Türkei und somit auch in Konstantinopel verhältnismäßig wenig. Ende Oktober 1869 hatte zwar Kaiser Franz Joseph einige Tage in Konstantinopel geweilt, aber diese Begebenheit war längst vergessen, so daß nicht einmal die Redakteure der bedeutendsten Zeitungen sich ihrer erinnerten. Zwischen 1869 und 1918 liegen fast 50 Jahre, in denen Konstantinopel eine bedeutende Entwicklung durchgemacht hat, während der es sich viel mehr für Rußland, England, Frankreich und in den letzten zwanzig Jahren selbst für Deutschland interessierte. Die

Osmanen von Stambul, die Bewohner der Hauptstadt des Osmanischen Reiches, hatten in den vergangenen fünfzig Jahren das Unglück, daß sie sich ihrem Volksgeist, ihrer heimischen Kultur, immer mehr entfremdeten und westeuropäisches, zumeist französisches Wesen nachahmten. Zwar wurden aus ihnen keine ›echten Franzosen‹, aber sie hatten jedenfalls aufgehört, echte Repräsentanten der Osmanen zu sein. Selbst jene, die keine westeuropäische Sprache verstehen und ihr Wissen nur aus türkischen Büchern schöpfen, sind in ihren Anschauungen halb französisch geworden, weil die türkischen Lehrbücher nur Kompilationen oder Übersetzungen aus französischen Werken sind. Erst in den letzten zehn Jahren gaben sich die vernünftigsten der osmanischen Patrioten Mühe, zu ihrem Volkstum zurückzukehren, die eigene osmanische Kultur zu vertiefen, ihr Volk zu heben und dadurch auf natürlichem Wege zu neuer Blüte zu bringen.

Bei ihren Bestrebungen sahen sie immer mehr, wie unheilvoll die bisherige Übertragung französischen Wesens auf das türkische war und lehnten sich instinktiv immer mehr an Österreich an, weil sie sahen, daß letzteres infolge seiner Lage und seiner Zusammensetzung vielfach einen ähnlichen Entwicklungsprozeß wie das Osmanische Reich bereits durchgemacht hat oder zum Teil noch durchmachen muß. Der Anschluß an Österreich-Ungarn wurde in den letzten Jahren immer mehr volkstümlich, immer mehr zu einer Sache des osmanischen Gefühls. Und dieses sollte jetzt durch den Kaiserbesuch eine neue Stütze und Förderung erhalten. Jetzt waren alle Zeitungen, selbst jene, die in einem anderen Fahrwasser segelten, genötigt, sich mit Österreich-Ungarn zu beschäftigen und auf das Volk aufklärend zu wirken und zugleich vertiefend; mochten sich auch einige Blätter dagegenstemmen, sie wurden durch die allgemeine, für Österreich-Ungarn so freundliche Stimmung anläßlich des Kaiserbesuchs mitgerissen. So schrieb die ›ATI‹ (die ›Zukunft‹) unmittelbar vor Ankunft des Monarchen:

›Die Reise des jungen Herrschers in unsere Hauptstadt ist ein wichtiges Ereignis in der Geschichte des Krieges und des Vierbundes; Seine Majestät, der heute die osmanische Hauptstadt besuchen wird, ist der glorreiche Vertreter der habsburgischen Dynastie, welche seit Jahrhunderten verschiedene Nationen unter sich als ein gesundes Ganzes vereinigt hat und auch der Vertreter, die Verkörperung einer Idee, welche in ganz Europa, ja sogar in der ganzen Welt ein Friedensfaktor ist. In diesem Aufsatze wollen wir, frei von amtlichen Redensarten, etwas von der Notwendigkeit der Existenz Österreich-Ungarns in der Völker- und Staatenwelt sprechen. Der berühmte Historiker Palacky hat gesagt: ›Wäre Österreich nicht da, so müßte man es erfinden.‹

Dieses Reich ist ein privilegiertes Staatswesen, es ist die Verkörperung einer Idee, die über dem Nationalismus steht; es ist von der Vorsehung betraut, die Ruhe und Wohlfahrt eines 50-Millionen-Volkes zu sichern. Die Existenz Österreich-Ungarns inmitten Europas ist ein Eckpfeiler für den Frieden; vermöge ihrer Zusammensetzung ist die österreichische Monarchie ein natürlicher Parteigänger des Friedens, denn nichts ist dem Österreicher und seinem innersten Wesen so entgegengesetzt wie der Krieg.

Diese Tatsache wohl erkennend, hatte das frühere Rußland die Politik verfolgt, uns anzugreifen; es war unser gemeinsamer Feind, aber eben dieses Rußland ist zusammengestürzt, Österreich-Ungarn und das Osmanische Reich kommen stark aus dieser Prüfung hervor, welche sie viel fester und viel geschlossener gemacht hat. Die Sache Österreich-Ungarns und der Türkei ist eine heilige, darum ist die Hilfe Gottes immer mit uns. Die Reise Kaiser Karls wird jene Übelwollenden, die unser Unheil erwarten, noch mehr verstimmen. Die Erfahrung unserer seit Jahrhunderten parallelen Stimmung und Richtung hat bewiesen, eine wie große Ähnlichkeit zwischen dem Wesen Österreich-Ungarns und der Türkei besteht. Die Feinde und Wettbewerber unser beider sind dieselben. Das Unglück des einen fällt auf den anderen zurück, daher ist die richtige Politik das solidarische Zusammenleben und die gemeinsame Abwehr jeden Angriffs. Der Weltkrieg, der für die ganze Menschheit eine Probe darstellt, hat die militärische Gemeinschaft Österreich-Ungarns und der Türkei erzeugt. Eben um diese auf den Schlachtfeldern besiegelte Freundschaft zu bezeigen, kommt Seine Majestät Kaiser Karl nach Konstantinopel. Kaiser Karl ist ein edler Monarch, er hat die Zukunft vor sich, seine Nationen hüten und lieben ihn wie einen Augapfel. Sein Aufenthalt in dieser ewigen Stadt, der Hauptstadt unseres Kalifats und Kaiserreiches, wird ihre Bewohner mit Freude erfüllen; gleichzeitig werden da sowohl die Bündnispolitik als auch die Friedenshoffnung Nutzen tragen. Mit seiner Thronbesteigung hat Kaiser Karl seinem Lande Glück und Segen gebracht; er ist eine glückbringende Persönlichkeit, ein junger, jugendlich erprobter Padischah. Wir hoffen und wünschen, daß seine Ankunft in Konstantinopel den beiden großen Staaten den Frieden bringen, ein glückbringender Augur werden möchte.‹

Auch die griechische Presse, die in Konstantinopel sehr mächtig ist, beschäftigte sich äußerst freundlich mit dem Kaiserbesuche. Es ist nicht anzunehmen, daß sie unter irgendeinem Druck der Regierung gehandelt hätte, vielmehr war ihre Haltung ganz spontan und darf als ein äußeres Zeichen betrachtet werden, wie die Konstantinopler griechische Bevölkerung der Person des Kaisers und der Kaiserin sowie der Monarchie gegenüber gesinnt ist. Ein erfahrener griechischer Journalist äußerte sich darüber so: ›Gegen die Griechen wurden keinerlei Vorsichtsmaßnahmen ergriffen; im Gegenteil, die Polizei könnte jedem Griechen in aller Herzensruhe eine Bombe in die Hand geben und das Kaiserpaar würde nichts zu fürchten haben.‹

›Alle meine Bemühungen‹, sagte der junge Kaiser und König in seinem Manifest an die Völker der Monarchie anläßlich seines Regierungsantrittes auf den glorreichen Thron der Habsburger, ›sind dem ehrenhaften Frieden gewidmet‹.

Die Friedensbestrebungen waren und sind denn auch das Hauptmerkmal der Regierung Kaiser Karls, wie dies ja die neuesten Ereignisse bewiesen haben.

Und seine freiheitliche und menschenliebende Gesinnung wird noch mehr erhöht durch sein jugendliches Alter und seine militärische Erziehung. Wenn die habsburgische Monarchie das ideale Land des Ausgleichs und des harmonischen Zusammenlebens so vieler Nationen ist und – dies interessiert uns besonders – deren aus vielen Elementen zusammengesetzter Staat unter denselben staatlichen Bedingungen steht wie das Osmanische Reich, wurde in der Person Kaiser Karls der ideale Herrscher gefunden für die schwierige Mission dieser Monarchie, wie er auch das erhabene Modell eines Friedensfürsten ist.‹

Durch diese und ähnliche Blätterstimmen vorbereitet, drängte sich die Bevölkerung von Konstantinopel in allen Straßen, die das Kaiserpaar durchfahren sollte. Nichtendenwollender Jubel begrüßte das Kaiserpaar, als es am 19. Mai um ¹/₂ 5 Uhr nachmittags am Bahnhof unterhalb des Alten Serails in Stambul dem Hofzug entstieg.

Vor dem Bahnhof prangte auf einer Triumphpforte die Inschrift: ›Die Stadt Stambul begrüßt das junge Herrscherpaar des verbündeten Österreich-Ungarn‹. Seine Majestät der Sultan, dieser äußerst liebenswürdige, gutherzige Herrschergreis, begrüßte auf das aufrichtigste seinen Gast, unseren jugendlichen Kaiser. Ein muslimisches Mädchen überreichte dem Sultan und seinen Gästen Blumen, und diese Blumen schmückten den Wagen des Kaisers mit dem Sultan als auch den des osmanischen Thronfolgers mit der Kaiserin. Ein prachtvoller Frühlingstag, die jugendlich schönen Gäste umgeben von frischen Blumen – dieses märchenhafte Bild mußte die freudigste Feststimmung erzeugen, unserem Kaiserpaar die Herzen aller gewinnen.

Die Anwesenheit der jungen Kaiserin wirkte impulsiv auf die muslimische Frauenwelt, die es durchsetzte, daß sie in einem besonderen Raum schon am Bahnhof den Begrüßungsfeierlichkeiten beiwohnen konnte.

Kurz nach der Ankunft im ›Sternenpalast‹ – dem Yildiz-Köschk – begab sich Ihre Majestät die Kaiserin in den Tschit-Kiosk, um dort die kaiserlichen Prinzessinnen und die Gemahlinnen der Minister zu empfangen. Auch für sie, diese so oft verkannten muslimischen Frauen war das ein historischer Tag. Überhaupt war es der osmanischen Bevölkerung Konstantinopels unbegreiflich, wie einer der mächtigsten Herrscher so liebenswürdig grüßen, lächeln, die Kinder herzen und auch mit dem gewöhnlichsten Manne so zuvorkommend sprechen kann. Der Eindruck, den ganz Konstantinopel von unserem Kaiserpaar alsbald nach dessen Ankunft empfangen hatte, war so gewaltig und allgemein, daß sich alle Morgenblätter ohne Ausnahme am 20. Mai bemühten, ihm Ausdruck zu verleihen. So schrieb der ›Taswir i Efkar‹ (›Bild und Meinung‹) in einem Leitartikel unter der Überschrift ›Unser allerliebster, gekrönter Gast‹:

›Wir können den gestrigen Tag als einen wichtigen, ungewöhnlichen Tag des Weltkrieges registrieren. Dieser mächtige Besuch, diese großartige Gastfreundschaft, diese majestätsvolle Zusammenarbeit und ihr politischer Sinn ist ein großes Ereignis, das eine glückbringende Wirkung auf das Leben der Menschheit haben wird. Unsere Hauptstadt ist mit Recht stolz darauf, zum Schauplatz eines solchen Ereignisses geworden zu sein. Daher hat dieser wertvolle Besuch des Kaisers und Königs sowie der schönen und guten Kaiserin und Königin in Konstantinopel eine Flut von Jubel erweckt ...‹

Am Abend fand im Palast von Dolma Batsche ein großer Empfang statt. In diesem großartigen, unmittelbar am Bosporus gelegenen Residenzschloß wurden auch die Trinksprüche gewechselt. In und vor dem Palaste drängte sich eine unzählige Menschenmenge, die immer und immer wieder den Monarchen ihre Huldigung darbrachte. Jetzt betraten Ihre Majestäten in Begleitung des Sultans den Empfangssaal, wo sich, auch auf die angrenzenden Räume verteilt, die Elite des Osmanischen Reiches, über 800 Personen, befanden, die auf eine Ansprache warteten. Der Kaiser und die Kaiserin ließen sich fast alle Personen vorstellen und unterhielten sich mit ihnen auf das Herzlichste. Erst kurz vor Mitternacht verabschiedeten sie sich von den osmanischen Würdenträgern. Am nächsten Morgen erschien aus der Feder Dschelal Nuri Beys ein Aufsatz unter dem Titel ›Tausend und zweite Nacht der Tausend und einen‹.

Mit seinem gutmütigen, fürsorglichen Gesicht erscheint der glorreiche Erbe des Osman, des Mehmed Fathi, Suleimans des Prächtigen, der Erbe Selims, nämlich Seine Majestät, unser Sultan. Er grüßt nach allen Seiten.

Da naht, langsam schreitend, wie aus einer Märchenwelt ausgehend, eine prächtige Fee, die junge, von edlem Reiz umwobene Kaiserin Zita. Ein beständiges, natürliches Lächeln zeigt sich auf ihrem Antlitz, die großen Perlen ihres Kolliers können nur mit dem blendenden Weiß ihrer unter dem Lächeln sichtbaren Zähne verglichen werden. Ihre Toilette ist edel, einfach wie immer; nur auf dem durch die Natur gewellten Haare funkelt ein Diadem aus sternenähnlichen Brillanten. Links von ihr schreitet der Kaiser in der Uniform eines jungen, osmanischen Offiziers, auf den Epauletten die drei Marschallsterne, auf der Brust osmanische Orden, im Herzen die osmanische Liebe.

Der liebenswürdige Kaiser, der an diesem Abend unter den unzähligen anwesenden Osmanen in der Uniform eines Muschirs, eines Paschas von drei Roßschweifen – also eines Generalfeldmarschalls – einherschritt und einen jeden mit einer huldvollen Anrede beglückte, konnte von einem türkischen Krieger nicht unterschieden werden.

Großartig wie der Empfang war auch der Abschied der Majestäten ... der Sultan begleitete seine Gäste bis vorne an den Wagen, wo er sich offensichtlich tief gerührt verabschiedete. Um zehn Uhr abends fuhr der Hofzug aus der Halle.

Die zahlreichen, noch immer in Konstantinopel und der Umgebung wohnenden Angehörigen der Ententemächte waren durch den glänzenden Verlauf des Besuches und die allgemein spontan zum Ausdruck kommende Begeisterung für Österreich-Ungarn nicht wenig überrascht und auch ihre Blätter verzeichneten mit Anerkennung die einzelnen Begebenheiten.

Die armenische – und eigenartigerweise auch die spaniolische (jüdische)– Presse brachte keinen einzigen Leitartikel über den Kaiserbesuch und zeigte sich auch in den eingestreuten Mitteilungen sehr reserviert.«

Soweit der Bericht Musils in seiner »Monatsschrift für den Orient«. Alois Musil, der nach einem Wort Kaiserin Zitas zum Autor (20. Dezember 1984) »der Berater war, wie man sich in Konstantinopel und gegenüber den Türken benehmen soll«, wußte auch »über alle Fragen der dortigen Etikette, der Bekleidung, der Haltung, der Höflichkeitsformeln, aber auch der gesamten politischen Hintergründe Bescheid, wie sie nur ein so profunder Kenner des Orients wissen konnte. Er wurde, nachdem der Besuch beschlossen war, von Kaiser Karl gebeten, ihn zu beraten. Er war aber beim Besuch selber nicht dabei.«

Und warum nicht? Als das junge Kaiserpaar nach Konstantinopel reiste, hielt sich Alois Musil bei seiner Schwester Karla in Richtersdorf in Mähren auf, um eine Grippe auszuheilen. Offiziell. In Wahrheit verhielt es sich so, daß Alois Musil, in der Suite des Kaiserpaares zu viele Gegner und vor allem Neider hatte, um in dieser Reisegesellschaft noch mithalten zu können.

Daß so viele ebenso hohe wie unnütze Herren an dieser Orientreise des Kaisers und Königs teilnahmen, ging auf eine Anregung Musils zurück: nicht, um den Unnützen zu einer schönen Reise zu verhelfen, sondern um eine für den Orient maßgeschneiderte äußere Erscheinungsform dieses Staatsbesuches zu erzielen.

Alois Musil tat noch einmal, was in seinen Kräften stand. Er gab dem jungen Kaiserpaar jede nur erdenkbare und damals mögliche Schützenhilfe.

Die Wiener Zeit Alois Musils ging so unweigerlich zu Ende wie die Österreichisch-Ungarische Monarchie, die, genau so wie das Osmanische Reich, dem Ansturm des nationalen Zwistes und Hasses nicht widerstehen konnte.

Die Ursachen dafür lassen sich in den Ausführungen des Dr. Parodi, der für die verständigungsbereiten Osmanen in der Schweiz Friedensfühler ausgestreckt hatte, nachlesen: Die Friedenswilligen hatten der »germanophilen Propaganda« der Gruppe um Enver nichts entgegenzusetzen; denn während die deutschen Bundesgenossen immerhin wenigstens vorgaben, das Osmanische Reich retten zu wollen, waren die Teilungspläne der Entente ja schon längst bekannt.

Ganz ähnlich ging es mit Österreich-Ungarn, wie fast stets in der vielhundertjährigen Geschichte des Habsburgerreiches, in vollkommenem Gleichklang mit der Geschichte des Osmanereiches. Sie waren zur gleichen Zeit entstanden, erlebten ihre Triumphe des Aufstiegs mit einer bis in die Jahreszahlen der Siege und Eroberungen synchronlaufenden Kette vonErfolgen, erlebten die Jahrhunderte der Stabilität und der Reife – und gingen gemeinsam unter.

Als die Doppelmonarchie im November 1918 erstarb, beendete auch Alois Musil seine märchenhafte Laufbahn als Forschungsreisender.

17. KAPITEL

Abschied und Ende

In den Umsturztagen des Jahres 1918 weilte Alois Musil daheim in Mähren bei seiner Schwester Karla. Musil war krank und fühlte sich elend. Eine übergangene Grippe machte sich unliebsam bemerkbar und die Ereignisse während des Zusammenbruches der Doppelmonarchie waren einer raschen Genesung auch nicht gerade förderlich. Den Priester Alois Musil, der Kaiser Karl bis zuletzt treu und loyal gedient hatte, mußte das Verhalten des Klerus zutiefst kränken: In Fiume konnte sich Monsignore Santin nicht genug in neuerworbener Italianitá tun, in der Slowakei tat sich der Priester Andreas Hlinka als Habsburggegner hervor, in Slowenien der Geistliche und ehemalige Reichstagsabgeordnete Korosec, der nun meinte, sein Mütchen kühlen zu sollen, und in Österreich zeigten sowohl der Kardinal-Fürsterzbischof von Wien Gustav Friedrich Piffl als auch Prälat Hauser, welch Schlages sie wirklich waren. In Prag wieder tat sich der Geistliche Dr. Isidor Zahradnik hervor. Er hielt von den Stufen des Wenzeldenkmals in Prag Hetzreden gegen die »unmoralischen Habsburger«, wie er sich ausdrückte, und versuchte, die Menge gegen die Exekutive aufzuwiegeln, die aber noch nicht darauf einging. Das sollte erst einen Weltkrieg später gelingen. Unterdessen kehrten die tschechischen Emigranten, die die Kriegszeit in Washington, London oder Paris, auch in Kiew oder St. Petersburg zugebracht hatten, nach Prag zurück und übernahmen von den k.k. Beamten ein perfekt durchstrukturiertes Land, hoch industrialisiert, wohlhabend, mit Universitäten, Schulen, dichtem Verkehrsnetz und reichen Bauern. Neue Namen beherrschten über Nacht die Szene: Thomas Garrigue Masaryk und Eduard Benesch. Musil waren diese Namen kaum ein Begriff; in der Zeit, da Masaryk in den Vereinigten Staaten und Benesch in Frankreich oder beide zusammen in Zürich gegen Österreich-Ungarn konspirierten, zog er mit seiner Karawane durch die Wüsten Innerarabiens und versuchte, zwischen den traditionell verfeindeten Beduinenstämmen Frieden zu stiften. Am 5. Mai 1918, als Thomas Masaryk in Chicago eintraf, um dort gegen Österreich-Ungarn zu hetzen, bereitete Alois Musil noch intensiv den Staatsbesuch des jungen österreichischen Kaiserpaares in Konstantinopel vor; während Kaiser Karl und Kaiserin Zita dort versuchten, alle positiven Kräfte von der Notwendigkeit eines raschen Friedensschlusses zu überzeugen, arbeitete Thomas Garrigue Masaryk bereits wieder in New York, Boston und Washington an der Verhinderung eines rechtzeitigen Friedensschlusses und der Zertrümmerung Österreich-Ungarns. Masaryk hatte die bessere Ausgangsposition und übernahm schließlich am 14. November 1918 als erster Präsident die von Amerika und der übrigen Entente geschaffene tschechoslowakische Republik, die genau die gleichen Mächte genau zwanzig Jahre später sang- und klanglos wieder fallen lassen sollten.

Als die Franzosen im Sommer 1918 eine »Tschechoslowakische Republik« anerkannten, zog Balfour am 9. August 1918 nach und erklärte dieses überhaupt noch nicht existierende Staatsgebilde offiziell zur »allied nation«. Am 3. September erkannten die Alliierten die nicht-bestehende Tschechoslowakei als einen gegen Österreich-Ungarn »kriegführenden Staat« an.

Musil hatte mit den turbulenten Vorgängen während des Entstehens der Nachfolgestaaten nichts zu tun, sie brachen über ihn und Millionen andere herein wie ein unvorhergesehenes Naturereignis. *Seine* geistige Heimat war Wien, sein Element ein Österreichertum, das mit diesen neuen »Nationalstaaten« nichts Gemeinsames hatte, war doch sein gesamtes bisheriges Leben im Zeichen des Versuchs der Erhaltung Österreich-Ungarns und des verbündeten Osmanenreiches gestanden. Folgerichtig machte er sich auch am 1. Dezember 1918, als er kaum richtig wiederhergestellt an die gewohnte Arbeit ging, keineswegs in Richtung Norden auf den Weg, wo sich Prag befindet, seit dem 28. Okober 1918 Hauptstadt der neugeschaffenen Tschechoslowakischen Republik. Alois Musil wandte sich nach Süden, in die geschundene, verarmte, heruntergekommene Hauptstadt jenes merkwürdigen neuen Kleinstaates, der nicht einmal noch einen richtigen Namen hatte – nach Wien.

Ungezählte Male hatte Alois Musil diese kaum mehr wahrgenommene Strecke bereits zurückgelegt, selbstverständlich niemals einen Zöllner oder Grenzgendarmen erblickt. An jenem 1. Dezember war es anders: Musil mußte auf der Fahrt von Brünn nach Wien zwei Gepäck- und Paßkontrollen über sich ergehen lassen.

Wien war seine geistige Heimat, in Wien lebten seine Mitarbeiter, da befand sich das Militärgeographische Institut, »seine« Akademie der Wissenschaften, sein Lehrstuhl an der Universität, deren Dekan, deren Prodekan er gewesen war, wo er weiterhin Biblische Hilfswissenschaften und arabische Sprache lehren wollte. In Wien sollten auch seine Bücher und sonstigen Publikationen erscheinen. In Wien sollten auch seine Karten endlich erscheinen, Kartenwerke, die bis heute ihresgleichen suchen; schließlich lebten auch noch an die 200 islamische Jüng-

linge in Österreich, in beiden Waidhofen, St. Pölten, Wien, Mödling.
... Er wollte sich um alles kümmern, die längst abgeschlossenen, in
deutscher Sprache verfaßten Werke über Arabien veröffentlichen. In
Wien war er immer zuhause gewesen, in Wien wollte er auch bleiben,
Grenzkontrolle nach Brünn und Richtersdorf hin oder her.
Sein Gesamtwerk lag als Manuskript vor – mit dem gesamten Anmerkungsapparat, den Verzeichnissen und allen, bis in die kleinsten Einzelheiten ausgearbeiteten Unterlagen für das Kartenwerk.
Am 11. Dezember 1918 legte Musil, korrespondierendes Mitglied der
Akademie der Wissenschaften, in einer großen Zusammenfassung seine künftigen Pläne vor; die Auflistung bildet beinahe ein Verzeichnis
seines bisherigen Schaffens.
»Der Stand der vorbereiteten Werke ist folgender:
von den beiden von der Akademie der Wissenschaften beim Kommando des Militärgeographischen Instituts bereits bestellten Karten kann

1) die Karte des Nördlichen Hedschas sofort gedruckt werden. Von
   der großen vierblättrigen
2) Karte von Nordarabien sind drei Blätter fertig, am 4. Blatt wird
   noch gearbeitet. Auch diese Karte könnte im Sommer 1919 erscheinen.
3) Die Karte von Südmesopotamien und
4) dem Nördlichen Nedschd liegen im Entwurf vor und könnten
   ebenfalls sofort reingezeichnet werden. Die anderen, vom Unterzeichneten vorbereiteten wissenschaftlichen Werke umfassen die
   wissenschaftlichen Grundlagen der Karte
5) von Nordarabien (ein starkes Heft)
6) des Nördlichen Hedschas (ein schwaches Heft)
7) von Südmesopotamien (ein schwaches Heft) – historisch-topogra-
   phische Reiseberichte
8) Nordarabien (2 Bände)
9) das Nördliche Hedschas (1 Band)
10) Im nördlichen Nedschd (1 Band)
11) Sitten und Gebräuche der Beduinen vom Stamme der Ruala
    (2 Bände).

Ferner noch etwa 10 Monographien, die jedoch entweder in den perio-
dischen Veröffentlichungen der Akademie oder in einem anderen Verlag erscheinen könnten.
Das Material für alle diese Werke hat der Unterzeichnete über Anregung und mit der tatkräftigen Unterstützung der hohen Akademie gesammelt, österreichisches Geld hat ihm die Reisen ermöglicht, österreichische Fürsorge ihm für die Verarbeitung nötige Muße gewährt; es

ist somit auch eine Ehrensache, daß alle diese Werke unter der Ägide der hohen Akademie in Wien veröffentlicht werden. Der Unterfertigte beehrt sich zu bemerken, daß die oben angeführten Werke bisher unbekannte Gebiete behandeln, die wissenschaftlich hochinteressant, infolge der Ereignisse unserer Tage auch eine große politische Bedeutung gewinnen.«

Musil vergißt nicht zu sagen, daß seine Werke über Innerarabien eine Arbeit darstellen, »wie sie heute keine andere Akademie der Welt aufzuweisen hat. Welche Genugtuung wäre es für die gelehrten Gesellschaften Englands, wenn sie jetzt dieses Material zur Verfügung hätten! Die englische Regierung hatte ja bereits vor dem Kriege bei mir dreimal anfragen lassen, ob ich nicht geneigt wäre, in englischem Auftrag in Arabien zu arbeiten. Und damals hatte England nicht jenes Interesse an Arabien, wie jetzt, wo dieses Land ein Bindeglied zwischen englischem Ägypten und englischem Mesopotamien bildet. Übrigens kennt England meine Beziehungen zu den mächtigsten Fürsten von Innerarabien und den Spitzen der muslimischen Bevölkerung des Kulturlandes genau.«

Musil kannte seinen Wert, wußte auch, daß er machtvolle Freunde und Gönner hatte: »Alle, der Kardinal, der Rektor und der Dekan, wollen mich gerne an der Universität behalten«, schreibt er am 9. Dezember 1918 an seine Schwester Karla nach Richtersdorf. Doch womit Alois Musil *nicht* gerechnet hatte, war die kaltschnäuzige Ignoranz einer neuen Staatsverwaltung, die seit dem 23. November des Jahres 1918 über eine Handhabe verfügte, mit deren Hilfe sie alle unliebsamen Staatsangestellten »nichtdeutschösterreichischer Herkunft« fristlos aus dem Staatsdienst entfernen konnte. Der Kabinettsrat nahm mit diesem Beschluß vom 23. November des Jahres 1918 die Nürnberger Rassengesetzgebung der Nationalsozialisten nicht nur vorweg, sondern überbot sie in gewisser Hinsicht sogar. Während nämlich die Gesetze Hitlers eine ganz bestimmte Gruppe von Menschen betrafen und sehr genau definiert waren, galt der ominöse Beschluß des Kabinettsrates vom 23. November 1918 generell *allen »Nichtdeutschösterreichern«* und ließ dabei der Willkür breiten Spielraum: ein grausames Unikum in der Rechtsgeschichte der zivilisierten Welt.

Der Kabinettsratsbeschluß vom 23. November 1918 nimmt in seinen Konsequenzen alle späteren Auswüchse faschistischer oder auf die Ausschaltung und Ausweisung ganzer Volksgruppen ausgerichteter Gesetzgebung oder Willküraktke vorweg.

Wenn es je einen »deutschen« Wahn gab, dann in »Deutschösterreich«. Denn die Beschlüsse vom 23. November 1918, im Kabinettsrat – damals der Souverän des Staatsvolks – gefaßt, besagten nichts anderes, als daß jeder Staatsbedienstete mit einem Familiennamen, der seiner Umgebung nicht deutsch genug klang, entlassen werden konnte.

Es gibt einige wenige Anhaltspunkte, um die ganze Ungeheuerlichkeit des Kabinettsratsbeschlusses vom 23. November in Umrissen aufzuzeigen. Wichtigste Unterlage dazu ist ein Dokument, das sich im Nachlaß des damaligen Präsidenten der Provisorischen Nationalversammlung, Karl Seitz, befindet:

»Richtlinien

für die vorläufige Behandlung der derzeit dringlichsten Staatsbedienstetenfragen. (Einhellig beschlossener Antrag der amtlich zusammengerufenen Vertreter der Staatsmänner sowie des Arbeitsausschusses der deutschen Staatsbediensteten und der ständigen Vertretung der d. ö. Staatsbedienstetenvereinigungen vom 19. November 1918.)

I. Gelöbnis für den d. ö. Staatsdienst

Das Gelöbnis darf nur solchen Bediensteten abverlangt werden, die der deutschen Nation angehören;

soferne die Durchführung der Angelobung nicht nach dieser Voraussetzung geschehen sein sollte, ist nach Vornahme einer Sichtung sämtlicher Angelobten die Angelobung im einzelnen Falle für nichtig zu erklären.

Die Beurteilung, welchen Bediensteten die Angelobung abzunehmen ist, sowie die Nichtigkeitserklärung ist dem Vorstande der hiezu bestimmten Dienstbehörde (Dienststelle) vorbehalten. Bestehen Zweifel, ob von dem Bediensteten die Angelobung abzuverlangen ist oder nicht, ist die endgiltige Weisung des vorgesetzten Staatsamtes einzuholen ...«

Man wäre da versucht, frei nach Lueger beizufügen: »Wer a Jud' is', bestimm' i'!« Welche verheerenden Folgen der Kabinettsratsbeschluß unmittelbar zeitigte, beweisen Schritte von Abgeordneten in der Provisorischen Nationalversammlung:

»Anfrage des Abgeordneten Forstner und Genossen an den Herrn Staatssekretär für Gewerbe, Industrie und Handel.

Die Dienstenthebung der angeblich nichtdeutschen Bediensteten vollzieht sich im Ressort der Postverwaltung in einer Weise, die geeignet ist, schärfsten Protest hervorzurufen. Es werden wahllos Leute entlassen, die zwar in nichtdeutschösterreichischen Gebieten geboren, jedoch aber seit Jahrzehnten im österreichischen Staatsdienste gestanden und in Gebieten Deutschösterreichs Dienst gemacht haben. Sie haben deutsche Frauen, ihre Kinder haben deutsche Schulen besucht und diese haben sich in vielen Hunderten von Fällen hier auch schon eine Existenz geschaffen. Es wurden aber auch Leute als Nichtdeutschösterreicher vom Dienste enthoben, die Kinder deutschösterreichischer Eltern und in Wien geboren sind. Es scheint, daß in vielen dieser Fälle willkürlich, ja sogar gehässig vorgegangen wird.

Die Gefertigten stellen die Anfrage:

›Ist der Herr Staatssekretär geneigt, die bereits verfügten Entlassungen sogenannter Nichtdeutschösterreicher neuerdings in objektiver Weise überprüfen zu lassen, damit nicht Personen vom Dienste enthoben werden, die tatsächlich deutschösterreichische Staatsbürger und hier heimatberechtigt sind?‹ Wien, 9. Jänner 1919«

Das wahre Ausmaß des Elends, das in der Zwischenzeit bereits über den »Rest«, der sich nicht einmal mehr selber »Österreich« nannte, und seine »nichtdeutschösterreichischen« Menschen hereingebrochen war, geht aus der »Anfragebeantwortung« des Herrn Staatssekretärs hervor:

»Zu Nr. 23/1, N. V.

11   Anfragebeantwortung

In Beantwortung der in der Provisorischen Nationalversammlung am 9. Jänner 1919 von den Herren Abgeordneten Forstner und Genossen gestellten Anfrage, betreffend die Dienstenthebung der nichtdeutschen Bediensteten im Ressort der Postverwaltung wird seitens des Staatsamtes für Gewerbe, Industrie und Handel folgendes bekanntgegeben: Der Staatsrat hat in seiner Sitzung vom 8. Jänner 1919 folgenden Beschluß angenommen:

Die Staatsämter werden beauftragt, alle in der letzten Zeit in ihrem Amtsbereiche verfügten Enthebungen, Außerdienststellungen und dgl. von Beamten, von Unterbeamten, Bediensteten und Arbeitern der Ämter und der Eisenbahn sowie der Amtsstellen und Behörden neuerlich zu überprüfen und in allen berücksichtigungswürdigen Fällen, insbesondere dort, wo es sich um Familienväter handelt, aufzuheben.

Auf Grund des daraufhin vom Kabinettsrate am 9. Jänner 1919 gefaßten und vom Staatsrate am 17. Jänner genehmigten Beschlusses wurde die weitere Veranlassung getroffen, daß bei der Überprüfung der zweifelhaften Fälle Bedienstete, die zwar nichtdeutscher Abstammung sind oder nichtdeutsche Namen tragen, dabei aber seit Jahren in Deutschösterreich ansässig sind, deutsche Frauen geheiratet haben, ihre Kinder deutsch erziehen lassen und sich national indifferent verhalten, nicht schlechthin als Nichtdeutsche zu werten sind, besonders wenn sie als Angehörige der Diener- oder Arbeiterschaft beschäftigt sind. Es wird vielmehr in bezug auf Angestellte der erwähnten Art die im Jahre 1910 in Übereinstimmung mit dem jetzigen nationalen Bekenntnisse abgegebene Erklärung, betreffend die Umgangssprache, in Verbindung mit der deutsch-österreichischen Staatsbürgerschaft als für das abschließende Urteil über die Volkszugehörigkeit ausschlaggebend erachtet werden.

Wien, 22. Jänner 1919.«

Diese Bestimmungen öffneten selbstredend der Willkür und der Denunziation Tür und Tor. Zum ersten Mal setzte in Österreich eine gewaltige Abwanderungsbewegung ein, die vor allem die gebildeten Kreise erfaßte, höhere Beamte, Gelehrte, Künstler. Ein Bild vom Umfang dieser Abwanderung, die vor allem Wien, die ehemalige Reichs-, Haupt- und Residenzstadt betraf, mag ein Blick auf die Bevölkerungszahlen vermitteln: Im Jahre 1915 zählte Wien 2 275 500 Einwohner, im Katastrophenjahr 1919 nur mehr 1 842 000 Menchen (provisorische Erhebung); die Volkszählung von 1923 ergab dann die Zahl 1 866 164, wobei allerdings zu berücksichtigen ist, daß Wien damals vorübergehend 170 000 jüdische Zuwanderer aus den verlorenen Ostprovinzen aufwies, die zum Großteil in den Westen wollten. Wenn der Beschluß des Kabinettsrates vom 23. November 1918 auch sicher nicht für die Abwanderung aller dieser Menschen verantwortlich war, so gewiß für den Großteil, außerdem betraf er ja nicht ausschließlich – wenn auch in der Hauptsache – Wien. Es dürfte nicht übertrieben sein, den beispiellosen Aderlaß, der damit der einst blühenden Metropole zugefügt wurde, mit weit über einer Viertelmillion Menschen zu beziffern, die aus allen Teilen der Monarchie stammten und wesentlich zu ihrem Reichtum beigetragen hatten. Er traf vor allem, wie aus gewissen Formulierungen der Interpellationen hervorgeht, Intellektuelle. Diese vom Kabinettsrat verursachte Völkerwanderung nahm die Emigrationsbewegungen und Austreibungen von 1927, 1934, 1938 und schließlich 1945 nicht nur vorweg, sondern machte sie wahrscheinlich überhaupt erst möglich. Welche Ausmaße und welche Art nationalistischen Terrors in den Jahren 1918 und 1919 auf Grund der Bestimmungen dieses Kabinettsratsbeschlusses vom 23. November 1918 bereits allgemein um sich gegriffen hatten, beweist ein Antrag des Mitgliedes des Staatsrates namens Teufel (67. Sitzung des Staatsrates am 17. Jänner 1919 unter dem Vorsitz von Prälat Hauser), in dem es wörtlich heißt: »Der Staatskanzler wird beauftragt, von allen Staatsämtern unverzüglich genaue Berichte darüber einzufordern, wie viele Beamte,

Angestellte und Diener nichtdeutscher Nationalität heute noch im deutschösterreichischen Staatsdienste stehen.« Beschluß: Der Antrag wird angenommen. Ein weiterer Antrag des Staatsrates Teufel, lautend »Bei Zusammenstellung der betreffenden Berichte der Staatsämter sind die Vertreter der deutschen Beamten- und Angestelltenorganisationen zuzuziehen« wird abgelehnt. Ein Rest von Vernunft hatte sich offenbar noch erhalten ... er sollte dann 1938 fortgespült werden.

Der unfaßbare Beschluß des Kabinettsrates vom 23. November 1918 traf mit voller Wucht auch Alois Musil, denn »Musil« war ein »nichtdeutschösterreichischer« Familienname ...

Universitätsprofessor Dr. Theodor Innitzer – der spätere Kardinal, der in den Tagen der Machtübernahme durch Hitler eine so unglückliche Rolle spielen sollte – setzte sich für Musil ein und überreichte der Nationalversammlung eine Erklärung, in der es heißt, »daß Kollege Musil zum deutschen Kulturkreis zweifellos gehört ... Kollege Musil ist ... nicht nur eine anerkannte wissenschaftliche Fachgröße von Weltruf, er ist auch ein praktisch denkender Organisator, wie wir wenige in Deutschösterreich zur Verfügung haben. Somit wäre es ein Unrecht gegen unsere Fakultät, eine Verletzung bestehender Rechte, wenn Kollege Musil, der zwanzig Jahre lang durch Wort und Tat nicht nur in Europa, sondern auch in den Wüsten des Orients unter Gefahren und Entbehrungen für die deutsche Kultur arbeitete und den deutschen Namen in weiten Ländern zu höherem Ansehen brachte, der Wiener Universität ohne jede Pflichtversäumnis seinerseits entzogen werden sollte.« So »deutsch« ging's 1919 zu!

Doch Musil warf schon vorher das Handtuch, ohne die Entscheidung der provisorischen Nationalversammlung abzuwarten. Die Begründung Musils, mit der er sein Ansuchen um Pensionierung stellte, liest sich wie eine Anklageschrift gegen den nationalen Wahn der damaligen Zeit:

»Am 5. d. Monats (am 5. Jänner 1919) sind alle übrigen Herren Kollegen zur Angelobung eingeladen worden, nur der Unterzeichnete wurde übergangen. Er sollte den Geburtsschein seiner Eltern, die Zeugnisse aus der Volks- und Mittelschule vorlegen, und es werden Untersuchungen gepflogen, ob er einem tschechischen Verein angehöre und sich etwa an politischen Agitationen beteiligt habe. Das hochwürdigste Professorenkollegium wird begreifen, daß dieses Vorgehen einen Mann, der seit Jahren nur wissenschaftlich tätig ist, tief kränken muß. Dem Unterzeichneten wird vorgehalten, daß er, obwohl tschechischer Abstammung, hart bedrängten deutschen Professoren das

Brot wegnehme. . . . Aus diesen Gründen ersucht der Unterfertigte um
seine Enthebung und dankt dem hochwürdigen Professorenkollegium
für die große freundschaftliche Förderung während der ganzen Zeit
seines Wiener Aufenthaltes.« Zwanzig Jahre später brauchte man bereits den »Ariernachweis«. Der verspätete Beschluß des Staasrates,
Musil an der Universität Wien halten zu wollen, konnte Musil nicht
mehr umstimmen. In der Personalakte »Musil« im Wiener Verwaltungsarchiv befindet sich auch ein Schriftstück unter der Bezeichnung
»Pensionierung eines Universitätsprofessors«, in dem es heißt: »Das
damalige Staatsamt für Unterricht hat auf Grund der ihm mit Beschluß des Kabinettsrates vom 21. Jänner 1919 erteilten Ermächtigung
beim Staatsdirektorium das Verbleiben Musils in seiner lehramtlichen
Stellung befürwortet . . . Bevor noch dieser Beschluß erflossen war, hat
Professor Dr. Musil, verstimmt über die Durchführung von Erhebungen über seine Volkszugehörigkeit um seine Enthebung vom Lehramte
. . . ersucht. Da es nun nicht angängig erscheint, den genannten Professor gegen seinen Willen im akademischen Lehramte der Wiener
Universität zu halten, erübrigt es sich für das Unterrichtsamt nur, die
von ihm gewünschte Übernahme in den bleibenden Ruhestand in die
Wege zu leiten.
Diese Maßnahme erscheint im gegenwärtigen Zeitpunkte dringend,
weil durch die Verzögerung der Behandlung des Pensionsgesuches ge-
raume Zeit verstrichen ist, und die gebotene Schonung der Staats-
finanzen es angemessen erscheinen läßt, in welchem das in Verhand-
lung stehende Gesetz, betreffend die Bezugsregelung der Hochschul-
professoren, in Rechtskraft tritt . . . Der Kabinettsrat hat in der
Sitzung vom 21. Dezember 1919 zugestimmt.
                              Wien, am 21. Dezember 1919.«
Musil hat von dieser Formulierung glücklicherweise nie erfahren; er
befand sich zu dieser Zeit längst im heimatlichen Richtersdorf, wo er
sich gleichfalls massiven Angriffen und Demütigungen ausgesetzt sah:
Galt er in Wien als Tscheche und Tschechenfreund, so in der neuge-
gründeten Tschechoslowakischen Republik als Deutscher und Deut-
schenfreund; das Bewußtsein, daß Österreich nicht dort aufhört wo
man aufhört Deutsch zu reden, sondern Österreich *mehr* ist als ein
Stück Land, auf dem ein Volk mit einer einheitlichen Sprache lebt,
schien verlorengegangen zu sein.
Nicht bei Musil: Er hat mit seinem Entschluß, *nicht* zum Staatsrat betteln zu gehen und dort allfälliges »Deutschtum« nachzuweisen, ein
Zeichen beispielloser Zivilcourage gesetzt — war doch damals sein Gesamtwerk nur in deutscher Sprache und nur im Manuskript vorhan-

den, und die Aussicht, dieses Werk irgendwo in Druck bringen zu können, wenn er Österreich einmal verlassen hatte, gleich Null.

Als Musil verbittert und krank nach Mähren zurückging, schien alles zu Ende zu sein. Musils schöpferische Kraft versiegt in dieser Zeit. Der Bruch von 1918/19 verletzte ihn in einer Weise, daß er in der ihm noch verbleibenden Lebensspanne – immerhin noch ein Vierteljahrhundert – nur mehr der Auswertung seiner früheren Leistungen, der Aufbereitung des bis dahin Geschaffenen leben konnte, wobei er zunächst von der als gewiß geltenden Tatsache auszugehen hatte, daß sein gewaltiges Gesamtwerk niemals im Druck erscheinen werden könne. Doch da kamen nach einer düsteren, vielleicht sogar verzweifelten Periode völlig unerwartet so glückliche Umstände zum Tragen, daß zwar das Geschehene nicht ungeschehen, aber eine Publikation seiner Werke doch noch zustande kam.

Die Hilfe fiel Musil ganz unverhofft von einer Seite zu, von der sie gerade er am allerwenigsten erwarten durfte; von jenem merkwürdigen politischen Romantiker, der die gesamten gegen Österreich-Ungarn gerichteten Aktivitäten des Thomas Garrigue Masaryk finanziert und somit ermöglicht hatte: von dem Amerikaner Charles Richard Crane.

Den Namen Charles Richard Crane kennt in Europa kaum jemand; Historikern, die sich mit der jüngeren Geschichte des Orients beschäftigen, mag der Name »Crane« von dem Schlagwort »King-Crane Commission« ein vager Begriff sein. Diese Kommission beschäftigte sich nach dem Ersten Weltkrieg kurzfristig mit Möglichkeiten der Verteilung der Konkursmasse des Osmanischen Reiches im arabischen Raum.

Und doch ist diesem Mr. Charles Richard Crane, der jahrelang die Familie Masaryk mitfinanzierte und die Aktivitäten des Thomas Garrigue Masaryk mit allen ihm zur Verfügung stehenden Mitteln bis zur schließlichen Gründung der Tschechoslowakei unterstützte, die Entwicklung, die Mitteleuropa in diesem Jahrhundert nahm, weitgehend zu »verdanken«. In Musils Leben griff Charles Richard Crane zweimal ein: Als er mithalf, die Doppelmonarchie zu zerstören. Ein zweites Mal, als Crane nach dem Zusammenbruch Österreich-Ungarns mithalf, wie in einem Akte teilweiser und später Wiedergutmachung, Musils Werke in den Vereinigten Staaten zu veröffentlichen.

Nach dem Ende des Ersten Weltkriegs und dem dramatischen Abgang Musils von der Wiener Weltbühne bestand das Lebenswerk des Orientalisten zum größten Teil aus deutsch abgefaßten Manuskripten und ungedruckten Kartenzeichnungen. Zwei Männer bewahrten diesen Schatz vor dem Vermodern auf dem Dachboden eines mährischen Pfarr- oder Gutshofs oder im Depot eines Instituts: Jan Masaryk, der unkonventionelle und charmante Sohn des Thomas Garrigue Masaryk, sowie Jans ebenso unkonventioneller Schwiegervater und eigentlicher Gründervater der Tschechoslowakischen Republik, der amerikanische Millionär und Amateurdiplomat Charles Richard Crane.

Jan Masaryk war der Erstgeborene des frischgebackenen tschechoslowakischen Staaspräsidenten Thomas Garrigue Masaryk, in vielem, wenn nicht in allem das Gegenteil seines Vaters. Der junge, 1886 geborene Jan Masaryk hatte 1914 bereits zehn Jahre Aufenthalt in Amerika hinter sich, wo er sich keineswegs von »Onkel Crane« aushalten hatte lassen, sondern sich als Klavierspieler in Stummfilmkinos, als Barpianist und Englischlehrer für böhmische Emigranten durchschlug. Als Vater Masaryk im Jahre 1908 in den USA Vorlesungen hielt, ging er nicht ein einziges Mal hin, um zuzuhören. Knapp vor Ausbruch des Ersten Weltkriegs kehrte er nach Böhmen heim, und während sein Vater kurz nach Kriegsbeginn in den Westen emigrierte, um sein Vernichtungswerk gegen Österreich-Ungarn zu vollenden, rückte der junge Jan Masaryk zur k.u.k. Armee ein, versah Dienst bei einem in Polen stationierten ungarischen Regiment (er stammte ja aus der Slowakei, die damals zum Königreich Ungarn gehörte) und erfüllte seine Aufgaben zu solcher Zufriedenheit der Vorgesetzten, daß er für eine Auszeichnung vorgeschlagen wurde. Als sein Vater im Jahre 1918 im Triumph in Prag einzog, wußte niemand so recht, was mit dem völlig aus der Art geschlagenen Jan geschehen sollte: Er beherrschte mehrere Sprachen, spielte gut Klavier, konnte hervorragend Geschichten erzählen und zuhören; so steckte man ihn in das von Benesch geleitete Außenamt, machte ihn später zum Botschafter in London und in der Zeit der Hitlerbesetzung zum Außenminister der tschechischen Exilregierung ebendort. In dieser Eigenschaft sah er einmal im strömenden Regen nach einem diplomatischen Empfang den jungen Erzherzog Robert (Bruder Otto von Habsburgs) seinem Hotel zustreben. Jan Masaryk öffnete dem Prinzen bereitwilligst den Wagenschlag: »Steigen Sie ein, kaiserliche Hoheit!« Während der Fahrt zum Hotel meinte er freundlich: »Das ist eine alte Tradition in unserer Familie. Mein Großvater war noch Kutscher bei den Habsburgern ...«

1948 trieben die Kommunisten Jan Masaryk in den Tod; er kam (durch Mord oder Selbstmord) am 9. oder 10. März 1948 um, nachdem vorher Benesch entmachtet und das Land durch Klemens Gottwald sowjetisiert worden war.

Alois Musils Schicksalstag war der 7. Mai 1922, als der stets hilfsbereite junge Masaryk, durch Freunde auf das merkwürdige Schicksal des großen Orientalisten Alois Musil aufmerksam gemacht, von der »kaiserlichen« Vergangenheit des Ausgestoßenen eher angenehm angetan als enttäuscht, eine einfache Idee verwirklichte: »Onkel Crane« weilte nämlich zu Kur in Karlsbad und hatte für den 7. Mai einen Besuch in Lany, dem Sommersitz des alten Masaryk, angesagt. Jan Masaryk, der liebenswürdige Bonvivant, immer hilfsbereit und froh, seinem Land etwas Gutes erweisen zu können, war davon überzeugt, daß »Onkel Crane« an diesem Alois Musil Gefallen finden und ihm helfen werde; zu viel wußte er über dessen ausgeprägte orientalische Interessen und auch, daß Geld bei Charles Richard Crane *nie* eine Rolle spielte, wenn er sich erst einmal für etwas interessierte und einsetzte. Schließlich verdankte die ganze junge Tschechoslowakische Republik ihre Existenz weitgehend einer Laune des Charles Richard Crane. Warum sollte er sich nicht um diesen Alois Musil kümmern? Musil hatte zwar – offiziell – an der Universität Prag inzwischen Fuß fassen können, aber das Ganze hatte keinen Schwung, kein Echo. Crane und Musil fanden augenblicklich aneinander Gefallen. Crane war ein blendend aussehender Herr von damals fünfundsechzig Jahren, stand auf dem Höhepunkt seines internationalen Ansehens und erkannte alsbald, schon nach wenigen Gesprächsminuten, daß er in dieser Weise der Weltgeschichte helfen mußte. Kaiser Karl war erst wenige Wochen vorher in der Verbannung auf Madeira gestorben, irgend eine politische Gefahr von seiten dieses anfänglich von der offiziellen Tschechoslowakei geächteten Musil bestand überhaupt nicht mehr. Im Gegenteil: Dieser fast schon vergessene Orientalist konnte vielleicht sogar von größtem Nutzen sein, außerdem, auch das fand Crane sofort heraus, gab es in den Ansichten Musils gewisse Parallelen zu jenen Cranes, vor allem in der Palästinafrage; so wie Crane war auch Musil ein entschiedener *Gegner* eines jüdischen Palästinastaates – und zwar keineswegs, weil er Antisemit gewesen wäre, sondern weil er eine Schmälerung der Rechte der bodenständigen Araber befürchtete.

Charles Richard Crane gehörte zu den schillerndsten, aber auch interessanten Gestalten des Mittelwestens der USA. Sein Vater hatte sich von ganz kleinen Anfängen zum Inhaber eines gewaltigen Industrieunternehmens emporgearbeitet, das Installateurbedarf erzeugte.

Charles Richard Crane (7. August 1858–15. Februar 1939) war das erste Kind des Ehepaares Richard Teller und Mary Prentice Crane; das DICTIONARY OF AMERICAN BIOGRAPHY beschreibt ihn schlicht als »Geschäftsmann, Philanthrop, Internationalist«, was immer sich auch der Europäer unter letzterem vorstellen mag.

Schon mit vierzehn verließ er über Anraten des Vaters die Schule und arbeitete im elterlichen Betrieb. Fünf Jahre später hatte der Firmenchef die Überzeugung gewonnen, sein Ältester wisse nun genug über das Installationsgewerbe und schickte ihn an das Stevens-Institut in Hoboken, wo der junge Charles Richard aber nicht recht weiterkam. Der Vater beschloß, der Bursche solle lieber »in der weiten Welt« etwas lernen und werden und schickte Charles Richard einfach »auf Reisen«. Der Jüngling überquerte den Atlantik auf einem alten Segelschiff und landete schließlich – es war die Zeit, als Alois Musil noch studierte, vom Orient aber schon träumte – an der syrischen Küste. In Damaskus schließlich traf Charles Richard Crane mit Richard Burton zusammen, dem berühmten britischen Schriftsteller und Orientalisten, dessen Ansichten der junge Crane begierig in sich aufnahm. Jene Begegnung mit dem alten Richard Burton war – mehr als dreißig Jahre danach – insofern von entscheidender Bedeutung für Alois Musil, als diesem Charles Richard Crane, der nun selber in die Jahre kam, das Zusammentreffen mit Musil wie ein fernes Echo auf seine damalige Sturm- und Drangzeit erschien; Richard Burton hatte seinerzeit Charles Richard mit seinen Reiseberichten ungeheuer beeindruckt: Wie er in Medina und in Mekka gewesen war, auf Java und in Äthiopien, wie er schließlich mit Speke den Tanganjikasee entdeckt hatte. Sir Richard Burton, der eine meisterhafte Übersetzung der Märchen aus 1001 Nacht geschaffen und mit faszinierenden Kommentaren versehen hatte, war auch selber ein fesselnder Erzähler, ganz ähnlich wie Alois Musil, der ja gleichfalls über einen beachtlichen Hang zum Fabulieren und Geschichtenerzählen verfügte. Und da saß nun dieser merkwürdige »Scheich Musa«, dieser Mann, der sichtlich besser in die Zelte der Nomaden denn in die Kur- und Trinkhallen von Karlsbad paßte. Dabei erzählte er so spannend und aufregend wie einst Richard Burton im fernen Damaskus – und ohne die geringste Aussicht auf Publizität! Charles Richard Crane beschloß spontan, Musil zu helfen. Richard Burton war, so erinnerte sich Crane, unmittelbar nach der Begegnung mit ihm nach Triest weitergereist und dort 1890 gestorben. Er, Crane, zutiefst beeindruckt von Burtons Berichten, reiste damals spontan in den Fernen Osten, nach China und Japan, Indonesien, später ins südliche Rußland, wo er sich im usbekischen Buchara geradezu Heimatrechte erwarb. Zwei Dutzend Male hatte er Rußland bereist, das ihn nach der Revolution noch mehr reizte als vorher. 1894 war er Vizepräsident der Crane-Company geworden, und 1912, nach dem Tode seines Vaters,

405

deren Präsident, legte jedoch dieses Amt bald in die Hände eines jüngeren Bruders, um sich ganz seinen wahren Hobbies widmen zu können: den Reisen in ferne Länder und dem gelegentlichen Mitmischen in der Politik.

Das öffentliche Leben des Charles Richard Crane begann schon um die Jahrhundertwende in der zweitgrößten tschechischen Stadt der Erde – in Chicago –, als er sich zum Präsidenten der »Municipal Voters League«, einer äußerst erfolgreichen Gesellschaft zur Erneuerung und Erweiterung der Bürgerrechte wählen ließ.

Um die Jahrhundertwende lernte er auch Thomas Garrigue Masaryk kennen, jenen etwas exzentrischen tschechischen Gelehrten mit der ungeklärten (jedenfalls *nicht*-tschechischen) Herkunft, der damals bereits als fanatischer Habsburg-Gegner galt, dadurch in den USA ausreichend demokratisch legitimiert erschien und – im krassen Gegensatz zu den Habsburgern und ihrer Bürokratie – die Vereinigten Staaten rechtzeitig als die Weltmacht der Zukunft erkannte.

Masaryk gewann die Freundschaft und Zuneigung des um ein knappes Jahrzehnt jüngeren Crane und damit zunächst Zugang zu schier unerschöpflichen Geldquellen und bald darauf, nachdem sich Crane als Königsmacher für Wilson bewährt hatte, direkten Zugang zum allmächtigen Präsidenten der Vereinigten Staaten.

Doch Masaryk konnte damals, um das Jahr 1902, als er mit Crane Bekanntschaft schloß, von dieser Entwicklung bloß ahnen und ging ganz systematisch vor, um das gewaltige slawische Wählerpotential in den USA für seine Zwecke zu nutzen. Während sich die k.u.k. Konsuln irgendwie mit bürokratischen oder gesellschaftlichen Dingen unterhielten, gründete Charles Richard Crane über Vorschlag aktiver Emigranten ein »Institute of Slave Studies« an der Universität Chicago und lud schon 1902 Thomas Masaryk dort zu Vorlesungen ein – von einem k.u.k. Kulturinstitut, das sich um dergleichen Dinge in den aufstrebenden Vereinigten Staaten gekümmert hätte, war selbstverständlich keine Rede. Masaryk, der schon im Jahre 1878 zum ersten Mal in den USA gewesen war, kannte sich dort vorzüglich aus, wußte vor allem um den Wert von Männern wie Charles Richard Crane und ihren unerschöpflichen Geldquellen. Daß das Gebiet Böhmen-Mähren-Slowakei, von dem Professor Masaryk ständig als »befreiungswürdiges Land« schwärmte, zu jener Zeit von drei Millionen Deutschen und hunderttausenden Ungarn gleichfalls bewohnt wurde, entging dem Charles Richard Crane genau so wie später Präsident Wilson; während sich Crane in Rußland und im Orient recht gut auskannte – zumindest auf dem Niveau eines gehobenen Touristen mit politischen Interessen –, wußte Wilson bis nach St. Germain überhaupt nichts von der Existenz der Sudetendeutschen.

Crane war ursprünglich Republikaner und unterstützte als solcher William Howard Taft, besonders weil er dessen Ansichten über die Lage im Fernen Osten teilte. Taft machte Crane zu seinem Gesandten in China, wurde aber wegen mannigfacher – vor allem japanischer – Einwände zurückbeordert und resignierte augenblicklich.

Crane konzentrierte sich, ganz im Sinne Masaryks, auf sein »Progressive Movement«, und als die Wahlen vom Jahre 1912 ins Haus standen, unterstützte er nach anfänglicher Neigung zu Robert La Follette voll und ganz Professor Woodrow Wilson, Kandidat der »Demokraten«. Nach der Nominierung Wilsons tat sich Crane als der »largest single contributor« zu Wilsons Wahlkampagne hervor und diente außerdem als Vizepräsident von Wilsons Finanzkomitee. In den kommenden Jahren unterstützte er auch die einflußreiche Zeitschrift Harper's Weekly als sein ureigenstes Organ.

Als Thomas Masaryk nach dem Ausbruch des Ersten Weltkriegs Österreich-Ungarn verließ, konnte er sich auf eine Phalanx von Kämpfern für seine Sache stützen: was Propaganda betraf, die Herren Seton-Watson und Wickam Steed, was Finanzen und Zutritt zur Regierung der Vereinigten Staaten betraf, auf Charles Richard Crane.

Charles Richard Cranes Sohn Richard, in Denver gestorben, rundete den Einfluß des Clans ab, indem er nach einer beachtlichen geschäftlichen Karriere im Jahre 1913 zum Privatsekretär des Robert Lansing aufstieg, Außenminister der Vereinigsten Staaten und bewußter Gegner der Doppelmonarchie, der nicht nur für die Kriegserklärung an Österreich-Ungarn eintrat, sondern auch für die Aufteilungspläne. Thomas Masaryk war durch seine Freundschaft mit Charles Richard Crane, der die Verhältnisse in Mitteleuropa kaum kannte, jedenfalls bestens dran ... bei Crane saß er im Zentrum der Macht, die Mitteleuropa nichts Gutes wollte.

Im Dictionary of American Biography heißt es: »Als Masaryk gegen Ende des Krieges Unerstützung für die Unabhängigkeitserklärung der neuen tschechoslowakischen Nation suchte, gewann er durch Charles Richard Crane die Zustimmung von Präsident Wilson.« Crane und Masaryk, beide ruhe- und rastlose Reisende, trafen einander einmal sogar in Kiew, als Crane im Auftrag Wilsons die »junge Sowjetmacht« näher unter die Lupe nehmen sollte und ihr auch, typisch für manche amerikanische Multimillionäre, gebührende Sympathie entgegenbrachte; Lenin nannte diese Art Kapitalisten »nützliche Idioten«, die dumm genug seien, den Sowjets den »Strick zu verkaufen, mit dem wir sie aufhängen.« Masaryk inspizierte damals übrigens wieder einmal seine »tschechische Legion«, die lieber in Rußland plünderte oder mit den Kommunisten gemeinsame Sache machte, als an der Front zu kämpfen.

In den entscheidenden Tagen des Jahres 1918 jedenfalls, als Masaryk nach Washington kam und Wilson endgültig für die Idee einer »Tschechoslowakischen Republik« gewann, war es Charles Richard Crane, der ihm das Entrée beim Präsidenten verschaffte, und zwar mit Hilfe Lansings und des Landwirtschaftsministers David Houston, Cranes Freund.

Nach dem Triumph der Alliierten entsandte Wilson Cranes Sohn Richard, längst Masaryks Wahlneffe, als ersten US-Botschafter nach Prag, wo er vor allem durch großartige Auftritte brillierte, da Geld überhaupt keine Rolle spielte; so kaufte er sofort das Palais Schönborn, um seiner Legation das richtige Ambiente zu verleihen. Um die neue Crane'sche Dependence im Herzen Mitteleuropas auch durch familiäre Bande enger an Denver und die USA zu knüpfen, wurde der junge Masaryk nolens volens in die USA geschickt, wo er 1919/20, ohne zu wissen, wieso er für diese Stellung qualifiziert sei, als erster tschechoslowakischer Chargé d'Affaires in Washington amtierte. Drei Jahre später wurde er mit der Crane-Tochter Frances Crane Leatherbee verheiratet, der Schwester des US-Botschafters in Prag, womit erstmals in der Geschichte Mitteleuropas ein amerikanischer Multimillionär nicht nur einen Staat miterrichtet, sondern sich auch entsprechend familiär und diplomatisch verschwägert hatte; manche sahen bereits eine Dynastie Crane-Masaryk als Ersatz für Habsburg-Lothringen im Kommen; es scheiterte bloß am Unwillen des Jan Masaryk, der sich lieber anderswo als bei seiner auferzwungenen Leatherbee amüsierte. Die Ehe ging auch schon fünf Jahre später – kinderlos – auseinander, die Republik 1938.

Das eigentlich Betrübliche an der Charles Richard Crane-Story ist, daß dieser nette Amerikaner mit seiner Politik ausgerechnet dort Ergebnisse zeitigte und Geschichte machte, wo er vom Sachverhalt absolut nichts verstand: in Mitteleuropa. Im Orient hingegen, wo er wenigstens einige persönliche Erfahrung hatte und seinen Vorschlägen das eine oder andere Gute abzugewinnen gewesen wäre, blieben Cranes Bemühungen völlig ergebnislos. Doch das konnte auch daran liegen, daß er dort gewitzigte Gegner hatte, die ihre Macht besser auszuspielen vermochten als die Habsburger: Clemenceau und Lloyd George. Cranes Schiffbruch im Orient verschaffte ihm daher in einem gewissen Rahmen Verständnis für Musil, der mit seinen gut gemeinten Plänen dort gleichfalls gescheitert war, obwohl sie um Klassen klüger, weitsichtiger und großzügiger angelegt waren als jene der Entente mitsamt den Amerikanern. Musil kannte Crane überhaupt nicht von seiner anti-habsburgischen, sehr wohl aber von seiner pro-islamisch-arabischen Wirksamkeit, vor allem durch die Arbeit in einem Gremium, das als »King-Crane-Commission« in die neuere Geschichte des Orients einging.

Es mußte für Musil nach dem Ende des Ersten Weltkrieges eine böse Erfahrung mehr gewesen sein, nach dem Debakel der Politik der Siegermächte in Mitteleuropa auch noch hilflos zuschauen zu müssen, wie die Herren Lloyd George und Georges Clemenceau mit ihrer osmanischen Beutemasse verfuhren, wie sie nahe dran waren, darüber unter sich Streit zu beginnen. Eine Zeitlang hatte man sich auf die Entsendung einer Kommission unter der Führung von Henry King und Charles Richard Crane in den Orient geeinigt, die der Friedenskonferenz Vorschläge unterbreiten sollte, doch alsbald zogen die Briten und Franzosen ihre Mitarbeit zurück, weil sie die Beute alleine unter sich aufteilen wollten, ohne die lästig werdenden Amerikaner.

So fuhren King und Crane auf eigene Faust, aber mit Zustimmung Wilsons los, um eine Lösung zu finden. Ihre Vorschläge konnten Briten und Franzosen abermals nicht freuen. Sie rieten zur Schaffung eines Großsyrischen Reiches unter Einschluß Palästinas und des Libanon und lehnten die Gründung eines jüdischen Palästinastaates ab. Das brachte die Kommission zu Fall. Die Franzosen wollten eine von ihnen abhängige Kolonie »Libanon« und ein gefügiges Syrien beherrschen, die Briten den Irak sowie Jordanien und den Golf nicht mehr herausgeben und Palästina den Zionisten überlassen, und das alles stand unter den Vorzeichen der »Befreiung« und der »Selbstbestimmung«, Vorwände, unter denen die Vielvölkerstaaten Österreich-Ungarn und Osmanisches Reich zertrümmert worden waren.

Die King-Crane-Commission scheiterte völlig, Wilson konnte auch auf Cranes Vorschlag, die Amerikaner sollten selbst den syrischen Raum besetzen, nicht eingehen, weil sich die öffentliche Meinung in den Vereinigten Staaten inzwischen gewendet hatte. Die Vorschläge Cranes zu einer Intervention in der Krisenzone Libanon-Syrien sind inzwischen mehrmals mit verheerenden Folgen für die Amerikaner in die Tat umgesetzt worden und endeten jedes Mal – zuletzt 1983 – mit blamablen Verlusten und Rückzug; Wilsons Entscheidung, Cranes Vorschlag nicht zu befolgen, dürfte demnach zu den wenigen positiven Seiten seiner Präsidentschaft gehören.

Abgesehen davon, ob Alois Musil nun die Österreich- oder Orientpolitik des Charles Richard Crane für richtig hielt oder nicht, war ihm der Mann persönlich ungemein sympathisch. Crane hat sich Musil gegenüber großzügig und korrekt, ja herzlich verhalten, und Musil freundete sich im Laufe der Jahre auch mit Cranes Familie an. Vor allem aber zeigte sich Crane ohne viel Aufhebens schon nach kurzer Prüfung der Unterlagen bereit, Musils Manuskripte in Druck gehen zu lassen.

Nach mehreren, vergeblichen Versuchen, einen entsprechenden Verleger zu finden, landete das aufwendige Unternehmen schließlich in den Händen von J.K. Wright, der Musils Werke bei der berühmten AMERICAN GEOGRAPHICAL SOCIETY in der Serie ORIENTAL EXPLORATIONS AND STUDIES herausbrachte. Musil fuhr zur Betreuung der Drucklegung zweimal selber in die Vereinigten Staaten; das erste Mal 1923, dann wieder im November 1926. Bei dieser Gelegenheit signierte er zwei Prachtausgaben des Bandes THE NORTHERN HEĞAZ, die Charles Crane, der wieder einmal im Orient weilte, kurz darauf dem Scheich der Al-Azhar Universität in Kairo und König Abdul Aziz von Saudi-Arabien überreichte. Ohne die Verdienste des Charles Richard Crane um Alois Musil auch nur im geringsten schmälern zu wollen, darf wohl angenommen werden, daß ihm diese beiden Überreichungszeremonien, in denen er sich neuerdings als Freund der Araber groß herausstellen konnte, das Vergnügen wohl besonders wert machten, Alois Musil so großzügig geholfen zu haben.

Es dauerte übrigens mehr als achtundfünfzig weitere Jahre, bis auch ein Österreicher, Außenminister Erwin Lanc, im Jahre 1983 anläßlich der Dreharbeiten zu meiner Alois-Musil-Dokumentation dem Saudischen Königshaus ein ähnliches Geschenk überreichte: die schön gebundene Karte Musils von Nordarabien in vier Blättern sowie Musils wahrhaft prophetische »Geschichte des Hauses Sa'ud«, die er im Jahre 1917 abgeschlossen hatte und die den Aufstieg der Familie Sa'ud vorhersagt.

Auf dem Gebiet der Orientpolitik weitgehend einig mit Charles Richard Crane sprach sich Musil übrigens immer heftigst für eine völlige Unabhängigkeit Tunesiens, Algeriens und Marokkos von Frankreich sowie für einen Abzug der Franzosen und Engländer aus dem Nahen Osten aus. Mit besonderem, aber verständlichem Unwillen wandte er sich vor allem gegen Italiens Mussolini, dessen Abenteuer in Libyen und Äthiopien er mit ätzender Ironie bedachte.

Gelegentlich fiel allerdings auch Musil selbst einer in Höflichkeiten verpackten Kritik zum Opfer: Bezeichnend dafür ist eine Replik auf einen Aufsatz Musils in der Zeitschrift »New Europe«, in welcher der berühmte Orientalist im Jahre 1920 Gedanken über die Zukunft Palästinas veröffentlicht hatte. »New Europe« sollte die »neue Ordnung« auf dem alten Kontinent – und wohl auch die von den Zionisten geplante Staatsgründung verherrlichen, und sicher gehörte Musil zu den am wenigsten Berufenen, bei einer solchen Publikation mitzumachen. Aber schließlich ging es damals für Musil um den Versuch eines Aufbaus einer »neuen Existenz« nach einer entsetzlichen Zäsur in seinem Leben. Als Kenner der orientalischen, besonders der palästinensischen Verhältnisse, wurde er von »New Europe« aufgefordert, zum Palästinaproblem Stellung zu nehmen. Es ist zwar kaum anzunehmen, daß der umsichtige, selber mit allen Wassern gewaschene Musil nicht wußte, *worauf* er sich da einließ; wahrscheinlich ist, daß Musil dachte, seinen Auftraggebern gewachsen zu sein.

Er war es nicht.

Musil wollte nämlich so etwas wie die Quadratur des Kreises verwirklichen: *für* die Juden schreiben, aber *gegen* den Zionismus, mit dem er sich absolut nicht befreunden konnte, weil er gegen *jede* Spielart von Nationalismus und Partikularismus auftrat.

Soeben war ein gewaltiges, großartiges, wenngleich mit vielen Mängeln behaftetes Großreich – das Osmanische Reich – zusammengebrochen. Soeben war man drauf und dran, den Arabern auch ihr eigenes, ihnen vielfach versprochenes Großreich (»Großsyrien« oder wie immer es auch heißen mochte) vorzuenthalten. Doch nicht nur das: Jetzt wollte man auch aus dem arabischen Raum ein Stück Land herausschneiden und dort einen eigenen, zionistischen Kleinstaat bilden.

Hier trat Musils Problem klar zutage: Aufgefordert, in »New Europe« einen Aufsatz zum Thema »Jew and Arab in Palestine« zu schreiben, konnte es für ihn ja absolut nicht um die Frage gehen, ob Juden nach Palästina einwandern durften oder nicht; sie sind Semiten wie die Araber und im Orient zuhause. Musil wandte sich in diesem Aufsatz nicht grundsätzlich gegen Einwanderung, er riet bloß unverblümt davon ab – wobei sich seine Argumentation hauptsächlich um das Bodenproblem dreht (wie es heute in Westjordanien wieder und noch immer brennend akut ist) und um die Tatsache, daß das Land im Besitz von Arabern war. Daß er die Gründung eines jüdischen Staates ablehnte, versteht sich von selbst. Fazit: Musils Versuch mißlang vollständig. Schon in der nächsten Ausgabe von »New Europe« antwortete Leonard Stein, wies Musil einige sachliche Fehler nach und verwischte damit die Standpunkte: Denn Musil war es weniger darum gegangen, ob irgendeine jüdische Farm 1882 oder 1870 gegründet worden war, sondern darum, daß das Land seit Menschengedenken arabischen Bauern gehört hatte.

Als wäre alles klug geplant gewesen, erschien Musils zweiter Aufsatz für »New Europe« trotzdem ... und damit lief er wohl in ein offenes Messer, stellte Musil darin doch die Forderung auf, die jüdischen Einwanderer sollten in Palästina *arabisch* lernen und reden: »Arabisch ist heute im Orient das, was bis ins 6. oder 5. Jahrhundert vor Christus das Aramäische war. Arabisch ist vom alten Hebräisch nicht weiter entfernt als Aramäisch ... wäre es nicht besser, wenn Hebräisch die Sprache der Religion bleibt und das lebende Arabisch die Sprache des Alltags?« Und dann irrt Musil gründlich: »Auf jeden Fall ist es unmöglich für die Juden, im Palästina unserer Zeit die hebräische Sprache zum Leben zu erwecken, die vor zweieinhalb Jahrtausenden dort eines natürlichen Todes starb.« Musil geht noch einen Schritt weiter: Er schlägt notfalls Französisch oder Englisch als Sprache der jüdischen Gemeinde in Palästina vor und schließt mit einem für ihn typischen Gedanken: »Wozu sich auch in die engen Grenzen des Hebräischen zurückziehen, wenn die ganze Welt nach neuen, weiteren Horizonten sucht?«

Damit war Musils Gastspiel bei »New Europe« beendet und eigentlich auch Musils Karriere als politischer Kommentator auf europäischer Plattform. So gut wie alles, was er noch publizieren konnte, ausgenommen die Veröffentlichung seiner früheren Werke in den USA, erschien fortan im Sprach- und Milieughetto tschechischer Blätter; dort wieder vor allem in einer Bauernzeitung, über die Musil das Weltgeschehen wahrlich nicht mehr beeinflussen konnte.

Immerhin sprach Musil seine Meinung nach dem Fiasko bei »New Europe« künftig sehr unverblümt aus. In der »Reichspost«, dem großen, unabhängigen »Tagblatt für das christliche Volk« in Österreich, schrieb Musil am 11. Jänner 1921 unter dem Titel *»Der getäuschte Orient«*:

»Die Entente versprach dem Orient Freiheit und Unabhängigkeit, der Orient glaubte daran und sieht sich heute in seinen Hoffnungen getäuscht. Palästina wurde nicht für frei erklärt, sondern ohne Befragung der Bevölkerung den Juden zur Errichtung eines Judenstaates übergeben, obwohl daselbst kaum zwei Prozent einheimische Juden leben und deren Zahl unter Zurechnung der Zugewanderten nicht einmal sieben Prozent erreicht.

Syrien, das seit dem 6. Jahrhundert ein einheitliches Verwaltungsgebiet war, wurde künstlich in vier Teile zerstückelt, nachdem man vorher Palästina abgetrennt hatte ...«

Folgerichtig tritt Musil in den ihm noch verbleibenden Schaffensjahren für ein ungeteiltes, freies Palästina ein: Nicht für eines, aus dem Juden, aber auch nicht eines, aus dem Araber ausgeschlossen sein sollten ... Musil kämpfte für ein Palästina, das Teil eines großen, geeinten Orients sein sollte, tolerant, offen, wie er seine arabischen und jüdischen Freunde kannte, auf keinen Fall aber Heimstätte eines zionistischen Nationalstaates.

Musil hat bis zum Ende für die Gerechtigkeit gekämpft, wie er sie verstand, für großräumiges, übernationales Denken, für einen großen Orient, einen einigen Orient ohne dominierende Splittergruppen.

Nichts lag näher, als daß sich die Nationalsozialisten an Musil heranmachten, nichts lag allerdings Musil ferner, als sich mit diesen rassistischen Kleinbürgern auch nur im geringsten einzulassen – er hatte für den Nationalsozialismus und dessen dümmlich beschränkten Antisemitismus nur Verachtung übrig. Es kann nicht oft genug wiederholt werden: Alois Musil schätzte die Juden; nie vergaß er die Wohltaten, die ihm ein Erzbischof Kohn oder ein Präsident Suess getan hatten, mit Sorgfalt und Liebe berichtete er über die jüdischen Gemeinden, die er in Mesopotamien, Syrien oder Palästina antraf.

Aber er, der gerade das mährische Judentum so gut kannte, er, der stets ein Mann des (Mährischen) »Ausgleichs« war und blieb, konnte und wollte eine neue »Landnahme« nicht hinnehmen, weder von den einen, noch von den anderen.

Aber das war das Tragische an Musils Jahrzehnte während Abgesang nach dem verlorenen Ersten Weltkrieg, selbst nach dem Erscheinen seiner großartigen Werke in den USA: Er war nur mehr ohnmächtiger Kommentator, ohne auch nur die Spur eines Einflusses auf den Lauf der Weltgeschichte zu haben; eine mährische Kassandra im Priesterrock, der ihm übrigens mit zunehmendem Alter immer mehr zum Berufskleid wurde.

Im April des Jahrs 1928 kehrte Alois Musil in seine Heimat zurück, nachdem er eineinhalb Jahre lang in den Vereinigten Staaten gelebt, die Herausgabe seiner Werke betreut und an der Columbia Universität und vor den Mitgliedern der American Geographical Society Vorträge gehalten hatte.

Ein Jahr später nahm, nach fast neunjährigen Querelen und internen Streitereien, das im Jahre 1922 gegründete Orientalische Institut zu Prag endlich seine Tätigkeit auf. Sein Schüler Felix Tauer bemerkt dazu in seinen Erinnerungen: »Musil, über diese ganze Entwicklung und das Eingreifen der Politiker in die ganze Sache von Anfang an verdrossen, nahm von diesem Kampfgetümmel Abstand und betrat niemals die Räumlichkeiten des Instituts; nur sein Name wurde in den Verzeichnissen der Mitglieder angeführt.«

Die Verbindung zu den guten, persönlichen Freunden im Orient erstarb allmählich. Eine Zeitlang verfolgte er die Geschehnisse in seinem Kreise noch mit Aufmerksamkeit, Fürst an-Nuri besuchte seinen alten Freund Scheich Musa sogar einmal in Böhmen. Emir Nawwaf, Fürst an-Nuris Sohn, dieser kräftige Beduinenprinz, der Alois Musil so herzlich zugetan war, starb bereits im Jahre 1921, nachdem er vorher noch mit der Familie Eben Raschid seine liebe Not gehabt hatte. Nawwafs Sohn, der energische Prinz Sultan, schlug sich so wie die ganze Familie Eben Scha'lan nach Musils Ratschlag auf die Seite der Eben Sa'ud; Eben Sa'ud ernannte Prinz Sultan zu seinem Statthalter in al-Dschof.

Sowohl Fürst an-Nuri mit seinen Ruala als auch Häuptling Awde mit seinen Hwejtat unterstützten uneingeschränkt Eben Sa'ud gegen die Eben Raschid und Haschemiten. Subhan, jener Minister der Familie Eben Raschid, mit dem Musil im Jahre 1915 so unangenehme Erfahrungen gemacht hatte, wollte schon im Jahr darauf selber nach der totalen Macht greifen und rebellierte gegen die Eben Raschid. Doch niemand wollte einem Abkömmling von Sklaven dienen und die Beduinen schlugen Subhan und seine Anhänger in die Flucht. Er wurde im Jahre 1919 an den Ufern des Euphrat, wo er bei den Bdur lagerte, ermordert. Im Jahre 1921 wurde Eben Raschid von Eben Sa'ud endgültig besiegt. Mit Freude beobachtete Musil, wie sehr sich seine Vorhersagen des Jahres 1917 bezüglich der Familien Eben Sa'ud erfüllten. Damals hatte er in seiner »Geschichte des Hauses Sa'ud« geschrieben: »Nawwaf, der Herr von al-Dschof, und Abdul Aziz Eben Sa'ud, der Fürst von ar-Riyad, beherrschen heute ganz Innerarabien; und wenn es der türkischen Regierung gelingt, auch das Vertrauen des Eben Sa'ud zu gewinnen und ihm die nötigen Waffen und Munitionsvorräte regelmäßig zukommen zu lassen, so kann sie durch ihn fast zwei Drittel von Arabien besitzen.

Abdul Aziz Eben Sa'ud, der im Namen seines im Jahre 1850 geborenen Vaters Abdarrahman die Regierung leitet, ist gegen 50 Jahre alt, verhältnismäßig gebildet, sehr belesen, ungemein redlich gesinnt, tatkräftig und fromm. In seinem Auftreten ist er sehr bescheiden, anspruchslos, zuvorkommend und anderen gegenüber sehr freigibig. Er ist persönlich die stärkste Individualität, die heute die große Halbinsel Arabien aufweist. ›Glücklich seine Freunde, aber wehe seinen Feinden‹, sagen die Araber. Auf die Erfüllung religiöser Pflichten ist der Fürst sehr bedacht, der Fanatismus der ersten Vertreter des Wahabismus ist ihm indessen fremd, und die allzueifrigen Religionsgelehrten sind in dieser Hinsicht mit ihm nicht zufrieden. Seiner Ansicht nach ist die Religion ›etwas, was das Innere, das Herz des Menschen bereichert und befriedigt, aber nicht das äußere Werkzeug seiner gierigen Gelüste‹« – was auch auf Musil selber zutraf.

Im Grund genommen interessierte Alois Musil mit zunehmendem Alter nur mehr sein ureigenstes Gebiet: die Seelsorge im umfassenden Sinn des Wortes. Er kümmerte sich rührend um seine Familie. Die Verbindung mit der kaiserlichen Familie blieb auch, wie mir Kaiserin Zita 1984 sagen konnte, immer aufrecht – »es gingen ständig Grüße über gemeinsame Freunde hin und her«.

Musil war ein gesuchter, gerngelesener Kommentator zu mannigfachen weltpolitischen Problemen, der sich aber wohlweislich hütete, auf mitteleuropäische Angelegenheiten einzugehen; er schrieb über den Orient, Amerika, den Fernen Osten, Indien – nur nicht über die Umstände daheim.

Es konnte ihm nicht verborgen bleiben, daß trotz der zahllosen Kommentare, die er für deutschsprachige oder tschechische Zeitungen, die in Prag erschienen, schrieb, sein Gesamtwerk keineswegs die ihm gebührende Wirkung auf die Weltöffentlichkeit hatte; schon damals zeichnete sich ab, daß ihm Jahrzehnte des Vergessenseins beschieden sein werden, vielleicht sogar Vergessen überhaupt, weil die chaotische Welt für eine so ordentliche, gewissenhafte Arbeit wie jene Musils kein Interesse mehr zu haben schien.

Dazu kam wohl auch die publizistische Gewalt, mit der sich das Meisterwerk eines Mannes wie E. T. Lawrence – sein blendend geschriebener Roman »Die sieben Säulen der Weisheit« – in das Bewußtsein der Weltöffentlichkeit hineinfraß; es mußte für eine Persönlichkeit wie Musil, der in (fast) allen Dingen, ausgenommen vielleicht die fast mystische persönliche Attraktion, die von den Arabern, besonders den Beduinen, auf Lawrence wie Musil ausging, deprimierend sein, immer wieder mit Lawrence verglichen, ja durchaus wohlwollend sogar in dessen »Bedeutung« hineingedrängt zu werden.

Einmal setzte sich Musil energisch und öffentlich zur Wehr, in einer Rundfunksendung von Radio Prag, in der er am 26. Mai 1935 zu diesem Mann und seinem Werk Stellung nahm – eine Woche nach dem Tode des Lawrence, der am 19. Mai 1935 nach einem tragischen Unfall gestorben war; Musil widerlegte dabei auch die Redensart, daß nirgendwo so viel gelogen werde wie an offenen Gräbern.

»Die Aufgabe, die Lawrence übertragen war, wurde von Awde und seinen Männern ausgeführt. Er griff die türkischen Garnisonen entlang der Eisenbahn an, sprengte Geleise und Brücken in die Luft, unterbrach die Verbindung zwischen Damaskus und Medina, erreichte aber sein Ziel nicht. Die Türken brachten die Schäden bald wieder in Ordnung und Medina hielt standhaft aus – bis in den Oktober 1918 hinein (Anmerkung: sogar bis in den November hinein!), als der Waffenstillstand abgeschlossen wurde … Lawrence diente am rechten Flügel der Palästinaarmee in Palästina selbst und in Transjordanien. Niemals setzte er seinen Fuß in das eigentliche Arabien. In Arabien selbst scherte sich kein Mensch um ihn, weil man ihn nicht kannte. Lawrence war auch kein Diplomat. In seiner Rolle als Kommandeur folgte er den Ratschlägen Awdes. Anhänger gewann er nicht durch seine Persönlichkeit, sondern durch Bestechung. Man verließ ihn, als der Goldstrom versiegte. Mit den Arabern sprach er Englisch und mit der Hilfe von Übersetzern. Arabisch erlernte er nie richtig, wie seinen Büchern leicht zu entnehmen ist. Aber eben diese Bücher beweisen, daß ihm Allah eine einmalige Gabe geschenkt hatte, zu beobachten, Eindrücke aufzunehmen, zu verarbeiten und genauestens wiederzugeben. Seine persönlichen Erinnerungen sind wohl das beste Buch in dieser Art, das seit den Napoleonischen Kriegen geschrieben worden ist.«

Musil, obwohl im Laufe des letzten Lebensjahrzehnts in der Weltöffentlichkeit immer mehr in den Hintergrund gedrängt, endete jedoch absolut nicht in Verbitterung oder Groll; er schrieb zahllose Kommentare, auch immer neue Bücher (wenn auch aus älteren, meist eigenen Quellen geschöpft) und er kümmerte sich immer um seine Familie, seinen riesigen Obstgarten und die Bauern, denen er mit Rat und Tat an die Hand ging. Für sie schrieb er unter mehreren Pseudonymen Aufsätze über Ökologie und Gartenkunde. Als die äußeren Umstände im »Protektorat Böhmen und Mähren« für ihn immer unangenehmer wurden, zog er sich schließlich nach Otriby bei Mährisch Sternberg an der Sasau zurück, wo er sich ein Landgut gekauft hatte, das er mustergültig bewirtschaftete.

Alois Musil starb am 12. April des Jahres 1944 – gerade noch rechtzeitig, um den Einmarsch der Amerikaner und Russen und schließlich die Vertreibung seiner sudetendeutschen Landsleute nicht mehr miterleben zu müssen. Musil hatte für sein Begräbnis genaue Bestimmungen hinterlassen. Er, der in seiner großen Zeit Orden und Titel mit so inbrünstiger Leidenschaft gesammelt hatte, ordnete für sein Leichenbegräbnis an, daß weder Kränze noch Dekorationen an seinem Grab erwünscht seien; seinen Sarg zierten ein Meßkleid und ein Kelch.

Bibliographischer Überblick

Die von Alois Musils unermüdlicher Sekretärin Anna Blechowa zusammengestellte Werkliste von Musils Gesamtschaffen umfaßt mehr als 50 Druckseiten. Ich wählte aus den weit über 1000 Titeln die wichtigsten Arbeiten für diese Übersicht aus: Vor allem seine Hauptwerke (sie sind in der Aufstellung *kursiv* angeführt), aber auch für jedes seiner Schaffensjahre zwischen 1896 und 1944 wenigstens einen charakteristischen Titel von Zeitungs- oder Zeitschriftenaufsätzen.

Der Einfachheit halber sind Titel von Büchern oder Aufsätzen, die in böhmischer Sprache erschienen, übersetzt und durch ein »(b)« gekennzeichet worden.

Abkürzungen: ANZ = Anzeiger der philosophisch-historischen
              Klasse der kaiserlichen Akademie der
              Wissenschaften
          KAW = Kaiserliche Akademie der Wissenschaften
          ÖMO = Österreichische Monatsschrift für den
              Orient
          AGS = American Geographical Society, New York

1896 »Siesta. An den Ufern des Nils«, (b), erschienen in Novy zivot, Olmütz

1897 »Von Nazareth nach Bethlehem«, (b), Nás domov, Olmütz

1898 Besprechung zu Durands »Elementae Grammaticae Arabicae«; Freiburg i. Br.

1899 Vorbereitung zu »Arabia Petraea«. ANZ

1900 »In Jerusalem«, Zeitschrift des königl. böhm. Museums
     »Durch die Wüste«, Zeitschrift des königl. böhm. Museums

1901 Topographische Reiseberichte. ANZ
     »Der Nil und Alt-Kairo« (b), Novy zivot

1902 *Kusejr Amra und andere Schlösser östlich von Moab, 1. Teil, 144 Seiten. KAW*
     Eine griechische Inschrift aus Madaba. ANZ
     Bericht über die Expedition von 1902. ANZ

1903 Moab. Vorbericht über eine ausführliche Karte. ANZ

1904 Sieben sumaritanische Inschriften aus Damaskus. Wien.
     Edom. Voranzeige über eine ausführliche Karte. ANZ
     Die dritte Reise nach Kusejr Amra. ANZ

1905 Zur Topographie und Geschichte von Amra. ANZ

1906 Voranzeige über Arabia Petraea, Bd. I, Moab. ANZ

1907 *Arabia Petraea Bd. I, Moab. 343 Seiten.* KAW

Arabia Petraea, Bd. II, Edom, 1. Teil, mit Umgebungskarte von Wadi Musa. 299 Seiten. KAW

Karte von Arabia Petraea, 1 : 300000, 3 Blatt im Format von 65 : 50 cm. KAW

Umgebungskarte von Wadi Musa (Petra), 1 : 20000, 1 Blatt, 36 : 27 cm. KAW

Kusejr Amra, Bd. I, Texte und Karte von Arabia Petraea, 233 Seiten. KAW

Kusejr Amra, Bd. II, Farbige Tafeln von Mielich (21 Tafeln). KAW

1908 *Arabia Petraea, Bd. II, 2. Teil Edom, 343 Seiten.* KAW

Arabia Petraea, Bd. III, 550 Seiten. KAW

1909 *Nordarabien. Vorbericht zur Reise 1908–1909.* ANZ

1910 »Österreichische Forscherarbeit im Hedschas« (Neue Freie Presse, 25. August)

1911 *Im nördlichen Hedschas. Vorbericht zur Reise von 1910.* ANZ

La Situation en Arabie (La Turquie, Constantinople)

1912 »Guthes Bibelatlas«. Biblische Zeitschrift, Freiburg i. Br.

1913 *In Nordostarabien und Südmesopotamien. Vorbericht zur Reise von 1912. Von Prinz Sixtus von Bourbon-Parma und Alois Musil.* ANZ

1914 »Syrien in der Weltgeschichte«, »Die Anbaufähigkeit der arabischen Provinzen der Türkei«, »Die Engländer am Persischen Golf«, »Die Hebung der arabischen Provinzen in der Türkei«; alle in der ÖMO.

1915 Kritik zu T. W. Arnold: »The Praeching of Islam«. Petermanns Geographische Mitteilungen

1916 »Arabien und die Araber in der Weltgeschichte«. Sonderabdruck von »Balkan und Naher Osten«.

»Die Kämpfe in Babylonien«, »Kut el Amara«, »Eben Raschid«; alle in der ÖMO

1917 »Die heutigen Zustände in Mekka«, »Eben Sa'ud«, »Auf der Halbinsel Sinai«. ÖMO

1918 *Zur Zeitgeschichte von Arabien.* K. u. k. Orient- und Überseegesellschaft, Wien.

»Die Kämpfe in Babylonien«, »Unser Kaiserpaar in Sofia und Konstantinopel«, »Die heutigen Zustände in Mekka«, »Auf der Halbinsel Sinai«, »Jerusalem«, »Damaskus«. Alle in den ÖMO.

1920 »Jew and Arab in Palestine«. New Europe, London (Vol. XV., p. 152–157; 209–212)

Im gleichen Jahr erschienen wieder Artikel in tschechischen Zeitungen und Zeitschriften. Die Themen umfassen Wissenschaft und Politik – von »Die Franzosen in Syrien« bis »Die Nestorianer«. Wichtigstes Spezialgebiet bildet die Palästinafrage. Insgesamt an die 70 Kommentare.

1921 Musil publizierte auch wieder in deutscher Sprache, vor allem in der »Prager Presse«. Hauptthemen: »Gefahr für Palästina«, »Die Kolonisation von Palästina«; in der Wiener »Reichspost« erscheint »Der getäuschte Orient«. Etwa 160 Aufsätze!

1922 Die Gründung des Orientalischen Instituts in Prag wird ausführlich kommentiert. Die Aufsätze in der »Prager Presse« und im »Vesnik«, einer Zeitung der konservativen Landbevölkerung, bewegen sich um Themen wie »Das neue Kalifat«, »Die heiligen Stätten in Palästina«, »Bolschewistische Erfahrungen im Orient« oder »Atatürk und die neue Türkei«.

1923 Aufsätze in »Nardony listy«, im »Venkov« und der »Prager Presse« (insgesamt 70).
Themenkreise: »Die arabische Politik«, »Das Ende der griechischen Patriarchate«, »Das arabische Reich«, »Die Ergebnisse der Friedenskonferenz von Lausanne«.

1924 »Die Nabataenas«. Geographical Journal, London.
Im »Venkov« (insgesamt schreibt Musil in diesem Jahr weit über 100 Kommentare zu den üblichen Themenkreisen) fällt besonders »Die Russen in Afghanistan« auf ...

1925 »Die arabische Politik in Palästina» (Venkov), »Mussolini und Lybien« oder »Spanien und Marokko«; insgesamt mehr als 60 Zeitungsaufsätze.

1926 *The Northern Hegaz. AGS, 374 Seiten*
Karte des nördlichen Hedschas, Maßstab 1 : 500 000, ein Blatt, Format 87 x 94 cm
Die Aufsätze in der »Prager Presse« entsprechen jenen in den tschechischen Blättern; Themen wie »Kirche und Staat in der Türkei«, »Italien und Tripolis«, »Der neue König von Hedschas« (dies ist bereits der von Musil vorhergesagte Eben Sa'ud).

1927 *Arabia Deserta. AGS. 631 Seiten*
Karte des nördlichen Arabien, Maßstab 1 : 1 000 000; vier Blatt, Format 52 : 49 cm
The Middle Euphrates. AGS. 426 Seiten
Karte des südlichen Mesopotamien, Maßstab 1 : 1 000 000, ein Blatt, 52 : 40 cm
»The boundaries of Arabia«. Geographical Review

Die Aufsätze in der »Prager Presse« und im »Venkov« spiegeln Musils Amerika-Erfahrung: »Die wirtschaftlichen Interessen der Vereinigten Staaten in Zentralamerika«, »Nordamerikas Drang nach Süden« und sogar »Die Vereinigten Staaten und Nicaragua«.

1928 *Palmyrena. AGS, 367 Seiten*
Northern Negd. AGS, 368 Seiten
The Manners and Customs of the Ruala Beduins. AGS. 712 Seiten (Dieses Buch wird oft als Musils hervorragendstes Werk angesehen; es ist ein Standardwerk der Völkerkunde, das wissenschaftliche und literarische Maßstäbe setzt).
»Religion und Politics in Arabia«. Foreign Affairs
Prager Presse, Venkov: »Nordamerika am Stillen Ozean« etc., dazu Themen wie »Die Unruhen in Afghanistan« und »Palästinaprobleme«.

1929 Unter dem Schutz des Fürsten an-Nuri; (b), Prag, 371 Seiten
Im heiligen Hedschas; (b), Prag, 304 Seiten
Prager Presse, Venkov: »Die Unruhen in Afghanistan«, »Moskau im Jemen«, »Palästinaprobleme« etc., insgesamt mehr als 80 Aufsätze.

1930 Im Lande der Königin Zenobia: die Palmyrena; (b), Prag, 350 Seiten
Im biblischen Garten Eden; (b), Prag, 349 Seiten
Prager Presse und Venkov: »Neue Schwierigkeiten in Indien«, »Italien in Nordafrika« etc., insgesamt etwa 60 Artikel

1931 *In the Arabian Desert. London & New York, Horace C. Liveright, 339 Seiten*
Unter den Schammar; (b), Prag, 397 Seiten
Jenseits des Toten Meeres; (b), Prag, 435 Seiten
Prager Presse, Venkov etc.: »Fruchtbarmachung der Wüste?« etc.

1932 Im Felsland von Edom; (b), Prag, 435 Seiten
Geheimnisvolles Amra; (b), Prag, 408 Seiten
Das erste Mal in der Wüste; (b), Prag, 408 Seiten
Das unbekannte Land; (b), Prag, 194 Seiten
50 Aufsätze im Venkov; Hauptthemen: Libanonkrise, Ägyptens Unabhängigkeitsbestrebung, Indiens Befreiungskampf, die Mandschukokrise, das Zypernproblem.

1933 Der Sohn der Wüste; (b), Prag, 202 Seiten
Prager Presse: »Jung Kuba«. (Es ist dies der letzte Aufsatz, den Musil in einer deutschsprachigen Publikation veröffentlichte.

Musil war wohl entschiedener Antizionist, der sich bis zuletzt für die Rechte der Palästinenser engagierte, aber dennoch ein Freund des Judentums; um jeglicher Gefahr zu entgehen, in die antijüdische Kampagnen der von ihm verachteten Nationalsozialisten eingespannt werden zu können, zog er es vor, zu schweigen).

Allein im »Vesnik« erschienen 1933 mehr als 100 Aufsätze von Musil. Hauptthemen: der Nahe Osten und Indien; typisch vor allem »Die Einwohner Palästinas« oder »Der Großmarkt Palästina«.

1934 Die Wüste, die Oase. Eine Sammlung von Aufsätzen; (b), 256 Seiten.

Der Löwe aus dem Stamme Juda. Das neue Äthiopien; (b), Prag, 123 Seiten

Musil versucht auch in den darauffolgenden Jahren, den Äthiopiern in ihrem Unabhängigkeitskampf publizistisch beizustehen. Weit über 100 Aufsätze in der Bauernzeitung »Venkov«: »Italien und Äthiopien«, »Friede in Arabien?«, »Reza Schah Pachlavi«, »Fangen die Italiener in Äthiopien einen Krieg an?«

1935 *Zwischen Euphrat und Tigris. Der neue Irak; (b), Prag, 168 Seiten*

Auf dem Nil. Das neue Ägypten; (b), Prag, 294 Seiten

Im Schatten der Kreuzritter; (b), Prag, 173 Seiten

Auf dem Sinai; (b), Prag, 216 Seiten

An die vierzig Aufsätze im »Venkov«, darunter »E. T. Lawrence – Legende und Wahrheit«

1936 *Unter den Bergen des Himalaja: das neue Indien; (b), Prag, 316 Seiten*

In der Höhle des Bären; (b), Prag, 243 Seiten

Auf Pferd und Kamel; (b), Prag, 210 Seiten

Etwa 70 Aufsätze im »Venkov«: Hauptthemen sind Palästina, Syrien, Libanon, Irak.

1937 *Die versprochene Erde. Neues Palästina; (b), Prag, 228 Seiten*

Unter den Zedern des Libanon; (b), Prag, 172 Seiten

Die Felsenstadt; (b), Prag, 178 Seiten

Mehr als 50 Zeitungsartikel, darunter »Das scharfe Vorgehen der Briten in Palästina«, ferner Aufsätze über den Irak, Syrien, Ägypten, die Türkei etc.

1938 *Zwischen Libanon und Tigris – das neue Syrien; (b), Prag, 200 Seiten*

Im Nedschev; (b), Prag, 200 Seiten

Mehr als 60 Aufsätze im »Venkov«; Schwerpunkte Türkei (Tod Atatürks, Machtübernahme durch Inönü; die Versuche italienischer Einflußnahme auf Tunis, aber auch über französische Aktionen in Syrien und das Palästinaproblem.

1939 Italien in Afrika; (b), Prag, 303 Seiten
Im Hermon; (b), Prag, 162 Seiten
Musil schreibt im »Lidový denik«, »Národny listy«, im »Venkov«; Themenkreise sind Tunesien, Palästina, doch auch Westeuropa und die USA (offenbar im Zusammenhang mit der Weltlage und dem Kriegsausbruch).

1940 *Brücke nach Asien: die neue Türkei; (b) Prag, 262 Seiten*
Neues Leben; (b), Prag, 172 Seiten
Mehr als 80 Zeitungsartikel mit Schwerpunkt Mittelmeerraum, darunter auch Aufsätze wie »Der Aufstieg des Römischen Reiches«.

1941 *Das alte Äthiopien; (b), Prag, 178 Seiten*
Aus der Wüste; (b), Prag, 145 Seiten
Zeitungsthemen: »Europa, die USA und Asien im Weltkrieg«, »Palästinas Araber sind unzufrieden«.
Verstärkt erscheinen in den Kriegsjahren Aufsätze wie »Die Aufzucht von Obstbäumen: nicht aus Gewinnsucht, sondern aus Liebe zur Natur«, »Die Pflege des Hausgartens« oder »Der Gemüseanbau im eigenen Garten«; dazwischen aber auch »Der Großmufti von Jerusalem und seine politische Bedeutung«.

1942 Erstmals erscheint seit 1926 kein neues Buch. Musil schreibt aber mehr als 100 Zeitungsaufsätze, die sich allerdings, zum Teil bedingt durch die scharfe Zensur, hauptsächlich aber wegen seiner zunehmenden Verinnerlichung, weitgehend mit religiösen oder historisierenden Themen beschäftigen. Die Arbeit an seinem letzten Buch beschäftigt ihn besonders stark.

1943 *Der Gekreuzigte; (b), Olmütz, 178 Seiten*
Weit über 100 Aufsätze; bezeichnend »Die Christen und Tunesien«, worin er auf den hl. Augustinus eingehen und dabei die dramatischen Niederlagen der Nationalsozialisten im Mittelmeerraum indirekt ansprechen kann; aber auch »Toleranz und Religionsfreiheit«.

1944 Musils letztes Lebensjahr. Hauptthemen seiner Aufsätze: Palästina, Golgotha, oder »Das Kreuz in der Weltgeschichte« ... übrigens der letzte Artikel, der noch zu seinen Lebzeiten erschien (am 8. April; am 12. April starb Musil).
Am 17. September 1944 veröffentliche der »Venkov« als letzte

der Musil'schen Arbeiten etwas Programmatisches: »Die formende Kraft der Schlacht am Weißen Berg«, worin von jenem Sieg der Habsburger im Jahre 1620 über den »Winterkönig« die Rede ist, der für 300 Jahre das Schicksal des Reiches in die Hand seines Erzhauses legte.

Im Jahr 1945 erschien der Roman »Der unvergängliche Diamant« (b) mit 172 Seiten sowie die beiden Jugendbücher (b) »Der Sohn der Wüste« mit 157 Seiten und »Der Herr von Amra« mit 294 Seiten.

Im Rundfunk hat Musil an die 100 Vorträge innerhalb der Themenkreise seiner Zeitungskommentare gehalten.

Alois Musil schrieb unter folgenden Pseudonymen: Josef Havelka, Antonin Novotný, Emilie Nosálova, Soused, Strýcek, Venkovan (Bauer), A.M., A.M.O., Mu, mu, J.J., j.h.

Im Manuskript sind Reisebeschreibungen für die Jugend vorhanden: »Durch die Wüste Arabiens«, »Am Roten Meer«, »Auf den Straßen des Todes«, »Unter Schiiten«, »Nach Bagdad«, »Durch die Wüste Nefud«, »Im geheimnisvollen Nefud«, »Nach Palmyra« etc., dazu historische Romane wie »Ritter Radom« (eine Kreuzrittergeschichte) und Manuskripte wie »Das geschundene Palästina« oder »Der Islam«; die Herausgabe dieser beiden Werke ist in Vorbereitung.

Personen- und Sachregister

Ortsverzeichnis

Alois Musil hat für seine topographischen Bezeichnungen ein sehr kompliziertes System entwickelt, das sich in der Zeichengebung hauptsächlich auf die im Tschechischen gebräuchlichen Hilfsmittel – wie den »Hatschek« – stützt. Da diese Aussprachezeichen im deutschsprachigen Raum heute nicht mehr so bekannt sind wie zu Musils Tagen, wurde die Schreibung durchgehend so einfach wie möglich gestaltet: heißt es bei Musil etwa »Ġowf« oder in manchen Landkarten, die sich meist einer »englischen« Schreibweise bedienen, »Jawf«, so wird hier einfach »Dschof« geschrieben; bei besonders verwirrender Vielfalt der Schreibung nennt das Register die gebräuchlichsten Varianten.

Nachweis der Abbildungen im Text (nach Seiten)

Bildnachweis

Arthur Koestler

Diebe in der Nacht

Roman

Ullstein Buch 20285

Koestler schildert die Gründung Israels am Beispiel einer Gruppe Juden, die auszieht, 600 Hektar Land in der Wüste zu besetzen. Zweimal haben sie schon versucht, Verschanzung, Wachtturm und die ersten Wohnbaracken auf dem unfruchtbaren Hügel zu errichten, zweimal sind sie zurückgeschlagen worden. Aber in dieser Nacht muß der Turm stehen, wenn die Gemeinschaft von »Esras Turm« überleben soll.

Arthur Koestler – weltberühmt durch *Sonnenfinsternis* (Ullstein Buch 20029) – erzählt in seinem spannungsgeladenen Roman die entscheidende Etappe des Kampfes der Juden um einen eigenen Staat. Auch Jahrzehnte nach der Gründung Israels hat dieses Buch nichts von seiner Gültigkeit verloren.

ein Ullstein Buch

Kaiser Karl

Persönliche Aufzeichnungen, Zeugnisse und Dokumente

Herausgegeben von Erich Feigl

Amalthea

Diese Biographie zeichnet den Lebensweg
Kaiser Karl I. in der authentischen Form
persönlicher Aufzeichnungen Kaiser Karls
und Kaiserin Zitas und der Erinnerungen
von Menschen, die den Kaiser in wichtigen
Abschnitten seines Lebens begleiteten, nach.

Amalthea